Educational Producer For Your Success

책의 특징
- 교육학의 기본이 되는 내용들로 구성
- 기본 용어, 개념, 이론들을 체계화
- 기출분석을 통한 핵심이론으로 완벽 개념 이해

핵심 이론서

| 교육행정직 공무원 · 교육전문직 · 교원임용 시험대비 |

신박사의 ARETE 교육학

신박사 편저

PEDAGOGY

에듀피디 동영상강의 www.edupd.com

에듀피디 EDUPD

신박사의 ARETE 교육학

핵심 이론서

1판 1쇄 인쇄   2026년 1월 7일
1판 1쇄 발행   2026년 1월 14일

편저자   신박사
발행처   에듀피디
등　록   제300-2005-146
주　소   서울 종로구 대학로 45 임호빌딩 2층 (연건동)

전　화   1600-6690
팩　스   02)747-3113

※ 이 책은 저작권법에 따라 보호받는 저작물이므로 무단전재와 무단복제를 금지하며 책 내용의 전부 또는 일부를 이용하려면 반드시 저작권자와 에듀피디의 서면 동의를 받아야 합니다.

머리말

　교육학개론은 교육의 전반적인 현상을 기반으로 핵심개념을 학습하는 것을 의미한다. 교육학을 심도있게 학습한다는 것은 실천성이 강한 학문의 특성상 현장과의 맥락성을 높이도록 노력해야 하는 것이다. 따라서 학교와 학생 및 교육과정을 알고 현장 맥락성이 있는 신박한 사례를 통한 학습이어야 한다. 즉, 교육학은 학교와 학생 및 교육과정을 이해해야 하는 학문이다.

신박사 교육학개론은 탁월한 전문성을 의미하며, 배움을 통한 성장을 도모한다.
신박사 교육학개론은 탁월성을 추구하며, 학습자의 올바른 성장과 발달을 통한
역량을 함양한다.
신박사 교육학개론은 학습자를 탁월한 성장으로 인도하며 우수성을 갖추게 한다.
"Less is More" 간결한 것(단순한 것)이 더 아름답다.
"핵심은 개념" 학습은 현장을 아는 것이고, 사례는 신박하게 제시해야 한다.
"Less is More" 는 모더니즘을 대표하는 슬로건이다.

　더 적은 것이 더 많은 것이다. 복잡한 것을 배제, 더 단순하게 할 수 있다면 더 많은 것을 담을 수 있다는 말이다.

　러너는 달리는 사람을 말한다. 러너는 달리면서 피로가 쌓이기 시작하면 포기하려는 마음이 생겨난다. 그런데 일정한 시간이 지나면 러너는 편안함과 안락감을 느끼기 시작한다. 러너스하이는 러너들에게 나타나는 일종의 고통을 느끼지 못하고 오히려 편안함을 갖는 지점을 말한다.

　달리기는 단순하다. 운동화에 운동복만 있으면 된다. 즉, 러너가 된다. 그리고 그 안에서 '달리는 행위'에 최대한 집중하게 된다. 러너는 더 많이 느끼고 '더 많이' 러너로서 존재한다. 존재로서의 *"Less is More"* 의 의미이다.

머리말

"Less is More" 더 적은 것을 온전히 즐기려 할 때, 더 많아진다.

교재와 강의를 통해 교육을 보는 안목을 키우고 핵심을 맥락적으로 이해하자.

자료수집과 내용보완에 도움을 준 신윤호 선생님과 오타와 내용정리에 도정은 선생님께 감사드립니다. 또한 부족한 시간 안간힘 써주신 에듀피디 대표님과 이미선차장님 임직원 여러분께도 감사의 말씀을 드립니다.

여러분과의 만남과 합격을 기원하며

2026년 1월

교육학 신박사 올림

PART 01 교육과정

교육과정 이론 모형 …………………………………………………………………… 10
교육과정 개발 모형 …………………………………………………………………… 22
교육과정 계획 및 실행 ………………………………………………………………… 36
교육과정 유형 …………………………………………………………………………… 44
한국의 교육과정 ………………………………………………………………………… 51

PART 02 교육방법 및 교육공학

개별화 교수 …………………………………………………………………………… 74
설명적 교수 및 발견학습 ……………………………………………………………… 83
처방적 교수 및 협동학습 ……………………………………………………………… 92
교육공학 및 교수설계 ………………………………………………………………… 108
교수매체 및 컴퓨터의 교육적 활용 …………………………………………………… 123

PART 03 교육평가

교육평가의 이해 ………………………………………………………………………… 140
교육평가의 모형 ………………………………………………………………………… 150
문항분석 및 측정평가도구의 조건 …………………………………………………… 164
수행평가 ………………………………………………………………………………… 177
교육연구 방법 및 교육통계 …………………………………………………………… 184

목차

PART 04 교육행정학

교육행정의 개념 및 이론 ·· 202
교육행정조직 ·· 221
동기 및 지도성 이론 ··· 238
교육정책 및 의사결정 ·· 252
장학이론 및 교육재정 ·· 267

PART 05 교육철학

교육의 이해 ·· 284
인식론과 교육 ·· 304
가치론과 도덕교육론 ·· 311
20세기 미국의 현대 교육사조 ·· 313
현대 교육사상 ·· 322

PART 06 교육사(서양 및 한국)

[서양교육사] 고대 및 중세 ··· 340
[서양교육사] 16~17세기 ·· 361
[서양교육사] 18~19세기 ·· 376
[한국교육사] 고대 및 중세 ··· 388
[한국교육사] 조선 및 근대 ··· 399

PART 07 교육심리학

인지발달 ·· 420
성격 및 도덕성 발달 ··· 434
개인차 ··· 447
생활지도의 이해 ·· 468
상담이론 ·· 474

PART 08 교육사회학

교육사회학 이론 ·· 504
신교육사회학 ·· 522
학력상승과 학교팽창론 ··· 532
교육평등과 사회평등 ·· 538
평생교육 ·· 545

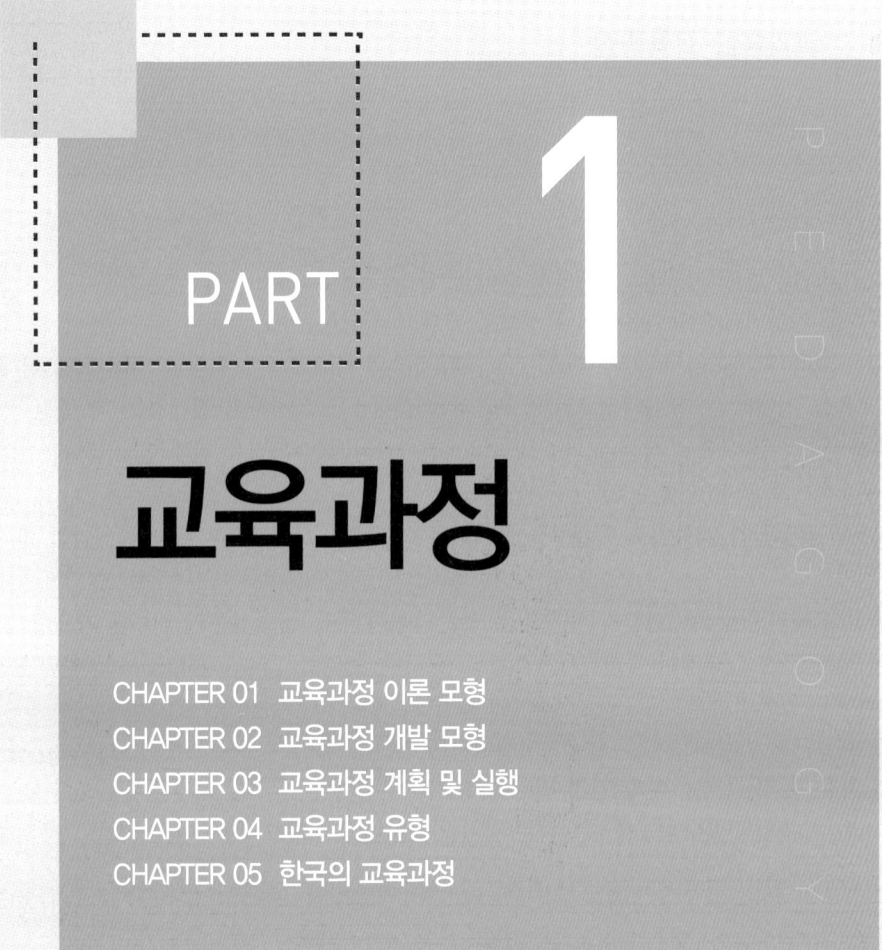

PART 1

교육과정

CHAPTER 01 교육과정 이론 모형
CHAPTER 02 교육과정 개발 모형
CHAPTER 03 교육과정 계획 및 실행
CHAPTER 04 교육과정 유형
CHAPTER 05 한국의 교육과정

CHAPTER 01 교육과정 이론 모형

UNIT 1 교과중심 교육과정

1 의미

(1) **중심초점** : 가르쳐야 할 내용
(2) 형식도야설에 근거. 교육내용, 문화유산, 교사중심 교육과정
(3) 교육목적은 기성세대의 문화유산이나 정보를 후대에 전달하는 것
(4) 교과중심 교육과정(Subject-Centered Curriculum)은 학교교육이 시작된 이래 1920년대까지 동서양의 교육을 지배해 온 교육과정으로써 교과의 학습내용을 조직하고 전개하는 데 중점
(5) 문화유산의 전수를 목표로 삼는 교과중심 교육과정에서는 '교수목적을 위해 인류 문화유산의 핵심적인 것을 체계적으로 조직해 놓은 것'을 교과로 봄
(6) 즉, 교육과정이란 각 과목별로 학습자들에게 가르칠 만하다고 생각되는 주제를 열거한 것, 즉 교수요목을 의미
(7) 교과중심 교육과정에서는 인간을 사회적 존재로 만들어 주는 문화전통의 전수를 가르치기 위해 체계적으로 조직된 지식 중에서 특히 7자유과(문법, 수사학, 논리학, 대수, 기하, 천문학, 음악)를 가르칠 것을 제안하고 있으며, 그 목적은 정신도야에 있음
(8) 정신도야의 근거는 형식도야설. 형식도야설에서는 인간의 정신은 서로 뚜렷이 구분되는 몇 가지 능력들, 즉 지각, 기억, 상상, 추리, 감정 및 의지력으로 구성되어 있는데, 이것은 신체의 근육을 단련시키는 것처럼 '마음의 근육(心筋)'을 단련하는 것이 가능하다고 보았으며 이 이론에서는 7자유과를 도야적 가치가 큰 교과로 보았음

2 특징

(1) 수업은 미리 정해진 계획과 조직에서 출발
(2) 지식과 기능의 신장에 중점(형식도야이론)
(3) 수업의 통제는 교사이고 학생에게 일률적인 교재 부여
(4) 교과조직은 지식의 논리적 체계를 이루는 원리·사실·개념 등이 핵심적인 내용
(5) 실용적 가치보다 학문적 가치를 중점으로 발전·성립
(6) 고대 그리스 7자유학과에 뿌리를 두고 르네상스 시대 인문교과를 거쳐 최근 학교교육의 기본교과로 명맥을 이어옴

3 유형

(1) 분과형 교육과정 : 학문구조설계
  ① 한 과목을 다른 과목과 완전히 독립시켜 지식의 체계를 논리적으로 조직한 것
  ② 과목 간의 수평적 관련성은 거의 고려되지 않고, 개개 과목의 수직적 계열이 중요
  예 국어, 수학, 역사, 지리, 음악 등은 그 교과마다 독특한 논리적 특성을 가지고 있으므로 역사와 지리 또는 국어와 수학은 서로 관련성이 없이 조직

(2) 상관형 교육과정 : 학문병렬설계
  ① 두 개 또는 그 이상의 과목들이 각각 교과의 선을 유지하면서 서로 관련있는 것
  ② 각 과목의 공통부분을 상호 관련짓거나 유사과목을 서로 연결시켜 구성한 것
  ③ 분과형 교육과정의 문제점을 제거해 보려는 유형
  예 역사와 지리, 과학과 수학, 생물과 화학, 역사와 국문학 등에서 각 교과끼리 상호 간 관련성을 찾아 학습의 장을 마련하는 형식

(3) 융합형 교육과정 : 간학문적설계
  ① 여러 교과들 간의 공통된 주제, 개념, 기능(탐구방법) 등을 추출하여 이를 중심으로 교육과정을 조직하는 것
  ② 상관 교육과정에서 광역 교육과정으로 이행하는 과정에서 생긴 하나의 과도기적인 교과중심 교육과정 유형
  ③ 각 교과의 성질을 그대로 유지하면서 그 사이에 내용이나 성질 면에서 다수의 공통 요인을 추출하여 교과를 재조직한 것
  ④ 교육과정의 조직에서 광역형에 비해 '범위의 폭'이 좁음
  예 식물학, 동물학, 생리학의 교과목들 간에 관련 요소를 추출하여 생물학을 조직하고, 지리, 역사 등의 관련 요소를 추출하여 사회과를 만든 것

(4) 광역형 교육과정 : 다학문적설계
  ① 하나의 주제를 여러 교과의 측면에서 다룰 수 있도록 교육과정을 조직하는 것
  ② 전통적인 교과목의 엄격한 한계를 제거하여, 보다 넓은 영역에서 관련 사실과 원리 등을 조직하는 것
  ③ 서로 유사한 교과들을 한데 묶어 하나의 교과로 재조직하는 통합 유형(넓은 영역으로 재조직)
  예 사회과란 역사, 지리, 정치, 사회학, 문화인류학 등에서 어떤 원리들을 통합하여 구성한 것. 일반과학은 물리, 화학, 생물, 지리학, 천문학 등의 여러 과목에서 중요한 주제나 원리들을 선정하여 조직한 것

4 장점

(1) 문화유산의 체계적 전달에 유리. 학습효과의 판정 용이. 즉 문화유산의 효율적인 전달, 평가 및 측정이 용이
(2) 교육과정의 개편이 쉬우며 교육과정의 중앙집권적 통제가 용이하고, 그 구성이나 평가가 간단하고 쉬움

5 단점

(1) 비실용적 지식의 습득 가능성이 높고 학습에서 학생의 적극적 반응유발에 실패
(2) 단편적이고 분과적인 교과조직이 되기 쉬우며 학습내용이나 학습경험의 조직 배열이 비능률적
(3) 사고력이나 창조력 등의 고등정신 기능을 함양하기 곤란
(4) 학습자의 흥미, 노력 등이 무시당하기 쉽기 때문에 학습동기 유발이 되기 곤란
(5) 학습자를 수동적인 존재로 보고 있으며 교육내용의 실용성에 대하여 비판적인 논의가 불가능하다는 점 등에서 그 한계가 지적

6 뒷받침 이론

(1) 정신도야론(the doctrine of mental discipline)

> 학교에서 무엇을 가르쳐야 하며, 그것은 왜 그러한가에 대해 최초의 답을 제공한 이론. 즉, 전통적으로 학교에서 가르쳐 온 교과의 성립 및 발달을 설명해 줄 수 있는 최초의 이론

① 독일 심리학자 울프가 주장함
② 인간 정신을 구성하는 능력인 지각, 기억, 추리 등의 능력을 도야하는 데 관심
③ 위와 같은 인간 능력들은 반복적 훈련을 통해 도야 가능
④ 정신도야론에서 교과(학문)은 교과의 내용이 아닌 정신능력을 도야할 기회가 중심
⑤ 우리의 몸이 근육의 발달로서 움직임이 정교화되는 것처럼 우리 마음의 근육을 발달시켜 주는 것은 바로 전통적인 인문교과라고 주장
⑥ 지금 당장의 활용 여부보다는 언젠가 우리 마음의 근육으로 작동할 수 있는 도야가치가 높은 내용을 가르칠 필요가 있다는 것
⑦ 7자유과(문법, 수사학, 논리학, 대수, 기하, 천문학, 음악)는 중세시대의 대표적인 교과이며 교과중심 교육과정의 중요한 교육내용에 해당

(2) 지식의 형식론(forms of knowledge)

> 지식의 형식론은 전통적인 교과의 가치를 정당화하려고 한 피터스와 허스트의 주장을 지칭한 것. 정신도야론과 마찬가지로 처음부터 학교에서 가르칠 수 있는 교과를 선정하기 위한 하나의 원리로서 등장한 것이 아니라, 종래 가르쳐 온 교과, 즉 주지 교과의 가치를 설득력 있게 드러내기 위해서 주장

① 피터스와 허스트는 학교에서 가르치는 전통적 주지교과를 정당화하기 위해 주장
② 지식의 형식은 인간의 경험 전체를 이해할 수 있는 것들로 구성했는데 대체로 전통적 학문의 분류와 유사
③ 실용적 가치가 없어 보이는 지식의 형식, 전통 교과를 정당화하기 위해 '내재적 가치'와 '선험적 정당화'를 제시
④ 내재적 가치란 다른 목적을 위한 수단이 아닌, 활동 그 자체가 가치 있다는 생각
⑤ 개인이 받아들이는가 아닌가와 무관하게 지식의 형식은 가치가 있고 배워야 한다는 논의가 선험적 정당화

(3) 지식의 구조론

브루너의 '교육의 과정'은 "무엇을 가르칠 것인가?" 하는 문제에 대한 답을 제시하고, 우리가 학생들에게 가르치는 교육 내용은 '지식의 구조' 또는 '학문의 구조', '교과의 구조'이어야 한다고 주장

① '구조'란 사실이나 현상을 엮어주는 핵심적인 개념과 원리. '탐구 학습' 주장
② '지식의 구조'란 각 학문의 기저를 이루고 있는 핵심적인 개념과 원리
③ 즉, 단순한 사실들이나 잡다한 현상에 대한 정보가 아니라, 이러한 사실이나 현상을 서로 관련짓고 체계화하는 주요 개념이나 원리
④ '핵심적 확신'이란 지식의 최전선에서 새로운 지식을 만들어 내는 학자들이 하는 일이나 초등학교 3학년 학생이 하는 모든 지적 활동은 근본적으로 동일
⑤ 지식의 구조를 가르친다는 것은 곧 지식을 가르치되, 학생들로 하여금 그 지식 분야에 종사하고 있는 학자들이 하는 일과 비록 수준은 다르다 하더라도 본질상 동일한 종류의 일, 즉 '탐구'를 하도록 하는 것을 의미

UNIT 2 경험중심 교육과정

1 의미

(1) **중심초점** : 가르침 받는 학생
(2) 교과중심 교육과정이 현실생활의 문제를 해결하는 데 직접 도움이 되지 않는 교과를 맹목적으로 주입시키는 데 문제가 있다고 비판하고 나온 것
(3) 배움의 주체인 학습자의 성장을 강조하며, 사회 구성원으로서 필요를 충족시켜줄 수 있는 교육을 강조. 아동중심 교육과정, 생활중심 교육과정, 활동중심 교육과정 등으로 표현

> **알아두기 ①** 생활 적응 교육에서 강조하는 아홉 가지 초점
> ① 현재 우리 학교에서는 생활 적응 교육이 시행되고 있지 않다.
> ② 생활 적응 교육을 지원할 여론을 형성할 수 있다.
> ③ 중등학교 학생들의 다양한 필요를 채워 줄 교육적 경험으로 구성원 교육과정을 제공해주어야 한다.
> ④ 교사는 모든 학생들에게 도움을 주려는 넓은 시각과 진정한 욕망을 개발해야 한다.
> ⑤ 국가 차원에서의 노력뿐만 아니라 지역 자원들도 최대한 활용해야 한다.
> ⑥ 소위 실제적인 기예들, 즉 가정생활, 건강, 시민 생활과 관련된 기능성 경험들이 모든 중등학교에서 제공되어야 한다.
> ⑦ 활동을 수행하는 과정에서 지도를 받는 것은 젊은이의 생활 적응에 필수적이다.
> ⑧ 소규모 교육구는 생활 적응 교육을 위한 교육과정 개혁에 행정적인 장애가 된다.
> ⑨ 친밀하고 종합적이며 계속적인 학생 상담 및 생활 지도 서비스를 통하여 생활 적응 교육을 제공하고자 모든 노력을 경주해야 한다.

(4) 경험중심 교육과정은 교육내용을 학교에서 제공하는 경험의 총체로 봄
(5) 경험중심 교육과정 운영의 핵심은 학생의 원만한 성장을 조력하는 데 있고, 모든 학습자의 협력과 참가에 의하여 이루어짐
(6) 사실을 가르치는 것보다 실제 체험을 시키는 데 중점을 두어 학생들의 흥미와 능력에 따른 학습법을 강조하고, 학생들의 성격을 창조적으로 육성하고자 하며, 교육을 성장의 과정이라고 봄
(7) 이 교육과정을 실천하였던 학교 및 관련 연구사례로는 경험중심 교육과정에서 활동교육 과정을 중시하던 듀이(John Dewey)의 실험학교, 메리암(Junius L. Meriam)의 실험학교, 킬패트릭(William H. Kilpatrick)의 구안법(Project Method) 등이 있고, 생활영역 교육과정을 중시하던 보빗(John Franklin Bobbitt)과 차터스(Werrett W. Charters)의 생활 영역분류와 캐스웰(Hollis L. Caswell)의 버지니아 플랜(Virginia Plan) 등

> **알아두기** ① 킬패트릭의 프로젝트 학습법
> - 프로젝트 : 사회 환경에서 진행되는 전심전력한 유목적적인 활동
> - 아동의 유목적적인 활동 특별히 강조
> - 아동의 선천적인 능력을 최대한 계발하기 위해서 학생의 유목적적인 활동을 강조하는 프로젝트 학습법을 활용

2 특징

(1) 생활의 문제와 종합적으로 처리하는 능력을 기르고자 하며
(2) 교재는 생활의 장에서 결정, 체계적으로 전달하기보다는 학생의 원만한 성장을 강조
(3) 경험중심의 교육과정 조직은 통합형의 형태를 취함
(4) 내용의 논리적인 조직보다는 생활 경험을 심리적인 과정과 관련하여 욕구, 문제, 흥미 등을 중심으로 조직

> **알아두기** ① 경험중심 교육과정의 주요 특징(Hopkins, 1934)
> ① 교육과정의 중점을 교과에 두지 않고 학습자에 둔다.
> ② 교재를 가르치는 데 치중하지 않고, 학생의 바람직한 성장을 조성하는데 힘쓴다.
> ③ 교재는 사전에 조직되는 것이 아니라 학습 현장에서 결정된다.
> ④ 교육과정은 교사가 일방적으로 부과하는 것이 아니라 모든 학습자의 협동적인 참여로 구성된다.
> ⑤ 분산된 사실을 가르치는 것보다는 통합된 의미를 체험시키는 것을 더 중요시 한다.
> ⑥ 교재와 결부된 교수법을 맹목적으로 따르기보다는 청소년의 학습법을 존중하여 지도한다.
> ⑦ 어린이 개개인의 창조적인 특성을 육성한다.
> ⑧ 교육을 교수라고 생각하기보다는 끊임없는 성장의 과정이라고 생각한다.

3 유형

(1) 활동형 교육과정

학생들이 활동중심 또는 생활경험중심으로 교육과정을 편성한 것

(2) 중핵형 교육과정 : 탈학문적(초학문적) 통합

중핵과정과 주변과정이 동심원적으로 조직, 중핵과정은 주로 생활이나 욕구와 관련된 내용이나 경험들이 중심이 되고, 주변과정은 계통학습 및 하위 영역으로 구성(교과중심 중핵형, 개인중심 중핵형, 사회중심 중핵형으로 구성)

(3) 생성형 교육과정

교과라든지 학습영역의 구분을 완전히 제거할 뿐 아니라 교육과정의 일방적인 사전계획을 배제하고 학습자의 요구와 경험을 중심으로 학생과 협력하여 교육현장에서 직접 교육과정을 계획하는 것

4 장점

(1) 학습에서 학생의 자발적 참여를 유도. 문제해결력을 기를 수 있으며
(2) 자발성 및 개별화의 원리에 적합. 학교와 지역 사회의 결합 능력을 기를 수 있음
(3) 생활인과 실천인의 육성을 할 수 있음
(4) 학습자의 흥미와 필요를 고려한 학습으로 능동적 학습태도를 함양
(5) 문제해결력을 신장하고 고등정신을 함양할 수 있음

5 단점

(1) 문화유산의 체계적 전달에 불리. 교육과정의 설계·실천·평가가 곤란
(2) 행정적 통제가 곤란. 교직적 교양과 지도 요령이 미숙한 교사는 실패 가능성이 높음
(3) 체계적인 지식과 기능을 경시할 우려
(4) 학습자의 행동을 통제하기가 곤란
(5) 많은 시간과 설비가 필요하며 시간경제적인 면에서 비효율적

6 듀이의 경험중심 교육과정 이론

(1) 현재 알려진 경험중심 교육과정 논의는 듀이의 주장에 큰 영향을 받아 발전
(2) 듀이에게 교과란 성인 세계에 가까운 논리적 조직
  ① 아동에게는 낯설기 때문에 교육과정의 기준은 교과가 될 수 없음
  ② 교육과정은 초반 아동의 즉각적 경험에서 점차 경험의 난도를 심화시켜 성인일 때 논리적, 추상적, 학문적 접근이 필요
  ③ 즉, 교과를 심리적인 경험부터 시작하여 논리적 경험으로 조직해 나가는 단계적 접근 필요
(3) **듀이의 교육과정 선정·조직 원칙**
  ① 학교교과는 학습자의 현재 경험에서 추론
  ② 학교교과는 이미 경험한 것을 더 풍부하고 다양하게 조직된 형식으로 발달시켜야 함
  ③ 학교교과 선정과 조직은 학교 안과 밖의 삶의 사회적 성격에 초점을 맞춰야 함

알아두기 ①

교육자의 교과	학습자의 교과
• 교육자에게 이해되는 상태로서의 교과 • 논리적 조직 • 형식적인 사고의 반영 • 교과 내용의 논리적 조직 • 사고의 결과 • 결과를 설명하는데 유용 • 탐험의 결과로서의 지도에 비유	• 학습자의 경험 안에서 발달되어가는 교과 • 심리적 조직 • 실제적인 사고의 반영 • 교과 내용의 심리적 조직 • 사고의 과정 • 결론에 도달하는데 유용 • 탐험 과정 자체에 대한 기술

(4) 지식의 가치를 훈련하는 것이 아니라 문제상황에 직면하여 그것을 극복해 낼 수 있는 능력을 키우는 것이 바로 교육이어야 하며, 그것을 위하여 학생들이 직접 경험할 수 있도록 교육과정을 조직해야 한다고 주장

(5) 듀이가 학교에서 가르쳐야 할 교육내용을 과거의 전통적인 교육과정과 배치되는 것으로 주장한 것은 아니며, 교과내용이 학습자에게 중요한 것으로 선택된 상황이더라도 학습자의 실생활에 기초할 수 있도록 경험세계와의 연계를 강조

(6) '행함으로써 배운다'(learning by doing)라는 원리가 핵심이며 학습자가 생활에서의 문제를 능동적으로 해결해 감으로써 진정한 성장을 이루게 된다고 보았음

(7) 이 입장은 학습자를 교육의 중심으로 이동시킴으로써 개인차가 존중되고 전인교육을 중시하는 반면, 기초학력 및 교육의 효율성 저하, 교육과정의 사전계획의 어려움, 따라서 교사의 소양에 따라 교육과정의 성패가 좌우될 수밖에 없는 등의 문제가 지적

UNIT 3 학문중심 교육과정

1 의미

(1) **중심초점**: 지식의 구조

(2) 학문중심 교육과정(Discipline-Centered Curriculum)은 1957년 구소련의 인공위성 스푸트니크 발사에 의한 충격으로 당시 미국 교육의 주류를 이루던 진보주의 교육 관점에 따른 생활적응교육을 비판하면서 등장

(3) 즉, 학습자의 흥미, 필요, 사회적 기능과 같은 생활적응에 중점을 둔 경험중심 교육과정이 체계적인 지식교육을 소홀히 한 결과로 구소련과의 경쟁에서 뒤처지게 되었다는 비판이 제기된 것

(4) 학문중심 교육과정은 교과의 구조와 학습방법에서는 탐구학습(발견학습)을 중요시

(5) 브루너(Jerome S. Bruner, 1960 & 1961)는 "어떤 교과든지 지적으로 올바른 형식으로 표현하면 어떤 발달단계에 있는 아동에게도 효과적으로 가르칠 수 있다"고 주장

> **알아두기 ①**
> - "교육의 과정(The process of education)"이라는 보고서를 통해 경험중심 교육과정의 한계와 문제점을 지적. 그는 '지식의 구조'를 강조하며 교과의 가치를 이전과는 다른 방식으로 정당화. 즉, 학문에 내재되어 있는 지식의 탐구과정을 직접 경험하도록 하며 그것을 통해 학습자는 그 분야 학자들이 느끼는 것과 동일한 내적 보상(만족감, 성취감, 자신감 등)과 동기유발이 이루어진다고 보았음
> - 학자들의 탐구적 접근을 어린 학생들도 동일하게 따라갈 수 있으며, 발달단계에 따라 서서히 학문 내용의 폭과 깊이를 높여나가는 나선형 교육과정을 제시. 그러나 누구나 이런 지적 탐구가 가능한 것은 아니어서 중상 이상의 학생들에게 적당하고, 내적 동기유발을 기대하기 어려운 경우도 있어 한계점으로 지적

(6) 학문중심 교육과정은
① 교과의 내용이 지식의 구조(structure of knowledge)임. 즉, 핵심적인 아이디어 또는 기본적인 원리 및 개념을 중요시
② 교육과정은 계열성과 계속성을 중시하는 나선형 교육과정. 나선형이란 말은 달팽이나 조개껍질에서 보듯이 동그라미가 작은 것에서 점점 크게 돌아나가는 모양을 뜻함. 학습의 가르치는 내용은 동일하되 발달단계가 높아짐에 따라 그 동일한 내용이 점점 폭이 넓고 깊이 있게 반복하여 가르침
③ 사고를 중시하고 학습자의 내적 보상에 의한 학습동기의 유발을 중시

2 배경

(1) 1957년 스푸트니크 사건 이후 우즈홀 회의에서 진행한 과학교육 개혁의 필요성
(2) 하버드 심리학자이자 우즈홀 회의 책임자인 제롬 브루너가 주장

3 기본입장

(1) 학교는 전인교육이나 민주시민을 기르는 곳이 아니라 지식을 체계적으로 가르치는 곳
(2) 학교는 폭발적으로 증가되는 지식 가운데 핵심적인 것만 교육해야 함
(3) 교육의 목적은 각 개인으로 하여금 최고의 지적 발달수준에 도달하도록 도와주는 일

4 특징

(1) 지식의 구조와 기초교육을 강조하며, 교재의 목표를 체계적인 지식의 습득에 둠
(2) 교과조직에서의 구조와 학습 방법에서의 탐구를 주요 내용과 활동으로 함
  ① 지식(학문)의 구조란 학문의 기저를 이루는 핵심적인 개념과 원리를 말하고 그것은 어떤 단계의 학생들에게 올바른 방식으로 표현 가능
  ② 학생들 단계에 맞게 학문을 번역하고 조직하여 제시하기 위해 '나선형 교육과정' 아이디어에 기초
  ③ 학문을 생산하는 학자든 학생이든 학문을 탐구하는 수준만 다르지 방법은 같다는 기본전제 하에 '탐구학습' 주장
  ④ 지식의 구조는 배운 내용을 사태에 적용하기 쉽고 위계적인 지식 사이의 간격을 좁힐 수 있음

5 나선형 교육과정

(1) 특징

① 브루너는 그의 발견학습을 교육과정 설계에 반영하려고 했음. 그는 교사들이 학생의 인지발달 단계에 맞지 않는 복잡한 학습 내용을 학생들 머릿속에 구겨 넣으려고 하면서 시간을 낭비하고 있다고 했음
② 어떤 교과든지 그 원리에 충실한 형태로 표현하면, 어떤 발달단계에 있는 어떤 학생에게도 효과적으로 가르칠 수 있다고 주장
③ 즉, 브루너가 제시한 가설에는 어떤 교과든지 그 지적 성격에 충실한 형태로 어떤 발달단계에 있는 어떤 아동에게도 효과적으로 가르칠 수 있음
④ 다시, 이 가설에 의하면 모든 발달단계의 학생들에게 각각 알맞은 수준에서 교과를 가르치되, 그 교과의 지적 성격이 손상되지 않도록 가르칠 수 있음
⑤ 가르치는 내용은 동일하며 다만 발달단계가 높아짐에 따라 그 동일한 내용이 점점 폭넓고 깊이 있게 되풀이 되어 가르쳐진다고 말할 수 있음
⑥ 가르쳐지는 교과를 시각적으로 표현하면 달팽이 껍질(나선)과 같다고 할 수 있음
⑦ 달팽이 껍질의 선을 하나의 교과라고 생각하면, 그것이 점점 크게 돌아 나오는 것은 그 교과의 폭과 심도가 더해가는 모양 나타냄
⑧ 브루너는 이를 위하여 복잡한 이론을 구조화해야 한다고 보았음
⑨ 우선 아주 어린 학생들도 이해할 수 있을 정도로 내용을 쉽게 안내하고, 이어서 조금 더 복잡한 수준의 내용을 소개
⑩ 조금씩 더 복잡한 내용을 접하면서 나중에는 자신의 경험과 새로 배운 지식과 연결시킬 수 있게 됨. 이러한 교육과정 운영방식을 '나선형 교육과정'이라고 부름
⑪ 브루너는 이 이론을 뒷받침하는 원리를 다음과 같이 제시
　㉠ 학습 내용이 반복될수록 학생은 더 많은 내용을 더 잘 이해할 수 있음
　㉡ 학습 내용은 쉬운 것에서부터 복잡한 것으로 진행
　㉢ 교육과정 초기에 배운 지식을 교육과정 말미에 재활용할 수 있음

(2) 운영방식

① 한 교과에서 모든 학년 수준에 관계없이 가르쳐질 '동일한 교육내용'(기본 개념과 원리 또는 핵심적 아이디어)이 무엇인가 확인하는 일
② 그 내용을 각각의 학교 또는 학년 수준에서 어느 정도로 정확하게 가르칠 것인가 결정하는 일(교육내용을 학교 또는 학년 수준에 맞게 '번역'하는 일)
③ ①은 교육내용 '선정' ②는 '조직'

6 장점

(1) 교육내용의 선정, 조직에 경제적 단순화를 기할 수 있음
(2) 저학년에서 조기교육이 가능. 학습동기 유발의 범위를 확대하는 데 기여
(3) 체계화된 지식을 교육하므로 교육의 질적 향상을 가능

(4) 학습하는 방법을 익혀 학습의 전이를 높일 수 있음
(5) 내적 동기유발에 의한 학습의 효과를 높일 수 있음
(6) 지식의 구조를 통해 의미 있는 학습이 일어날 수 있다고 보았음

7 단점

(1) 모든 교과에 교과의 구조를 발견하기가 곤란
(2) 교과의 세분화를 초래, 아동 개개인의 학습 필요성을 무시
(3) 정의적 교육을 경시할 우려
(4) 학습자 개인의 흥미와 필요가 무시되기 쉬움
(5) 추상적 지식만을 강조함으로써 복잡한 사회적응력 함양이 곤란
(6) 소수의 우수한 학습자 위주의 교육이 되기 쉬움
(7) 실제로 학생들에게 어떤 영향을 미치는지 구체적인 적용 사례가 없다고 한계를 지적

8 공헌점

(1) 조기교육의 이론적 근거 제공, 내적 동기 강조
(2) 발견학습과 기본언어교육 중시

UNIT 4 인간중심 교육과정

1 의미

(1) 1970년대 무렵 고도산업화에 따라 파생된 인간성의 상실과 비인간화 현상이 심각한 사회문제로 대두되었고 학문중심 교육과정에 대한 비판이 제기되면서 인간중심 교육과정(Human-Centered Curriculum)이 등장
(2) 즉, 지식을 가르치는 것만으로는 복잡한 사회문제에 대응할 수 없으므로 고도산업사회에 적합한 기술교육, 인간적인 심성을 강조하는 교육의 필요성이 제기된 것
(3) 맥닐(McNeil, 1985)은 "인간주의자들이 보는 교육과정의 기능은 개인에게 내적 경험을 제공하는 것. 즉, 교육의 목표는 인성적 성장, 통합, 자율성을 꾀하고, 자아 및 타인 그리고 학습에 대한 건전한 태도를 형성하는 과정으로서 자아실현을 모색하는 것이다"라고 하였음
(4) 인간중심 교육과정에서 교육의 본질은 삶의 충실과 자아실현을 할 수 있는 인간을 육성하는 것. 즉, 인간의 가능성을 최대한 신장시키고 만족스런 삶을 살 수 있도록 도와주어 자아실현을 하도록 하는 데 목적

> **알아두기 ①**
> - 1970년대에 들어서 새롭게 강조된 교육과정 논의는 인간에 대한 실존적 접근으로부터 시작. 인간성의 회복, 인간소외 현상의 극복 등을 기치로 교육의 인간화를 주장하였고, 인간의 인간다움을 지켜나감으로써 개인의 자아실현 및 개별화에 무게를 두었음
> - 개인의 의미를 중시함은 물론, 정서적·신체적 균형 있는 전인교육의 중요성이 강조. 시대적으로 보면, 지나친 교과중심의 교육과정을 부정하며 등장하였던 경험중심 교육과정, 이후 학문주의, 과학주의에로의 이동에 따른 비인간화 현상에 대한 반대급부로 등장한 것이라고 볼 수 있음
> - 인간이 배제된 교육은 무의미한 것이며 학교환경은 물론 교육과정을 조직함에 있어서 전인교육의 핵심 가치인 통합을 중시
> - 인간중심 교육과정은 학습자의 전인교육을 통한 자아실현에 최고의 가치를 두고 있다는 장점을 가진 반면, 교육환경 및 이를 구체화할 수 있는 교사의 교육철학에 크게 좌우될 수밖에 없다는 한계를 가짐

2 배경

(1) 인간중심 교육과정은 학교의 비인간화 현상이 고조된 1970년대 발생
(2) 기존의 학문중심 교육과정에 대한 대안
(3) 인간중심 교육은 흔히 정의적 교육, 열린 교육, 실존주의 교육으로 불림

3 특징

(1) 자아실현과 교과의 통합을 강조
(2) 교사와 학생의 원만한 인간관계, 교육과정의 전개에서 결과보다는 과정을 중시
(3) 인간중심 교육과정은 융합교육을 통해 확고
(4) 잠재적 교육과정을 공식 교육과정과 똑같이, 경우에 따라 더 중시함
(5) 인간주의적인 교사를 가장 필요로 함

4 장점

(1) 학습활동에서 아동의 자유를 강조
(2) 개별화, 발견학습이 가능. 내적 동기유발에 효과적
(3) 전인교육을 통해 인간의 성장 가능성 조화롭게 발전 가능
(4) 학습과정을 통해 터득된 의미가 내면화 가능
(5) 학습자의 자아개념을 긍정적으로 형성하는데 도움
(6) 학습자가 개별적으로 자기성장을 조정할 수 있음
(7) 교수 – 학습과정에서 자율적·개방적 분위기를 조성하여 터득한 학습의 의미가 내면화

5 단점

(1) 명확한 개념이나 원리를 제시하지 못함
(2) 학습에서 지나친 개인주의를 강조. 무계획한 학습운영의 가능성이 높음

(3) 자유로운 환경조성과 역동적 인간관계가 유지되지 않으면 교육성과 보장 어려움
(4) 교사들의 교육관과 책무성이 결여되면 실현이 어려움
(5) 과대규모 학교와 과밀학급, 학급 밀도나 지나친 경쟁구도를 줄이지 않으면 실현이 어려움
(6) 교육의 인간화가 보장되지 않으면 실현 어려움
(7) 교수 – 학습과정에서 자유로운 환경조성이 유지되지 않으면 교육성과를 기대하기 곤란
(8) 인간중심 교육에 대한 교사들의 투철한 교육관이 확립되지 않으면 그 실현이 곤란
(9) 과밀학급과 경쟁위주의 학교환경에서는 인간중심 교육이 곤란

[교육과정 이론모형]

구분	교과중심	경험중심	학문중심	인간중심
유형	• 분과교육과정 • 상관교육과정 • 융합교육과정 • 광역교육과정	• 활동중심교육과정 • 생활영역교육과정	• 경험중심교육과정의 결합 • 교과중심교육과정의 결합	• 방법 기초형 • 학습자 중심형 • 과정 강조형
특징	• 사전에 계획한 대로 객관적인 수업진행 가능 • 교사주도형 • 교재 범위 안에서 학습활동 전개	• 학생의 흥미와 필요를 기초로 학습내용 • 민주사회에 필요한 창의성, 책임감, 사회성, 협동정신, 반성적 사고	• 지식의 구조, 기본적 원리 및 개념중시 • 분석적 사고, 직관적 사고중시 • 내적 보상에 의한 학습동기 • 창조성을 강조	• 잠재적 교육과정 중시 • 교육목표는 자아실현 • 인간주의적인 교사를 필요로 함
장점	• 새로운 지식, 사실을 학습하는 데 논리적, 효과적 방법 • 학생들의 지적 능력을 향상시키는 데 적합 • 문화유산을 효율적으로 이용 • 오랜 전통, 널리 받아들여지고 있음	• 적극적인 참여 • 현실적, 실제적 생활문제해결 • 민주시민으로서의 자질 함양 • 학교와 지역사회의 유대를 강화	• 교육내용을 선정, 조직하는데 경제성 • 지식의 전체 구조를 쉽게 파악 • 탐구력을 향상 • 학습에 관한 흥미유발	• 전인교육 • 학습자의 자아개념을 긍정적으로 향상 • 교수학습 과정에서 개방적, 자율적 분위기를 조성
단점	• 학생들의 흥미, 필요 능력 등 심리적인 요소를 고려하기에 부적합 • 교과 간 관련성, 통일성 등이 결여 • 교과목 그 자체가 바람직한 인지능력 훈련은 아님	• 학생들이 기초학력 저하 • 교육과정 분류의 준거가 명확하지 못함 • 미숙한 교사는 교육과정 운영에 실패	• 학업능력이 우수한 학생들에게 적합 • 일부 교과(자연과학 분야)에 적합 • 탐구를 위한 교육환경의 구비가 쉽지 않음	• 교사들의 투철한 교육관이 중요 • 경쟁과 비교를 지양하는 환경 • 교과의 난이도 하향 조정, 교과의 통합, 시간 단위의 융통성 있는 운영 등이 선행되지 않으면 효과를 기대할 수 없음
학자	–	하버트, 루소, 페스탈로치, 프뢰벨, 듀이	브루너, 피닉스	–

CHAPTER 02 교육과정 개발 모형

교육과정 개발은 다양한 교육과정 계획과 설계, 그리고 그러한 계획과 설계가 이루어지는 과정을 나타내는 의미로 사용. 교육과정을 구성함에 있어서 그 과정 및 절차가 어떻게 진행되어야 하는가를 결정하는 과정과 관련

UNIT 1 타일러(R. Tyler)의 합리적 모형

1 타일러(Tyler)의 합리적 모형 : 전통적 교육과정 개발 모형

(1) 가장 대표적인 모형으로서 타일러의 합리적 개발 모형은 목표모형, 고전적 모형, 처방적 모형으로 불리기도 하며, 1949년 발간한 저서 『교육과정과 수업의 기본원리』(Basic Principles of Curriculum and Instruction)에서 네 가지 단계의 합리적 질문을 제기

(2) 타일러는 간단하고 체계적인 교육과정 개발 모형을 제안. 타일러 이론의 핵심은 측정 가능하고 명확하며 확인 가능한 행동의 변화를 학습목표로 삼는다는 것

(3) 타일러의 모형에서 단계마다 해야 할 주요 질문은 다음과 같음
  ① 교수학습의 목적은 무엇인가?
    - 학교에서 달성하고자 하는 교육 목표는 무엇인가?
  ② 이러한 목적을 달성하기 위한 경험은 무엇인가?
    - 수립된 교육 목표를 달성하는데 유용한 학습 경험이 어떻게 선정될 수 있는가?
  ③ 이러한 경험은 어떻게 효과적으로 조직될 수 있는가?
    - 학습 경험은 효과적인 수업을 위해 어떻게 조직될 수 있는가?
  ④ 목적이 달성되는 시점을 어떻게 결정할 수 있는가?
    - 학습 경험의 효과는 어떻게 평가될 수 있는가?

2 특징

(1) 실증주의, 경험주의, 성과주의, 기술공학적 절차를 중시하는 시대정신을 반영
(2) 교육과정의 계획과 개발에 대한 합리적·선형적 접근을 강조(종합적 교육과정 모형)
(3) 합리적 모형, 목표중심 모형, 평가중심 모형, 목적·수단모형으로 불리기도 함

3 교육과정 개발 절차

(1) **교육목표 설정 : 타당한 목표, 교육철학과 학습심리학**

① 잠정적 목표설정 자원 : 학습자의 심리적 요구, 사회적 요구와 가치, 교과전문가의 견해
② 목표 거름체 : 교육철학, 학습심리학
③ 구체적 목표 진술 : 이원목표분류(내용 & 행동) → 포괄성(폭넓은 변화), 일관성(무모순성), 실현가능성
④ 학습의 목적을 세우기 위해서는 의사 결정자가 누구인지 결정해야 함. 의사 결정자는 정부기관, 교사, 교육청, 기업, 지역 사회 구성원 또는 학습자가 될 수 있음. 혹은 이들 모두가 섞여 있을 수도 있음
⑤ 모든 이의 요구사항을 충족시키는 목표를 세운다는 건 쉽지 않음. 따라서 다양한 집단 간에 우선순위를 미리 정해야 함

(2) **학습경험 선정**

① 기회의 원리 : 목표 달성의 경험 제공
② 만족(효과, 동기)의 원리 : 학습자에게 즐거운 경험 제공
③ 학습가능성의 원리 : 학습자의 현재 발달수준에서 가능한 경험 제공 → 적절한 도전감과 좌절감을 경험(단지 쉬운 것×)
④ 일목표 다경험의 원리 : 하나의 목표달성을 위해 여러 경험 제공
⑤ 일경험 다성과의 원리 : 하나의 경험을 통해 다양한 학습 결과를 유발
⑥ 학습내용은 목표를 설정하면서 이미 자연스럽게 결정되었을 가능성이 큼. 따라서 교사는 평가 목표와 관련된 내용을 잘 숙지하고 있어야 함. 그렇지 않으면 내 학창시절 지리 선생님과 비슷한 실수를 할 수도 있음
⑦ 교육과정에 따르면, 우리는 파라과이의 인구 구조에 대해 배워야 했는데, 선생님은 우루과이의 인구에 관해 설명해 주셨음. 이름은 비슷하지만 두 나라는 완전히 다른 나라임

(3) 학습경험 조직 : 종적원리(계열, 순서, 시간적 체계성 - 계속성, 계열성), 횡적원리(범위, 배열, 공간적 관련성 - 폭, 깊이 예 통합성)

① **계속성(continuity)** : 동일 내용의 동일 수준 반복 → 중요 개념 원리 학습, 태도, 운동기능 습득
② **계열성(sequence)** : 동일 내용의 다른 수준 반복(심화 확대) → 나선형 교육과정(학문중심 교육과정)
③ **통합성(integration)** : 교육내용을 수평적으로 연관(예 3학년 수학과 사회의 관계) → 교육내용 간의 중복 누락 등 모순 방지 & 상호작용적 효과

현대 교육과정 조직 원리	내용
균형성	여러 학습경험들 간의 조화(예 전인교육)
건전성(보편타당성)	건전하고 보편타당한 경험으로 조직
다양성	학생들의 개인차를 존중, 다양한 흥미와 능력에 부합될 것
연속성(수직적 연계성)	특정 학습의 종결점이 다음 학습의 출발점이 되도록 조직

(4) 학습경험 평가 : 교육을 통해 어느 정도 실행되고 있는가를 확인하는 일
① 교사가 수업한 내용을 평가하는 것은 어느 교육과정 이론에서든 가장 중요함
② 교사는 평가된 결과를 수업에 반영할 줄 아는 전문가가 되어야 함

4 장점

(1) 어떤 교과나 어떤 수업에서도 활용 적용
(2) 논리적이고 합리적인 절차를 제시하고 있어 교육과정 개발자나 수업계획자가 적용
(3) 학습자의 행동과 학습경험을 강조함으로써 평가를 위한 지침을 제공
(4) 교육과정과 수업을 구분하지 않고 통합적으로 포괄하는 종합성
(5) 경험적, 실증적으로 교육성과를 연구하는 경향 촉발

5 단점

(1) 목표의 원천은 제시하고 있으나 무엇이 목표이고 왜 선정되었는지를 밝혀주지 못함
(2) 목표를 사전에 미리 설정함으로써 수업 진행과정 중에 새롭게 생겨나는 부수적, 확산적 목표의 중요성을 간과
(3) 목표를 내용보다 우위에 두고, 내용을 목표 달성의 수단으로 전락
(4) 절차만을 지나치게 강조함으로써 무엇을 가르쳐야 할 것인가에 대한 대답을 회피
(5) 겉으로 평가할 수 있는 행동만을 지나치게 강조함으로써 잠재적 측면이나 내면적 변화, 가치와 태도, 감정 등의 변화를 확인하기 곤란

[교육과정 조직의 유형]

교육과정 유형		기본 특성	목적	내용 중심	수업 방법	학문적 기초	교육 실제
지식 중심	교과 중심	분과적, 교과서중심, 교사·전문가 중심	문화 유산 전승	인지영역, 교사의 사전계획	암기위주, 교사의 권위	능력심리학, 행동주의 심리학	단위제 트랙 시스템, 능력별 학급 편성
	광역	통합적, 융합적	문화 유산 전승	많은 정보, 깊이보다 폭 중시	비형식성, 실제적용	행동주의	사회과, 실과, 언어, 예술, 인문과목, 체육 등
	학문 중심	지식의 구조적 접근	구조에 대한 이해, 학문 탐구 과정 이해	학문의 구조, 연구과정, 기본개념	설명, 발견, 문제해결	행동주의, 형태심리학, 진보주의	
학습자 중심	아동 경험 중심	활동중심, 학습자 흥미(요구) 중심	학습자의 사회화, 문제 해결, 반성적 사고	활동, 경험 중심 교과	교사는 조정자 역할, 학생은 능동적 참여, 문제해결 학습	실험주의, 형태심리학, 상호작용주의	단위학습, 무학년제, 프로젝트 방법, '일과 공부 프로그램'(노작교육)
	인본 주의	교과목 보다는 학습자 중심, 학습자 요구와 흥미 중시	자아 개발, 전인 개발, 인간화	지적·정의적 영역의 통합	교사와 학생 간의 정서적 관계	형태심리학 제3세력 심리학, 실존주의	열린교육, 교실 내에서의 인간관계 훈련
	개방 접근	공간, 시간, 내용, 방법의 개방	자아 실현, 자율적 신장	지적·정의적 영역의 통합	자기 지시적, 선택적 학습, 교사는 조정자	인본주의	계약학습
사회 중심	중핵	통합교과중핵, 문화시기적 중핵, 사회문제, 청소년 연구	삶의 사회적 기능	생활문제 사회문제중심 중핵적 경험	문제해결 학습, 중핵 교과 제도, 블록 타임	협력학습 이론	블록 타임
	생활 적응	사회문제중심	실제 생활 적용	개인능력 사회참여(관계), 환경요인	문제해결 절차에 초점을 두는 교수학습	사회 재건주의	항상적 생활중심

UNIT 2 타바(Taba)의 교육과정 개발모형(확장 모형) : 풀뿌리식 접근

1 타바(Taba)의 교육과정 개발모형(확장 모형)

(1) 타바는 타일러의 합리적 교육과정 개발 모형을 기반으로 했지만, 상호작용과 학습자의 학습 경험을 조금 더 중시
(2) 타바의 이론은 상호작용하는 5개의 요소를 기반으로 함

(3) 타바는 교육의 과정에 영향을 미치는 아래와 같은 요소를 강조
  ① 목표 및 내용에 대해 구체적인 기준을 갖는 것의 중요성
  ② 목표와 관련된 학습 경험의 선택 및 구성
  ③ 최적의 학습 경험을 위한 교수 전략의 선택
  ④ 적절한 평가도구의 선택
(4) 타바의 이론은 교육과정 개발에 교사의 참여를 강조하여 '풀뿌리식' 접근이라고도 불림
(5) 타바이론의 지지자들은 '풀뿌리' 접근이 교사의 행위 중 반성 능력을 개발시킬 수 있다고 주장. 반면 비판자들은 교사의 역량을 과대평가한다고 주장

2 특징

(1) 타일러의 모형을 발전시킨 것(귀납적 접근방법 제시)
(2) 교육과정 개발 과정의 각 단계에서 내용(교육과정의 논리적 조직)과 개별학습자(교육과정의 심리적 조직)의 이원적인 고려를 제안
(3) 사회 및 문화의 분석, 학습자와 학습과정의 연구
    ① 교육과정의 본질과 학교의 목적을 위한
    ② 지식의 본질에 대한 분석을 이끌어내기 위하여 과학적 교육과정 개발의 필요성을 역설
(4) 단원개발에서 교과구성으로 진행
(5) 교육과정의 일반적인 측면보다 구체적인 측면에 더욱 강조점
(6) 교육과정 개발의 '풀뿌리식 접근'을 강조
(7) 교육과정의 목표설정 시에 학습자의 요구진단으로부터 교육과정이 개발되어야 함
(8) 교육과정 개발에서 현장 교사의 역할 중시

3 교육과정 개발 단계

(1) **제1단계**: 요구의 진단
(2) **제2단계**: 목표의 설정
(3) **제3단계**: 내용의 선정
(4) **제4단계**: 내용의 조직
(5) **제5단계**: 학습경험의 선정
(6) **제6단계**: 학습경험의 조직
(7) **제7단계**: 무엇이 평가되어야 하는지와 그것을 평가하는 방법과 수단의 결정
(8) **제8단계**: 균형과 계열성 검증

타일러	타바
• 학습자, 사회, 교과의 요구 분석 • 연역적 모형 • 4단계 개발 절차 • 학습경험으로 단선화 • 교수학습활동을 포함×	• 학습자의 요구분석 • 귀납적 모형 • 타일러보다 세분화된 절차 • 내용과 경험으로 이원화 • 교수학습활동을 단계에 포함

UNIT 3 워커(Walker)의 자연주의적 모형, 실제적인 교육과정 개발 모형

1 의미

(1) 워커(D. Walker)는 교육과정 개발의 합리적 절차보다는 개발의 과정에 중점. 실제 상황에서 교육과정이 개발되는 실제를 묘사하여 교육과정이 타협되고 조정되는 과정을 보여 줌
(2) 워커는 실제적인 모형이라고 불리는 교육과정 개발 방법을 제안. 그는 교육과정의 개발 과정을 다음과 같이 3단계로 구분

2 특징

(1) 교육과정을 개발하고 설계하는 참여자들 간의 다양한 견해를 반영
(2) 교육과정을 계획하는 동안 실제로 일어나는 것을 아주 정확하게 묘사
(3) 현실적인 장면에서 교육과정을 개발하는 과정을 기술 → 자연스러운 개발 모형, 기술적 모형, 과정지향적 모형
(4) 슈왑(J. Schwab)의 교육과정 개발에 적용된 실천적 추론 및 숙의에 대한 이론을 정련하고 발전시킨 모형

(5) 워커 모형을 기술적(descriptive) 모형, 자연주의 모형으로 개념화할 수 있으며 교육과정이 개발되는 과정에서 실제 일어나는 일들을 묘사하고 있다는 데 특징

3 교육과정 개발 모형

(1) 토대 다지기(강령, Platform)
① 교육과정 개발 활동에 참여하는 사람들이 지닌 교육적 신념, 가치, 각종 교육이론, 교육목적, 교육과정 구성, 교육과정 개발절차. 자기가 속하여 이해관계를 대변해야 하는 집단의 전략, 그리고 자신의 숨은 의도 및 선호
② 기본 단계. 교육과정을 구성할 수 있는 기반을 제공하는 토대 다지기. 조직의 가치, 신념 및 목표, 목적을 설정
③ '토대'라는 용어를 사용한 이유는 그것이 앞으로의 토론에서 기준 또는 기초가 되거나 합의의 발판이 되기 때문
④ 토대는 교육과정 개발 참여자들이 지닌 지식과 신념 체계로서 다음에 오는 숙의를 위한 자원이 됨

(2) 숙의(Deliberation)
① 본질적으로 적절한 여러 대안들, 대안적 지각들, 대안적 문제들과 대안적 해결들을 찾아내고 형성하고 고려하기 위한 체계적인 방법
② 숙의의 목적은 대안들 간의 충돌을 제거하는 것
③ 중간 단계. 토의, 토론, 논쟁 및 협상을 통해 다양한 이해 당사자들의 의견을 수렴
④ 숙의는 집단적, 체계적 논의 과정을 거치면서 목적 달성과 문제 해결에의 최선의 대안을 선택하는 과정

(3) 설계(Design)
① 교육 프로그램의 상세한 계획을 수립하는 일. 앞서 숙의 과정을 거쳐 최선의 대안으로 선택된 것을 교육과정 문서로 번역하는 활동
② 최상위 단계. 교육과정에 대한 모든 숙의 과정을 마치고 충분한 합의가 이루어지고 난 뒤에 세부적인 사항들을 설계할 수 있음

4 숙의 모형의 평가

(1) 교육과정 개발참여자들이 다른 입장에 반응하고 숙의하기 위해 대화 필요성 강조
(2) 전적으로 교육과정 계획에만 초점이 맞추어져 있어 교육과정 설계가 완성된 뒤에 어떻게 실행할지, 어떻게 평가할지에 대한 언급이 부족
(3) 대규모의 교육과정 프로젝트에는 적절하지만 소규모, 학교중심 교육과정 계획에는 부적절
(4) 워커의 이론을 지지하는 사람들은 이 방법을 통해 다양한 이해 관계자들의 요구를 교육과정 설계에 담을 수 있다고 주장
(5) 반면 비판자들은 숙의 과정이 단순히 시간 낭비일 뿐만 아니라 너무 고된 작업이라고 주장

UNIT 4 스킬벡(Skilback)의 학교중심 교육과정 개발 모형

1 의미

(1) 학교중심의 교육과정으로 학교의 구성원인 학생의 학습을 위한 프로그램을 학교가 계획하고, 설계하고, 실행하여 평가하는 교육과정 개발 모형
(2) 학습자와 사회의 특성 및 요구분석과정인 상황분석을 매우 중시
(3) 학교중심 교육과정 개발은 학교 바깥에 의하여 강제되기보다는 학교와 학교가 속해 있는 지역사회 속에서 교육과정에 관한 계획, 설계, 운영, 평가와 관련하여 의사결정이 이루어지는 과정

2 특징

(1) 학생이 구성원인 교육기관에 의한 학습 프로그램의 계획, 설계, 시행, 평가를 진행하는 것
(2) 교사와 학생 간의 공유된 의사결정을 강조
(3) 기관의 내부에서 이루어지고 유기적이며 다양한 집단들과의 관계망을 포함 한정된 가치, 규범, 절차, 역할 패턴에 의해 특징

3 학교중심 교육과정 절차

(1) 상황분석

① 학교의 상황을 구성하는 외적·내적 요인을 분석
② **외적요인** : 학부모의 기대, 지역사회의 가치와 변화하는 인간관계, 이데올로기 등과 같은 사회문화적 체제 등이 이에 속함
③ **내적요인** : 학생의 적성, 능력, 교육적 요구, 교사의 가치관 및 태도, 기능, 지식, 경험, 학교의 환경과 정치적 구조, 교육시설 및 설비, 교육과정 내의 존재하는 문제점 등이 이에 속함

[상황분석의 세부 요인]

외적 요인	• 학부모의 기대감, 지역사회의 가치, 변화하는 인간관계, 이데올로기 등과 같은 사회문화적 변화 • 교육체제의 요구, 변화하는 교과의 성격, 교사 지원체제 등
내적 요인	• 학생의 적성 능력 교육적 요구 • 교사의 가치관 및 태도, 기능, 지식, 경험 • 학교의 환경과 정치적 구조, 공작실, 실험실 등과 같은 시설 • 교육과정 내에 존재하는 문제점 등

(2) 목표설정

① 상황분석에 기초하여 교육목표를 설정
② 예견되는 학습결과를 진술함으로써 교사와 학생의 행동을 강화할 수 있는 목표를 설정
③ 상황분석에 기초하여 교육활동의 방향을 제시하기 위한 가치와 판단을 포함

(3) 프로그램 구성(구축)

교수·활동의 내용, 구조, 방법, 범위, 계열성 등의 설계, 수단·자료(자원, 교재 등에 관한 상세한 목록)의 구비, 적절한 시설환경(실험실, 작업실, 공작실 등)의 설계, 인적 구성과 역할 부여, 시간표 짜기 등을 수행하게 됨

(4) 해석(판단)과 실행

교육과정의 변화를 일으키는 문제들을 판단(규명)하고, 그 해결을 실행하게 됨

(5) 모니터링, 조정, 피드백, 평가 및 재구성 → 상황분석

교육과정 개발에 대해 계속적으로 모니터링하고, 그에 따른 피드백 평가를 수행할 뿐만 아니라, 그 결과를 토대로 교육과정을 재구성하는 활동이 이루어지게 됨

4 장점

(1) 행동적 교육목표의 진술에 따른 교육과정 개발을 거부
(2) 교육과정 개발자들의 자율성과 창의성 발휘를 중시
(3) 학교에서 활용하기 적합한 교육과정 개발 모형

5 단점

(1) 교육과정 개발 작업이 나아가는 방향이 뒤섞여 있어 방향감이 부족
(2) 교육과정을 개발하는 과정에서 혼란이 야기될 가능성이 큼
(3) 목표를 설정해 두는 일을 소홀히 함으로써, 어디로 나아가고 있는가를 분명하게 이해하기 곤란

UNIT 5 아이즈너(Eisner)의 예술적 모형

1 아이즈너(Eisner)의 예술적 모형

(1) 예술적 교육과정은 교육과정을 미학적 관점에서 재개념화 하려고 노력하였으며 '의미의 추구'는 이미 주어진 것을 그대로 발견하는 것이 아니라 학생 스스로 다양하게 구성(해석)하는 것임을 강조
(2) 다양한 생각을 행동 목표로 집약하여 표현하면 다양한 교육활동이 제한되므로, 다양한 형식으로 의미가 표상되기 위해서는 '어떤 깨우침'이 의미의 표상형식 안에서 일어날 수 있도록 교육과정이 개발되어야 한다고 주장
(3) 교육과정이란 각자의 다양한 가치관을 표현하는 수단이며 예술적인 과정. 그렇기 때문에 교육과정 개발이란 각자의 생각을 다양하게 표현하는 프로그램을 만드는 과정이고 이는 예술가의 표현행위와 비슷
(4) 교육과정의 내용으로 드러나는 사회적 실제는 독립적이지 않으며 다원적. 그래서 획일적이고 처방적인 교육과정을 반대하고, 교육과정은 계속해서 재구성되어야 한다고 강조

2 특징

(1) 행동적 교육목표와 전통적 학문교과를 지나치게 강조해 왔던
(2) 학교 교육과정 풍토를 비판하고 예술교육과 교육과정을 강조(질적 설계 모형)
(3) 전통적으로 중시되었던 학문적인 교과 중심 교육과정 풍토 비판 → 예술적·인본적·심미적 관점에서의 교육과정 개발모형
(4) 영 교육과정 중시, 교육과정 개발자는 교사, 교육목표의 다양화, 참평가, 교육적 감식안(심미안)과 교육비평, 질적 연구 지향

3 교육과정 개발 과정

(1) 목표설정(우선순위)
① 명백한 교육목표뿐만 아니라 잘 정의될 수 없는 목표(표현적 목표)도 고려
② 목표의 중요성(우선순위)을 토의하는 과정에서 심사숙고
③ **행동목표**: 학습자가 해야 할 내용과 방법이 정해져 있는 목표
④ **문제해결목표**: 학생에게 해결해야 할 문제가 주어지나, 해결의 방법은 제시하지 않음
⑤ **표현적 결과목표**: 학습자의 경험을 풍부하게 하고 학습자의 삶을 다양하게 할 것이라고 여겨지는 장소나 여건 및 활동을 의도적으로 제공하여 학습자가 얻는 교육과정의 결과

(2) 교육과정 내용 선정
① 교육과정을 선정하는 데 있어서 여러 선택지 고려
② 영(null) 교육과정 고려
③ 교육목표 달성에의 적합성과 학습자에게 유의미성이라는 기준이 중요
④ 학습자들에게 의미 있는 경험을 제공할 수 있는 대중문화나, 전통적으로 교육과정에서 배제되어 온 영(null) 교육과정도 고려해야 함

(3) 학습기회의 유형
① 목표와 내용을 학생들에게 의미 있는 학습 상태로 변형하는 것이 중요
② 교사의 예술적 상상력(목표·내용을 학생들에게 적합한 형태로 변형하는 능력)을 동원하여 목표와 내용을 학생들에게 의미 있는 다양한 학습활동으로 변형해야 함

(4) 학습기회의 조직
① 학생들의 다양한 성취 결과를 장려하기 위한 비선형적 접근 강조
② 다양한 학습결과를 유도할 수 있는 비선형적인 접근방법을 강조

(5) 학습영역의 조직
① 내용의 범교과적 조직 강조
② 여러 교과를 꿰뚫는 범교과 학습이 필요

(6) 제시양식과 반응양식
① 학생들의 교육 기회를 넓히기 위한 다양한 의사소통 양식 활용
② 교사가 학생과 의사소통할 때 교과서 외의 다양한 표현양식을 활용할 것을 주장

(7) 다양한 평가절차의 적용
① 교육과정 개발 과정의 여러 단계에 걸쳐 종합적인 절차 활용
② 최종단계만이 아닌, 여러 단계에서 종합적 평가를 해야 하며, 이때 교사의 예술적 감식안과 교육비평이 요구(예술적 평가방법)

4 예술적 모형의 평가

(1) 교육과정 계획에 대한 기존의 합리주의적 접근방법을 적절하게 비판을 하였으나
(2) 실제적 대안을 제시하는 데는 미흡, 특히 그가 사용한 '예술'이라는 은유가 교육과정 개발에 구체적으로 어떻게 활용될 수 있는지가 분명하지 않음

특징	• 교육과정 개발에서 교육적 상상력의 발휘를 강조 • 학습자의 요구나 필요 등을 조사하여 객관적으로 교육목표를 추출하는 행동과학적 접근을 비판
절차	• 교육목표 추출과 우선순위 결정 • 행동적 목표 : 아이즈너가 비판하는 목표임 • 문제해결 목표 : 해결해야 할 문제가 주어지나, 해결의 방법은 주지 않음 • 표현적 결과목표 : 교육활동의 결과로 나타나는 목표 • 교육과정 내용의 선정 • 교수·학습활동 계획 • 학습기회의 조직 • 내용영역의 조직 • 내용의 제시방법과 표현양식의 다양화 • 교육평가 방안 구안

UNIT 6 위긴스와 맥타이(Wiggins & McTighe)의 백워드(Backward) 모형

1 도입배경

(1) 1990년대 성취기준 중심의 교육개혁운동에서 비롯, 기준이 중시되는 교육과정에 적용 효율적
(2) 교사들로 하여금 성취기준을 잘 가르치도록 안내하면서 평가활동에 많은 역점을 둠
(3) 거꾸로 설계 모형, 역방향 설계 모형, 백워드 설계모형 → 전통적 방식과 비교할 때 2단계와 3단계의 순서가 역전되어 있는 모형

2 이론적 근거

(1) 타일러의 목표모형
① 수업의 내용이 수업 목표와 무관하게 많다거나 달성해야 할 목표와 평가가 서로 연계를 이루지 못하는 목표 - 내용 - 평가 일치성이 부족하다는 문제가 있음
② 이러한 문제 해결을 위해 타일러의 논리를 수용하되 목표와 평가의 긴밀성을 강화하고 목표 내용을 재구조화하여 사용함

(2) 브루너의 학문중심 교육과정
① 브루너의 '지식의 구조'에 핵심 개념 원리를 가져와 핵심 아이디어로 구조학습을 시키면 지식의 전이 가능성이 높아짐을 이용
② 따라서 본질적이고 영속적인 이해가 가능한 내용을 우선순위로 정해 이용해야 함. 이러한 원리는 교과 내용을 줄일 수 있는 효과가 있음
③ 이렇게 백워드 디자인은 기존의 타일러 이론과 브루너 이론을 절충하는 방식으로 등장

(3) 평가의 지위와 역할의 향상

(4) 교육과정의 지적 전통을 계승하면서도 1990년대의 수행평가의 원리를 접목한 것

3 백워드 설계 모형

(1) 제1단계 : 목표설정, 단원 목적과 질문 개발(바라는 결과의 확인)
① 학생이 무엇을 알고 이해하고 할 수 있어야 할까?(목표의 우선순위 분명하게 해야 함)
② 목표를 고려하고 기존에 공표된 내용 표준을 검토하며 교육과정 기대사항들을 살펴봄

정도	내용(정의)
설명	• 사실이나 사건 행위에 타당한 근거를 제공하는 능력 • 현상, 사실을 조직적으로 설명하기, 관련짓기, 실례 제공하기 • 사건이나 아이디어들을 '왜' 그리고 '어떻게'를 중심으로 서술하는 능력
해석	• 숨겨진 의미를 도출하는 능력. 의미를 제공하는 서술이나 번역 • 의미 있는 스토리 말하기, 적절한 번역 제공하기, 자신의 말로 의미 해석하기
적용	• 지식을 새로운 상황이나 실제적인 맥락에서 효과적으로 사용하는 능력 • 실질적인 맥락에 적용하여 사용하기
관점	• 비판적이고 통찰력 있는 견해를 지닐 수 있는 능력 • 비판적으로 바라보기
공감	• 타인의 감정과 세계관을 수용하는 능력 • 타인의 관점에서 바라보기
자기지식	• 자신의 무지를 아는 지혜. 자신의 사고와 행위를 반성할 수 있는 능력 • 메타인지적 인식 보여주기, 습관 자각하기, 학습과 경험의 의미 숙고하기

(2) 제2단계 : 평가계획(수락할 만한 증거 결정)

① 애당초 기대하였던 결과를 학생들이 성취하였는지 어떻게 알 수 있을까?
② 백워드 설계 모형에서는 단지 어떤 내용이 수업에서 다루어졌다는 사실만으로 그것들을 성취했다고 간주하지 않음
③ 오히려 바라는 학습 성과를 문서화하고 타당화하는 데 필요한 평가 증거를 수집하려고 노력
④ 이 접근방법에 의하면, 교사나 교육과정 계획자는 구체적인 단원이나 차시별 수업을 설계하기 이전에 우선적으로 자신을 평가자로서 생각해야 함

(3) 제3단계 : 학습경험과 수업계획(학습계획)

① 애당초 기대한 결과를 학생들이 효과적으로 수행하고 성취하기 위해서는 어떤 지식과 기능이 필요할까?
② 바라는 결과나 학생이 이해하였다는 것에 대해 분명한 증거를 갖게 되면, 이제는 그에 가장 알맞은 수업활동을 충분히 살펴볼 시간을 가져야 함
③ 학습경험과 수업의 내용 개요는 WHERETO의 절차적 원리를 따름

[WHERETO의 원리]

W (단원의 방향과 목적)	교사는 높은 기대수준과 학습방향을 제시 (Where are we going?)
H (주의환기와 흥미유지)	학습자들의 도전의식을 고무하며 관심을 이끔(Hook the student)
E (탐구하고 경험하기)	수행과제를 투입하면서 주제를 넓게 탐구시킴(Explore)
R (반성하기, 다시 생각하기, 개정하기)	높은 성취 수준을 수행하고 있는지 점검 (Review, Rethink, Revise)
E (작품과 향상도를 평가하기)	성취의 증거들을 발표하고 전시(Exhibition)
T (학습자에게 맞추기, 그리고 작품을 각 개인에 맞게 개별화하기)	개인적인 재능, 흥미, 필요를 반영할 수 있도록 (tailor)개별화
O (효과적인 학습을 위한 내용 조직 및 계열화)	최적의 효과성을 위해 조직하기 (How will we organize and sequence the learning)

④ 국가수준성취 기준을 베이스로 하여 주요 아이디어를 산출하고 학습자의 이해를 고려하여 본질적인 질문을 구성, 이후 6가지로 나뉜 이해의 국면을 활용하여 평가를 위한 수용 가능한 증거를 결정

4 특징

(1) 전통적인 타일러의 목표모형을 근간으로 함
(2) 상위 수준의 교육목표가 하위수준까지 체계적으로 잘 연결되어져야 하며 교사는 책무성을 가지고 이를 교실에 적용할 것을 요구
(3) 브루너의 지식의 구조 이론을 교수학습의 궁극적 목적으로 삼으며 학문의 기본적인 아이디어, 개념, 혹은 원리에 도달할 것을 중요한 지침으로 함
(4) 학문 혹은 교과에 대한 학습자의 심오한 이해나 고등 사고능력 기능이 평가계획으로 연결, 교과의 정수에 대한 진정한 이해를 추구함
(5) 목표 확인과 동시에 평가를 고려하는 일원적이고 통합된 시각을 지님

UNIT 7 파이나(Pinar)의 자서전적 모형

1 특징

(1) 교육과정 개발은 자아의 구성을 위한 자료 만들기로서의 교육과정
(2) 자아는 자서전으로서의 스토리텔링에 의해 계획되고 만들어짐
(3) 자서전적 글쓰기, 집단토의, 현상학적 질문하기, 해석학적 읽기, 개별화 교수전략 등 활용

2 원리

(1) 경험의 개별성 원리
(2) 지식 구성의 원리
(3) 자기 이해의 원리
(4) 자기 주도적 학습의 원리
(5) 학습 공동체의 원리

3 쿠레레의 단계

(1) 회귀 : 과거를 현재화하는 단계

자신이 과거에 직접 체험한 것을 기술. 과거는 현재의 삶에 영향을 미치며, 과거에 대한 기억은 현재를 바탕으로 선택되는 것이므로, 자신의 과거의 전기적 상황을 있는 그대로 기술하는 것이 중요

(2) 전진 : 미래에 대한 논의 단계

현재가 아닌 가능한 미래를 상상하여 기술. 편안한 상태를 유지하면서 가까운 장래부터 먼 미래까지를 연상하여 기술. 이때 비판적인 자세를 취하지 않고, 떠오르는 것을 그대로 기술

(3) 분석 : 현상학적 방법을 통해 회귀와 전진을 거친 후에 현재로 다시 돌아오는 단계

자신의 현재 상황을 기술. 과거, 현재, 미래를 모두 앞에 놓고 현재의 입장에서 관련성을 생각하며 기술. 즉, 과거의 체험에 대한 성찰과 미래에 대한 상상을 현재의 맥락 속에서 검토. 자신이 현재 관심을 갖는 것과 자신의 정서적 반응 등을 기술

(4) 종합 : 생생한 현실로 돌아가 내면의 목소리에 귀를 기울이고 자기에게 주어진 현재의 의미를 자문하는 단계

과거를 반성하며 미래에 대한 희망을 가지고, 현재(지금 그리고 여기)와의 관계를 총체적으로 검토. 또한 자신의 체험을 사회적·정치적 맥락 속에서 검토. 종합의 단계를 통하여 자신이 존재하고, 숨쉬고, 느끼고, 살아있는 인간 존재라는 자각을 하게 되며, 더불어 다른 사람과 함께 교육을 통하여 사회를 개혁하려는 의식을 갖게 됨

CHAPTER 03 교육과정 계획 및 실행

UNIT 1 수업목표(교육목표)의 설정

알아두기
- 교육목표는 교육을 통해 도달하고자 하는 지향점을 의미
- 목표가 설정되었다 하더라도 그 결과가 반드시 목표와 일치하기는 쉽지 않음
- 그러나 교육은 유목적적인 활동이므로 국가수준의 교육과정 개발은 물론, 교사의 수업진행에서도 목표 설정은 중요한 단계가 됨
- 교육목표가 설정되는 원천으로서 학습자, 사회, 교과에 대한 연구를 강조하고 있으며, 이것이 학습심리학과 교육철학의 기준을 통과하여 명세적인 교육목표로 수립되는 것
- 교육목표가 세분화되면 설정된 목표 이외의 교육결과를 간과하기 쉽다는 지적도 있으나, 교육목표가 이후의 교육과정을 총괄하는 지표가 된다는 점에서 중요하게 다루어짐
- 우리나라의 국가교육과정 개발에서도 교육목표 진술이 포괄적 선언문처럼 제시되었다가 최근 구체적인 성취기준을 기술함으로써 도달해야 하는 교육목표를 명료화하고 있음

1 수업목표 진술상의 유의점

(1) 교사가 해야 할 행동을 수업목표로 진술하지 않도록 함
(2) 학습의 과정을 수업목표로 진술하지 않도록 함
(3) 내용이나 주요 제목을 수업목표로 열거하지 않도록 함
(4) 일반적인 행동만을 표시하지 않도록 함
(5) 한 목표 속에 둘 이상의 학습결과를 포함시키지 않도록 함

2 수업목표 설정의 접근 유형

(1) 타일러의 수업목표 진술
① 수업목표 속에는 다루어야 할 내용영역과 추구해야 할 행동형이 동시에 표시
② 이원적 수업목표 명세목표(수업목표 이원 분류표)
예 '영양에 관한 중요한 사실 및 원리를 이해하기'라는 교육목표는 '영양'이라는 내용과 '중요한 사실 및 원리 이해하기'라는 행동으로 구성됨

[이원분류표(표 안의 수치는 교육목표의 수)]

내용＼행동	지식	이해	적용	분석	종합	평가	전체(문항수)
질량과 밀도	4	4	2	2	1	1	14
녹는점과 끓는점	2	2	2	1	1	1	9
용해도	3	3	3	1	2		12
기체의 성질	6	5	6	5	4	1	27
전체(문항수)	15	14	13	9	8	3	62

(2) 메이거의 수업목표 진술

① 성공적으로 수업을 마친 학생들이 보여주어야 할 관찰될 수 있는 행동을 명시하도록
② 설정되고 표현되어야 한다고 주장
③ 도착점 행동, 중요조건이나 장면, 수락기준 등이 수업목표 속에 포함되어야 함

> 예) 100m를 보조기구 없이(조건) 14초 이내(도달수준)에 달릴 수 있다(관찰 가능한 행동). 이들 요인들을 모두 포함하고 있는 가치 있는 행동목표가 됨

(3) Gagne의 진술방법

학생에게 요구되는 학습능력이 무엇인가를 밝히고, 행위동사를 이용하며, 필요한 조건과 상황이 제시되고, 무엇을 해내야 하는지 그 대상을 밝히며, 도구를 밝혀야 함

> 예) 배터리, 소켓, 전구, 전선 등을 제시했을 때(상황), 배터리와 소켓에 전선을 연결하여(도구) 전구에 불이 들어오는가를 확인해 봄으로써(행동) 전기회로를(대상) 만들 수 있다(학습능력).

[교육목표 분류학(인지적 영역의 하위 영역)]

하위영역	설명	일반목표 예시
지식	이미 배운 내용. 즉 사실, 개념, 원리, 방법, 유형, 구조, 이론 등에 대해 기억(회상 및 재인)하는 능력	• 용어를 정의하기 • 구체적인 사실 기억하기 • 방법과 절차 기술하기 • 원리를 기술하기 • 구두점 사용 규칙 열거하기 • 세포의 대사법칙 기술하기
이해	이미 배운 내용의 의미를 파악하는 능력을 뜻하며, 단순히 자료를 기억하는 수준을 넘어 자료가 다소 치환되어도 의미를 파악하고 해석하고 추론하는 능력	• 사실과 원리 이해하기 • 언어적 자료 해석하기 • 언어적 자료를 공식으로 표현하기 • 추상적인 법칙을 설명하기
적용	이미 배운 내용, 즉 개념, 규칙, 원리, 이론, 기술, 방법 등을 구체적인 또는 새로운 장면에서 활용하는 능력	• 문법에 맞는 문장을 작성하기 • 지각변동의 법칙에 따라 해안의 형성과정 설명하기 • 관성의 법칙을 실생활문제에 적용하기
분석	조직, 구조 및 구성 요소의 상호관계를 이해하기 위하여 주어진 자료의 구성 및 내용을 분석하는 능력	• 사실과 추론을 구분하기 • 작품의 조직적 구조를 분석하기 • 원인과 결과를 알아내기 • 작품을 보고 작가의 관점, 사고방식, 감정을 추리하기

종합	비교적 새롭고 독창적인 형태, 원리, 관계, 구조 등을 만들어 내기 위하여 주어진 자료의 내용 및 요소를 정리하고 조작하는 능력	• 조직적인 논문을 작성하기 • 독창적인 소질이나 시를 쓰기 • 가설을 설정하기 • 분류체계를 구성하기
평가	어떤 특정한 목적과 의도를 근거로 하여 아이디어, 작품, 해결책, 방법, 자료 등의 가치를 판단하는 능력	• 자료의 논리적 일관성을 판단하기 • 내적 준거에 따라 작품의 가치를 판단하기 • 외적 준거에 따라 작품의 가치를 판단하기 • 계산의 정확성을 검증하기

UNIT 2 교육내용(학습경험)의 선정

1 교육내용

(1) 교육목표의 구체적 표현, 교육목표 달성을 위한 교과내용이나 학습경험
(2) 학습경험(교육내용)의 선정에서 범위는 다루고자 하는 내용의 범위를 말함. 선정된 교육내용은 교수학습의 과정을 통해 학습자들의 학습성과로 나타남

2 교육내용 선정의 원리

기회의 원리	교육목표와의 일관성 → 목표 달성에 필요한 경험을 할 수 있는 기회 제공
만족의 원리 (동기유발 또는 흥미의 원리)	교육목표가 지향하는 학습활동을 통해서 만족감을 느낄 수 있도록 할 것 → 학생들의 흥미와 관심에 기초한 학습경험
가능성의 원리	학생들의 현재 학습능력, 발달 수준에 맞는 학습경험일 것
일경험 다성과의 원리 (동시학습의 원리)	한 가지 경험으로 여러 가지 교육목표를 동시에 달성할 수 있도록 할 것
일목표 다경험의 원리	동일한 목표 달성을 위해 여러 가지 경험을 제공할 것
전이의 원리(파급효과의 원리)	전이가 높은 교육내용일 것 (예 기본개념, 일반원리)
타당성의 원리	교육내용이 일반목표 달성에 도움을 줄 것
중요성의 원리	학문을 구성하는 가장 중요한 것을 교육내용으로 선정할 것
유용성의 원리	생활에 유용한 내용으로 선정할 것
교수학습 가능성의 원리	교수자에게는 가르칠 수 있는 내용이어야 하고, 학습자에게는 배울 수 있는 내용이어야 할 것
내적·외적 관련성의 원리	선정되는 내용들은 그 학문 분야 내에서 다른 내용들과 상호 유기적 관계를 형성하고 있어야 할 것

3 교육과정 유형에 따른 학습경험

(1) **교과중심 교육과정** : 인류사회가 축적해 온 경험(지식) 또는 문화를 의미

(2) **경험중심 교육과정** : 교과내용뿐만 아니라, 학습자의 바람직한 성장에 관련되는 포괄적인 경험을 의미
(3) **학문중심 교육과정** : 각 학문의 기본적인 아이디어, 개념, 원리, 법칙 등 지식의 구조를 의미

UNIT 3 교육내용(학습경험)의 조직

1 계속성(연속성)

(1) 동일한 경험요인이 반복되도록 조직하는 것
(2) 과학교과에서 교육목표가 에너지에 대한 개념을 학습하는 것이라면, 과학 교과의 여러 분야에서 이 개념이 자주 다루어져야 함
(3) 수직적 연계성, 이전에 배운 내용과 앞으로 배울 내용의 관계성
(4) **수직적 조직의 원리**
　① 연계성 또는 연속성은 이전에 배운 내용과 앞으로 배울 내용 간의 관계를 고려하여 연결하는 것
　② 수직적 연계성의 경우 학교급 간의 교육내용 연계에 유의하여야 하며, 학년 간 또는 학교급 간 급격한 격차가 발생한다면 학습자는 어려움을 겪게 됨

2 계열성

(1) 선행경험을 기초로 하여 다음 학습 요소가 깊이와 넓이가 증가하도록 조직
(2) 학습자가 어떤 내용을 먼저 배우고 어떤 내용을 뒤에 배우는가, 즉 교육내용을 배우는 순서를 결정하는 것. 여기서 배워야 할 내용의 순서는 학교, 학년, 학기, 월, 주, 차시별로 결정
(3) 어떤 내용을 먼저 가르치고 어떤 내용을 나중에 가르칠 것인가를 결정하는 것
(4) 연대순, 주제별 단순에서 복잡, 전체에서 부분, 논리적 선행요건, 추상성의 증가, 발달단계에 근거
(5) **수직적 조직의 원리**
　① 계열은 교육내용을 조직하는 종적인 방법으로서 교육내용의 순서와 관련
　② 학습자의 발달수준이나 내용의 곤란도 등에 따라 다음과 같은 원칙을 고려할 수 있는데, 단순한 것에서 복잡한 것으로, 전체에서 부분으로, 구체적 경험에서 개념학습으로, 특정개념을 계속 제시하되 나선형 구조로 심화 확대하는 원칙 등이 그것

3 통합성

(1) 여러 가지 학습 경험이 서로가 서로를 보강하고 강화할 수 있도록 조직
(2) 학습자로 하여금 사물을 종합적으로 이해할 수 있도록, 동일 학년 내에서 다른 과목과의 관계를 고려하여 내용을 조직하는 것
(3) 교육내용들의 관련성을 바탕으로 이들을 하나의 교과나 과목 또는 단원으로 묶는 것
(4) 수업의 효과를 높이기 위하여 관련 있는 내용들을 동시에 혹은 비슷한 시간대에 배열하는 것

(5) **수평적 조직의 원리**
  ① 교육내용의 관련성을 바탕으로 하나의 교과나 단원으로 엮는 것을 통합성이라 함
  ② 유사한 목적을 가진 내용을 배우는 순서를 비슷한 시기로 배열한다거나, 교육목표에 따라 이전의 교육내용을 재편하여 구성하는 것
  ③ 초등학교 입학 초기 즐거운 생활, 슬기로운 생활 등의 통합교과를 운영하고, 중·고등학교에서 통합사회, 통합과학 등의 교과목을 운영하는 사례가 이에 해당

4 스코프(범위)

(1) 특정한 시점에서 학생들이 배우게 될 내용의 폭과 깊이
(2) 특정한 시점(한 학기 이상의 기간)에서 학생들이 배우게 될 내용의 폭과 깊이를 가리킴. 즉, 스코프는 어떤 시점에서 학생들이 배워야 할 내용이 무엇이고, 그것들을 얼마나 깊이 있게 배워야 하는가를 결정
(3) 배워야 할 내용은 학급, 학년, 교과, 과목에 따라 달라지고, 깊이는 대체로 배울 내용에 할당된 시간 수(수업시수)로서 간접적으로 표현
(4) 교육과정 개발 수준에서 보면, 국가가 학교, 교과, 학년, 과목의 스코프를 결정하기도 하며, 지방 교육청이나 학교에 스코프를 결정하는 권리의 일부를 위임하기도 함. 즉, 단위학교의 교육과정에 대한 재량권에 부분적으로 속함
(5) 내용의 폭은 교과 이름으로, 내용의 깊이는 교과에 배당된 시간 수를 의미
(6) **수평적 조직의 원리**
  ① 교육내용의 폭과 깊이에 따라 교육내용의 범위가 결정
  ② 일반적으로 범위와 관련된 개념은 교과의 분과적 조직과 통합적 조직으로 나누어 볼 수 있음
  ③ 전통적으로 교과 간의 장벽을 두고 분리된 형태로, 예컨대 국어, 수학, 영어, 사회, 과학 등과 같이 조직한 것을 분과적이라고 할 수 있음
  ④ 한편 여러 교과나 학문을 관통하는 주제를 중심으로 통합의 형태로 교육내용을 조직하는 경우가 있으며, 우리나라 제4차 교육과정 이후로 초등학교 1, 2학년에 적용되고 있는 통합교과(바른 생활, 즐거운 생활, 슬기로운 생활), 범교과 학습 등이 예

UNIT 4 평가

1 평가

(1) 교육평가란 본질적으로 교육과정 및 수업에 의하여 교육목표가 어느 정도까지 도달하였는지를 확인하는 과정
(2) 교육평가는 설정된 교육목표를 명확히 하는 데 도움을 주며, 학생들이 이 목적을 어느 정도 성취했는가를 결정하는 과정으로서 학습자의 바람직한 행동변화를 측정하고, 더 나아가 교육의 전 과정(내용선정 - 내용조직 - 교수학습)을 개선하는 데 실제적인 피드백을 제공
(3) 교육과정 개발의 과정을 직선형이 아닌, 순환형으로 이해해야 하는 이유가 여기에 있음

설정한 목표에 도달하기 위한 일련의 과정을 교육과정으로 개발하고 이의 성취 여부는 평가를 통해 확인될 수 있음
(4) 그러나 평가결과가 최초 목표와의 합치 정도를 확인하는 것에서 그치는 것이 아니라, 이후의 전 과정에 다시 재투입되어 목표설정, 내용 선정 및 조직, 수업설계 등의 모든 단계에서 효율성을 재고하는 작업으로 환류되어야 함

UNIT 5 수업 계획

1 수업 계획

(1) 수업 계획이 중요한 이유
   ① 수업의 구조를 제공
   ② '누가, 무엇을, 언제, 어디서, 어떻게'와 같은 중요한 논리적 문제를 제시
   ③ 학습목표와 평가 방법을 서로 연결시킴
   ④ 수업해야 하는 사람에게 참고할 정보를 제공
   ⑤ 수업 참관자에게 관찰만으로는 알 수 없는 수업 관련 정보를 제공

(2) 블룸은 학습을 3가지 영역으로 분류
   ① **인지적 영역** : 지식을 이해하고 암기하고 적용하는 영역
   ② **심동적 영역** : 신체적 능력과 기능을 발달시키는 영역
   ③ **정의적 영역** : 감정, 가치, 신념의 발달과 관련된 영역

(3) 수업을 잘 계획한다고 해서 수업이 저절로 잘되는 것은 아님
(4) 그러나 수업 계획이 수업의 아주 중요한 요소인 것은 변함없는 사실이라는 것은 분명함

2 블룸의 인지적 영역에서의 수준

(1) **지식** : 정보를 상기하거나 인지
(2) **이해** : 정보의 의미를 이해
(3) **적용** : 정보에서 얻은 아이디어를 실제로 사용
(4) **분석** : 실행한 것을 해석하고 평가
(5) **종합** : 새로운 방법을 개발
(6) **평가** : 새로운 방법이 효과적이었는지 평가

3 크래스월과 블룸의 정의적 영역의 단계

(1) **1단계 수용(감수, receiving)** : 기꺼이 가치를 바꿀 수 있다는 마음 보이기

(2) **2단계 반응(responding)** : 기존의 가치와 충돌하는 활동에 참여하기
(3) **3단계 가치화(valuing)** : 새로운 가치와 기존 가치의 갈등 양상 확인하기
(4) **4단계 개념화(조직화, organization)** : 가치 간의 갈등 해결하기
(5) **5단계 내면화(인격화, characterization)** : 새로운 가치에 근거한 새로운 신념 체계 채택하기

알아두기 ① 장기기억에 저장되어 있는 지식의 형식

구분	서술적 지식(What)	절차적 지식(How)	조건적 지식(Why or When)
기억 유형	• 의미적 기억 : 사실, 개념 • 일화적 기억 : 개인적 경험	절차적 기억 : 행위를 수행하는 방식	조건적 기억 : 서술적 지식 및 절차적 지식을 언제, 어떻게 활용할 것인가에 대한 지식
저장 형식	위계 혹은 명제망	산출(조건 – 행위 규칙)	인지전략, 특정 서술적 지식 및 절차적 지식을 활용할 수 있는 조건에 대한 정보
사례	해는 동쪽에서 뜬다는 것을 아는 것, 단어의 의미를 아는 것	자전거를 타는 방법이나 보고서를 작성하는 방법을 아는 것	선다형 시험을 치려면 사실과 정의를 외워야 하고, 논문형 시험을 치려면 전체적으로 이해해야 한다는 것을 아는 것

UNIT 6 중핵교육과정(core curriculum)

1 배경

(1) 진보주의 교육은 초기에 '아동' 중심 교육이라는 명칭이 나타나는 것처럼 초등에 관심이 많았는데 이후 중등 수준 교육과정 개혁을 위해 진보주의교육협회가 수행한 '8년 연구' 프로젝트에서 탄생
(2) 8년 연구는 고등학교 1학년 학생이 고교 4년과 대학 4년의 8년 동안 경험한 전통적인 교육과 진보주의적 교육 간의 효과를 비교하기 위한 연구임
(3) 이때 교육과정 측면에서 8년 연구 중 성과가 '중핵교육과정'의 대중화

2 특징

(1) 중핵교육과정은 청소년의 필요와 흥미를 중심으로 개발한 코스를 모든 학생들이 공통적으로 배우도록 하는 것
(2) 학문을 모태로 한 전통적 교과중심교육과정과 달리, 청소년에게 필요한 삶의 영역을 중심으로 한 교육과정임
(3) 다만 전통적 교과들이 경시되지 않고 주요한 요소 중 하나임
(4) 예컨대 '개인적 삶'이 core라면
   ① 다음을 통해 우리 자신을 이해하기
      ㉠ 우리의 관심과 태도, 재능을 발견하기

ⓒ 중요한 지식 영역의 정보를 활용하기
　　　ⓒ 시간과 노력을 관리하고 보다 건설적인 삶의 방식을 계획하기
　② 삶의 철학 개발하기
(5) 경제관계가 core라면
　① 의복, 거주지, 음식, 물, 동력이 만들어지고 배분되는 경로들을 공부하기
　② 소비자 문제를 다루는 방법들을 인식하고 학습하기

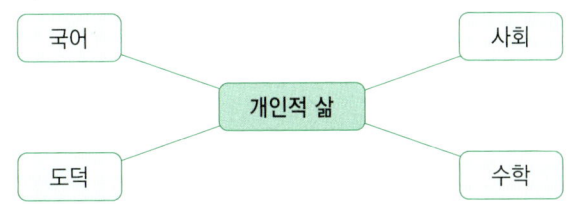

(6) 위와 같이 중핵교육과정에서 다루는 문제는 학생이 탐구하고 조사해야 할 성격의 것으로서 영어, 수학, 사회, 지리 등과 같은 여러 교과의 지식을 필요로 함
(7) 때문에 각 교과는 매우 중요한 역할을 하나 고립된 채로 다루어지기 보다는 주제를 중심으로 통합적으로 학습됨

UNIT 7 교육과정 실행에 대한 관점

1 충실도 관점 : 교사가 수행해야 할 구체적인 어떤 것으로서 미리 계획된 것

2 상호적응 관점 : 계획된 것, 교사에 의해 실제로 전개된 것

3 교육과정 생성 관점 : 교사와 학생들에 의해 창안되고 경험된 것

알아두기 ① 교육과정 실행에 대한 세 가지 관점 비교

관점	충실도	상호작용	교육과정 생성
개념	교사가 수행해야 할 구체적인 어떤 것으로서 미리 계획된 것	• 계획된 것 • 교사에 의해 실제로 전개된 것	교사와 학생들에 의해 창안되고 경험된 것
지식	교실 밖의 교육과정 전문가에 의해 만들어진 것	• 교실 밖의 교육과정 전문가에 의해 만들어진 것 • 교실 실행 과정에서 재구성될 수 있는 것	교실 밖의 전문가들이 만든 산물이 아니라, 교실에서 교사와 학생들이 지속적으로 창안하고 있는 것
변화	변화는 선형적인 것으로, 계획된 대로 교실에서 실행하면 일어날 수 있음	변화는 예측하기 어려운 복잡한 과정으로, 계획대로 실행이 일어나지 않을 수 있으며, 실행 과정이 변화에 중유함	교사와 학생들의 사고와 실천에 있어서의 변화가 진정한 변화임
교사 역할	계획된 교육과정의 전달자 혹은 소비자	계획된 교육과정의 적극적인 재구성자	교육과정 창안자 혹은 개발자

CHAPTER 04 교육과정 유형

UNIT 1 공식적(Official) 교육과정

1 정의

(1) **학교가 공식적으로 제공하는 일련의 학습과정**
  ① 국가교육과정이 대표적인 예로 학교 시간표에 특정 시간이 할당되어 있는 활동
  ② 학교에서 가르쳐지고 학습되어야 한다고 기대되는 것을 국가수준에서 규정해 놓은 것으로 정의

(2) **국가교육과정을 담은 문서, 시도 교육청의 교육과정 지침, 교육지원청의 장학자료, 교과서를 비롯한 수업용 교재, 학교교육과정 운영계획, 교사의 수업 계획, 실시된 수업, 특별활동, 조회 등은 교육적 목적과 목표에 따라 분명하게 의도되고 계획된 공식적 교육과정**

2 특징

(1) 어떤 지식이 가장 가치 있는가? 스펜서의 고전적 질문이 대표적 논의 대상
(2) 이후 마이클 애플의 공식적 지식에 관한 논의 등장
(3) 어떤 지식이 아닌 누구의 지식이 가르쳐지는지 주목하고 비판

3 시사점

(1) 공식적 교육과정이 중요한 이유는 일차적으로 학교교육의 중심적 요소
(2) 현 세대가 가치 있다고 여기는 것을 공식적으로 가르침
(3) 이러한 공식적 교육과정에 대한 논의는 자연스럽게 공식적 범주 밖에 존재하는 비공식적 교육과정에 대한 논의로 이어짐. 그로부터 학교교육 계획 속에 있지 않으나 학교생활에 숨어 있는 교육과정 논의 등장

4 교육과정 개발 수준

(1) **국가수준 교육과정**: 교육에 대한 국가의 의도를 담은 문서 내용
(2) **지역수준 교육과정**: 교육에 대한 지역의 의도를 담은 문서 내용
(3) **학교수준 교육과정**: 학교의 실태를 반영하며 학부모와 학생들의 특성과 요구를 고려하여 교육에 대한 학교의 의도를 담은 문서 내용

> **알아두기 ①** 교육과정의 변화
>
> | 학교(국가, 교육청)가
• 의도한 교육과정
• 계획한 교육과정 | ▶ | 교사가
• 전개한 교육과정
• 실천한 교육과정 | ▶ | 학생이
• 경험한 교육과정
• 실현한 교육과정 |

UNIT 2 잠재적 교육과정

1 정의

(1) **잠재적 교육과정**(latent/hidden curriculum)
학교의 환경, 제도, 교육과정 운영 전반에서 계획하거나 의도하지 않았으나, 학교생활을 하는 동안에 학생들이 은연중에 가지게 되는 경험으로서의 교육과정(Jackson, 1968)

(2) 잭슨은 교육과정에 명시적으로 포함되지는 않지만, 학생들이 배우게 되는 내용을 잠재적 교육과정이라고 하였음

(3) 학교에서 명확히 가르치지는 않지만, 학생들은 학교에서 살아남기 위해 규칙, 규정, 일정에 익숙해져야 함

(4) 잭슨은 이 과정 역시 학교에서 해야 할 중요한 역할의 하나라고 보았고, 학생들의 자존감과 자신감 향상에도 도움을 준다고 보았음

(5) 잭슨은 잠재적 교육과정을 긍정적인 관점에서 평가했고, 학생들이 학교에서 배워야 할 도덕적 규칙이나 약속 등을 배우기 위해서 공개적으로 명시하지 않는 것이 더 효과적일 수 있다고 보았음

(6) 잭슨은 잠재적 교육과정이 자율성과 책임감을 기를 수 있는 효과적인 수단이라고 보았음

(7) 반면 비판자들은 학생들과 관련된 모든 교육과정과 의도는 투명하게 공개되어야 한다고 보았음

(8) 학교에서 사전에 의도되었거나 계획되지는 않았지만 학교생활을 하는 동안에 은연중에 학습되는 모든 경험을 말하며 공식적 교육과정의 필연적 부산물이며 빙산의 일각, 그림자라고도 함

(9) 잭슨(P. Jackson, 1968)의 아동의 교실에서의 생활(Life in Classrooms)에서 처음 언급하고 논의함

2 잠재적 교육과정의 장(場)

(1) **잭슨**: 아래의 관점에서 잠재적 교육과정을 구분
① 학교에서 많은 아동이 어울려서 배우게 되는 것을 군집성
② 여러 가지 형태의 평가를 통해 배우게 되는 상찬
③ 조직의 권위 관계를 통해 배우게 되는 권력(평가)

> **알아두기**
> - **군집** : 대부분의 사회제도에 있어서의 가장 핵심적인 미덕은 '인내'라는 한 마디 말에 담겨있다. 이 미덕이 그야말로 미덕이 아니라면, 감옥에서, 공장에서 또 사무실에서 시간을 보내야 하는 사람들에게 삶이란 견딜 수 없을 만큼 비참할 것이다. 학교에서의 삶도 마찬가지이다. 이 모든 장면에 있어서 사람들은 '진인사(盡人事)하고 대천명(待天命)'하는 것을 배우지 않으면 안 된다. 사람들은 또한 다소간은 묵묵히 고통을 참는 것도 배우지 않으면 안 된다.
> - **상찬** : 학교에서 생활하는 것을 배우는 데는 또한 자기 자신의 업적이나 행동이 평가되는 사태에 어떻게 대처해 나가는가 하는 것뿐만 아니라, 다른 사람에 대한 평가를 지켜보고, 또 때로는 다른 사람을 평가하는 일에 참여하는 방법을 배우지 않으면 안 된다. 자기 자신의 강점과 약점이 객관적으로 공개되는 생활에 익숙해지는 것과 동시에, 학생들은 또한 다른 동료들의 강점과 약점을 주시 내지 목격하는 사태에도 익숙해지지 않으면 안 된다.
> - **권력** : 학교에서 체득되는 복종과 순종의 습관은 다른 생활 사태에서 큰 실제적 가치를 지니게 된다. 권력 구조의 측면에서 보면, 학교의 권력 구조는 공장이나 사무실과 같이 성인들이 삶의 상당한 시간을 보내는 다른 사회 조직의 그것과 별로 다름이 없다. 그리하여 학교는, 종래 교육학자들이 구호로 사용해 온 것과는 다른 의미에서, "생활을 위한 준비"라고 볼 수 있다. 학교에서도 권력은 다른 사회 기관에서와 마찬가지로 남용될 수 있다. 그러나 권력이 존재한다는 것은 삶의 엄연한 사실이며, 우리는 여기에 적응하지 않으면 안 된다.

(2) **실버만** : 순종이 나타나는 상황에서 잠재적 교육과정을 분석
(3) **라이머** : 학교의 비공식적 교육과정을 통하여 비인간적인 심성을 배우고 있다고 비판
(4) **일리치** : 학교의 잠재적 구조는 교사와 행정가가 통제할 수 없으며 하나의 학습과정 구성
(5) **김종서** : 학교의 물리적 조건, 사회 및 심리적 상황, 제도 및 행정조직
(6) **애플과 애니언** : 학교가 학생들에게 갈등과 변화에 대한 부정적 태도로 교육한다며 비판

3 잠재적 교육과정의 시사점

(1) 교육의 과정과 결과에 대한 인식의 지평을 확장
(2) 교사가 마땅히 주목하고 집중해야 할 또 하나의 커다란 미지의 세계가 있음을 알려줌
(3) **교사가 깊이 있게 이해해야 할 중요한 영역들로 학교의 구조와 특징**
 학교의 전반적 문화풍토와 분위기, 학생들 내에 존재하는 하위 문화집단의 종류와 특징
(4) **학교를 일상적인 삶의 장소로 개념화**
 ① 교실에서 찾아지는 사소하고 자질구레한 일들의 교육적 의미 탐색
 ② 교실 속 세상에 대한 후속 연구 촉진

> **알아두기**
> - 대부분 비인지적·정의적인 영역과 관련되는 영역이며 장기적·반복적으로 배워진 것이므로 항구성이 있음
> - 여기에는 바람직하지 못한 내용도 포함되며 표면적 교육과정을 고려함과 동시에 잠재적 교육과정이 발생할 것을 인정하는 것이 필요
> - 잠재적 교육과정의 개념을 인지하는 것은 학교현장에서 이루어지는 경험세계가 보이는 것, 의도한 것에만 한정되지 않으며 보이지 않는 학습자의 경험세계로까지 범위를 확대하여 고려해야 함을 주지시키는 것

4 잠재적 교육과정에 대한 관점

(1) 전통적 견해(기능론적 관점)
① 학교교육 및 잠재적 교육과정에 대한 전통적 관점의 핵심적 전제는
② 교육이 기존 사회를 유지함에 있어서 중요한 역할을 한다는 것
③ 문화전달, 역할 사회화, 그리고 합의·결속·안정의 원리들로 이루어진 가치 획득과 같은 주제들을 가짐으로써 일차적으로 학교와 사회의 기존관계를 무비판적으로 수용

(2) 자유주의적 접근
① 대부분의 하향식 교육모델을 거부하며, 하향식 교육모델이란 지식은 학습되어야 할 것
② 비판적으로 사용되어야 할 것이 아니라는 전통적 지식관을 말함
③ 공헌한 점으로 학교체제 내에서 숨겨진 성(gender) 역할의 문제를 드러내 준 점임

(3) 급진적 접근
① 모두 학교교육의 정치경제학에 집중. 이들의 핵심적 주제는 생산과정을 특성화하는
② 사회관계가 학교환경을 형성함에 있어서 결정적인 힘을 표출한다는 것
③ 신마르크스주의의 입장은 특히 학교에서의 다양한 기제들이 자본주의 사회의 분위기와
④ 구조를 재생산하기 위하여 어떻게 암묵적으로 작용하는 가에 초점을 맞춤
⑤ 애플과 애니언은 잠재적 교육과정을 Hidden Curriculum으로 제시하여
⑥ 잠재적 교육과정을 기득권에 의해 일부러 숨겨진 교육과정으로 재해석 함
⑦ 숨겨진 교육과정에서 학생들은 노동계급 학교에서는 순종
⑧ 중류계급 학교에서는 기술직 또는 보조적 정신노동자나 소 비즈니스 계급에 적당한 기술
⑨ 마지막으로 부유한 학교에서는 전문직 종사자 되기 위해 창의적이고 자율적으로 사는 법 잠재적으로 배움

> **알아두기 ①**
> - 일리치(Illich)의 잠재적 교육과정 논의 : "학교 교육의 구조 자체가 부정적인 잠재적 교육과정의 원천"
> - 보울즈(Bowles)와 긴티스(Gintis)의 잠재적 교육과정 논의 : "학교 교육은 자본주의 사회의 유지와 발전을 위해 필요한 생산 관계를 효과적으로 재생산해 낸다"
> - 애플(Apple)과 지루(Giroux)의 잠재적 교육과정 논의 : "잠재적 교육과정이 현행 학교 교육의 헤게모니 유지에 결정적인 역할을 하는 중요한 특징", "우리는 학교 밖의 권력과 학교에서 다루는 지식이 어떻게 상호작용하여 사회적 불평등을 생산해 내는지를 파악하고, 우리의 관심을 재생산의 구조로부터 문화적 중재와 사회적 행위자에게로 옮김으로써 잠재적 교육과정에 관한 논의가 교육 및 사회 변화에 기여할 수 있는 방향으로 나아가야 함을 강조"

UNIT 3 영 교육과정(null curriculum, 배제된 교육과정, 제3의 교육과정) : 아이즈너

1 정의

(1) 학교에서 소홀히 하거나 공식적으로 가르치지 않는 교과나 지식, 사고 양식을 말함
(2) 즉, 학생들이 공식적으로 교육과정을 배우는 동안 놓치게 되는 '기회학습'을 의미
(3) '법적인 구속력이 있는 공적인 문서에 포함되지 않은' : 겉으로 확인할 수 없는 무형의 형태로 존재하는 교육과정
(4) **'학습할 기회가 없는'** : 학교에서 의식적 공식적 관습적으로 가르치지 않은(배제된) 것 → 교사의 타성, 의욕부족, 무지 등으로 인해 발생
(5) **소극적 의미** : 학생들이 공식적 교육과정을 배우는 동안 놓치게 되는 '기회학습'
(6) **적극적 의미** : 의도적으로 특정 지식, 가치, 행동양식을 배제시켜 아예 접할 수 없도록 지워 버린 것

> **알아두기 ①**
> - 영 교육과정(零, null curriculum)은 학교에서 가르치지 않은 교육내용을 말하는 것으로 학습자가 아직 경험하지 못한 것을 일컬음
> - 발생하지 않은 것을 교육과정의 개념에서 관심을 두는 이유는, 교육과정이란 불가피하게 선택의 결과일 수밖에 없으며 선택과 동시에 포함과 배제의 산물이 나타나게 되므로 배제됨으로 인해 필연적으로 나타난 것에 주목하기 위한 것
> - 영 교육과정은 공식적으로 다루어지는 교육과정에 비교할 때 '기회학습'
> - 그러나 좀 더 확장된 시각으로 보면, 일부러 배제한 것들, 의도적으로 가르치지 않도록 지워버린 것들이 이에 해당
> - 시대적으로 특정 시기에 금기시해온 이데올로기가 있었으며, 그것을 배우지 못한 학생들의 개념체계에 해당 내용이 형성되지 못한 결과가 나타나는 것 등이 사례가 될 수 있음
> - 영 교육과정에 대한 이해도를 가지는 것은 공식적 교육과정을 보다 폭넓게 조명하고, 교육과정의 건전성을 점검해 보는 준거 틀이 마련된다는 점에서 의미

2 특징

(1) 교육과정은 가르칠 내용을 선택하고 포함시켜 학생들에게 배울 기회를 마련하기도 하지만 일부러 특정 내용을 배제시켜 학생들이 배울 기회를 놓치게 만드는 기능도 수행
(2) 사회적으로 금기시되는 영역이 영(null) 교육과정이 되기도 함
(3) 교육과정을 인본주의적 심미적 관점에서 접근, 교육과정 사회학의 접근방법, 잠재적 교육과정의 특수한 형태로 이해
(4) 의도성 측면에서 잠재적 교육과정의 비판론자들이 hidden 교육과정이라 함은 의도적으로 숨긴 것이기 때문에 의도성이 존재함

구분	잠재적 교육과정	영 교육과정
의도성의 측면	학교에서 의도하지 않은 교육과정	학교에서 의도적으로 배제한 교육과정
명시성의 측면	교육과정에 명시되어 있지 않음	
기능면	교육환경의 잠재적 기능에 초점을 둠	학습기회의 박탈에 초점을 둠

3 아이즈너의 영 교육과정론

(1) 수업의 예술적 측면을 강조함으로써 수업을 위한 행동적 목표의 설정을 반대
(2) 수업은 예기치 않은 상황과 우연에 의해 영향을 받으며, 수업의 과정 중에 그것이 성취할 목표가 생성되기 때문에 수업이 하나의 예술
(3) **수업 중 교사는 미술가, 작곡가, 배우, 무용가처럼 행위의 과정 중에 전개되는**
   ① 그때그때의 상황에 따른 판단을 해야 하므로, 수업 중 교사의 활동은 사전 처방이나
   ② 관례에 의해 지배되는 것이 아니라 예기치 않은 상황과 우연에 의해 영향을 받음
(4) **영 교육과정의 구성**
   ① 의도된 결과뿐만 아니라 예기치 않은 부수적인 결과에도 초점을 맞춘 탈목표 평가
   ② 교육현상의 부분적 정교성과 부분들이 어우러져 이루는 전체성 속에 내재하는
   ③ 상호작용을 보고, 듣고, 감지하고, 개념화하고, 판단한 바를 이해하게 하는 모형
   ④ 다양성을 이해하기 위한 사례연구, 면접 및 관찰 등의 방법
   ⑤ 교육현장에서 교사와 학생의 상호작용을 통해 새로 생성되는 교육과정

> **알아두기 ① 영 교육과정 전개**
>
> - 교육과정은 가르칠 내용을 선택 포함시켜 학생들에게 배울 기회를 마련하기도 하지만, 일부러 특정 내용을 배제 약화시켜 학생들이 배울 기회를 놓치게 만드는 기능을 수행한다.
>   - 산업 혁명 직후 산업 노동력이 필요할 때 학교에서는 읽기와 쓰기는 가르쳤으나, 셈하기는 가르치지 않았다. 그것은 셈하기를 배우면 학생들은 공장 노동자가 되기보다 회계사나 경리 사원으로 가기 때문에, 즉 육체노동을 꺼렸기 때문에 셈하기는 한때 영 교육과정이었다.
>   - 학교의 과학에서는 진화론은 과학적인 것으로 가르치나 성경의 창조론은 영 교육과정으로 묻혀 있다.
> - 영 교육과정은 사회 문화적으로 금기시된 영역인 경우도 있다.
>   - 상대적으로 나은 제도나 이론이라 할지라도 자본주의 경제론은 옛 소련에서는 가르칠 만한 것이 아니었으며, 뛰어난 '시'라고 하더라도 '악마의 시'는 이슬람권에서는 한동안 영 교육과정으로 남을 수밖에 없었다.
>   - 1960년대 한때 북한이 남한보다 경제적으로 앞섰을 때 한국의 학교에서는 북한의 실정을 가르치지 않았다. 남한의 살림살이가 월등히 나아진 이후 북한에서는 남한의 실정에 대해 올바로 전해주지 않는다.
>   - 냉전시대 공산주의 국가에서는 시장경제체제의 장점을 제대로 가르치지 않았다.

알아두기 ① 전통주의자와 재개념주의자의 교육과정 관점 비교

구분	전통주의자	재개념주의자	
		실존적(Pinar)	구조적(Apple)
교육과정의 기본 질문	• 타일러의 논리 (네 가지 질문) • 철학적 판단 유보 • 가치 중립성 • 절차와 방법 중시	• 교육경험의 본질은 무엇인가? • 나는 누구인가? • 나는 어떻게 진정한 나 자신을 발견할 수 있는가?	• 교육경험의 속성은 무엇인가? • 사회적 불평등의 원인은 무엇인가? • 학교는 어떻게 사회정의를 실현할까?
해답의 원천	• 경험과학적 분석 • 행동주의 심리학 • 기능주의 사회학 • 체제공학	• 생활세계 분석 • 실존주의 철학 • 정신분석학 • 역사적·문화적 분석	• 마르크스 경제학 • 비판주의 사회학 • 역사적·이념적 분석
교육과정의 개념	• 의도된 학습경험 • 계획된 설계 • 체제적 운영	• currere • 자아 발견 • 자기 해방	• 의미의 창조 • 창조적 개혁 • 사회적 해방
학교의 기능과 역할	• 생산체제 • 현 체제 유지 • 사회 적응 유도	• 개인의 함양 • 불평등의 감소 • 자아의 발견	• 상호작용의 망 • 권력의 배분 • 사회정의 구현
교육과정의 가치 기준	• 과학 • 객관성과 실증성	• 자아의 가치 • 정의	• 인간 본연의 가치 • 사회정의

CHAPTER 05 한국의 교육과정

> **알아두기 ① 해방 전 교육과정**
> - 고구려(태학)의 교육과정은 오경(시경, 서경, 역경, 예기, 춘추)과 삼사(사기, 한서, 후한서)를 중요한 교육과정으로 삼았고, 이러한 유교 경전중심의 교육과정은 고려와 조선을 거쳐 19세기 후반 근대 학교 체제가 성립될 때까지 교육의 일관된 흐름
> - 육영공원(1886) : 전통교과목, 읽기, 쓰기, 셈하기, 문법, 수학, 외국어, 농업기술, 자연과학, 지리학, 세계정치사 등
> - 배제학당(1890) : 전통교과목, 한문, 영어, 천문, 지리, 생리, 수학, 수공, 성경 등
> - 소학교 교과목 : 수신, 독서, 작문, 습자, 산술, 체조, 역사, 지리, 도화, 외국어, 수과, 이과, 재봉 등
> - 중학교 교과목 : 윤리, 독서, 작문, 역사, 지리, 산술, 경제, 박물, 물리, 화학, 외국어, 체조, 법률, 정치, 공업, 농업, 상업, 의학, 측량 등

> **알아두기 ② 교육에 대한 긴급조치기(1945 ~ 1946년)**
> - 해방 후 수신과를 폐지하고 새로운 민주시민 양성을 위한 공민과를 신설했으며 국어가 일본어에서 우리나라 말로 바뀌었고, 일본 역사가 폐지되었으며 우리 국사가 개설되었다. 교과편제와 주당 시간수는 다음과 같음
> - 공민(2), 국어(5-7), 지리·역사(3-4), 수학(2-4), 물리·화학·생물(3-5), 영어(4-5), 체육(2-3), 음악(1-2), 습자(0-1), 도화(0-1), 실업(1-3) 등이다. 가사(2-4), 재봉(2-4), 수예(1) 등은 여학생에게만 가르쳤음

1 미군정시대(교수요목기, 1945.9 ~ 1948.8)

(1) 광복 후 임시 교육과정, '새 조선의 조선인을 위한 교육' 표방
(2) 일제 식민지 교육의 청산, 민주적이고 민족적인 교육 추구
(3) 미군정 학무국에서 국민학교와 중학교 교목 편제와 시간 배당표를 제정
(4) 교수요목이라고 한 것은 교과 내용 자체를 학생들이 학습해 나갈 코스로 보고, 교사가 학생들에게 가르칠 교수 내용의 주제나 제목을 열거한 것이기 때문
(5) 미군정 하의 교육으로 교육과정의 기초
(6) 국어(5), 사회생활(5), 수학(5), 과학(5), 체육·보건(5), 실과(2), 음악(2) 등의 필수과목과 미술(1-2), 외국어(5), 수공(1-2), 실업(0-10) 등의 선택과목
(7) **교수요목기의 특징**
   ① 교과의 지도내용을 상세히 표시하고 기초 능력을 배양하는 데 주력
   ② 분과주의를 채택하여 체계적인 지도와 지력배양에 중점
   ③ 홍익인간의 정신에 입각하여 애국애족의 교육을 강조

2 제1차 교육과정 개정(1954.4 ~ 1963.1) : 교과중심 교육과정

(1) 우리 손으로 우리 학생들을 위해 만든 최초 국가 교육과정
(2) 국가 교육과정 개발 과정에서 총론과 각론을 별도로 제정 및 공포
(3) 미국식 경험중심 교육과정 운영, 교육과정 영역을 교과활동과 특별활동으로 구성
(4) 진보주의 교육의 영향으로 특별활동이 시간배당표에 처음 기재
(5) 교과중심 교육과정을 반영. 내용을 최소필요량으로 선정하였고, 반공·도의·실업교육 강조
(6) 교과활동, 특별활동 → '교과과정' 용어 사용, 생활중심의 단원학습
(7) 1951년 교육부는 6·25전쟁으로 말미암아 중단되었던 교육과정 구성에 대한 심의를 위하여 '교육과정연구심의회규정'(교육부령 제16호)을 공포하여 교육법에 의거 교육의 근본이념과 교육방침을 구현하기 위한 교과목 편제에 착수
(8) 1954년 교육부령 제35호로 공표된 '교육과정시간배당기준령'과 각급학교 '교과과정'은 우리나라 손으로 만들어진 최초의 체계적인 교육과정
(9) 제1차 교육과정기는 흔히 교육과정 개념상 교과교육과정 강조의 시기
(10) 특히 고등학교 교과과정의 머리말에 있는 본 과정 운용상의 주의에는 각 학교의 교육계획과 교과경영의 기준이라 명시
(11) 이 기준에 의거하여 학교의 교육계획을 수립하도록 강조
(12) 최초로 우리나라에서 만든 교육과정
(13) 교과중심 교육과정으로 지적 체계를 중시하고 도덕교육을 강조했으며, 교과활동과 특별활동을 병행하여 가르쳤다. 국어(4), 수학(4), 사회생활(5), 과학(4), 체육(2), 음악(2), 미술(2), 실업·가정(5), 외국어(3-5) 등의 교과를 가르쳤음
(14) **특징**
  ① 현실생활을 개선·향상시킬 사회개선 의지를 강조
  ② 반공교육, 도의교육, 실업교육을 강조
  ③ 특별활동 시간을 배당하여 전인교육을 지향

> **알아두기 ①**
> - 1951년 교육부는 6·25전쟁으로 말미암아 중단되었던 교육과정 구성에 대한 심의를 위하여 '교육과정연구심의회규정'(교육부령 제16호)을 공포하여 교육법에 의거 교육의 근본이념과 교육방침을 구현하기 위한 교과목 편제에 착수
> - 1954년 교육부령 제35호로 공표된 '교육과정시간배당기준령'과 각급학교 '교과과정'은 우리나라 손으로 만들어진 최초의 체계적인 교육과정
> - 제1차 교육과정기는 흔히 교육과정 개념상 교과교육과정 강조의 시기라고 부르기도 함
> - 특히 고등학교 교과과정의 머리말에 있는 본 과정 운용상의 주의에는 각 학교의 교육계획과 교과경영의 기준이라 명시
> - 이 기준에 의거하여 학교의 교육계획을 수립하도록 강조

3 제2차 교육과정 개정(1963.2 ~ 1973.1) : 경험중심 교육과정

(1) 5.16을 계기로 1963년 2월 초·중·고 교육과정 공포
(2) 고등학교에 개별선택제 도입, 인문과정·자연과정·직업과정·예능과정 중 선택이수
(3) 생활(경험)중심교육과정을 반영(학교의 지도하에 학생들이 가지는 경험의 총체)
(4) 교육과정 문서는 총론과 각론으로 구성
(5) 교육과정의 구조를 교과활동, 반공·도덕생활, 특별활동으로 구분
(6) 한글 전용과 국사 교육이 역사과에서 분리되어 강조되었고 교련교과가 신설
(7) 고등학교에서 단위제가 도입되었고, 외국어로는 스페인어와 일본어가 추가
(8) 교과활동, 특별활동, 반공·도덕활동 → '교육과정' 용어 사용
(9) 교육과정은 시대적 상황과 국내 정세의 변천에 비추어 실정에 맞아야 한다는 인식으로 교육과정 개정의 필요성이 대두
(10) 기초학력 부족 및 구체적인 목표 제시가 부족하다는 점에서 교육과정 개정을 위한 기초연구가 진행
(11) 1963년 2월, 각급학교 '교육과정'이 공포되었다. 종전의 '시간배당기준표'와 '교과과정'을 별도로 제정하던 것을 묶어서 '교육과정'이라 하였고, 내용에 있어서 자주성·생산성·유용성을 강조
(12) 조직의 합리성, 운영상의 지역성을 고려. 제2차 교육과정기는 경험중심 교육과정 또는 생활중심 교육과정이라고 부르며, '교육과정'이란 '학생들이 학교의 지도하에 경험하는 모든 학습활동'이라 정의. 이 시기에 고등학교 단위제가 채택
(13) 경험중심 교육과정으로 학습활동의 경험, 자주성, 생산성 및 유용성을 강조하고, 교과활동과 반공·도덕생활, 특별활동을 병행하여 가르쳤으며, 한문과 교련과목이 신설
(14) 국어(5-6), 수학(3-4), 사회(3-4), 과학(3-4), 음악(2), 미술(2), 실업·가정(4-5), 외국어(3-5) 등의 교과를 가르쳤음
(15) 특징
    ① 자주성을 강조하여 명확한 사명감을 자각하고 수행하는 국민을 기르려 하였음
    ② 생산성을 강조하여 우리 생활을 실질적으로 개선하고 생산성을 높일 수 있는 교육을 강화하려 하였음
    ③ 유용성을 강조하여 교육내용과 방법이 일상생활과 직결되도록 하였음
    ④ 지역성을 강조하여 일반적 기준만 제시하고 구체적 적용은 지역사회의 실정에 맞도록 하였음

> **알아두기 ①**
> - 교육과정은 시대적 상황과 국내 정세의 변천에 비추어 실정에 맞아야 한다는 인식으로 교육과정 개정의 필요성이 대두
> - 기초학력 부족 및 구체적인 목표 제시가 부족하다는 점에서 교육과정 개정을 위한 기초연구가 진행
> - 1963년 2월, 각급학교 '교육과정'이 공포되었다. 종전의 '시간배당기준표'와 '교과과정'을 별도로 제정하던 것을 묶어서 '교육과정'이라 하였고, 내용에 있어서 자주성·생산성·유용성을 강조하고, 조직의 합리성, 운영상의 지역성을 고려
> - 제2차 교육과정기는 경험중심 교육과정 또는 생활중심 교육과정이라고 부르며, '교육과정'이란 '학생들이 학교의 지도하에 경험하는 모든 학습활동'이라 정의
> - 이 시기에 고등학교 단위제가 채택

4 제3차 교육과정 개정(1973.2 ~ 1981.12) : 학문중심 교육과정

(1) 1968년 국민교육헌장 선포
(2) 1973년 초·중·고 교육과정 발표
(3) 교육과정 영역을 교과활동과 특별활동으로 축소, 반공·도덕활동은 도덕교과로 전환
(4) 학문중심 교육과정의 영향으로 기본개념, 탐구방법을 중시
(5) 교육과정의 편제는 교과활동과 특별활동으로 구분
(6) 반공·도덕생활을 도덕교과로 독립되었고, 국사도 독립교과, 한자교육 폐지
(7) 실과를 중·고등학교에서 필수화
(8) 교과서를 1종 도서와 2종 도서로 구분하여 1종 도서는 국민학교와 중학교의 교과서와 교사용 지도서 전부, 고등학교의 국어(독본), 국민윤리, 국사의 교과서와 지도서로 하였음
(9) 국민교육헌장 이념의 구현, '지식의 구조' 중시
(10) 제2차 교육과정에서의 생활중심 교육과정을 지양하고 학문중심 교육과정을 강조
(11) 학문중심 교육과정을 주장한 브루너(J. S. Brunner)에 의하면, 교육과정은 곧 '각 교과의 전문가들이 각 교과가 나타내고 있는 지식의 본질(즉, 구조)을 가장 명백히 표현할 수 있도록 그 지식을 체계적으로 조직해 놓은 것'을 가리킴
(12) 따라서 학문의 계통성을 강조하였으며 교과활동과 특별활동과의 균형을 유지하도록 강조
(13) 이 시기의 교육과정은 국민교육헌장의 이념을 기본방향으로 삼고, 국민적 자질, 인간교육의 강화, 지식과 기술교육의 쇄신을 기본방침
(14) 제2차 교육과정기부터 도입되었던 단위제를 고등학교 교육과정 운영원칙으로 하였으며, 실정에 따라 학년제를 병용할 수 있도록 하였음
(15) 학문중심 교육과정으로 지식의 구조와 기본개념 및 원리를 중시하였으며, 자발적 탐구를 통한 지식의 이해를 강조
(16) 1968년에 선포된 국민교육헌장의 이념을 실현하고자 시도
(17) 교과활동과 특별활동을 병행하여 가르쳤고 도덕교과를 신설
(18) 1974년 일본어가 고등학교의 제2외국어로 추가
(19) 도덕(2), 국어(4-5), 국사(2), 수학(3-4), 사회(2-3), 과학(3-4), 체육(3), 음악(1-2), 미술(1-2), 한문(1-2), 실업·가정(3), 외국어(2-5) 등의 교과를 가르쳤음
(20) **특징**
　① 민족 주체의식의 고양, 전통을 바탕으로 한 민족문화의 창조, 개인의 발전과 국가의 융성과 조화를 통한 국민적 자질의 함양을 하고자 하였음
　② 가치관 교육의 강화, 비인간화 경향의 극복, 근면성과 협동성의 앙양을 통한 인간교육을 강화하고자 하였음
　③ 지식, 기술교육의 쇄신방안으로써 기본 능력의 배양, 기본 개념의 파악, 판단력과 창의력의 함양, 산학협동 교육의 강화를 꾀하였음

> **알아두기 ①**
> - 제2차 교육과정에서의 생활중심 교육과정을 지양하고 학문중심 교육과정을 강조
> - 학문중심 교육과정을 주장한 브루너(J. S. Brunner)에 의하면, 교육과정은 곧 '각 교과의 전문가들이 각 교과가 나타내고 있는 지식의 본질(즉, 구조)을 가장 명백히 표현할 수 있도록 그 지식을 체계적으로 조직해 놓은 것'을 가리킴
> - 따라서 학문의 계통성을 강조하였으며 교과활동과 특별활동과의 균형을 유지하도록 강조
> - 이 시기의 교육과정은 국민교육헌장의 이념을 기본방향으로 삼고, 국민적 자질, 인간교육의 강화, 지식과 기술교육의 쇄신을 기본방침
> - 제2차 교육과정기부터 도입되었던 단위제를 고등학교 교육과정 운영원칙으로 하였으며, 실정에 따라 학년제를 병용할 수 있도록 하였음

5 제4차 교육과정 개정(1982.1 ~ 1987.6) : 인간중심 교육과정

(1) 인간중심 교육과정을 반영하여 전인교육을 강조
(2) 이 시기에는 유아교육과 대학교육의 기회확대, 중학교 의무교육의 단계적 추진, 일반고의 확대, 과학·외국어·예체능 분야의 조기 영재교육을 위해 특수 목적고의 신설
(3) 국민학교 1, 2학년에서 통합교과를 도입(바른 생활, 슬기로운 생활, 즐거운 생활)
(4) 전인교육을 강화하여 수업시간, 교과내용의 축소, 중·고등학교에서 자유선택과목 도입
(5) 진로 교육개념 도입
(6) 종래 학문중심 교육과정에 대한 비판으로 전인교육 표방, 교육내용의 적정화 추구
(7) 통합교과의 설정과 교과의 통합운영, 초등학교 1, 2학년에 통합교과용 도서 개발·보급
(8) 그동안의 교육과정 운영결과, 수업시간과 학습내용 과다, 학습자 수준에 비추어 어려운 교육내용, 교과목 위주의 분과적 편제, 기초교육과 일반교육의 소홀함 및 인간교육의 미흡 등이 지적되어 이를 개정하기 위한 것
(9) 1981년 12월 31일 문교부 고시 제422호로 공포된 신교육과정은 제5공화국 출범을 맞이한 1980년대 초의 정치적·사회적 특수 상황과 미래에 대한 전망을 고려하여 새로운 교육적 전환을 모색할 필요와 함께 이에 대처할 적절한 새 교육과정 개발의 요청이었다고 할 수 있음
(10) 국민정신교육의 체계화, 전인교육의 강화, 진로교육의 충실화를 교육과정의 기본 방침으로 강조. 당시 초등학교 1, 2학년 단계에서 통합교육과정을 시도한 점은 특기할만한 일
(11) 인간중심 교육과정으로 교과, 경험 및 학문을 인간중심으로 조화시키고자 하였음
(12) 국민정신교육, 전인교육, 과학기술교육을 강조하고 초등학교 1~2학년에서 바른 생활, 슬기로운 생활, 즐거운 생활 등 통합교과를 신설하였으며 교과활동과 특별활동을 병행하여 지도
(13) 도덕(2), 국어(4-5), 국사(2), 수학(3-4), 사회(2-3), 과학(3-4), 체육(3), 음악(1-2), 미술(1-2), 한문(1-2), 기술·가정(6), 외국어(3-5) 등의 교과를 가르쳤음
(14) **특징**
 ① 초·중등학교 간의 연계성을 충분히 고려
 ② 목표선정의 기준을 개인적 적합성과 사회적 적합성 간의 균형을 유지
 ③ 초등학교는 1, 2학년에서 교과 간의 통합을 시도하였고, 중학교는 학교장의 재량에 따라 자유선택과목을 운영하도록 하였으며, 고등학교는 인문계, 실업계, 기타계 고등학교의 교육과정을 통합하여 단일화

> **알아두기**
> - 그동안의 교육과정 운영결과, 수업시간과 학습내용 과다, 학습자 수준에 비추어 어려운 교육내용, 교과목 위주의 분과적 편제, 기초교육과 일반교육의 소홀함 및 인간교육의 미흡 등이 지적되어 이를 개정하기 위한 것
> - 1981년 12월 31일 문교부 고시 제422호로 공포된 신교육과정은 제5공화국 출범을 맞이한 1980년대 초의 정치적·사회적 특수 상황과 미래에 대한 전망을 고려하여 새로운 교육적 전환을 모색할 필요와 함께 이에 대처할 적절한 새 교육과정 개발의 요청
> - 국민정신교육의 체계화, 전인교육의 강화, 진로교육의 충실화를 교육과정의 기본 방침으로 강조
> - 당시 초등학교 1, 2학년 단계에서 통합교육과정을 시도한 점은 특기할만한 일

6 제5차 교육과정 개정(1987.7 ~ 1992.9) : 통합적 교육과정

(1) 통합중심교육으로 이루어졌고, 과외금지조치가 해제됨
(2) 개정의 특별한 명분이 없이 다만 교과용 도서 사용 유효기간이
  ① 최대 6년을 넘을 수 없다는 규정에 의해 개정
  ② 방향 : 적정화, 내실화, 지역화
(3) 자유선택과목 실질적 운영(고교, 예 교육학, 심리학 등)
(4) 초등학교 1, 2학년의 통합 교과 체제를 통합 교육과정 체제로 변경
(5) 다교과 1교과서 체제를 1교과 다교과서 체제로 수정
(6) 교과 단원의 지역화, 교육과정의 지역화 추진
(7) 조기 영어교육, 초등학교 통합교과에서 국어와 산수 독립
(8) 중·고등학교에서 수학과 기초 과학교육 중시
(9) 교육부 고시 제87-7호로 개정, 교육과정의 적정화, 내실화, 지역화를 개정의 방침으로 하고, 지속성·점진성·효율성 등을 개정의 전략으로 삼았음
(10) 제5차 교육과정은 기초교육의 충실, 정보화 사회에 대응하는 교육의 강화, 교육과정 효율성의 제고를 강조
(11) 교육과정 개정의 배경을 살펴보면 제4차 교육과정 개정까지는 나름대로의 사회적 제 상황의 변화에 부응한다거나 학문적 경향의 변화에 따른다는 비교적 뚜렷한 명분이 있었음
(12) 그러나 제5차 교육과정 개정은 학교에서 사용 중인 교과서의 사용 기간이 5 ~ 7년을 넘을 수 없다는 행정상의 이유가 교육과정의 개정을 서두르게 하였음
(13) 문교부는 제5차 교육과정 개정의 필요성으로 교육 철학, 학문 내용, 교육 방법의 변화, 경제적 발전과 사회의 변화, 현행 교육과정 고시 이후 7년 경과, 국제 경쟁력 강화 필요, 교육의 질적 고도화를 제시
(14) 통합적 교육과정으로 교과, 경험, 학문 및 인간중심 교육과정을 조화시켜서 교육
(15) 초등학교에서 통합교과에 포함시켰던 국어와 수학을 분리하여 독립된 교과로 채택하였고, 초등학교 1 ~ 2학년의 통합적 교육과정이 탄생
(16) 컴퓨터교육(초등학교 4학년 실과교육)과 경제교육 등 다양한 교육자료가 개발·보급이 되었고, 교과활동과 특별활동을 병행하여 가르쳤음
(17) 도덕(2), 국어(4-5), 국사(2), 수학(3-4), 사회(2-3), 과학(3-4), 체육(3), 음악(1-2), 미술(1-2), 한문(1-2), 기술·가정(3-6), 외국어(3-5) 등의 교과를 가르쳤음

(18) **특징**
　　① 기초교육의 강화
　　② 정보화 사회에 대응하는 교육의 강화
　　③ 교육과정의 효율성 제고

> **알아두기**
> - 교육부 고시 제87-7호로 개정, 교육과정의 적정화, 내실화, 지역화를 개정의 방침으로 하고, 지속성·점진성·효율성 등을 개정의 전략으로 삼았음
> - 제5차 교육과정은 기초교육의 충실, 정보화 사회에 대응하는 교육의 강화, 교육과정 효율성의 제고를 강조
> - 교육과정 개정의 배경을 살펴보면 제4차 교육과정 개정까지는 나름대로의 사회적 제 상황의 변화에 부응한다거나 학문적 경향의 변화에 따른다는 비교적 뚜렷한 명분이 있었음
> - 그러나 제5차 교육과정 개정은 학교에서 사용 중인 교과서의 사용 기간이 5~7년을 넘을 수 없다는 행정상의 이유가 교육과정의 개정을 서두르게 하였음
> - 문교부는 제5차 교육과정 개정의 필요성으로 교육 철학, 학문 내용, 교육 방법의 변화, 경제적 발전과 사회의 변화, 현행 교육과정 고시 이후 7년 경과, 국제 경쟁력 강화 필요, 교육의 질적 고도화를 제시

7 제6차 교육과정 개정(1992.10 ~ 1996.12) : 통합적 교육과정

(1) 교육과정의 중앙집권화와 획일성, 교육경험의 내용 부적합성과 과중한 수업부담
　　① 교육과정의 시대적, 사회적 요구에 대한 부적합성에 의한 필요성으로 개정
　　② 시·도 교육청과 단위 학교의 자율 재량권 확대, 초등학교의 재량 시간 신설
(2) 민주주의 공동체 의식의 함양, 변화에 대한 창조적 대응력 배양, 교육과정 결정의 분권화, 자율화, 학습자 경험의 질 중시의 개정방향
(3) 교과전담교사제 실시(초 3~6년, 체육·음악·미술·영어), 영어교육실시(초 3)
(4) 1992년 10월 30일 교육부 고시 제1992-919호로 개정, 교육과정의 성격을 명시
(5) 즉, 국가수준의 교육과정은 초·중등학교의 교육 내용에 관한 전국의 공통적·일반적 기준을 말하며, 여기에는 초·중등학교에서 편성·운영해야 할 교육과정의 목표, 내용, 방법, 평가, 운영 등에 관한 국가수준의 기준 및 기본 지침이 제시
(6) 또한 이와 같은 국가수준의 교육과정에 근거하여 편성·운영하는 각급학교의 교육과정은 단순히 교육목표와 내용만을 의미하는 것이 아니라, 학습자의 교육 경험의 질을 관리하는 구체적인 교육 프로그램을 계획하는 것을 포함하는 개념
(7) 교육 프로그램은 교육목표와 내용, 방법, 평가, 운영 방식 등을 핵심으로 구성되며, 이러한 구성 요소에 영향을 주는 제 요인이 관련
(8) 이에 교육과정 결정의 분권화, 교육과정 구조의 다양화, 교육과정 내용의 축소화, 교육과정 운영의 효율화를 중점으로 삼았음
(9) 통합적 교육과정으로 21세기 교육을 대비하려고 하였음
(10) 중학교 교육과정에서는 도덕성과 창의성을 강조하고 컴퓨터·환경시설, 편성 및 운영체제를 개선
(11) 고등학교 교육과정에서는 필수과목을 축소하고 선택과목을 확대하였으며, 다양한 수준별·특성별 과목설정, 전문교과편제, 외국어 전문교과를 신설

(12) 또한 교과별 시간수 배정에 있어서 연간 34주 동안의 최소 시간만을 지정하고 이것을 기준으로 교과별 시간수 배정을 학교의 재량에 따라 운영하도록 하였음

(13) 과목별 괄호 안의 시간수는 연간 최소 시간 수. 도덕(68), 국어(136-170), 수학(136), 사회(102-136), 과학(136), 체육(102), 음악(34-68), 미술(34-68), 가정(34-68), 기술·산업(34-68), 영어(136) 등이 필수과목이고, 한문, 컴퓨터, 환경 등의 과목은 선택과목으로써 연간 34~68시간을 운영하도록 하였음

(14) **특징**
　① 추구하는 인간상은 건강한 사람, 자주적인 사람, 창조적인 사람, 도덕적인 사람
　② 교육과정 결정의 분권화, 교육과정 구조의 다양화, 교육과정 내용의 적정화, 교육과정 운영의 효율화를 강조

> **알아두기 ①**
> - 1992년 10월 30일 교육부 고시 제1992-919호로 개정, 교육과정의 성격을 명시
> - 즉, 국가수준의 교육과정은 초·중등학교의 교육 내용에 관한 전국의 공통적·일반적 기준을 말하며, 여기에는 초·중등학교에서 편성·운영해야 할 교육과정의 목표, 내용, 방법, 평가, 운영 등에 관한 국가수준의 기준 및 기본 지침이 제시
> - 또한 이와 같은 국가수준의 교육과정에 근거하여 편성·운영하는 각급학교의 교육과정은 단순히 교육목표와 내용만을 의미하는 것이 아니라, 학습자의 교육 경험의 질을 관리하는 구체적인 교육 프로그램을 계획하는 것을 포함하는 개념
> - 교육 프로그램은 교육목표와 내용, 방법, 평가, 운영 방식 등을 핵심으로 구성되며, 이러한 구성 요소에 영향을 주는 제 요인이 관련
> - 이에 교육과정 결정의 분권화, 교육과정 구조의 다양화, 교육과정 내용의 축소화, 교육과정 운영의 효율화를 중점으로 삼았음

8 제7차 교육과정 개정(1997.1~2007.2) : 학생중심 교육과정

(1) **1995.5.31. 교육개혁**

(2) **기본방향** : 학생중심 교육
　① **목표** : 건전한 인성과 창의성을 함양하는 기초·기본 교육에 충실
　② **내용** : 세계화·정보화에 적응할 수 있는 자기주도적 능력을 신장
　③ **운영** : 학생의 능력, 적성, 진로에 적합한 학습자 중심 교육 실천
　④ **제도** : 지역 및 학교 교육과정 편성·운영의 자율성을 확대

(3) **교육과정 구성방침**
　① 사회적 변화의 흐름을 주도할 수 있는 기본 능력을 길러 줄 수 있도록 교육과정 구성
　② 국민공통기본 교육과정과 선택중심 교육과정 체제를 도입
　③ 교육내용의 양과 수준을 적정화하고, 심도 있는 학습이 이루어지도록 함
　④ 학생의 능력, 적성, 진로를 고려하여 교육내용과 방법을 다양화함
　⑤ 교육과정 편성과 운영에 있어서 현장의 자율성을 확대
　⑥ 교육과정 평가 체제를 확립하여 교육에 대한 질 관리를 강화

(4) 수준별 교육과정 도입, 재량활동의 신설 및 확대, 지역 및 학교의 자율 재량 확대, 이후 수준별 교육과정이란 단어가 개념적 오류가 있다고 판단, 수준별 수업으로 개정
(5) 1997년 12월 30일 교육부 고시 제1997-915호로 개정, 지금까지 국가가 주도하는 공급자 중심이었던 교육과정을 학습자 중심으로 개편하였다는 특징
(6) 제7차 교육과정에 대한 논의는 대통령 자문기구인 교육개혁위원회에서 시작되었으며 "열린교육사회, 평생학습사회" 건설을 비전으로 삼아 학생의 적성과 능력에 따라 다양한 학습이 가능할 수 있도록 필수과목 축소 및 선택과목 확대, 정보화·세계화 교육 강화, 수준별 교육과정의 편성·운영을 교육과정 개정 원칙으로 설정
(7) 학생능력 및 적성 등 개인차를 최대한 고려하여 '수준별 교육과정'을 도입하는 한편, 학습자의 자기주도적 학습능력을 신장시키기 위하여 '재량시간'을 신설·확대한 점도 주요 변화 사항
(8) 초·중등과정을 연속적인 학년개념으로 두고 10학년(고등학교 1학년 수준)까지는 국민공통기본교육과정 10개 과목을 이수하도록 하였다. 이후 고등학교 2, 3학년 단계에서는 학습자 중심의 선택교육과정을 운영
(9) 제7차 교육과정은 초·중등학교의 교육목적과 교육목표를 달성하기 위해 초·중등교육법 제23조제2항에 의거하여 교육과학부장관이 문서로 결정하여 고시한 교육내용에 관한 전국 공통의 일반적인 기준
(10) 초·중등학교에서 편성·운영하여야 할 학교교육과정의 목표, 내용, 방법과 운영, 평가에 관한 국가수준의 기준 및 기본 지침이 제시되어 있는 국가 수준의 교육과정
(11) 세계화·정보화·다양화를 지향하는 교육체제의 변화와 급속한 사회변동, 과학·기술과 학문의 급격한 발전, 경제·산업·취업구조의 변혁, 교육수요자의 요구와 필요의 변화, 교육여건 및 환경의 변화 등 교육을 둘러싸고 있는 내외적인 체제 및 환경, 수요의 대폭적인 변화의 수용을 개정의 배경
(12) 제7차 교육과정 개정의 기본 방향은 21세기의 세계화·정보화 시대를 주도할 자율적이고 창의적인 한국인을 육성하는 데 두었으며, 21세기의 지식기반사회에 대비한 지식생성의 교육, 열린교육 체제를 지향하는 학생중심의 교육과정으로 그 방향을 잡고 있으며 다음과 같은 특징을 가지고 있음

알아두기 ①

(1) 국민공통 기본교육과정 도입
  ① 국민공통 기본교육과정은 모든 국민에게 동일 기간 동안에 동일한 내용을 교육하여 국민으로서 필요한 최소한의 기초·기본교육을 보장하기 위해 도입된 것으로, 초등학교 1학년부터 고등학교 1학년까지의 10년간을 국민공통 기본교육 기간으로 설정하였다. 국민공통 기본교육과정은 기존의 학교급별 개념에 의한 교육과정 연계성 문제를 극복하고, 교육내용의 연속성을 보장하기 위한 것으로 단계 또는 학년제 개념에 기초하여 일관성 있게 구성하였다.
  ② 국민공통 기본교과는 국어, 도덕, 사회, 수학, 과학, 실과(기술·가정), 체육, 음악, 미술, 외국어(영어)의 10개 과목으로 구성하였다.

(2) 수준별 교육과정 편성·운영
  ① 수준별 교육과정은 학생의 능력, 적성, 필요, 흥미에 대한 개인차를 최대로 고려한 수업을 통해 학생 개개인의 성장잠재력과 교육의 효율성을 극대화하기 위한 교육과정의 차별화라고 할 것이다. 수준별 교육과정은 '단계형', '심화·보충형', '과목 선택형'으로 구분된다.
  ② 단계형 수준별 교육과정은 학습자의 학습속도에 알맞은 단계의 교육내용을 제공하는 교육과정이다.
  ③ 심화·보충형 수준별 교육과정은 학습자의 학습능력에 적합한 교육내용을 제공하는 교육과정이다.
  ④ 과목 선택형 수준별 교육과정은 학생의 적성, 진로, 소질에 따른 과목 선택의 폭을 넓혀 주고 전문성 심화를 위해 다양한 기회를 제공하는 교육과정이다.

(3) 재량활동 신설 및 확대
① 재량활동은 초등학교 제6차 교육과정의 학교재량 시간을 초·중·고까지 신설·확대하였다. 재량활동은 단위학교에 교육과정 편성·운영의 자율성을 부여하고 학생의 자기주도적 학습능력을 신장함으로써 현장중심, 수요자중심의 교육과정의 취지를 살리기 위한 것이다.
② 재량활동은 '교과 재량활동'과 '창의적 재량활동'으로 구분되는데, 교과 재량활동은 중등학교의 선택과목 학습과 국민공통 기본교과의 심화·보충학습을 위한 것이며, 창의적 재량활동은 학교의 독특한 교육적 필요, 학생의 요구 등에 따른 범 교과학습과 자기주도적 학습을 위해 설정된 것이다.

(4) 교과별 학습량의 최적화와 내용수준 조정
학년별 수업시간 수는 3~6학년 모두 주당 평균시간이 0~2시간 정도 감축 조정되었으나, 1학년은 주당 평균 1시간이 증가되었다. 특히 실과시간은 노작중심의 실습교육을 강화하기 위해 3~4학년의 시간을 삭제하고, 5~6학년에 주당 평균 2시간씩을 배정하였다.

(5) 교육과정 평가체제 확립
학생의 교과별 성취기준을 설정하고, 주기적으로 학생의 학력과 학교교육과정 편성, 운영에 대한 평가체제를 확립하도록 하였다. 교육과정의 질 관리를 위해 국가수준에서는 주기적인 학생학력평가, 학교와 교육기관평가, 교육과정 편성·운영에 관한 평가를 실시하도록 하였다.

(6) 고교 2~3학년의 학생 선택중심 교육과정 도입
일반선택(26과목)과 심화선택(53과목)으로 구분하여 다양한 선택과목을 개설하였으며, 과정이나 계열의 구분을 하지 않고 운영하여 학생의 선택 폭을 확대하였다. 인문사회분야, 자연분야, 예·체능분야, 외국어분야, 실업분야 등에 관한 진로정보 제공에 따른 다양한 유형의 개인별 교육과정 선택으로 효율적인 진로지도를 할 수 있게 하였다.

알아두기

- 1997년 12월 30일 교육부 고시 제1997-915호로 개정, 지금까지 국가가 주도하는 공급자 중심이었던 교육과정을 학습자 중심으로 개편하였다는 특징
- 제7차 교육과정에 대한 논의는 대통령 자문기구인 교육개혁위원회에서 시작되었으며 "열린교육사회, 평생학습사회" 건설을 비전으로 삼아 학생의 적성과 능력에 따라 다양한 학습이 가능할 수 있도록 필수과목 축소 및 선택과목 확대, 정보화·세계화 교육 강화, 수준별 교육과정의 편성·운영을 교육과정 개정 원칙으로 설정
- 학생능력 및 적성 등 개인차를 최대한 고려하여 '수준별 교육과정'을 도입하는 한편, 학습자의 자기주도적 학습능력을 신장시키기 위하여 '재량시간'을 신설·확대한 점도 주요 변화 사항
- 초·중등과정을 연속적인 학년개념으로 두고 10학년(고등학교 1학년 수준)까지는 국민공통기본교육과정 10개 과목을 이수하도록 하였음
- 이후 고등학교 2, 3학년 단계에서는 학습자 중심의 선택교육과정을 운영하도록 하였음

---

9 2007 개정 교육과정(2009~2011)

(1) 수시개정 체제로 개정
(2) 국어, 도덕, 역사 교과서가 국정에서 검인정 체제로 변화
(3) '교육과정의 질 관리'를 강화하기 위하여 국가수준에서 주기적으로 시행하는 학생의 학력에 대한 평가, 학교와 교육 기관평가, 교육과정 편성·운영에 대한 평가뿐만 아니라, 시·도교육청도 관내 학교의 교육과정 편성·운영에 대한 질 관리를 위해 학업성취도평가 및 교육과정 편성·운영평가 등을 실시할 수 있게 하였음

(4) '질 관리 중심의 교육과정'은 교육과정 개정에서 추구하는 변화가 문서 수준의 수사적 변화에 머무르지 않고, 교육 현장에서의 실질적 변화를 가져올 수 있도록 하기 위해 도입된 개념
(5) 그러므로 국가나 시·도교육청에서 의도한 교육과정이 구체적으로 학교 현장에서 어떻게 운영되는지를 계속해서 평가하기 위해서 주기적인 학생 학력평가, 학교평가, 교육과정평가체제가 확립되어야 함을 강조
(6) 교육과학부에서는 2007년 제7차 교육과정 보완을 위한 교육과정 개정안인 '새교육과정'을 발표하였다. 이는 제7차 교육과정을 급변하는 상황에 맞도록 개정·보완하는 '수시개정' 작업의 일환으로 추진되어 왔으며, 이 개정안은 2009년부터 2013년까지 초·중등학교에 단계적으로 적용

1) 기본방향

① 2007 개정 교육과정은 제7차 교육과정에서 강조하는 학습자중심의 단위학교에서 만들어가는 교육과정의 철학을 그대로 준수하면서, 국민공통기본 교육과정 및 선택중심 교육과정 등 기본체제를 유지하였다. 기본방향은 다음과 같다.
  ㉠ 제7차 교육과정의 기본 철학과 체제를 유지하면서 문제점은 개선
  ㉡ 단위학교별 교육과정 편성·운영의 자율권을 확대
  ㉢ 교과별 교육내용의 적정화를 추진
  ㉣ 국가·사회적 요구사항을 반영

2) 주요 개정내용

① 단위학교의 교육과정 편성·운영 자율권 확대
  ㉠ 재량·특별활동 운영의 학교 자율권 부여
  ㉡ '교과 집중이수제' 도입
    주당 이수시간이 1시간인 교과(도덕, 음악, 미술 등)의 경우 학기 또는 학년 단위 집중이수가 가능하도록 허용
  ㉢ 고등학교 선택 교육과정 편성의 자율권 확대
    국가수준 교육과정 편제표 이외의 선택과목 일부 개설 허용
  ㉣ 특성화학교, 자율학교 등에 교과목별 수업시간 수의 증감 등 교육과정 편성·운영 자율권 부여
② 국가·사회적 요구 대응
  ㉠ 과학교육 강화
  ㉡ 역사교육 강화
  ㉢ 진로교육 강화
  ㉣ 논술교육 강화
③ 고등학교 선택중심 교육과정의 개선
  ㉠ 선택과목의 일원화 : 일반 선택과목과 심화 선택과목 구분 폐지
  ㉡ 선택 과목군을 세분화함으로써 폭넓은 교양교육 실시
    ⓐ 과학·기술 과목군(수학, 과학, 기술·가정) → 수학·과학 과목군과 기술·가정 과목군 분리
    ⓑ 예·체능 과목군(체육, 음악, 미술) → 체육 과목군과 예술 과목군(음악, 미술) 분리
④ 교과 교육과정의 내용 적정화
  ㉠ 학습내용 양과 난이도의 적정화
  ㉡ 학년 간, 학교급 간, 교과(목) 간 교육내용 연계 및 중복 해소
    예 [도덕 / 사회], [과학 / 실과 / 체육], [실과 / 체육], [과학 / 실과 / 수학], [사회 / 수학], [도덕 / 실과], [사회 / 실과] 등
⑤ 주 5일 수업제 시행에 따른 교육과정 편제 및 시간배당 조정 : 수업시수 감축방안 제시

> **알아두기 ①**
> - '교육과정의 질 관리'를 강화하기 위하여 국가수준에서 주기적으로 시행하는 학생의 학력에 대한 평가, 학교와 교육 기관평가, 교육과정 편성·운영에 대한 평가뿐만 아니라, 시·도교육청도 관내 학교의 교육과정 편성·운영에 대한 질 관리를 위해 학업성취도평가 및 교육과정 편성·운영평가 등을 실시할 수 있게 하였음
> - '질 관리 중심의 교육과정'은 교육과정 개정에서 추구하는 변화가 문서 수준의 수사적 변화에 머무르지 않고, 교육 현장에서의 실질적 변화를 가져올 수 있도록 하기 위해 도입된 개념
> - 그러므로 국가나 시·도교육청에서 의도한 교육과정이 구체적으로 학교 현장에서 어떻게 운영되는지를 계속해서 평가하기 위해서 주기적인 학생 학력평가, 학교평가, 교육과정평가체제가 확립되어야 함을 강조

10 2009 개정 교육과정(2011 ~ 2017)

(1) **학교 자율성과 창의성을 강화하는 방향으로 개정**
   ① 이 개정 교육과정에서는 학기당 이수과목을 최대 5과목 줄이고 교과 집중이수제 도입
   ② 예·체능 등의 과목을 특정 학기에 몰아서 수업하며
   ③ 학교 자율에 따라 교육과정을 20% 범위 내에서 증감 운영
   ④ 집중이수제에 대한 폐단이 많아 2014년부터 학기당 이수과목에서 예체능 과목을 제외
(2) 학습부담의 적정화를 통한 의미 있는 학습활동 전개
(3) 폭넓은 인성교육을 위한 창의적 체험활동 강화
(4) 예체능을 등급으로 표기하지 않고 우수/보통/미흡의 3단계로 기록
(5) 이전 교육과정의 수정사항을 공포한 것으로서, 주요사항은 국민공통과정의 9년 과정으로의 조정(초등학교 1학년 ~ 중학교 3학년까지)과 고등학교 3년 과정의 선택교육과정 편성, 교육과정 편성·운영의 경직성을 탈피하고 학년 간 상호연계와 협력을 통한 유연성 확보를 위한 학년군 개념 도입, 공통교육과정의 교과는 학문적 특성에 따라 교과군으로 재분류, 학기당 이수 교과목 수 축소 및 집중이수제 등을 통한 학습부담의 적정화, 기존의 재량활동과 특별활동을 통합하여 '창의적 체험활동' 신설 등
(6) 제7차 교육과정 이후로, 국가 교육과정의 큰 틀은 학교중심 교육과정을 강조하는 방향으로 진행되고 있으며, 학습자 중심의 선택권 보장, 교육과정 특성화, 개별화의 특성을 강조

구분	2007 개정 교육과정	2009 개정 교육과정
총론	• 학기당 이수과목 10 ~ 13개 • 특별활동과 창의적 재량활동 영역 구분 • 국민공통기본교육과정을 10년으로 운영(초1 ~ 고1)	• 교과군, 학년군 도입을 통한 집중이수제로 학기당 이수과목 축소 • 특별활동과 창의적 재량활동을 '창의적 체험활동'으로 통합 • 국민공통기본교육과정 기간을 9년으로 단축(초1 ~ 중3)
교육과정 편재	교과, 재량활동, 특별활동	교과, 창의적 체험활동
초중고 공통사항 (2009년 신설)	–	• 학년군, 교과군 개념 • 교과별 기준시수 20% 증감 • 교과교실제 운영 활성화 유도
초등학교	• 초등 통합교과 '우리들은 1학년' 분리 독립 • 정보통신 활용 교육, 보건교육 재량활동 활용 지도	• '우리들은 1학년' 폐지 → '창의적 체험활동'에 반영 • 한자교육 '창의적 체험활동' 활용해 지도

중학교	• 선택과목 : 한문, 정보, 환경, 생활 외국어, 보건 등	• 선택과목에 '진로와 직업' 교과 추가 • 학기당 이수과목 수를 8개 이하로 편성
고등학교	• 고1교과는 필수 • 총이수단위 : 201단위 • 외국어 계열 고등학교 : 전문교과 이수단위의 50%를 전공외국어로 하고, 전공외국어 포함 3개의 외국어 교육	• 고교 모든 교과 선택(단, 국어, 수학, 영어는 필수) • 총이수단위 : 204단위 → 보통교과의 경우 각 과목의 기본단위는 5단위, 1단위 내에서 증감 운영이 가능 • 학기당 이수과목 수를 8개 이하로 편성 • 대학과목 선이수제(AP) 과목 개설 가능 • 과학, 영어, 예술 등 영역별 중점학교 운영 가능 • 외국어 계열 고등학교 : 전문교과 이수단위의 60%를 전공외국어로 하고, 전공외국어 포함 2개의 외국어 교육
범교과 학습요소	민주시민교육, 경제교육 등 35개 요소	녹색교육, 한자교육, 한국문화사 교육 추가

(7) 2009 개정 교육과정은 2009년 12월 23일에 교육과학기술부 고시 제2009-41호로 고시된 교육과정으로, 학교자율성과 창의성을 강화하는 방향으로 개정

(8) 이전 교육과정과의 차이점은 공통교육과정의 단축. 이전 교육과정까지 '국민공통교육과정'으로 10년, 즉 초등학교 1학년부터 고등학교 1학년까지 공통으로 편성되던 것이 '공통교육과정'으로 바뀌면서 9년으로 축소. 따라서 고등학교는 전부 선택교육과정으로 구성

1) 개정 중점내용
① 학기당 이수 교과목 축소를 통한 학습 효율 제고
② '창의적 체험활동' 도입을 통한 배려와 나눔을 실천하는 창의 인재 육성
③ 고등학교 교과 재구조화를 통한 학생의 핵심역량 강화
④ 국민공통 기본교육과정 조정

2) 추구하는 인간상
① 전인적 성장의 기반 위에 개성의 발달과 진로를 개척하는 사람
② 기초 능력의 바탕 위에 새로운 발상과 도전으로 창의성을 발휘하는 사람
③ 문화적 소양과 다원적 가치에 대한 이해를 바탕으로 품격 있는 삶을 영위하는 사람
④ 세계와 소통하는 시민으로서 배려와 나눔의 정신으로 공동체 발전에 참여하는 사람

3) 2009 개정교육과정의 편성, 운영 방안
① 공통 교육과정 기간 축소 및 선택 교육과정 기간 확대
② 학년군 및 교과군 설정
③ 수업시수 20% 증감
④ 교과 집중이수를 통한 학기당 이수교과 수 감축
⑤ 창의적 체험활동 신설 – 학년별 주당 3시간 편성(자율활동, 동아리활동, 봉사활동, 진로활동 등)

4) 주요 개정방향

공통교육과정 기간 축소 및 선택교육과정 기간 확대, 학년군 및 교과군 설정, 수업시수 20% 증감, 교과집중이수를 통한 학기당 이수교과수 감축, 창의적 체험활동 신설 등을 들 수 있음

> **알아두기 ①**
> - 이전 교육과정의 수정사항을 공포한 것
> - 주요사항은 국민공통과정의 9년 과정으로의 조정(초등학교 1학년 ~ 중학교 3학년까지)과 고등학교 3년 과정의 선택교육과정 편성, 교육과정 편성·운영의 경직성을 탈피하고 학년 간 상호연계와 협력을 통한 유연성 확보를 위한 학년군 개념 도입, 공통교육과정의 교과는 학문적 특성에 따라 교과군으로 재분류, 학기당 이수 교과목 수 축소 및 집중이수제 등을 통한 학습부담의 적정화, 기존의 재량활동과 특별활동을 통합하여 '창의적 체험활동' 신설 등
> - 제7차 교육과정 이후로, 국가 교육과정의 큰 틀은 학교중심 교육과정을 강조하는 방향으로 진행, 학습자 중심의 선택권 보장, 교육과정 특성화, 개별화의 특성을 강조

11 2015 개정 교육과정(2013 ~ 2024)

> **알아두기 ①**
> - 문·이과 통합교육과정으로 소개되고 있는 2015 개정 교육과정은 미래의 지능정보사회에 적합한 교육을 목적
> - 지식을 선택하고 통합하여 문제를 해결하고 새로운 지식과 가치를 생성할 수 있는 인재를 육성
> - 문·이과 칸막이를 없애고 인문, 사회, 과학기술에 관한 기본 소양의 함양을 토대로 미래사회가 요구하는 인문학적 상상력과 과학기술 창조력을 두루 갖춘 창의 융합형 인재를 양성
> - 특히 핵심역량 중심의 교육을 지향하여 크게 6가지 역량(자기관리 역량, 지식정보처리 역량, 창의적 사고 역량, 심미적 감성 역량, 의사소통 역량, 공동체 역량)을 제시
> - 또한 안전교육과 소프트웨어 교육을 강조하여 초등학교 수준부터 관련 교과에 '안전' 단원을 신설하고, 초등과정부터 실과, 정보교과에서 소프트웨어 소양을 기르도록 설계
> - 고등학교교육과정의 경우 문·이과 구분이 사라지면서 통합사회, 통합과학 과목이 신설되고, 학습자가 이수하는 교과를 공통과 선택으로 구분하여 학습자의 진로 선택권을 보장

(1) 문·이과 통합교육과정(통합사회, 통합과학)
(2) 중학교 자유학기제 실시 기초영역에 '한국사' 추가
(3) SW(software)수업 강화
(4) **교육과정의 성격**
　① 이 교육과정은 초·중등교육법 제23조 제2항에 의거하여 고시한 것으로,
　② 초·중학교의 교육 목적과 교육 목표를 달성하기 위한 국가 수준의 교육과정이며,
　③ 초·중등학교에서 편성·운영하여야 할 학교 교육과정의 공통적이고 일반적인 기준을 제시
(5) 문·이과 통합교육과정으로 소개되고 있는 2015개정 교육과정은 미래의 지능정보사회에 적합한 교육을 목적으로 함
(6) 지식을 선택하고 통합하여 문제를 해결하고 새로운 지식과 가치를 생성할 수 있는 인재를 육성
(7) 문·이과 칸막이를 없애고 인문, 사회, 과학기술에 관한 기본 소양의 함양을 토대로 미래사회가 요구하는 인문학적 상상력과 과학기술 창조력을 두루 갖춘 창의 융합형 인재를 양성

(8) 특히 핵심역량 중심의 교육을 지향하여 크게 6가지 역량(자기관리 역량, 지식정보처리 역량, 창의적 사고 역량, 심미적 감성 역량, 의사소통 역량, 공동체 역량)을 제시
(9) 또한 안전교육과 소프트웨어 교육을 강조하여 초등학교 수준부터 관련 교과에 '안전' 단원을 신설하고, 초등과정부터 실과, 정보교과에서 소프트웨어 소양을 기르도록 설계
(10) 고등학교교육과정의 경우 문·이과 구분이 사라지면서 통합사회, 통합과학 과목이 신설되고, 학습자가 이수하는 교과를 공통과 선택으로 구분하여 학습자의 진로 선택권을 보장
   ① 국가 수준의 공통성과 지역, 학교, 개인 수준의 다양성을 동시에 추구하는 교육과정이다.
   ② 학습자의 자율성과 창의성을 신장하기 위한 학생 중심의 교육과정이다.
   ③ 학교와 교육청, 지역사회, 교원·학생·학부모가 함께 실현해 가는 교육과정이다.
   ④ 학교 교육 체제를 교육과정 중심으로 구현하기 위한 교육과정이다.
   ⑤ 학교 교육의 질적 수준을 관리하고 개선하기 위한 교육과정이다.

(11) **추구하는 인간상 및 핵심역량**
   ① 전인적 성장을 바탕으로 자아정체성을 확립하고 자신의 진로와 삶을 개척하는 자주적인 사람
   ② 기초 능력의 바탕 위에 다양한 발상과 도전으로 새로운 것을 창출하는 창의적인 사람
   ③ 문화적 소양과 다원적 가치에 대한 이해를 바탕으로 인류 문화를 향유하고 발전시키는 교양 있는 사람
   ④ 공동체 의식을 가지고 세계와 소통하는 민주 시민으로서 배려와 나눔을 실천하는 더불어 사는 사람
      ㉠ 자아정체성과 자신감을 가지고 자신의 삶과 진로에 필요한 기초 능력과 자질을 갖추어 자기주도적으로 살아갈 수 있는 자기관리 역량
      ㉡ 문제를 합리적으로 해결하기 위하여 다양한 영역의 지식과 정보를 처리하고 활용할 수 있는 지식정보처리 역량
      ㉢ 폭넓은 기초 지식을 바탕으로 다양한 전문 분야의 지식, 기술, 경험을 융합적으로 활용하여 새로운 것을 창출하는 창의적 사고 역량
      ㉣ 인간에 대한 공감적 이해와 문화적 감수성을 바탕으로 삶의 의미와 가치를 발견하고 향유하는 심미적 감성 역량
      ㉤ 다양한 상황에서 자신의 생각과 감정을 효과적으로 표현하고 다른 사람의 의견을 경청하며 존중하는 의사소통 역량
      ㉥ 지역·국가·세계 공동체의 구성원에게 요구되는 가치와 태도를 가지고 공동체 발전에 적극적으로 참여하는 공동체 역량

(12) **교육과정 구성의 중점**
   ① 인문·사회·과학기술 기초 소양을 균형 있게 함양하고, 학생의 적성과 진로에 따른 선택학습을 강화함
   ② 교과의 핵심 개념을 중심으로 학습 내용을 구조화하고 학습량을 적정화하여 학습의 질을 개선함
   ③ 교과 특성에 맞는 다양한 학생 참여형 수업을 활성화하여 자기주도적 학습 능력을 기르고 학습의 즐거움을 경험하도록 함
   ④ 학습의 과정을 중시하는 평가를 강화하여 학생이 자신의 학습을 성찰하도록 하고, 평가 결과를 활용하여 교수·학습의 질을 개선함
   ⑤ 교과의 교육 목표, 교육 내용, 교수·학습 및 평가의 일관성을 강화함

⑥ 특성화 고등학교와 산업수요 맞춤형 고등학교에서는 국가직무능력표준을 활용하여 산업사회가 필요로 하는 기초역량과 직무능력을 함양함

(13) 학교급별 교육과정 편성·운영의 기준

① 초등학교 1학년부터 중학교 3학년까지의 공통 교육과정과 고등학교 1학년부터 3학년까지의 선택 중심 교육과정으로 편성·운영함
② 학년 간 상호 연계와 협력을 통해 학교 교육과정을 유연하게 편성·운영할 수 있도록 학년군을 설정함
③ 공통 교육과정의 교과는 교육 목적상의 근접성, 학문 탐구 대상 또는 방법상의 인접성, 생활양식에서의 연관성 등을 고려하여 교과군으로 재분류함
④ 선택 중심 교육과정에서는 학생들의 기초 영역 학습을 강화하고 진로 및 적성에 맞는 학습이 가능하도록 4개의 교과 영역으로 구분하고 교과(군)별 필수 이수 단위를 제시한다. 특성화 고등학교와 산업수요 맞춤형 고등학교는 보통 교과의 4개 교과 영역과 전문 교과로 구분하고 필수 이수 단위를 제시함
⑤ 고등학교 교과는 보통 교과와 전문 교과로 구분하며, 학생들의 기초 소양 함양과 기본 학력을 보장하기 위하여 보통 교과에 공통 과목을 개설하여 모든 학생이 이수하도록 함
⑥ 학습 부담을 적정화하고 의미 있는 학습 활동이 이루어질 수 있도록 학기당 이수 교과목 수를 조정하여 집중이수를 실시할 수 있음
⑦ 창의적 체험활동은 학생의 소질과 잠재력을 계발하고 공동체 의식을 기르는 데에 중점을 둠
⑧ 범교과 학습 주제는 교과와 창의적 체험활동 등 교육 활동 전반에 걸쳐 통합적으로 다루도록 하고, 지역사회 및 가정과 연계하여 지도함

> 안전·건강 교육, 인성 교육, 진로 교육, 민주 시민 교육, 인권 교육, 다문화 교육, 통일 교육, 독도 교육, 경제·금융 교육, 환경·지속가능발전 교육

⑨ 학교는 필요에 따라 계기 교육을 실시할 수 있으며, 이 경우 계기 교육 지침에 따름

(14) 학교 교육과정 편성·운영

1) 교수·학습
① 학교는 교과목별 성취기준에 따라 다음과 같은 사항에 중점을 두고 교수·학습이 이루어지도록 함
㉠ 교과의 학습은 단편적 지식의 암기를 지양하고 핵심 개념과 일반화된 지식의 심층적 이해에 중점을 둠
㉡ 각 교과의 핵심 개념과 일반화된 지식 및 기능이 학생의 발달 단계에 따라 그 폭과 깊이를 심화할 수 있도록 수업을 체계적으로 설계함
㉢ 학생의 융합적 사고를 기를 수 있도록 교과 내, 교과 간 내용 연계성을 고려하여 지도함
㉣ 실험, 관찰, 조사, 실측, 수집, 노작, 견학 등의 직접 체험 활동이 충분히 이루어지도록 함
㉤ 개별 학습 활동과 함께 소집단 공동 학습 활동을 통하여 협력적으로 문제를 해결하는 협동학습 경험을 충분히 제공함
㉥ 학생이 능동적으로 수업에 참여하고 자신의 생각을 표현하는 기회를 가질 수 있도록 토의·토론 학습을 활성화함

　　　　ⓢ 학생에게 학습 내용을 실제적 맥락 속에서 적용하고 활용할 수 있는 기회를 충분히 제공함
　　　　ⓞ 학생이 스스로 자신의 학습 과정과 학습 전략을 점검하고 개선하며 자기주도적으로 학습할 수 있도록 지도함
　　② 학교는 효과적인 교수·학습 환경 설계를 위해 다음과 같은 사항에 중점을 둠
　　　　㉠ 교사와 학생 간, 학생과 학생 간 상호 신뢰와 협력이 가능한 교수·학습 환경을 제공함
　　　　㉡ 학생의 능력, 적성, 진로를 고려하여 교육 내용과 방법을 다양화하고, 학교의 여건과 학생의 특성에 따라 다양한 학습 집단을 구성하여 학생 맞춤형 수업을 하도록 함
　　　　㉢ 학교는 학습 결손을 보충할 수 있도록 특별 보충 수업을 운영할 수 있으며, 이에 대한 제반 운영 사항은 학교가 자율적으로 결정함
　　　　㉣ 각 교과의 특성에 맞는 다양한 학습이 이루어질 수 있도록 교과 교실제 운영을 활성화함
　　　　㉤ 학교는 교과용 도서 이외에 교육청이나 학교에서 개발한 다양한 교수·학습 자료를 활용할 수 있음
　　　　㉥ 실험 실습 및 실기 지도 과정에서 학생의 안전사고를 예방하기 위해 시설 및 기계 기구, 약품, 용구 사용의 안전에 만전을 기함

2) 평가

　　① 평가는 학생의 교육 목표 도달도를 확인하고 교수·학습의 질을 개선하는 데에 주안점을 둠
　　　　㉠ 학교는 학생에게 평가 결과에 대한 적절한 정보 제공과 추수 지도를 통해 학생이 자신의 학습을 지속적으로 성찰하고 개선할 수 있도록 지도함
　　　　㉡ 학생 평가 결과를 활용하여 수업의 질을 지속적으로 개선함
　　② 학교와 교사는 성취기준에 근거하여 학교에서 중요하게 지도한 내용과 기능을 평가하며 교수·학습과 평가 활동이 일관성 있게 이루어지도록 함
　　　　㉠ 학생에게 배울 기회를 주지 않은 내용과 기능은 평가하지 않도록 함
　　　　㉡ 학습의 결과뿐만 아니라 학습의 과정을 평가하여 모든 학생이 교육 목표에 성공적으로 도달할 수 있도록 함
　　　　㉢ 학교는 학생의 인지적 능력과 정의적 능력에 대한 평가가 균형 있게 이루어질 수 있도록 함
　　③ 학교는 교과의 성격과 특성에 적합한 평가 방법을 활용함
　　　　㉠ 서술형과 논술형 평가 및 수행평가의 비중을 확대함
　　　　㉡ 정의적, 기능적, 창의적인 면이 특히 중시되는 교과는 타당한 평정 기준과 척도에 따라 평가를 실시함
　　　　㉢ 실험·실습의 평가는 교과목의 성격을 고려하여 합리적인 세부 평가 기준을 마련하여 실시함
　　　　㉣ 창의적 체험활동은 내용과 특성을 고려하여 평가의 주안점을 학교에서 결정하여 평가함
　　　　㉤ 전문교과Ⅱ의 실무 과목은 성취 평가제와 연계하여 내용 요소를 구성하는 '능력단위' 기준으로 평가할 수 있음

3) 모든 학생을 위한 교육기회의 제공

　　① 교육 활동 전반을 통하여 남녀의 역할, 학력과 직업, 종교, 이전 거주지, 인종, 민족 등에 관한 편견을 가지지 않도록 지도함
　　② 학습 부진 학생, 장애를 가진 학생, 특정 분야에서 탁월한 재능을 보이는 학생, 귀국 학생, 다문화 가정 학생 등이 학교에서 충실한 학습 경험을 누릴 수 있도록 필요한 지원을 함

③ 특수교육 대상 학생을 위해 특수학급을 설치·운영하는 경우, 학생의 장애 특성 및 정도를 고려하여 이 교육과정을 조정하여 운영하거나 특수교육 교육과정 및 교수·학습 자료를 활용할 수 있음
④ 다문화 가정 학생을 위한 특별 학급을 설치·운영하는 경우, 다문화 가정 학생의 한국어 능력을 고려하여 이 교육과정을 조정하여 운영하거나, 한국어 교육과정 및 교수·학습 자료를 활용할 수 있음. 한국어 교육과정은 학교의 특성, 학생·교사·학부모의 요구 및 필요에 따라 주당 10시간 내외에서 운영할 수 있음
⑤ 학교가 종교 과목을 개설할 때에는 종교 이외의 과목을 포함, 복수로 과목을 편성하여 학생에게 선택의 기회를 주어야 함. 다만, 학생의 학교 선택권이 허용되는 종립 학교의 경우 학생·학부모의 동의를 얻어 단수로 개설할 수 있음

(15) 학교 교육과정 지원

1) 국가수준의 지원

이 교육과정의 원활한 편성·운영을 위하여 국가 수준에서는 다음과 같이 지원함

① 시·도 교육청의 교육과정 지원 활동과 단위 학교의 교육과정 편성·운영 활동이 상호 유기적으로 이루어질 수 있도록 행·재정적 지원을 함
② 이 교육과정의 질 관리를 위하여 주기적으로 학업 성취도 평가, 학교와 교육 기관 평가, 교육과정 편성·운영에 관한 평가를 실시하고 그 결과를 교육과정 개선에 활용함
  ㉠ 교과별, 학년(군)별 학업 성취도 평가를 실시하고, 평가 결과는 학력의 질 관리와 교육과정의 적절성 확보 및 개선에 활용한다. 특성화 고등학교와 산업수요 맞춤형 고등학교에서는 교육과정의 특성을 고려하여 기초 학력과 평생 학습 역량의 강화를 위한 학업 성취도를 평가할 수 있으며, 평가 결과는 기초 학력과 직업 기초 능력의 향상, 취업 역량 강화 등을 위해 활용할 수 있음
  ㉡ 학교의 교육과정 편성·운영과 교육청의 교육과정 지원 상황을 파악하기 위하여 학교와 교육청에 대한 평가를 주기적으로 실시함
  ㉢ 교육과정 편성·운영과 지원 체제의 적절성 및 실효성을 평가하기 위한 연구를 수행함
③ 학교에서 평가 활동이 원활히 이루어질 수 있도록 다양한 방안을 개발하여 학교에 제공함
  ㉠ 교과별로 성취기준에 따른 평가 기준을 개발·보급하여 학교가 교과 교육과정의 목표에 부합되는 평가를 실시할 수 있도록 함
  ㉡ 교과별 평가 활동에 활용할 수 있는 다양한 평가 방법, 절차, 도구 등을 개발하여 학교에 제공함
④ 특성화 고등학교와 산업수요 맞춤형 고등학교가 기준 학과별 국가직무능력표준이나 직무분석 결과에 기초하여 교육과정을 편성·운영할 수 있도록 지원함
⑤ 특수교육 대상 학생의 교육과정 편성·운영을 위해 관련 교과용 도서와 교수·학습 자료 개발, 평가 등에 필요한 제반 사항을 지원함
⑥ 이 교육과정이 교육 현장에 정착될 수 있도록 교육청 수준의 교원 연수와 전국 단위의 교과 연구회 활동을 적극적으로 지원함
⑦ 학교 교육과정이 원활히 운영될 수 있도록 학교 시설 및 교원 수급 계획을 마련하여 제시함

2) 교육청수준의 지원

이 교육과정의 원활한 편성·운영을 위하여 교육청은 다음과 같은 사항을 지원함

① 시·도의 특성과 교육적 요구를 구현하기 위하여 시·도 교육청 교육과정 위원회를 조직하여 운영함
  ㉠ 이 위원회는 교육과정 편성·운영에 관한 조사 연구와 자문 기능을 담당함

ⓒ 이 위원회에는 교원, 교육 행정가, 교육학 전문가, 교과 교육 전문가, 학부모, 지역사회 인사, 산업체 인사 등이 참여할 수 있음
② 지역의 특수성, 교육의 실태, 학생·교원·주민의 요구와 필요 등을 반영하여 교육청 단위의 교육 중점을 설정하고, 학교 교육과정 개발을 위한 시·도 교육청 수준 교육과정 편성·운영 지침을 마련하여 안내함
③ 학교가 새 학년도 시작에 앞서 교육과정 편성·운영에 관한 계획을 수립할 수 있도록 교육과정 편성·운영 자료를 개발·보급하고, 교원의 전보를 적기에 시행함
④ 교과와 창의적 체험활동에 필요한 교과용 도서의 인정, 개발, 보급을 위해 노력함
⑤ 중학교 자유학기 운영을 지원하기 위해 각종 자료의 개발·보급, 교원의 연수, 지역사회와의 연계가 포함된 자유학기 지원계획을 수립하여 추진함
⑥ 학교가 국가 교육과정에 제시되지 않은 교과목을 설치, 운영할 수 있도록 관련 지침을 학교에 제공하고 학교로 하여금 필요한 사전 절차를 밟도록 지원함
⑦ 학교가 지역사회의 유관 기관과 적극적으로 연계·협력해서 교과, 창의적 체험활동을 내실 있게 운영할 수 있도록 지원하며, 관내 학교가 활용할 수 있는 '지역 자원 목록'을 작성하여 제공하는 등 구체적인 지원 방안을 마련함
⑧ 학교 교육과정의 효과적 운영을 위하여 학생의 배정, 교원의 수급 및 순회, 학교 간 시설과 설비의 공동 활용, 자료의 공동 개발과 활용에 관하여 학교 간 및 교육지원청 간의 협조 체제를 구축함
⑨ 전·입학, 귀국 등에 따라 공통 교육과정의 교과와 고등학교 공통 과목을 이수하지 못한 학생들이 해당 교과를 이수할 수 있도록 다양한 기회를 마련해 주고, 학생들이 지역사회의 공공성 있는 사회 교육 시설을 통해 이수한 과정을 인정해 주는 방안을 마련함
⑩ 귀국자 및 다문화 가정 학생의 교육 경험의 특성과 배경을 고려하여 이 교육과정을 이수하는 데에 어려움이 없도록 지원함
⑪ 특정 분야에서 탁월한 재능을 보이는 학생, 학습 부진 학생, 장애를 가진 학생들을 위한 교육 기회를 마련하고 지원함
⑫ 단위 학교의 교육과정 편성·운영을 지원할 수 있도록 교원 연수, 교육과정 컨설팅, 연구학교 운영 및 연구회 활동 지원 등에 대한 계획을 수립하여 시행함
　　㉠ 교원의 학교 교육과정 편성·운영 능력과 교과 및 창의적 체험활동에 대한 지도 능력을 제고하기 위하여 교원에 대한 연수 계획을 수립하여 시행함
　　㉡ 학교 교육과정의 효율적인 편성·운영을 지원하기 위해 교육과정 컨설팅 지원단 등 지원 기구를 운영하며 교육과정 편성·운영을 위한 각종 자료를 개발하여 보급함
　　㉢ 학교 교육과정 편성·운영의 개선과 수업 개선을 위해 연구학교를 운영하고 연구 교사제 및 교과별 연구회 활동 등을 적극적으로 지원함
⑬ 학교가 이 교육과정에 근거하여 학교 교육과정을 편성·운영할 수 있도록 다음의 사항을 지원함
　　㉠ 학교 교육과정 편성·운영을 위해서 교육 시설, 설비, 자료 등을 정비하고 확충하는 데 필요한 행·재정적인 지원을 함
　　㉡ 고등학교에서 학생의 과목 선택권을 보장하기 위해 교원 수급, 시설 확보, 프로그램 개발 등 필요한 행·재정적인 지원을 함
　　㉢ 복식 학급 운영 등 소규모 학교의 정상적인 교육과정 운영을 지원하기 위해 교원의 배치, 학생의 교육받을 기회 확충 등에 필요한 행·재정적인 지원을 함

ⓔ 수준별 수업을 효율적으로 운영하도록 지원하며, 기초학력 향상과 학습 결손 보충이 가능하도록 '특별 보충 수업'을 운영하는 데 필요한 행·재정적인 지원을 함
　　ⓜ 지역사회와 학교의 여건에 따라 초등학교 저학년 학생을 학교에서 돌볼 수 있는 기능을 강화하고, 이에 대해 충분한 행·재정적 지원을 함
　　ⓗ 개별 학교의 희망과 여건을 반영하여 지역 내 학교 간 개설할 집중 과정을 조정하고, 그 편성·운영을 지원한다. 특히 소수 학생이 지망하는 집중 과정을 개설할 학교를 지정하고, 원활한 교육과정 편성·운영을 위한 행·재정적인 지원을 함
　　ⓢ 인문학적 소양 및 통합적 읽기 능력 함양을 위해 독서 활동을 활성화하도록 다양한 지원을 함
　　ⓞ 특성화 고등학교와 산업수요 맞춤형 고등학교가 산업체와 협력하여 특성화된 교육과정과 실습 과목을 편성·운영할 경우, 학생의 현장 실습이 내실 있게 운영될 수 있도록 행·재정적 지원을 함
　　ⓩ 안정적인 원격수업을 지원하기 위해 학교의 원격수업 인프라 구축, 교원의 원격수업 역량 강화 등에 필요한 행·재정적인 지원을 함
⑭ 학교 교육과정의 질 관리를 위하여 다음의 사항을 실시함
　　㉠ 학교에 대한 교육과정 운영 지원 실태와 각급 학교의 교육과정 편성·운영 실태를 정기적으로 파악하고, 효과적인 교육과정의 운영과 개선 및 질 관리에 필요한 지원을 함
　　㉡ 학교의 교육과정 편성·운영에 대한 질 관리와 교육과정 편성·운영 체제의 적절성 및 실효성을 높이기 위하여 학업 성취도 평가, 학교 교육과정 평가 등을 실시하고 그 결과를 교육과정 개선에 활용함
　　㉢ 교육청 수준의 학교 교육과정 지원에 대한 자체 평가와 교육과정 운영 지원 실태에 대한 점검을 자율적으로 실시하고 개선 방안을 마련함

12 2022 개정 교육과정(2022 ~ 2027)

> **알아두기 ①** 교육과정 구성의 중점
>
> 가. 디지털 전환, 기후·생태환경 변화 등에 따른 미래 사회의 불확실성에 능동적으로 대응할 수 있는 능력과 자신의 삶과 학습을 스스로 이끌어가는 주도성을 함양
> 나. 학생 개개인의 인격적 성장을 지원하고, 사회 구성원 모두의 행복을 위해 서로 존중하고 배려하며 협력하는 공동체 의식을 함양
> 다. 모든 학생이 학습의 기초인 언어·수리·디지털 기초소양을 갖출 수 있도록 하여 학교 교육과 평생 학습에서 학습을 지속할 수 있게 함
> 라. 학생들이 자신의 진로와 학습을 주도적으로 설계하고, 적절한 시기에 학습할 수 있도록 학습자 맞춤형 교육과정 체제를 구축
> 마. 교과 교육에서 깊이 있는 학습을 통해 역량을 함양할 수 있도록 교과 간 연계와 통합, 학생의 삶과 연계된 학습, 학습에 대한 성찰 등을 강화
> 바. 다양한 학생 참여형 수업을 활성화하고, 문제 해결 및 사고의 과정을 중시하는 평가를 통해 학습의 질을 개선
> 사. 교육과정 자율화·분권화를 기반으로 학교, 교사, 학부모, 시·도 교육청, 교육부 등 교육 주체들 간의 협조 체제를 구축하여 학습자의 특성과 학교 여건에 적합한 학습이 이루어질 수 있도록 함

(1) 추구하는 인간상

① 전인적 성장을 바탕으로 자아정체성을 확립하고 자신의 진로와 삶을 스스로 개척하는 자기주도적인 사람
② 폭넓은 기초 능력을 바탕으로 진취적 발상과 도전을 통해 새로운 가치를 창출하는 창의적인 사람
③ 문화적 소양과 다원적 가치에 대한 이해를 바탕으로 인류 문화를 향유하고 발전시키는 교양 있는 사람
④ 공동체 의식을 바탕으로 다양성을 이해하고 서로 존중하며 세계와 소통하는 민주시민으로서 배려와 나눔, 협력을 실천하는 더불어 사는 사람

(2) 핵심역량

① 자아정체성과 자신감을 가지고 자신의 삶과 진로를 스스로 설계하며 이에 필요한 기초 능력과 자질을 갖추어 자기주도적으로 살아갈 수 있는 자기관리 역량
② 문제를 합리적으로 해결하기 위하여 다양한 영역의 지식과 정보를 깊이 있게 이해하고 비판적으로 탐구하며 활용할 수 있는 지식정보처리 역량
③ 폭넓은 기초 지식을 바탕으로 다양한 전문 분야의 지식, 기술, 경험을 융합적으로 활용하여 새로운 것을 창출하는 창의적 사고 역량
④ 인간에 대한 공감적 이해와 문화적 감수성을 바탕으로 삶의 의미와 가치를 성찰하고 향유하는 심미적 감성 역량
⑤ 다른 사람의 관점을 존중하고 경청하는 가운데 자신의 생각과 감정을 효과적으로 표현하며 상호협력적인 관계에서 공동의 목적을 구현하는 협력적 소통 역량
⑥ 지역·국가·세계 공동체의 구성원에게 요구되는 개방적·포용적 가치와 태도로 지속 가능한 인류 공동체 발전에 적극적이고 책임감 있게 참여하는 공동체 역량

(3) 학교 교육과정 설계와 운영

1) 설계의 원칙

① 학교는 이 교육과정을 바탕으로 학교 교육과정을 자율적으로 설계·운영하며, 학생의 특성과 학교 여건에 적합한 학습 경험을 제공한다.
② 학교 교육과정은 모든 교원이 전문성을 발휘하여 참여하는 민주적인 절차와 과정을 거쳐 설계·운영하며, 지속적인 개선을 위해 노력한다.

2) 교수·학습

① 학교는 학생들이 깊이 있는 학습을 통해 핵심역량을 함양할 수 있도록 교수·학습을 설계하여 운영한다.
② 학교는 학생들이 수업에 능동적으로 참여하고 학습의 즐거움을 경험할 수 있도록 교수·학습을 설계하여 운영한다.
③ 교과의 특성과 학생의 능력, 적성, 진로를 고려하여 학습 활동과 방법을 다양화하고, 학교의 여건과 학생의 특성에 따라 다양한 학습 집단을 구성하여 학생 맞춤형 수업을 활성화한다.
④ 교사와 학생 간, 학생과 학생 간 상호 신뢰와 협력이 가능한 유연하고 안전한 교수·학습 환경을 지원하고, 디지털 기반 학습이 가능하도록 교육공간과 환경을 조성한다.

3) 평가
① 평가는 학생 개개인의 교육 목표 도달 정도를 확인하고, 학습의 부족한 부분을 보충하며, 교수·학습의 질을 개선하는 데 주안점을 둔다.
② 학교와 교사는 성취기준에 근거하여 교수·학습과 평가 활동이 일관성 있게 이루어지도록 한다.
③ 학교는 교과목의 성격과 학습자 특성을 고려하여 적합한 평가 방법을 활용한다.

(4) 학교 교육과정 지원
1) 교육과정 질 관리
① 국가수준의 지원 : 학업성취도 평가, 교육과정 편성·운영에 관한 평가 등 및 연구 수행
② 교육청수준의 지원 : 지침 마련 안내, 교육과정위원회 조직 운영, 운영과 개선에 필요한 지원

2) 학습자 맞춤교육 강화
① 국가수준의 지원 : 다양한 방안 개발, 특성화고등학교(산업수요 맞춤형 고등학교) 지원, 특수교육
② 교육청수준의 지원 : 교육과정 지원, 진로설계 지원방안 마련, 맞춤형 교육지원 등

3) 학교의 교육 환경 조성
① 국가수준의 지원 : 협조체제 구축, 행·재정적 지원, 연구회 활동 지원, 에듀테크 함양 지원 등
② 교육청수준의 지원 : 시설, 설비, 자료, 기회확충 등 행·재정적 지원, 안전교육 지원, 과목선택권

13 우리나라 국가 교육과정의 변천과 교육과정 전개

	우리나라 국가 교육과정의 변천		교육과정학의 전개	
연도	차수	특징	한국	북미
1940	긴급조치 교수요목	경험중심 교육과정 생활중심 교육과정 사회적 사회주의	–	타일러주의
1950	제1차 교육과정		타일러주의	브루너주의
1960	제2차 교육과정			
1970	제3차 교육과정	학문중심 교육과정 지식의 구조와 탐구방법	브루너주의	재개념주의 (파이너, 애플)
1980	제4~5차 교육과정 (1981~1987~1992)	인간중심 교육과정 통합교과·교육과정 체제	신마르크스주의 탈비판주의	시장 근본주의
1990	제6~7차 교육과정 (1992~1997~2007)	지방분권 교육과정 수요자중심 교육과정	시장 근본주의	포스트–세계화, 다문화주의 인공지능 디지털 전화 제4차 산업혁명
2000	개정 교육과정 (2007~2009~ 2015~2022)	수시 부분 개정	포스트–세계화 다문화주의 인공지능 디지털 전환	

PART 2
교육방법 및 교육공학

CHAPTER 01 개별화 교수
CHAPTER 02 설명적 교수 및 발견학습
CHAPTER 03 처방적 교수 및 협동학습
CHAPTER 04 교육공학 및 교수설계
CHAPTER 05 교수매체 및 컴퓨터의 교육적 활용

CHAPTER 01 개별화 교수

UNIT 1 개별화 교수

1 정의 : 학생들의 개인적 욕구와 특성에 맞추어 수업적 절차를 적응시키는 교수법

2 이념적 전제 : 개별성, 공평성

> **알아두기 ① 개별화 학습체제가 필요한 경우**
> - 학습해야 할 과제가 구체적 기능(현미경 사용)이거나 일련의 구체적 사실들(역사연대표)
> - 학습자들이 혼자서 학습할 수 있는 충분한 교재와 공간이 갖추어져 있을 때
> - 프로그램화된 교재나 명백한 수업절차들이 준비되어 있을 때
> - 경험을 글로 적거나 문제인식 단계에서 주제 해결을 위한 개별적 사고를 해야 하는 일
> - 교육과정에 융통성이 있어서 학습자들에 따라서 각기 달리 도달할 수 있는 목표가 주어져 있을 때

UNIT 2 글레이저(Glaser)의 수업모형

1 정의

(1) 글레이저(Robert Glaser, 1921 ~ 2012)는 수업의 과정을 하나의 체제(system)로 파악하고 4단계로 구분
(2) 즉, 수업목표 → 출발점 행동 → 수업절차 → 성취도 평가
(3) 이 체제에서는 전단계가 후속단계를 계속적으로 결정하고 수정하며, 각 단계가 피드백(feedback), 즉 환류에 의해 유기적으로 서로 관련(Glaser, 1962)
(4) 환류(還流)는 수업의 효과를 제고하기 위하여 새롭게 얻어진 정보(예 평가의 결과)를 수업과정에 적절하게 반영하는 활동
(5) 지속적인 환류를 통해 수업체제는 보다 효과적인 것으로 개선될 수 있음

2 특징

(1) 글레이저(Glaser)의 수업모형의 특징
① 수업과정을 교사에 의한 연속적인 의사결정 과정으로 보는 이 모형에서는 수업목표의 진술, 출발점 행동의 진단, 수업절차의 실행, 성취의 평가로 구분
② 각 단계가 피드백에 의하여 유기적인 관련을 갖도록 하였음. 이 모형은 수업의 원리를 포괄하고, 수업의 일반적인 절차를 간명하게 나타내고 있기 때문에 이후에 여러 수업모형들의 전형이 되어 왔음
③ 이 모형은 수업목표가 구체적 내용과 행위 동사로 진술되며, 출발점 행동의 개념이 활용되고, 앞선 단계가 다음 단계를 결정 및 수정하며, 각 단계가 피드백에 의해 유기적으로 관련되어 수업의 과정과 평가가 밀접한 관련을 맺고 있다는 점을 들 수 있음

(2) 이 모형은 체제이론(System Theory)에 근거하여
① 수업의 과정을 목표설정, 출발점행동의 진단, 학습지도, 결과의 평가라는
② 일련의 단계와 절차의 순환적이고 상호작용적인 흐름으로 파악

(3) 학습자들 능력 수준의 개인차를 고려하여 개별화를 위한 이론적 근거를 마련

(4) 피드백과 교정이라는 자기 교정 장치를 도입
① 수업의 과정을 가장 일반적인 수준에서 기술
② 모든 교과 영역에서 적용될 수 있는 원리들을 처방

3 수업의 단계

(1) 수업목표 설정
① 수업의 목표는 수업이 끝난 후에 학습자가 무엇을 할 수 있어야 하는지를 분명히 규정하는 도착점 행동으로 진술
② 수업을 통해서 변화된 학생의 행동특성 상태를 구체적이고 명확하게 관찰 가능한 행동적 용어로 진술
③ 수업목표(instruction objective)는 학생들이 성취해야 할 궁극적 목표이며 관찰, 측정, 기술이 가능한 것으로 세분화

(2) 출발점 행동
① 출발점 행동(entering behavior)이란 새로운 수업과정이 시작하는 단계에 있어서 학생이 가지고 있는 선행학습(previous learning)의 정도

② 이 단계에서는 학습자의 종합적 진단을 통한 학습자의 준비성 및 새로운 수업참여의 가능성 여부를 판단
③ 지금까지는 출발점 행동으로 선행학습 정도, 적성, 지능 등의 지적인 요인들이 고려되었으나 흥미, 태도, 자아개념과 같은 정의적인 요인들도 고려해야 할 것

(3) 수업절차

① 수업절차(instruction delivery)란 교사가 학습자에게 가르칠 내용을 직접 가르치는 과정, 즉 교사의 수업전개 활동
② 이 단계에서는 수업현장에 필요한 수업전개의 구체적인 단계 및 절차 구안
③ 교재의 재구성 및 교과내용에 적합한 교수매체나 학습자료의 준비
④ 다양한 교과내용에 대한 적합한 교수방법의 선정이나 활용 등
⑤ 형성평가에 의한 교정학습이 제공

(4) 성취도 평가

① 설정된 수업목표가 얼마나 달성되었는지를 평가하는 방법
② 형성평가(formative evaluation)는 교수-학습과정이 진행되는 동안 평가
③ 총괄평가(summative evaluation)는 교수-학습과정이 완전히 끝났을 때 평가
④ 형성평가에서 얻어진 정보는 후속되는 학습활동을 조정하는 데 이용
⑤ 총괄평가의 결과는 설정된 수업목표에 대한 도달 정도를 판단하는 데 이용
⑥ 다음 단위의 교수과정 설계의 기초자료로 활용
⑦ 평가에 의해 계속적인 피드백이 행해지고, 각 단계별로 수정·조정·보완

4 의의

(1) 수업목표를 세분화된 행동적 용어로 진술

① 학습내용을 정보로 간주, 수업과정을 막대한 양의 정보를 신속 정확한 컴퓨터 구조와 기능에 비교한 것
② 교수활동에 대한 개념적 체계를 밝혀주는 교수의 기초모형
③ 교수·학습과정을 통해 학습자가 달성해야 할 것을 구체적으로 세분해 놓은 것
④ 수업목표는 도착점 행동으로 설명되며, 도착점 행동(terminal behavior)이란 수업이 끝났을 때 학생들이 보여 줄 수 있는 성취를 의미

(2) 출발점 행동의 개념을 도입

① 학습의 경향성, 준비성, 학습태세를 고려
② 출발점 행동의 진단은 학습자의 능력, 적성, 학습유형, 성취수준, 선수학습정도 등을 중심으로 이루어짐
③ **진단평가** : 교수·학습을 시작하기 전에 학생들의 학습 특성 등을 미리 파악하여 학생들의 학급을 결정하거나 교수·학습을 설계하는 것과 같은 목적을 가지고 시행하는 동시에, 수업의 효과를 극대화하기 위해 실시하는 평가

(3) 각 단계가 후속단계를 계속적으로 결정하고 수정

(4) 각 단계가 피드백에 의해 유기적으로 관련

(5) 수업과정과 평가가 밀접한 관련

(6) 개인차에 대해 고려

UNIT 3 완전학습(Mastery Learning) 모형

1 정의

(1) 학급의 약 95%의 학생들이 주어진 학습과제의 약 90% 이상을 완전히 학습

(2) 학교교육과정 속에 규정되어 있는 대부분의 교육목표들은 거의 모든 학생들에 의하여 능히 성공적으로 달성될 수 있는 것으로 보고, 이를 성취하기 위하여 수업절차가 학생 개개인의 능력과 학습속도에 대하여 최적(最適)의 것이 되도록 구성되어야 한다고 주장

(3) 블룸(B. S. Bloom)이 주로 캐롤(J. B. Carroll)의 학교학습 모형을 이론적 근거

(4) **완전학습의 성취를 위하여 권장되고 있는 구체적인 수업전략**
   ① 진단적 평가에 의한 선수학습(先修學習)에서의 결손의 보충지도
   ② 수업목표의 명시
   ③ 적절한 학습단서의 제공
   ④ 학생에 의한 반응·연습 등의 참여 강조
   ⑤ 형성적(形成的) 평가에 의한 체계적인 피드백(feedback)의 제공
   ⑥ 형성적 평가에 입각한 적절한 교정지도
   ⑦ 소집단 협력학습의 실시 등

2 이론적 근거

(1) 캐롤(Carroll)의 학교학습모형과 블룸(Bloom)의 완전학습모형(수업전략)에 기초

(2) 캐롤은 한 학습자가 어느 정도의 학습을 할 수 있는가는 자기가 필요로 하는 학습 시간량에 비해서 실제로 얼마만큼의 시간을 학습을 위해 투입했느냐에 의해 결정

3 캐롤(Carroll)의 학교학습모형

(1) 정의
   ① 캐롤(John B. Carroll)의 학교학습모형은 '학생들의 학습은 어떠한 요소들에 의해 영향을 받는가?'의 관점에서 학습자의 학습활동을 설명한 것
   ② 1963년 「학교학습의 모형(The model of school learning)」이라는 논문을 발표, 블룸(B. S.

Bloom, 1968 & 1971)이 '완전학습'의 이론과 전략을 발전시키는 데 크게 기여. 캐롤의 모형은 이후 교육의 이론과 실제에 널리 활용(Carroll, 1989)

③ 캐롤은 학습자들의 학습정도에 영향을 미치는 변인으로 적성, 수업이해력, 학습지속력, 수업의 질 그리고 학습기회 등 다섯 가지를 들고 적성, 수업이해력 및 학습지속력을 개인차 변인으로, 수업의 질과 학습기회를 수업변인으로 분류. 다섯 가지 변인들 간의 관계를 방정식으로 나타내어 학습의 정도를 알아보는 공식은 다음과 같음

$$학습의\ 정도 = f\left\{\frac{학습에\ 사용한\ 시간}{학습에\ 필요한\ 시간}\right\} \times 100$$

$$학습정도 = f\frac{학습에\ 사용한\ 시간}{학습에\ 필요한\ 시간} = f\frac{학습기회 \times 학습지속력}{적성 \times 수업이해력 \times 수업의\ 질}$$

(2) 학습에 사용한 시간의 요인

① **학습지속력** : 한 학습자가 학습을 위해서 사용하려고 하는 총 시간량. 동기와 관련

> **알아두기** ①
> - 학습지속력(perseverance)이란 학습자가 특정학습과제를 일정한 수준으로 성취할 때까지 지속적으로 몰두해서 학습하는 시간량. 학습지속력은 학습동기, 흥미, 인내심 등과 밀접한 관계를 가진 개념. 학습지속력은 학습자들에 따라 개인차가 있으며, 같은 학습자라도 과제가 달라짐에 따라 학습지속력이 달라짐. 즉, 학습과제에 따라 학습자의 학습동기나 흥미가 다르므로 학습지속력이 달라진다는 것

② **학습기회** : 주어진 학습과제의 학습을 위해서 허용되는 총 시간량

> **알아두기** ①
> - 학습기회(opportunity)란 특정학습과제를 학습할 수 있도록 학습자에게 주어진 시간량. 학습기회의 최적 수준의 문제는 학습자의 개인차에 따라 다르므로 학습자들의 개인차를 고려한 학습기회를 제공하는 것이 필요. 캐롤은 누구나 각자의 학습자에게 필요한 만큼의 시간을 제공해 준다면 완전학습에 도달할 수 있을 것으로 가정

(3) 학습에 필요한 시간의 요인

① **적성** : 주어진 특정한 학습과제를 학습하는 데 요구되는 학습자의 적성

> **알아두기** ①
> - 적성(aptitude)은 학습자가 최상의 수업조건에서 주어진 학습과제를 완전히 학습하는 데 필요한 총 시간량으로 측정. 즉, 학습자의 학습적성은 완전 학습하는 데 필요한 시간량을 결정해 준다는 것. 특정학습과제에 대한 학습자의 적성이 높은 학습자가 낮은 학습자보다 수업목표를 성취하는 데 필요한 시간량은 적음. 따라서 학습적성이 낮은 학생은 과외수업 등으로 학습에 필요한 시간량을 보충한다면 수업목표에 도달할 수 있을 것

② **수업이해력** : 수업에서 사용되는 수업자료를 이해하는 데 요구되는 일반적 능력

> **알아두기** ①
> - 수업이해력(ability to understand instruction)이란 학습자가 수업내용이나 교사의 설명을 이해하는 능력. 교사의 수업활동이 대부분 언어적 활동이며 교과서도 주로 인쇄된 문자로 구성되어 있음. 따라서 교사가 사용하는 언어나 교과서를 잘 이해하는 능력을 가진 학습자는 수업목표에 도달하는 데 큰 도움이 될 것. 수업이해력은 학습해야 할 과제의 성질과 학습절차를 이해하는 학습자의 능력으로 정의되며, 학습자의 일반능력과 언어능력으로 대표

③ **수업의 질** : 한 학습과제의 제시방법의 적정성

> **알아두기** ①
> ⊙ 학습목표의 명료화, 학습목표와 절차의 분명한 전달, 학습활동의 적절한 계열화, 교사 언어의 명확성, 학습자의 필요와 특성에 따른 수업과정의 시의적절한 조절 등을 포함
> ⓒ 수업의 질(quality of instruction)이란 학습과제 제시방법의 적정성을 말함. 즉, 교사가 학습자들이 학습과제를 쉽게 이해하고 습득할 수 있도록 수업을 적절히 조직하여 제시하는 것. 교사가 교수하는 내용과 방법에 따라 학습자의 학업성취도는 달라짐. 이를 위해서 교사는 학습목표와 학습내용을 학습자가 충분히 이해할 수 있도록 설명하며, 학습과제를 적절한 계열로 조직하여 제시한다면 수업의 질을 높일 수 있음

4 완전학습의 수업전략

(1) 캐롤의 모형에 기초해서 블룸이 구상하였으며, 제1전략은 학습 사용 시간의 연장, 제2전략은 학습 필요 시간의 축소
(2) 완전학습을 위한 학습 집단은 보통의 무선적이고 이질적인 혼성학습 집단속에서 진행, 수업의 개별화를 도모
(3) 블룸은 학교교과 학습의 학업성적 변량 가운데 지적 투입행동이 약 50%
  ① 정의적 투입 행동이 약 25%를 결정한다고 주장
  ② 학습시간을 가장 중시, 부적 편포 지향
  ③ 학업성취에의 영향 변인 : 출발점 행동이 가장 중요

UNIT 4 프로그램 수업(Programmed Instruction) 모형

1 정의

(1) 하나의 주어진 학습과제의 내용을 작은 분절(分節)로 구조화하여 단계적으로 학습할 수 있도록 함으로써, 누구나 학습 목표에 쉽게 도달할 수 있도록 제작한 개별 학습의 한 형태

(2) 1926년 프레시(L. Pressy)에 의해 처음으로 고안된 교수기계(teaching machine)가 출발점이 되어 발전된 수업형태. 프로그램 수업은 스키너(B. F. Skinner)식의 직선형(linear type)과 크라우더(N. A. Crowder)식인 분지형(分枝型, branching type)의 둘로 크게 나누어짐. 어느 유형이건 기본적으로 강화이론(强化理論)에 바탕
(3) 프로그램 수업이 가지는 대표적 특징은 ① 아동의 적극적 반응을 유도하며, ② 아동이 행한 반응에 대해 즉각적으로 피드백(feedback)해 주며, ③ 아동이 각자 자기 속도에 맞추어 학습할 수 있도록 스몰 스텝(small step)으로 구성되어 있다는 것임
(4) 프로그램 수업이 성공하려면 무엇보다도 프로그램 작성상의 질(質)에 달려 있는데, 이를 위해서는 교과전문가·교육과정 전문가·수업전문가·교육공학 전문가·관련교사 등의 협동적 참여가 요청됨. 프로그램 수업은 학교 교사 없이 학생이 자율적으로 학습할 수 있도록 할 수도 있으나, 교사의 지도하에 보충, 또는 심화(深化) 자료로 이용되는 것이 효과적

2 특징

(1) 프레시(Pressey)의 교수기계에 중다선택형으로 된 문제를 시작, 스키너(Skinner)가 발전
(2) 명확한 수업 목표의 제시, 상세한 행동분석, 자극의 제시와 학습자의 반응을 통제, 특정 행위를 점진적으로 이끌어 내도록 조직된 교수의 한 형태

3 프로그램 수업의 성격

(1) 가정이 분명하게 진술
(2) 목표가 명확하게 진술
(3) 작은 단계가 논리적으로 연결
(4) 학습자의 적극적 반응 유발
(5) 학습자의 반응에 따라 즉각적인 피드백 제공
(6) 오답인 경우 원인을 알고 정정할 수 있는 분리된 처방 제공
(7) 개별학습자의 속도에 따라 진행
(8) 계속적 평가 가능

UNIT 5 적성처치 상호작용모형(ATI : Aptitude Treatment Interaction)

1 정의

(1) 학습자가 보여주는 학습의 결과는 학습자의 적성 또는 특성과 교사가 행하는 처치 또는 수업방법의 상호작용 결과라고 설명하는 입장. 특성-처치 상호작용(trait treatment interaction : TTI)·특성-수업 상호작용(trait instruction interaction)·적성-수업 상호작용이라 부르기도 함

(2) 학습자의 적성에 부합하는 수업방법을 이용하게 되면 학습이 촉진되지만 학습자의 적성에 부합되지 않는 수업방법을 동원하게 되면 학습은 제대로 이루어지지 않는다는 것. 예를 들면 학교 수업 장면에서 불안수준이 낮은 학습자는 강의법보다 토의법에서 성취수준이 높음

(3) 이 모형에 따르면, 예컨대 학습자의 적성변인의 하나인 지능 정도가 높을 땐 학생중심의 수업을, 지능 정도가 낮을 땐 교사의 지도를 위주로 하는 수업을 해야 할지 모름. 또, 선행학습 수준이 높으면 발견적 수업을, 선행학습 수준이 낮으면 설명식 수업의 형태가 적절한 것이라고 함

(4) 그러나 이러한 관계가 어떤 경우에나 적용되는 것은 아님. 적성을 결정하는 데 관련되는 요인이 대단히 많고 수업방법도 여러 가지로 분류될 수 있기 때문. 이를 보강하기 위해 적성요인은 이 외에도 학습과제 변인을 추가하는 입장, 즉 학습자 특성·학습과제 수업 상호작용(trait, task and treatment interaction)도 제기되고 있음

2 특징

(1) 크론바흐(Cronbach)와 스노우(Snow)에 의해 제시된 것
(2) 학습자의 학습능력에 따라 주어지는 처치에 대한 학생의 반응양식이 다르게 나타나는 현상을 고려하여 학습지도의 최적화를 기하려는 방법

3 기본 입장

(1) 학습자의 능력은 개인차를 지녔으므로 그에 알맞은 방법이 적용되면 효과가 커짐
(2) 학습자가 지닌 개인차의 특성에 따라 능력별로 프로그램을 적용한다면 학습을 보다 극대화할 수 있음
(3) 모든 학습자의 성적이 극대화되도록 학습자의 특성과 교수방법을 배합시킬 수 있으며, 학습자의 특성과 투입되는 교수방법 사이에 상호작용이 성립될 수 있음

4 형태(상호작용이 있는 경우)

(1) 이 경우는 학습자의 특성에 따라 서로 다른 수업 방법이 있을 수 있으며
(2) 교수방법 A는 적성 수준이 높은 학습자에게 유리
(3) 교수방법 B는 적성 수준이 낮은 학습자에게 유리

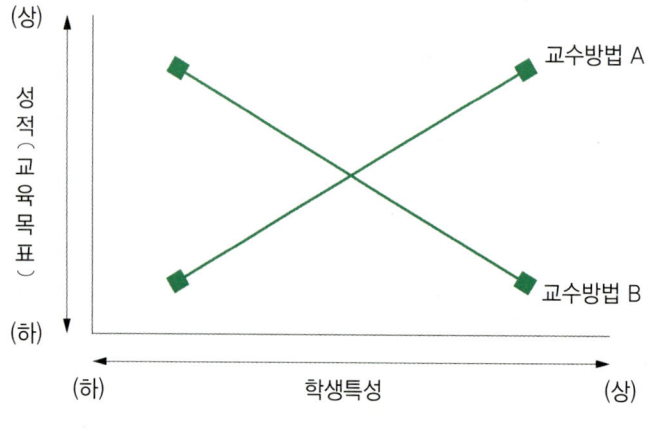

[ATI 이상적 형태(교차적 상호작용 모형)]

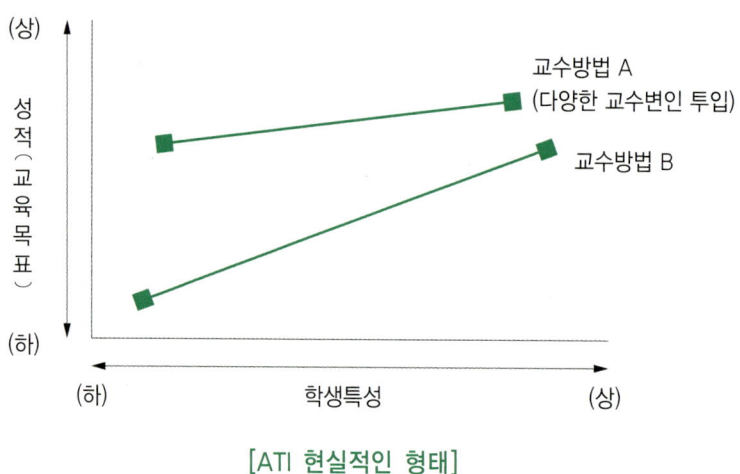

[ATI 현실적인 형태]

CHAPTER 02 설명적 교수 및 발견학습

UNIT 1 특징과 모형

1 특징

(1) 유의미한 학습이란 새로운 학습과제가 학습자의 기존 인지구조와 상호 작용하여 인지구조 안으로 포섭되는 것을 의미(Ausubel)
(2) 설명식 교수하에서는 학습자에게 완성된 최종형태의 과제를 제공하고 학습하고 난 후에 학습자에게 내면화 요구

2 유의미 학습의 모형

(1) 새로이 배워야 할 내용들은 학습자가 이미 가지고 있는 기존의 인지구조와 관련지어질 때 학습자에게 새로운 의미를 부여하게 되어 학습이 유의미하게 된다는 것으로 오수벨(D. P. Ausubel)이 사용한 개념
(2) 학교 학습이 주요 개념을 중심으로 구조화된 지식의 본체를 조직해 나가는 것이어야 한다는 점에서는 발견학습을 주장한 브루너(J. Bruner)와 공통
(3) 브루너가 학생 나름대로 지식을 구조화하도록 하는 것과는 반대로 오수벨은 교사의 임무는 전달하고자 하는 새로운 지식을 이미 학생들이 알고 있는 것과 연관지어 제시함으로써 학생들이 사실과 원리들을 무선적으로 암기하게 하기보다는 더 의미 있게 받아들일 수 있게 하여야 한다고 주장
(4) 유의미 학습은 암기식 학습보다 더 오랫동안 기억되고 다른 지식과 더 잘 통합되며 전이 또는 적용을 위해 쉽게 활용. 오수벨은 교사들이 효과적인 설명식 강의를 통하여 학생들로 하여금 유의미 학습이 가능하도록 내용을 구조화하는 방법을 모색하는 데 주력

독립변인	▶	매개변인	▶	종속변인
유의미하게 조직된 아이디어의 집합체 (유의미 학습과제)		• 인지구조 • 포섭, 동화의 인지과정		• 명제의 파지 • 명제의 재생 • 명제의 적용(전이)

구분	발견학습	유의미 수용학습
교수방식	탐구식 교수	설명식 교수
관심방향	지식의 발견과 원리 이해	지식의 습득과 보존
학습결과	발견과 이해	포섭과 수용
학습목표	발견하는 방법 또는 전략의 발견을 통한 전이 도모	지식 내용의 파지
학습활동	가설 형성과 검증	법칙을 적용하고 연습하는 활동
구성	모호성과 불확실성 중시	체계성과 관련성 중시
교사 역할	교사의 설명과 안내를 최소화	교사의 설명과 안내를 최대화

UNIT 2 주요 개념

1 포섭(Subsumption)

(1) 포섭(Subsumption)

① 새로운 명제나 아이디어가 학습자 내부의 기존의 인지구조 속으로 동화(일체화)되는 과정 → 학습
② 새로운 명제나 아이디어가 학습자의 머릿속에 이미 조직되어 존재하고 있는 보다 포괄적인 인지구조 속으로 동화 또는 일체화되는 과정을 뜻함

(2) 종속적 포섭(Subordinate subsumption)

① 인지구조 내에 있는 정착의미가 주어진 명제보다 더 포괄적이고 일반적인 유형으로
② 인지구조에 있는 상위 개념을 통해 하위 개념을 포섭하게 되는 가장 효과적인 포섭
③ 새로운 학습과제를 그보다 하위의 인지구조 속에 병합시키는 것으로 상관적 포섭(관련 하위 학습과제)과 파생적 포섭(특수한 사례일 경우)이 있음

(3) 상위적 포섭(Superordinate subsumption)

① 주어진 명제보다 정착의미가 덜 포괄적이고 덜 추상적인 유형으로
② 하위 개념이 상위 개념의 역으로 포섭하는 현상
③ 학습자의 인지구조 속에 있는 아이디어 보다 상위에 있는 학습과제를 포섭하는 것

(4) 병렬적 포섭

두 변인의 포괄성과 일반성이 동등한 관계인 유형

(5) 소멸포섭

기존의 인지구조와 새로운 개념이 분리될 때 발생 → 망각 현상

2 선행조직자(Advance organizer)

(1) 정의

① 학습자의 인지구조의 조정을 위해 학습 이전에 미리 제공되는 일반적·추상적인 도입자료
② 새로운 자료와 이전 학습의 연결을 돕는 장치
③ 수업의 (도입)단계에서 (학습과제) 제시에 앞서 주어지는 (언어적 설명)을 말함
④ 선행조직자는 포괄성과 추상성이 높아야 함

(2) 선행조직자를 사용하는 목적

① 앞으로 제시되는 자료에서 중요한 부분에 주의를 기울이게 됨
② 앞으로 제시될 개념들 간의 관계를 부각시킴
③ 이미 가지고 있는 정보 중에서 적절한 정보를 일깨워 줌

(3) 선행조직자의 기능

① 새로운 정보를 위한 발판을 제공해 줌
② 새로운 정보와 학생들이 현재 가지고 있는 지식을 일깨워주는 일종의 개념상의 가교역할

(4) 종류

비교 조직자 (Comparative organizer)	• 학습과제와 학습자의 인지구조 간에 유사성이 있는 경우에 사용. 비교조직자는 이미 존재하고 있는 도식들을 활성화시키는 역할 • 이미 학습자가 어느 정도 알고 있는 개념이나 내용을 가르칠 때 제시되는 것 • 과제와 인지구조간의 유사성과 차이점을 지적하면서 상호관계를 파악할 수 있음
설명 조직자 (Expository organizer)	• 학습과제와 학습자의 인지구조 사이에 전혀 관련이 없을 때 사용. 설명조직자는 앞으로 주어질 정보를 이해하는 데 필요한 새로운 지식을 제공 • 전혀 생소한 개념이나 내용을 가르칠 때 제시되는 것 • 학습하게 될 내용보다 높은 수준의 보편성과 일반성을 가지고 있어야 함

UNIT 3 유의미 학습의 조건 : 학습과제 변인과 학습자 변인

1 학습과제 변인(논리적 유의미성)

(1) 학습과제가 의미 있어야 함. 학습과제가 의미 있으려면 실사성과 구속성을 지녀야 함

실사성	한 과제를 어떻게 표현하더라도 그 과제의 의미가 변하지 않는 것 예 삼각형의 세 각의 합 = 180이다. 세 내각의 합이 180 = 삼각형 즉, 명제의 역도 참인 서술이 실사성을 의미
구속성	자의적으로 맺어진 관계가 하나의 관습으로 굳어진 후에는 다시 자의적으로 변경될 수 없는 성질 예 '정삼각형의 내각의 합은 180도이다'라는 사실은 이미 인지구조안에 들어 있는 '임의변경'이 어려운 명제로 구속성을 의미

(2) 학습과제가 구속성과 실사성을 지니고 있을 때, 학습자는 그것을 자신의 인지구조에 의미 있게 관련지을 수 있으며, 이때 그 과제는 논리적 유의미가를 갖게 됨
(3) 학습과제가 논리적 유의미가를 지니고 있다는 것은 유의미 학습을 위한 중요한 조건. 즉, 그 학습과제가 학습자의 인지구조에 들어 있는 관련 정착 의미와 관계를 맺을 수 있음을 의미

2 학습자 조건

(1) 관련 정착 의미 : 인지구조 측면
① 학습자의 인지구조에 이미 형성된 것으로
② 유의미 학습과정에서는 새로운 개념이 인지구조와 관계를 맺을 수 있는 근거를 제공해주며
③ 파지과정에서는 그 개념의 의미가 저장될 수 있도록 해주는 의미
④ 관련 정착 의미 : 새로운 학습과제에 대해 선행조직자의 역할을 함. 따라서 유의미 학습 과정에서는 새로운 개념이 인지구조와 관계를 맺을 수 있는 근거를 제공해주며, 파지 과정에서는 그 개념의 의미가 저장될 수 있도록 해주는 의미를 말함

(2) 학습의욕 : 학습자 측면(유의미 학습태세)
① 학습자가 그 과제를 실사적이고 구속적인 형태로 정착의미에 관련시키고자 하는 의향
② 학습자가 만일 과제를 자신이 가지고 있는 정착 의미에 관련시키고자 하는 의향이 있고, 또 그렇게만 한다면 마침내 유의미 학습이 일어나게 됨
③ 학습과제를 인지구조에 구속적이고도 실사적으로 관련시키고자 하는 학습자의 성향

UNIT 4 설명적 교수의 가치

알아두기 ①
- 여러 개념들 간의 관계를 가르치고자 할 때 적용가치가 높음
- 학생의 연령 면에서 볼 때 가르칠 개념들을 정신적으로 조작할 수 있는 정도의 연령이 요구. 발달상으로는 초등학교 고학년이나 그 이상의 학생들에게 더 적합
- 학습의 효과를 높이기 위해서는 교수과정에서 학습자의 인지구조에 적합한 학습과제를 조직·구성하여 제시하는 일이 중요
- 선행학습의 중요성에 대한 이론적 근거를 제공

알아두기 ① 유의미 학습과 기계적 학습의 차이점

- 일반적으로 수용학습은 반드시 암기이고, 발견학습은 반드시 유의미하다고 인식하는 경우가 대부분인데 오수벨은 이를 학습이 일어나는 조건, 즉 지식이 인지구조에 통합되는 방식에 따라서 유의미 학습과 기계적 학습으로 구분한다.
- 유의미 학습은 학습과제가 학습자의 기존 인지구조에 비축어적이고 비언어적인 형태로 관련되어질 경우에 일어난다. 즉 유의미 학습은 새로운 개념이나 학습과제가 학습자의 기존 인지구조와 관련을 맺고 새로운 의미를 부여하여 이해하는 학습을 말한다.
- 기계적 학습은 암기학습이라고도 하는데, 예를 들면 무의미 철자를 학습하는 경우와 같이 학습과제가 이해되지 않은 채 학습자의 인지구조에 임의적으로 관련지어지거나 단지 기계적인 반복을 통해서 암기될 때 일어난다. 즉 암기학습이라고 하는 것은 개인의 인지구조에 새로 학습할 과제와 관련된 개념이 존재하지 않을 때, 새로운 정보는 암기에 의해서 기계적으로 학습된다. 이것은 각각의 지식 조각 혹은 단위가 인지구조 내에 아무렇게나 저장되는 것이다. 그러므로 새로 획득한 정보와 이미 저장된 정보 사이에 어떠한 상호작용도 이루어지지 않게 된다.
- 이와 같이 학습을 유의미 학습과 기계적 학습으로 구분하지만 이들이 양분된 것이 아니라 연속선상에 존재한다는 것을 인식해야 한다. 새로 태어난 영아를 제외하고는 절대적인 암기학습이라고 하는 것은 존재하지 않는다. 암기학습은 단지 새로운 정보의 획득이 기존의 인지구조 내에 있는 비교적 작은 요소와 관련되어질 때 일어나는 학습이라는 것을 이해하는 것이 중요하다.
- 암기학습과 유의미 학습은 학습의 과정뿐만 아니라 학습결과에도 차이가 있다. 암기학습의 결과는 이미 파지하고 있는 인지구조와 독립적이고 단편적인 지식으로서 후속학습에 뚜렷한 영향을 미치지 않는 반면에, 유의미 학습 과정을 통해서 획득된 지식은 조직적이고 종합적인 지식체계를 이루어 관련 후속학습 내용을 유의미하게 연결하는 정착 개념 체계(anchoring idears)가 된다.
- 암기학습과 유의미 학습의 결과는 파지와 기억에도 차이가 있다. 기계적 암기과정을 통해서 학습된 정보는 유의미하게 또는 조직적인 방법으로 인지구조와 연결되지 않기 때문에 그 정보가 연합법칙에 따라 파지될 뿐이다. 즉 암기학습과정을 통해서 획득한 결과의 파지와 기억은 이 결과가 바로 획득되기 직전이나 직후에 기계적 암기과정을 통해서 얻어진 비슷한 학습과제의 영향은 받지만 인지구조의 영향은 받지 않는다. 이에 비하여 유의미 학습과정을 통하여 학습된 결과는 관련 인지구조에 자리잡고 있는 정착 개념 체계의 영향을 받아 파지되거나 기억된다.

UNIT 5 브루너(Bruner)의 발견적 교수 : 학습과정의 학습모형, 안내된 발견학습 중시

1 브루너(Bruner)의 발견적 교수

(1) 브루너(Jerome S. Bruner)는 인지적 수업이론을 대표하는 학자로서, 수업은 학습자가 지식을 획득하기 위해 거쳐야 할 인지적 과정을 적절한(relevant) 방식으로 이끌어야 한다는 관점을 강조

(2) 이에 수업은 일련의 과정으로 구성하고 이를 진행하여야 함. 즉, 수업은 수업목표의 설정, 학습자의 개인차 고려, 학습자의 학습동기 형성, 학습자의 계열화와 구조화, 수업사태의 조직, 수업평가의 순서로 진행

(3) 이것은 학습경향성, 지식의 구조화, 학습의 계열화, 강화, 학습자 사고의 자극이라는 5가지 측면을 포괄하고 있음(Bruner, 1966)

2 특징

(1) 교사의 지시(scaffolding) 최소화, '학습과제의 최종적 형태(지식의 구조)'를 '학습자 스스로 찾아내는(discovery)' 방법
(2) 브루너가 학습자 스스로 지적 능력을 개발하도록 하기 위한 방법으로 개발
(3) 탐구적인 사고방법을 형성하는 데 목적
(4) 학습의 결과보다는 과정과 방법을 중시하며, 교재의 기본구조에 대한 철저한 학습
(5) 학습자의 능동적인 학습을 강조하며, 학습효과의 전이를 중시
(6) 발견적 교수의 가장 기본적인 요건은 학습해야 할 학습내용이 '완성된' 형태로
   ① 학습자에게 제시되지 않고, 자신의 인지구조 속에서 그것을 동화하기 이전에
   ② 어떠한 모양의 인지 또는 변환을 학습자 자신이 해야 한다는 것
(7) **수업의 목표** : 학습자의 내적 사고과정을 체계화하고 개념화하는 것(구조화)
(8) **귀납적 접근법** : 구체적인 사례에서 일반적인 원리(지식의 구조)를 도출(교사 → 사례 제시, 학생 → 사례 간 구조의 발견)
(9) 문제해결의 기술과 학습방법의 학습(메타인지)이 강조
(10) **발견학습**
   ① 학습자에게 교과를 최종적인 형태로 제공하는 것(교과의 중간언어)이 아니라 최종형태를 학습자 스스로 조직하도록 하는 학습을 의미
   ② 교사의 설명을 단순히 수용하기보다 학생 스스로 학습 내용의 주요 원리를 파악
   ③ 학습자들의 적극적인 수업 참여가 필수요건

3 교수이론의 요소

(1) 학습준비성(경향성)
① 교수이론은 개인에게 학습하고자 하는 의욕을 효과적으로 심어주기 위해서
② 어떤 경험이 필요한가를 밝혀주는 일이며, 교수활동은 이 경향성을 극대화하도록 하는 조건을 마련해 주어야 함
③ 학습하고자 하는 의욕 또는 경향으로 준비성, 출발점 행동, 유의미 학습태세(오수벨)와 유사 개념. 학습자가 학습경향을 가지기 위해서는 수업은 구체적인 경험을 명백히 제시해 줄 수 있어야 함
④ 학습경향성을 효과적으로 심어주기 위해서 탐구심과 호기심을 자극하는 교수방법, 학습자의 학습방법과 학습자료의 관계, 교사와 학습자의 관계가 영향을 줌

> **알아두기 ①**
> 학습경향성(predisposition)은 학습자가 학습하고자 하는 의욕을 의미하며, 준비성이나 출발점 행동과 유사. 여기서는 학습동기가 중요한데, 외적 동기보다는 내적 동기를 중시하는 발견적 학습이 중요시. 학습경향성의 조건으로는 학습과제가 적절한 수준의 불확실성을 지니고 있어야 한다는 가능성 탐색의 자극, 실패에 대한 불안감을 제거해 주어야 한다는 가능성 탐색의 유지, 학습자들이 수업목표와 학습과제를 인식해야 한다는 가능성 탐색의 방향을 제공하는 3가지 조건을 제시

(2) 지식의 구조(structure of knowledge)

① 학생들로 하여금 지식을 가장 쉽게 파악할 수 있도록 하려면 그 지식을 어떻게 구조화해야 하는가를 밝혀주는 것을 의미. 또한, 지식의 구조는 표현형식, 경제성 및 생성력을 지녀야 함
② 지식의 구조화는 '어떤 학습과제이든지 아동의 발달 단계에 맞게 구조화하여 제시한다면 어떤 아동이라도 효과적으로 학습할 수 있다'는 나선형 교육과정 제안
③ 나선형 교육과정 : 쉽고 단순한 것에서 어렵고 복잡한 것으로 교육과정을 배열한 것으로 학습경험의 계열성을 강조

> **알아두기** ①
> 지식의 구조화는 '지식의 구조(structure of knowledge)'에 기초하여 지식을 구성하는 방식을 말함. 지식의 구조는 한 사물을 얽어매고 있는 요소 내지 그 요소가 얽혀 있는 모양, 즉 학문의 기저를 이루고 있는 일반적인 아이디어, 기본 개념, 일반적 원리임. 브루너는 모든 지식은 구조를 가지고 있다고 전제하고, 학습자들이 특정 영역의 지식을 쉽게 학습할 수 있도록 지식을 구조화하는 구체적인 방식을 제시해야 한다고 봄. 특정 영역의 구조를 알게 되면 정보를 단순화하고, 새로운 명제를 산출하며, 지식의 조작능력을 증진시킬 수 있다는 것

표현 방식	• 어떤 영역의 지식도 활동적, 영상적, 상징적 표현양식으로 표현가능
	• 작동적 표현, 영상적 표현, 상징적 표현의 3가지 양식으로 표현될 수 있음
	  – 작동적 표현(enactive representation)은 한 사건에 대하여 적절한 신체적 반응이나 그것으로부터 어떤 결과를 얻기 위한 일련의 활동으로 표현하는 방법
	  – 영상적 표현(iconic representation)은 지식이 함축하고 있는 의미를 이미지(image)를 이용하여 표현하는 방식으로 과학적 개념을 그림·도표·사진 등으로 표현
	  – 상징적 표현(symbolic representation)은 상징적인 언어나 형식적이고 논리적인 명제를 이용하여 지식을 훨씬 더 추상적으로 표현하는 방식

지식 구조의 경제성	• 개념, 원리, 법칙의 학습은 많은 내용을 요약하여 습득하도록 해줌. 즉, 지식의 구조화는 기억해야 할 정보의 양을 줄여줌(작동적 표상 <영상적 <상징적 표상) • 정보를 최대한 간소하게 요약해서 표현하는 것. 요구되는 정보의 양이 많을수록 그 지식의 경제성은 낮음
생성력	• 정보가 전이되고 응용될 수 있는 정도. 경제성이 큰 표현양식(상징적 표현)이 생성력도 큼 • 문장의 의미를 파악해낼 수 있도록 구성하는 것을 의미. 즉, 특수한 구조가 학습자로 하여금 새로운 명제를 표출해 내거나 문제해결을 위해 정보를 이용할 때, 학습한 명제가 지적 산출력(응용력이나 전이가)을 가졌는가를 의미

(3) 학습계열(sequence)

① 학습될 자료를 제시하는 가장 효과적인 계열을 밝혀주는 일
② 즉 어떤 순서를 밟아야 가장 효과적으로 구조를 발견할 것인가를 의미
③ 또한, 학습 자료를 어떻게 제시하는 것이 가장 효과적인지의 계열을 명백히 해주어야 함

활동적(행동적) 표상	구체적 경험을 통해 학습내용사실 이해(행위유발)
영상적 표상	교과학습에 의해 이루어진 것(이미지)
상징적 표상	창의성, 경제성 관련, 학습자의 고등한 인지사고 능력발휘, 두 가지 이상의 결합–새로운 개념 형성, 최소시간 노력경비 최대효과(상징)

④ 학생들이 학습내용을 이해, 변형, 전이하는데 도움이 될 수 있도록 학습과제를 조직, 제시하는 것

⑤ 모든 학습자에게 최적의 단일 계열은 없으며, 개인차에 따라 학습의 계열은 달라질 수 있음

> **알아두기 ①**
> 계열(sequence)이란 학습자들이 학습내용을 이해, 변형, 전이하는데 도움이 될 수 있도록 학습과제를 순서대로 조직하고 제시하는 원칙. 학습내용을 어떻게 조직하느냐에 따라 학습의 효과가 좌우. 계열에 따른 학습과제를 조직할 때 고려할 점은
> 첫째, 학습계열은 학습자의 선행학습, 발달단계, 자료의 성격, 개인차 등을 고려
> 둘째, 학습자들의 지적 발달단계를 고려
> 셋째, 학습계열의 조직은 적절한 수준의 불확실성과 긴장감을 유지하도록 고려
> 넷째, 학습계열을 조직할 때는 학습자의 학습속도, 전이의 가능성, 망각에 대한 저항, 표현양식, 학습내용의 경제성과 생성력 등의 준거를 고려

(4) 내적 보상(내적 강화)

① 교수과정에서 어떤 보상이 주어져야 할 것인가를 의미
② 내적보상(유예된 보상, 학생들 스스로 자기 학습의 결과를 확인하고 거기서 만족을 맛보는 것)
③ 즉 교수학습과정에서 상벌의 성격과 그 적용 방법을 명백히 해줄 수 있어야 함
④ **내재적 동기화** : 강화가 교정적 정보로서 활용되는 가장 직접적인 경로는 학생 스스로가 자기학습의 결과를 확인하고 거기서 내적 만족을 느끼는 것
⑤ 학습활동의 결과를 알려 주고, 그 결과에 비추어 앞으로의 학습활동 방향을 결정짓는데 필요
⑥ 수업장면에서 학습자에게 상벌이 교정적 정보를 주는 데 의미가 있으며, 외적 보상보다 내적 보상을 중요하게 여김

> **알아두기 ①**
> 수업과정에서 상벌은 학습활동의 결과와 방향을 알려 주며, 상벌의 교정적인 정보활용은 학습자 스스로 자기 학습의 결과를 확인하고 이에 따르는 만족과 불만족을 느끼는 내적 보상이 이루어짐
> • **브루너의 강화(reinforcement)에 대한 논의**
> ① 상이나 벌은 외적 보상이 강하면 성취 자체로부터 받는 보상은 감소
> ② 학습에 실패한다는 것은 다음의 성취 혹은 향상을 위한 가치 있는 정보를 제공
> ③ 성공에 따른 강한 내적 보상은 그 행동을 다음에도 계속하게 하는 역할
> ④ 외적인 보상에 따르는 벌은 행동을 와해시킬 가능성이 높으며 시정과 향상을 위한 기반이 되기 곤란

4 발견학습의 장·단점

(1) 장점

① 아동이 학습과정에 능동적으로 참여할 경우 지적인 잠재능력을 길러줄 수 있음
② 성공적인 학습이 끝났을 때 아동은 지적인 희열감과 새로운 문제에 도전하려는 강한 의욕을 갖게 됨
③ 자신들의 의문을 스스로 추구함으로써 흥미 있고 중요한 문제의 특징을 파악할 수 있음
④ 발견적인 활동을 통해 아동들은 발견하는 방법 그 자체를 학습하게 됨
⑤ 발견적 활동을 통해 알게 된 내용은 머리 속에 기억되는 시간이 깊

(2) 단점
① 지식의 많은 부분은 타인에 의해 발견되어 전달되는 경우가 많음
② 진정한 지식의 여부는 스스로 발견했는가의 여부가 아니라 지식의 실제적 활용
③ 어떤 법칙이나 명제의 경우는 언어의 형식으로 설명하는 것이 효과적인 경우도 있음
④ 학습자의 발달 수준에 따라서 언어나 개념을 통한 전달도 가능
⑤ 발견학습에서는 법칙이나 개념을 주기 전에 사례나 문제를 먼저 제시
⑥ 학습자들은 문제사태의 일부분에 한정된 경험을 통해 지나치게 일반적인 결론만을 내리는 경우도 있음

[브루너(Bruner)와 오수벨(Ausubel) 이론의 비교]

구분	브루너(Bruner)	오수벨(Ausubel)
학습	발견학습	유의미 언어학습(설명식 수업)
학습의 과정	문제해결활동(발견학습)을 통해 새로운 사실, 개념, 원리 습득	교사에 의한 선행조직자의 제시에 의한 유의미 학습
교사의 역할	• 체계적인 지시와 설명적 제시는 최소화 • 학습자에게 문제 제시 • 학습자의 자구적인 탐구적 노력을 자극하고 격려	• 문제와 해답을 포함한 학습 • 과제를 최종적인 형태로 조직하여 제시 • 유의미 학습 유도

CHAPTER 03 처방적 교수 및 협동학습

UNIT 1 가네(Gagne)의 처방적 교수(교수설계이론)

1 이론구성의 핵심적 요소

(1) **학습된 능력**: 학습의 결과 얻어진 것 또는 학습목표
(2) **학습 사태**: 학습자 내부에서 정보가 처리되는 과정(학습의 내적 조건)
(3) **학습의 조건**: 학습의 내적 과정에 맞게 외부에서 부여되는 수업활동(교수사태)

학습자 (내적 조건)		학습위계상에서 특정 내용을 학습하기 위한 선행 요건이 되는 선행학습 능력
	선행학습	학습이 이루어지기 전에 이전에 학습한 여러 가지 종류의 내적 상태가 필요
	학습동기	성공적인 학습을 위해 필수적인 것으로, 학습이 시작되는 단계에서 학습하려는 자세를 갖도록 하는 것이 필요
	자아개념	긍정적 자아개념은 학습동기와 함께 학습을 위한 필수조건이 되며, 학습에 대한 자신감이 있으면 학습효과가 높음
	주의력(주의집중)	학습과제에 집중하는 주의력 정도가 학습에 영향을 미침
교수자 (외적 조건)		교사에 의해 제공되는 수업프로그램이나 수업전략
	접근의 원리	학습자가 반응해야 할 자극사태와 적절한 반응이 시간적으로 접근되어 있을 때 학습이 더 잘 일어남
	연습(반복)의 원리	학습증진, 파지력 향상을 위해 자극사태와 그에 따른 반응을 되풀이 하거나 연습하는 것이 좋음
	강화의 원리	새로운 행동의 학습은 그 행동이 일어날 때 만족스러운 일, 즉 내·외적 보상이 이루어 졌을 때 강화가 됨

2 학습된 능력의 영역

(1) 언어정보(저장된 정보의 재생)

① 구두 언어, 문장, 그림 등을 사용해서 일련의 사실이나 사태를 진술하거나 말하는 것
② 애국심의 정의를 기억하기, 사물의 이름 기억하기
③ 명제적 지식 또는 선언적 지식
④ 사물의 이름이나 단순한 사실, 원리, 일반화, 조직화된 정보 등이 이에 포함
⑤ 학교 교과내용의 가장 많은 부분을 차지하며, 주로 기억에 의존하는 단편적 사실이나 사태 혹은 생각을 말로 표현할 수 있는 학습된 능력을 의미

⑥ **교사의 역할** : 언어정보의 경우, 학습한 것을 학습자가 오래도록 파지하는 것이 목적인 경우가 많으므로 학습 정보를 의미있는 단위로 제시하거나 정보를 유의미한 맥락과 함께 제시하는 것이 바람직

(2) 지적기능(개인이 환경을 개념화하는 데 반응하도록 하는 정신적 조작)

① 상징을 사용할 수 있는 능력으로 지적조작의 복잡성에 따라 5개의 영역으로 구분
② 빨간색과 파란색을 구별하기, 수동태를 능동태로 바꾸기

변별	하나의 기호를 다른 기호와 구별(식별)하는 능력, 강아지와 늑대의 구분
구체적 개념	사물의 성질, 대상이나 사건 등을 분류(파악)하는 능력, 강아지 중에서 코카스페니얼 종을 모두 찾아냄
정의된 개념	사물의 유목을 변별(분류)하기 위해 하나의 명제를 사용하는 것, "민주주의"의 정의에 따른 특징을 구별함
원리(규칙)	언어나 수학의 기호를 사용하여 개인이 무엇을 할 수 있도록 해주는 학습된 능력(증명), 평균을 계산함
문제해결 (고차적 규칙)	두 개 이상의 규칙들이 복잡하게 관련된 과제의 학습을 의미. 한가지 이상의 원리를 적용하여 문제를 해결하는 능력, 고객의 변화 관리 계획 수립

③ 절차적 지식
④ 읽기, 쓰기, 구분, 결합, 분류, 수량화 등 기호나 상징을 사용하거나 방법을 아는 것
⑤ 학교에서 가장 강조하고, 가장 많은 부분을 차지
⑥ **8가지 학습 위계** : 신호학습, 자극·반응학습, 연쇄반응학습, 언어·연합학습, 변별학습, 개념학습, 원리학습, 문제해결학습

학습위계	내용
신호학습	• 가장 단순한 형태로 고전적 조건화 과정을 통해 수동적으로 행동 획득 • 신호학습(signal learning)은 파블로프의 고전적 조건형성에 의한 반응으로 이루어지는 학습으로, 자극이나 신호에 대해 정서적 반응을 하는 학습(예 학교에서 종소리를 듣고 수업의 시작과 종료를 알게 된다).
자극· 반응학습	• 조작적 조건화 과정을 통해 임의 행동이 강화 및 형성 • 자극-반응학습(stimulus-response learning)은 스키너(B. F. Skinner)의 조작적 조건화 원리에 의해 이루어지는 학습으로, 특정자극에 대해 구체적인 반응을 하는 것(예 카드에 '사과'(자극)라고 써서 보여 주었더니 아이가 '사과'(반응)라고 읽는다).
연쇄반응 학습	• 습득된 개별 행동들이 연속적으로 질서 있게 이루어지는 학습 • 연쇄반응학습(chaining learning)은 전 단계에서 학습한 자극-반응의 고리를 연결시키는 학습으로, 운동기능에서의 자극과 반응의 결합이 연쇄적인 것을 의미(예 체조를 순서대로 하는 것을 배운다. 한글의 자음과 모음을 연결하여 사물의 이름을 쓴다).
언어· 연합학습	• 언어의 연쇄학습, 개별적 언어가 순서에 알맞게 연결됨 • 언어·연합학습(verbal association learning)은 개별적 언어가 순서에 맞도록 연결시키는 학습이다. 또한 우리말과 외국어 단어를 연결하여 학습하는 것도 여기에 포함(예 학습-learning, '개'라는 단어와 '뛰다'라는 단어가 연결되어 '개가 뛰다' 등).
변별학습	• 서로 다른 자극 특성을 구별하고 서로 다른 기호를 구별해내는 학습 • 중다변별학습(multiple discrimination learning)은 여러 가지 구체적 반응과 연쇄반응을 학습하여 그것들을 구별할 수 있는 능력. 즉, 비슷한 여러 대상을 구별할 수 있는 능력을 학습하는 것(예 여러 가지 모양의 도형을 제시했을 때 삼각형을 다른 것과 구별하는 능력).

개념학습	• 사물이나 사태의 분류를 통해 얻어지는 학습유형으로 사물간 차이점과 유사성, 공통성을 알게 됨 • 개념학습(concept learning)은 공통된 속성을 이해하고 그것을 기준으로 하여 사물을 분류하는 학습. 즉, 사물의 공통적인 성질이나 추상적인 성질을 분류하는 것(예 크다, 작다 등의 사물의 공통 성질에 대해 분류하거나 반응하는 것).
원리학습	• 두 개 이상의 개념이 연결된 것을 의미하며, 이미 습득한 개념 등을 연결하여 만들어지는 규칙 이해 • 원리학습(rule learning)은 개념과 개념 간의 관계를 파악하는 능력을 획득하는 것. 즉, 개념들 간의 관계가 연결됨으로써 학습이 됨(예 사각형의 넓이를 구하려면 가로와 세로의 길이를 곱하면 된다).
문제해결학습	• 원리를 결합해서 새로운 문제 상황에 적용하거나 응용하는 것 • 문제해결학습(problem solving learning)은 학습자가 이전에 경험하지 못했던 어떤 문제에 대해 몇 가지 규칙을 적용해서 해결하려는 학습. 즉, 이전에 논의된 여러 종류의 학습에서 획득한 능력을 주어진 문제에 응용하여 해결하는 능력을 학습하는 것

⑦ **교사의 역할** : 지적기능의 경우는 배운 지식을 활용하고, 전이하는 것이 목적인 경우가 많으므로 연습기회와 적당한 시간 간격을 두고 복습을 하는 것이 좋고, 전이를 촉진시키기 위한 다양한 맥락을 제공하는 것이 좋음

(3) 인지전략 : 문제에 관한 새로운 해결방안을 모색하는 것으로 창의성과 관련(창조)

① 기말과제를 작성하기 위해 목록 카드를 개발하기, 학습방법, 독서방법
② 자기 나름의 학습된 학습방법, 기억방법, 사고방법
③ 학습자의 사고와 학습을 통제하는 과정
④ **교사의 역할** : 인지전략의 경우는 매시간 이 영역을 수업에 활용할 수는 없겠지만 학습전략을 기술하거나 시범을 보이거나 학습전략을 활용한 다양한 연습의 기회를 제공하는 것이 좋음

(4) 태도 : 특정한 방식으로 행동할 것을 선택하게 하는 정의적 영역(선택)

① 미술관에 가지 않고 대신 록 콘서트에 가는 것을 선택하기
② 사람들, 대상 및 시간에 긍정적 또는 부정적으로 행위하는 성향
③ 어느 것을 선택하도록 하는 어떤 사람의 내적, 정신적 성향을 의미
④ 언어적 설명이나 연습에 의해서가 아니라, 관찰학습이나 대리적 강화에 의해 학습됨
⑤ **교사의 역할** : 태도는 선택의 문제이므로 존경하는 사람(모델)의 선택행위(태도)를 닮을 수 있도록 지도하고 성공적인 수행에 필요한 피드백을 주는 것이 바람직

(5) 운동기능 : 신체적 운동을 유연하고 적절하게 계열에 따라 실행하는 것

① 신체적 계열이나 행위 시범 보이기
② 구두끈을 묶기, 배영을 시범해 보이기
③ 일련의 육체적 움직임을 행할 수 있는 능력을 의미
④ **교사의 역할** : 운동기능의 경우는 실행절차의 기억을 돕기 위해 단서를 제공해 주거나 반복연습을 시킨 후, 교정적 피드백을 제공하는 방법이 있을 수 있음

> **알아두기 ①** 5가지 학습영역

학습영역	성취행동	예
언어정보	어떤 방식으로 정보를 진술하거나 전달하기	민주시민의 정의를 진술한다.
지적기능	상징을 사용하여 환경과 상호작용하기	• 빨간색과 파란색을 구별한다. • 삼각형의 면적을 계산한다.
인지전략	기억, 사고, 학습을 효율적으로 관리하기	기말과제를 작성하기 위해 새로운 방식의 목록카드를 작성한다.
태도	어떤 대상, 사건, 사람에 대하여 가까이 하거나 멀리 하려는 개인적 행위를 선택하기	록 콘서트에 가지 않고 대신 미술관을 방문할 것을 선택한다.
운동기능	신체적 계열이나 행위를 시범 보이기	구두끈을 묶거나 배영을 시범 보인다.

3 교수사태(Events of Instruction)

(1) 의미

① 교수사태란 다양한 학습상황에서 학습의 외적 조건을 제공하는 일련의 절차(단계)
② 수업을 계획하거나 교육·훈련 프로그램을 개발하는 교수설계자에게 설계를 위한 처방 제공

학습과정(내적과정)	수업사태(외적과정)	수업활동	수업단계
• 주의 : 주의환기 • 기대(동기화) • 작동기억 인출·재생	• 주의(력) 집중 • 학습목표 제시 • 사전지식 재생 자극	• 동기유발 • 목표제시 • 선행학습과 관련짓기	도입
• 선택적 지각 • 부호화 : 장기적 저장소에 입력 • 반응	• 자극자료 제시 • 학습안내 제공 • 수행유도(성취행동유발)	• 학습내용(자료)제시 • 학습자의 참여유도 • 다양한 수업방법의 사용	전개
• 강화 • 단서제공 • 일반화	• 피드백 제공 • 수행평가 • 파지와 전이촉진	• 요약정리 • 강화 • 일반화의 유도(전이) • 보충 및 예고	정리

(2) 9가지 교수사태(9단계로 구성)

학습자의 주의 획득 주의력 집중	• 모든 교수활동에서 실시할 첫 번째 일은 학습자의 주의를 획득하여 후속 학습 활동을 원만하게 이루어지도록 하는 일을 의미 • 학습자의 주의를 유도하여 후속 활동(본시 수업 활동)이 원만하게 이루어지도록 하는 것
목표제시	• 수업목표 제시는 학습자가 수업이 끝난 후 자신이 학습한 것을 확인할 수 있고, 학습자가 지니고 있는 수업에 대한 기대에 부응하기 위한 목적 • 학습과제를 다루기 전에 이번 학습을 통해 달성해야 할 목표를 제시하는 것 • 학생들에게 기대되는 최종적인 행동이 무엇인지를 알려주어 동기화시킴
선수학습 요소의 회상 자극	• 학습자가 새로운 정보를 학습하는데 필요한 기능을 숙달하는 것으로 새로운 학습은 선수학습에 기초 • 학습자로 하여금 이번 수업과 관련된 이전의 학습내용을 회상하게 하는 것 • 학습자가 선수학습 점검 질문에 답을 못할 경우, 새로운 학습을 시작하기 이전의 내용을 다시 가르침
자극자료 제시	• 이 단계는 학습자에게 학습할 내용을 제시하는 것(단기기억 활용) • 이번 시간에 학습할 학습 자료, 즉 교재의 내용이나 관련 자료를 학생들에게 제시 • 구체적인 학습활동을 전개하는 것으로 학습자에게 학습할 내용을 제시하는 것
학습안내의 제공	• 학습할 과제의 모든 요소들을 통합시키는데 필요한 방법을 제시하는 것으로 이전 정보와 새로운 정보를 적절히 통합시키고, 그 결과를 장기기억에 저장할 수 있도록 도움이나 지도를 받음 • 학습자의 학습행위를 유도하거나 특정 개념이나 원리를 가르치고자 할 경우, 교사가 질문이나 암시 등의 자극을 제시하는 것 • 학습할 과제의 모든 요소들을 통합시키는데 필요한 방법을 제시하는 것(예 시연, 도표 등은 학습자들이 모든 정보를 목표 수행에 적합하도록 통합하고, 저장하고 회상하는데 도움을 줌)
수행의 유도	• 학습자가 새로운 학습을 했는지 증명하는 단계(질문이나 행동으로 유도) • 현재까지의 학습상황이 목표에 어느 정도 근접하는가를 확인하고, 목표에 접근해 가도록 하는 것
수행의 정확성에 관한 피드백	• 가장 효과적인 피드백은 정보적인 피드백으로 오답인 경우 이를 수정할 수 있는 보충 설명을 해주는 피드백으로, 이 경우 학습 성취에 효과적(교정적 피드백) • 학습자가 일련의 성취행동을 나타낸 후에 교사가 그 성취행동의 결과를 학습의 이전단계와 결합시키고, 강화를 제공하는 것 • 성공적 수행에는 긍정적 피드백, 그렇지 못한 수행에는 교정적 피드백을 주는 것이 바람직하며, 이 과정을 통해 학습자들은 긍정적 강화를 하거나 수행을 개선하게 됨
수행의 평가	• 설정한 학습목표를 달성했는지의 여부를 확인하는 것과 의도한 기술을 일관성 있게 수행하는지의 여부를 확인하는 것 • 수업목표에 근거하여 그 달성여부를 수업의 시연을 통해 측정 • 다음 단계의 학습이 가능한지를 결정하고, 시험 상황은 단순한 암기가 아니라 이해가 이루어졌는지를 점검하기 위해 주어진 상황과 유사한 문제 사태를 제공해야 함
파지 및 전이의 향상	• 지적 기능 학습의 파지와 전이를 위해서는 일정한 간격으로 복습이나 연습을 하게 하는 것이 효과적 • 학습자의 기억을 오래도록 유지시키고, 이를 문제해결에 적용할 수 있도록 하는 것 • 지적 기능의 재생을 촉진하기 위한 방안으로 연습이나 복습의 기회를 제공 • 새로운 학습이 다른 상황으로 일반화되거나 적용할 수 있는 경험을 제공

(3) 목표별 수업의 원리(지적 기능의 수업)

신호학습	학습위계상 가장 단순한 형태. 고전적 조건형성을 통해 무의식적으로 행동을 획득
자극반응학습	도구적 조건형성과 같은 것으로 자극과 반응의 단순한 결합을 의미
연쇄학습	자극과 반응의 연결. 관념과 관념 사이의 연합에 의해 이루어지는 것으로 기억작용이 중심
언어연합	언어를 사용하는 능력에 연결되어 있으며, 언어로 기명된 내용이 이미 얻은 경험체계에 연결되어 필요한 경우에 재생되는 학습
변별학습	비슷한 여러 대상을 구별할 수 있는 능력의 학습
개념학습	자극 간의 공통성과 유사성에 대하여 반응하는 것으로 이전에 학습한 언어적 연결이 잘 기억되면 개념학습이 촉진
원리학습	두 개 이상의 개념의 연결을 의미하는 것으로 원리나 규칙대로 주위의 장면에 구별해서 반응하도록 하는 학습
문제해결학습	새로운 원리를 형성하기 위해 기존의 원리를 조합하여 문제해결의 새로운 아이디어를 생각해 내는 것
인지전략학습	많은 지적 기능의 학습을 통해 가능
태도학습	태도를 직접적으로 가르치는 방법은 강화이고, 간접적인 방법은 대리적 강화를 이용하는 것
운동기능학습	운동기능은 하위적 기능으로 구성되어 있기 때문에 이들 기능에 숙달되도록 하는 일

(4) 수업목표 속에 포함되어야 할 요소

성취상황	학습행동을 수행하게 될 환경적 조건을 말하는 것으로 메이거의 목표 진술 형식에서 '조건'에 해당
학습된 능력	학습된 능력이란 5가지 학습목표의 유형, 즉, 언어정보, 지적기능, 인지전략, 태도, 운동기능을 말함
성취내용	학생이 학습하게 되는 내용으로 지식이나 정보, 그리고 기능을 포함
성취행동	학습된 능력을 관찰할 수 있는 행동동사로 설명
성취도구, 제한점 및 조건	성취행동이 수행될 상황에서의 성취정도와 범위를 더욱 분명하게 해주게 됨

4 의의

(1) 가네의 이론은 과제분석을 통해 학습과제를 계열화 혹은 위계화시킴
(2) 각 수업목표를 행동목표로 진술하고 도착점 행동의 달성에 앞서 먼저 달성해야 할 선행학습과제가 무엇인지 확인
(3) 학습과제는 위계화되어 있으므로 수업은 선행학습의 누적된 결과 위에서 이뤄짐
(4) 가네의 이론은 수업상황에 필요한 의사소통 특징과 매체의 속성을 고려하여 매체를 선택해야 하며, 수업상황은 매체 선택에서 매우 중요한 요인이 됨
(5) 선행단계 성취될 때 후행 단계 성취가능
(6) 모든 학습과제를 구체적으로 세분화하고 조직화(학습과제 분석)
(7) 하나의 목표가 성취되면 다음 목표 성취 가능
(8) 학습자의 능력에 따라 적절한(최적화된) 교수처방이 이루어짐

UNIT 2 메릴(Merrill)의 내용요소제시이론(CDT)

1 의미

(1) 교수목표들을 내용차원과 수행차원의 분류체계에 따라서 범주화하고, 각 목표유형들은 일차제시형과 이차제시형의 독특한 결합방식에 따라 미시적 교수처방을 해 주어야 한다는 머릴(Merill, M. D.)의 교수설계이론

(2) 이 이론은 세 가지의 주요한 이론적 관점(즉, 행동주의적, 인지적, 인간주의적)에서 다루고 있는 학습과 교수에 관한 모든 지식을 통합하고 있으며, 인지적 영역만을 다루고 있고, 특히 인지적 영역내에서도 미시적 수준(예컨대, 단일한 개념이나 원리와 같은 단일한 아이디어들을 가르치는 것과 관련된 교수의 국면)만을 다루고 있음

(3) 내용요소제시이론의 구성원리로는 ① 수행-내용 분류체계, ② 제시형, ③ 일관성의 세 가지를 들 수 있음

(4) '수행-내용 분류체계'란 내용의 유형을 사실, 개념, 절차, 원리 등의 네 가지로 분류하고, 그 내용에 대한 기대되는 수행 수준을 기억하기, 활용하기, 발견하기의 세 가지로 교수목표를 분류한 것

(5) 하나의 목표는 개념을 기억하거나(예컨대, 정의를 암기하기), 혹은 하나의 개념을 활용하거나(예컨대, 어떤 내용에 관한 새로운 예를 분류하기), 혹은 하나의 개념을 발견하도록(예컨대, 어떤 현상을 범주화하기 위한 방법을 발견하기) 요구할 수 있음

(6) 이러한 분류는 가네(Gagné, R.)의 인지적 영역에 대한 분류와 매우 유사

(7) '제시형'은 일차제시형과 이차제시형으로 구분

일차제시형은 학습에 필요한 기본적이고 최소한의 자료를 제시하는 것을 말하고, 일반성과 사례, 설명식과 탐구식이라는 두 차원의 행렬표에 따라서 네 가지의 제시형태로 구성.	이차제시형은 일차제시형의 학습을 촉진시키기 위한 부가적인 정보의 제시방식을 의미하는 것으로서, 여기에는 맥락, 선수학습요소, 암기법, 의미정교화의 도움, 표상법, 피드백 등으로 구성.

(8) '일관성'은 내용요소제시이론의 기본구성요소인 수행-내용 분류체계와 제시형을 연결시켜 주는 것. 여기에는 수행 차원과 일차제시형의 일관성 및 내용 차원과 일차제시형의 일관성이 포함

(9) 교수처방을 위한 내용요소제시이론의 또 하나의 특징은 수준의 다양성. 각각의 모형들(수행-내용 분류체계에 기초하여 처방되는 모형들)은 다양한 수준들(즉, 수업에서 제공되는 처방의 수준들)을 지니고 있음. 쉬운 목표를 위해서는 비교적 간단한 유형이 제시되는 반면, 학생들의 능력이나 경험과 관련된 비교적 어려운 목표들을 위해서는 그에 적합한 모형들의 다양한 유형이 활용될 수 있음

2 특징

(1) 내용요소제시이론(CDT)은 인지적 영역을 중심

(2) 인지적 영역 내에서도 주로 하나의 개념이나 원리와 같이 단일 아이디어들을 가르치는 것과 같은 미시적 수준을 다루고 있음

(3) 수업목표를 2차원, 즉 수행-내용차원으로 분류하고 그에 적절한 자료제시형태(수업방법)을 결합시켜 제시

3 내용-수행 행렬표

(1) 수행수준은 기억하기, 활용하기, 발견하기의 세 차원으로 내용수준은 사실, 개념, 절차, 원리로 구성됨
   ① 기억하기는 가네의 언어정보에 해당되고
   ② 활용하기는 지적 기능
   ③ 발견하기는 인지전략에 해당

(2) 사실의 활용과 발견은 존재하지 않음. 이는 사실이 일반성과 추상성을 지니고 있지 않기 때문

	환경오염이 생활에 미치는 피해를 찾을 수 있다.	다양한 물질을 현미경으로 관찰하는 방법을 찾을 수 있다.	직각삼각형의 여러 가지 속성을 발견할 수 있다.	발견하기
	환경오염의 예를 제시할 수 있다.	현미경을 조작하여 아메바의 세포구조를 관찰할 수 있다.	피타고라스의 정리를 이용하여 직각삼각형의 빗변의 길이를 계산할 수 있다.	활용하기
대한민국의 수도는 서울이다.	환경오염의 개념을 말할 수 있다.	현미경을 조작하는 단계를 말할 수 있다.	피타고라스의 정리를 말할 수 있다.	기억하기
사실	개념	절차	원리	

내용차원 / 수행차원

4 학습과제 분류

(1) 수행수준

기억하기	기존의 저장되어 있는 정보를 재생하거나 재인하기 위해 학습자가 기억된 정보를 탐색하는 수행
활용하기	학습한 개념, 절차, 원리 등을 구체적인 실제상황에 적용해 보는 수행
발견하기	새로운 추상성, 즉 개념, 절차, 원리 등을 도출해 내는 창조적인 수행

(2) 학습내용

사실	이름, 날짜나 사건, 혹은 특정한 사물과 사건을 지칭하기 위해 사용한 기호
개념	공통적인 속성을 지니고 있고 동일한 명칭으로 불리는 사물, 사건, 기호들의 집합
절차	특정한 목적을 달성하거나, 특정한 문제를 해결하거나, 산출물을 만드는 데 필요한 단계들을 순서화한 계열
원리	현상이나 사건을 설명하기 위해 사용한 인과관계나 상호관련성

5 CDT의 교수처방(자료제시 형태)

(1) 목표로 설정한 학습이 일어나기 위해 필요한 기본적인 자료를 제시하는 1차 제시형과
(2) 부가적인 자료를 제시하는 2차형으로 구분

[자료제시 형태에 따른 교수방법]

구분	설명식(E), 말로 알려주기	탐구식(I), 질문하기
일반화, 규칙(G)	설명식-일반화(EG)	탐구식-일반화(IG)
사례, 예(eg)	• 규칙, 원리를 설명하기(Eeg) • 설명식-사례, 예 • 사례, 예제를 설명하기	• 규칙, 원리를 탐구하기(Ieg) • 탐구식-사례, 예 • 사례, 예제를 질문하기

① EG(일반-설명식): 교사가 개념이나 원리를 설명해 주는 수업방식
② Eeg(예제-설명식): 교사가 적용되는 실제의 사례를 들어 설명해 주는 형태
③ IG(일반-질문식): 교사가 이미 배운 정의나 공식을 질문을 통해 재생시키는 경우
④ Ieg(예제-질문식): 교사가 질문을 통해 개념이나 원리가 적용되는 사례에 대해 답을 하도록 할 경우

UNIT 3 라이겔루스(Reigeluth)의 수업 정교화 이론

1 의미

(1) 교수 내용을 선택, 계열화, 종합 그리고 요약하기 위한 적절한 방법을 제공하는 거시적 수준의 교수설계이론
(2) 정교화 이론에 따르면, 교수는 간단하고 기초적인 것에서부터 시작하여 보다 구체화되고 복잡한 수준으로 옮겨가야 함
(3) 학습자가 학습 내용의 부분들의 관계와 중요성을 전체적인 맥락에서 파악하도록 도와주며, 주어진 기간 동안 학습자에게 적절하고 의미 있는 복잡성의 수준까지 학습할 수 있도록 함

2 특징

(1) 정교화이론은 교수설계에 관한 거시적 수준의 이론. 여러 개의 아이디어를 어떻게 연결, 계열화하는가에 대한 처방적 교수전략

> **알아두기 ①** 라이겔루스의 교수설계 3요소
> 1. **교수조건**: 교과내용, 교수목적, 학습자특성, 제약점
> 2. **교수방법**: 조직전략, 전달전략, 관리전략
> 3. **교수결과**: 효과성, 효율성, 매력성

(2) 라이겔루스의 교수전략 구분 : 조직전략, 전달전략, 관리전략
   ① **조직전략** : 수업 내용을 조직하기 위한 기본 방법을 다룸
   ② **전달전략** : 학생에게 수업내용을 전달하고, 전달된 내용에 대해 반응하게 하는 방법
   ③ **관리전략** : 어떠한 조직 전략과 전달 전략을 언제 사용할 것인가에 관한 기본 방법

알아두기 ① 교수방법 변인들과 영향을 미치는 주요 조건변인들의 유목 체계도

교수 조건	교과내용의 특성	제약점	학습자 특성/환경특성
교수 방법	조직전략 미시적/거시적	전달전략	관리전략
교수 결과	수업의 효과성 / 수업의 효율성 / 수업의 매력성		

알아두기 ① 라이겔루스의 교수전략의 체계도

방법	전략	조직			관리	전달
		미시적		거시적	조직전략 및 전달전략의 관리	매체, 교사, 교과서의 활용방식
		개념	원리	절차		
	전술 (방식)	일상적 제시 연습 피드백	심화 필요 시 제시	계열성 (위계와 순서) 정교화이론		

3 정교화 이론의 교수전략

(1) 교수학습과제 조직에 있어서 단순-복잡에 의한 학습내용의 계열화, 이는 카메라의 줌 렌즈를 사용하여 피사체를 보는 접근방법과 유사
(2) 정교화는 교과내용의 특성에 따라 개념적 정교화, 절차적 정교화, 이론적 정교화로 구분

개념적 정교화	가르쳐야 할 개념을 어떻게 유의미하게 인지구조에 동화시키는가 하는 과정과 관련
절차적 정교화	목표로 하고 있는 절차적 기술, 즉 '어떻게'라고 하는 기술을 획득하는 최적의 과정을 계열화하는 것
이론적 정교화	원리들을 가장 기초적이고 구체적이며 명백한 원리로부터 가장 세부적이고 복잡하고 포괄성이 적은 원리의 순서로 연결되어 정교화되도록 함

(3) 정교화 전략(7가지)

① 정교화된 계열	단순한 내용에서 복잡한 내용으로, 일반적인 내용에서 세부적인 내용으로, 추상적인 내용에서 구체적인 내용으로 학습할 내용을 순서화하는 전략
② 선수학습의 계열	어떤 내용을 학습하기에 앞서 반드시 학습해야 하는 사실이나 내용을 순서화 하여 가르치는 전략
③ 요약자	내용에 대한 간단한 진술이나 참조할 수 있는 예처럼 일반적으로 수업 단원의 끝부분에 제시되어 학습의 내용 등을 전반적으로 망각하지 않도록 돕는 전략
④ 종합자	개개의 아이디어들을 상호관련지을 수 있고 통합시킬 수 있는 전략으로서 수업 단원 내에서 새롭게 가르친 아이디어들 간의 관련성이나 기존의 아이디어들과의 관련성들을 통합하는 전략
⑤ 비유	배워야 할 새로운 아이디어를 친숙한 아이디어들과 관련시켜 새로운 아이디어를 좀 더 쉽게 이해할 수 있도록 하는 전략
⑥ 인지전략 활성자	학습자들이 특정한 방식으로 내용을 다룰 수 있도록 각 내용에 적합한 학습방법을 익히도록 돕는 전략
⑦ 학습자 통제	학습할 내용이나 학습속도, 학습자가 선택하는 전략, 인지전략을 학습자가 스스로 통제하고 선택할 수 있도록 하여 학습동기를 높이도록 하는 전략

4 의의

(1) 교수는 간단하고 기초적인 것에서부터 시작하여 보다 구체적이고 복잡한 수준으로
(2) 학습자가 학습내용 부분들의 관계와 중요성을 전체적인 맥락(교수내용의 정수, Epitome)에서 파악하도록 도와주며, 주어진 기간 동안 학습자에게 적절하고 의미 있는 복잡성의 수준까지 학습

5 정교화 이론의 교수설계 6단계

(1) **1단계** : 조직된 내용의 유형을 선정
(2) **2단계** : 조직된 구조를 전개
(3) **3단계** : 조직된 내용을 정교화 수준별로 할당
(4) **4단계** : 각 정교화 수준에 보조내용을 할당
(5) **5단계** : 각각의 학습단원에 대하여 모든 내용을 할당
(6) **6단계** : 각각의 학습단원 안에 있는 모든 내용을 계열화
(7) **미시적 설계** : 거시적 교수설계가 끝나면, 단일 아이디어나 사실에 관한 수업을 조직하는 미시적 교수설계가 이루어지게 됨

UNIT 4 켈러(Keller)의 학습동기유발 수업설계(ARCS)

1 의미

(1) 켈러(Keller, J.)의 ARCS 이론은 수업설계의 미시적 이론으로서, 수업의 세 가지 결과변인인 효과성, 효율성, 매력성 중에서 특히 매력성과 관련하여 학습자의 동기를 유발하고, 유지시키는 각종 전략들을 제공
(2) 켈러(Keller)는 학습동기를 유발하고 유지시키기 위하여 가장 중요한 변인들을 4가지로 지적하고 있는데 주의(Attention), 관련성(Relevance), 자신감(Confidence), 만족감(Satisfaction)
(3) ARCS 이론이라고 명명된 것도 켈러(Keller)가 세 가지 수업의 결과변인들 중 매력성을 가장 중요한 변인으로 강조하고 있음을 나타냄
(4) 켈러(Keller)는 교수의 효과가 동기와 밀접하게 관련되어 있다는 여러 연구들과 주장들을 인용하면서 교수의 결과를 극대화하기 위하여는 학습동기에 관한 체계적이고 구체적인 접근방식이 필요하다고 주장

2 특징

(1) 이 모형은 수업설계에 적용하고자 고안된 것으로 이 모형을 활용한 수업은 전통적 수업에 비해 학습의 효과가 높은 것으로 입증되고 있음
(2) 인간의 동기를 결정지을 수 있는 여러 가지 다양한 변인들과 그와 관련된 구체적 개념들을 통합
(3) 교수학습 상황에서 동기를 유발하고 유지하기 위한 구체적이고 처방적인 전략을 제시
(4) 교수설계 모델과 병행해서 활용될 수 있는 동기 설계의 체계적 과정을 포함

3 동기의 구성요소

(1) 주의집중(Attention) : 학습자의 주의집중을 어떻게 유발시키고 어떻게 유지시킬 수 있는가?
  ① 학습의 선수조건으로 호기심과 관심을 유발·유지
  ② 학습할 내용에 대한 정보는 일상적인 상식에서 벗어나 주의를 끄는 효과적인 방법을 제시. 주의는 호기심, 주의환기, 감각 추구 등의 개념들과 관련

(2) 관련성(Relevance) : 이 수업이 어떠한 측면에서 학습자에게 가치있을 수 있는가?
  ① 과제가 개인적 흥미나 목적과 어떻게 관련되는가에 대한 긍정적인 해답을 찾아보고자 하는 노력
  ② 무엇을 왜 배워야 하는지에 대한 뚜렷한 인식이 정립되면 학생들은 학습 그 자체에서
  ③ 즐거움을 찾을 수 있고 학습의 과정에 초점을 맞출 수 있음

(3) 자신감(Confidence) : 학습자들이 자신의 통제 하에서 성공하도록 하기 위해 어떻게 도와줄 수 있는가?
  ① 학습자의 요구가 무엇인지 분명하며, 무엇을 해야 할지를 분명히 알 때 자신감이 높아짐
  ② 자신에게 어떤 일을 성공시킬 수 있는 능력이 있다는 것을 느낄 때 발생

(4) 만족감(Satisfaction) : 학습자들이 그들의 학습경험에 대해 만족하고, 계속적으로 학습하려는 욕구를 가지도록 하기 위해 어떻게 도와 줄 수 있는가?

① 만족감은 일단 유발된 동기를 계속 유지시키는 역할
② 학습동기를 유지하기 위해 학습자 스스로 만족할 수 있는 환경을 제공
③ 긍정적 결과 제시나 구체적인 적용 기회를 제공하고
④ 학습자 스스로 조절하고 능동적으로 참여할 수 있는 기회를 줌

4 동기유발 및 유지의 방법(동기유발 모형에 따른 미시 전략)

전략	내용
주의집중을 위한 전략	• 지각적 주의환기의 전략 : 시청각 효과의 활용, 비일상적인 내용이나 사건 제시, 주의 분산 자극 지양 • 탐구적 주의환기의 전략 : 능동적 반응 유도, 문제해결활동의 구상 장려, 신비감 제공 • 다양성의 전략 : 간결하고 다양한 교수형태 사용, 일반적 교수와 상호작용 혼합, 수업자료의 변화 추구, 목표-내용-방법의 기능적 통합
관련성 수립을 위한 전략	• 친밀성의 전략 : 친밀한 인물 혹은 사건의 활용, 구체적이고 친숙한 그림 활용, 친밀한 예문 및 배경지식 활용 • 목적 지향성의 전략 : 실용성에 중점을 둔 목표 제시, 목적지향적 학습형태 활용, 목적의 선택 가능성 부여 • 필요나 동기와의 부합성 강조의 전략 : 다양한 수준의 목적 제시, 학업성취 여부 기록체제 활용, 비경쟁적 학습상황 선택, 협동적 상호학습상황 제시
자신감 수립을 위한 전략	• 학습의 필요조건 제시의 전략 : 수업의 목표와 구조 제시, 평가기준 및 피드백 제시, 선수학습능력 판단, 시험의 조건 확인 • 성공의 기회 제시 전략 : 쉬운 것에서 어려운 것으로 과제 제시, 적정수준의 난이도 유지, 다양한 수준의 시작점 제공, 무작위로 다양한 사건 제시, 다양한 수준의 난이도 제공 • 개인적 조절감 증대의 전략 : 학습의 끝을 조절할 수 있는 기회 제시, 학습 속도의 조절 가능, 원하는 부분으로의 빠른 회귀 가능, 선택 가능하고 다양한 과제와 난이도 제공, 노력이나 능력에 성공귀인
만족감 증대를 위한 전략	• 자연적 결과 강조의 전략 : 연습문제를 통한 적용의 기회제공, 후속 학습상황을 통한 적용 기회 제공, 모의상황을 통한 적용 기회 제공 • 긍정적 결과 강조의 전략 : 적절한 강화 스케줄의 활용, 의미 있는 강화 제공, 정답을 위한 보상 강조, 외적 보상의 신중한 사용, 선택적 보상체제 활용 • 공정성 강조 전략 : 수업목표와 내용의 일관성 유지, 연습과 시험내용의 일치(일관성 유지)

UNIT 5 협동학습의 모형

1 성취과제분담모형(STAD : Student Teams Achievement Division)

(1) 정의
미국 존스 홉킨스 대학의 슬라빈 등이 개발한 학습자 집단학습(Student Team Learning) 프로그램 중 하나로, 집단 구성원들의 역할이 분담되지 않은 공동 학습 구조이자, 개인의 성취가 집단의 점수에 반영되며 이를 토대로 집단에 보상하는 구조(능력별 팀 학습)

(2) 특징
① 가장 간편한 모형으로 기본기능의 습득이나 사실적 지식의 이해를 위한 것
② 슬라빈(Slavin)이 기본기능의 습득과 지식의 이해를 촉진시킬 목적으로 개발

(3) 수업절차
① 팀 구성 → 개인별 기대점수 계산 → 수업 안내 → 팀 활동 → 평가 → 보상
② 교사가 교재를 제시, 학생들은 팀을 이루어 주어진 교재를 학습지를 통해 학습
③ 교재내용에 대한 개별적 평가가 이루어지고, 개인별 향상점수가 팀 점수로 추가
④ 향상점수와 팀 점수를 게시판에 게시하고 최고성적을 획득한 팀에게 집단 보상
⑤ 학기말 성적 산출은 기본적으로 개인의 점수에 의하나 팀 점수와 향상점수를 포함할 수 있음

(4) 장점
① 다른 모형에 비해 적용하기 간편
② 다인수 학급에서 적용하기 쉬움
③ 향상점수를 부여하기 때문에 성적이 낮은 학생도 노력 여하에 따라 팀에 크게 기여
④ 향상점수는 개인의 동기유발과 참여의식을 높여줄 수 있음

2 과제분담학습 II(Jigsaw II)

(1) 특징
① 개념을 가르치는 데 이용되며 특히 교재의 완전습득을 목적으로 함
② 팀의 학생들이 교재를 분할한 뒤 한 부분씩 깊이 있게 공부하여 동료들에게 가르쳐주는 것
③ 과제 의존성에 기초하고 있으면서도 보상 상호의존성을 높이는 모형

(2) 수업절차
① 4~6명의 이질적인 학생들로 구성됨
② 팀 구성원 수와 같게 사전에 분절된 교재를 각 팀에게 주며 자신 있는 주제를 하나씩 맡고, 주제를 맡은 학생들은 각자 팀에서 나와 동일한 소주제를 지닌 다른 팀과 합류 전문가 집단형성
③ 학습이 끝나면 자기 팀으로 돌아와 팀 동료들에게 전문가 집단에서 학습한 내용을 가르침

④ 학생들은 개인별 형성평가를 받게 되며 향상점수와 팀 점수가 계산되고 보상을 받게 됨

(3) 장점

① 각 구성원의 역할과 책무성이 뚜렷함
② 자기가 맡은 소주제 전문가가 될 수 있다는 점에서 성취나 팀 기여도에 자신감과 긍지를 갖게 됨
③ 특히 성·인종·능력·계층 등에서 이질적인 학생들의 교우관계 증진에 효과적

유형	특징	개발자
I 모형	교사가 과제분담, 전문가 집단활동, 개인평가(개별보상) → 과제해결력의 상호의존성은 높으나 보상의 상호의존성은 낮다.	에론슨 (Aronson)
II 모형	• 기존의 직소모형에 비해 평가 방식이 달라진 것 • 향상점수에 소집단 보상, 성취결과의 균등배분을 도입 • 학생이 자율적으로 분담된 과제 선택, 전문가 집단활동, 공동보상[개인보상(향상점수) + 집단보상(팀점수)]	슬라빈(Slavin)
III 모형	평가유예기(모집단에서 평가준비기간)를 둠	스타인브링크와 스탤 (Steinbrink & Stahl)
IV 모형	전체 수업내용에 대한 안내 제공(도입), 전문가 집단활동 평가 및 전체 학습과제에 대한 평가, 선택적 재교수 활동(수업 중 학습하지 않은 내용)	홀리데이 (Holliday)

3 자율적 협동학습(Co-op Co-op, Kagan & Amalya)

(1) 특징

① 학생들로 하여금 자신들이 학습과제를 선택하도록 하고
② 자신과 동료들의 평가에 참여하는 것을 허용하는 모형

(2) 수업절차

단계	내용
1단계	교사와 학생이 학습한 단원에 대한 토의를 함
2단계	이질적인 팀을 구성하되 학생들은 자신의 관심분야에 따라 집단을 선택하기도 함
3단계	팀 구성 및 협동 기능이 개발됨
4단계	각 팀은 다루고자 하는 학습단원의 범위와 학급 전체의 요구를 고려해서 주제를 선택
5단계	팀 구성원은 팀 주제의 일부 가운데 자기가 맡고 싶은 소주제를 선정
6단계	자신의 소주제에 대한 학습활동이 개별적으로 이루어짐
7단계	자신들이 학습한 교재의 내용을 자기 집단에 제시
8단계	개인들의 보고물을 종합하여 팀 보고서를 만듦
9단계	팀에서 학급 전체에 보고
10단계	평가 : 팀 조력에 대한 개인의 기여도를 팀 동료들이 평가 ① 교사가 각 학생들의 소주제 보고물을 평가 ② 모든 학급의 동료들이 팀 보고서를 평가 ③ 교사는 개인의 성적 산출에 3가지 가운데 어디에 비중을 더 둘 것인가를 결정

(3) 장점
① 학습활동의 준비, 활동과정, 결과보고에 이르기까지 교사의 역할이 최소화되는 반면
② 학생들의 역할과 그들의 자율성이 최대한 반영
③ 팀 간에 경쟁을 하지 않는 순수한 협동체제이기 때문에 협동학습 이론에 충실

4 팀경쟁학습(TGT 모형) : Team Games Tournament

(1) 개념
① 집단 내 협력학습과 집단 간 경쟁, 평가 없이 토너먼트식 게임 사용 → 공동 학습구조 & 보상은 집단 내 협동-집단 외 경쟁 구조
② 드바이스와 에드워드(Devices & Edward)가 개발(1973) : 집단 내 협력학습, 집단 간 경쟁 유도 → STAD와 유사하나 개인별 시험(퀴즈)을 실시하지 않고 토너먼트식 퀴즈게임을 이용하여 각 팀 간의 경쟁을 유도. 팀 구성, 수업방법, 연습문제지 등을 이용한 학습, 우수팀 인정 등으로 구성

(2) 특징
공동작업구조이면서 동시에 보상구조는 집단 내 협동-집단 외 경쟁구조

5 집단탐구법(그룹조사, GI) : 샤란(Sharan)이 개발

(1) 학습과제 선정에서부터 학습계획, 집단의 조직, 집단과제의 분담, 집단보고에 이르기까지 학생들 스스로의 자발적인 협동으로 학습 진행

(2) 절차
주제선정 → 주제별로 팀 선정 → 팀별 세부학습과제를 구성원에게 할당 → 조사 → 팀별 결과 보고(전시, 구두보고, 비디오 상영) → 평가

CHAPTER 04 교육공학 및 교수설계

UNIT 1 교육공학의 의미

1 교육공학의 개념

(1) 개념
① 효과적·효율적·매력적으로 교육이 이루어질 수 있도록, 관련된 여러 가지 문제를 해결하기 위해 이론이나 검증된 주장 그리고 산출물 등을 적절히 활용하는 것
② 21세기에 주목받고 있는 분야 중 하나로서 교육공학이란 용어와 함께 교수공학이란 용어도 많이 쓰이고 있음. 두 용어는 서로 구별하여 쓰이기도 하고 구별 없이 동의어로 쓰이기도 한다. 최근 몇몇 학자들은 학습공학이란 용어를 사용하기도 함

(2) 정의 : 교육공학(혹은 교수공학)이란 학습을 위한
① 과정과 자원의 설계, 개발, 활용, 관리 및 평가에 관한 이론과 실제
② 효과적인 교수학습을 위하여 인적·물적 자원을 효율적으로 활용하는 것

(3) 교수이론과 교육공학의 차이
① 교수이론은 교수과정을 지배하는 법칙을 발견하는 것에 중점을 두는 데 반해
② 교육공학은 교수이론에 입각하여 그 법칙을 교수과정에 적용하는 기술체계
③ 교수과정을 설명하는 것이 교수이론
④ 교수과정을 기술화하고 효율화하는 일은 교육공학

알아두기 ① 교육에서의 테크놀로지

구분	개념	예
교육에서의 소프트테크놀로지	• 문제해결방법이나 그 과정 • 교육에 적용할 수 있는 이론들의 논리적·체계적 교육현장 적용	• 교수 학습이론 • 교수형태 • 교수설계 • 교수메시지디자인이론
교육에서의 하드테크놀로지	• 교수매체 • 교육에 도입해서 사용하는 기계류나 산출물	• 텔레비전 • 컴퓨터 • 인공위성 등

2 교육공학의 등장 배경

(1) 교육공학의 등장 요인(Finn)
① 지식의 팽창과 인구의 폭발적 증가
② 사회 전반에 걸친 테크놀로지의 도입
③ 모든 시민을 대상으로 한 테크놀로지에 관한 일반교육의 필요성
④ 자동화에 의해 대치되는 인력의 재훈련 필요성
⑤ 사회에서의 테크놀로지를 교수과정으로 확장해야 할 당위성의 대두

(2) 패러다임의 전환
① 교육에서의 문제 해결을 위해 과학적이고 조직적인 지식을 체계적으로 적용하는 교육공학은 네 번에 걸친 패러다임의 전환이 있어 왔음
② 즉, 자연과학 및 매체 개념, 커뮤니케이션과 체제 개념, 행동과학 개념 그리고 인지과학 개념으로서의 전환이 교육공학과 관련

3 교육공학의 발전 과정

(1) 시각교육(Visual Education)
① 1900년대를 전후하여 다양한 시각적 매체를 교육에 활용하려는 시각교육운동이 공식적으로 시작
② 이는 교사들이 추상적 언어로만 교육시키려 하지 말고 학생들에게 다양한 시각자료를 보조적으로 제시해줌으로써 학생들의 인지적 부담을 줄여주자는 운동
③ 이러한 운동에 발맞추어 미국에서는 교육공학의 첫 번째 공식기구로서 시각교육국(Department of Visual Instruction, DVI)이 1923년에 조직
④ 여기에서의 시각보조물은 추상적인 개념을 구체화하거나 보완하기 위해서 그리고 학습자의 바람직한 태도를 개발시키고 학습활동에 대한 흥미를 자극시키기 위해서 학습자에게 제공되는 모든 그림, 모형, 사물 혹은 장치를 말함
⑤ 이 시기의 대표적 학자로는 호반(Hoban)을 들 수 있는데, 그는 시각교육국의 초대 대표였으며, 그의 대표적 저서로는 「교과과정의 시각화」(Visualizing the Curriculum, 1937)가 있음
⑥ 이 저서를 통해 최초로 시각자료와 교과과정의 통합을 시도하였으며 시각적 교재를 구체성과 추상성 정도에 따라 분류
⑦ 호반은 교수의 목적은 '경험의 일반화'에 있으며 경험의 일반화를 위해서는 학습자에게 시각자료와 함께 언어를 제공해야 한다고 했음
⑧ 즉, 학습지도는 구체적인 것에서부터 시작해서 추상적인 것으로 갈 때 효과적일 수 있으며, 언어를 동반한 시각자료에 의해서 추상적인 개념을 구체적으로 경험할 수 있다는 것

(2) 시청각교육(Audiovisual Education)

① 1930년대 녹음기, 축음기, 유성영화 등의 보급에 영향을 받음
② 최근에 모의비행훈련, 작전지휘, 모의전쟁훈련, 전투시범 등에 다양하게 활용
③ 녹음기와 축음기가 개발되고, 유성영화가 출현하는 등 1900년대에 들어와 과학기술은 대폭 성장하여 시각교육에 청각적인 요소가 통합
④ 시각교육은 시청각교육으로 변하게 되어 시각교육국(DVI)이 시청각교육국(Department of Audio-Visual Instruction, DAVI)으로 개칭
⑤ 제2차 세계대전 직후, 교사교육에 대한 요구가 증가하고 공학적 발달로 인해 시청각 기자재가 광범위하게 사용됨에 따라 시청각교육이 대두되기 시작
⑥ 시청각교육은 다양한 시청각매체를 이용하여 학습자의 감각기관, 특히 눈과 귀를 통해 학습내용을 효과적으로 전달하기 위한 것
⑦ 그 근본 목적은 영화, 슬라이드 녹음, 라디오, 텔레비전 등의 시청각 교재와 교구를 활용함으로써 효과를 꾀하는 데 있음
⑧ 또한 시청각교육은 하나의 교수방법만이 아닌, 시청각매체를 활용한 다양한 교수방법이 통합되어 교수 학습 과정에 사용되어야 함을 강조
⑨ 이 시기의 대표적 학자는 데일(Dale). 데일은 호반의 개념을 확장시켜 구체적인 것에서부터 추상적인 것으로의 개념 형성을 강조하며 '경험의 원추'(Cone of Experience)를 제시
⑩ 인간이 하게 되는 경험은 현실과 유사한 목적적 경험에서부터 점차 간접성의 정도가 높아져 마지막에는 언어기호와 같은 아주 추상적이며 고안된 경험에 이르는 원추의 모양을 이루게 된다는 것
⑪ 특히 개념 형성 과정에 있어서 '직접 경험'과 '언어적 경험'을 연결해 줄 수 있는 '관찰에 의한 경험'이 중요
⑫ 즉, 학습자의 학습유형은 '행동에 의한 학습'(learning by doing), '관찰에 의한 학습'(learning by observation), '추상을 통한 학습'(learning through abstract)으로 분류할 수 있으며, 학습자는 실제 행동으로 경험하고, 매체를 통해서 보고 들으며, 언어에 의한 상징화 과정을 통해 개념을 형성할 수 있다는 것
⑬ 호반의 이론과 비교해 보면 호반은 학습자의 경험을 구체적인 것부터 시작하는 것이 좋다고 주장하였으나, 데일은 모든 학습을 구체적인 것부터 시작하여 추상적인 것으로 발전시키기보다는 학습자와 학습내용에 따라 적절하게 시작하는 것이 좋다고 주장

(3) 시청각 커뮤니케이션(Audiovisual Communication)

① 커뮤니케이션 개념은 송신자인 교수자나 교재로부터 수신자인 학습자에게로
② 정보가 전달되는 전체 과정에 관심을 가짐
③ 커뮤니케이션이란 '언어적, 비언어적 상징들에 의해 의미가 전달되는 과정'

④ 벌로(Berlo)의 커뮤니케이션 모형(S-M-C-R 모형)

⑤ 데일(Dale)의 경험의 원추모형

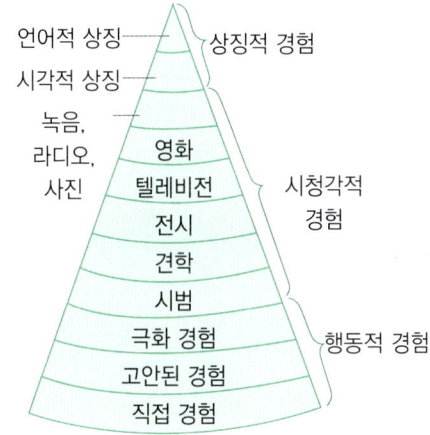

⑥ 1950년대에는 교육 텔레비전, 교수기계, 커뮤니케이션 장치 및 다중매체 제시기법이 등장하게 되었으며, 수업 통제의 도구로서 컴퓨터에 대한 관심 시작
⑦ 매체뿐만 아니라 시청각적 제시방법에 관한 모든 것, 즉 의사소통 과정의 모든 요소를 고려하기 위하여 커뮤니케이션이론에 활발한 관심
⑧ 교육공학 분야에 커뮤니케이션이론이 도입되면서 그 이론적 체계를 획기적으로 변화시켰으며, 시청각교육은 시청각커뮤니케이션교육으로 그 이름도 변화
⑨ 시청각커뮤니케이션교육은 사물(thing), 즉 시청각매체에 집중하는 대신 송신자(교사)와 수신자(학습자) 간에 이루어지는 커뮤니케이션의 전 과정에 중심
⑩ 커뮤니케이션이론가들은 커뮤니케이션의 핵심적 요소인 송신자, 수신자, 통신방법, 전달내용(메시지)을 중심으로 다양한 커뮤니케이션 모형을 개발했는데, 이들 모형은 데일의 '경험의 원추'가 제시하는 일차원적인 정적 분류 묘사보다는 한 단계 더 나아가 상호관계를 나타내는 역동적인 과정의 모형
⑪ 통신 모형의 대표적인 예로는 벌로(Berlo, 1960)의 'S-M-C-R 모형'
⑫ 'S-M-C-R 모형'은 교육공학의 개념 발달과정을 설명하는 데 있어서 가장 단순하면서도 유용한 모형으로서, 송신자로부터 수신자에게로 메시지가 전달되는 통신과정과 그 과정 속의 요소들 간의 상호관계를 나타내고 있음

(4) 교수공학(Instructional Technology) : 1994년 미국 교육공학회의 정의방식

① 학습을 위한 과정과 자원의 설계, 개발, 활용, 관리 및 평가에 관한 이론과 실제(Seels & Richy)
② 1970년대, 지식과 인구의 폭발적 증가 및 눈부신 과학의 발달 등으로 인하여 공학이 교육에 적용되지 않을 수 없게 되었음
③ 이러한 변화의 과정에서 시청각커뮤니케이션이론을 바탕으로 행동과학이론과 체제이론이 도입됨으로써 교수공학의 개념이 형성
④ 행동과학이론은 학습이론에 그 기원을 두고 있으며, 특히 스키너의 조작적 조건형성이나 강화이론 등은 행동수정에 기초한 프로그램 학습자료의 개발이나 교수기계 개발의 기본 원리가 되었고, 교육에 과학기술적 접근이 필요함을 암시하는 것
⑤ 즉, 학습자의 행동 및 행동에 대한 강화를 강조함에 따라 자료와 장치가 특정한 형태의 행동을 이끌어내는 역할을 해야 한다는 점이 강조
⑥ 이에 따라 프로그램 학습이나 교수기계와 관련되어 관찰 가능한 행동을 규명하고 세분화하는 행동적 목표의 필요성이 대두
⑦ 또한 체제 개념의 도입으로 교수공학은 '부분들의 집합체 이상의 것'이라는 개념을 암시. 다시 말해서 교수공학은 체계적 과정 속에서 모든 기능과 자원을 결합함으로써 이러한 요소들이 개별적으로 독립되어 적용될 때의 결과보다 더 나은 어떤 것을 창조해 낼 수 있다는 '통합적 상승작용'(synergy)을 강조
⑧ 행동과학이론, 체제이론을 토대로 형성된 교수공학의 이론체계는 행동목표, 준거지향평가, 인적·비인적 자원의 활용, 개별학습 및 자율학습의 사용, 완전한 교수체제의 개발, 학습자에 대한 강조, 직접 시행 검증된 수업체제와 개발에 대한 평가 및 수정, 체제적 경영 등 주요 요소들 간의 관계를 확대하고 지적하는 데 도움

(5) 교육공학(Educational Technology)

① 통제된 상황하에서의 실험결과를 근거로 제시한 행동주의이론에 대한 비판이 거세지면서 인지주의가 주목받게 되었고, 인지주의이론은 교육공학에도 영향을 미쳤음
② 즉, 통제되고 계획된 상황에서 교육이 이루어지는 것이 아니며, 인간은 자극 및 강화에 대한 즉각적인 행동반응만을 보이는 존재가 아니라, 지식을 습득하고 사용하는 과정에 능동적으로 참여하여, 적극적으로 지식을 구성하는 존재라는 주장이 교육공학에도 반영
③ 1980년대 초, 교육공학 분야에 대한, 특히 교수설계영역을 중심으로 행동주의적 접근이 인지적 접근으로 대치되었으며, 인지적 관점은 교수설계 모형에 있어서 학습자에 의해 정보가 조직, 처리, 저장되는 것이 교수개발의 결정적 요소가 된다고 보았음
④ 이러한 관점에서 인지개념의 교육공학은 학습전략, 즉 학습자가 정보에 주의 집중하고 지각하고 기호화하여 정보를 인출하는 자신의 내적 과정을 통제하기 위해서 사용하는 지적 기능의 개념을 발달

알아두기 ① 교육공학의 역사적 발전 과정

연대	교육공학의 발전 과정	관련 주요 이론 및 활동
	초창기	
1600	• 감각적 실학주의 • 낭만적 자연주의	• 코메니우스, 「세계도회」(1658)
1700		• 루소 • 페스탈로치
	• 활동 중심 교육 • 교수자료 활용 교육	• 듀이 • 몬테소리
1800		
	• 진보주의 교육	
1900	**시각교육기**	• 시각교육운동
		• 시각교육국(DVI) 결성
1920		• 호반 외, 「시각자료와 교육과정의 통합」
1930		
	시청각교육기	• 시청각교육운동
1940		• 데일, 「경험의 원추」
		• 시청각교육국(DAVI)으로 명칭 변경
1950	**시청각커뮤니케이션교육기**	
	• 커뮤니케이션이론	• 벌로, SMCR 모형
1960	• 초기의 체제 개념	• 최초의 공식정의 발표(시청각커뮤니케이션교육)
	교수공학기	
1970	• 행동주의 심리학	• 프로그램학습과 교수기계
	• 체제이론과 교수개발	• 시청각교육국이 AECT로 명칭 변경
		• 다양한 교수체제 모형 등장
1980	**교육공학기**	
	• 인지주의 심리학	• 정보처리이론의 적용
	• 마이크로컴퓨터 보급	• 컴퓨터의 교육적 활용
1990		
	• 인터넷 보급	• 인터넷의 확산
	• 구성주의	• 온라인교육
2000	• WWW 개발 및 보급	• 학습자 중심 교육

출처 : 박숙희·염명숙(2007). 「교수학습과 교육공학」. 서울 : 학지사 재구성

UNIT 2 교수설계(instructional design)

1 교수설계의 개념

(1) 교육공학의 중요한 의미는 '수업에 대한 체계적 계획과정'(the process for systematic planning for instruction)에서 찾아볼 수 있다(Kemp, 1985)고 한 것처럼, 교수설계(instructional design, ID)는 교육공학의 핵심 분야로 간주되고 있음
(2) 교수설계는 학습자들이 학습목표를 효과적으로 달성하도록 수업을 어떻게 전개할 것인가를 결정하는 전문 활동으로, 수업의 전 과정을 체계적으로 계획하는 과정
(3) 즉, 교수의 과정을 최적화하기 위해서 학습과정에 영향을 줄 수 있는 상황의 여러 측면을 동시에 그리고 창의적으로 고려하면서 어떤 교수방법을 사용하고, 어떤 교수매체를 활용하며 어떤 제시전략을 구현할 것인가 등을 처방해 주는 활동
(4) 교수학습 활동이 보다 효과적이고 효율적으로 이루어질 수 있도록 교육프로그램
(5) 혹은 교수체제를 분석, 설계, 개발, 활용, 관리 및 평가하는 것을 의미

2 교수설계의 특징

(1) 교수설계는 장기적인 차원에서는 교과 전체의 교육과정 설계를 단기적인 차원에서 수업계획안을 포함
(2) 교수학습 체제 내의 특정 구성요소를 분리시켜 파악하기 보다는 관련된 구성요소들을 포괄적으로 고려하는 '총체적' 접근 방식을 취함
(3) 교수설계는 반드시 체계적 접근에 의해 이루어져야 함
(4) 교수설계는 반드시 학습이 어떻게 일어나는가에 대한 지식을 기초로 해야 함
(5) 1930 ~ 1940년대 메이거에 의해 비롯되었고, 1950년대 스키너의 프로그램수업을 고안함으로써 교수설계와 개발이 활발히 전개되었으며, 군대훈련을 통해 과제분석이라는 개념이 대두, 교수설계분석의 개념이 발전
(6) 1970 ~ 1980년대 들어 교수설계이론은 브루너, 스키너, 오수벨을 비롯해서 가네와 브릭스, 메릴의 CDT, 라이겔루스의 정교화이론 등에 기초해서 발전

> **알아두기 ①** 라이저와 뎀시(Reiser & Dempsey, 2011) 교수설계의 특징
> ① 교수설계는 학습자 중심이다. 교수설계의 초점은 학습자의 학습 및 수행 증진에 맞추어져 있다는 뜻이다.
> ② 교수설계는 목적지향적(처방적)이다. 교수설계 과정은 학습자의 학습목표 성취에 있으므로 최선의 교수 학습 방법을 기획하는 것이다. 처방적이란 용어를 사용하기도 하는데 최고의 교수 학습 목표를 달성하기 위해 최선의 교수 학습 방법을 처방하기 위한 활동이기 때문이다.
> ③ 교수설계는 실제적인 수행 향상을 목적으로 한다. 교수설계의 목적은 학습자가 단순 지식을 암기하도록 하는 데 있지 않고, 실제 상황에서 필요한 지식이나 기술을 습득하도록 하기 위한 데 있다. 어떤 교수목표가 설정되었다면 학습의 결과로서 의도했던 수행을 학습자가 실제로 할 수 있는가를 측정할 수 있어야 한다.
> ④ 교수설계는 이론으로 그치는 것이 아니라 실증적 결과를 바탕으로 한다. 교수설계의 결과는 언제나 실증적인 자료에 근거해서 이루어진다. 교수설계의 효과를 측정하기 위한 다양한 데이터는 교수설계 초기단계부터 적용 및 마지막 평가단계에 이르기까지 지속적으로 수집된다.

알아두기 ① 거시적 교수설계와 미시적 교수설계

구분	광의의 교수설계(거시적 교수설계)	협의의 교수설계(미시적 교수설계)
대상 및 범위	교육과정, 교과 전체	소규모 수업, 단위 수업
목적	교과내용 및 교육내용 선정	수업 실행에 대한 전략 수립
초점	교육훈련 프로그램 및 교육과정	최적의 교수방법 결정

알아두기 ① 수업설계의 원리
① 학습의 평가는 준거지향 평가에서 벗어나야 함
② 현실세계의 문제 상황과 관련된 지식 제공
③ 학습자가 지식을 해석하고 생성할 수 있는 환경을 조성

알아두기 ① 학습에 대한 관점
① 실재에 대한 지식은 매개를 거침
② 인간의 지각은 주체의 안목과 긴밀한 연계를 맺고 있음
③ 인식주체의 역사, 문화적 상황을 떠난 절대적 관점은 존재하지 않음

UNIT 3 교수설계 모형

1 ADDIE 모형

① ADDIE 모형의 ADDIE는 분석하다(Analyze), 설계하다(Design), 개발하다(Development), 실행하다(Implement), 평가하다(Evaluate)의 다섯 단계를 뜻하는 영어단어의 첫 글자를 따서 만든 용어
② ADDIE 모형은 앞서 말한 다섯 단계로 구성되어 있지만 이를 엄격하게 단계별로 순서를 지켜야 하는 과정을 고집하는 것은 아님
③ 하지만 교육자들과 교수설계자들, 교육훈련 개발자들은 ADDIE 모형이 각 단계별로 명확하게 규정되어 있어서 매우 효율적인 교수 도구 실행을 촉진시킨다고 함
④ 이는 매우 융통성 있게 널리 활용되며 ADDIE 모형 이후 대부분의 교수설계 모형은 ADDIE 모형을 변환시켜 사용. 최근에 발표되어 가장 널리 적용

(1) 분석(Analysis) : 학습내용을 정의하는 과정
① 분석과정의 하위체제는 요구분석, 학습자분석, 환경분석, 교육내용분석이 포함
② 요구분석은 바람직한 상태(what should be)와 현 상태(what is)의 차이(gap)를 찾아내는 것
③ 학습자분석은 학습대상자를 정확히 파악하는 것이 중요하며, 학습자의 배경, 경험, 적성, 동기, 학습 및 인지 양식 등 학습자 특성을 파악하는 것

④ 환경분석은 이용 가능한 자원과 제약 사항들을 미리 분석함으로써 교수설계의 산출물이 실행 가능하도록 하는 데 의의
⑤ 일반적으로 환경분석은 학습 환경, 수행 환경, 개발 환경에 대한 분석을 포함
⑥ 내용분석이란 학습의 결과로 획득하게 되는 수행 능력의 다양한 유형들을 확인하고 구조화된 학습 내용의 요소들이나 단위들을 계열화하는 절차

요구분석	요구란 어떤 상황의 '바람직한 상태'와 '현재의 상태'의 차이로, 현재의 문제 상황에서 오는 반응적 요구와 더 좋은 미래를 준비하기 위한 미래지향적 요구가 포함
학습자분석	학습자의 배경, 선수학습 정도, 직무경험, 적성, 동기, 학습양식 등을 분석하는 것
과제분석	특정의 과제가 어떻게 수행되는지에 관한 정보를 수집하는 일(군집분석, 위계분석, 절차분석, 통합분석 등)
직무분석	어떤 직무에 무엇이 포함되어 있는지를 알아내는 일
환경분석	새로운 지식, 기능, 태도 등을 습득하는 학습자의 환경과 습득한 지식, 기능, 태도를 활용하는 수행환경을 분석하는 일

(2) 설계(Design) : 교수방법을 구체화

① 설계는 분석과정에서 나온 산출물을 창조적으로 종합하는 일
② 설계과정에는 수행목표의 명세화, 평가도구의 설계, 교수전략과 매체의 선정이 포함
③ 수행목표 명세화란 목표(objectives)는 성취해야 하는 목적(goal)을 구체적인 수준에서 측정 가능하고 관찰 가능하게 진술하는 것
④ 평가도구의 설계란 학습목표 달성 정도를 평가하여 교육의 유효성을 판단하고, 학습목표별 상대적 달성 정도를 분석하도록 평가를 계획하는 것
⑤ 교수전략과 매체의 선정이란 학습내용을 조직하고 연결시키며, 수업에 포함되는 학습 요소를 기술하고, 수업이 진행되는 동안 학습자들을 어떻게 동기부여할 것인지, 학습목표 특성에 따라서 개인교수, 토의법, 발견학습법, 행동학습법 및 컴퓨터를 활용한 반복학습법 등 다양한 수업 전략 중 어떤 항법을 활용할 것인지, 수업 전달을 위한 매체를 선택하는 등 일련의 활동을 결정하는 것
⑥ 설정된 목표를 달성하기 위해 어떤 내용을 어떻게 조직하고 제시해야 효과적인 결과를 얻을 것인가를 핵심질문으로 하는 수업의 청사진

수행목표 명세화	수행목표는 수업설계의 전 과정을 통해 중요한 역할을 함
평가도구 개발	수행목표 속에 명시된 지식, 기능, 태도 등을 달성했는가를 평가하기 위한 수단을 구체화하는 일, 즉 검사문항을 개발하는 것
계열화	수행목표를 달성하기 위해 학습내용과 학습활동이 제시되고 경험되는 순서
교수전략 및 매체선정	수행목표를 효과적으로 달성하기 위해 어떤 교수학습의 내용과 과정을 어떻게 사용할 것인강 대한 계획수립

(3) 개발(Development) : 교수자료를 제작하는 과정

① 개발 단계는 교수자료 제작, 형성평가 실시 및 교수자료의 수정이 포함
② 이 단계에서는 앞 단계를 통해 도출된 설계명세서에 의해 교수 프로그램이나 교수 자료를 실제로 개발하고, 개발과정에서 교과 전문가와 학습자, 매체 전문가 등을 대상으로 지속적으로 형성평가를 실시하고 수정, 보완

③ 형성평가 결과는 교수 프로그램이나 교수 자료 자체를 수정하는 것뿐만 아니라 교수 목표가 제대로 설정되었는지, 과제분석은 타당하게 이루어졌는지, 학습자 특성은 적절히 파악되었는지 등 설계의 전 과정에 대해 검토하고 수정할 기회를 제공

교수자료 개발	학습자용 활용 지침서, 교수자료, 검사, 교사용 지침서와 같은 교수프로그램을 만드는 일
형성평가 설계 및 실행	프로그램의 질을 개선하는 데 필요한 자료를 수집하는 평가로, 일대일 평가, 소집단 평가, 현장 평가 등을 말함
제작	개발된 교수자료는 형성평가 후에 수정이 이루어짐

(4) 실행(Implimentation) : 교수자료를 실제 상황에 적용하는 과정
① 설계되고 개발된 교육훈련 프로그램을 실제의 현장에 사용하는 일을 의미
② 설계되고 개발된 교육 프로그램을 실제의 현장에 설치하고 사용하는 단계
③ 또한 개발된 프로그램이 지속적으로 유지될 수 있도록 해야 하며, 관련 요소에 따라 변화하는 내용도 민감하게 반영할 수 있도록 하는 등의 관리
④ 설정된 목적이 달성되기 위해서 교수 프로그램이나 교수 자료의 실행에 필요한 지원체제를 갖추는 것이 중요

(5) 평가(Evaluation) : 교수자료의 효과성을 결정하는 과정
① 교수 프로그램의 절대적 혹은 상대적 가치를 평가하기 위한 것(총괄평가, 외부자 평가)
② 교수설계 과정의 효율성을 평가하고 교수 내용이 효과적으로 전달되었는가를 평가하는 단계
③ 이 단계의 평가는 교육 프로그램의 가치를 판단하는 총괄평가가 이루어지는데, 완성된 교수 프로그램이 분석과 설계가 제대로 이루어졌는지, 이를 바탕으로 개발이 잘 되었으며 개발된 프로그램이 실제 현장에서 실행이 적절히 이루어졌는지와 그 성과를 판단

2 딕(Dick)과 캐리(Carey)의 모형 : 심화모형

(1) 딕(Dick)과 캐리(Carey)의 모형
① 교수설계 모형의 가장 전형적인 예는 딕(W. Dick)과 캐리(L. Carey)의 체제적 접근 모형
② 효과적인 교수 프로그램을 개발하는 데 필요한 일련의 단계들과 그 단계들 간의 역동적인 관련성에 초점

(2) 특징
① 체제접근에 입각하여 교수설계, 개발, 실행, 평가의 과정을 제시하는 대표적인 모형
② 하나의 절차적 모형으로, 효과적인 교수 프로그램을 만들어 내기 위해서 필요한 일련의 단계들과 그 단계들 간의 역동적인 관련성에 초점을 맞추고 있음

(3) 구성요소

1) **교수목적 확인**
   ① 학습을 마친 후에 학습자가 무엇을 할 수 있게 되기를 원하는가를 결정
      ㉠ 학습자가 학습 완결 후 결과로써 학습자가 획득해야 할 것이 무엇인가를 결정하는 과정
      ㉡ 이는 요구분석을 통해 도출되며 학습자의 요구와 학습내용의 특성 등을 통해 최종 결정

2) **교수분석**
   ① 학습자가 교수목적에 도달하기 위해 단계별로 무엇을 어떻게 수행할 것인가를 결정
   ② 설정된 교수목표가 어떠한 유형이며 목표를 성공적으로 달성하기 위한 하위 단계 목표는 어떠한지 분석. (학습자가 학습해야 하는 하위 기능들을 분석)

3) **학습자 및 맥락분석**
   ① 학습자의 특성과 학습자의 학습 상황, 학습자가 학습한 것을 활용하게 될 맥락을 분석
   ② 최종적으로 도달해야 할 교수목표를 진술하는 단계이다. 학습자가 학습을 통해 무엇을 할 수 있는가를 구체적으로 진술하는 것

4) **수행목표 기술**
   ① 교수분석 및 출발점 행동 진술에 입각하여, 학습이 종결되었을 때 학습자가 무엇을 할 수 있는지를 구체적으로 진술
   ② 대상 학습자들의 특성을 알아보고 수업이 일어나는 환경 등을 살피며 학습한 것을 활용하는 맥락까지도 분석하는 단계

5) **평가도구 개발**
   ① 목표에서 가르치고자 했던 기능을 학습자가 성취했는가를 알아볼 수 있는 검사 문항을 개발하는 것. (문항에서 측정하고 있는 것과 목표에서의 성취 행동을 일치)
   ② 수업을 마친 후, 학습자들의 성취수준 또는 학습결과를 측정할 수 있도록 목표에 대응하는 평가를 계획하고 평가도구를 개발하는 것

6) **수업전략 개발**
   ① 교수프로그램의 최종 목표를 성취하기 위해서 이용하고자 하는 전략을 설정하는 것
   ② 교수전략에는 동기유발, 목표제시, 출발점 행동의 확인 등과 같은 구체적인 수업기법이 포함된다. 수업전개를 위한 절차를 결정하고 교수매체의 활용에 대한 계획을 세우며, 학습안내와 연습, 피드백 제공 등 세부적인 사항을 결정

7) **수업자료 개발 및 선정**
   ① 수립된 교수전략에 의거하여 교수와 관련되는 모든 형태의 자료를 만드는 단계
   ② 수립된 교수전략에 따라 교수 프로그램이나 교수 학습 과정에 필요한 모든 자료를 선정, 수정, 제작하는 단계

8) **수업 형성평가 실행**
   ① 교수 프로그램의 초안이 완성되면, 프로그램의 질을 개선하는 데 필요한 자료를 수집하는 평가
   ② 이전까지의 단계에 의해 개발된 일차적 교수 프로그램을 수정하고 보완하여 프로그램의 질을 높이기 위해서 진행되는 단계. 일대일평가, 소집단평가, 현장평가와 같은 다양한 유형의 평가가 실시될 수 있음

9) 교수프로그램의 수정
   ① 형성평가의 결과를 바탕으로 하여 교수프로그램이 가지고 있는 결점을 수정 보완
   ② 형성평가를 실행한 후, 수정하거나 보완할 사항이 나타나면 이를 교수분석단계로 환원시켜 교육 프로그램을 재검토하고 완성도를 높이도록 하는 목적을 갖고 있음. 이를 분석단계로 다시 환원시켜 수행목표 진술 등 그 다음 단계들 역시 적절히 이루어졌는지를 보면서 더욱 효과적인 프로그램으로 발전

10) 총괄평가 실행
    ① 교수 프로그램의 절대적 혹은 상대적 가치를 평가하기 위한 것으로서 형성평가가 완료되고 충분한 수정이 이루어진 후에 실시, 보통 외부 평가자에게 의뢰
       ㉠ 최종 개발된 프로그램을 평가하는 단계로서 프로그램의 완성도 자체를 평가
       ㉡ 프로그램의 절대적 혹은 상대적 가치를 평가하는 방안을 계획하고 실제 평가

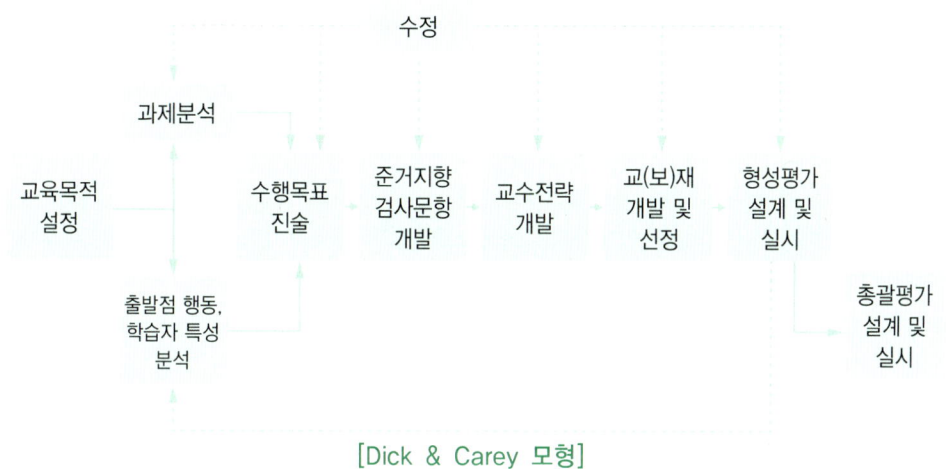

[Dick & Carey 모형]

3 R2D2(Recursive, Reflective Design and Development) 모형(Wils의 구성주의 수업설계)

(1) 특징
① 순환적, 비선형적으로 반복해서 진행
② 수업 과정이 사전에 계획된 설계안의 순서에 따라 체계적으로 내려오는 것이 아니라
③ 상황의 변화에 따라 융통성 있게 대처할 수 있는 맥락 지향적 설계가 가능

(2) 핵심 활동과 과제

핵심 활동	과제
정의	• 선행 탐색적 분석 • 학습자 분석 • 과제 및 개념분석(수업목표는 별도로 진술하지 않음)
설계 및 개발	• 매체 및 수업형태 선정 • 개발환경의 선정 • 최종 산출물 설계 및 개발 • 평가 전략 : 신속한 원 형상화 및 형성평가
확산 보급	• 최종 패키지 산출 • 보급 • 채택(총괄평가는 제외)

4 조나센(Jonassen)의 구성주의 수업설계 모형

(1) 특징
① 구성주의 학습 환경(CLEs) 설계를 위한 원리
② 모형 제시하기(Modeling), 안내하기(Coaching), 발판 제공하기(Scaffolding)를 제공하기 전
③ 학습 환경을 구성하고 있는 요소들을 중심으로 한 모형
④ '교수설계' 대신에 '학습환경설계'라는 용어를 사용하는 이유는, 구성주의 이론에서 전통적인 의미의 교수/수업 설계의 비중이 약화됨에 비해, 학습자 중심의 학습지원 환경 설계가 보다 강조되기 때문
⑤ 학습과정에서 학습자의 능동적 참여와 문제해결 수행 여부를 중시

(2) CLEs 설계모형

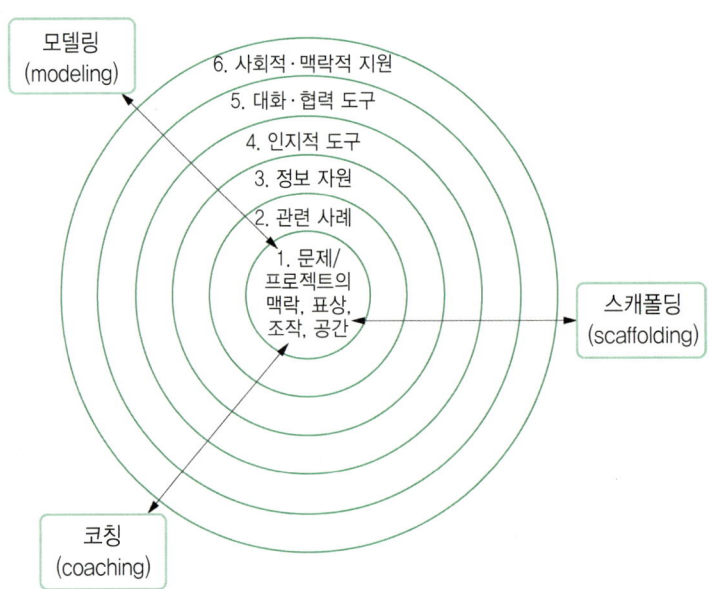

① 가장 중심부에 학습자가 해결해야 하는 '질문, 사례, 문제, 프로젝트'
② 문제/프로젝트
    ㉠ 문제 혹은 질문은 학습자가 이미 학습한 내용을 확인하는 성격이 아니라 새로운 학습을 유발하는 성격을 지니고 있음(학습동기유발)
    ㉡ 문제를 해결하는 과정에서 그 문제와 관련된 영역의 지식을 새로 학습하게 됨
③ '관련사례'는 학습자의 지적 모형 부재 및 경험 부족을 도와주기 위해 준비
    ㉠ 학습자의 지적 모형이나 경험이 부족할 경우에 학습자를 도움
    ㉡ 제공된 관련 사례를 통해 제시된 문제에 포함된 쟁점들을 보다 명확히 파악
④ '정보자원'은 학습자가 문제를 규정하고 가설을 설정하는 데 필요
    ㉠ 학습자가 문제를 규정하고 가설을 설정하기 위해 매우 중요한 기능을 함
    ㉡ 풍부한 자료를 준비함으로써 학습자가 필요할 때는 언제든지 활용할 수 있도록
⑤ '인지도구'는 학습자가 실제적인 문제를 해결해 가는 인지 과정을 지원하고 촉진하는 컴퓨터 소프트웨어로 사고를 시각화하거나, 조직하거나, 자동화 기능 수행
    – 실제 문제를 해결해 가는 인지과정을 지원하고 촉진하는 역할을 함
⑥ '대화·협력 도구'는 학습자 상호 간에 이루어지는 학습 활동, 즉 컴퓨터매개통신
    ㉠ 학습자 상호간에 이루어지는 학습활동을 지원하는 수단
    ㉡ 다양한 유형의 컴퓨터 매개 통신 수단을 통해 학습자들은 각자의 지식과 정보를 서로 교환하고 협동적인 활동을 수행하면서 지식을 구성해 감
⑦ '사회적·맥락적 지원'은 CLEs를 성공적으로 실행하려고 노력할 때 고려해야 하는 요소(참여 교사들에 대한 지원체제나 학생들에 대한 안내 체제 등이 이에 해당)

(3) 구성주의 학습활동과 교수활동

탐색	• 학습자는 학습 대상의 목적을 분명히 하기 위해 탐색활동을 함 • 교수활동으로 모형 제시하기는 학습자에게 기대되는 수행행위의 사례를 보여주는 것과 각 문제해결 활동에서 학습자가 보여주는 내면의 인지적 추론 과정을 분명히 하는 일
명료화	• 학습자의 명료화 활동은 자신들이 이미 알고 있는 것이나 알게 된 것을 분명히 하는 것 • 교수활동으로 지도하기는 학습자의 동기를 유발하고, 학습자의 수행수준을 분석하며, 그에 대한 피드백을 제공하고, 학습한 내용에 대해 반추할 것을 요청하는 일을 말함
반추	반추(성찰)함으로써 수행을 발전시키는 것을 의미
모델링	학습자 수행을 지원하는 방안
코칭	학습자 수행의 각 세부 단계는 코칭에 의해 구체적으로 향상
발판 제공 하기	• 발판 제공하기는 성인과 아동이 인지적 과제를 같이 수행할 때 성인에 의해 제공되는 인지적 지원활동을 의미 • 교수활동으로 발판 제공하기는 학습자의 수준에 맞는 과제를 제시하고, 학습자의 부족한 부분을 고려하여 과제를 조정하고, 대체적인 평가를 실시하는 일

학습활동	교수활동
탐색(Exploration)	모형 제시하기(Modeling)
명료화(Articulation)	지도하기(Coaching)
반추(Reflection)	발판 제공하기(Scaffolding)

5 스미스(P. L. Smith)와 라간(T. J. Ragan)의 교수설계 모형

(1) 수업설계모형은 분석단계, 전략단계, 평가단계의 세 단계로 구분
(2) 일반적인 절차를 의미하므로, 수업설계자의 상황에 따라 각 절차를 수정하거나 보완하여 활용할 수 있는 융통성이 있음
(3) 각 단계에 포함되어 있는 하위단계들은 순서적으로 일어나는 것이 아니라 동시적으로 수행되는 복잡한 상호작용적 관계에 있음

6 Kemp 모형

(1) 체제접근의 올바른 이해를 전제로 교수설계가 이루어져야 한다고 강조
(2) 이 모형의 요소들은 정해진 순서에 따라 진행되는 것이 아니라 실제 수업 상황에 맞추어 교수자나 교수설계자가 융통성있게 변화 사용이 가능한 것이 특징
(3) 학습자의 관점을 강조하고 있으며 체제적 접근으로 발전시킨 모형

7 브릭스와 웨거(Briggs & Wager)의 교수체제설계모형

(1) 일반적인 절차모형의 성격, 프로그램이나 코스설계 시에 매우 유용
(2) 학습자들의 출발점 능력이나 사전검사 등을 통해 확인된 능력 편차를 고려하여 다양한 프로그램을 설계할 때 유용

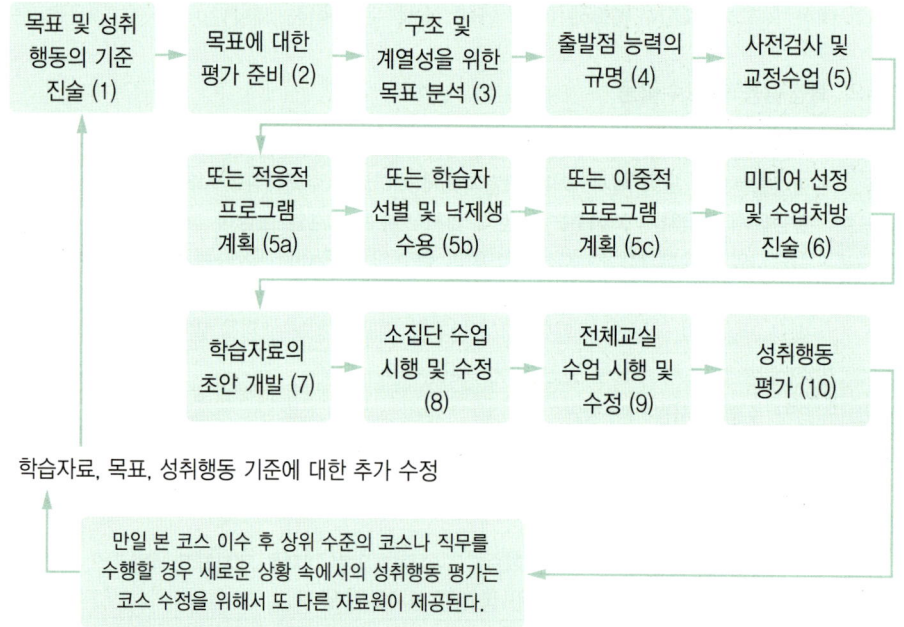

CHAPTER 05 교수매체 및 컴퓨터의 교육적 활용

UNIT 1 교수매체의 개념

1 교수매체의 개념
(1) 매체(media)란 라틴어에서 유래한 말로 '무엇과 무엇 사이'를 의미
(2) 송신자(sender)와 수신자(receiver) 사이의 의사소통 채널을 의미
(3) 교육에서 사용하게 되는 교수매체는 교수자와 학습자 간, 학습자와 학습자 간의 의사소통을 도와주는 다양한 형태의 매개 수단으로 정의
(4) 교수학습을 위해 사용하는 시청각 기자재와 수업자료를 총칭

2 협의의 교수매체
(1) 내용을 구체화하거나 보충하여 학습자가 명확히 이해할 수 있도록
(2) 도와주기 위해 사용되는 모든 기계나 자료

3 광의의 교수매체
(1) 교수학습 자원의 의미로 교사와 학습자 사이에 교수목표 달성을 위해 사용되는 모든 수단
(2) 인적자원, 학습내용, 학습환경, 시설, 기자재(Software & Hardware), 교수설계 전략

4 매체의 특성

(1) **수업적 특성**
  ① **대리자적 특성** : 매체는 수업의 전 과정에서 교수활동을 수행하는 교사의 대리자
  ② **보조물적 특성** : 매체는 수업의 보조물로서 교사의 교수활동을 도움

(2) **기능적 특성**
  ① **고정성** : 어떤 사물이나 상황을 포착하여 있는 그대로 보존, 재생하는 것
  ② **조작성** : 사물이나 상황을 여러 가지 방법으로 변형시키는 것
  ③ **확충성(분배성, 배분성)** : 거의 동일한 경험을 많은 사람들에게 제공하는 것 → 경험의 공간적 확대
  ④ **구체성** : 개념을 구체화하여 제시(예 생물의 진화도)
  ⑤ **반복성** : 동일한 내용을 계속하여 사용할 수 있음 → 시간적 반복

(3) 기타 : 기술적, 내용적, 상황적, 상징적

5 교수매체의 분류

학자	분류기준	내용
호반(Hoban)과 데일(Dale)	• 사실성의 정도 • 경험의 원추	• 구체적인 매체(견학, 실물, 모형), 추상적인 매체(지도, 도표, 언어) • 행동적 경험(직접적 경험, 구성된 경험, 극화된 경험), 영상적 경험(시범, 견학, 전시, TV, 영화, 라디오), 상징적 문제
맥루한(McLuhan)	정보의 밀도와 참여도(매체를 접했을 때 사용하는 감각의 정도)에 따른 구분	• 뜨거운 매체(Hot media) : 정보의 정밀도가 높은 감각적 정보를 필요로 하지 않는 매체(예 라디오, 표음문자, 영화, 인쇄물, 사진, 신문, 강의, 책, 강압적인 판매, 연역법 등) • 차가운 매체(Cool media) : 정보의 정밀도가 낮아 높은 집중력과 상상력을 필요로 하는 매체(예 전화, 표의문자(상형문자), 만화, TV, 세미나, 대화, 부드러운 판매, 삼단논법 등)
슈람(Schramm)	세대별 구분(발달 형태)에 따른 구분	제1세대(칠판, 차트) – 제2세대(인쇄매체, 교과서) – 제3세대(대량전달매체(TV)) – 제4세대(교육자동화, CAI)
브루너(Bruner)	교수 보조교구의 성격에 따른 분류	대리경험장치(예 영화, TV 등), 모형장치(예 실험, 시범장치, 차트, 모형, 영화, TV 등), 극화장치(예 시뮬레이션, 극화수업, 실험연시 등), 자동화장치(예 티칭머신, CAI 등)
브레츠(Bretz)	커뮤니케이션 매체 분류	청각–활동–시각매체, 청각–지각–시각매체, 청각–반(半) 활동매체, 활동–시각매체, 정지–시각매체, 청각매체, 인쇄매체
하이니히(Heinich)	전달되는 도구와 내용에 따른 분류	시각매체(비투사매체, 투사매체), 청각매체, 시청각매체, 상호작용매체(복합적 매체, 멀티미디어, CAI)

6 매체 선정 시 고려할 사항

(1) **학습자의 특성** : 학습자의 연령, 지적 발달수준, 흥미, 적성 등을 고려할 것
(2) **교육목표와 교육내용에 적합할 것**
(3) **수업사태(수업상황)** : 수업집단의 형태(대집단, 소집단)나 수업전략(강의법, 토의법)
(4) **매체의 물리적 속성**(예 시각, 청각, 시청각, 크기, 색채 등)**과 기능**
(5) **난이도** : 학습자의 수준에 적합할 것
(6) **실용성** : 매체를 사용하기 편리하거나 사용할 여건이 조성되었느냐에 따라 결정
(7) **질적 양호성**

알아두기 ① 교수매체의 종류

구분	비투사시각자료	청각자료	투사시각자료	첨단매체
종류	• 칠판 • 융판 • 괘도 • 게시판 • 인쇄물 • 실물 • 표본	• 오디오테이프 • 오디오디스크 • 콤팩트디스크 • 라디오방송 프로그램	• OHP용 TP 자료 • Opaque 자료 • 슬라이드 • 파워포인트 프레젠테이션 • 교육영화	• 멀티미디어 자료 • 교육 CATV • 인공위성을 통한 교육방송 • 웹을 통한 사이버 교육자료

※ OHP : 장소에 구애를 받지 않고, 사용이 간편. 교사가 학습지를 마주보면서 수업을 할 수 있음. 자료의 제작이 간편. 자료의 조작이 용이. 암막 장치가 필요 없음. 단점으로는 Keystone 효과가 나타날 수 있음

UNIT 2 교수매체 활용 교수설계 모형(ASSURE 모형)

1 교수매체 활용 교수설계 모형(ASSURE 모형)

(1) ASSURE 모형은 교수설계 모형이지만 효과적인 교수설계를 위한 교수매체 선정 단계를 포함하고 있어서 매체와 함께 설명되곤 함
(2) ASSURE 모형은 모형을 구성하는 각 단계의 영어 머리글자를 조합한 것
(3) 학습자 분석(Analyze learners), 목표 진술(State objectives), 방법·매체·자료의 선정(Select media and materials), 매체와 자료의 활용(Utilize media and materials), 학습자의 참여 유도(Require learner's participation), 평가와 수정(Evaluation and revise)의 단계로 구성

2 특징

(1) 교실상황에서 매체를 효과적으로 활용하기 위한 계획에 초점을 두고 개발된 모형
(2) 기본적으로 수업설계모형이지만 매체의 선정 및 활용에 대한 활용 모형으로 사용
(3) 수업목표, 학습내용, 수업방법 등 다양한 수업설계 요소들을 고려해야 함을 강조

3 절차

(1) 학습자 특성분석 (A : Analyze Learner characteristic)	• 학습자 특성분석 ① 일반적 특성(연령, 학령, 지적인 적성, 문화, 경제) ② 출발점 행동(교수 매체의 선정이나 사용방법의 결정과 밀접한 관련) ③ 학습양식(학습자의 불안수준, 적성, 시각적 혹은 청각적 선호도, 동기 등과 같은 심리적인 요소 고려) • 학습자 특성분석의 활용 : 교수매체와 교수방법의 선택에 도움 학습자의 특징을 분석하는 것. 이 단계에서는 학습자의 인지적 수준(지능, 선수학습과 선행학습 정도 등), 정의적 수준(동기, 태도 등), 신체적 발달 수준이 고려되어야 하며, 학습자의 사회문화적 특징과 같이 환경적인 요인도 분석되어야 함. 또한 매체와 관련된 학습자들의 평균적인 선호에 대한 조사활동이 중요
(2) 목표 진술 (S : State objectives)	• 학습 목표는 행동적 목표로 진술 두 번째 단계에서 수업내용에 대한 정확한 학습목표를 설정한다. 목표 진술은 학습자가 그 해당 수업을 이수한 후 행동으로 보여 줄 수 있는 행위동사를 사용하여 구체적으로 진술 **예** "학생들은 자연수와 소수를 구별할 수 있다.", "학생들은 10개의 두 자리 자연수의 덧셈 문제 중 8개를 맞힐 수 있다."
(3) 매체의 선정 및 제작 (S : Select, modify or design materials)	• 기존의 자료 중에 적합한 것을 골라서 사용 • 기존의 자료가 적합하지 않을 때에는 이들의 녹음내용이나 캡션 등을 수정하거나 재편집해서 사용 • **적절한 교재가 없는 경우는 학습목표 성취에 적합한 것을 제작** 세 번째 단계가 수업에 적용할 방법을 선택하고 그에 따른 적절한 매체 그리고 자료를 선정하는 것. 이미 작성된 매체와 자료가 있다면 그대로 사용하는 것이 비용 효과적이나, 상황에 맞게 재구성하거나 수정하여 사용하는 것이 좋다. 적절한 것이 없으면 새로 제작해야 한다. 교수매체와 자료를 선정할 때는 학습자의 특성과 교수자의 교수매체 활용능력을 고려해야 하고, 매체의 물리적 특징 및 운영환경의 적합성, 수업목표와의 합치성을 고려해야 하고, 학습효과를 증진시킬 수 있는지 고려 • **자료선택기준(하인리히, 2002)** ① 자료가 교육과정과 일치하는가? ② 자료가 정확하고, 최신의 것인가? ③ 자료가 분명하고, 정확한 언어를 사용하고 있는가? ④ 자료가 흥미를 유발하고 유지시키는가? ⑤ 자료가 학습자의 참여를 유발하는가? ⑥ 기술적 품질이 좋은가? ⑦ 자료의 효과성에 대한 증거가 있는가(예, 현장검증결과)? ⑧ 의도적인 편견이나 상업 광고의 성격이 없는가? ⑨ 사용자 안내문이 포함되어 있는가?

(4) 매체와 자료의 활용 (U : Utilize media and materials)	• 교수매체의 효과적인 제시의 단계 첫째, 수업 전에 교사는 자료를 면밀히 검토하여 친숙해져 있어야 하는 것 둘째, 자료를 준비하고 자료의 제시를 적어도 한 번 이상 연습해보아야 하는 것 셋째, 환경 준비하기(전원스위치, 조명, 암막 등) 넷째, 학습자를 준비시킨 후 자료를 제시하는 것 다섯째, 학습경험 제공하기. 선정된 매체를 어떤 방식으로 활용할 것인가에 대한 교수전략을 수립하는 단계. 교사가 미리 준비한 학습자원과 매체를 활용하여 그날 학습할 내용을 가장 효과적인 방법으로 제시. 이러한 수업활동 전개를 위해 학습목표와의 적절성을 판단하고, 학습자의 특성을 반영할 수 있어야 함. 또한 수업에 적용하기 전에 수업 매체를 먼저 사용해 보고 활용상의 문제점이 없는지 점검해야 함
(5) 학습자의 반응(참여)유도 (R : Require learner response)	• 반응에 대한 즉각적인 강화가 제공될 때 학습이 증진 어떠한 매체와 자료도 그 자체로 유용하다기보다는 이를 효과적으로 활용하느냐가 가장 중요. '활용'에 있어서 학습효과를 높이는 데 가장 중요한 것이 학습자의 참여를 유도하는 것. 그래서 활용 단계를 두 단계로 강조하고 있다고 볼 수 있는데, 네 번째 단계의 활용은 교사가 학생들에게 제시하는 것에 초점을 맞추었다면 다섯 번째의 학습자 참여 유도 단계는 교사가 매체 및 자료를 제시한 것에 대한 학습자의 능동적 반응을 유도하는 것에 초점을 맞춘 것. 매체를 활용하는 수업에서 학습자의 직접적인 참여가 일어날 가능성이 높으며, 학습자가 직접 보고 듣고 만지고 사용하는 등의 직접적 경험을 유발하는 것이 추상적 경험보다는 학습효과가 높음
(6) 평가와 수정 (E : Evaluation and revise materials)	• 수업목표 달성과 교수방법은 물론 활용된 교수매체의 효과, 비용, 소요시간 등에 대한 평가도 이루어져야 함 여섯 번째 단계에서는 수업이 성공적으로 이루어졌는지 평가하고 이를 바탕으로 수정을 실시. 수업의 효과와 영향을 평가하는 방법은 설계 단계에서 설정한 학습 목표를 도달하였는지 알아보는 성취도평가를 통해 알아볼 수 있으며, 수업에 활용한 방법, 매체 및 자료가 적절했는지에 대한 평가도 실시해야 함. 수정된 사항은 다음 수업에 적용되도록 함

UNIT 3 컴퓨터의 교육적 활용

1 CAI(Computer Assisted Instruction, 컴퓨터 보조수업) : 컴퓨터로 직접 교수

(1) CAI(Computer Assisted Instruction, 컴퓨터 보조수업)

① 컴퓨터 보조수업(CAI)은 프로그램화된 교재를 학생이 다루게 함으로써 컴퓨터가 직접 수업을 하도록 하는 것
② 컴퓨터 활용수업의 목적은 해당 수업목표의 효과적 달성

(2) 역사
① 컴퓨터가 교육의 분야인 Teaching Machine의 기능을 수행한 데서 비롯
② CAI의 도입은 개별화 수업의 실현에 그 목적, 프로그램 학습과 동일한 이론적 근거

(3) 공통적인 특징
① 컴퓨터가 학습내용을 전달
② 컴퓨터가 학습 안내 및 교수 실시
③ 컴퓨터가 연습과 복습의 기회 제공
④ 컴퓨터가 학습 평가의 4단계 진행

(4) 컴퓨터를 이용한 프로그램 학습의 장점
① 학습내용의 계열을 학생의 성과에 의해 결정하고 제시함
② 즉각적인 피드백을 제공할 수 있음
③ CAI는 프로그램보다 다양한 강화기법을 활용할 수 있음
④ CAI는 학생 개인의 능력과 흥미에 따라 적합한 진도를 나갈 수 있게 함
⑤ 자신의 학습진로에 따라 수업이 가능하여 개별학습을 할 수 있음
⑥ 기존의 교실수업에서 제공하지 못했던 학습환경을 제공
⑦ 컴퓨터를 통한 프로그래밍 학습은 그 과정에서 요구되는 문제해결과 지속적인 오류검증 및 수정의 작업을 통하여 고도의 사고능력을 신장시킬 수 있음
⑧ 정보화사회에 대처해 나가는 능력을 기를 수 있음
⑨ 학생중심의 수업이 가능

(5) CAI의 단점
① 학습경험을 획일화할 가능성이 있음
② 일반적으로 학생의 요구를 충족시키는 데 활용되지 못할 수 있음
③ 학습장소는 작업장소보다 더 많은 하드웨어 필요량을 보유해야 함

(6) CAI의 유형

개인 교수형	• 특정 영역에 관한 새로운 정보를 가르치고, 확인하고, 강화해 줌으로써 학습자가 독자적으로 학습할 수 있도록 짜여진 프로그램 • 개인교수형(tutorial mode)은 내용설명에 따른 질문이 주어지고 학생이 답을 하면 그것을 분석하여 피드백하고 행로를 지시해 주는 유형. 이것은 교실에서 교사와 학생이 일대일 교수상황에서의 수업을 하는 것과 동일. 학생에게 충분한 교수, 상세한 안내, 연습과 피드백 제공, 총괄평가를 목적으로 한 연습기회, 학습내용의 파지를 위한 새로운 지식과 기존 지식을 연관시키는 전략을 제공
반복 연습형	• 이미 배운 지식을 연습을 통해 숙련도를 높이기 위한 프로그램으로 이 유형은 단순한 반복이 요구되는 외국어 학습이나 수학계산, 기타 기초 기능의 교과영역에 유용하게 사용 • 반복연습형(drill and practice mode)은 개념이나 규칙의 예들을 반복 습득시키는 유형. 이 유형의 특성은 진단적, 평가적, 개별적, 난이도에 따른 학습. 문항선정 → 문항제시 → 학생반응 → 피드백 제공의 단계로 수업이 전개되고, 수업목표가 달성될 때까지 반복연습을 통해서 기억력과 종합력이 향상되도록 함. 수학과목에서 기본연산, 외국어의 단어 익히기, 발음 배우기 등 광범위하게 사용

모의 실험형	• 컴퓨터를 통하여 실제적인 상황이나 문제 사태와 매우 유사한 학습환경을 제공함으로써 실제 상황과 관련된 개념이나 원리 등을 학습할 수 있도록 설계된 프로그램 • 시뮬레이션형(simulation mode)은 문제를 주고 학생이 귀납적 방법에 의해 해결하도록 하는 발견학습법. 단순화·체계화된 모의 현실상황에서 학습자들이 컴퓨터와 상호작용을 통해서 문제를 해결하도록 하는 유형. 컴퓨터에 의해 시청각적 방법으로 실제와 유사한 가상적 상황을 학생에게 제시. 실습비용이 너무 많이 든다거나 실생활에서 개념을 배우기가 곤란하거나 학습자에게 위험부담이 높을 경우에 사용(예 비행기 조종훈련, 자동차운전연습 등).
게임형	• 게임형은 흥미 유발적 요소를 활용하여 학습 과제를 재미있게 학습하도록 하기 위한 프로그램. 게임은 승자와 패자의 경쟁적 요소로 이용하여 학습자의 학습동기를 유발할 수 있으므로, 단순하고 반복적인 내용을 학습해야 할 때 유용 • 게임형(game mode)은 정해진 규칙 내에서 달성해야 할 목적에 도전한다는 흥미가 있는 유형으로 오락적 요소를 지니고 있으며, 학습이 촉진되고 특정기술 습득이 가능. 항상 목표가 제시되어 있고 학생을 대표하는 물체가 이 목표를 달성하기 위해 정해진 규칙에 따라 경쟁적으로 도전한다. 동기유발과 학습을 강화시키기 위해 환상적·오락적 요소를 가짐
시험형	시험형(examination mode)은 학습자의 성취정도를 평가하기 위한 것으로, 컴퓨터가 시험문제를 만들고 제시순서를 정해줄 수 있으며, 시험과정을 관리하고 그 결과를 쉽고 정확하게 기록할 수 있도록 도와주는 유형이다. 이 유형은 정확하게 학습자의 능력을 측정함으로써 시험의 질을 높이고, 교사의 관리와 기록에 따른 시간을 절약해 주며, 다양한 시험유형을 활용할 수 있도록 한다.

2 CMI(Computer Managed Instruction, 컴퓨터 관리수업)

(1) CMI(Computer Managed Instruction, 컴퓨터 관리수업)

① 컴퓨터 관리수업(CMI)은 컴퓨터가 직접 가르치는 기능을 하는 것이 아니라 컴퓨터를 통해 개별 학습자의 학습내용, 진도 그리고 성취도 등 학습에 관한 정보를 저장하고 평가하면서 개별적인 지침을 주어 학습을 관리하고 도움을 주는 시스템

② 학습지도과정에서 교사나 학교행정가들을 돕기 위해서 고안. 학습자의 반응에서부터 전체 교수시스템의 결과에 이르기까지 다양한 정보를 모으고 관리하는 데 적용되며, 시험문제 출제, 컴퓨터 채점, 성적처리에 활용할 수 있음

(2) 특징

① CAI가 가르치는 것을 주된 목적으로 하는 것이라면

② CMI는 교수학습의 개선을 목적으로 교사를 지원, 강화하고 교사의 기능을 확충하는 등 컴퓨터를 이용한 관리, 정보 시스템을 의미하는 것

(3) CMI의 활용 영역

① 수업설계 및 교육과정 설계
② 교육과정 개선을 위한 분석 평가
③ 학습 진도 성과의 연속 감시와 처방정보를 통해 학습개선을 위한 평가관리 진행
④ 교사훈련 및 교사양성을 위한 시스템
⑤ 시험문제 은행 데이터 베이스를 이용한 시험 출제 프로그램

3 CBT(Computer Based Training, 컴퓨터 기반훈련)

(1) 훈련과 교육을 위해 컴퓨터를 사용하는 것으로 코스웨어라고도 함
(2) 대화식 훈련 과정을 제공하며, 시디-롬과 비디오디스크, 그래픽을 사용해 프로그램이 구성
(3) 기업의 교육훈련 분야에 컴퓨터를 활용하는 것을 의미

4 CMC(Computer Mediated Communication, 컴퓨터 매개통신)

(1) CMC(Computer Mediated Communication, 컴퓨터 매개통신)
  ① 컴퓨터가 네트워크화되는 초기의 개념으로서, 컴퓨터매개통신(Computer Mediated Communication, CMC)이란 컴퓨터의 입력, 저장, 출력, 중개(routing) 장치를 이용하여 메시지를 전달하고 받는 것을 말함
  ② 정보 검색, 전자우편, 게시판, 컴퓨터 회의를 포함하며, 이를 교수 학습 과정에 활용하여 교육자료 또는 수업내용을 제공하고 의견을 교환하는 것을 컴퓨터매개통신교육이라 함

(2) **특징** : 컴퓨터를 전화선과 모뎀, 정보통신망과 연결, 정보공유와 교환, 의사소통이 가능하도록 하는 시스템

(3) **장점**
  ① 많은 양의 최신 정보를 빠른 시간 내에 교환하게 해주는 정보수단
  ② 학습자가 개별적으로 자유로운 환경에서 공부를 하도록 함을 물론
  ③ 여러 방식으로 정보나 의견교환을 진행할 수 있으며 토론을 통한 협동학습이 가능함
  ④ 개별학습과 협동학습을 활발히 할 수 있게 하고, 원격교육을 더욱 발전

5 컴퓨터 리터러시 : 컴퓨터에 대한 이해와 활용능력 및 사용하는 능력과 지식

(1) 디지털 리터러시는 학습자들이 디지털 사회에서 자기주도적으로 살아가기 위해서 필요한 핵심역량이며, 디지털 리터러시와 유사한 개념으로 ICT 리터러시, 인터넷 리터러시, 정보 리터러시, 미디어 리터러시 등이 있음
(2) 디지털 리터러시의 구성요소로는 디지털 테크놀로지 이해와 활용, 디지털 의식과 태도, 디지털 사고능력, 디지털 실천 역량으로 구분

> **알아두기 ①** 테크놀로지 활용 수업을 위한 TPACK 모형
>
> 슐먼(Shulman, 1986)은 교수자가 교과 내용에 대한 지식을 많이 알고 있다고 해서 학습자를 잘 가르치는 것은 아니라는 점을 지적하면서 교수지식(pedagogical knowledge)과 내용지식(content knowledge)을 통합한 교수내용지식(pedagogical content knowledge; PCK)을 제안

6 컴퓨터 적응평가(CAT : Computerized adaptive testing)

(1) 학습자 능력 측정을 위한 평가용 프로그램(예 TOEFL, GRE) → 문항반응이론 적용
(2) 각 피험자 수준에 적절한 형태의 검사를 개별적으로 실시함으로써 짧은 시간 안에 적은 수의 문항으로도 측정하고자 하는 능력
(3) 특성을 보다 정확하고 효율적으로 측정할 수 있게 하는 검사기법
(4) CAT는 컴퓨터공학과 문항반응이론이 서로 연결되면서 발전되었으며, 현재는 미국 해군의 적성검사(ASVAB), ETS(educational testing service)에서 주관하는 GRE, GMAT 검사, 미국간호사협회의 간호사 자격시험 등에서 활발하게 활용

UNIT 4 블랜디드 러닝(Blended Learning)

1 블랜디드 러닝(Blended Learning)

(1) 집합 형태의 교실수업(c-Learning : classroom learning)과 웹을 통한 이러닝 형태의 교수 학습 활동을 병행하는 교육을 블랜디드 러닝(b-Learning : Blended Learning, 통합교육)
(2) 교실수업을 실시한 후 사이버공간에서 이러닝이 진행되거나, 반대로 사이버공간에서 먼저 시작한 후 교실수업에 연계하여 진행
(3) 오프라인교육과 온라인교육의 결합이라고도 하는데, 국내대학이나 초·중등학교에서 지금까지 일반적으로 찾아볼 수 있는 이러닝은 거의 대부분 블랜디드형, 즉 b-Learning이며, 교실교육의 장점과 이러닝의 장점을 취합하여 효율적으로 활용할 수 있는 장점

2 개념

혼합형 학습이라고도 하는 블랜디드 러닝은 이러닝 교육방식에 전통적인 면대면 교육방식이 갖고 있는 교육적 장점을 결합하여 적절히 활용함으로써 학습효과를 극대화하기 위한 개념

3 특징

(1) 이러닝(e-learning)을 효과적인 학습수단으로 하기 위해 온라인과 오프라인 배합 방식
(2) 전통적인 면대면 교육방식이 지닌 시간과 공간의 제약 및 상호작용의 한계를 극복
　　이러닝 방식과 면대면 방식의 장점을 결합하여 학습효과를 극대화하려는 설계전략
(3) 시·공간적 제약으로 학생들의 적극적인 참여를 이끌어내기 어려워 학생들의 자발적이고
　　① 창의적인 활동을 제약하는 오프라인의 단점과 홈페이지 자료 제시나
　　② 게시판 정도의 낮은 단계의 활용에 머무는 온라인 학습의 단점을 극복하려는 수업 모형

4 블랜디드 학습의 구체적 적용 방법

(1) **탐구학습** : 과학에서 탐구하는 절차를 이러닝에 적용한 것으로 가설을 설정하고, 검증하는 작업을 온라인 커뮤니티를 통해서 협동학습으로 진행하는 방식

(2) **체험학습** : 주제를 설정한 뒤 오프라인 체험 결과를 온라인상의 학습에 연결하거나, 온라인에서 가상 체험활동을 하는 것

(3) **프로젝트학습** : 교사가 수행 과제를 주면 모둠별로 온·오프라인 활동을 통해 결과물을 만들어 내는 수업방법을 의미

(4) **어떤 쟁점을 놓고 찬반 논쟁을 벌이는 온·오프라인 토론학습** : 문제를 주고 해결 방법을 찾아내는 문제 중심 학습 등의 방법도 있음

5 블랜디드 학습의 장점(Singh & Reed)

(1) 블랜디드 학습은 단일 전달방식에 비해 학습의 효과성을 향상

(2) 학습의 시·공간적 한계 확대
　① 단일 전달방식으로는 그 형식에 따라 학습 프로그램의 도달범위를
　② 제한시킬 수밖에 없는 것을 학습의 시·공간적 한계를 확대할 수 있는 잠재력을 제공

(3) 블랜디드 학습전략은 훈련프로그램 개발에 드는 비용과 시간을 절감

(4) 경영성과의 최적화
　① 전통적 교육방식에 비해 학습목표에 이르는 비용과 시간을 줄여줌으로써
　② 경영성과를 최적화하는 효과를 가져옴

UNIT 5 플립드 러닝(Flipped Learning)

1 의미

(1) 거꾸로 학습(Flipped Learning)은 기존의 전통적 수업 방식과는 반대로 수업에 앞서 학생들이 교수가 제공한 강연 영상을 미리 학습하고, 강의실에서는 토론이나 과제 풀이를 진행하는 수업 방식

(2) 미국의 고등학교 화학교사인 베르그만(Jonathan Bergmann)에 의하여 널리 퍼지게 된 수업방식 (http://www.jonbergmann.com)

(3) 수업에 흥미가 없는 학생들이 몸은 교실에 있지만 마음은 다른 곳에 있어서 교육 효과가 떨어진다는 사실에 '교실에서 학생들에게 가장 좋은 활동은 무엇일까?', '학생들이 면대면 교실에서 가장 시간을 잘 보내려면 교사로서 나는 무엇을 해야 하는가?'에 대하여 깊게 생각하여 새롭게 적용해 본 방법

(4) 거꾸로 학습에서 학생들은 학교에서 들어야 할 교사의 수업을 집에서 동영상 등을 통해 미리 시청하여 학습하고, 학교 교실수업에서는 교사의 지도 아래 과제활동이나 심화활동을 하는 것
(5) 거꾸로 학습 또는 역순 학습(Inverted Learning)이라고도 함. 이에 대한 가장 간단한 이해로 '수업은 집에서, 과제는 학교에서' 또는 '학교에서 한 일을 집에서, 집에서 한 일은 학교에서'라고 설명
(6) 이렇게 함으로써 거꾸로 학습은 교사들이 그들 수업에서 다양한 방법을 적용하도록 하는 접근법(approach)
(7) 플립 러닝은 블랜디드 러닝의 한 가지 형태로 보는 학자들도 있음. 그들은 다만 블렌디드 러닝이 상정하고 있는 온라인과 오프라인 강의의 결합에 선행 학습의 개념이 추가된 것이라고 설명. 집에서 하는 수업이 인터넷을 통한 동영상 또는 학습자료를 공부하는 방식이며, 학교에서는 오프라인 면대면 학습활동을 하기 때문
(8) 플립러닝네트워크위원회(FLN's board)에 의하면, 플립 러닝은 다양한 학습 방식을 허용하고, 유연한 학습 공간을 창조한다는 의미의 '융통성 있는 환경'(flexible environment), 학습자 중심으로 변하는 '학습 문화'(learning culture), 학습자 주도의 학습 문화나 교수자의 정교한 수업 설계에 의한 의도성을 가진다는 '의도적 학습 내용'(intentional contents), 교수자가 교육학적 지식뿐 아니라 테크놀로지에 대한 전문적 소양도 갖추어야 함을 의미하는 '전문적인 교육자'(professional educator) 등의 특성

2 개념

(1) 사전에 온라인 및 디지털 콘텐츠를 활용하여 개별적으로 교수자의 강의를 듣고, 교실에서는 과제를 포함한 다양한 학습 활동을 수행하는 교수방법

> **알아두기**
> 교실 수업 전에 온라인 자료를 통해 학습하고, 교실 수업에서는 교실 전 수업에서 해결하지 못한 과제나 문제를 교사와의 심화학습 활동, 동료 학생과의 상호작용 등을 통해 해결하는 교육방법

(2) 역진행 수업(flipped teaching/flipped learning/flipped classroom) 또는 거꾸로 교실은 혼합형 학습의 한 형태로 교실수업에서 학습을 보다 효과적으로 돕기 위해 테크놀로지를 활용하는 수업방식을 의미
(3) 역진행 수업의 가장 보편적인 방식은 학생들이 교실수업 전에 교사가 제공하는 수업 영상을 미리 시청한 후 수업시간에 교사는 교과 내용 중심으로 가르치기보다 학생들과 상호작용하거나 심화된 학습활동을 하는 데 더 많은 시간을 할애하는 형식

구분	전통적인 교수학습 방법	거꾸로 학습
학습 진행 순서	본시(교실 안) → 사후(교실 밖)	사전(교실 밖) → 본시(교실 안)
운영방법	교실 내 교수자 강의	온라인 동영상 강의
	과제 해결 활동	교실 내 다양한 학습 활동
교실 내 교수자의 역할	강의자	조언자 및 촉진자

3 특징 및 장점

(1) **학습 시간을 늘려줌**: 학생의 개별적 학습활동 시간증가. 반복학습의 가능
(2) 학생의 심화학습을 도와줄 교사의 시간이 늘어남
(3) 실력차이가 나는 학생도 동등한 수준에서 학습활동을 할 수 있음
(4) 학습자의 학업성취 수준도 전체적으로 올라가고, 학생들의 적극적 참여 수준도 높아진 것으로 나타남

4 플립드 러닝의 어려움

(1) 일반 교실 내의 강의 못지않게 교수의 실제감을 학생들이 느끼게 하는 디지털 강의 자료를 만드는 것이 쉽지 않음
(2) 개발된 디지털 강의 자료에 연계된 교실 내 학습 활동을 어떻게 설계할 것인지에 대한 연구가 필요함

UNIT 6 원격교육(Distance education)

1 의미

(1) 원격교육(Distance Education)의 기본 개념은 학생과 선생님이 거리 또는 시간에 의해 분리되어 있다는 점을 부각시키고 있음
(2) 원격교육은 물리적·시간적으로 떨어져 있는 학생과 선생님의 사이를 이어주는 기술을 적용한 매체를 사용하고 있는데, 학자마다 주장이 다소 다르기는 하나 일반적으로 정보통신기술의 발달에 따라 우편을 통한 제1세대, 인쇄물, 라디오, 텔레비전, 비디오, 오디오, 컴퓨터 등 다른 매체를 활용한 제2세대, 컴퓨터 통신과 양방향 CATV, 인공위성들을 사용한 제3세대로 분류하기도 함
(3) 온라인교육, 사이버교육, 웹기반교육, 이러닝은 모두 개념의 발전 측면에서 선생님과 학생이 동일한 시간과 공간을 공유하는 전통적인 면대면 교육과 대비된다는 점에서 원격교육과 상당 부분 뿌리를 같이하고 있음

2 개념

교수자와 학습자가 직접 대면하지 않고 방송교재나 오디오 비디오 교재 등을 매개로 하여 교수학습 활동을 전개하는 교수 전략 → 평생교육에서 중시(융통성)

3 특성

교수자와 학습자 간의 물리적 격리(비접촉성), 교수매체의 활용(다중매체 접근방식), 쌍방향 의사소통, 다수 대상의 개별학습, 학습자의 책임감, 지원조직 필요

4 발달과정

(1) 이러닝(e-Learning)

① 인터넷상에서 시간과 공간의 제약없이 교육이 가능한 온라인 학습체제
② 이러닝(e-learning)은 인터넷 또는 인트라넷을 통한 교육훈련 서비스의 설계, 구축 및 관리를 포함하는 개념으로 정리
③ 즉, 이러닝이란 정보통신기술을 이용한 교육을 말하며, 이는 기존의 교재나 강사주도의 교육과 대비되는 컴퓨터기반(CBT : Computer-based Training), 웹기반(Web-based) 등 가상학습(virtual classroom)을 포함하는 개념
④ 이러닝은 기존의 전통적인 교실위주(c-learning)의 집합식(off-line)의 강사주도 교육에서 멀티미디어와 정보통신기술을 이용한 기술기반의 교육(on-line)으로 변화되면서 새로운 교육방식으로 등장
⑤ 이러닝은 인터넷과 인트라넷을 기반으로 다양한 멀티미디어 정보기술을 활용하여 학습자가 원하는 시간과 장소의 사이버 공간에서 필요한 정보와 지식을 획득하는 학습방식
⑥ 교사와 학습자 간의 시간적·공간적 제약이 없이 이루어지는 학습활동을 통하여 수요자 중심의 학습서비스가 제공되는 새로운 개념의 교육체제
⑦ 따라서 이러닝은
  ㉠ 인터넷 기술을 사용하여 최종학습자에게 전달
  ㉡ 학습내용으로서의 정보가 즉각적으로 통신망에 연결
  ㉢ 학습내용과 더불어 수행을 향상시키는 도구까지도 포함되는 기술기반의 학습형태
⑧ 이러닝의 장점은
  ㉠ 개방과 공유형 체제
  ㉡ 시간적, 공간적 제한이 없고 경제적
  ㉢ 자기주도적 학습으로 개별학습이 가능
  ㉣ 다각적 커뮤니케이션이 가능하다. 문제점은 교육비 지원을 포함하는 제도적 과제, 전문가의 발굴과 활용의 어려움, 교육 소외계층으로 교육확산의 어려움 등
⑨ 이러닝의 다양한 개념

학자/기관	정의	강조 측면
백영균(2003)	인터넷 보급 이래 가장 쉽고 가장 빠르게 접속할 수 있는 방법인 웹을 교수매체로 하는 새로운 수업	매체성 강조
Ritchie & Hoffman(1996)	웹을 통하여 미리 계획된 특정한 방법으로 학습자의 지식 또는 능력을 육성하기 위한 의도적인 상호작용 활동	상호작용성 강조
e-러닝 백서(2003)	인터넷 기반으로 학습자가 상호작용을 극대화하면서 분산형의 열린 학습공간을 추구하는 교육	상호작용성 강조
나일주(1999)	웹이 제공하는 풍부한 정보와 통합적 환경을 활용하여 이루어지는 원격교육의 일종	시공을 초월한 접근성 강조
Kahn(1997)	학습이 일어나거나 조장되는 유의미한 학습환경을 조성하기 위하여 웹의 특성과 웹이 제공하는 자료들을 활용하여 전개하는 하이퍼미디어 기반의 교수 프로그램	하이퍼미디어 특성 강조

Rosenberg (2001)	지식과 성과를 향상시키는 다양한 종류의 해결책을 전달한 목적으로 인터넷 기술을 이용하는 것	인터넷 기반 강조
Cisco Systems (2001)	훈련, 교육, 적시정보 그리고 상호작용을 포함하는 인터넷 기반의 학습 전략	-
ASTD(2001)	정보를 전달하거나 학습자의 기술 혹은 지식의 습득을 촉진하기 위해, 부분 혹은 전체적으로 전자적인 테크놀로지를 사용하는 것	전자매체 강조
송영수(2001)	작게는 컴퓨터보조학습부터 넓게는 글로벌 학습공동체 구현의 차원까지를 의미한다고 주장하여 모든 종류의 전자매체의 교육적 활용	-
e-러닝산업발전법 제2조(2004.1)	전자적 수단, 정보통신 및 전파 방송기술을 활용하여 이루어지는 학습	-
교육인적자원부 (2004.9)	정보통신기술을 활용하여 학교, 가정, 지역사회를 유기적으로 연계하고 교수학습의 질을 제고하며, 학생들의 인성, 창의성, 자기주도적 학습능력을 신장시키는 학습체제	새로운 학습체제 강조

(2) 유러닝(u-Learning ; Ubiquitous-Learning)

① 물이나 공기처럼 '시공을 초월해 언제 어디서나' 사용자가 컴퓨터나 네트워크를 의식하지 않고 장소에 상관없이 자유롭게 네트워크에 접속할 수 있는 학습환경

② 유비쿼터스(ubiquitous)란 '언제 어디서나 존재한다'란 의미의 라틴어로 컴퓨터와 정보통신기술이 사용자들의 눈에는 보이지 않으나 모든 사물에 내재되어 있어서 언제 어디서나 정보통신서비스 이용이 가능한 환경을 유비쿼터스 컴퓨팅 환경

③ 따라서 u-Learning(Ubiquitous Learning)이란 언제 어디서나 원하는 학습이 이루어지고, 일상생활에서 접할 수 있는 다양한 문제해결에 필요한 학습을 즉시 할 수 있는 교육환경에서 이루어지는 학습

④ 유비쿼터스 시대는 사람을 중심으로 컴퓨터가 인간의 생태환경에 통합되어 인간의 활용을 지원하고 촉진하므로, 유비쿼터스 교육은 사람이 중심이 되는 교육, 실생활과 밀접히 관련되어 현실감이 증대되는 교육 그리고 참여와 상호작용이 활성화되는 교육

알아두기 ① 전통적 교육체제와 미래의 유비쿼터스 학습체제의 비교

구분	전통적 교육체제	유비쿼터스 학습체제
범위	초등교육부터 고등교육까지의 형식적 학교 교육	전 생애에 걸친 학습(학교, 직장, 은퇴 후)
내용	지식 내용의 습득과 반복 교육과정 중심형	• 지식의 창조, 습득, 활동 • 다양한 지식 원천 • 학습자의 학습 선택권 강화 • 핵심능력 중심
전달 체제	• 학습방식과 모델이 제한적 • 공식적 교육기관 • 획일적 중앙통제형 관리 • 공급자 주도형	• 학습방식, 상황, 모델의 다양화 • 정보통신기술 기반형 학습지원체제 • 다양하고 유연한 분권적 관리 • 학습자 주도형

(3) 엠러닝(m-Learning ; Mobile-Learning)

① 무선인터넷 및 위성통신 기술을 기반으로 모바일 기술을 활용하는 형태
② 학생들이 언제 어디서나 내용에 상관없이, 어떤 단말기, 즉 모바일(움직일 수 있는) 기기(예 휴대폰, PDA, DMB 등)로도 학습할 수 있는 교육환경을 조성해 줌으로써 보다 창의적이고 학습자가 중심이 되는 교육과정을 실현하는 통합적 학습 체제를 말함 → u- Learning을 구현하는 체제
③ 휴대폰이나 PDA 등 휴대할 수 있는 기기를 통해 시간과 장소에 구애받지 않고 손쉽게 학습할 수 있는 교육
④ 모바일 컴퓨팅 기술의 장점인 이동성(mobility), 접근성(accessibility), 확장성(scalability), 신속성(speediness)을 중심으로 학생들에게 무선 콘텐츠가 제공되며 각종 활동이 이루어짐
⑤ 모바일 원격강의, 모바일 학습정보, 모바일 학사정보, 행정정보, 도서정보, 입시정보 등의 제공이 가능할 뿐 아니라, 이외에도 모바일 수강신청, 모바일 출결관리, 모바일 학습평가, 모바일 증명서 발급 등의 활동도 가능
⑥ 엠러닝은 '스마트교육' 혹은 '스마트러닝'이라는 용어로 대체되어 사용하고 있으며 지향하는 바 다섯 가지 방향(SMART)을 나타내고 있음
  ㉠ 자기주도(Self-directed) 학습
  ㉡ 동기화된(Motivated) 학습
  ㉢ 적응적(Adaptive) 학습
  ㉣ 풍부한 자료 기반(Resource Enriched) 학습
  ㉤ 기술이 내재된(Technology Embeded) 학습

5 장점과 단점

(1) 장점
① 학습자들이 원하는 시간과 장소에서 원하는 내용의 학습 가능
② 각 지역에 있는 학습자원의 공유
③ 다수의 학습자를 대상으로 한 동시 교육
④ 학습자 간 상호작용을 통한 학습
⑤ 최신 정보의 입수 및 원거리에 있는 전문가로부터 도움 받음

(2) 단점
① 학습의 질 관리 및 평가의 어려움
② 초기 비용 부담이 큼(시스템 환경 구축) → 블렌디드 러닝(원격수업과 출석수업을 병행)을 통해 극복

알아두기 ① M-러닝의 특징

특징	내용
학습공간의 이동성	• 제한된 공간을 벗어나 학습공간의 이동을 통한 학습 가능 • 학습장소와 경험의 기회 확장
학습자원 접근의 유연성	• 다양한 학습자원에 융통적인 접근 및 활용 가능 • 이동하는 개인의 위치와 처해있는 상황과 맥락을 반영하여 그에 적합한 대응적 반응을 할 수 있는 교육환경 조성 가능
학습 디바이스의 확장성	모바일 기기가 무선 네트워크를 통해 다양한 기기간의 상호 통신을 하여 모바일 기기간의 연결을 통한 확장된 교육 서비스 제공 가능
학습의 신속성, 용이성	• 다양한 학습자원에 신속한 접근 가능 • 원하는 자료의 즉각적 획득으로 적시적인 학습 가능
학습주체에 대한 개별맞춤형	학습자의 요구에 부합하고 특성에 맞는 개별화된 맞춤형 학습 제공
학습내용의 간결성	• 학습내용의 체계화, 구조화, 간소화, 모듈화 • 간결하면서도 축약된 핵심내용 중심으로 협력학습 가능
학습대상과의 상호작용성	• 상호작용의 도구 및 방법의 변화 • 다양하면서도 즉각적 상호작용을 통한 협력학습 가능
학습활동의 맥락성	• 실제 상황이나 맥락 하에서의 학습활동 수행 가능 • 이론적 학습 내용과 실제적 경험의 통합의 기회 제공

PART 3

교육평가

CHAPTER 01 교육평가의 이해
CHAPTER 02 교육평가의 모형
CHAPTER 03 문항분석 및 측정평가도구의 조건
CHAPTER 04 수행평가
CHAPTER 05 교육연구 방법 및 교육통계

CHAPTER 01 교육평가의 이해

UNIT 1 교육평가의 의미

1 교육평가

(1) 의미

① 일반적으로 평가란 어떤 대상의 가치나 질에 대해 판단을 내리는 과정을 의미
② 평가는 인간이 삶을 이루어 가는 가운데 의식적으로든 무의식적으로든 끊임없이 행하게 되는 기본적인 행동 중의 하나
③ 교육평가는 1930년부터 사용되었으며, 타일러에 의하면 '교육과정과 교수 프로그램에 비추어 교육목표가 얼마만큼 달성되었는가를 판단하는 행위'라고 함

교육평가의 정의	목표 달성도 확인 : 교육목표가 얼마나 실현되었는지 그 정도를 밝히는 과정. 대표자 타일러(Tyler, 1930)
	의사결정을 위한 정보 제공 : 교육과 관련된 의사결정을 위한 정보를 수집하는 활동 또는 그 과정. 크론박(Cronbach, 1969)과 스터플빔(Stufflebeam, 1971)
	가치와 판단 : 교육과 관련된 어떤 대상의 장점, 질, 가치 등을 판단하는 과정과 그 산물. 대표자 스크리븐(Scriven, 1967)과 스테이크(Stake, 1967)
기술과 판단	기술 또는 서술(to describe) : 교육적 의사결정을 내리는데 도움이 되는 정보를 수집하는 과정. 대표자 크론박(Cronbach, 1963)
	판단(to judge) : 평가하려는 현상이나 대상의 가치에 대해 반드시 최종적인 결정을 내리는 것. 대표자 스크리븐(Scriven, 1967)
상대주의와 절대주의	상대주의 : 평가는 평가과정에 관련된 이해관계자들과의 상호작용을 통해 잠정적으로 합의된 결론에 도달할 수 있을 뿐. 스테이크(반응적 평가)와 구바와 링콘(참여적 평가) 등
	절대주의 : 평가는 절대적인 진리를 밝혀 내는 데에 초점을 둠. 타일러(Tyler, 1930)(목표중심평가)와 스터플빔(Stufflebeam, 1971)(경영적 평가) 등이 대표적

(2) 교육평가의 목적

① 학습과 교육과정에 최대한 도움을 주어 학습을 극대화
② 학업성취수준을 총평하고 교육의 질 향상
③ 교육과정, 교수·학습 프로그램, 교육자료 등을 개선
④ 정책구안이나 의사결정을 위한 기초 자료 제공

(3) 교육평가의 기능

① 학업자의 학업성취도 평가
② 학습 개인의 학습방법 개선 및 학습촉진
③ 학습자의 진로지도를 위한 정보 제공
④ 교수·학습 방법 개선 및 수업의 질 제고
⑤ 교육프로그램의 교육적 효과의 평가
⑥ 교육의 제반 문제를 이해하고 올바른 교육정책의 수립

UNIT 2 평가관의 유형

1 검사(Test)

(1) **정의**: 행동을 관찰하고 수량적 척도 및 유목척도(명명척도)로 기술하는 절차
(2) **종류**: 지능검사, 학업적성검사, 학업성취도검사, 흥미검사, 직업적성검사 등
(3) **기능**: 교수적 기능, 행정적 기능, 상담기능 등

2 측정(Measurement)

(1) 측정이란 '어떤 행동이나 성적, 사물, 사건 등에 대해 양적으로 서술하는 것'(사전적 정의)
(2) 즉, 측정은 대상을 수량화하여 나타내는 것
(3) 측정의 과정에서 중요한 것은 가능한 한 어떤 대상의 특성을 가장 오차가 적은 숫자로 나타내고 이 숫자가 상황이 변하더라도 안정되게 남아있는 양적 표현을 추구
(4) 측정은 측정대상에 대해 일관된 양적 표현을 산출해내기 위해 좀더 신뢰할 수 있는 측정도구를 개발하고 그 결과를 분석하는 데에 초점을 둠
(5) 규정이나 법칙에 따라 물체의 속성을 수량화, 객관화하는 일

측정절차
① 측정하고자 하는 대상 선정
② 규명된 측정대상의 측정하고자 하는 행위나 속성을 구체화
③ 측정단위에 수를 할당하는 기본규칙 설정

3 평가(Evaluation)

(1) 평가란 '어떤 대상의 질이나 값, 가치 등을 판단하여 결정하는 것'을 의미(사전적 정의)
(2) 평가는 '어떤 목적을 갖고 아이디어, 작품, 방법, 소재 등에 관하여 가치판단을 하는 능력'
(3) 평가는 '어떤 현상이나 대상의 가치나 질을 판단하는 과정'(한국교육심리학회)
(4) 평가의 목적은 학급이나 학교, 국가의 교육상태를 파악하기 위한 것(Worthen & Van Dusen)

(5) 평가는 판단하고 가치를 부여하여 값을 결정하는 과정(Arends)
(6) 즉, 평가는 그 대상의 가치를 판단하는 것
(7) 어떤 대상의 가치를 판단하기 위해서는 판단기준이 필요
(8) 어떤 기준에 근거하여 판단하느냐에 따라 그 대상의 가치는 달라질 것이기 때문
(9) 평가는 구체적인 맥락 내에서만 비로소 의미를 지니게 되며,
(10) 평가기준은 바로 '그 구체적인 상황에서 무엇을 가치 있게 여겨야 하는가'라는 물음을 전제로 하여 나오는 것
(11) 준거에 비추어 볼 때 어떤 자료와 방법이 주어진 목적에 대하여
(12) 얼마만큼의 가치를 갖는가를 판단하는 일
(13) 즉, 측정한 것에 가치를 부여하여 판단하는 일

[측정과 평가의 비교]

측정	평가
대상의 특성을 수량화 하는 것	대상의 가치를 판단하는 것

4 총평 또는 사정(Assessment)

(1) 사정은 '다양한 측정결과를 통하여 한 개인이나 대상의 전체적인 모습을 조명하는 전인적 평가'
(2) 사정은 '개인, 집단(기관), 또는 프로그램의 특성이나 수행수준에 관하여 정보를 도출하는 제반 절차' (한국교육심리학회)
(3) 사정의 목적은 개별 학생들에게 결과 정보를 제공하기 위한 것(Worthen & Van Dusen)
(4) 사정은 정보를 수집하여 종합하는 과정으로 정의(Arends)
(5) 사정활동의 대표적인 예로는 측정결과에 바탕을 둔 등급매기기, 심사하기, 자격 부여하기 등
(6) 전인적 평가로 개인의 행동 특성을 특별한 환경, 특별한 과업
(7) 특별한 준거 상황에 관련시켜 의사결정을 하는 일(1980년대 도입)

[평가와 사정의 비교]

평가	사정	비고
어떤 현상이나 대상의 질을 판단하는 과정	개인, 집단(기관) 또는 프로그램의 특성이나 수행수준에 관해 정보를 도출하는 제반 절차	한국교육심리학회(2000)
어떤 목적을 갖고 아이디어, 작품, 방법, 소재 등에 관하여 가치 판단하는 능력	다양한 측정결과를 통하여 한 개인이나 대상의 전체적인 모습을 조명하는 전인적 평가	한국교육평가연구회(1995)
판단하고 가치를 부여하여 값을 결정하는 과정	대상에 대한 정보를 수집하여 종합하는 과정	아렌즈(Arends, 1994)
학급이나 학교, 국가 등 전체의 상태를 파악하기 위해 개별 학생을 평가하는 경우	개별 학생들에게 결과 정보를 제공하기 위해 개별 학생을 평가하는 경우	워덴(Worthen)과 벤듀센(Van Dusen, 1994)

5 평가와 평가연구

[평가와 평가연구의 비교]

평가	평가연구	비고
의사결정	결론도출	목적
구체적인 현상에 대한 기술	법칙 발견	형태
일반화가능성 낮음	일반화가능성 높음	일반화가능성
평가의 정확성, 신뢰성, 유용성, 실현가능성	연구의 내적 타당도와 외적 타당도	평가준거
구체적인 고객이 존재함	구체적인 고객이 존재하지 않음	구체적인 고객

6 평가와 평가학

[평가와 평가학의 비교]

평가	평가학	비고
대상의 가치를 판단	평가현상에 대한 보편적인 법칙 발견이나 심층적인 이해	목적
• 평가기준 설정 • 자료수집 및 해석 • 평가대상의 가치 결정	평가현상에 대한 이론적·경험적 탐구활동 • 평가에 대한 탐구과제 설정 • 자료 수집 및 해석 • 탐구과제에 대한 결론 도출	구체적 활동

7 교육관과 평가관 비교

구분	선발적 교육관	발달적 교육관	인본주의적 교육관
기본 가정	• 특정 능력이 있는 소수 학습자만 교육을 받을 수 있음(개인차 극복 불가능관) • 교육을 통하여 달성하고자 하는 교육목적이 일정한 교수수준에 도달할 수 있는 사람은 어떤 교육방법을 동원하더라도 다수 중 일부이거나 소수에 지나지 않는다는 신념을 가진 교육관으로서 인간 행동의 변화가능성에 대해 매우 부정적인 견해를 보이는 입장 • 우수자 선발과 개인차 변별에 초점을 두고, 각 학습자가 갖고 있는 고유한 특성을 가장 능률적으로 나타내는 데 목적이 있기 때문에 측정관과 관련	• 적절한 교수학습 방법만 제시되면 누구나 교육을 받을 수 있음(개인차는 극복 가능관/교육목표 도달관) • 모든 학습자에게 각각 적절한 교수·학습 방법만 제시할 수 있다면, 누구나 의도하는 바의 주어진 교육목표를 달성할 수 있을 것이라는 신념을 가진 교육관으로서 교육을 통한 인간 행동 변화의 가능성에 대해 매우 긍정적인 입장 • 교육목표 달성에 초점을 두며, 학습자의 개인차 변별보다는 학습자의 교육적 변화에 영향을 주는 교수방법과 관련된 다양한 변인에 더 많은 관심을 가지고 있기 때문에 평가관과 관련	• 누구나 교육을 받을 수 있음(교육은 자아실현 및 전인 형성의 과정) • 교육을 인성적 성장, 통합, 자율성을 꾀하고 자기 및 타인 그리고 학습에 대한 건전한 태도를 형성해 가는 자기실현의 과정이라고 전제 • 학습자의 자율적이고 적극적인 학습에의 참여를 중시하며 반대로 타율적이고 수동적인 교육은 가장 비인간적인 교육으로 간주. 따라서 이러한 교육관은 전인적인 입장에서 검사를 중시한다는 점에서 인간행동의 특성을 부분적으로 보기보다는 전체적으로 이해하려는 총평관과 관련 • 지필검사를 통해 학습자의 지식이나 기능에 의한 정답여부나 산출물에만 관심을 가지던 과거의 평가 관행에서 벗어나 학생들의 수행과정과 그 결과를 총체적으로 평가하고자 하는 전인적 평가로서의 수행평가가 지지하는 관점

구분	선발적 교육관	발달적 교육관	인본주의적 교육관
관련된 검사관	측정관	평가관	총평관
교육에 대한 1차 책임	학습자	교사	학습자 및 교사
강조되는 평가관	학습자의 개별 특성평가	교수학습 방법 평가	전인적 특성평가
연관된 평가유형	규준참조평가(상대평가)	목표(준거)참조 평가(절대평가)	절대평가, 수행평가, 평가무용론
지향분포	정상분포	부적 편포	
강조되는 평가도구	신뢰도	타당도(내용타당도)	구인타당도, 예언타당도

구분	측정관	평가관	총평관
개념	학습자가 어떤 특성을 어느 정도 소유하고 있는가를 양적으로 표현하는 과정	교육목표에 비추어 학습자의 성취도를 알아보는 과정	개인의 행동특성을 특별한 환경 과업 준거 상황에 관련시켜 의사결정을 하는 것
인간행동 특성관	• 안정이고 불변 • 개인의 정적 특성	• 불안정하고 가변적 • 개인의 동적 특성	환경과의 역동적인 상호작용을 통해 변화
환경관 (수업관)	• 환경은 불변 • 오차변인으로 간주 → 변인의 통제 및 영향의 극소화 노력	• 환경은 변화 • 행동변화의 중요 원천으로 간주 → 변인의 적극적 이용	• 환경은 변화 • 개인 변화의 한 변인으로 간주 → 환경과 개인의 상호작용을 이용
검사의 강조점	• 규준집단에 기초한 개인의 양적 기술 • 간접적 측정 • 신뢰도와 객관도 중시	• 교육목적에 기초한 양적 질적 기술 • 직접적 평가 • 내용타당도, 목표타당도 중시	• 전인적 기능 또는 전체 적합도에 기초한 질적 기술 • 간접적 직접적 평가 • 구인타당도, 예언타당도 중시
증거수집 방법	• 필답검사(표준화검사) • 객관적(양적)방법	• 변화증거수집이 가능한 모든 방법 • 주관적 객관적(양 질적)	• 상황에 비추어 변화증거 수집이 가능한 모든 방법 • 주관적(질적)방법
검사결과 활용	• 예언, 분류, 자격부여, 실험 • 진단에는 관심 없음	• 평점, 자격수여, 배치, 진급 • 교육목표 달성도의 진단	• 예언, 실험, 분류, 자격부여, 선발 • 준거상태에 비추어 진단 및 예언
검사결과 해석	집단 규준에 비추어 본 해석	교육목적에 비추어 본 해석	준거의 분석에서 추리한 가설 구인모형에 비추어 본 해석

UNIT 3 교육평가의 절차(Tyler & H. Remmers)

1 교육목표의 분석

(1) 교육목표는 교육의 전 과정에 있어서 실천적 준거
(2) 교육평가란 교육목적의 달성도를 따지는 일을 의미
(3) 교육평가를 통해 측정하고자 하는 교육의 구체적 목적은 '내용'과 '행동'으로 분류

2 평가 장면의 선정

(1) 평가 장면의 개념

수업목표에서 분류된 내용과 행동을 어느 정도 달성하고 있는가를 잴 수 있는 가장 적합한 기회 혹은 검사 상태를 말함

(2) 평가 장면의 예

필답검사, 면접법, 질문지법, 관찰법, 사회성측정법, 평정법, 투사법 등

3 평가도구의 제작 및 선정

(1) 평가도구의 제작 : 평가 장면에 알맞은 검사문항을 만드는 일을 의미

(2) 평가도구의 선정 : 표준화된 검사를 평가목적에 맞게 고른다는 것을 의미

(3) 수업목표에 따른 평가도구의 예
   ① 지능, 적성평가
   ② 정의적 행동 특성평가
   ③ 학력의 평가
   ④ 신체의 평가

4 측정 실시 및 결과처리

행동의 증거들을 수집하고 수집된 행동 증거를 통계적 방법에 의해 수량화하는 작업

5 평가결과 해석 및 활용 방법

(1) 평가결과의 해석은 교육목적에 비추어 그 목적이 얼마나 달성되었는가를 구체적으로 하나하나 따져 나가는 과정
(2) 평가의 최종적인 목적은 그 결과를 어떻게 활용할 것인가

(3) 평가 결과의 활용 방법

① 교육과정이나 교수법의 개선
② 지도와 상담에의 도움
③ 교육행정 및 교육정치에 도움
④ 평가자체의 평가 등에 활용

[평가의 일반적 절차와 메타평가]

평가의 일반적 절차	메타평가
평가의 목적 확인	평가하는 목적의 타당성 및 교육적 가치에 대한 평가
평가영역과 내용의 선정	선정된 평가영역과 내용의 타당성 및 균형성에 대한 검토
평가방법의 결정	평가방법의 적합성, 신뢰성, 실용성 등에 대한 검토
평가도구의 선정 및 개발	평가도구의 양호도 검토
평가시행을 위한 계획 수립	평가시행 계획의 적절성, 효율성 등에 대한 검토
평가환경의 구축	평가환경 구축의 적합성, 효율성 및 검토
자료의 수집	자료 수집 과정의 효율성 및 정확도 등의 검토
자료의 분석	자료분석 방법의 적절성 검토
평가결과에 대한 해석	평가결과 해석의 타당성 검토
평가결과의 보고	평가결과 보고 양식의 적절성 및 교육적인 영향력 등에 대한 검토
평가결과의 활용	평가결과 활용의 적절성 및 교육 개선에의 기여도 검토

UNIT 4 교육평가의 유형

구분	평가유형	
평가영역	인지적 평가	기억, 이해, 추론 등의 사고작용 평가
	정의적 평가	성격, 태도, 행동발달 상황 등 정의적 특성 평가 협동성, 책임감, 준법성, 사회성, 자아개념, 흥미, 태도, 가치관 등
	심리운동적 평가	실기평가와 같이 동작 평가
평가대상	학생평가	학생의 능력, 특성, 성취수준 등을 평가
	교사평가	교사의 교수활동이나 학생지도활동 등을 평가
	수업평가	수업이 진행되는 상황에서 학생들의 성취도를 중심으로 수업의 내용과 방법을 평가
	교육과정평가	교육과정의 질과 개정 과정의 타당성을 평가
	학교평가	학교에서 제공하는 교육서비스의 질을 평가
	정책평가	교육정책의 타당성, 효과 등을 평가
	행정기관평가	정책을 추진하는 체제를 포함한 행정의 종합적인 역량과 역할구조의 타당성 및 적합성 등을 종합적으로 평가
	인사 및 행정가평가	근무평정에 근거하여 상급자가 부하를 평가
성취목표 수준	최소필수 학력평가	완전학습평가(기초학력평가), 최소한으로 성취해야 하는 필수 수준을 넘었는지의 여부만을 판단하는 평가 → 절대평가에서 주로 사용
	최대성취 학력평가	변별평가, 최대로 성취한 수준까지 파악하는 평가 → 상대평가에서 사용
평가준거	규준참조평가	상대평가 → 학생의 성취 정도를 다른 학생들과 상대적으로 비교평가
	준거참조평가	절대평가 → 학생의 성취 정도를 절대준거(수업목표)에 비추어 확인평가
	능력지향평가	학생이 지니고 있는 능력에 비추어 얼마나 최선을 다했느냐에 초점 개인을 위주로 개별적 평가를 실시하여, 능력을 얼마나 발휘하였느냐에 관심을 두므로 표준화 적성검사에도 사용할 수 있음
	성장지향평가	교육과정을 통하여 얼마나 성장하였느냐에 관심(포트폴리오 평가), 사전 능력 수준과 관찰 시점에 측정된 능력수준 간의 차이에 관심을 두므로, 학생들에게 학업증진의 기회 부여와 개인화를 강조
평가기능	진단평가	학생들의 출발점행동을 파악하는 평가(표준화 학력검사, 표준화진단검사)
	형성평가	수업개선에 필요한 정보를 수집하는 평가(쪽지시험, 구두문답 등)
	총괄평가	학생의 성취 정도를 판단하는 평가(학기말 검사, 표준화 학력검사)
평가방법	양적평가 (정량평가)	검사 등을 사용하여 수량화된 자료를 얻는 평가 → 인지적 영역 평가
	질적평가 (정성평가)	관찰, 면접, 실기평가 등을 통해 수량화되지 않은 다양한 형태의 자료를 얻는 평가 → 정의적 또는 심동적 영역의 평가, 수행평가
시간제한 여부	속도평가	일정한 시간 제한을 두는 평가 → 상대평가에서 사용
	역량평가	시간 제한 없이 피험자의 역량을 최대한 발휘하도록 하는 평가 → 절대평가
상호작용 여부	정적 평가	학생과 교사의 표준적 상호작용만이 허용된 평가
	역동적 평가	학생과 교사의 상호작용을 통한 평가

평가내용	능력평가	사람이 무엇을 할 수 있느냐에 관련된 평가(적성평가, 학력평가)
	인성평가	사람이 무엇을 하려고 하느냐에 관련된 평가(성격, 적응, 기질, 흥미, 태도)
기타	메타평가	평가에 대한 평가. 평가방법의 개선을 목적으로 실시
	고부담평가	평가결과가 개인뿐만 아니라 사회에 미치는 영향력이 큰 평가 검사 결과가 학교행정가, 교육정책결정자, 자격증 발급청, 인사선발 주체 등에 의해서 중요한 결정을 내리는 데 사용되어 피검자에게 강력한 영향력을 행사하는 검사
	파일럿평가	교육목적 달성에 교수가 효과적으로 기여하는지를 알아보기 위하여 교수 산출물의 현실성을 확증하기에 앞서 중요한 데이터 수집 활동을 하는 평가

UNIT 5 규준참조평가와 준거참조평가

평가기준	주관적 기준		임의평가
	객관적 기준	학습자 내부 기준 (자기참조평가)	성장지향평가(성장참조평가) → 성장정도, 변화과정
			능력지향평가(능력참조평가) → 수행능력 발휘정도
		학습자 외부 기준	상대평가(규준참조평가) → 상대적 기준(편차점수)
			절대평가(준거참조평가) → 절대적 기준(학습목표)

구분	상대평가(규준참조평가)	절대평가(준거참조평가)
개념	평가기준이 규준(집단의 평균)에 의해 조작되는 평가	평가기준을 수업목표(도착점 행동)에 두는 목표지향적 평가
평가기준	상대적 순위(집단의 평균과 편차)	준거(절대기준, 교육목표)
교육관	선발적 교육관(선발 분류 중시)	발달적 교육관(성장 발달 중시)
평가관	측정관	평가관
평가목적	개인차 변별(상대적 비교, 서열화)	교육목표(도착점행동) 달성도 판단
검사특징	속도검사	역량검사
원점수에 대한 태도	원점수보다 서열(석차) 중시	원점수와 준거점수
평가의 1차 책임	학습자	교사
강조되는 동기	외재적 동기(경쟁)	내재적 동기(성취감, 지적 호기심)
적용	입학시험, 심리검사	각종 자격시험, 초등학교 저학년 평가, 학습위계가 뚜렷한 교과(수학, 과학)의 평가
지향분포	정상분포곡선	부적편포곡선(좌경 분포)
검사양호도	신뢰도 강조	타당도 강조
문항난이도	다양한 수준 (쉬운 문항과 어려운 문항)	적절한 수준
평가방법	집단 내 상대적 위치 비교 (상위 10% 이내는 '수')	개인의 수행수준 사정 혹은 분류 (수업목표 90% 달성이면 '수')
기본가정	개인차 극복 불가능	개인차 극복 가능
측정	일반적이고 포괄적인 수준의 행동	매우 구체화시킨 행동
일반화 가능성	검사결과를 일반화할 수 없음	검사결과를 전집영역으로 일반화함
중시되는 평가기능	평가의 행정적 기능 강조	평가의 교수적 기능 강조
장점	• 개인차 변별 • 집단 내 상대적 위치 파악 • 객관적 평가(교사의 주관적 편견 배제) • 외재적 동기 유발 • 통계적 처리 용이(정상분포 가정)	• 교육의 질적 향상 도모 • 교수학습 개선에 공헌 • 내재적 동기 유발 • 진정한 의미의 학습효과 측정 가능 • 협동학습 가능 • 인간 능력에 대한 신념 및 학생의 정신 위생에 공헌
단점	• 타 집단과의 비교가 불가능 • 교육목표 도달 여부 판단 × • 지나친 경쟁으로 인한 정서적 부작용과 비인간화 초래 • 교수학습 개선 효과 × • 진정한 의미의 학습효과 비교 불가 • 교육의 질 저하	• 개인차 변별 곤란 • 절대적 기준 설정의 어려움 • 통계적 활용의 어려움(부적 편포 가정) • 최저 수준의 목표만 요구 • 설정된 목표 이외의 학습활동이나 결과는 무시

CHAPTER 02 교육평가의 모형

UNIT 1 목표중심평가(Objective-oriented evaluation approach) - 목표달성 모형

1 의미

(1) 평가에 대한 목표 중심적 접근은 미리 설정하여 놓은 목표를 평가의 기준으로 삼아 그 목표가 실현된 정도를 판단하는 데에 초점을 두는 입장
(2) 목표 중심적 접근을 대표하는 학자로는 최초로 '교육평가'라는 용어를 공식적인 학문 용어로 사용하기 시작한 타일러(Tyler)를 들 수 있음
(3) 목표 중심의 접근은 '교육목표는 구체적으로 설정될 수 있고 실제로 어느 정도 실현했는지에 대한 파악이 가능하다'라는 것을 전제

2 특징

(1) 목표 중심적 접근은 검사나 측정으로부터 평가를 분리해 내어 교육평가를 하나의 독립된 학문영역으로 발전시키는 데에 공헌한 바가 큼
(2) 명확한 평가기준(교육목표)을 제시한다는 점과 교육과정과 평가의 논리적 일관성을 유지한다는 점은 목표 중심적 접근이 지닌 큰 장점이라 볼 수 있음
(3) 특히 목표 중심 평가는 교육에 있어서 목표의 중요성을 강조함으로써, 교육프로그램의 개발자나 교사들로 하여금 결과 확인을 통해 자신들의 교육활동에 대한 책무성을 가지도록 자극했다는 점에서도 의의를 지님
(4) 목표를 미리 설정한 후 그 목표가 어느 정도 달성되었는지를 판단하는 데 초점
(5) 평가를 통해 얻어지는 정보를 근거로 교육목표와 교육내용 및 평가절차와 평가도구 개선
(6) 목표 중심적 접근은 몇 가지 한계를 지님
  ① 행동 용어로 진술하기 어려운 교육목표에 대한 평가가 곤란
  ② 목표로 설정되지 않은 교육의 부수적인 결과에 대해서는 평가가 이루어지지 않음
  ③ 목표 중심 평가는 지나치게 결과에 대한 평가만을 강조하는 경향이 있음

3 타일러(Tyler)의 평가모형(목표달성 모형)

(1) 타일러(Tyler)의 평가모형(목표달성 모형)

① 교육평가를 '설정된 교육목표에 따라 적합한 교육내용이 교수되고, 이러한 교육과정을 통해 실제로 교육목표가 실현된 정도를 가늠하는 과정'으로 개념화
② 타일러식의 정의는 최초로 교육의 전체적인 맥락 안에서 교육평가의 기능과 역할을 논의했을 뿐 아니라, 교육의 과정과 교육평가를 연계시켰다는 의의를 지님

[타일러의 목표중심평가]

교육목표의 설정 ▶ 학습경험의 선정 ▶ 학습경험의 조직 ▶ 학습성과의 평가

③ 타일러가 교육평가에 있어서 목표를 강조하게 된 것은 1933년부터 1941년에 걸쳐 진행된 '8년 연구'의 경험 때문(Smith & Tyler)
④ 8년 연구는 고등학교에서 실시된 진보주의 교육의 효과를 검증하기 위해 진행된 연구
⑤ 연구가 진행되는 동안 교육목표 자체가 다른 전통적인 교육과 진보주의 교육의 효과를 동일한 평가도구에 의해 판단하는 것은 타당하지 못하다는 결론
⑥ 즉, 진보주의 교육을 실시하였다면 진보주의 교육이 목표한 바가 얼마나 제대로 실현되었는지를 판단하는 것이 제대로 된 평가라는 것
⑦ 목표 중심적 접근에서의 교육목표는 실제로 실현된 정도가 파악될 수 있어야 하기 때문에 일반적으로 교과의 내용과 학생의 구체적인 행동이 결합된 형태로 진술
⑧ 교육을 통해 학생이 성취하기를 바라는 바람직한 행동의 지속적인 변화를 교육목표로 설정하는 것
⑨ 이러한 행동의 변화가 학생에게 실제로 어느 정도 일어났는지를 가늠하는 과정이 바로 교육평가인 것

목표중심평가에서 교육목표 진술(예)
- 이차방정식의 근의 공식을 유도할 수 있다.
- 농민의 국가에 대한 전세·역·공납의 부담을 설명할 수 있다.
- 경제성장, 소득분배, 사회복지 등의 기본개념을 이용하여 우리나라 경제 상황을 설명하고 미래 경제 성장에 대한 전망을 할 수 있다.

(2) 특징

① 교육목표의 설정 및 세분화에 기여. 교육평가는 학습경험의 선정 및 조직에 기여
② 평가는 교수·학습에 기여
③ 의도했던 학습자의 행동이 실제로 변화되었는가를 확인하고 판단하는 과정
④ 목표가 핵심적인 위치. 과정, 선정, 개발, 검사제작의 지침과 준거 역할을 수행
⑤ 행동목표, 교육목표분류학, 교육의 책무성운동, 최저능력검사, 준거지향 검사 개발 토대제공
⑥ 목표달성도측정, 목표관리기법, 기획예산제도와 같은 경영관리기법을 개발하는 데도 영향

(3) 평가 절차

광범위한 목적 또는 목표들을 설정 → 설정된 목적 또는 목표들을 분류 → 분류된 교육목표를 행동적 용어로 정의 → 교육목표의 달성이 측정될 수 있는 평가 장면을 설정 → 측정 도구를 개발하거나 선택 → 측정 자료를 수집 → 측정 자료를 행동 용어로 진술된 목표와 비교

(4) 장점

① 교육목표를 행동적 용어로 진술함으로써 명확한 평가기준을 제시해 줌으로써 명확한 평가기준에 근거하여 평가를 과학적으로 접근
② 교육목표, 교육내용, 교육평가 간의 논리적 일관성 유지
③ 평가를 통해 교육목표의 실현 정도를 명확히 파악
④ 교육에 있어 목표의 중요성을 강조함으로써, 교육 프로그램 개발자나 교사들로 하여금 결과 확인을 통해 자신들의 교육활동에 대한 책무성을 가지도록 자극
⑤ 전반적으로 목표달성 모형을 활용하면 교육목표와 학생 성취 간의 합치여부를 체계적이고 논리적으로 검증할 수 있으므로 학교 현장에서 널리 사용

(5) 단점

① 행동적 용어로 진술하기 어려운 교육목표에 대한 평가는 처음부터 의도적으로 제외한다는 비판을 받음. 학생의 모든 행동변화를 행동적 교육목표로 진술하고 그 성취 정도를 판단하는 것이 불가능하다는 점을 간과
② 교육목표로 설정되지 않은 교육의 부수적 결과 혹은 잠재적 효과에 대해서는 평가를 하지 않는다는 비판을 받음. 잠재적 교육과정이 엄연히 존재하는데도 교육의 목표로 설정하지 않고 제외함으로써 소홀히 하는 것은 목표성취모형의 한계
③ 목표가 도달된 결과에만 초점을 두어 교육의 과정 자체를 소홀히 하는 결과를 초래할 뿐 아니라 교육의 과정 자체에 대한 평가도 소홀히 한다는 한계가 지적
④ 교육이 이루어지는 과정에 대한 평가는 하지 않기 때문에 수단과 방법을 가리지 않고 목표성취라는 결과만 좋으면 그만이라는 비교육적 사태를 초래한다는 비판
⑤ 교육목표를 사전에 알게 되면 의식적이든 무의식적이든 그 목표에 근거해서 모든 것을 판단하려 하기 때문에, 평가에 있어 오히려 편견과 비합리적인 사고에 빠질 우려
⑥ 기술적인 합리성만 강조하기 때문에 교육이 정치·사회적 역할이나 윤리·도덕적 역할과 같은 복합적인 측면을 평가할 수 없으며, 측정하기 어려운 경험, 태도, 감정 변화 등과 같은 점은 평가하기 곤란

UNIT 2 운영중심평가(Management-oriented evaluation approach) - 의사결정적 접근

1 의미

(1) 평가에 대한 경영적 접근은 기본적으로 투입과 산출을 기준으로 운영되는 경영체제에서의 효율성을 가늠하는데 평가과정의 초점을 두는 입장
(2) 경영적 접근은 평가를 '의사결정자에게 필요한 정보를 제공함으로써 의사결정을 돕는 과정'으로 본다는 면에서 '의사결정적 접근'이라 불리기도 함

2 특징

(1) 의사 결정자에게 필요한 정보를 제공함으로써 의사결정을 도와주기 위한 것
(2) 체제적 접근을 취하며 의사결정자의 관심, 정보에 대한 요구 및 효율성을 위한 준거에 관심

3 스터플빔(Stufflebeam)의 CIPP 모형(의사결정적 접근)

(1) 스터플빔(Stufflebeam)의 CIPP 모형(의사결정적 접근)
① 경영적 접근 또는 의사결정적 접근을 대표하는 학자로는 CIPP 모형을 제안한 스터플빔
② 스터플빔은 1960년대 중반에 미국에서 성행하던 체제이론과 관리이론의 영향을 받아들여, 교육평가는 교육행정가가 올바른 의사결정을 내리는데 필요한 정보를 제공하고 그 결정이 갖는 장점과 단점을 파악할 수 있도록 해 주어야 한다는 입장을 주장

(2) 특징
① "평가는 개선 목적으로 활용해야 한다" 즉, 프로그램 개선 목적의 의사결정을 보조
② 의사결정자에게 필요 적절한 정보를 기술, 획득, 제공하는 과정으로 정의
③ CIPP : 상황평가(Context e.), 투입평가(Input e.), 과정평가(Process e.), 산출평가(Product e.)

(3) 4가지 평가유형
스터플빔은 조직 내 의사결정은 다음 네 가지의 유형에 따라 단계적으로 이루어져야 함을 제안

① **상황평가(계획 단계의 의사결정)** : 전면개혁상황(계획된 의사결정)
 ㉠ 계획단계의 의사결정에 도움이 되는 정보를 제공하기 위한 평가로 주로 구체적인 상황이나 환경적 여건을 파악
 ㉡ 교육목표를 결정하는 합리적 기초나 이유를 제공. 교육상황에서 무엇이 문제인가, 무엇이 충족되어야 하는가를 밝혀서 장차의 교육프로그램에서 관심의 초점이 되어야 할 일반 목표와 세부 목표를 확인하는 일을 지칭
 ㉢ 상황평가의 결과는 이미 설정·운영되고 있는 목표와 새로 설정된 목표간의 우선순위를 검토하여 조정하고 바람직한 변화를 결정하기 위한 기초자료로 활용

② **투입평가(구조화 단계의 의사결정)** : 현상유지상황(구조적 의사결정)
 ㉠ 구조화 단계의 의사결정에 도움을 주기 위한 것으로 현재 어떠한 산물이 투입되고 있고 앞으로는 어떠한 산물이 투입되어야 하는가를 파악
 ㉡ 의사결정을 구조화하기 위한 평가. 즉, 평가에 사용되는 인적 자원, 목표달성을 위한 전략 실행을 위한 설계등의 활용 방법을 결정하는 데 필요한 정보를 수집하고 제공
 ㉢ 투입할 수 있는 자원, 시간, 예산에 비추어 여러 대안을 고려하고 평가과정에서 발생할 수 있는 문제점을 검토함으로써 실패의 위험이 있거나 자원 낭비에 그칠 수 있는 상황을 피하도록 정보를 제공

③ **과정평가(실행 단계의 의사결정)** : 점진적 개혁상황(수행적 의사결정)
 ㉠ 실행 단계의 의사결정에 도움을 주기 위한 것으로 구조화 단계에서 수립한 전략이 실행되는 과정에서 고려해야 할 점, 발생 가능한 사건 등을 파악

ⓛ 의사결정을 실행하는 데 도움을 주는 평가. 프로그램의 실행과정에서 프로그램의 운영방법과 절차를 수정하고 보완하는 데 필요한 정보를 수집하여 제공함으로써 프로그램의 운영 상황을 검토하는 것. 주로 참여 관찰, 토의, 설문 조사 등의 방법이 사용

④ 산출평가(재순환 단계의 의사결정) : 혁신적 변화상황(재순환적 의사결정)
  ㉠ 결과 단계에서의 활용을 위한 것으로 전체 과정을 통해 산출된 결과의 가치를 판단하는 데에 도움이 되는 정보를 수집
  ㉡ 의사결정을 순환시키는 데 도움을 주기 위한 평가. 즉, 프로그램이 끝난 후 프로그램의 효과를 측정하는 평가로 그 효과를 종합적으로 확인하여 프로그램의 질과 사용자의 요구에 비추어 프로그램의 성과를 정확하게 판단하는 것
  ㉢ 산출평가의 방법으로 미리 설정된 프로그램의 목표에 비추어 성과를 비교하거나 다른 유사 프로그램의 성과와 비교하는 방법이 있음

(4) 장점
① 기존의 평가모형에 비해 더욱 폭넓은 대상을 평가대상으로 포괄할 수 있음
② 프로그램의 여러 상황 및 국면에 대한 평가가 가능. 즉, 프로그램의 어떤 단계에서도 평가가 가능
③ 의사결정과 평가 간의 체계적 접근이 가능. 즉, 환류작용에 민감
④ 평가가 의사결정권자에게 유용하고 의사결정이 평가에서 핵심적인 역할을 함
⑤ CIPP 평가와 책무성 간의 관계를 정립하는 데 기여할 수 있음

(5) 단점
① 평가자 자신이 가치판단을 하지 않고 의사결정자에게 위임한다는 점에서 가치문제를 별로 고려하지 않음
② 의사결정 과정이 명확하지 않고 그 방법이 정의되지 않았음. 의사결정 과정에 관한 방법론적 형상화와 구체적인 안내가 부족하다는 점
③ 의사결정 형식과 변화 형태 등의 개념과 그와 관련된 평가 개념을 조작적으로 표현하기 어렵다는 점
④ 전 과정을 전체적으로 이용한다면 비용이 많이 들고 복잡해짐

[스터플빔 CIPP 모형]

4 의의

(1) 조직의 관리과정과 의사결정을 중심으로 평가활동을 수행해야 한다는 점을 강조
(2) 다양한 상황요인의 영향을 받기 때문에 상황요인을 고려해야 한다는 필요성 강조
(3) 경영 중심 평가는 기본적으로 투입과 산출을 기준으로 목표와 결과간에 논리적 일관성을 유지한다는 점에서 목표 중심 평가와 공통점을 지님
(4) 그러나 목표 중심 평가는 목표가 실현된 정도를 파악하는 데에 주요 초점을 맞춘 반면 경영 중심 평가는 목표 설정에서부터 설계, 실행, 결과에 이르기까지 전체 과정의 각 단계에 적절한 평가를 수행할 것을 제안
(5) 또한 목표 중심 평가에서 평가자의 임무를 교육의 효과에 대해 신뢰할 만한 증거를 제공하는 것으로 제한한다면, 경영 중심 평가에서는 평가자의 임무를 의사결정자에게 도움을 주는 것으로까지 확대시켰다는 의의를 지님
(6) 평가에 대한 경영적 접근은 비교적 투입과 산출이 명확하고 구체화된 기업체 등에 유용한 관점
(7) 교육은 투입한 만큼 산출되어 나오는 것이 아니고 그 효과가 나타나는 시기 또한 즉각적이지 않은 경우가 많기 때문
(8) 그러나 조직에서 중요한 의사 결정을 할 때 평가를 통해 신뢰할 수 있는 정보를 수집한 후 이에 근거하여 최종 의사 결정을 내린다는 경영적 접근의 제안은 교육현장에서도 충분히 관심을 가져야 할 관점이라 보여짐

UNIT 3 소비자 중심 평가(Consumer-oriented evaluation approach) - 수요자 중심

1 의미

(1) 수요자 중심 평가(client centered evaluation)도 미리 설정된 목표 기준에 대해서만 대상을 판단하지 않고 다른 기준에 근거하여 평가한다는 점에서 탈목표 평가의 하나로 포함시킬 수 있음
(2) 수요자 중심 평가란 교육적 서비스 상품의 주 수요자인 학생, 학부모, 또는 교사를 대신해 교육적 서비스의 상대적 장·단점을 판단하여 수요자가 상품을 현명하게 선택·구입할 수 있도록 도움을 주는 정보를 수집하여 제공하는 것을 말함
(3) 수요자 중심 평가에서는 수요자가 원하는 정보를 제공해 주는 것이 중요하므로 역시 평가기준의 선택 자체가 매우 중요한 과제로 떠오름
(4) 연구소에서 출판된 연구보고서를 활용하는 수요자가 얼마나 만족하는가를 기준으로 하여 보고서의 질을 평가하는 것은 수요자 중심 평가의 한 예

2 특징

(1) 학생이나 교사에게 얼마나 필요한지를 설명, 시장성, 유용성, 생산성 대비효과 등을 분석
(2) 교육의 행위도 서비스로 간주하여 소비자가 무엇을 원하고 필요로 하는가에 관심

3 스크리븐(Scriven)의 탈목표평가 : 요구근거평가, 형성평가

(1) 스크리븐(Scriven)의 탈목표평가

① 스크리븐이 제안한 탈목표평가는 미리 설정된 목표만을 기준으로 하여 목표의 실현된 정도를 판단하는 평가를 벗어나서 교육의 과정에서 발생하는 기타 부수적인 결과의 가치까지도 판단해야 함을 주장
② 스크리븐은 평가자가 교육목표를 사전에 알게 되면 의식적이든 무의식적이든 그 목표에 근거해서 모든 것을 판단하려 하기 때문에 평가에 있어 오히려 편견과 비합리적인 사고에 빠질 우려가 있다고 봄
③ 스크리븐이 목표 자체를 중시하지 않는 것은 아니며 미리 설정된 목표 이외의 다른 유용한 기준도 반영해서 종합적으로 판단해야 함을 주장
④ 타일러가 주장한 목표중심평가가 미리 설정된 목표 이외의 교육 효과에 대한 평가를 간과한다는 약점을 보완해 주는 평가모형이 바로 탈목표평가
⑤ 사전에 제시된 목표 자체에 대해서도 판단할 수 있는 여지를 남겨둔다는 장점

(2) 특징

① 프로그램의 가치를 판단하는 것. 평가자는 목표가 달성되었느냐에 관심. 목표 질 고려
② 목표의 질에 관한 평가 개념을 제안하여 정해진 목표의 성취 수준이나 질만을 따지는 것이 아니라 '목표 그 자체의 가치'를 판단할 필요가 있음을 강조
③ 목표중심평가와 탈목표평가를 구분하여 판단
④ **목표중심평가** : 프로그램의 효과나 가치를 평가할 때 프로그램의 목표에 근거해서 판단
⑤ **탈목표평가** : 의도된 성과뿐만 아니라 기대하지 않았던 성과의 평가도 고려하는 것

(3) 평가에서 고려할 사항

① 내재적 준거와 외재적 준거
  ㉠ 교육 프로그램을 개발할 때 내재적 준거와 외재적 준거를 동시에 고려. 내재적 준거로서 프로그램이 교육적으로 좋은 사례들을 포함하고 있는지를 판단하고, 외재적 준거로서 프로그램의 효과성을 함께 고려
  ㉡ **내재적 준거** : 판단하려고 하는 대상에 내재되어 있는 기준. 즉 평가도구나 방법의 신뢰도와 객관도, 평가도구의 제작, 문항의 작성, 통계 처리 등을 의미
  ㉢ **외재적 준거** : 판단하려는 대상이 밖으로 드러나는 준거로 효과를 말함. 따라서 외재적 준거, 즉, 평가 자체의 효과, 평가에 의한 변화, 평가의 부작용과 역작용, 부작용에 대한 대안 등 평가에 관한 관심의 범위를 확대해야 한다는 것을 의미
  ㉣ 내재적 준거를 경시하는 것이 아니라, 평가에 관한 관심의 범위를 확대시켜야 한다는 것을 의미

② **형성평가의 중요성**
  ㉠ 형성평가와 총합평가를 구분하여 판단
  ㉡ **형성평가** : 수업계열이나 수업과정의 개발 중에 실시하여 교사가 직접 평가
  ㉢ **총합평가** : 수업계열이나 수업과정의 개발 후에 실시하여 교사보다는 외부 전문가 평가
③ **비교평가와 비비교평가**
  ㉠ 비교평가와 비비교평가의 구분. 비교평가와 비비교평가를 구분하고 비교평가에 강조점
  ㉡ **비교평가** : 교육평가에서 의사결정의 초점은 여러 대립안들 중에서 최선안을 선택하는 것이므로 평가대상(목표, 프로그램, 성취도 등)의 비교는 중요
  ㉢ **비비교평가** : 프로그램 내 평가를 의미

(4) 장점
① 사전에 설정된 목표만을 기준으로 목표의 실현 여부를 판단하는 평가에서 벗어나 교육의 과정 중에 발생하는 잠재적인 결과의 가치까지도 판단해야 함. 즉, 교육효과에 대한 평가도 이루어짐
② 목표에 관한 정보가 전혀 없는 상황에서도 평가를 수행할 수 있음
③ 교육의 결과(프로그램의 모든 효과)를 총체적으로 판단하는 전문적 평가를 중시. 전문적인 평가자가 해야 할 역할은 의사결정에 도움이 되는 자료를 수집하거나 교육현상에 관해 자세히 기술하는 데서 벗어나 평가하려는 교육현상이나 대상의 가치에 대해 최종적인 판단이 가능

(5) 단점
① 각기 다른 준거를 근거로 한 성취를 같게 생각하고 준거에 대한 상대적인 비중을 두는 것은 방법론적 문제를 야기
② 판단의 타당성을 평가하는 방법이 없음

4 의의

(1) 목표에 대한 정보가 전혀 없는 상황에서도 평가를 수행할 수 있다는 것을 입증
(2) 프로그램의 모든 효과를 포괄적인 입장에서 검토할 필요성을 역설
(3) 목표기준평가를 실시할 때에도 목표 자체의 가치를 판단할 필요성을 강조함으로써
(4) 평가의 이론과 실제에 큰 영향을 미치게 되었음
(5) 탈목표평가에서는 목표 중심 평가와 달리 미리 설정된 구체적인 목표라는 평가기준만으로 판단하지 않으므로 어떤 기준에 근거하여 판단을 내리느냐를 결정하는 것이 평가의 타당성을 확보하는 가장 중요한 과제가 됨
(6) 결과적으로 이러한 과정에서 전문가로서의 평가자의 역할이 강조
(7) 스크리븐은 전문적인 평가자라면 의사결정에 도움이 되는 자료를 수집하거나 일어난 현상 모두를 자세히 기술하는 데 그쳐서는 안 되고, 평가하려는 현상이나 대상의 가치에 대해 반드시 최종적인 결정을 내려 주어야 함을 강조
(8) 결과적으로 스크리븐은 교육의 과정을 개선하기 위한 평가를 중시하는 크론박과 달리 교육의 결과를 종합적으로 판단하는 평가를 중시

[판단적 접근]

스테이크(Stake) 종합실상평가	종합실상평가는 교육 프로그램의 전체적인 실상을 평가하는 것을 강조하는 입장
아이스너(Eisner) 비평적 평가	교육평가가 예술작품을 비평하는 것과 같은 방식으로 이루어져야 함을 주장하는 입장

UNIT 4 크론박(Cronback)의 연구적 접근

1 개요

평가에 대한 연구적 접근은 마치 연구자가 연구를 수행하듯이 평가에 필요한 자료를 수집하여 현상을 이해하고 설명하는 방식으로 평가가 수행되어야 함을 주장하는 입장

2 크론박의 연구적 접근

(1) 크론박은 교육평가를 '교육 프로그램의 개선을 위한 의사결정을 내리는데 필요한 정보를 수집하거나 이용하는 과정'이라고 정의
(2) 평가에 있어서 대상에 대한 다양한 자료 수집을 강조한다는 점에서 스터플빔과 유사한 입장
(3) 사례 연구를 중시하면서 평가에 대한 연구적 접근의 독특한 관점을 제안
(4) 목표가 실현된 정도를 판단하는 것보다는 교육의 과정 자체를 개선하는데 평가의 목적이 있음을 강조
(5) 결과적으로 성취 결과를 판단하는 총괄평가보다는 수업 개선의 피드백을 얻기 위한 형성평가를 중시하는 것

3 평가자의 역할

평가자의 주요한 역할은 가치판단을 내리는데 있기보다는 가치를 판단하는데 필요한 정보를 제공하는데 있다고 봄. 즉, 평가자는 의사결정자에게 봉사해야 하는 것

4 특징

(1) 교육의 과정을 개선하기 위해 평가자는 우선 교육활동이 일어나는 혹은 특정한 교육 프로그램이 적용되는 상황적·문화적 요소를 파악할 필요가 있음
(2) 사례연구 등을 통해 교육의 과정을 통합적인 맥락에서 이해할 필요가 있음
(3) 따라서 이러한 과정에서 평가자가 수행하는 풍부한 자료수집과 구체적 상황이나 맥락에 대한 이해는 마치 연구자가 연구를 수행해 나가는 것과 유사한 모습을 띠게 되는 것
(4) 평가의 목적에 있어서 결과에 대한 판단보다는 과정의 개선을 중시

(5) 사전에 명료하게 구체화된 평가기준에 근거한 평가보다는 사례연구 등의 방법을 통한 다양한 자료수집에 의한 현상 이해적인 평가를 강조
(6) 기본적으로 투입과 산출을 기준으로 목표와 결과간에 논리적 일관성을 유지하는 목표 중심적 접근이나 경영적 접근과는 근본적인 입장의 차이를 지님

UNIT 5 바이스(Weiss)의 정책분석적 접근(이해관계자 접근)

1 개요

(1) 평가에 대한 정책분석적 접근은 평가를 의사결정의 과정이라기보다는 정치적 과정으로 바라보아야 함을 주장하는 입장
(2) 특정 평가행위로 인해서 영향을 받는 이해관계 집단들간의 권력관계의 조정 과정에 초점을 둔다는 점에서 이해관계자의 접근이라고도 부름

2 바이스(Weiss, 1983)의 이해관계자 접근

(1) 정책분석적 접근은 그 철학적 배경에 있어서 목표 중심적 접근이나 경영적 접근과는 근본적인 차이를 지님
(2) 목표중심적 접근이나 경영적 접근은 교육목표나 투입과 산출의 효율성 등 절대적이고 바람직한 기준에 비추어 결과의 가치를 판단
(3) 그러나 정책분석적 접근에서는 이러한 절대적이고 객관적인 평가기준을 전제하지 않음

3 특징

(1) 평가활동을 '평가와 관련된 이해당사자들이 권력관계의 맥락에서 이를 조정하고 경영해 나가는 일종의 정치적 게임'으로 간주
(2) 결과적으로 정책분석적 입장에서의 평가자는 진리의 전달자가 아닌 정보의 전달자이며, 판단자가 아닌 판단에 도움을 주는 자의 역할을 수행

4 의의

(1) 평가에 대한 정책분석적 접근은 본격적으로 평가의 정치적 본질을 인식하기 시작하였다는 점에서 의의를 지님
(2) 실제로 평가의 과정에서 직·간접적인 영향을 미칠 수밖에 없는 이해관계 집단들에 관심을 가짐으로써 평가의 실제적인 활용도를 확대시켰다고 볼 수 있음
(3) 실제 교육현장에서 수행되는 평가의 과정에는 교사, 학생, 학부모, 교육행정가 등 관련 집단들의 이해관계가 얽혀 있음

(4) 바이스의 정책분석적 접근은 실제 상황에 관심을 가짐으로써 평가에 대해 좀더 현실적인 관점을 제시했다는 의의를 지님

UNIT 6 울프(Wolf)의 배심원적 접근

1 개요

(1) 평가에 대한 배심원적 접근은 서구식 재판 패러다임을 이용하여 평가의 과정을 설명하려는 입장으로 대표적인 학자는 울프(Wolf, 1979)
(2) 울프 자신은 재판모형(JEM : Judicial Evaluation Model)이라고 표현하였으나, 서구의 법정이 우리나라의 법정과는 다른 절차에 의해 이루어지므로 서구식 법정의 특징을 잘 나타내 주는 배심원적 접근이라는 표현이 더 잘 나타내 줄 것이라고 보여짐

2 특징

(1) 마치 재판과정에서 판사, 검사, 변호사, 배심원들이 원고와 피고의 대립되는 주장을 청취한 다음 판결을 내리는 것과 유사한 방식으로 평가가 수행되어야 함을 강조
(2) 교육정책, 교육제도, 교육프로그램, 수업방법 등의 적합성이나 효율성을 평가하는데 적절한 것으로 보여짐
(3) 예를 들면 새로운 수업방법의 도입을 놓고 이를 지지하는 변호사와 이를 반대하는 검사가 자신의 의견을 객관적인 자료를 동원하여 주장하며, 이를 청취한 배심원들은 논의의 과정을 거쳐 판결을 내리고, 판사는 이 모든 과정을 주관
(4) 평가의 과정에 있어서는 재판과정과 마찬가지고 객관성, 공정성, 공개성 등이 특히 강조
(5) 평가자가 재판에 등장하는 인물 가운데 어떤 인물의 역할을 본따서 어떤 형식으로 운영하느냐에 따라 다양한 활동이 가능

3 장·단점

(1) 평가에 대한 배심원적 접근은 최종적인 판단으로 인해 발생하는 긍정적인 면과 부정적인 면을 공개적인 주장과 논의를 통해 신중하게 살펴볼 수 있다는 장점을 지님
(2) 왜냐하면 최종적인 판단에 찬성하는 입장이나 반대하는 입장을 미리 설정하고 각자의 입장에서 자신의 주장을 배심원들에게 설득시키기 위해 객관적인 자료를 확보하고 이를 논리적으로 주장하려는 노력들이 체계적으로 이루어지기 때문
(3) 이처럼 찬반을 이용한 토론식으로 이루어지는 배심원적 접근은 객관적인 자료의 수집이 어려운 경우에는 적용에 한계가 있으며, 검사나 변호사 역할을 수행하는 사람의 토론하는 능력에 따라 최종적인 판단이 좌우될 수 있다는 약점이 있음

UNIT 7 다원적·직관적 접근

1 의미

평가란 '그 과정에 개입하는 특정한 개인 혹은 집단들의 상호작용적 과정을 통해 바람직한 결과를 만들어내는 것'

2 스테이크(Stake)의 반응평가

(1) 교육활동이 사전에 세운 계획대로만 이루어지는 것이 아니며 매우 역동적이고 복잡한 활동임을 인식하게 되면서 반응적 평가를 통한 평가자와 관련 인사간의 지속적인 상호작용 강조
(2) 특히 평가자와 관련 인사간의 지속적인 대화를 중시하며 이들간의 역동적 상호작용을 단계별로 구체화

3 구바·링콘(Guba & Lincoln)의 자연주의적 평가(참여적 평가)

(1) 자연주의적 평가에서는 '평가자를 포함한 이해 관계자들의 상호작용 과정을 통해 창조해 나가는 것'으로 개념화
(2) 이해관계자들의 평가과정에의 참여를 강조한다는 점에서 '참여적 평가'로 부르기도 함
(3) 평가의 과정에서 다음의 다섯 가지 정보를 수집해야 함을 제안
　① 평가목표, 구체적 환경, 주변의 조건에 관한 기술
　② 관련 인사들의 관심
　③ 관련된 주제들
　④ 평가 대상
　⑤ 평가의 가치와 관련된 기준 등

UNIT 8 하우스(House)의 사회정의적 접근(민주적 평가)

1 개요

(1) 하우스(House, 1977)는 평가를 '어떤 대상의 가치에 대해 특정 관중의 추론과 이해에 호소함으로써 이들을 설득하는 것'으로 개념화
(2) 사회정의적 접근에서 평가자는 논쟁, 담화, 협약 등을 통하여 관중을 설득시키려 노력하고, 평가자의 평가행위는 관중들을 얼마나 설득시켰느냐에 따라 검증됨
(3) 사회정의적 접근에서는 관중을 설득시키기 위해 양적 사료를 수집하기도 하지만 어디까지나 인간의 종합적인 판단을 우선
(4) 특정 관중이 평가결과를 수용하는 정도에 따라 평가의 효과를 결정

[교육평가에 대한 다양한 관점의 비교]

관점		대표자	평가 정의	특징	의의	한계
목표중심적 접근		타일러	미리 설정된 목표가 실현된 정도를 판단	목표의 실현정도를 파악하는데 초점	• 명확한 평가 기준 제시 • 교육목표, 교육과정, 평가 간의 논리적 일관성 확보	• 행동용어로 진술하기 어려운 목표에 대한 평가 곤란 • 교육의 부수효과에 대한 평가 곤란 • 과정에 대한 평가 소홀
경영적 접근 (의사결정적 접근)		스터플빔	의사결정자에게 필요한 정보를 제공하여 의사결정을 돕는 과정	투입과 산출을 기준으로 전체 평가과정의 효율성을 가늠하는데 초점	• 목표와 결과간에 논리적 일관성 유지 • 평가자의 임무를 의사결정자에게 도움을 주는 것으로까지 확대	기업체 등에 비해 투입과 산출이 가시적이지 않고 즉각적이지 않은 교육현장에 적용하기 어려움
연구적 접근		크론박	교육프로그램의 개선을 위한 의사결정을 내리는데 필요한 정보를 수집하거나 이용하는 과정	연구자가 연구를 수행하듯이 평가에 필요한 자료를 수집하여 현상을 이해하고 설명하는 과정을 강조	• 사례연구를 통한 현상 이해적 평가 • 수업개선의 피드백을 얻기 위한 형성평가 강조	• 사전에 명료하게 구체화된 평가기준 없음 • 성취결과를 판단하는 총괄평가 경시
정책분석적 접근 (이해관계자 접근)		바이스	평가와 관련된 이해당사자들의 권력관계의 조정과정	• 평가자의 정치경영자로서의 임무 강조 • 다양하고 풍부한 질적 자료 수집강조	• 평가의 정치적 본질을 이해하기 시작 • 이해관계집단들에 관심을 가짐으로써 평가의 실제적인 활용도 증대시킴	평가자의 정치경영적 능력 확보의 어려움
배심원적 접근 (재판모형)		울프	재판패러다임을 이용하여 평가의 과정 설명	평가의 객관성, 공정성, 공개성 강조	평가결과로 인해 발생하는 긍정적인 면을 공개적인 주장과 논의를 통해 신중하게 살펴볼 수 있음	• 객관적인 증거수집이 어려운 경우에 적용에 한계 • 토론자의 능력에 따라 결과가 좌우될 가능성
판단적 접근	탈목표 평가	스크리븐	미리 설정된 목표뿐만 아니라 다른 유용한 기준도 반영하여 종합적으로 판단	교육의 결과를 종합적으로 판단하는 총괄평가 중시	타일러가 주장한 목표중심평가가 교육의 부수효과에 대한 평가를 간과한다는 약점을 보완	평가자의 전문성이 전제되지 않는 한 평가결과를 신뢰하기 어려움
	종합 실상 평가	스테이크	교육프로그램의 실상을 종합적으로 관찰해서 충실하게 기술하는 동시에 정확하게 판단하는 것	평가대상에 대한 서술과 최종적인 판단 모두를 강조	크론박과 스크리븐의 관점을 종합	
	비평적 평가	아이스너	교육평가는 예술 작품을 비평하는 것과 같은 방식으로 이루어짐	평가자의 교육적 감식안 강조	개별적인 교육현상의 고유성을 살리는 평가 제안	—

다원적·직관적 평가	반응평가	스테이크	평가자와 관련 인사간의 역동적 상호작용을 통해 서로의 요구에 반응하며 창조해 나가는 과정	평가자와 관련 인사간의 지속적인 대화 강조	평가가 매우 역동적이고 복잡한 활동임을 인식	—
	자연주의적 평가 (참여적 평가)	구바·링콘	평가의 과정에 관련된 개인 또는 집단들이 서로 다른 이해관계에 따라 타협하며 보다 나은 평가행위를 구성해 나가는 과정	스테이크의 반응 평가에 자연주의적 패러다임을 적용	평가의 과정에 관련되는 이해관계자들에게 봉사해야 할 것을 강조	이해관계집단에 지나치게 의존
사회정의적 평가 (민주적 평가)		하우스	어떤 대상의 가치에 대해 관련자나 대중의 추론과 이해에 호소함으로써 이들을 설득하는 과정	관련자나 대중이 평가결과를 수용하는 정도에 초점을 둠	롤소의 정의론에 기초하여 평가에 있어서 평등, 정의, 공정성 등을 강조	평가자의 설득능력에 지나치게 의존

CHAPTER 03 문항분석 및 측정평가도구의 조건

UNIT 1 문항분석의 의미

1 문항분석의 의미

(1) 평가는 의사결정을 위하여 필요한 정보를 제공하는 과정이라고 정의
(2) 문항에 대한 학생들의 반응을 분석하는 것은 문항을 수정하거나 양질의 문항을 선택하기 위해 필수적인 과정
(3) 검사를 치르고 그 검사가 양질의 정보를 제공하는지 여부를 판단하기 위해서는 검사 결과 및 문항을 분석하는 과정이 필요
(4) 이러한 과정을 통해서 평가의 결과를 교수·학습의 향상을 위해서 피드백하는 것이 가능
(5) 검사의 각 문항이 본래의 기능을 제대로 수행하고 있는지 확인, 검토해 보는 작업
(6) 문항의 양호도 분석이라고도 함
(7) 한 검사 속에 포함되어 있는 문항들이 얼마나 적합하며, 제 구실을 하고 있는가를 검증 분석하고 이를 통해 문항의 개선을 목적으로 실시

2 유형 : 고전검사이론과 문항반응이론

고전검사이론	문항반응이론
• 문항특성의 가변성 • 피험자 특성의 가변성 • 관찰점수는 진점수와 오차점수의 합 • 문항난이도, 문항변별도, 문항반응분포 • 문항과 검사를 검사총점에 의하여 분석하는 것으로서 1920년대 이후 개발되어 많은 이론적 발전과 더불어 응용되어 왔고 아직까지도 많이 사용	• 문항특성의 불변성/단일차원성, 지역독립성 • 피험자 특성의 불변성 • 문항특성곡선(S자형 곡선)에 근거 • 문항난이도, 문항변별도, 문항추측도 • 총점에 의하여 문항을 분석하고 피험자 능력을 추정하는 것이 아니라 문항 하나하나에 근거하여 분석하는 이론

UNIT 2 고전검사이론

1 문항곤란도(Item Difficulty) : 문항난이도, P

(1) 문항곤란도(Item Difficulty)
① 검사를 치른 학생들에게 얼마나 어려웠는가의 정도인 난이도는 검사의 목적과 밀접하게 연관되는 특성
② 규준지향검사에서는 학생들간의 능력차이를 구분해내야 하며, 중간수준의 난이도를 보이도록 검사를 개발하는 것이 필요
③ 검사의 난이도는 문항의 난이도가 모여서 이루어지게 되는데, 문항의 난이도는 난이도 지수(해당 문항에 정답을 한 학생 수의 전체 학생 수에 대한 비율)로 표현
④ 규준지향검사의 개발자는 문항이 적절한 난이도를 가질 수 있도록 문항을 조작해야 함
⑤ 준거지향검사의 개발자는 문항의 난이도를 조절하기 위해서 문항을 조작한다는 것이 정당화되지 않음

(2) 개념
① '쉽다'든가 '어렵다' 등을 검증하는 방법
② 전체 응답자 수에 대한 정답자 수의 비율로 계산
③ 문항 난이도 혹은 문항 통과율이라고도 함

(3) 계산 방법(정답에 대한 곤란도) : 문항의 어렵고 쉬움의 정도는 난이도 지수로 표현하는데, 역사적으로 두 가지 난이도 지수가 사용되었음
① 문항에 오답을 한 학생 수의 전체 학생 수에 대한 비율
   이 지수가 높을수록 문항을 틀린 학생이 많은 것이고, 따라서 문항이 어려운 것
② 문항에 정답을 한 학생 수의 전체 학생 수에 대한 비율
   이 지수가 높을수록 문항을 맞은 학생이 많은 것이고, 따라서 문항이 쉬운 것

$$P = \frac{R}{N} \times 100$$

P=비율, N=각 문항에 반영한 사람의 총수, R=정답으로 반응한 사람 수

(4) 해석과 활용
① 문항 배열의 순서를 정하는 데 활용
② 절대평가의 경우 P가 높으면 수업목표 달성이 잘 되었음을 의미
③ 지수가 .20 미만 매우 어려운 문항, .20~.80 미만(어려운, 중간난이도, 쉬운), .80 이상 매우 쉬운 문항

2 문항변별도(DI : Discrimination Index)

(1) 문항변별도(DI : Discrimination Index)
① 검사가 재고자 하는 능력을 많이 가진 학생들이 높은 점수를 받고 그렇지 못한 학생들이 낮은 점수를 받을수록 좋은 검사
② 능력이 높은 학생과 능력이 낮은 학생을 구별하는 정도를 변별도라고 함
③ 변별도는 규준지향검사의 질을 결정하는 가장 중요한 특성
④ 검사의 변별도는 문항들의 변별도를 보고서 알 수가 있는데, 문항의 변별도는 문항의 난이도와 직접적으로 관련
⑤ 준거지향검사의 경우에서도 변별도는 점검해야 할 특성
⑥ 준거지향검사는 학생들을 변별하는 것이 검사의 목적이 아니므로 낮은 변별도를 가진 문항이 질이 낮은 문항이라고 할 수 없음

(2) 개념
① 문항의 변별도란 문항이 능력이 높은 학생과 낮은 학생을 변별해내는 정도를 나타냄
② 문항의 맞고 틀리는 것과 연관시키면, 능력이 높은 학생들은 문항을 맞히고 능력이 낮은 학생들은 문항을 틀렸을 때 그 문항은 학생들을 능력에 따라 변별하는 기능이 높은 것이고 따라서 문항의 질이 높다고 할 수 있음
③ 각 문항이 얼마만큼 능력의 상하를 변별해내는가의 방법
④ 문항이 그 검사가 측정하고자 하는 능력의 상하를 얼마나 예리하게 변별해 주느냐 하는 정도

(3) 활용
① 문항변별도의 범위는 $-1.0 \leq DI \leq +1.0$
② 규준지향검사에서 문항변별도의 바람직한 분포는 .30 이상
③ 문항변별도가 높으면 검사도구의 신뢰도가 높아짐

(4) 변별도 지수를 구하는 방법
① 검사의 총점수에 근거하여, 전체 학생의 상위 27%를 상위집단으로 규정하고, 하위 27%를 하위집단으로 규정
② 상위집단 중 해당 문항에 정답을 한 학생의 수를 상위집단 학생의 수로 나누어 상위집단에서 문항에 정답을 한 학생의 비율을 구함
③ 하위집단 중 해당 문항에 정답을 한 학생의 수를 하위집단 학생의 수로 나누어 하위집단에서 문항에 정답을 한 학생의 비율을 구함
④ 두 번째에서 구한 비율에서 세 번째에서 구한 비율을 빼서 최종적으로 변별도 지수를 구함

3 문항추측도

(1) 진위형 문항이나 선다형 문항에서 추측에 의해 문항의 답을 맞힌 정도
(2) 문항 추측도가 높으면 어려운 문항. 추측도가 낮으면 쉬운 문항으로 해석

4 오답지 매력도

(1) 선택형 문항에서 오답지가 정답처럼 보여 정답자가 오답지를 정답으로 선택할 수 있는 정도
(2) 각 오답지 매력도는 각 오답지에 대한 응답비율에 의해 결정되는데, 오답지에 대한 응답비율이 오답지 매력도보다 높으면 매력적인 답지, 그 미만이면 매력적이지 않은 답지로 평가

5 고전적 검사이론의 단점

(1) 어떤 문항에 응답한 피험자 집단의 능력이 높으면 쉬운 문항으로 분석되고 피험자 집단의 능력이 낮으면 어려운 문항으로 분석
(2) 검사가 쉽게 제작되면 피험자 능력은 과대 추정되고, 검사가 어렵게 제작되면 피험자 능력이 과소 추정
(3) 피험자의 능력을 비교할 때 총점에 근거하므로 정확성이 결여
   예 5문항의 검사를 실시하여 동일한 3점을 얻었을 때 두 피험자의 능력은 같다고 해석

UNIT 3 문항반응이론

1 개념

(1) 고전검사이론은 시험치는 집단에 따라 문항의 특성(난이도, 변별도)이 달라짐
(2) 즉, 동일한 문항이라 하더라도 우수한 집단이 치르면 쉬운 문항이 되고 우수하지 못한 집단이 치르면 어려운 문항이 됨
(3) 예비검사의 문항 분석을 통하여 얻어진 난이도, 변별도, 답지 반응 등은 실제 시험을 치르는 학생 집단이 이러한 자료를 얻기 위해 사용된 학생 집단과 매우 비슷한 경우에만 유용
(4) 고전검사이론의 사용에 따른 제한점을 극복하기 위해서는 문항분석을 문항반응이론으로 사용해야 함
(5) **지역독립성**: 어떤 능력을 가진 피험자의 한 문항에 대한 응답과 다른 문항에 대한 응답은 상호독립적
(6) **일차원성**: 검사가 추정하는 내용은 하나의 특성이어야 함
(7) **불변성**: 능력이 낮은 피험자 집단에 검사를 실시한 후 그 응답자료를 가지고 문항난이도, 문항변별도, 문항추측도를 추정하고, 능력이 높은 집단에 검사를 실시한 후 문항난이도, 문항변별도, 문항추측도를 추정하였을 때 이들 값은 같다는 것

2 의미

(1) 총점에 의존하여 분석하는 것이 아니라 문항 하나하나의 특성을 분석하여
(2) 각 문항의 답을 맞힐 확률의 합이 검사 점수가 되며
(3) 이론의 전개가 문항에 기초(현재 널리 적용되는 이론)

3 문항반응이론에서의 문항특성곡선

(1) 문항반응이론에서의 문항특성곡선

① 문항반응이론을 이해하기 위해서는 가장 먼저 문항특성곡선을 이해해야 함
② 문항반응이론은 검사내의 모든 문항마다 문항특성곡선을 구함
③ 문항특성곡선의 수평선(X축)은 학생의 능력을 나타냄
④ 대부분 전통적인 방법은 0점부터 100점까지로 표현되나 문항특성곡선에서는 학생의 능력이 이론적으로 -무한대에서 +무한대까지 걸쳐있다고 봄
⑤ 문항특성곡선의 수직선(Y축)은 학생이 해당 문항을 맞힐 확률을 나타냄
⑥ Y축 값이 .50이라면 이는 그 문항을 맞힐 확률이 .50이라는 것으로, 두 번 치르면 한 번은 맞고 한 번은 틀린다는 것

(2) 각 검사 문항에 대한 정답률과 능력척도 사이의 관계를 말함(아래그림 예)

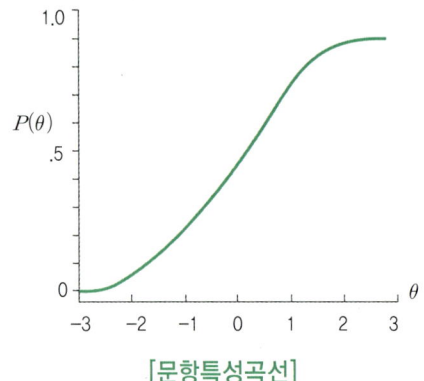

[문항특성곡선]

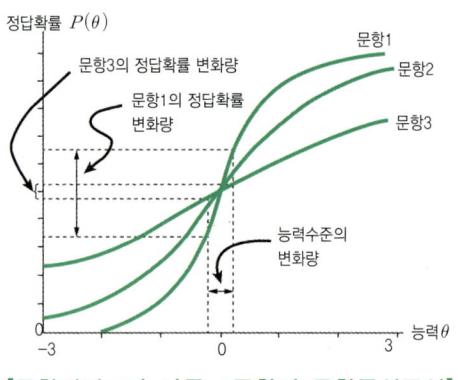

[문항변별도가 다른 3문항의 문항특성곡선]

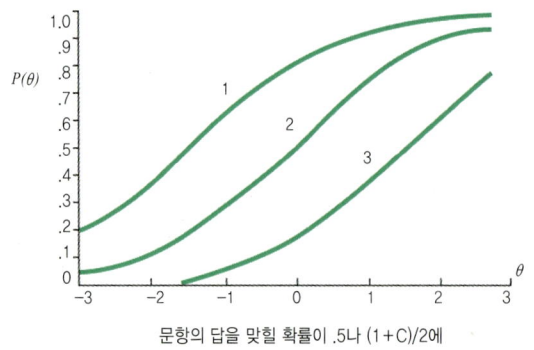

문항의 답을 맞힐 확률이 .5나 (1+C)/2에
해당하는 능력수준의 점

[문항난이도가 다른 3문항의 문항특성곡선]

(3) 문항특성곡선 : 피험자의 능력수준에 따라 문항을 맞힐 확률을 나타내는 S자형 곡선
   ① 나이에 따라 문항의 답을 맞힐 확률을 나타내는 곡선에서 나이가 많으면 능력이 높음을 가정하여 나이를 능력으로 바꾸면 이 곡선은 능력에 따라 문항의 답을 맞힐 확률을 나타낸 곡선이 되며, 이를 문항특성곡선이라 함
   ② 문항특성곡선은 피험자 능력과 문항의 답을 맞힐 확률과의 함수관계로 피험자 능력에 따라 문항의 답을 맞힐 확률을 나타냄

(4) 문항난이도와 문항변별도, 문항추측도는 문항특성곡선에 의해 규정
   ① 문항난이도는 문항특성곡선에서 보인 X축의 능력값 θ와 수학적으로 연계됨으로써, 이론적으로 −무한대에서 +무한대까지의 값을 가질 수 있음
   ② 문항반응이론에서 변별도의 의미는 고전검사이론에서 변별도의 의미와 크게 다르지 않음
   ③ 문항추측도란 문항의 답을 알지 못하는 학생이 우연히 답을 맞히게 되는 확률을 말함

UNIT 4 타당도(Validity)

1 타당도의 의미 : 검사대상(what)의 정직성

(1) 타당도란 평가도구의 사용 목적과 신뢰도를 포함하는 개념
(2) 검사점수가 목적을 위해 얼마나 적합하게 이용될 수 있는지, 검사가 본래 재고자 하는 것을 잘 재고 있는지 등을 보여주는 지표가 타당도라고 할 수 있음
(3) 타당도는 검사도구의 양호성을 평가하기 위해서 가장 중요한 잣대가 됨
(4) 타당도를 설명하기 전에 평가도구 자체가 타당도를 가지는 것이 아니고 평가도구의 결과가 타당도를 가지는 것임을 확실히 함
(5) 타당도란 검사의 특성이 아니고 검사점수의 특성
(6) 타당도란 있고/없고의 개념이 아니고 높고/낮고의 개념이라는 것
(7) 특정 검사점수가 '타당도가 있다'라고 말을 하기보다는 '타당도가 높다'라고 말을 하는 것이 보다 정확
(8) 신뢰도는 타당도의 필수조건이며, 신뢰도는 타당도의 충분조건이 아님
(9) 측정하려는 대상을 측정도구가 정확히 재고 있는가의 충실도
(10) 검사 점수가 검사의 사용목적에 얼마나 부합하는가의 문제
(11) 검사의 진실성 혹은 정직성이라고 함

2 타당도의 종류

(1) 내용타당도(논리적 타당도, 교과타당도) : 논리적(내적 준거) 타당도, 목표타당도
   ① 검사내용에 기초한 근거라고 불리는 타당도로 논리적 사고에 입각하여 판단하는 주관적인 타당도를 의미. 즉, 검사가 측정하고자 하는 속성을 제대로 측정하였는지를 검사 전문가가 주관적으로 판단

② 교육과정 측면에서 내용타당도는 한 검사가 교육과정의 목표들을 어느 정도나 제대로 적절하게 측정하고 있느냐를 의미. 학업성취도 검사의 내용타당도는 검사 내의 문항들이 검사 제작 전에 작성된 이원목적분류표에 의하여 제작되었는지를 확인함으로써 검증될 수 있음

논리적 타당도	평가도구가 그것이 평가하려는 내용, 즉 교육목표를 어느 정도로 충실히 측정하고 있는지를 분석·측정하려는 타당도. 타당한 평가도구가 되기 위해서는 가르치려고 했던 내용을 충실히 측정해야 하며, 또한 그것이 충실히 측정되고 있는지를 논리적으로 밝혀내는 것이 중요
안면(외형) 타당도	검사도구가 검사제작자나 피험자에게 친숙한 정도를 의미하는데, 어떤 특성을 측정할 때 자주 접해 본 문항들이 있으면 안면타당도가 있다고 말함. 이 개념은 학문적으로 과학성을 상실하므로 안면타당도란 용어를 사용하지 않음

③ 측정도구가 가진 내용의 충실도
④ 검사도구가 수업목표와 수업내용을 빠짐없이 충실하게 측정하고 있는 정도
⑤ 교사 적성 검사에서 가장 중요시해야 하는 타당도
⑥ 학업성취도 검사의 검증은 문항들이 제작 전에 작성한 이원분류표에 의해 확인 가능

> **알아두기 ①** 내용타당도에 영향을 주는 조건
> - 선정된 문항이 교육목표나 수업목표에 일치하는가?
> - 문항이 교과내용을 골고루 포함하고 있는가?
> - 문항곤란도가 피험자의 수준에 적합한가?
> - 문항 표집이 모집단을 적절하게 대표하는가?
>
> **알아두기 ①** 내용타당도 제고 방법
> - 선정된 검사 문항이 교육목표나 수업목표를 충실히 반영하고 있어야 함
> - 표집에 선정된 문항내용이 교과서의 중요한 내용을 골고루 반영하고 있어야 함
> - 문항의 곤란도가 피험자 집단의 수준에 적절할 때 그 검사는 타당도가 높음

⑦ 내용타당도 증거를 위해서는 문항이 목적한 내용을 적절하게 재고 있는가와 검사내용이 재고자 하는 전체 내용을 충실히 대표하는가 하는 것이 관건
⑧ 문항이 재고자 하는 내용을 잘 알고 있는 내용 전문가의 역할이 중요
⑨ 통계적 절차나 실제 학생의 검사점수보다는 내용 전문가가 전문적 지식 및 경험에 근거하여 검사내용의 적절성과 대표성에 대해 내리는 판단이 내용타당도 증거

(2) 예언타당도(예측타당도, 시간지향적 타당도) : 준거 관련 타당도

① 어떤 평가도구가 목적하는 준거를 얼마나 정확하게 예언하고 있는지를 의미
② 이때의 준거는 미래의 행동 특성이 됨. 즉, 검사 점수가 미래의 행동을 얼마나 잘 예측하느냐의 문제
③ 가령, 대학수학능력시험이라는 평가도구가 대학 입학 후 학습자의 수학 능력을 예언하는 타당도가 있다고 할 때, 여기서 사용된 준거는 대학 입학 후의 수학능력이 됨
④ 측정도구가 가진 예언 가능성의 정도. 즉, 검사 결과가 피험자의 장래의 행동이나 특성을 어느 정도 정확하게 예언하느냐의 정도
⑤ 미래의 행위를 예언해주기 때문에 선발, 채용, 배치 등의 목적을 위해 사용
⑥ 예언타당도의 증거는 선발 시험, 입학 시험 등에서 중요성을 가지는 증거라고 할 수 있는데, 관심 되는 검사의 점수(여기서는 예측 도구라고 할 수 있음)와 미래의 실제 수행의 적절한 평가 결과(여기서는 준거 점수) 사이의 관련 정도를 통해 타당도를 입증하는 것

(3) 공인타당도(동시타당도) : 준거 관련 타당도

① 새로운 검사의 타당도를 기존의 타당성을 인정받고 있는 검사와의 유사성 혹은 연관성에 의하여 검증하는 방법으로 예언타당도와는 달리 검사 그 자체와 준거가 동시에 측정되면서 검증되는 타당도
② 유아용 지능검사를 새로 개발하였다면, 동일 집단에 새로 개발된 검사와 거의 동시에 K-ABC 검사를 실시하여 두 검사의 상관을 계산함으로써 새로 개발된 검사의 타당성을 검증
③ 한 행동특성을 잰 검사 X와 이 검사 밖에 있는 동질적 행동준거 Y와의 일치도
④ 새로운 검사를 제작하였을 때 기존의 타당성을 보장받고 있는 검사와의 유사성
⑤ 연관성에 의해 타당성을 검증하는 방법으로 두 검사 사이의 공통요인의 정도를 나타냄. (예 도덕성 적과 도덕적 행위, 지능검사와 적성검사, 국어고사와 윤리고사 사이의 공통성)
⑥ 공인타당도 증거는 동일한 능력 혹은 특성을 재고 있는 두 평가도구(즉, 검사와 준거)가 동일한 시기 (예 같은 날)에 치러졌을 때 사용하는 타당도 증거

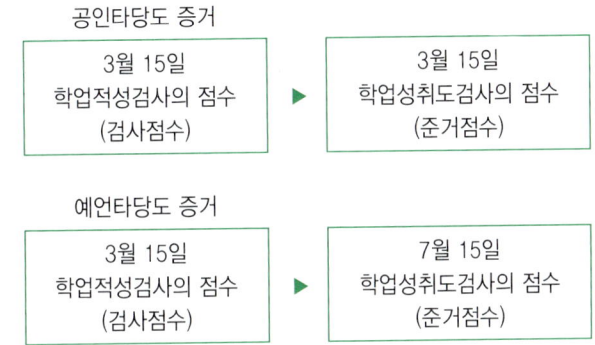

(4) 구인타당도(구성타당도, 심리적 타당도, 이론적 타당도)

① 구인이란 직접 측정하거나 관찰하는 것이 불가능한 인간의 인지적, 심리적 특성을 의미 (예 지능, 문장 독해력, 수학 문제해결력, 도덕성, 불안감을 들 수 있음)
② 내적 구조에 기초한 근거라고도 하며, 그 검사가 측정하고자 하는 어떤 특성의 개념이나 이론과 관련됨. 구인이란 검사도구에 반영되어 있다고 가정하는 인간의 어떤 행동 특성을 의미
③ 창의성 검사에서 창의성이 민감성, 유창성, 융통성, 독창성, 정교성으로 구성되어 있다면 이것들은 창의성을 구성하는 구인이라고 할 수 있으며, 이 검사도구가 이 구인들을 제대로 측정하고 있는지를 밝히는 것이 구인타당도를 검증하는 것
④ 구인타당도는 측정하고자 하는 특성의 구성 요인을 얼마나 충실하게 이론적으로 설명하여 경험적으로 측정하느냐의 문제. 가설적으로 개념화한 특성들을 실제 검사 결과와 비교하여 어느 정도 대응하는가의 정도
⑤ 검사에서 조작적으로 정의되지 않고, 과학적으로 이론이 정립되지 않은 새로운 개념으로 구인(사회성, 동조성, 자아개념)을 측정하는 검사에 과학적 이론과 타당성을 부여하는 과정
⑥ 검증방법으로 가장 많이 쓰이는 통계방법은 요인분석. 요인분석은 수많은 변수들 중에서 잠재된 몇 개의 변수(요인)를 찾아내는 것으로 예를 들면, 수학, 과학은 수리계산능력으로 영어, 중국어는 외국어능력, 작곡, 연주는 음악적 재능
⑦ 구인 타당도 증거는 세 가지 타당도 증거 중 가장 핵심적이라고 할 수 있는데, 검사가 재고자 하는 것을 실제로 재고 있다는 것을 보여주는 증거

⑧ 구인 타당도 증거를 위해서는 먼저, **검사가 재고자 하는 것을 충분히 재고 있는가** 하는 것이 점검되어야 하며, 목적하지 않거나 혹은 부수적인 능력이 검사점수에 영향을 미치는가 하는 것을 점검
⑨ 구인 타당도 증거를 위해서는 통계적 방법인 다중특성(또는 구인) 다중도구(또는 방법) 상관계수 분석방법, 요인분석, 공변량 구조방정식 모형 방법 등이 사용
⑩ 구인타당도는 타당도 증거를 수집하기 위해 요인분석 등 여러 통계적 방법이 사용. 한 검사가 어떤 심리적 개념이나 논리적 구인을 제대로 측정하는가를 검증
⑪ 검사가 의도한 바의 특성을 측정하고 있는지에 대한 증거를 수집하는 과정

구인타당도 증거 = 내용타당도 증거 + 준거타당도 증거 + 그 외 더

(5) 체제적 타당도: 어떤 평가를 실시함으로써 그 체제 전체에 교육적으로 이점이 있었는지의 여부를 검토하는 것

(6) 결과타당도
① 검사결과의 교육효과(예 학생의 행동변화나 교수학습 방법, 학생들의 동기유발 등) 달성 정도
② 검사가 목적에 얼마나 부합하는지, 즉 의도한 결과는 얼마나 달성하였으며, 의도하지 않은 어떤 결과가 나타났는지에 대한 검증
③ 검사 개발자가 검사의 시초가 되는 이론에 대한 검증뿐 아니라 검사와 검사 결과의 관계를 검토함으로써 검사가 의도한 결과와 의도하지 않은 결과에 대해서도 책임을 져야 하며, 부정적 충격과 부수 효과와 같은 의도하지 않은 결과에 대한 검증을 통해 검사의 목적에 맞게 검사도구를 수정해야 함
④ 하나의 검사 개발에는 정치, 경제, 사회, 문화 등의 시대적 배경이나 환경이 관련되므로 검사결과는 의도한 결과, 의도하지 않은 결과, 긍정적 결과, 부정적 결과, 실제적 결과 그리고 잠재적 결과 분석이 되어야 함

구분			의미 및 관련 사항
논리적 타당도 (논리성)	안면타당도		피험자가 느끼는 문항의 적절성
	내용타당도		• 내용(교과)전문가(예 교과담당교사)가 느낄 수 있는 문항(내용)의 대표성 • 이원목표 분류표를 활용하면 효과적
	교과타당도		검사문항과 교과(교수)목표와의 관련성
경험적 타당도 (상관성)	준거 타당도	공인 타당도	• 현 시점에서 관련 검사와의 일치(공인)정도 • 상관계수로 나타냄
		예언 타당도	• 미래의 성취수준(정도)을 예언하는 정도 • 기대표로 활용 • 상관계수나 회귀분석을 활용
	구인타당도		• 구하려고 하는 변인을 잴 수 있는 충실성의 정도 • 요인분석적 방법(중다특성기법), 상관계수법, 실험설계법, 공변량 구조 방정식 모형 방법 등을 사용
	요인타당도		하위검사의 독립성 또는 독특성의 정도

UNIT 5 신뢰도(Reliability)

1 신뢰도(Reliability)의 개념

(1) 평가도구만으로는 신뢰도를 가질 수 없고 평가도구를 사용하여 얻은 결과가 신뢰도를 가짐. 즉, 신뢰도란 검사의 특성이 아니고 검사 점수의 특성이라는 것
(2) 특정 집단이 특정 검사 상황에서 특정 검사를 치른 후에 그 검사 점수가 신뢰도를 가짐
(3) 신뢰도는 집단, 검사 상황, 검사 자체로부터 복합적으로 영향을 받음
(4) 검사 점수의 신뢰도가 높다는 것은 검사의 결과가 일관적이라는 것을 의미
(5) 신뢰도가 높은 검사 점수는 정확한 점수를 의미

2 신뢰도의 의미 : 검사방법(How)의 정확성

(1) 측정도구가 무엇을 재든 얼마나 틀림없이 정확히 재고 있느냐의 정도
(2) 측정도구가 측정하려는 것을 얼마나 안정적으로 일관성있게 측정하고 있는가의 정도

3 신뢰도 검사 방법

(1) 재검사 신뢰도(안정성 계수)

① 검사-재검사 신뢰도는 한번 검사를 치르고 시간이 상당 정도(보통 1주일 이상) 흐른 후에 동일한 검사를 동일한 학생들이 다시 치르고 처음과 나중 검사점수의 상관계수를 이용하여 신뢰도를 추정
② 검사 상황이 달라짐에 따라서 발생하는 오차는 잡아낼 수 있으나 두번 다 동일한 검사를 치르기 때문에 검사의 내용이 달라짐에 따라 발생하는 오차는 잡아낼 수 없음
③ 검사-재검사 신뢰도는 (재고자 하는 특성이 단기간에 쉽게 변하지 않는) 지능검사, 태도검사, 성격검사 등에 적합하지만, (문항의 암기 가능성, 새로운 학습 가능성 등의 이유로) 학력검사에는 적합하지 않음
④ 한 피험자 집단을 대상으로 동일한 검사를 서로 다른 두 시기에 실시하여 얻어진 상관계수
⑤ 서로 다른 두 시점에서 얻어진 점수 분포가 비슷할수록 신뢰도가 높다고 할 수 있기 때문에 일관성의 지수로 해석
⑥ 두 검사 사이의 기간이 지나치게 짧으면 신뢰도가 높고 너무 길면 신뢰도가 낮아짐. 그러므로 2~4주 정도가 적절한 기간

(2) 동형 검사 신뢰도(동형성 계수)

① 동형검사 신뢰도는 내용이 다르지만 동일한 능력을 측정하는 두 동형검사를 동일한 학생들이 두 번 치르고 두 검사점수의 상관계수를 이용하여 신뢰도를 추정
② 검사의 내용이 달라짐에 따라 발생하는 오차와 검사 상황이 달라짐에 따라서 발생하는 오차를 모두 잡아낼 수 있음
③ 그러나, 동형검사를 만드는 것은 너무 어렵기 때문에 현실적으로 사용되지 않는 추정방법

④ 동일한 양식의 검사를 같은 응답자에게 실시하는데, 처음에는 하나의 양식을 실시한 다음
⑤ 일정한 시간이 지난 후에 다른 양식의 검사로 실시 두 검사 양식에서 얻은 점수 간의 상관계수
⑥ 검사 내용이나 형식에서 동질성을 유지하는 것이 중요

(3) 내적 합치도(내적 일관성)

① 현실적으로 활용 가능한 방법으로 검사를 한번 치르고 그 검사 자체 내의 정보를 이용하여 검사점수의 신뢰도를 추정
② 내적 일관성 신뢰도란 하나의 검사를 구성하는 부분검사, 또는 개별 문항들이 재고자 하는 특성을 얼마나 일관성있게 재고 있는가를 보여주는 수치
③ 검사를 한 번만 실시하고 신뢰도 계수를 구하는 방법

> **알아두기** ❶ **반분 신뢰도(동질성 계수)**
> - 한 개의 검사를 한 피험자 집단에게 실시한 다음, 그것을 적당한 방법으로 두 부분으로 나눈 후 이 두 부분을 독립된 검사로 생각하여, 두 부분의 점수들의 상관계수로 문항 간의 내적 합치도를 알아보는 신뢰도
> - 부분검사로부터의 상관계수를 전체 검사의 값으로 확대하기 위해서 일종의 통계적 조정방법인 스피어만 브라운 공식을 사용
>
> $$\text{전체검사의 신뢰도} = \frac{(2 \times \text{부분검사점수 간의 상관계수})}{(1 + \text{부분검사점수 간의 상관계수})}$$

> **알아두기** ❶ **문항 내적 합치도(문항 내적 일관성)**
> - 한 검사를 구성하는 문항들을 각각 독립된 검사로 간주하여 그 문항들이 동일 측정 대상을 어느 정도 일관성있게 측정하는지를 반영하는 신뢰도, 즉 검사 속에 있는 한 문항, 한 문항을 모두가 각각 독립된 한 개의 검사로 생각해서 각 문항간의 상관도를 낸 뒤 그것을 종합하는 방법
> - 검사를 반분하지 않고 문항 하나하나를 독립적인 검사로 보고 각 문항들이 일관되게 동일한 능력을 측정하고 있는 정도를 수치화 하는 방법이 문항 내적 일관성 신뢰도

4 신뢰도를 높이는 방법

(1) **검사의 길이** : 문항들이 동질적인 것일 때 문항의 수가 늘어나면 신뢰도는 올라감. 검사도구의 신뢰도는 문항 수가 많을수록, 즉 검사 길이가 길수록 높아지며, 검사도구의 측정내용이 좁아서 문항들이 동질적일수록 신뢰도가 높아짐
(2) **문항의 난이도** : 곤란도가 50% 수준인 것을 많이 사용. 너무 어렵거나 너무 쉬운 문제는 신뢰도를 떨어뜨림. 문항의 난이도가 적절해서 검사 불안이나 부주의로 말미암은 비일관적 응답이 없어야만 신뢰도가 높으며, 문항변별력이 높을 때 신뢰도가 높음
(3) **검사내용의 범위** : 동질적인 문항을 보다 많이 사용. 내용의 범위를 좁힐 때 문항 간의 동질성을 유지하기 용이. 검사도구의 측정 내용이 보다 좁은 범위의 내용일 때 검사의 신뢰도는 증가
(4) **문항의 변별도** : 변별도가 높은 문항을 많이 사용
(5) **가능점수 범위** : 집단의 능력의 범위가 넓을 때(개인차가 클 때)가 능력의 범위가 좁을 때보다 신뢰도가 높음

(6) **시간제한** : 시간제한을 지나치게 완화 누구나 문제를 끝낼 수 있게 하는 것보다 검사 시간의 제한을 엄격히 하는 것이 신뢰도를 높일 수 있음. 다만, 속도검사보다는 역량검사에서 충분한 시간이 주어져 응답의 안정성을 보장받을수록 신뢰도가 높음
(7) **동기유발의 차이** : 피험자들이 검사에 대한 흥미가 높고 검사 선택 동기가 높으면 검사에 대한 응답의 일관성이 유지되어 신뢰도가 증가

5 신뢰도와 타당도의 관계

(1) 신뢰도는 타당도의 선행조건으로서 타당도가 없는 검사의 신뢰도는 높을 수 있으나 신뢰도가 없는 검사의 타당도는 높을 수가 없음
(2) 신뢰도는 타당도의 필요조건이지 충분조건은 아님

UNIT 6 객관도(Objectivity) : 준거지향검사 결과의 일관성

1 객관도의 의미 : 채점자 간 신뢰도

(1) 채점자에 의해 좌우되는 신뢰도
(2) 한 채점자가 다른 채점자와 얼마나 유사하게 평가하는가의 정도
(3) 평가자 신뢰도라고 할 수 있는데 검사의 채점자가 주관적 편견없이 얼마나 공정하게 채점하느냐의 문제. 즉, 객관도 혹은 평가자 신뢰도는 채점자의 채점이 얼마나 신뢰성 있고 일관성이 있느냐로 평정자에 따라 결정되는 신뢰도
(4) 평정자가 주관적인 편견을 얼마나 배제하였느냐를 보는 것. 한 채점자가 다른 채점자와 얼마나 유사하게 평가하였느냐의 문제와 한 채점자가 많은 측정대상에 대하여 계속적으로 일관성있게 측정하였느냐의 문제로 전자를 평가자 간 신뢰도, 후자를 평가자 내 신뢰도라 함

채점자 간 신뢰도	• 한 채점자가 다른 채점자와 얼마나 유사하게 평가하였느냐의 문제 • 체육 실기 시험 등의 수행평가 상황에서 복수의 평정자가 학생들에게 부여한 점수간에 일치하는 정도를 상관계수로 구한 값을 평정자간 신뢰도라 부름 • 평정자간 신뢰도는 계산이 간편하다는 장점을 가지며 실제로 빈번하게 사용되는 지수 • 평정자간 신뢰도는 학생의 능력의 차이, 평정자의 엄격성의 차이, (학생들이 복수의 과제를 수행한 경우) 과제간 난이도의 차이에 복합적으로 영향을 받음 • 평정자간 신뢰도가 낮은 경우에는 어디에서 문제가 발생했는지를 찾는 추가 절차가 필요
채점자 내 신뢰도	• 한 채점자가 많은 측정 대상에 대하여 계속적으로 일관성있게 측정하였느냐의 문제 → 평정자 내 신뢰도 • 동일한 평가자가 모든 측정 대상을 계속해서 일관성있게 측정하였는지 혹은 시간의 흐름에 따라서도 평가기준이 변하지 않고 동일하게 측정하는지를 의미. 평가자 내 신뢰도는 개인의 일관성이 전제되어야만 추정이 가능

2 객관도에 영향을 미치는 요인

측정도구, 평가자의 소양, 다수가 공동으로 평가하는 경우

3 객관도 향상 방법

(1) **평가도구를 객관화** : 주관식 검사의 경우 검사자의 개인적 편견이나 감정이 작용될 가능성이 높음
(2) 평가자의 소양을 높여야 함
(3) 명확한 평가기준이 있어야 함
(4) 여러 사람이 공동으로 평가해서 그 결과를 종합하는 것이 효과적
(5) 반응 내용에만 충실한 채점을 함

UNIT 7 실용도(Usability)

1 실용도의 의미 : 검사의 경제성

한 평가 도구가 얼마나 경비, 시간, 노력을 적게 들이고도 소기의 목적을 달성할 수 있느냐의 정도

2 측정도구에 실용도가 있는 경우

(1) 검사 실시의 용이성, 채점의 용이성, 결과의 해석과 활용의 용이성
(2) 최소한의 시간, 노력, 비용이 가능한 경우

3 실용도의 조건

(1) 검사실시와 채점방법이 쉬워야 함
(2) 비용, 시간, 노력 등이 절약되어야 함
(3) 해석과 활용이 용이해야 함

4 실용성을 보기 위해 점검해야 하는 사항

(1) 검사 시행이 너무 복잡하지 않은가?
(2) 검사 시행에 너무 많은 시간이 필요하지 않은가?
(3) 검사 결과를 해석하고 활용하는 것이 너무 어렵지 않은가?
(4) 검사관련 비용이 너무 많지 않은가?

CHAPTER 04 수행평가

사회 전체적으로 실제로 수행하는 능력을 평가하라는 요구가 높아지고 있으며, 사회가 요구하는 평가를 위해서는 선택형, 단답형 문항보다는 수행평가 문항을 사용하는 것이 합당

UNIT 1 수행평가의 의미

1 개념

(1) 수행평가는 오래 동안 사용되어온 지필식 선택형 평가와 차별적인 평가방식을 지칭하는 용어로 사용되고 있음
(2) 수행평가를 '교사가 학생이 학습과제를 수행하는 과정이나 그 결과를 보고, 그 학생의 지식이나 기능이나 태도 등에 대해 전문적으로 판단하는 평가방식' 개념화
(3) 즉, '학생 스스로가 자신의 지식이나 기능이나 태도를 나타낼 수 있도록 답을 작성하거나, 발표하거나, 산출물을 만들거나, 행동으로 나타내도록 요구하는 평가방식'
(4) 여기서의 '행동'이란 단순히 신체를 움직이는 것만을 의미하는 것이 아니라 자신의 지식이나 기능이나 태도 등을 나타내기 위해 말하거나, 듣거나, 읽거나, 쓰거나, 그리거나, 만들거나, 그것을 계획하고 준비하는 과정까지도 포함하는 모든 활동을 의미

2 의미

(1) 습득한 지식, 기능이나 기술을 실제 생활이나 인위적 평가 상황에서 얼마나 잘 수행하는지 어떻게 수행할 것인지를 서술, 관찰, 면접 등의 다양한 방법을 통해 종합적으로 판단
(2) 지식이나 기능에 의한 정답 여부나 산출물에만 관심이 있는 것이 아니라 수행 과정과 그 결과를 총체적으로 평가하는 방법
(3) **유사개념**
   ① **대안적 평가** : 주류 평가체제와 달리 선택형 문항을 사용하는 표준화된 검사의 대안적 평가를 말함
   ② **직접적 평가** : 시필시험보다는 학습자의 능력, 기술, 행동을 관찰이나 면접에 의해 직접적인 측정치를 평가
   ③ **참(실제적) 평가** : 평가 상황과 실제 상황의 동일성을 강조
   ④ **포트폴리오 평가** : 장기간에 걸쳐 수집된 학생의 평가 자료를 중요한 판단 기준으로 사용

3 수행평가 도입의 필요성

(1) 지식 정보화 사회가 요구하는 고등정신능력의 강조
(2) 교육본질에 대한 직접 평가의 강조
(3) 교육상황 개선과 암기 위주 교육의 해소 강조
(4) '아는 것'과 '행하는 것'의 일치 강조
(5) 진리관, 지식관 및 학습관의 변화에 따른 새로운 교육과정관 강조

4 수행평가의 특징

(1) 학생이 문제의 정답을 선택하게 하는 것이 아니라 자기 스스로 정답을 구성하거나 행동으로 나타내도록 하는 평가
(2) 추구하고자 하는 교육목표를 가능한 한 실제 상황하에서 달성했는지의 여부를 파악
(3) 교육의 결과뿐만 아니라 과정도 함께 중시하는 평가
(4) 단편적인 영역에 대해 일회적으로 평가하기보다 학생 개개인의 변화와 발달 과정을 종합적으로 평가하기 위해 전체적이면서도 지속적으로 이루어지는 것을 강조
(5) 개개인을 단위로 평가하기도 하지만 집단에 대한 평가도 중시
(6) 학생의 학습과정을 진단하고 개별학습을 촉진하는 데 목적을 둠
(7) 학생의 인지적 영역뿐만 아니라 학생 개개인의 행동 발달 상황이나 흥미, 태도 등, 정의적 영역, 신체적인 영역에 대한 종합적이고 전인적인 평가를 중시

구분	전통적 평가체제	대안적 평가(수행평가)
진리관	절대주의, 객관주의 진리관	상대주의적 진리관
철학적인 근거	합리론, 경험 등	구성주의, 현상학, 해석학 등
시대적 상황	• 산업화 시대 • 소품종 대량생산	• 정보화 시대(지식기반사회) • 다품종 소량 생산
학습관	• 추상적·객관적 상황 중시 • 학습자의 기억·재생 중시	• 구체적, 주관적 상황 중시 • 학습자의 이해, 성장 중시
평가체제	• 규준지향(상대)평가 • 양적평가	• 절대(준거, 목표지향)평가 • 질적평가
평가목적	선발, 분류, 배치	지도, 조언, 개선
평가내용	명제적 지식(내용적 지식)	절차적 지식(방법적 지식)
평가방법	• 선택형 평가 위주 • 표준화 검사 중시 • 일회적, 부분적 평가	• 관찰자 판단 위주 • 개별 교사에 의한 평가 중시 • 지속적, 종합적인 평가
평가시기	• 학습활동이 종료되는 시점 • 교수·학습과 평가활동 분리	• 학습활동 모든 과정 • 교수·학습과 평가활동 통합
교사의 역할	지식의 전달자	학습의 안내자·촉진자
학생의 역할	• 수동적인 학습자 • 지식의 재생산자	• 능동적인 학습자 • 지식의 창조자
교과서의 역할	교수·학습·평가의 핵심내용	교수·학습·평가의 보조자료

교수·학습활동	• 교사중심 • 인지적 영역중심 • 암기위주 • 기본 학습능력 강조	• 학생중심 • 지적, 정의적, 심동적 영역강조 • 탐구위주 • 창의성, 비판적 사고력 강조

UNIT 2 수행평가의 방법

1 수행평가의 방법

(1) 서술형 검사, 논술형 검사, 구술시험, 찬반 토론법
(2) 실기시험, 실험 실습법, 면접법, 관찰법

2 자기평가 및 동료평가 보고서법

(1) 자기평가 및 동료평가 보고서법

자기평가 및 동료평가는 평가 자체의 목적보다는 자기 주도적 학습 방법의 일환으로 많이 사용

(2) 자기평가 보고서법

① 개별 학생 스스로 특정주제나 교수학습영역에 대하여 학습과정이나 학습결과에 대한 자세한 자기평가 보고서를 작성 제출하도록 한 다음 그것을 이용하여 교사가 평가하는 방법
② 개별학생 스스로가 특정 주제나 영역에 대한 학습 과정이나 결과에 대한 자기평가 보고서를 작성·제출토록 하여 평가하는 방법. 가령, 어떤 주제에 대해 학습한 뒤, 그 학습과정에서 자기 스스로의 학습과정이나 학습결과에 대해 평가 보고서를 작성·제출하도록 함

(3) 동료평가 보고서법

① 동료 학생들이 상대방을 서로 평가하도록 하여 동료평가 보고서를 작성 제출, 그것을 이용하여 교사가 평가하는 방법
② 동료학생들이 서로 보고서를 작성·제출토록 하여 평가하는 방법. 이러한 평가방법을 사용할 경우 교사의 주관성을 배제할 수 있으며, 성적 처리방식에 대해서 학생들이 매우 공정하다고 인식할 수 있음

3 연구보고서법

(1) 개별 과목과 관련이 있거나 범교과적인 연구주제 중에서 학생의 능력이나 흥미에 적합한 주제를 선택하여, 그 주제에 대해서 자기 나름의 사료를 수집, 분석·종합한 뒤 연구 보고서를 작성 제출하도록 하여 평가하는 방법
(2) 학생들로 하여금 능력이나 흥미에 적합한 주제를 선택하여 그 주제에 대해서 자료를 수집하고 분석·종합하여 보고서를 작성·제출하도록 하여 평가하는 방법

(3) 계획 단계에서부터 교사와의 협의를 거치도록 하는 것이 바람직
(4) 각 교과에 따른 여러 가지 연구주제 중에서 학생의 능력이나 흥미에 적합한 주제를 선택. 그리고 주제에 대해서 학습자 나름대로 자료를 수집하고 분석·종합하여 연구보고서를 작성·제출하도록 하여 평가하는 것

4 프로젝트법

(1) 특정한 연구 과제나 개발 과제 등을 수행하도록 한 다음 그 과제를 수행하기 위한 계획서 작성 단계에서부터 결과물 완성 단계에 이르기까지 전 과정과 결과물을 함께 이용한 평가
(2) 학생들에게 연구 과제나 개별 과제 등을 수행하도록 한 다음, 그 과제를 수행하기 위한 계획서 작성 단계에서부터 결과물 완성단계에 이르기까지 전 과정과 결과물을 함께 평가하는 방법이라 할 수 있음

5 포트폴리오법

(1) 학생이 쓰거나 만든 작품을 누가적으로 또한 체계적으로 모아 둔 개인별 작품집 혹은 서류철을 이용한 평가방법
(2) 일정기간(한 학기)동안 구체적 목적(글쓰기 능력향상)에 따라 계획적으로 학생의 수행정도와 성취정도, 그리고 향상정도를 표현하는 산출물의 축적을 수집하여 평가
(3) 장점은 장기간에 걸친 평가를 통해 학생의 향상 정도가 측정 가능하고, 과제 수행이 학습자 중심이고, 평가의 목적을 개인간 비교에 두지 않고 각 개인의 변화 및 향상도에 둠
(4) 장점으로 학습자들의 개별화된 특성과 장점이 쉽게 드러난다는 점에서 수행평가의 가장 효율적인 방법으로 선호되고 학습자가 평가과정에 능동적이고 자율적으로 적극 참여함
(5) 평가에서 학생의 역할이 중요시되고, 결과뿐만 아니라 과정을 강조하고 협동적인 활동을 장려하며, 현재의 상태보다는 발전 가능성에 초점을 두고, 다양한 상황과 연령에 적용할 수 있으며, 활용 가능성이 높음
(6) 교사의 다양한 관찰 및 평가와 학생들의 반성적 사고과정에서 학생들의 장·단점 및 발달과정이 자연스럽게 파악될 수 있고, 수업과 평가가 분리될 수 없는 학습맥락에서 교사와 학생에 대한 포괄적인 관점을 제공하므로 교실수업 개선의 효과도 있음

6 관찰법

(1) 자연스러운 상황에서 학생을 이해하고 평가하기 위해 가장 보편적으로 사용되는 평가방법
(2) 나이가 어린 학생일수록 관찰자를 의식하지 않는 경향이 있기 때문에 초등 저학년 적합. 관찰법은 평정자가 오류를 범할 위험이 매우 높기 때문에 구체적이고 조작적으로 정의되어진 평가도구(체크리스트)를 사용해야 평가결과의 신뢰성 확보

7 면접법

(1) 평가자가 학생과 직접 대면하여 지필식 시험이나 서류만으로는 알 수 없는 사항들을 알아보고 평가하는 방법
(2) 교사와 학생이 서로 대화를 통해서 얻고자 하는 자료나 정보를 수집하여 평가하는 방법. 즉, 교사가 학생과 직접 대면하여 교사가 질문하고 학생이 대답하는 과정을 통해 평가하는 방법
(3) 장점으로는 좀 더 깊이있는 정보를 얻을 수 있고, 사전에 예상할 수 없었던 것보다 자료를 얻을 수 있으며, 진행상 융통성을 발휘할 수 있는 점
(4) 흔히 구술시험이 주로 인지적인 영역을 중심으로 학업성취도를 평가하는 반면, 면접은 주로 정의적인 영역이나 신체적인 영역을 평가한다는 점에서 구별

8 실험·실습법

(1) 자연과학 분야에서 많이 활용되는 방법으로 학생들로 하여금 직접 실험·실습을 하게 하고, 그 과정과 결과를 관찰하여 평가하는 방법
(2) 많은 경우 학생들로 하여금 실험·실습의 준비, 수행, 결과에 관한 보고서를 작성하게 하여 관찰결과와 보고서를 함께 고려하여 최종평가를 하게 됨
(3) 이러한 방법은 실험·실습을 위한 기자재의 조작능력뿐만 아니라 지식을 적용하는 능력이나 문제해결 과정까지 포괄적이면서 종합적으로 평가할 수 있음

9 실기시험

(1) 실제로 학생들이 수행하는 과정을 보고 평가하는 방법
(2) 종래의 실기시험이 평가가 통제되거나 강요되는 상황이라면, 수행평가는 자연스러운 상황에서 실제로 하는 것을 여러 번 관찰하여 그 수행능력을 평가하는 것
(3) 수행평가를 위한 실기시험에서는 가능한 교수·학습 활동과 평가활동을 분리하지 않고 수업시간에 자연스럽게 평가하는 것이 바람직

10 찬·반 토론법

(1) 서로 다른 의견을 제시할 수 있는 특정 주제에 대해 개인별로 혹은 집단별로 찬·반 토론을 하게 하고, 토론 내용의 충실성, 논리성과 함께 지도력, 수용력, 사회성 등을 평가함으로써 인지적 특성 및 정의적 특성을 동시에 파악하는 평가방법
(2) 교수·학습 활동과 평가활동을 통합하는 대표적인 방법으로, 특정 주제에 대해 학생들이 서로 토론하는 것을 보고 평가하는 것
(3) 특히, 찬반 토론을 많이 사용하는데, 서로 다른 의견을 제시할 수 있는 토론 주제를 가지고 개인별로 찬반 토론을 하게 됨

11 구술시험

(1) 학생으로 하여금 특정 내용이나 주제에 대한 자신의 의견이나 생각을 발표하도록 하는 평가방법
(2) 주제나 질문을 사전에 미리 알려줄 수도 있고, 사전에 내용영역만 알려 주고 구술시험을 시행할 때 그 내용영역과 관련된 주제나 질문을 제시하는 방식을 취할 수도 있음
(3) 학생들에게 특정 교육내용이나 주제에 대해서 자신의 의견이나 생각을 발표하도록 하여 학생의 준비도, 이해력, 표현력, 판단력, 의사소통능력 등을 직접 평가하기 위한 방법
(4) 학생들에게 주제나 질문에 관해 사전에 미리 알려주고 발표준비를 하게 한 다음 개별적으로 발표하여 평가할 수 있고, 평가자가 그 내용영역에 관련된 주제나 질문을 구술시험을 시행할 때 제시하여 학생이 답변하게 하여 평가할 수도 있음

12 서술형 및 논술형

(1) 서술형 검사는 학생이 서술해야 하는 분량이 많지 않고 또 채점을 할 때 서술된 내용의 깊이와 넓이만을 고려
(2) 서술형 검사는 주관식 검사라고 불리는데, 문제의 답을 선택하는 것이 아니라 직접 서술하는 검사. 보통은 모범답안을 상정하고 있는 경우가 대부분이나 학습자가 단순히 암기하고 있는 수준이 아니라 문제해결의 과정을 제대로 이해하고 있는지를 파악하기 위한 것
(3) 논술형 검사는 학생이 서술해야 할 분량이 상대적으로 많고 또 채점을 할 때 서술된 내용의 깊이와 넓이뿐만 아니라 글을 조직하고 구성하는 표현 능력이나 논리적인 일관성도 고려
(4) 논술형 검사는 일종의 서술형 검사이기는 하지만, 특별히 상정하고 있는 정답이 없는 상태에서 학생 나름의 생각이나 주장을 창의적·논리적이면서도 설득력 있게 조직하여 작성해야 함을 강조한다는 점에서 일반 서술형과 구별
(5) 채점의 신뢰도를 높이기 위해 답안지를 평가문항별로 채점
(6) 채점자의 주관이나 편견의 영향을 줄이기 위해 채점기준 미리 마련
(7) 단독채점보다 다수의 평가자가 채점하여 평균점수를 내는 것이 바람직

UNIT 3 수행평가의 장·단점

1 장점

(1) **수행평가의 가장 큰 장점은 평가와 교수·학습과의 연계성이 높다는 것**
평가와 교수·학습과의 연계를 위해서는 문항이 학습목표 상의 내용과 행동을 측정하기에 적절해야만 하는데 선다형 문항보다는 수행평가가 학습목표의 성취도를 측정하기에 적합한 경우가 많이 있고 또한 그러한 경우는 증가

(2) **수행평가는 교육목표의 달성여부를 가능한 직접적으로 평가하는 방식**
사회는 실제로 수행할 줄 아는 능력을 필요로 하고 또한 이러한 능력을 평가하기를 요구

(3) **수행평가는 고등사고능력을 측정하기에 보다 적합**
사회적으로 많은 지식을 보유하는 것보다는 지식을 활용, 재산출하는 능력이 중요시되면서 기억력보다는 분석력, 적용력, 비판력, 창의력, 종합력과 같은 고등사고능력이 중요시되고 있으며, 이러한 고등사고능력을 측정하기에는 선택형보다는 수행평가가 적합

(4) **수행평가는 교수·학습의 결과뿐만 아니라 교수·학습의 과정도 함께 중시하는 평가**
교수·학습의 질을 효과적으로 향상시키기 위해서는 결과를 중시하는 총괄평가에 더하여 교수·학습의 진행과정을 파악하기 위한 형성평가가 강조되어야 함

(5) **수행평가는 개인별 평가뿐만 아니라 집단에 대한 평가도 중시**
수행평가에서는 집단별로 문제를 해결하거나 보고서를 작성하게 함으로써 집단에 대한 평가가 가능하다. 더하여 이러한 평가를 위한 집단활동을 통해 다양한 학습 기회가 제공됨

(6) 수행평가는 학생의 인지적인 영역뿐만 아니라 개개인의 흥미, 태도 등의 정의적인 영역과 운동기능 등의 심동적인 영역에 대한 종합적이고 전인적인 평가가 가능

(7) 인지적, 정의적, 신체적 특성을 모두 평가할 수 있는 총체적 접근

(8) 개방형 형태의 평가 방법은 다양한 사고 능력을 함양

(9) 과제의 성격상 협동학습을 유도하므로 전인적 발달을 도모

(10) 검사 결과뿐만 아니라 문제 해결 과정도 분석

(11) 학습동기와 흥미를 유발

(12) 행정적 기능이 강조되지 않을 때 수행평가가 실시되므로 검사 불안이 적음

2 단점

(1) 수행평가 문항을 개발, 시행하는 것은 전통적 선택형 문항에 비해 많은 평가학적 지식 및 노력과 시간을 요구

(2) 수행평가는 선택형 검사에 비해 채점 결과의 객관성, 정확성, 일관성이 떨어짐

(3) 수행평가는 치르는데 시간이 많이 소요되기 때문에 선다형 검사에 비해 정해진 검사 시간에 치를 수 있는 문항의 수가 줄어듦

(4) 수행평가와 교수·학습을 연계시키기 위해서는 철저한 준비가 요구

(5) 수행평가도구의 개발에 어려움

(6) 채점기준, 즉 점수 부여 기준 설정이 용이하지 않음

(7) 채점자 내 신뢰도와 채점자 간 신뢰도 확보에 어려움

(8) 평가도구 개발, 점수 부여, 채점 등에 시간이 많이 소요됨

(9) 전통적 평가 방법에 비해 많은 비용이 소요

(10) 점수 결과 활용에 어려움

CHAPTER 05 교육연구 방법 및 교육통계

UNIT 1 의미

 과학적인 분석방법을 적용하여 교육문제 개선과 효과의 증진을 위한 일련의 활동

 과학적 방법의 체계적이고 학구적인 적용, 넓은 의미에서 교육문제의 해결과정

UNIT 2 양적연구와 질적연구의 비교

구분	양적연구	질적연구
실재의 본질	• 객관적 실재를 형성하는 인간의 특성과 본질이 존재한다고 가정 • 복잡한 패러다임에 관련된 변인들에 대한 연구 가능	• 객관적 실재라고 일반화시킬 수 있는 인간의 속성과 본성은 없다고 가정 • 단편적인 연구가 아닌 총체적 연구의 필요성을 주장
개념	자연과학이나 사회과학적인 패러다임에 기초한 연구	인문과학적인 패러다임에 기초한 연구
기본 전제	인간현상도 자연현상과 같이 관찰 가능하고 객관적인 법칙의 지배를 받는다고 봄	인간현상은 자연현상과 달리 객관적인 자료에 의하여 수량화될 수 없으며, 이를 지배하는 보편적인 법칙도 없다고 봄
학문적 토대	분석철학, 실증주의에 토대	현상학, 해석학, 상징적 상호작용이론에 토대
연구 유형	실험연구, 준실험연구, 사후 연구, 상관연구(공통요인의 정도 규명), 발달연구, 기술연구(연구결과를 수량적으로 기술), 조사연구	문화기술지적 연구(특정집단의 문화 연구), 현장연구(현장문제 해결), 사례연구, 전기적 연구, 현상학적 연구, 근거이론, 기술연구, 역사적 연구
인과관계	결과에 시간적으로 선행하는 원인이 실재함	원인과 결과의 구분이 어려움
연구목적	• 일반적 원리와 법칙 발견 • 인과관계 혹은 상관관계 파악	• 특정 현상에 대한 이해 • 특정 현상에 대한 해석이나 의미의 차이를 이해
연구대상	대표성을 갖는 많은 수의 표본으로, 확률적 표집방법을 주로 사용	적은 수의 표본, 비확률적 표집방법을 주로 사용

연구대상과의 관계	연구자와 연구 대상의 관계가 밀접하게 되면 연구 자료가 왜곡될 수 있으므로 거리를 유지	• 연구자와 연구 대상은 서로 밀접한 관계를 유지 • 가치 개입적
자료수집	• 다양한 측정도구를 사용 • 구조화된 양적 자료를 수집	• 연구자가 중요한 연구도구임 • 비구조화된 질적 자료를 수집
자료분석	통계적 분석(기술통계, 추리통계 방법 활용)	질적 분석(내용 분석) 혹은 기술통계 분석
연구방법의 예	조사연구, 실험설계에 의한 실험연구, 점검표를 활용한 관찰연구 등	관찰법, 면접법을 활용한 사례연구, 문화·기술적 연구 등
일반화	일반화가 가능	일반화시키기가 곤란

UNIT 3 인간행동에 관한 연구 방법(자료조사방법)

1 관찰법

(1) 개념

피험자의 행동을 관찰하여 자료를 수집하는 방법 → 도구를 사용하지 않는 측정, 외현적 행동으로부터 정의적 특성을 추론

(2) 특징

인간행동을 직접적으로 측정하는 방법으로 언제, 어디서나 학생들의 행동을 있는 그대로 생생하게 파악하는 방법

(3) 인간행동 관찰의 유의점

① 확실한 목적과 계획하에서 실시
② 가능한 한 관찰자의 주관을 배제
③ 한 상황에서 여러 번 관찰한 것을 가지고 판단
④ 관찰기록은 관찰과 동시 또는 바로 직후에 함
⑤ 피관찰자가 눈치채지 않도록 함
⑥ 관찰하려는 행동만을 관찰

(4) 방법

관찰자의 참여 여부에 따른 분류	참여관찰		관찰자가 관찰대상자와 같이 생활하면서 관찰대상자의 행동을 관찰
	준참여관찰		관찰자가 관찰대상자의 생활의 일부(예 점심시간)나 일정 시간 동안에만 참여하여 관찰하는 방법
	비참여관찰		관찰자가 외부인의 입장에서 관찰대상자를 객관적으로 관찰하는 방법
통제여부에 따른 분류	통제관찰		관찰대상, 관찰시간, 관찰장면, 관찰행동 등 인위적으로 꾸민 조건하에서 관찰대상자의 행동을 관찰하는 방법
		실험적 관찰법	관찰장면이나 조건을 인위적으로 조작하고, 독립변인을 투입하여 나타나는 종속변인을 관찰하는 방법 (예 유리로 된 방에서 유아의 행동을 관찰)
		장면선택법 (사건표집법)	관찰하고자 하는 행동이 자주 나타나는 장면을 선택하고 그 장면에서의 행동을 관찰하는 방법(예 학급회의 장면을 선택하여 학생의 지도성을 관찰)
		시간표집법 (빈도기록법)	관찰장면을 제한하지 않고 시간만을 통제하여 양적으로 측정하는 방법(예 지도성을 관찰하기 위하여 매시 처음 20분 동안만 관찰)
	비통제관찰 (자연적관찰)		어떤 행동이나 현상을 있는 그대로 자연스럽게 관찰하는 방법

(5) 관찰결과의 기록

일화기록법	일상생활이나 학습장면에서 일어나는 구체적인 행동 사례를 장기간에 걸쳐 누가 기록하는 방법 → 이야기식 기록법(내러티브)
행동기록법	개인의 행동을 일시에 따라 순서대로 기록하는 방법
평정기록법	관찰자가 관찰하고 싶은 행동특징을 평정척도에 의하여 수치나 문장으로 기록하는 방법
도시법(圖示法)	사전에 약속한 부호나 기호에 의하여 기록하는 방법
기계적 기록법	관찰내용을 기계(예 녹음기, 캠코더 등)에 기록하는 방법

(6) 장점

① 정의적 특성이나 운동기능에 관한 정보를 수집하는 방법으로 매우 적합
② 피관찰자가 정확하게 인식하지 못하는 무의식적 행동 혹은 말이나 글로 표현하기 어려운 행동에 관한 자료를 수집할 수 있음
③ 연령, 배경, 지적 수준에 관계없이 다양한 상황에서 융통성 있게 적용할 수 있는 방법
④ 말이나 글이 아니라 행동을 측정단위로 하므로 피관찰자가 반응을 왜곡할 소지가 낮고, 따라서 객관적인 측정의 개연성이 높음
⑤ 지필검사를 통해서 수집한 자료를 보완할 수 있는 방법으로 유용

(7) 단점

① 개인적으로 드러내기를 꺼리는 사적 행동에 관한 자료를 수집하는 데는 한계
② 피관찰자가 관찰되고 있다는 사실을 인식할 경우 아예 행동을 하지 않거나 의도적으로 행동을 변화시키기 때문에 관찰결과가 왜곡될 소지가 많음
③ 관찰하려는 행동을 미리 구체적으로 결정하지 않으면 피상적인 행동의 관찰에 치우치게 되어 오류를 범할 수 있음

④ 행동이 나타나는 상황이나 조건을 감안하지 못하고 관찰된 사실이나 행동을 중심으로 해석하거나 관찰결과를 해석하기 위한 기준이나 방법이 불명료할 경우 오류를 범할 수 있음
⑤ 행동을 관찰하고 기록·분석하는 과정에 시간과 비용이 많이 소요

2 질문지법 : 홀(Hall)이 개발

(1) 의미
① 개인의 지각, 신념, 감정, 동기, 기대, 계획 등 주로 내적인 자료를 구하는 방법
② 연구자가 미리 작성해 놓은 물음들에 대해 자기 의견이나 사실에 대한 답을 진술
③ 짧은 시간에 많은 사람을 대상으로 사회문제나 개인의 의견, 태도 등을 알아보고자 함

(2) 특징
① 시간, 노력, 비용이 절약
② 생활 배경에 대한 사실 발견과 자아의 내성적 자료를 구하는 데 유리
③ 익명성을 전제로 하기 때문에 비교적 솔직한 반응을 얻을 수 있음
④ 반응의 시간적 여유가 있기 때문에 응답자가 심사숙고하여 보다 정확한 반응을 할 수 있음

(3) 표집방법

단순무선표집 (Simple Random S.)	모집단의 모든 개체에 번호나 순서를 부여하여 무작위로 표집하는 방법. 독립성과 동일기회의 조건을 충족하며, 통계학적으로는 가장 바람직. 단 모집단이 클 경우에는 실시하기가 곤란
체계적(계통적) 표집 (Systematic S.)	모집단의 각 표본에 일련번호를 부여한 다음 일정한 간격으로 표본을 추출하는 방법. 이 방법은 표집이 쉽고 빠른 장점이 있으나, 모집단의 표집들이 무선적으로 배열되지 않을 경우 표집편파성이 발생할 가능성이 있음
군집표집 (Cluster S.)	모집단을 특징이 다른 몇 개의 하위집단으로 나누고 이 하위집단을 단위로 하여 표집하는 방법. 추출된 하위집단은 모두 조사. 이 방법은 전체 집단의 하위집단 간에는 동질성이 높고, 하위집단내의 구성 요소 간에는 이질성이 높은 경우에 사용
유층(층화)표집 (Stratified S.)	전집을 구성하는 표집 단위들을 다소 이질적이라고 생각되는 하위집단으로 나눈 다음, 각 하위집단 안에서 다시 단순무선표집(유층무선), 체계적 표집(유층체계적), 군집표집(유층군집)을 하는 방법. 단순무선표집에 비해 표집오차가 작으며 하위집단들의 특성을 파악하고 이것을 상호 비교할 수 있는 장점이 있다. 이 방법은 전체 집단의 하위집단 간에는 이질성이 높고, 하위집단 내의 구성 요소 간에는 동질성이 높은 경우에 사용

(4) 장점
① 간편성. 다른 방법에 비해 적은 자원으로 많은 자료를 짧은 시간에 얻을 수 있음
② 질문자와 응답자의 관계가 비교적 원만히 이루어질 수 있음. 따라서 피험자의 의견, 태도, 감정, 가치관 등과 같은 자아의 심층적인 심리는 질문지가 효과적

(5) 단점
① 질문지는 언어능력, 표현능력에 크게 의존하는 바가 크기 때문에 그러한 능력이 신뢰성이 없으면 질문지의 결과도 믿을 수 없음
② 질문지에 보여 준 의견이 '거짓'인지에 대해서는 확인하기 곤란

3 델파이 기법(앙케이트 수렴법)

(1) 전문가 집단의 의견과 판단을 추출하고 종합하기 위해 동일한 전문가 집단에게
(2) 설문조사를 단계별로 실시하여 집단의 의견을 종합하고 정리하는 연구방법
(3) 토론 참여자의 익명의 반응, 반복과 통제된 피드백, 통계적 집단 반응, 전문가 합의

4 사회성 측정법

(1) 개념
① 모레노가 발전시킨 방법으로 집단구성원 간의 상호관계, 즉 상호 수용하거나 배척하는가를 측정하고 집단의 사회적 구조를 확인하기 위한 방법. 학교에서는 이를 교우관계조사라고 함
② 학생이 다른 학생들을 평가하는 소위 동료평정법. 학교의 일상에서 학생들은 일종의 사회성 측정을 하고 있음. 좋아하는 친구와 점심을 먹고, 축구팀을 짜고, 학급회장 선거를 하는 일련의 행위는 모두 사회성 측정의 한 형태
③ 사회성 측정은 주로 설문지나 평정척도를 이용

> **알아두기 ①** 사회성 측정을 통해서 수집된 정보의 활용
> - 집단조직을 재구성(분단편성 – 협동학습의 모둠)
> - 도움을 필요로 하는 학생의 사회적 적응을 개선
> - 집단의 사회적 구조를 발전적으로 변용
> - 학교교육활동이 학생들의 사회적 관계에 미친 영향을 분석하기 위한 정보로 활용

(2) 특징
집단 내에서의 개인 간의 사회적 위치 및 비형식적 집단형성의 구조를 알아내는 방법

(3) 교우도
① 사회성 측정의 결과를 선택을 주고받는 관계, 배척하고 배척당하는 관계
② 선택과 피선택의 우선순위 등으로 그림이나 도표로 나타낸 것

(4) 교육적 의의
개인의 사회 적응력 향상, 집단의 사회구조 개선, 집단을 새로이 조직, 특수교육문제(예 왕따, 집단따돌림) 해결

(5) 사회성 측정 방법
① **동료평정법**: 학생들로 하여금 학생을 평가하게 하는 방법. 학생들에게 전체 학생명단을 나누어 준 다음 모든 학생을 평가하도록 하는 방법
② **추인법**: 어떤 특성이 행동을 표현한 진술문의 설명에 가장 잘 해당되는 학생의 이름을 적도록 하는 방법. 가장 간편한 동료평정법
③ **지명법**: 사회적 수용도와 집단의 구조를 평가하기 위한 방법으로, 구체적으로 특정 상황이나 활동에서 함께하기를 원하는 학생의 이름을 적도록 하는 방법

5 투사법 : 프랭크(Frank)가 처음 사용

(1) 특징
인간의 심층에 자리 잡고 있는 정의적 특성을 외부의 어떤 불확실한 자극에 투사시켜서 파악하는 기법

(2) 투사법의 종류
① 머레이 주제통각검사, 로르샤흐의 잉크반응검사
② 로젠츠바이크의 그림좌절검사, 페인과 로터의 문장완성검사

(3) 방법

시각적 자극 제시	주제통각검사[상상적 접근법, TAT(성인용), CAT(아동용)], 로르샤흐 잉크반응검사(지각적 접근법, RIBT), 그림좌절검사(PFT), 존디검사, HTP검사, 인물화검사(DAP)
언어적 자극 제시	문장완성검사(SCT), 단어연상검사(WAT)

6 사례연구

(1) 개인의 생활사, 가정환경 등을 종합적이고 체계적으로 연구하는 방법
(2) 문제행동의 진단이나 치료방법을 모색하기 위한 자료수집 방법으로 사용
(3) 개인을 포괄적, 총체적으로 파악함으로써 상담이나 연구의 기초를 제공
(4) 특정 대상을 여러 측면에서 종합적으로 연구, 문제해결을 위한 의미 있는 자료를 얻을 수 있음

7 일화기록법

(1) 한 개인의 행동을 타인이 제3자의 입장에서 관찰하고 기록하는 방법. 질적인 기록방법
(2) 지적 특성을 연구하거나 평가할 때도 사용되지만 주로 정의적 학습이나 사회적 행동을 연구하거나 평가할 때 활용
(3) 문제 학생의 행동을 종단적으로 연구하는 데 유용
(4) 문제 학생의 행동이 있을 때마다 상세하게 기록하며, 하나의 기록된 사건은 그 학생의 발달과 성장을 이해하는 데 의미 있는 것이 되어야 함

8 메타분석

(1) 동일한 연구 문제에 대한 누적된 연구결과들을 종합적으로 검토하는 계량적 연구방법
(2) 기존의 문헌연구에서 연구자의 주관적 견해에 따른 연구의 편파성을 극복하고 선행연구들의 결과를 객관적으로 요약하기 위한 통계적 방법

9 문화기술법

(1) 문화인류학에서 널리 사용되는 방법으로, 특정 집단 구성원들의 생활양식과 문화에 대한 폭넓은 자료를 찾아내기 위하여 연구자가 현지에서 장기간 머물면서 참여자의 관점에서 상황을 파악하는 연구 방법

(2) **특징**
① 문화적 주제를 다룸
② 현상학적 입장에서 연구를 수행
③ 자연적 상황에서 연구를 수행
④ 현장 속에서 연구
⑤ 맥락의존적
⑥ 총체적 관점을 지향
⑦ 병행적 반복적 · 순환적 연구절차를 지님

10 실험연구

(1) 변인을 조작하여 이를 적용함으로써 나타나는 변화를 관찰하는 연구방법
(2) 반복성, 인위적 행동의 통제, 변인(독립, 매개, 종속변인) 등을 특징으로 함
(3) **관련 개념**

독립변인	실험 계획에 도입되는 환경요인이나 조건, 예언할 수 있는 변인, 실험자가 인위적으로 조작할 수 있는 변인 → 실험처치	
종속변인	독립변인의 변화에 따라서 나타나는 결과, 실험처치에 대한 유기체의 모든 행동 반응	
회귀분석	변인들 중 하나를 종속변인으로, 나머지를 독립변인으로 하여 변인들 간의 상호관계의 본질을 규명하는 통계적 기법 → 회귀는 기울기를 의미함	
영가설	연구에서 검증받는 잠정적 진리나 사실로, 기각될 것을 전제로 하는 가설	
대립가설	영가설에 대립하여 설정한 가설로, 연구자가 긍정되기를 기대하는 예상이나 주장하려는 내용	
실험집단	일정한 실험조건을 작용시켜 그에 따른 반응의 변화를 관찰하고자 하는 연구 대상 집단	
통제집단	실험군과의 비교의 대상이 되는 아무런 조건을 가하지 않은 집단	
조건의 통제	실험군과 통제군의 관련자극 변인을 동일하게 하는 것, 즉 독립변인 이외의 모든 가외변인(매개변인, 외생변인)을 동일하게 하거나 제거해 주는 것	
	가외변인의 제거	가장 쉬운 방법으로 모든 가외변인을 제거하는 방법
	무선화 방법	피험자들을 각 실험집단이나 조건들에 무선적으로 배치하는 방법으로, 모든 실험집단들을 가외변인의 입장에서 동등하게 만듦으로써 가외변인들의 영향을 통제하는 것
	가외변인 자체를 독립변인으로서 연구설계에 포함시키는 방법	가외변인을 제3변인으로 연구설계에 추가시켜서 종속변인에 미치는 영향을 파악하는 방법
	통계적 검증 및 통제집단의 구성을 통한 방법	전후통제집단설계처럼 사전검사 측정치를 통계적인 통제방법으로 활용하는 방법

11 실행연구(현장연구)

(1) 교육현장의 개선을 위해 교육실천가들이 수행하는 연구
(2) 교육이론과 실천 간의 차이를 감소시키기 위해 등장
(3) 현장연구의 방법으로 현장기록, 참여관찰, 면담, 문답, 녹음, 문서자료, 학생활동의 수집과 분석 등이 있으며 민속학적 혹은 현상학적 연구법이 적합

UNIT 4 측정 및 측정 단위

1 의미 : 인간이나 사물의 특성을 구체화하기 위해 수를 부여하는 절차

2 측정 단위의 종류

(1) 명명척도

① 어떤 대상에 이름 대신 일정한 숫자를 붙이는 것을 말함
   예 자동차번호, 선수의 등번호, 좌석 번호, 성별 등
② 대상이나 사상(事象)을 분류하거나 구분하기 위하여 부여하는 수치로 되어 있는 척도
③ 척도란 사다리란 뜻의 그리스어에서 유래한 것으로 넓은 의미로 보아 대상을 재는 자(尺)를 말함
④ 대상은 양적으로 뿐만 아니라 질적으로도 다룰 수 있음
⑤ 이러한 차이를 재기 위하여서는 자의 눈금이 되는 수학적 시스템이 대상의 특성과 대응되어야 함
⑥ 스티븐즈(S. Stevens)는 척도를 네 가지로 구분하였다. 명명척도는 이름 대신에 쓰이게 되며, 예컨대 운동선수들의 등번호, 주민등록번호나 전화번호와 같은 것
⑦ 이 척도를 가지고 우리가 수학적 또는 수리적 처리를 할 수 있는 것은 거의 없음
⑧ 그러나 분류나 빈도수를 셈하는 데는 도움이 됨
⑨ 이 척도를 써서 분류할 때는 분류유목이 상호 배타적이고 포괄적이어서 한 유목에 속하는 것이 다른 유목에는 속할 수 없어야 하며 그러면서도 모든 구성원들이 어느 유목엔가는 반드시 소속될 수 있어야 함

(2) 서열척도

① 어떤 대상들의 크기를 서열로 나타내는 수치를 말함 [예 키, 수학시험 성적(원 점수)]
② 순서·순위와 같은 상대적 중요성을 나타내는 척도
③ 대상을 재려고 할 때는 자(尺)가 있어야 하지만 자의 눈금으로 쓰이는 수치는 반드시 같은 것은 아님
④ 척도는 명명척도(命名尺度)·서열척도·동간척도(同間尺度) 및 비율척도(比率尺度)로 흔히 분류하는데 척도의 성질과 측정하려는 대상의 특성은 잘 대응되어야 함
⑤ 서열척도는 등가(等價)와 순위의 두 가지 성질을 가짐
⑥ 예컨대 어떤 대상을 가장 작은 데서 가장 큰 것으로 배열하고 붙이는 수치

⑦ 대학교수를 조교수·부교수 및 교수로 나누고 각기에 1, 2, 3으로 표시할 때의 척도
⑧ 즉, 2는 같은 부교수라는 등가를 나타내며 또한 1보다는 지위상 높고 3보다는 낮다는 순위도 나타내 줌
⑨ 이 척도에는 1 < 2 < 3와 같은 대소관계(大小關係)의 표시는 가능하지만 3-2 = 2-1과 같은 가감승제산(加減乘除算)은 불가능
⑩ 이것이 이 척도의 한계인데 가감이 가능한 동간척도로 변환시킬 수 있는 시도도 있음

(3) 동간척도

① **동간성이 보장된 척도로 가감의 연산이 가능**하며, 연구에서 자주 사용
② 인접한 단위는 항시 서로 동일한 간격을 가지고 있기 때문에 두 점수가 얼마나 떨어져 있는지를 말할 수 있는 척도
③ 예컨대 국어시험에서 10점, 20점, 30점 같은 것이나, 화씨 온도 5℃ 또는 10℃와 같은 측정치
④ 이러한 척도는 명명척도(命名尺度)나 서열척도(序列尺度)와는 달리 분류나 순위의 성질을 가질 뿐만 아니라 동간성을 갖기 때문에 10℃-5℃=15℃-10℃ 또는 10점+20점 = 30점과 같은 가감을 의미 있게 할 수 있음
⑤ 그러나 5℃가 10℃보다 두 배 더 춥다거나 30점 받은 학생은 10점 받은 학생보다 3배 더 잘 한다고는 말할 수 없음
⑥ 이는 동간척도는 절대영점에서 출발하지 않기 때문인데 승제(乘除)는 비율척도에서만 가능
⑦ 심리학이나 교육학에서 얻는 척도는 동간척도가 최상일 때가 많음
⑧ 그래서 서열척도를 동간척도로 변환시키기 위한 시도가 많이 이루어지고 있음

(4) 비율척도

① **분류, 서열, 동간, 절대영점을 모두 갖춘 이상적인 척도. 가감승제 가능**
   예 길이, 무게, 시간, 백분율, 표준점수 등
② 스티븐스(S. S. Stevens)는 척도를 네 가지로 분류하고 있는데 이 중 최상 수준의 것이며 분류·순위·동간 등의 모든 성질을 가지고 있을 뿐만 아니라 절대영점(絶對零點)을 갖고 있는 척도
③ 다른 척도들은 성질의 제한성 때문에 셈의 한계가 있으나 비율척도는 모두 절대영점에서 시작하기 때문에 가감승제의 모든 수학적·통계적 처리가 가능
④ 길이·무게·시간 등을 나타내는 측정치들은 모두 비율척도의 예이며, 영하 273.15℃에서 출발하는 켈빈(Kelvin) 온도계 눈금과 마찬가지임
⑤ 다른 척도에서와는 달리 5kg의 짐은 10kg의 짐의 무게의 반이며 합치면 15kg이 된다고 자신 있게 말할 수 있음
⑥ 비율척도는 자연과학에서는 쉽게 얻을 수 있지만 행동과학(行動科學)이나 사회과학 등에서는 얻기 힘듦
⑦ 우리가 척도의 성질을 바르게 알려고 하는 것은 그것이 바로 통계적 조작의 한계를 명시하고 있기 때문

UNIT 5 점수비교를 위한 통계적 방법

1 원점수(raw score)

(1) 시험에서 받은 점수를 말하며, 원점수는 해석되지 않은 점수이므로 그 자체로는 아무런 의미가 없음
(2) 검사나 고사의 결과로 채점되어 나온 점수
(3) 절대 영점이 없이 점수 자체의 절대적인 의미가 없음
(4) 측정 단위의 비율 관계 성립이 안됨(수학 80점은 40점의 2배라고 할 수 없음)
(5) 다른 점수 혹은 성적과 비교가 불가능

2 등위점수

(1) 원 점수에 비추어 한 집단의 학생을 점수 순서대로 배열해 놓은 점수
(2) 한 집단 내에서 학생들의 상대적 위치를 파악하는 데 도움을 줌
(3) 집단의 크기(사례수)가 다를 경우 비교가 불가능
(4) 학생의 능력 차에 대한 비교가 불가능

3 백분위

(1) 백분위는 해당 점수보다 낮은 점수를 받은 학생 수의 전체 학생 수에 대한 백분율(%)로서, 집단의 인원수를 100으로 잡아 등위를 계산하는 방법
(2) 어떤 학생의 점수 아래에 전체 학생의 몇 %가, 또는 어떤 학생의 점수 위에 전체 학생의 몇 %가 있느냐를 지시해 줌
(3) 집단의 크기나 집단의 성질이 달라도 학생들을 비교할 수 있음. 즉, 백분위는 다른 시험점수와 비교할 수 있음
(4) 원점수를 기준으로 해당 원점수의 아래에 몇 퍼센트의 사례가 포함되어 있는가를 보여주는 점수. 원점수 60점의 백분위가 45라면 피험자가 60점 이하의 점수를 얻었다는 것으로 해석할 수 있음. 즉, 원점수 60점 백분위 등급 75는 60점 아래에 전체 학생의 75%가 있음. 따라서 이 학생은 상위 25%에 해당
(5) 백분위를 통해 서로 다른 원점수의 상대적 비교가 가능함. 한 학생의 원점수가 60, 백분위가 45, 다른 학생의 원점수가 70, 백분위가 65라면 원점수의 차 10점은 두 번째 학생이 첫 번째 학생보다 더 잘했다는 서열적 정보 이외에는 다른 정보를 주지 못하지만, 백분위를 비교했을 경우 두 학생 사이에 약 20%의 학생이 있음을 알 수 있음
(6) **장점** : 계산이 간단하고 별다른 훈련 없이도 쉽게 이해할 수 있기 때문에 많은 교육·심리검사의 규준점수로 활용되고 있음
(7) **단점** : 기본적으로 서열척도의 특징을 가지므로 평균이나 표준편차를 구할 수 없고 따라서 통계적으로 처리에 제한이 많음. 또한 점수에 동간성이 없고 원점수의 분포를 반영하지 않으므로 백분위의 차이에 관한 해석에 유의하여야 함. 즉, 백분위 60과 70의 차이인 10점은 두 백분위 사이에 10% 정도의 피험자가 위치하고 있다고 해석할 수 있으나 그 이상의 해석은 불가함

(8) 특정학생의 백분위를 구하기 위해서는 다음의 식을 사용

특정학생의 백분위 = $\dfrac{(전체\ 학생\ 수 - 특정\ 학생의\ 등수 + 1) - (특정\ 학생의\ 점수를\ 받은\ 학생의\ 총수 \div 2)}{전체\ 학생\ 수} \times 100$

4 표준점수

(1) 백분위와 마찬가지로 다른 검사로부터 얻어진 점수들을 비교하기 위해 표준점수를 사용할 수 있음
(2) 표준점수는 점수가 평균으로부터 떨어진 거리(편차)를 표준편차를 단위로 하여 나타낸 점수

해당 점수의 Z점수 = (편차 : 해당점수 − 평균) ÷ 검사점수의 표준편차

(3) 한 개인의 점수가 분포의 중심이 되는 평균에서 얼마나 떨어져 있는가의 거리를 표준편차로 재어보는 것
(4) 표준점수는 가장 신뢰성 있는 점수이면서, 동간성과 상대적 위치를 파악할 수 있음
(5) 표준점수의 종류는 스테나인 점수, Z점수, T점수 등

- Z점수는 편차를 그 분포의 표준편차로 나눈 값이다.
- T점수는 평균을 50, 표준편차를 10으로 표준화한 점수이다. T점수 = 10, Z점수 + 50
- 스테나인점수는 평균을 5, 표준편차를 2로 표준화한 점수이다.

스테나인	1	2	3	4	5	6	7	8	9
	4%	7%	12%	17%	20%	17%	12%	7%	4%
z점수		−1.75	−1.25	−0.75	−0.25	0.25	0.75	1.25	1.75
T점수		32	37	42	47	53	58	63	68
수능등급	9	8	7	6	5	4	3	2	1

(6) **장점**: 원점수를 이런 방식으로 선형 변환할 경우 백분위와 달리 원점수의 동간성이 그대로 유지되면 평균이 0, 표준편차가 1로 통일되므로 서로 다른 검사 혹은 규준집단 간에 점수의 상대적 비교가 가능함. 국어시험에서 70점, 영어 시험에서 80점을 받은 학생의 성적을 비교할 경우, 두 검사 점수를 표준화하여 국어시험의 표준점수가 1.5, 영어시험의 표준점수가 0.5라면 원점수 상에서 영어시험 점수가 더 높지만, 집단의 성적분포를 고려할 때 상대적으로 국어시험을 더 잘 보았다고 말할 수 있음

UNIT 6 정규분포곡선

1 정규분포곡선의 의미

(1) 정규분포곡선은 마치 종을 엎어놓은 것과 같은 모양을 하고 있으며, 하나의 꼭지를 가진 좌우대칭의 분포
(2) 좌우대칭이고 하나의 꼭지를 가진 분포이므로 평균, 중앙치, 최빈치가 일치하는 분포
(3) 인간의 심리적 특성의 측정 결과는 정규분포를 이룬다고 가정

2 정규분포를 가정하는 경우

(1) 키, 가슴둘레, 다리의 길이 등 인간의 신체적 특성을 동일한 성과 연령의 집단으로부터 표집하여 분포를 낼 때, 표집의 크기가 크면 클수록 정규분포에 접근
(2) 동일한 물체에 대하여 무한대로 반복하여 측정한 뒤 이들의 분포를 내면 정규분포를 이룸
(3) 한 전체 집단에서 무선적으로 표집된 표집의 통계치는 분포의 정규분포에 접근
(4) 일반적으로 인간의 심리적 특성의 측정 결과는 정규분포를 이룬다고 가정

3 정규분포를 가정하기 어려운 경우

(1) 분포의 상위나 하위의 한 극단의 분포가 제한을 받는 경우 정규분포
(2) 서로 다른 특성의 집단이 각각 정규분포를 이루고 있는 경우

UNIT 7 집중경향치(Central Tendency)

1 의미

(1) 집중경향이란 한 집단의 점수분포를 하나의 값으로 요약하여 기술해 주는 지수
(2) 한 집단의 어떤 특성을 측정하여 점수화하였을 때, 이 집단의 특징을 하나의 수치로서 대표하고자 하는 것이 그 목적
(3) 점수들이 어떤 점수를 중심으로 모이는 특성을 중심경향이라고 하고 이때 중심이 되는 점수를 중심경향값이라고 함

2 종류

(1) 중앙치(Median)
  ① 중앙값은 서열상으로 보아 전체 점수 중에 가장 중앙에 위치한 값

② 예를 들어, 9, 9, 10, 11, 22의 점수가 있다면 중앙값은 10점이 됨. 그런데 점수의 분표가 대칭성을 가지지 못하고 한 방향으로 심하게 편포가 되어진 경우에는 평균보다는 중앙값이 전체점수를 보다 잘 대표

③ 한 분포 안에 포함된 사례수를 정확하게 2등분하는 척도상의 점에 해당하는 점수로 분포를 균등하게 하는 점수가 없을 때 활용

④ 양극단의 점수가 심하게 편포되어 있어 극단치의 영향을 배제하고자 할 때 활용

⑤ 분포의 상반부와 하반부에 관심이 있을 때 활용

(2) 최빈치(Mode)

① 집중경향치(集中傾向値)의 하나로서 점수분포상에서 가장 빈도가 많은 점수

② 예를 들어 12, 12, 14, 14, 18, 18, 18, 18, 19, 20, 20의 경우처럼 묶지 않은 자료에서는 18이 그 빈도가 4로서 가장 많으므로 최빈치가 됨

③ 일정한 급간으로 묶은 자료에서는 가장 빈도가 많은 급간의 중간점이 최빈치가 됨

④ 때로는 그 분포가 낙타의 등처럼 최대의 빈도를 가진 점수가 두 개 있는 경우에는 이중최빈치(二重最頻値)라고 부르며, 이 경우에는 두 개의 최빈치의 합의 평균을 내거나 또는 두 개의 최빈치로서 나타낼 수밖에 없음

⑤ 최빈치는 손쉽게 분포의 경향을 빨리 알아볼 수 있는 장점을 가지고 있는 반면에 표집에 따른 변화가 가장 크고 또한 어떻게 자료를 묶느냐에 따라 변화가 커서 다른 집중경향치 중에 가장 안정성이 적다는 단점을 가지고 있음

⑥ 한 분포에서 가장 많이 나타나는 점수로 분포에서 가장 전형적인 점수

⑦ 가장 자주 나타나는 수치라는 점에서 그 분포를 대표하는 점수

⑧ 집중경향을 가장 빨리 알고자 할 때, 가장 정형적인 경우를 알고자 할 때 사용

(3) 평균치(Mean)

① 평균은 모든 점수를 더한 후에 총 학생의 수로 나누어준 값으로서 가장 익숙

② 평균은 모든 점수를 고려하여 계산이 되고 수리통계적으로 다른 값들에 비해 우수하다는 장점을 가짐

③ 한 분포의 모든 점수의 합을 사례수로 나눈 값, 가장 신뢰도가 높은 집중경향치

④ 평균치로부터 모든 점수 차의 합은 0

⑤ 평균은 편차범위의 자승화가 최소가 되는 값(최소자승의 원리)

⑥ 평균은 측정치 분포의 균형을 이루는 점

⑦ 다른 집중경향보다 가장 정확하고 신뢰성 있는 값

⑧ 점수분포가 극단적으로 높거나 낮은 점수가 있을 때 평균치는 적절하지 않음

(4) 중앙치, 최빈치, 평균치의 특징 비교

① 한 전체 집단의 추정치로서 표집을 통하여 그 값을 계산하는 경우

② 표집에 대한 변화가 가장 큰 것은 최빈치, 중앙치, 평균치의 순

③ 평균치는 후속적인 여러 복잡한 통계적 처리의 기초가 되지만 중앙치나 최빈치는 하나의 대표치로서 그 기능이 끝남

④ 하나의 대표치로서 급히 계산을 해야 하는 경우에는 최빈치가 장점을 가짐
⑤ 정규분포에서는 최빈치, 중앙치, 평균치가 일치하기에 산술평균의 대략적 추정치로서 최빈치 사용
⑥ 평균치는 계산에서 모든 점수를 고려하기에 극단 점수가 있는 경우 대표치로서 부적절한 반면 극단적 편포의 경우에는 중앙치가 대표치로서 적절
⑦ 명명척도에는 최빈치만 계산할 수밖에 없고, 중앙치는 서열척도, 평균치는 동간척도와 비율척도에 적합
⑧ **분포상의 비교**

- 점수의 분포가 정규분포를 이루는 경우 : M = M₀ = Mdn
- 정적편포 : M > Mdn > M₀
- 부적편포 : M < Mdn < M₀

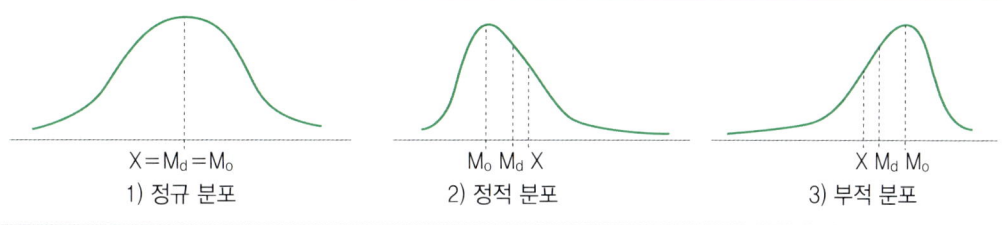

1) 정규 분포 2) 정적 분포 3) 부적 분포

UNIT 8 변산도

1 의미

측정치의 분포에서 넓이 혹은 분산의 정도를 기술해 주는 지표(범위, 4분편차, 표준편차)

2 표준편차(Standard Deviation)

(1) **의미** : 편차를 자승하여 이를 사례수로 나눈 뒤 그 제곱근을 얻은 것으로
  ① 평균치에서 얼마나 떨어져 있는가를 지시해 줌
  ② 집단의 개인차 정도를 표시해 줌. 즉, 표준편차의 값이 클수록 점수들의 분포가
  ③ 넓게 퍼져 있고, 분포의 곡선이 낮고 완만한 모양이며, 구성요소들이 이질적임

(2) **표준편차 계산 방법**

$$SD = \sqrt{\frac{\sum(x-m)^2}{N}}$$

(3) 표준편차의 특징
① 양극단의 점수가 크게 영향을 미침
② 집단에 속한 모든 사례가 영향을 줌
③ 각 사례의 점수를 가감해도 변하지 않음
④ 각 사례의 점수에 A를 곱하면 A 만큼 변함
⑤ 표준편차는 표집에 따른 변화, 즉 표집오차가 가장 적음

(4) 장·단점
① 표준편차는 평균치와 더불어 널리 쓰임. 표준편차는 변수가 연속변수이고
② 정규분포를 이룰 때 변산도 지수로서 가장 적절하며, 변산도 지수 가운데 가장 안정성이 높음
③ 반면 극단치의 영향을 받기 때문에 분포가 편포를 이룰 때는 적합하지 않고
④ 질적 변수(명명척도, 서열척도)에서도 부적절

(5) 정규분포곡선에서 표준편차의 비율
① M ± 1 SD = 68.26%
② M ± 2 SD = 95.44%
③ M ± 3 SD = 99.74%

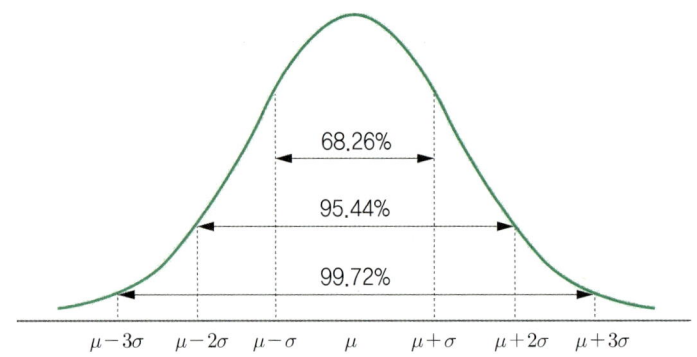

UNIT 9 상관관계

1 상관도의 의미
(1) 두 변인 간에 한 변인이 변함에 따라 다른 변인이 어떻게 변하느냐의 정도
(2) 두 변인 간의 상관 정도가 높을수록 한 변인을 알 때 다른 변인에 대한 정확한 예언
(3) **피어슨(Pearson)의 적률상관계수** : 두 변인 간의 변화 정도를 비율로 나타낸 것

2 상관계수의 예

(1) 지능과 학업성적 간에는 어떤 관계(상관)가 있는가?
(2) 국어 성적과 수학 성적 간에는 어떤 관계가 있으며, 이러한 상관은 성별에 따라 차이가 있는가?
(3) 1학기 성적과 2학기 성적 간에는 어떤 관계가 있는가?

3 상관계수의 방향

상관도는 -1.00 ~ +1.00 사이에 위치

.90 : 극히 높은 상관
.70 ~ .89 : 높은 상관
.40 ~ .69 : 보통의 상관
.20 ~ .39 : 낮은 상관
.00 ~ .19 : 상관이 없거나 낮은 상관

4 교육 분야에서의 활용

(1) 교육학에서 상관계수가 사용되는 경우는 검사의 신뢰도와 타당도를 검증할 때
(2) 잘 만들어진 검사의 경우 신뢰도 계수가 곧 상관계수로 표시되며 이때 .90이 되어야 함

5 상관계수에 영향을 미치는 요인

(1) 상관계수의 크기는 연구 집단의 점수분포 양상에 의해 크게 영향을 받음
　　집단이 동질적일수록 상관계수는 낮음
(2) 두 변인 중 어느 하나 또는 두 변인 모두의 분포에 제한을 받을 경우 상관계수는 적어짐
　　지능과 학업성취도와의 상관은 초등학교가 대학생 집단보다 큼
(3) 한 두 개의 극단 점수가 상관계수에 큰 영향을 미칠 수 있음
(4) 평균치가 다른 집단들을 통합하여 얻은 상관계수는 통합 전의 상관계수와 크게 다를 수 있음
(5) 두 변인 간에 상관관계는 두 변인 간에 반드시 어떤 인과관계가 있다는 것을 의미하지는 않음
　　① 두 변인 간의 상관관계는 인과관계를 추리하는 데 필요조건은 되지만 충분조건은 되지 않음
　　② 반면 실험연구는 두 변인 간에 존재하는 인과관계에 대한 정확한 평가를 가능하게 함

UNIT 10 통계기법 유형

(1) **X² 검정**: 정상분포를 다루는 모수통계와는 달리 특정 범주에 속하는 피험자 빈도의 차이에 관심을 두는 통계기법. 집단의 관찰빈도와 그 집단의 기대빈도를 비교하여 검정
(2) **T 검정**: 모집단의 분산과 표준편차를 알지 못할 때 사용되는 통계적 검정 방법으로 표본에서 추정된 분산이나 표준편차를 활용. 계산법 $T = 10Z + 50$. 평균 50, 표준편차 10
(3) **Z 검정**: 설정된 가설을 Z 분포에 의하여 검증하는 방법으로 집단간의 차이가 있는지를 밝히는 통계적 방법. 계산법 $Z = X - \overline{X} / S$, 평균 0, 표준편차 1
(4) **F 검정**: F 분포는 통계학에서 사용하는 연속확률분포로 분산분석에 많이 사용

UNIT 11 통계적 가설검증

(1) **통계적 가설은 영가설과 대립가설로 구분**
  ① **영가설**: 귀무가설(歸無假說, 영어: null hypothesis, 기호 H0) 또는 영가설(零假說)은 통계학에서 처음부터 버릴 것을 예상하는 가설. 차이가 없거나 의미있는 차이가 없는 경우의 가설이며 이것이 맞거나 맞지 않다는 통계학적 증거를 통해 증명
  ② **대립가설**: 대립가설(對立假說, 영어: alternative hypothesis, 기호 H1) 또는 연구 가설 또는 유지가설은 귀무가설에 대립하는 명제. 보통, 모집단에서 독립변수와 결과변수 사이에 어떤 특정한 관련이 있다는 것
(2) 제1종 오류는 영가설이 참일 때 그것을 부정하는 오류
(3) 통계적 검증력이란 영가설이 참이 아닐 때 이를 기각하는 확률
(4) 유의수준이란 표본에서 얻은 표본통계량이 일정한 기각역에 들어갈 확률

PART 4

교육행정학

CHAPTER 01 교육행정의 개념 및 이론
CHAPTER 02 교육행정조직
CHAPTER 03 동기 및 지도성 이론
CHAPTER 04 교육정책 및 의사결정
CHAPTER 05 장학이론 및 교육재정

CHAPTER 01 교육행정의 개념 및 이론

UNIT 1 교육행정의 의미

1 의미

(1) 교육행정(educational administration)은 교육활동의 관리·조성·지도하는 활동
(2) 교육행정은 교육활동을 수행하면서 그 활동을 합리적으로 관리·운영하고 조직적으로 지원·발전시키려는 노력과 활동
(3) 교육행정은 교육활동이 잘 되도록 관리·조성·지도하는 활동

2 교육행정의 세 측면

(1) 교육과 관련된 조직을 관리·운영하는 조직 관리의 측면
(2) 교육활동의 방향을 이끌고 발전을 도모한다는 활동계획과 지도의 측면
(3) 교육활동의 제반 조건을 정비·지원한다는 조건정비 및 지원의 측면

UNIT 2 교육행정의 정의

1 교육행정의 개념

(1) 교육에 관한 행정(법규해석적 정의)
① 교육에 관한 법규를 해석하고 집행해 나가는 것
② 행정의 종합성 및 포괄성을 강조하는 입장
③ 교육행정은 교육을 대상으로 하는 일반 행정작용
④ **국가통치권** 작용 가운데서 입법·사법을 제외한 행정작용을 내무·외무·군무·법무·재무 등 다섯으로 분류하고, 이 중에서 내무행정을 다시 보육행정과 경찰행정으로 분류하여 보육행정 중에 교육행정을 포함(법규해석적 정의)

(2) 교육을 위한 행정(조건정비적 정의)
① 교사와 학생을 도와 교육이 잘 이루어지도록 인적·물적 조건을 정비하는 것
② 교육의 자주성과 독자성 및 특수성을 고려해서 정의하는 방식
③ 교육행정은 그 자체에 목적이 있는 것이 아니라 교수·학습을 통해 교육목표를 달성하도록 돕는 수단
④ 교육행정은 근본적으로 교육의 기본 목표를 보다 능률적으로 달성토록 하기 위한 일련의 지원 활동
⑤ 교육행정은 교육자와 학생 간에 이루어지는 교육활동을 지원하기 위한 보조적 활동

(3) 교육행정 과정론
① 교육행정가가 계획, 조직, 명령, 통제 등 행정의 과정을 수행해 나가는 것
② 교육행정에서 행정과정의 중요성을 강조하는 입장
③ 행정과정이란 계획 수립에서부터 실천·평가에 이르는 행정의 과정을 말하는 동시에, 이 과정 속에서 이루어지는 행정작용의 제 구성요소를 의미

(4) 행정행위설(교육의 행정)
① 교육조직의 공동목표를 달성하기 위한 합리적 협동행위
② 교육의 목적을 효과적으로 달성하기 위한 여러 사람의 협동적 행위
③ 행정과 교육을 분리시킬 수 없는 입장으로 교육행정을 교육체제에 작용하는 여러 변인을 합리적으로 조정하는 활동
④ 합리적 행위란 제한된 자원을 활용하여 능률적·효과적으로 과업을 수행하는 것
⑤ 협동적 행위란 효과적으로 목표를 달성하기 위해 두 사람 이상이 노력하는 것

(5) 정책실현설 : 국가 교육정책을 결정·집행하는 것

(6) 교육지도성설
① 교육과 관련된 활동을 하는 과정에서 교육의 목적을 효과적으로 달성하기 위해 발휘되는 지도성
② 교육의 목적 실현을 보다 잘 할 수 있도록 제반 조건을 마련하고, 그 환경을 조성하는 과업을 수행하는 과정에서 발휘되는 지도성
③ **교육경영론** : 제반 조건을 마련하고 환경을 조성하는 일은 3M(인간, 물자, 재정) 등을 확보·배분·활용하는 일이며, 지도성을 발휘한다는 것은 그들을 보다 효과적으로 확보·배분·활용하여 교육목적 달성을 효율화하는 것을 의미
④ 교육행정에서 조직 책임자들의 학교교육에 대한 민주적 리더십과 교사들의 협동적인 집단과정이 대단히 중요한 역할을 하는 것
  - 피터드러커(1909~2005) : 경영은 조직의 방향을 제시하고 리더십을 통하여 조직의 여러 자원을 어떻게 활용할 것인지 정하는 것

[교육행정에 대한 정의 분류]

구분	내용
국가 통치권론	• 교육행정을 국가 권력 작용, 즉 총체적인 국가행정의 관점에서 파악하려는 관점으로, 교육행정은 국가행정 작용 중 '교육에 관한 행정'이라고 보는 입장 • 국가통치권 중 입법·사법을 제외한 행정 작용을 내무·외무·군무·법무·재무 등 다섯 가지로 분류하고, 이 중에 내무행정을 보육행정과 경찰행정으로 분류하여 전자인 보육행정 중에 '교육에 관한 행정'인 교육행정을 포함시키는 것. 이는 현재 국가통치권 중 교육행정 사무를 교육부에서 담당하기 때문에 교육행정은 교육부가 수행하는 법적 기능 혹은 행정 작용이라고 정의하는 방식
조건 정비론	• 교육행정은 교육목표를 효율적으로 달성하기 위해 필요한 인적·물적 제 조건을 정비·확립하는 수단적·봉사적 활동이라고 보는 견해. 이는 교육행정의 기능주의적 입장을 대표하는 정의로서, 민주적 교육행정을 설명하는 데 가장 많이 인용되는 정의 • 이러한 견해의 대표적인 학자는 Moehlman으로 수업이 학교의 근본적인 목적이며, 행정의 조직과 과정은 이 목적을 달성하기 위한 수단이라고 보았음. 즉, 교육행정은 교육목표를 보다 효율적으로 달성하기 위한 일련의 봉사활동이며 작용이라고 하여, 교육행정이 교육을 위한 수단적·봉사적 기능을 수행하는 활동임을 주장
행정 과정론	• 행정과정은 계획 수립에서 실천·평가에 이르는 행정의 전체 경로를 가리킴과 동시에 이 경로 속에서 이루어지는 행정 작용의 제 구성 요소를 의미. 따라서 이 정의는 행정의 일반적 기능이 무엇이며, 행정은 어떠한 순환적 경로를 밟아 이루어지고 있는가에 초점을 두고 교육행정을 정의하는 관점 • 행정과정은 1916년에 Fayol이 다섯 가지 요소로 분석한 이래, 많은 학자에 의해 다양한 요소로 분석·제시되어 왔음. 특히, Gulick은 최고 행정가가 해야 할 일이 무엇인가에 대한 질문의 해답으로 'POSDCoRB'라는 합성어를 고안하여 7개 요소로 행정과정을 체계적으로 정리. 이러한 행정과정론의 교육행정에의 적용은 1950년에 이르러 본격적으로 시작. Sears가 Fayol의 행정과정론을 바탕으로 교육행정과정을 기획(planning)·조직(organizing)·지시(directing)·조정(coordinating)·통제(controlling)의 다섯 가지 요소로 분석·제시한 것이 그 대표적인 예
협동 행위론	• 이는 행정활동을 합리성을 토대로 한 집단적 협동행위로 보는 견해로서, 행정 작용을 주로 행정행위, 그중에서도 의사결정 과정에 초점을 두고 정의하는 방식 • 이러한 견해의 대표적인 학자는 Waldo. 그는 행정을 고도의 합리성을 바탕으로 한 집단적인 협동행위로 정의. 이때 합리성이란 최소의 비용으로 최대의 목적을 성취하는 것이며, 협동행위는 혼자서는 움직일 수 없는 돌을 두 사람이 굴리는 것과 같이, 협동행위를 통해 과업을 효과적으로 성취하는 것을 말함. 이러한 행정의 개념을 교육행정에 적용해 보면, 교육행정은 '합리적으로 계획된 과정과 절차에 따라 교육목적을 최대한 효과적으로 달성하기 위해 교육활동과 관련된 제반 조직과 조건을 체계적으로 정비하고 조성하는 협동적 행위'라고 정의할 수 있음
교육 지도성론	• 이는 교육행정이 교육목적을 효과적으로 달성하기 위해 교육지도성을 발휘하는 활동이라고 정의하는 방식. 교육지도성이란 교육과 관련된 활동을 하는 과정에서 교육의 목적을 효과적으로 달성하기 위해 발휘되는 지도성을 말함 • 교육의 목적 실현을 보다 잘 할 수 있도록 제반 조건을 마련하고, 그 환경을 조성하는 과업을 수행하는 과정에서 발휘되는 지도성을 말함. 이때 제반 조건을 마련하고 환경을 조성하는 일은 3M, 즉 인간(Man)·물자(Materials)·재정(Money) 등을 확보·배분·활용하여 교육목적 달성을 효율화하는 것을 의미. 따라서 이 정의는 교육경영론의 관점을 반영한다고 볼 수 있음

2 교육행정의 정의

(1) 법규 해석적 정의(공권력설)
① 일반행정의 일부분, 일반행정작용 가운데 교육부분에 관한 행정으로 규정하는 견해
② 국가의 통치 작용의 일환으로 보는 법학적 이론에 의해 지지되는 견해
③ 교육행정의 특수성과 전문성을 약화시킬 가능성이 높은 관점

(2) 기능론적 정의(조건 정비설)
① 교육목표를 달성하기 위한 수단적 봉사활동으로 보는 견해
② '교육을 위한 행정'으로 보려는 관점을 반영
③ 행정주체의 권력적 작용의 측면을 소홀히 취급하고 있는 문제점

(3) 행위론적 정의(행정 행위설, 경영설)
① 최소의 투입으로 최대의 산출을 얻으려는 활동으로 보는 견해
② 다른 공공기관이나 기업체·군대·병원 등과 같은 조직 운영상의 공통점을 강조
③ 단순한 집단 활동만을 강조하는 문제점

접근방법	개념	특징
정적접근	교육에 관한 행정	• 교육 < 행정 : 행정의 종합성 중시, 교육과 행정의 일치(일원론), '위에서 밑으로'의 권위적 행정 → 법규행정설, 공권설, 분류체계론, 교육행정 영역 구분론(독일) • 교육행정은 법이 정하는 바에 따라 교육정책을 실현하는 수단 • 중앙집권적·관료통제적·권력적·강제적 요소를 중시 • 교육행정의 감독적 성격을 강조
	교육을 위한 행정	• 교육 > 행정 : 교육의 자주성 중시, 교육과 행정의 분리(이원론), '아래에서 위로'의 민주적 행정 → 조건정비설, 기능설, 조장설(미국) • 교육행정은 교육목적(교수학습의 효율화) 달성을 위한 제 조건을 정비하는 수단, 봉사 • 지방분권적·자율적·민주적 특성을 중시 • 교육행정의 조장적 성격을 강조
동적접근	행정과정	• 교육행정은 교육행정가가 교육목적 달성을 위해 수행하는 절차 • PIC : 계획 - 실천 - 통제(평가), plan ··· do ··· see
	행정행위 (경영) → 교육의 행정	• 교육행정은 교육목적(학교경영의 극대화) 달성을 위한 구성원들의 협동적 행위, 교육과 행정의 일치(일원론) → 교육목적 달성 추구적 정의 • 합리적인 조직 관리의 기술 → 조정, 협동적 행위 중시 • 교육행정의 조정적 성격을 강조
	정책실현설	교육행정은 공권력을 가진 국가기관이 교육정책을 수립하고 집행하는 과정

UNIT 3 교육행정의 원리

1 법제적 측면의 원리

(1) 법치행정의 원리
① 교육행정의 모든 활동이 합법적으로 제정된 법률 적합성을 가져야 함
② 합법성의 원리는 교육행정의 모든 활동이 합법적으로 제정된 법령·규칙·조례 등에 따라야 하는 법률 적합성을 가져야 한다는 것을 의미
 - 조약(유네스코헌장), 법률(초중등교육법), 법규명령(~시행령), 규칙(교육감선거관리규칙), 조례(학생인권조례) 등
③ 모든 행정은 법률에 위반되어서는 안 되고 법률의 근거를 필요로 하며 실정법에 맞는 집행을 해야 함을 뜻함

> **알아두기 ① 법적용의 우선원칙**
> 가. **상위법 우선의 원칙** : 헌법 > 법률 > 명령, 규칙 > 자치법규(조례, 규칙)
> 나. **특별법 우선의 원칙** : 동일한 사항에 대하여 특별법은 일반법에 우선적용
> 다. **신법 우선의 원칙** : 법령이 새로 제정되거나 개정된 경우 신법 우선함
> 라. **법률불소급의 원칙** : 법적 안정성 확보를 위해 소급효가 없다는 원칙

(2) 기회균등의 원리 : 민주주의의 기본원리
① 민주주의의 기본 원리로서, 특히 교육행정에 있어서 가장 강력하게 요청되는 원리
② '헌법' 제31조 제1항은 '모든 국민은 능력에 따라 균등하게 교육받을 권리를 가진다'고 규정하여 교육권을 기본권의 하나로 규정
③ '교육기본법' 제3조에서는 '모든 국민은 평생에 걸쳐 학습하고, 능력과 적성에 따라 교육받을 권리를 가진다', 제4조에서는 '모든 국민은 성별, 종교, 신념, 사회적 신분, 경제적 지위 또는 신체적 조건 등을 이유로 교육에 있어서 차별을 받지 아니 한다'

(3) 적도집권의 원리
① 중앙집권제와 분권제 사이에 적절한 균형을 도모하려는 것(권한의 적정배분)
② 교육은 외부의 부당한 지배를 받지 않고, 주민의 적극적인 참여와 그 지역주민의 공정한 통제에 의해 실시되어야 함
③ 이러한 당위성을 제도화한 것이 바로 교육자치제

(4) 자주성 존중의 원리
① 자주성의 원리는 교육이 그 본질을 추구하기 위하여 일반행정에서 분리·독립되고 정치와 종교로부터 중립성을 유지해야 한다는 것
② '교육기본법' 제5조는 '국가 및 지방자치단체는 교육의 자주성 및 전문성을 보장하며, 지역의 실정에 맞는 교육의 실시를 위한 시책을 수립·실시하여야 한다. 학교운영의 자율성은 존중되며, 교직원·학생·학부모 및 지역주민들은 법령이 정하는 바에 의하여 학교운영에 참여할 수 있다'고 규정

③ '교육기본법' 제6조는 '교육은 교육 본래의 목적에 따라 그 기능을 다하도록 운영되어야 하며, 어떠한 정치적·파당적 또는 개인적 편견의 전파를 위한 방편으로 이용되어서는 아니 된다'고 규정
④ 이러한 법 규정과 함께 국·공립학교에서 특정 종교를 위한 종교교육을 금지하고 있는 것은 교육의 자주성을 선언한 것이라고 할 수 있음

(5) **평생교육의 원리** : 국가는 평생교육을 진흥하여야 한다(헌법).

(6) **전문성 보장의 원리** : 교육행정은 교육을 위한 행정이므로 교육활동의 본질을 이해하고, 교육의 특수성을 체험적으로 인식하고, 교육행정에 관한 이론과 기술을 습득한 충분한 훈련을 쌓은 전문가가 담당하여야 한다는 것

2 운영 측면의 원리

(1) **합목적성의 원리(타당성의 원리)** : 특정의 목적을 실현하기에 적합한 수단의 성질, 또는 어떤 사물이 일정한 목적에 적합한 방식으로 존재하는 것

(2) **민주성의 원리**
① 국민의 의사를 행정에 반영하고 국민을 위한 행정을 해야 한다는 것
② 교육행정이 민주성의 원리에 따라야 한다는 것은 국민의 의사를 행정에 반영하고 국민을 위한 행정을 해야 한다는 것을 의미
③ 교육행정기관은 국민과의 관계에 있어서 행정권의 남용을 최대한 방지하고 국민에 대한 책무성을 강화하는 데 초점을 두어야 함
④ 이 원리는 합법성보다 훨씬 적극적인 개념으로, 교육행정에의 시민 참여, 행정의 공개성과 공익성, 행정과정의 민주화, 공평한 대우 등이 그 핵심적인 가치가 됨
⑤ 다양한 구성원들의 의사를 반영하기 위해 위원회, 협의회 등

(3) **능률성(효율성)의 원리**
① 가장 능률적인 방법으로 최대의 목표를 달성하는 것
② 효율성이란 효과성과 능률성을 동시에 표현하는 용어
③ 여기서 능률성은 비용과 효과의 비교를 통해 추구되는 개념
④ 최소한의 인적·물적 자원과 시간을 들여서 최대의 성과를 거두는 것
⑤ 효과성은 투입과 산출의 비율을 따지지 않고 목표의 달성 요인을 따진다는 점에서 능률성과 다름. 이때 그 목표는 단순한 일상 행정상의 목표가 아니라 변화나 발전을 추구하는 실용적인 목표를 말함
⑥ 효과성은 질(質)과 관련된 합목적적인 개념이고, 능률성은 양(量)과 관련된 방법과 수단에 관한 개념이라고 할 수 있음. 지나치게 강조하면 교육의 본질 손상

(4) **적응성의 원리** : 새로운 사대를 충족시킬 수 있도록 변화하는 능력

(5) **안정성의 원리**
① 교육정책이나 프로그램은 장기적인 안목에서 계속성과 일관성을 유지

② 안정성의 원리는 일단 국민적 합의과정을 거쳐 수립·시행되는 교육정책이나 프로그램은 장기적인 안목에서 계속성과 일관성을 유지해야 한다는 것
③ 빈번한 개편이나 개혁은 행정의 낭비를 초래하고 효율성을 저하시키는 요인이 됨
④ 교육은 본질적으로 수십 년을 내다보는 장기적인 성격을 띠고 있기 때문에 국가의 교육정책은 안정적 기조를 유지하고 일관성있는 집행과정을 통해 지속적으로 유지·발전되어야 함

3 조직 측면의 원리

(1) **계층제의 원리** : 조직의 목표를 달성하기 위한 업무를 수행함에 있어 권한과 책임의 정도에 따라 직위가 수직적으로 서열화·등급화되어 있는 것
(2) **분업의 원리** : 조직의 업무를 직능 또는 성질별로 구분하여 한 사람에게 동일한 업무를 분담시키는 것
(3) **조정의 원리** : 조직내에서 업무의 수행을 조절하고 조화로운 인간관계를 유지함으로써 협동의 효과를 최대한 거두려는 것
(4) **지휘통일의 원리(명령일원화)** : 부하는 한 지도자에게 명령과 지시를 받고 그에게만 보고
(5) **통솔한계의 원리** : 한 지도자가 직접 통솔할 수 있는 부하의 수에는 한계가 있음

UNIT 4 교육행정과 교육경영

1 특징
교육행정은 비교적 객관적 강제성을, 교육경영은 비교적 주관적 융통성을 내포

2 차이점

(1) **목표** : 행정은 공익을 추구, 경영은 이윤의 극대화 추구
(2) **권력** : 행정은 강제성을 지니는 반면, 경영은 그렇지 않음
(3) **성격** : 행정은 독자성을 지니고 있으나, 경영은 독점성이 없어 경쟁성이 높으며 능률적
(4) 행정은 법령의 제약을 엄격히 받는데 비해, 경영은 상대적으로 법률적 제약을 덜 받음
(5) 행정은 법 앞에서 평등을 요구, 경영은 이러한 원칙의 적용을 적게 받음

교육행정 (학교행정)	고도의 확실성과 구조화되고 기획화된 결정을 달성하기 위한 하나의 경영관리의 과정
교육경영 (학교경영)	• 고도로 불확실하고, 구조화되어 있지 않으며 기획도 되어 있지 않은, 하나의 결론을 매듭지어 나가는 경영관리의 과정 • 학교경영이란 학교의 목적을 달성하기 위하여 인적·물적·기타 자원을 확보하고 활용하여 계획, 조직, 지시, 조정, 통제하는 일련의 활동과정

UNIT 5 교육행정가의 자질

1 카츠(Katz)와 데이비스(Davis)

(1) **실무적(사무적) 기술** : 어떤 과업을 수행하는 방법이나 절차, 기법에 관한 이해와 숙련도
(2) **인간적 기술** : 조직의 일원으로서 동기를 유발하는 기술
(3) **전체 파악 기술(개념적 기술)** : 조직을 전체로 보고 의사를 결정하는 기술

2 계층별 행정기술의 수준

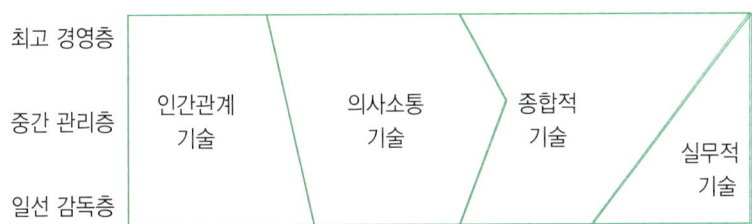

UNIT 6 교육행정의 성격

1 일반적 성격

(1) **봉사적 성격** : 조장적 성격, 수단적 성격, 기술적 성격
① 교육행정이 교육목적을 달성하기 위하여 필요한 인적·물적 제 조건을 정비·확립하는 봉사활동이라는 조건정비론적 입장에서 보면 교육행정은 목적 달성을 위한 하나의 수단으로서 조장적·봉사적 성격을 지니고 있음
② 이와 같은 성격을 학자에 따라서는 조장적 성격, 수단적 성격, 기술적 성격으로 구분
③ 민주사회에서 가장 강조해야 할 교육행정의 기본적 특성은 바로 봉사적 혹은 수단적 성격이라고 할 수 있음

(2) **정치적 성격** : 역동적 성격
① 교육행정이 수단적·기술적 성격을 가지고 있다는 것은 교육행정 활동의 내용이 고정적인 것이 아니고 역동적인 성격을 가지고 있다는 뜻
② 역동적 성격이란 바로 교육행정이 정치적 성격을 가지고 있음을 의미
③ 교육행정가는 교육문제를 예견하고 이에 대한 대책을 강구하며, 교육 발전을 위한 장·단기 계획을 수립·실천하기 위하여 탁월한 행정적 수완과 더불어 예민한 정치적 예견과 지성을 필요로 함

(3) **민주적 성격 : 민주화, 자율화**
  ① 우리나라의 기본 이념은 자유민주주의이므로 교육행정에서 민주적 성격이 필연적으로 요구됨
  ② 최근에 정치·경제·사회 등 여러 분야에서 민주화·자율화가 증대됨에 따라 교육에 있어서도 민주화와 자율화에 대한 요구가 어느 때보다도 강하게 표출되고 있음
  ③ 교육행정에서 민주화되어야 할 대상은 교육행정조직, 학교경영, 교육과정 편성·운영, 교육시설 및 교직원 관리, 평생교육, 교육재정 등 여러 가지가 있으나, 그중에서도 가장 핵심적인 것은 조직·인사·내용·운영이라고 하겠음

2 독자적 성격 : 교육의 특수성

(1) 교육조직은 여타의 조직에 비해 사회에 대해 대단히 중요한 역할을 수행한다는 것
(2) 교육, 특히 공교육은 언제나 공공에 대하여 민감해야 한다는 것
(3) 교수·학습을 주된 기능으로 하는 학교는 기능상 매우 복잡한 활동을 수행
(4) 조직의 목표를 달성하기 위해 필요한 인간관계의 친밀성이 강하다는 것
(5) 학교조직은 교사라는 전문가 집단으로 구성되어 있다는 것
(6) 학교조직의 성과는 쉽게 인지할 수 없다는 것

UNIT 7 교육행정의 영역

1 행정단위

(1) **중앙교육행정(교육부장관)** : 교육부장관은 '정부조직법'에 근거하여 부총리로서 교육·사회 및 문화정책에 관하여 국무총리의 명을 받아 관계 중앙행정기관을 총괄·조정하는 기능을 수행하며, 인적자원개발정책, 학교교육·평생교육, 학술에 관한 사무를 관장한다.
(2) **지방교육행정(교육감)** : 시·도의 교육·학예에 관한 사무의 집행기관으로 시·도에 교육감을 두며, 교육감은 교육·학예에 관한 소관 사무로 인한 소송이나 재산의 등기 등에 대하여 해당 시·도를 대표. 교육감의 임기는 4년으로 하며, 교육감의 계속 재임은 3기에 한정한다.
(3) **학교교육행정(교장)** : 교무를 총괄하고, 민원처리를 책임지며, 소속 교직원을 지도·감독하고, 학생을 교육한다.

2 행정기능 : 기획, 조직, 교육내용·장학, 학생, 인사, 재정, 시설, 사무관리, 연구·평가

3 교육대상 : 유아교육, 초등교육, 중등교육, 고등교육, 사회(평생)교육, 사학교육, 특수교육

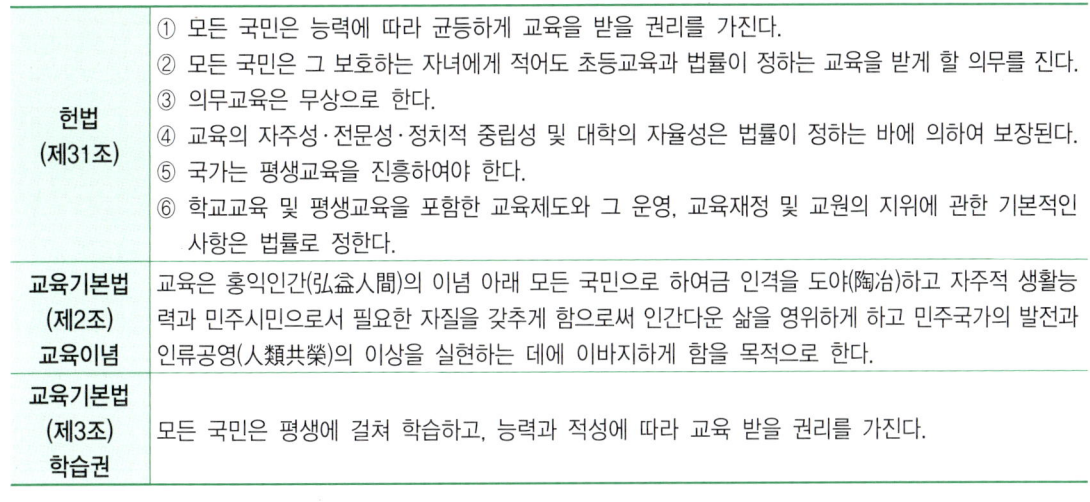

UNIT 8 고전적 조직이론(과학적 관리론, Taylor)

1 특징 : 공장관리의 과학화(시간연구와 동작연구)를 통한 생산성 향상 → 교육행정의 효율화

(1) 19세기 후반 ~ 1930년대까지 발달한 이론

(2) 성악설적 인간관리 철학에 기초(X이론), 경제적 동기 중시, 위생(불만족)요인

(3) 조직 및 인간 관리의 과학화·합리화·능률화를 추구한 이론

(4) 문제점 : 행정의 능률과 민주적 목표와의 조화 무시(균형성 상실), 비경제적 동기 무시

(5) 주요원리
 ① **최대의 일일 작업량** : 모든 노동자에게 명확하게 규정한 최대의 일일 작업량을 정해주어야 함
 ② **표준화된 조건** : 노동자들이 과업을 성공적으로 수행할 수 있도록 작업조건과 도구를 표준화해 주어야 함
 ③ **성공에 대한 높은 보상** : 노동자들이 과업을 성공적으로 완수한 경우에는 높은 보상을 해 주어야 함
 ④ **실패에 대한 책임** : 노동자가 과업을 달성하지 못한 경우에는 그 실패에 대한 책임으로 손해를 감수하도록 해야 함
 ⑤ **과업의 전문화** : 노동자에게 주어지는 과업은 일류 노동자만이 달성할 수 있을 만큼 어려운 것이어야 함

2 유형

(1) 테일러(Taylor)의 과학적 관리론(1910 ~ 1920년대)
① 인간을 효율적인 기계와 같이 프로그램화 할 수 있음
② 노동자는 단순해서 경제적 요인만으로도 과업동기가 유발
③ 생리적 요인에 의해 성과가 크게 제한을 받음

(2) 페욜(Fayol)의 행정관리론
① 테일러의 작업자보다는 관리자에 관심
② 행정과정을 생산과 같은 조직 운영에서 분리
③ 계획, 조직, 명령, 조정, 통제의 5가지 제시(귤릭은 POSDCoRB 제시)

기획(planning)	미래를 예측하고 행동계획을 수립하는 일
조직(organizing)	인적·물적 자원을 조직하고 체계화하는 일
명령(commanding)	구성원으로 하여금 과업을 수행하도록 하는 일
조정(coordinating)	모든 활동을 통합하고 상호 조정하는 일
통제(controlling)	정해진 규칙을 명령에 따라 일이 이루어지고 있는가를 확인하는 일

(3) 막스 베버(Weber)의 관료제이론
① **특징** : 분업과 전문화, 몰인정성, 권위의 위계, 규정과 규칙 중시, 경력 지향성

분업과 전문화	조직의 목적 달성을 위한 과업이 구성원의 책무로서 공식적으로 배분
몰인정성	조직의 분위기가 감정과 정리에 지배되지 않고 엄정한 공적 정신에 의해 규제
권위의 위계	부서가 수직적으로 배치되고 하위 부서는 상위 부서의 통제와 감독을 받음
규정과 규칙	의도적으로 확립된 규정과 규칙체계를 통해 활동이 일관성 있게 규제
경력 지향성	연공이나 업적 혹은 양자를 조합한 승진제도를 갖추고 있으며 경력이 많은 자가 우대

② Weber 관료제 모형의 순기능과 역기능

관료제의 특징	순기능	역기능
분업과 전문화	전문성 향상	권태감의 누적
몰인정성	합리성 증진	사기 저하
권위의 위계	순응과 원활한 조정	의사소통 장애
규정과 규칙	계속성과 통일성 확보	경직과 목표 전도
경력 지향성	동기의 유발	실적과 연공의 갈등

(4) 행정과정론 : 교육행정가가 교육행정을 합리적으로 펼치는 절차 순서

일반행정		교육행정				
Fayol (최초)	Guilic & Urwick	Sears (최초)	Gregg	AASA	Campbell	
기획(P)	기획(P)	기획(P)	의사결정 (DM)/기획(P)	기획(P)	의사결정 (DM)	P : 교육목적을 달성할 수 있는 방법과 수단을 효율적으로 준비하는 과정
조직(O)	조직(O)/ 인사(S)	조직(O)	조직(O)	자원배분 (A)	프로그램 작성(P)	O : 인적 물적 자원을 확보하고 배분하는 과정
명령(C)	지시(D)	지시(D)	의사소통 (Com)/ 영향(I)	자극(S)	자극(S)	C : 조직구성원으로 하여금 부과된 과업의 자율적 능동적인 수행 요구
조정(Co)	조정(Co)	조정(Co)	조정(Co)	조정(Co)	조정(Co)	Co : 조직의 공동목표 달성을 위해 조직체 내에서 구성원들의 노력을 통합하고 조절하는 과정
통제 (Con)	보고/(R) 예산편성(B)	통제 (Con)	평가(E)	평가(E)	평가(E)	Con : 제반 활동의 수행 상태를 감독

(5) 관료제이론

① **개념** : 조직 구조에 관심을 갖고 최소의 인적 물적 자원으로 조직의 목적을 달성하고자 한 이론 → 계층제 + 합법적 지배

② 학교 관료제의 특징(Hoy & Miskel)

역기능	학교관료제의 특징	순기능
피로 누적, 생산성 저하	분업과 전문화	기술과 전문성 향상
사기 저하	몰인정성(공평무사성)	합리성 증대
의사소통의 장애	권위의 위계(계층화)	원활한 순응과 조정
목표전도(동조과잉)현상, 조직의 경직성	규칙과 규정의 강조	계속성과 통일성 확보
업적과 연공제 간의 갈등	경력지향성	조직에 충성 유도, 동기 유발, 유인가

UNIT 9 인간관계론(Mayo & Roethlisberger) : 교육행정의 민주화

1 역사

(1) 호손(Hawthorne) 공장 실험에서 비롯(1924 ~ 1932)

① 조직내의 인간관계의 변화에 따른 연구
② 조명실험, 전화계전기 조립실험, 면접프로그램, 건반배선조립 관찰실험

조명실험	작업현장의 조도와 노동자의 작업능률과의 관계를 분석하기 위한 실험으로서 작업장의 조도를 높이면 작업능률도 올라갈 것이라는 가설을 검증하는 데 목적
전화계전기 조립 실험	2차에 걸쳐 실시. 1차 실험에서는 서로 사이가 좋은 2명의 여공으로 하여금 좋아하는 4명의 여공을 선정하여 6명 1조로 작업팀을 만들어 일반 여공들이 일하는 작업현장 옆 별실에서 작업을 하게 하였고, 2차 실험에서는 5명의 여공을 선발하여 집단 임금제도의 영향을 관찰
면접 프로그램	종업원이 자신들의 관심사를 직접 이야기하도록 하여 그들이 무엇을 생각하고 있는가를 파악하기 위한 실험. 이 실험은 호손공장의 검사부에 근무하는 1,600명부터 시작하여 그 후에는 종업원 21,126명으로 확장하여 그들의 신변상의 문제와 근무환경에 대한 불평불만, 기타 의견 등을 면접을 통해 조사
건반배선조립 관찰실험	호손연구의 마지막 실험으로서 작업집단의 사회적 구조를 분석하기 위해 실시. 이 실험에서는 전화교환기에 사용되는 건반배선을 조립하는 14명의 남자 노동자를 건반배선 작업 관찰실에 배치하고 1명의 조사원을 함께 배치하여 작업행동을 관찰. 이 실험은 전화계전기 조립 실험과 매우 유사하지만, 14명의 남자 노동자의 감정, 태도, 상호관계 등이 아무런 인위적 조작없이 관찰·분석되었다는 점이 다름

(2) 조직 내의 인간적 요인에 의해 생산성이 어떻게 달라지는가를 밝히고자 하는 것

(3) 인간의 정서적·비합리적·심리적·사회적인 면을 중시하여 작업능률 향상을 도모

2 특징

(1) 조직 구성원의 필요, 협동 및 사기 등을 중요시하는 관리 방법
(2) 생산과정에서 인간을 사람답게 취급, 소속감과 자기존재의 중요성을 인식
(3) 노동자들에게 인간의 태도, 감정, 비공식적 관계와 같은 인간적 측면 중시
(4) 조직구성원 간의 의사소통의 중요성 강조

3 단점

(1) 조직 내의 인간적 측면에 지나치게 집착, 구조적인 측면과 생산성 제고의 측면 경시
(2) 조직을 폐쇄체제로 보아 환경과의 관계를 다루지 못하였음
(3) 노동자의 사소한 반응에 초점을 맞추어 보다 더 중요한 경영상의 문제 소홀

4 영향

(1) 지도성 이론에서 민주적 지도성(인화중심 지도성) 강조
(2) 비공식적 조직의 중요성 강조
(3) 레빈(Lewin)의 지도성 연구(집단역학연구)와 관련
(4) 로저스(Rogers)의 인간주의 상담과 관련
(5) 모레노(Moreno)의 사회성 측정법과 관련
(6) 교육에서 민주적 행정을 도입하는 계기

UNIT 10 행동과학론(Barnard & Simon) : 교육행정의 이론화

1 기원

(1) 1950년대 조직 내의 인간행동을 추구하는 행동과학을 이용한 접근
(2) 조직의 목표 달성에 중점을 둔 이론과 개인의 만족을 강조하는 생각을 통합한 이론
(3) 조직 내의 인간행동을 연구하여 행정이나 경영의 효율성을 높이려는 이론

2 특징

(1) 공식적 조직 내에서 행해지는 인간의 직무 행동에 관심
(2) 논리실증주의에 근거한 가설 연역적 연구와 합리주의적 양적연구 지향

3 영향

(1) 조직원의 동기이론의 중요성 강조
(2) 의사결정의 합리성 추구
(3) 특성이론에서 행동이론으로 전환하는 계기 마련
(4) 조직이론의 발전(조직풍토론, 성숙 – 미성숙이론, X–Y이론 등)
(5) 교육행정 연구에 있어 행동과학적 접근을 시도, 교육행정의 이론화 운동 → 신운동(New Movement)

UNIT 11 체제이론

1 기원

(1) 1960년대 이후 학교조직을 이해하는 하나의 방법으로 사용되기 시작
(2) 학교사회를 하나의 체제로 보고, 학교를 구성하고 있는 하위 체제들을 유기적으로 기능하게 함으로써 생산성 향상 도모
(3) 체제이론은 체제분석, 체제관리, 과학적 조사연구 등 다양한 명칭으로 부름
(4) 1940년대부터 사회과학과 자연과학의 연구 방법으로 광범위하게 도입

2 특징

(1) 설정된 목적을 달성하기 위해 하나의 단위로서 기능하는 상호관련 있는 구성요소들의 집합체
(2) 조직을 전체적으로 연구, 구성요소들간의 상호관계, 조직과 외부환경과의 관계를 탐구

3 카우프만의 체제접근모형

(1) 문제해결을 위해 여러 가지 대안으로부터 최적의 해결방안을 얻어내고 이를 실천 평가하는 일련의 과정 제시
(2) 문제확인 → 대안결정 → 해결전략선정 → 해결전략시행 → 성취효과결정 → 수정

4 브루코오버(Brookover)의 사회체제적 접근모형

(1) 학교의 사회적 체제는 학교의 학습풍토에 의해서 조성
(2) **체제 구성요소** : 학교의 사회심리적 규범, 학교의 조직구조 및 운영방식, 학급 내 수업실천 행위

학교의 사회 심리적 규범	학교 구성원이 학교교육에 대해 가지는 기대, 평가, 감정, 신념 → 학교의 역사적 전통에서 파생된 것으로 학교의 문화적 풍토를 형성
학교의 조직구조 및 운영방식	학교의 행정조직, 학급 내 학습집단 구성형태 등
학급 내 수업 실천 행위	학급 내 의사소통 방식, 보상방식, 수업자료 제공, 수업 시간 등 → 학교의 학구적 규범

(3) 투입 – 과정 – 산출 모형

① **기본가설** : 학교에서 학생의 학업성취 차이는 학교사회 체제에서 파생하는 사회적·문화적 특성과 함수관계

② **구성요소**

투입변인	학생집단 특성, 교직원 배경
과정변인	학교의 사회적 구조(예 학교에 대한 교사의 만족도, 학부모 참여도, 교장의 수업지도 관심도 등), 학교의 사회적 풍토(예 학생, 교사, 교장의 학교에 대한 기대지각, 평가)
산출변인	학습효과(예 성적, 자아개념, 자신감 등)

(4) 결론

학교의 과정변인이 학습효과의 차이에 크게 영향을 줌 → 학생의 학습행동이나 결과의 차이는 학교의 사회적 체제에서 연유되며, 이는 학교의 학생구성과 인적 배경의 특성에 영향이 큼

5 겟젤스(Getzels)와 구바(Guba)의 사회체제이론(사회과정이론)

(1) 의의
① 조직적(규범적) 차원과 개인적(심리적) 차원의 상호작용
② 학교조직을 사회체제로 보고 그 안에서 이루어지는 사회적 행동을 규명하려는 시도
③ 인간의 사회적 행동이 유발되는 경로를 규범적 차원과 개인적 차원으로 제시
④ 사회체제를 개인의 집합으로 이루어진 사회적 단위로 보고 사회체제 속에서 인간의 행동은 사회적 조건과 개인의 심리적 특성 간의 상호작용의 결과
⑤ 인간의 행동은 사회적 조건들로 이루어진 규범적 차원과 개인의 심리적 특성으로 이루어진 개인적 차원의 기능적 관계에서 나타나는 사회적 행위로서 이해할 수 있다고 보았음

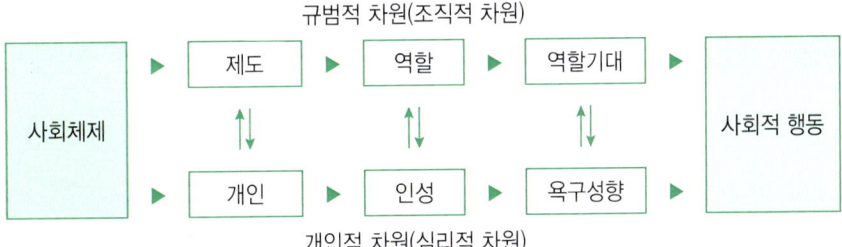

(2) 특징
① 학교조직을 하나의 사회체제로 보고 인간의 사회적 행동을 설명
② 지도자는 구성원의 동기적 기대를 만족, 조직의 목적을 달성시키는 관리기능 수행
③ 조직에서 지도성과 조직풍토에 대한 논의의 계기 마련

(3) 규범적 차원

조직적 차원. 이는 사회체제의 환경조건을 이루는 기관 또는 제도로 구성되는 사회체제의 차원으로, 체제의 목적을 달성하기 위한 과업분담체제로서 지위와 역할, 그 역할에 따른 기대 등을 규정한 제도

(4) 개인적 차원

① 심리적 차원. 사회체제에는 체제에 의해 규정된 지위를 차지하고 역할을 수행할 개인이 있음. 그들은 고유의 욕구와 인성을 가지고 있으며, 제도에 의해 규정된 역할과 기대를 수행하는 독특한 방식을 가지고 있음

② 개인적 차원이란 그러한 독특한 특성을 가지고 있는 개인을 포함하고 있는 사회체제의 측면을 말함

6 겟젤스(Getzels)와 셀렌(Thelen)의 수정모형

(1) 겟젤스와 셀렌은 겟젤스와 구바의 모형을 보완하여 새로운 모형을 발전시킴

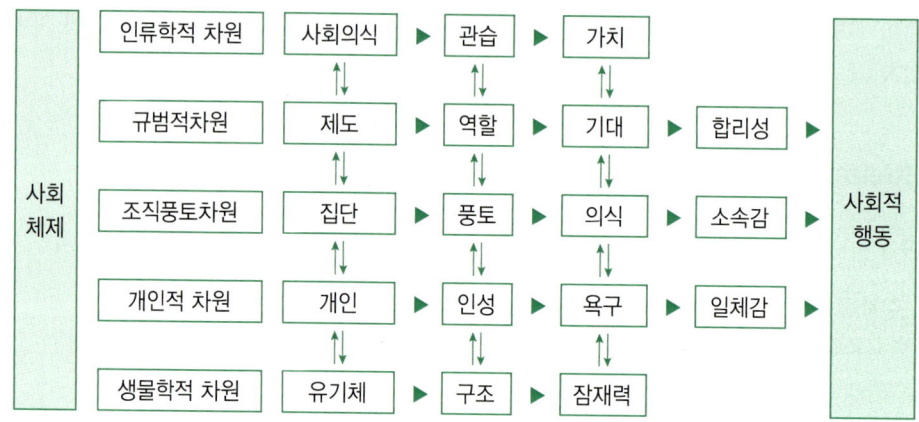

(2) 겟젤스와 구바의 모형은 조직적 차원과 인성적 차원의 두 차원만을 고려

① 현대와 같은 복잡한 사회에서 이루어지고 있는 사회적 상호작용을 설명하는 데에는 한계

② 인간의 행위는 단순히 조직과 개인의 차원에서만 이루어지는 것이 아니라 전체 사회, 문화, 집단심리 등 보다 복잡한 차원과 관련된 사회적 상호작용에 의해 이루어짐

③ 따라서 겟젤스와 셀렌은 겟젤스와 구바의 모형에 인류학적·조직풍토적·생물학적 차원을 추가하여 보다 다양한 사회적 행동을 설명하고 있음

7 체제로서의 학교

(1) 구조체제(관료적 기대)

① 구조체제의 핵심은 관료적 기대. 관료적 기대는 조직이 정한 공식적 요구이자 의무이며, 조직구조를 형성하는 중요 요인

② 학교에서 학교장, 교사, 학생의 지위는 중요하며, 이 지위들은 일련의 기대로 규정

③ 관료적 기대는 특정 역할 또는 지위에 알맞은 행동을 상세히 열거해 줌

④ 학교의 구조가 어떻게 갖추어져 있는가를 파악하는 것은 학교조직을 구조적 관점에서 파악하는 데에도 도움을 제공

(2) 개인체제(인지와 동기)

① 학교에서 관료적 기대와 역할이 구조적으로 갖추어져 있다고 하더라도 학교 구성원 각자가 갖는 개인적 욕구나 동기, 인지 등은 다름
② 개인의 욕구나 동기, 인지 등으로 구성되는 개인체제가 어떠한가에 따라 학교체제에 영향을 미침
③ 학교의 구성원들이 어떤 인지와 동기를 갖고 있는가를 파악하는 것은 학교조직을 인적 자본의 관점에서 파악하는 데에도 도움을 제공

(3) 문화체제(지향점 공유)

① 학교에는 구성원들이 공유하는 가치관, 신념, 언어 등이 존재하는 문화가 있음
② 교사들의 문화, 학생들의 문화, 그리고 교사들과 학생들의 문화가 존재
③ 학교구성원들에게 존재하는 문화체계가 어떠한가에 따라 학교체제가 영향을 받음
④ 학교의 구성원들이 어떤 문화를 갖고 있는가를 파악하는 것은 학교조직을 문화상징적 관점에서 파악하는 데에도 도움을 제공

(4) 정치체제(권력관계)

① 일반적으로 인간은 자신이 추구하고자 하는 확신하는 바를 얻으려는 데 관심을 갖음
② 학교는 서로 다른 가치관, 신념 등을 가진 많은 사람들로 구성
③ 학교구성원들 간에는 이익과 갈등을 둘러싼 정치적 특성이 존재
④ 학교구성원의 이익, 갈등 등으로 구성되는 정치체제가 어떠한가에 따라 학교체제에 영향을 미침
⑤ 학교의 구성원들이 어떤 이익에 초점을 두고 있고 갈등을 경험하고 있는가를 파악하는 것은 학교조직을 정치적 관점에서 파악하는 데에도 도움을 제공

UNIT 12 대안적 관점

1 특징

(1) 실증주의의 사회과학적 방법과 합리성에 대해 의문을 제기
(2) 주관성, 불확정성, 비합리성 등을 교육행정 현상을 분석하는 데 주요한 개념으로 설정
(3) 대안적 관점은 해석적 관점과 급진적 관점으로 구분
(4) 대안적 관점은 실증주의적 관점에 대한 비판을 통해 제기된 다양한 관점을 통칭
(5) 이 관점은 전통적인 사회과학적 방법과 합리성에 대해 의문을 제기하고 주관성, 불확정성, 비합리성 등을 교육행정 현상의 분석을 위한 주요 개념으로 설정함
(6) 이들은 주장에 따라 여러 갈래로 나눌 수 있지만 크게 해석적 관점과 급진적 관점으로 구분할 수 있음

2 유형

(1) 해석적 관점
① 조직이 합리적·합목적적 체제라는 전통적 생각을 신랄하게 비판
② 조직을 보다 잘 이해하기 위해서는 새로운 패러다임의 전환이 필요
③ 가설 연역적 체제나 정교한 통계적 방법만으로는 이해할 수 없다고 주장
④ 민속방법론, 현상학, 해석학, 상징적 상호작용론 등의 영향을 받아 성립

> **알아두기** ❗ 그린필드(Greenfield)의 대안적 관점의 기본 요소
> - 조직은 사람이며, 사람 속에 존재. 조직은 사람과 무관한 객관적 실체에 적용하는 과학적 법칙으로는 이해할 수 없음
> - 조직은 하나의 체제와 구조 또는 욕구충족 장치가 아니라 사람들에 의해 만들어지고 유지되는 사회적 창조들이고 구성된 실재
> - 조직이 정치의 핵심이듯이 조직의 핵심은 권력. 권력은 조직의 구조나 과정에서 나오는 것이 아니라 인간관계에서 나옴
> - 가치의 세계는 우리 내부 깊숙이 존재하며, 가치는 주관적 실재이므로 객관적 세계에는 존재하지 않음

(2) 급진적 관점
① 네오마르크시즘의 영향하에서 발전한 급진적 관점
② 주변적이고 소외된 측면에 초점을 맞추어 조직의 문제를 탐구
③ 페미니즘은 남성문화의 산물이며 현대사회가 이에 편향되어 있다는 점을 비판

> **알아두기** ❗ 클락(Clark)의 대안적 관점의 기본 요소
> - 인간은 자신의 세계를 스스로 구성하는 적극적인 행위자
> - 지식과 권력은 필연적으로 관련되어 있음
> - 사실(facts)은 사회적 맥락에 구속되어 있음. 따라서 사실은 사회적이고 가치 개입적인 과정을 통해서만 해석될 수 있음
> - 사회구조와 공식적인 위계는 노출되는 것만큼 또한 은폐되어 있음

(3) 포스트모더니즘
① 다양성과 상대성을 강조
② 전통적 주류패러다임에 방어적 자세
③ 지식기반의 해체를 적극적으로 시도

(4) 비판이론
비판을 통하여 계몽. 조직이론에 반대. 노동자들의 소외된 상태 강조

(5) 페미니즘
남성문화가 조직을 지배하고 있다고 주장(순응, 권위존중, 충성, 경쟁)

CHAPTER 02 교육행정조직

UNIT 1 조직의 개념과 원리

1 조직의 개념

(1) 의식적으로 조정된 두 사람 이상의 활동이나 힘의 체제
(2) 의식적이고 심사숙고된 유목적적인 조정을 통해 달성되는 활동의 체제
(3) 둘 이상의 사람이 일정한 목표를 추구하기 위해 의도적으로 구성한 사회체제로서 목표 달성을 위한 특정한 과업, 역할, 권한, 의사소통, 지원구조 등을 갖는 체제

2 행정조직(학교조직)의 원리

계층제의 원리	기능적 분업의 원리	조정의 원리	지휘통솔(명령 통일)의 원리	통솔한계의 원리	적도집권의 원리
조직구조의 상하 관계와 형태를 조직하는 데 요구되는 원리	조직의 업무를 직능 또는 성질별로 구분하여 한 사람에게 동일한 업무를 분담시키는 것으로, 전문화 또는 분업화의 원리	조직 내에서 업무의 수행을 조절하고 조화로운 인간관계를 유지함으로써 협동의 효과를 최대한 거두려는 것	부하는 한 지도자에게 명령과 지시를 받고 그에게만 보고하도록 해야 한다는 원리	한 지도자가 직접 통솔할 수 있는 부하의 수에는 한계가 있다는 것	중앙집권제와 분권제 사이에 적정한 균형을 도모하려는 것

UNIT 2 조직의 분류와 형태

1 조직의 분류

(1) **에치오니(Etzioni)의 순응(권력행사) 분류**
　① **강제적 조직** : 교도소, 정신병원, 포로수용소 등
　② **공리적 조직** : 회사
　③ **규범적 조직** : 교육기관, 종교단체, 전문적 단체 등

(2) 칼슨(Carlson)의 봉사조직 분류(고객선발)

① 조직의 고객 선발권과 고객의 조직 참여선택권을 기준

〈고객의 참여 선택권〉

조직의 고객 선발권	유	유형 Ⅰ	유형 Ⅲ
	무	유형 Ⅱ	유형 Ⅳ
		유	무

② **유형 Ⅰ** : 사립학교, 사립의료기관 등, 야생조직이라고도 함
③ **유형 Ⅱ** : 미국의 주립대학
④ **유형 Ⅲ** : 군대, 강압조직이라고도 함
⑤ **유형 Ⅳ** : 공립학교, 교도소, 정신병원 등, 사육조직(온상조직)이라고도 함

(3) 블라우(Blau)와 스콧(Scott)의 분류(수혜자)

① **호혜조직(공익)** : 노동조합, 정당, 전문가 단체, 클럽, 종교단체 → 조직구성원
② **봉사조직** : 병원, 학교, 사회사업기관, 형무소, 정신건강 진료소 → 고객
③ **사업조직** : 산업체, 도매상, 소매상, 은행, 회사 → 조직소유자
④ **공공조직** : 군대, 경찰, 소방서 → 일반대중

(4) 파슨스(Parsons)의 사회적 기능 유형

① **생산조직** : 기업체
② **정치적 목표 지향조직** : 정부기관, 은행
③ **통합조직** : 법원, 정당, 사회통제기관
④ **유형유지조직** : 공립학교, 대학, 교회, 박물관

2 조직의 형태

(1) 계선조직과 참모조직

구분	계선조직	참모조직
특징	• 지휘체계가 분명한 수직적 조직 • 조직의 업무를 신속히 처리	• 자문, 권고, 협의, 정보수집, 연구 등의 기능수행 • 조직의 목표 달성에 간접적으로 기여
장점	• 권한과 책임의 한계가 분명 • 업무수행의 능률성 • 업무처리가 간편하여 조직 운영비가 적게 듦 • 강력한 통솔력을 발휘	• 전문적 지식과 경험을 활용 가능 • 수평적 업무의 조정과 협조 가능 • 기관장의 통솔범위를 확대 • 조직의 신축성을 기할 수 있음 • 전문적인 지식과 경험을 활용함으로써 합리적인 결정을 할 수 있음

구분		
단점	• 업무량의 과다 • 주관적이고 독단적 조치 가능성 • 조직의 경직성 초래 • 복잡하고 과다한 업무처리에 문제가 있음 • 전문가의 지식과 경험을 충분히 활용할 수 없음	• 조직 내의 알력과 불화 초래 • 경비증가 및 책임전가의 가능성 • 의사전달의 혼란 초래 • 조직의 복잡성으로 조직 구성원이나 부서 간 갈등, 불화가 생길 수 있음

※ 프로젝트 조직 : 특정과제를 해결하기 위해 인력과 자원을 투입하여 조직을 구성하였다가 목표가 달성되면 해체되는 조직

(2) 공식적 조직과 비공식적 조직

구분	공식적 조직	비공식적 조직
특징	• 조직의 공식적인 조직표 • 권위 계층화, 책임분담, 표준화된 업무 • 공적인 목표를 추구하기 위한 인위적 조직으로서 제도화된 공식규범의 바탕 위에 성립 • 몰인정적인 인간관계 등을 특징 • 외면적이고 가시적 • 능률이나 비용의 논리에 의해 구성 운영 • 피라미드의 정점에서 하층에 이르기까지 전체 조직이 인식대상 • 계속 확대되는 경향	• 자연발생적으로 형성된 자생조직 • 의사소통체계의 통로 확대의 순기능 • 파벌조성, 개인적 이익도모 등 역기능 • 내면적이고 비가시적 • 정의 논리에 의해 구성 운영 • 공식적 조직의 일부를 점유하면서 그 속에 산재 • 친숙한 인간관계를 요건으로 하기 때문에 항상 소집단의 상태를 유지
개념	• 공식적인 조직표나 기구표상에 나타나는 조직 • 공식화된 분업의 계통과 인원의 배치, 공식적인 의사소통의 경로와 권한의 배분을 보여주며, 공식화된 목표 달성을 위한 명확한 역할이 주어져 있음	• 공식 조직 내에 존재하면서 공식 조직에 의해 충족되지 못하는 여러 가지 심리적 기능을 수행하고, 공식 조직의 기능에 직접·간접적인 영향을 미치는 조직 내의 조직 • 공식 조직의 내부에서 자연발생적으로 생기는 조직이라는 의미에서 '자생조직'이라고도 함
비교	• 공식조직은 공적인 목표를 추구하기 위한 인위적 조직으로서 제도화된 공식규범의 바탕 위에 성립하며, 권한의 계층, 명료한 책임분담, 표준화된 업무수행, 몰인정적인 인간관계 등을 특징 • 공식조직은 외면적이고 가시적 • 공식조직은 능률이나 비용의 논리에 의해 구성·운영 • 공식조직은 피라미드의 정점에서 하층에 이르기까지 전체 조직이 인식대상 • 공식조직은 계속 확대되는 경향	• 비공식조직은 구성원 상호 간의 상호작용에 의하여 자연발생적으로 성립되며 혈연, 지연, 학연, 취미, 종교, 이해관계 등의 기초 위에 형성 • 비공식조직은 내면적이고 비가시적 • 비공식조직은 감정의 논리에 의해 구성·운영 • 비공식조직은 공식적조직의 일부를 점유하면서 그 속에 산재해 있음 • 비공식조직은 친숙한 인간관계를 요건으로 하기 때문에 항상 소집단의 상태를 유지

(3) 비공식 조직의 순기능과 역기능

① **순기능** : 자유로운 의사소통과 긴밀한 협조를 가능하게 하여 공식 조직의 기능을 활성화하는 작용을 수행

② **역기능** : 공식조직의 목표 달성을 저해할 수 있음. 파벌의 조성으로 인한 조직의 질서가 깨질 수 있음

UNIT 3 학교조직에 대한 관점

1 관료제로서의 관점(전문적 관료제)

막스 베버가 체계화, 운영의 합리성을 최고의 가치로 추구하는 조직구조. 1960년대 이후 학교에 대한 관점

(1) 분업과 전문화
① 조직은 한 개인에 의해서 수행되기에는 너무 복잡하기 때문에 조직에서의 과업은 공식적 직무로 분업화되고 전문화되어야 능률이 향상
② 맡은 일은 반복적으로 계속하다 보면 업무의 단순화와 단조로움으로 인해 일에 흥미를 상실하여 권태감이 생길 수 있음

(2) 몰인정지향성
① 관료제는 어떤 개인의 사적 감정에 치우치지 않는 객관적인 사실에 기초하여 업무가 처리되어야 하는 것을 의미
② 개인적인 편애가 아닌 나타난 사실이나 결과에 기초하여 차별 없이 균등하게 처리함으로써 의사결정의 합리성이 높아짐
③ 개인적인 감정이나 개인 간의 편차 등을 전혀 고려하지 않고 지나치게 합리성만을 강조하다 보면, 오히려 조직 구성원의 사기를 저하시킬 수도 있음
④ 인간적인 감정 교류가 중시되는 교사 학생 관계 ✕

(3) 권한의 계층화
① 관료제의 직책은 계층적으로 배열되어야 하며, 낮은 직책에 있는 사람은 더 높은 직책에 있는 사람의 통제와 감독을 받는 것을 말함
② 권한의 계층이 강조되면 지휘계통과 보고체계가 확립되어 조직운영에 있어서 상사의 지휘에 따라 조직이 운영되며, 부서 및 개인의 조직 활동을 조정하고 통제하는데 용이
③ 계층화가 강조되면 상사의 지시나 명령에 문제점이 있다고 해도 이의를 제기하지 않게 되어 상향적·상호적인 의사소통이 이루어지지 않음

(4) 규칙과 규정
① 모든 관료제는 의도적으로 확립된 추상적인 규칙의 일정한 체제를 갖추어야 함
② 규칙과 규정은 구성원의 행동에 있어서 통일성과 안정성을 보장
③ 규칙과 규정에 지나치게 얽매이게 되면 융통성이 없어 조직 운영이 경직되거나 목적전도 현상이 일어나게 됨
④ 규칙과 규정도 목표를 달성하기 위해서 반드시 필요하지만 결국은 목표를 달성하기 위한 수단에 불과하는 점을 인식해야 함

(5) 경력지향성

① 경력지향성이란 승진제도를 통하여 장기간 그 작업에 종사할 수 있도록 보장하는 것을 말함
② 구성원들에게 전문적인 기술을 발전시켜 조직에 충성심을 유발시키는 유인으로 작용
③ 조직 효과성을 고려할 때 실적 중심을 소홀히 다룰 수도 있다는 문제점도 있음

> **알아두기 ①** 관료제의 순기능과 역기능
>
> | 역기능 | 관료제의 특징 | 순기능 |
> |---|---|---|
> | 권태감 | 분업 | 숙련된 기술 |
> | 사기저하 | 몰인정지향성 | 합리성 |
> | 의사소통 단절 | 권위의 계층 | 훈련된 준수와 조정 |
> | 경직성과 본말전도 | 규칙과 규정 | 계속성과 통일성 |
> | 업적과 연공제 간의 갈등 | 경력지향성 | 유인 |

2 사회체제로서의 학교조직

(1) 겟젤스와 구바가 제시
(2) 기관의 차원과 개인의 차원을 가짐
(3) 다양한 공식적, 비공식적 사회체제들로 구성

3 느슨하게 결합된 체제로서의 학교조직(이완결합체)

(1) 와익(Weick, 1976)이 주장
(2) 교사와 교장으로 하여금 비교적 광범위한 자율성을 행사
(3) 교실이라는 독립적 단위로서 교사를 통제하는 데 한계

> **알아두기 ①** 이중조직(이중적 구조)
> 학교는 느슨하게 결합된 측면도 있지만, 엄격한 관료제적 특성도 지니고 있음
> ① 수업 등과 관련한 특정한 측면 : 느슨한 결합 구조
> ② 행정관리라는 보편적인 조직관리의 측면 : 엄격한 결합 구조

(4) 환경 변화에 직면하며 학교조직의 이질적인 요소들이 서로 공존하는 것을 허용
(5) 각 부서 및 학년조직의 국지적 적응을 허용
(6) 학교구성원들에게 더 많은 자유재량과 자기결정권을 부여
(7) 학교조직내의 한 부분에 장애가 발생해도 다른 부서에 영향을 미치지 않으며,
(8) 외부의 새로운 정보를 신속히 받아들이고,
(9) 부서 간 조정을 위하여 적은 경비가 소요된다는 점

[체제로서의 학교]

구조체제	• 구조체제의 핵심은 관료적 기대. 관료적 기대는 조직이 정한 공식적 요구이자 의무이며, 조직구조를 형성하는 중요 요인. 학교에서 학교장, 교사, 학생의 지위는 중요하며, 이 지위들은 일련의 기대로 규정 • 관료적 기대는 특정 역할 또는 지위에 알맞은 행동을 상세히 열거해 줌. 따라서 학교의 구조가 어떻게 갖추어져 있는가를 파악하는 것은 학교조직을 구조적 관점에서 파악하는 데에도 도움을 제공
개인체제	• 학교에서 관료적 기대와 역할이 구조적으로 갖추어져 있다고 하더라도 학교 구성원 각자가 갖는 개인적 욕구나 동기, 인지 등은 다름. 이러한 개인의 욕구나 동기, 인지 등으로 구성되는 개인체제가 어떠한가에 따라 학교체제에 영향을 미침 • 학교의 구성원들이 어떤 인지와 동기를 갖고 있는가를 파악하는 것은 학교조직을 인적 자본의 관점에서 파악하는 데에도 도움을 제공
문화체제	• 학교에는 구성원들이 공유하는 가치관, 신념, 언어 등이 존재하는 문화가 있음. 즉, 교사들의 문화, 학생들의 문화, 그리고 교사들과 학생들의 문화가 존재. 이러한 학교구성원들에게 존재하는 문화체제가 어떠한가에 따라 학교체제가 영향을 받음 • 학교의 구성원들이 어떤 문화를 갖고 있는가를 파악하는 것은 학교조직을 문화상징적 관점에서 파악하는 데에도 도움을 제공
정치체제	• 일반적으로 인간은 자신이 추구하고자 하고 확신하는 바를 얻으려는 데 관심. 학교는 서로 다른 가치관, 신념 등을 가진 많은 사람들로 구성. 따라서 학교구성원들 간에는 이익과 갈등을 둘러싼 정치적 특성이 존재. 이러한 학교구성원의 이익, 갈등 등으로 구성되는 정치체제가 어떠한가에 따라 학교체제에 영향을 미침 • 학교의 구성원들이 어떤 이익에 초점을 두고 있고 갈등을 경험하고 있는가를 파악하는 것은 학교조직을 정치적 관점에서 파악하는 데에도 도움을 제공

4 조직화된 무정부로서의 학교조직(조직화된 무질서 조직) : Cohen, March, Olsen

(1) 목적은 구체적이지 못하고 애매모호하며, 일관성이 없고 서로 충돌하기도 함
(2) 교사, 행정가, 장학 요원들의 사용 기술의 불명료성. 의사결정 방식(쓰레기통 모형)
(3) 대학의 의사결정은 중앙집권적 계층제에 의해 이루어지기 보다는 상위구조와 밀접성, 이해관계자의 요구 등에 따라 하부구조에서 독자적으로 처리되기도 함

5 민츠버그(Minzberg)의 전문적 관료제

(1) 학생교육에서 상당한 자유재량권을 행사
(2) 교사들은 감독이나 직무수행의 통일된 표준을 갖기 곤란
(3) 교사의 자질을 나타내는 지표로서 교사자격증이 요구
(4) 교사는 자율성과 관련한 역할 갈등 경험

6 학자들의 학교조직 유형 분류

학자	조직분류기준	조직유형 및 학교조직
파슨즈 (Parsons)	조직의 목표와 사회적 기능에 의한 분류	• 생산조직(기업) • 통합조직(법원) • 정치목적조직(정부) • 잠재유형(체제)유지조직(학교)
카츠와 칸 (Katz & Kahn)	조직의 본래적 기능에 의한 분류	• 생산적(경제적)조직(회사) • 적응적 조직(대학, 연구소) • 유형유지조직(학교) • 관리적(정치적)조직(정부, 정당)
에치오니 (Etzioni)	지배 복종 관계 (통제수단-참여방식)에 따른 분류	• 강제적 조직(강제적 권력-소외적 참여(교도소)) • 공리적 조직(보수적 권력-타산적 참여(기업)) • 규범적 조직(규범적 권력-헌신적 참여(학교))
블라우와 스콧 (Blau & Scott)	조직의 1차 수혜자에 따른 분류	• 공익조직(호혜조직, 조직구성원)(정당) • 봉사조직(고객)(학교) • 사업조직(조직의 소유자)(회사) • 공공조직(공공복지조직, 일반대중)(군대)
칼슨 (Carlson)	조직의 고객선발방법과 고객의 조직선택권에 따른 구분(봉사조직의 유형 구분)	• 조직○, 고객○ : 제1형 조직(야생조직) - 자율형 사립고교, 특수목적고교 → 시장원리가 지배 • 조직×, 고객○ : 제2형 조직(적응조직) - 자유등록제 학교 • 조직○, 고객× : 제3형 조직(강제조직) - 군대 → 이론적으로 존재 가능, 현실적으로 존재 불가 • 조직×, 고객× : 제4형 조직(순치조직, 사육조직, 온상조직) - 고교평준화 지역의 일반계 고교, 의무교육기관 → 법으로 존립 보장, 환경변화에 둔감

7 센지(Senge)의 학습조직

(1) 개념

① **학습조직** : 학교 내외적으로 정보를 교사들이 공유하고, 협력적인 학습활동을 전개하여 지속적으로 새로운 지식을 창출하는 조직

② 지식정보화사회의 급격히 변화하는 환경에 대처하기 위하여 구성원들 간에 개인, 팀, 그리고 조직 수준에서 지식·정보의 창출, 공유 그리고 활용이 잘 되는 조직

(2) 특징

① 구성원 간에 지식의 창출과 습득, 전달이 잘 일어나고 그것이 결과적으로 행동변화나 성과향상까지 연결

② 개별적 학습의 결과가 조직차원으로 승화·발전되는 형태로 지식·정보의 공유

③ 신뢰와 협력적 분위기, 모든 교직원이 주도적으로 참여하고 위험을 감수, 비전 및 목표의 공유, 전문적 신장을 위해 노력한다는 점

(3) 구축원리

① **시스템 사고** : 현상을 이해하고, 이를 바탕으로 문제를 해결하는 수단으로 이용
② **개인적 숙련** : 개인이 추구하는 지식과 기술 그리고 태도를 형성하기 위해 개인적 역량을 지속적으로 넓혀가고 심화시켜가는 행위를 의미
③ **정신모형** : 주변에서 발생하는 현상들을 이해하는 인식체계
④ **비전공유** : 조직이 추구하는 방향이 무엇이며, 그것이 왜 중요한지에 대해 모든 구성원들이 공감대를 형성하는 것
⑤ **팀 학습** : 구성원들이 팀을 이루어 학습하는 것으로 개인수준의 학습을 증진시키고, 조직학습을 유도하게 됨

UNIT 4 조직문화이론

1 맥그리거(McGregor)의 X-Y이론

(1) 인간 본성에 대해 두 가지 기본 가정에 기초, 조직문화와 경영이론 전개
(2) 하나는 전통적인 경영이론에 바탕을 둔 X이론
(3) 다른 하나는 경영에 대한 새로운 이론에 근거를 둔 Y이론
(4) **X이론과 Y이론의 차이점 비교**

구분	X이론	Y이론
기본 가정	• 인간은 선천적으로 일하기를 싫어함 • 적절하게 강제, 통제, 지시해야 함	• 일하는 것은 놀거나 휴식처럼 자연적 • 인간은 자신의 일을 스스로 함
관리 전략	• 강제, 통제, 지시 등의 수단을 사용 • 작업량에 대한 적절한 보상 강조	• 조직원 스스로 일할 수 있는 분위기 조성 • 외적 위협이나 통제를 약화시킴

2 아지리스(Argyris)의 성숙-미성숙이론

(1) 아지리스(Argyris)는 대부분의 조직에서 아직도 지배적인 관료적 가치체계와 당시에 새롭게 부각되고 있던 인간적 가치체계를 비교 연구
(2) 아지리스(Argyris)는 교사와 같은 전문직 종사자는 성숙한 인간으로 취급받고 싶어 하지만, 현대 대부분의 조직은 관료제 가치체제를 따르고 있기 때문에 그들의 잠재력을 최대한으로 활용하는 데 실패하고 있다고 하였음
(3) 공식조직은 인간 성격에 적절한 발달을 조장할 수 없는 여건을 제공
(4) 과학적 관리론적 접근은 구성원을 미성숙되게 하고, 과업을 비효과적으로 성취하도록 함
(5) 인간관계론적 접근은 구성원을 성숙되게 하고, 과업을 효과적으로 성취하도록 유도함
(6) 구성원을 성숙한 인간으로 취급하고 그러한 문화풍토를 조성하는 데 관심을 기울여야 함

UNIT 5 조직풍토론

1 조직풍토(Organizational Climate)의 개념

(1) 구성원 상호 간의 공식적·비공식적 인간관계에 의해 조성되는 조직구성원이 경험하는 조직 내의 총체적 환경의 질 → 심리학적 개념
(2) 공식조직, 관리자의 비공식적 행동, 그리고 다른 환경적 요인이 조직구성원의 태도, 신념, 가치, 동기에 미치는 지각된 주관적 영향
(3) 조직풍토는 조직의 '인성(성격)'에 해당하는 심리학적 개념이며
(4) 조직문화는 인류학적, 사회학적 개념에 해당

2 핼핀(Halpin)과 크로프트(Croft)의 조직풍토론(학교풍토론)

(1) 연구방법
① **교사를 대상으로 학교조직풍토 조사** : 조직풍토 기술질문지(OCDQ)
② 교사집단의 특징과 교장의 행동 특성을 '교사들의 지각'을 통해서 기술 → 학교조직풍토를 분류 연구

(2) 연구결과
① **교사특성** : 장애, 사기, 친밀성, 자유방임(일탈) → 단체적, 친밀한, 일탈적
② **교장특성** : 초월성(원리원칙), 배려성(인화), 생산성, 추진성(솔선수범, 신뢰) → 지원적, 지시적, 제한적
③ **학교풍토유형** : 개방, 자율, 통제, 친교, 간섭, 폐쇄 → 개방, 몰입, 일탈, 폐쇄
④ **가장 이상적 조직 풍토** : 개방적 풍토 → 사기 ↑ + 추진성(솔선수범) ↑

개방적 풍토	조직목표를 향하여 움직이고, 집단 구성원의 사회적 욕구를 충족시켜 주는 활기차고 생기있는 조직
자율적 풍토	교장이 교사들 스스로 상호활동 구조를 마련토록 분위기를 조성하고 교사들의 사회적 요구충족방법을 모색하는 풍토
친교적 풍토	교장과 교사들 사이에 우정적인 태도가 형성되고 잘 충족되는 풍토이지만, 조직 목적 달성을 위한 집단 활동이 부족한 것이 특징
통제적 풍토	과업수행을 강조하고 교사들의 사회적 욕구충족을 소홀히 하는 풍토로, 교장의 행동이 위압적, 지배적, 융통성이 없는 것이 특징
간섭적 풍토	과업성취나 욕구 총족 면에서 부적당한 풍토로서 교장의 행정 행위는 공정성이 결여되어있고, 교사들에게 과업만을 강조
폐쇄적 풍토	이탈 요인이 가장 높고 추진성과 사기가 낮은 풍토. 교사들은 최소한으로 반응하며, 거의 만족을 나타내지 않는 등 교장과 교사들이 단순히 일하는 시늉만을 냄

3 호이(Hoy)와 클로버(Clover), 미스켈(Miskel)의 학교조직풍토론

(1) 개방풍토
교직원 사이 그리고 교직원과 학교장 사이에 협동, 존경, 신뢰함으로써 학교장은 교사의 제안을 경청하고 전문성을 존중하며, 교사는 일에 대하여 헌신적인 풍토

(2) 폐쇄풍토
개방풍토와 반대되는 풍토다. 학교장은 일상적이거나 불필요한 잡무만을 강조하는 비효과적인 리더십을 엄격하고 통제적으로 나타내는 데 반하여 교사는 교장과 불화하고, 업무에 대한 관심 및 책임감이 없고, 헌신적이지 않은 풍토

(3) 참여적 풍토
① 교장의 비효과적인 통제방식이 있지만 교사들이 높은 전문적인 성과를 보임
② 교장은 높은 지시, 낮은 지원, 높은 제한적인 행동을 보임
③ 교사들은 교장의 행동에 관계없이 높은 전문적 행동, 높은 친밀도, 높은 참여를 보임

(4) 비참여적 풍토(일탈풍토)
① 교장의 행동은 개방적이고 지원적이지만 교사들은 교장을 기꺼이 받아들이지 않고, 동료 교사들 간에도 존중하지 않음
② 교장은 높은 지원, 낮은 지시, 낮은 제한적 행동을 보임
③ 교사들은 낮은 전문적 관계, 낮은 친밀도, 높은 방관적 행동을 보임

행동특성		풍토유형			
		개방풍토	참여풍토	무관심풍토	폐쇄풍토
교사행동	협동적	고	고	저	저
	친밀적	고	고	저	저
	방관적	저	저	고	고
교장행동	지원적	고	저	고	저
	지시적	저	고	저	고
	제한적	저	고	저	고

4 리커트(Likert)의 관리체제이론

아지리스	맥그리거	리커트	허즈버그	동기
성숙	Y이론	체제4(참여적 관리체제)	동기요인	내재적 동기
↕	↕	체제3(자문적 관리체제)	↕	↕
		체제2(자비적 관리체제)		
미성숙	X이론	체제1(수탈적 관리체제)	위생요인	외재적 동기

5 마일즈(Miles)의 조직건강론

(1) 개념

① 인간의 건강에 대응하는 조직의 건강으로, 조직이 자체 유지능력을 가지고 환경과 역동적인 상호작용을 통해 구성원의 사기를 진작시키고 생산성을 제고할 수 있는 능력
② '조직의 환경에 대한 적응성, 정체감, 현실 검증능력'
③ 조직의 최적 상태, 또는 최적 기능

(2) 조직 건강 요인

과업달성(성과)변인	• 목표에 대한 관심 • 권력의 적정한 분산	• 의사소통의 적절성
조직유지 변인	• 인적 자원의 활용 • 사기	• 응집력
성장발전 변인	• 혁신성 • 적응력	• 자율성 • 문제해결능력

6 윌로워(Willower) 등의 학교풍토론

(1) 인간주의적 학교
학생들이 협동적인 상호작용과 경험을 통해 배우는 교육공동체

(2) 보호 지향적 학교
학교의 질서를 유지하기 위하여 엄격하고, 고도로 통제된 상황을 조장하는 전통적인 학교

7 조직문화

(1) 개념

조직 구성원들이 공유하고 있는 철학, 신념, 이데올로기, 감정, 가정, 기대, 태도, 기준, 가치관

(2) 유형

① 묵시적 가정으로서의 문화(심층수준, 추상수준)
② 공유된 가치로서의 문화(중간수준)
③ 규범으로서의 문화(표면수준, 구체수준)

(3) 오우치(Ouchi)의 Z이론

① 공유된 가치(예 개방성, 친밀감, 협력, 조직에 헌신, 팀워크)로서의 문화

② Z이론의 조직문화 특성

Z조직의 특성	Z문화의 핵심적 가치
• 장기간의 고용 • 완만한 승진 • 참여적 의사결정 • 집단결정에 대한 개인적 책임 • 전체 지향	• 조직에 대한 헌신 • 경력 지향성 • 협동심과 팀워크 • 신뢰와 집단충성 • 평등주의

(4) 세티아와 글리노(Sethia & Glinow)의 문화유형론 : 성과에 대한 관심과 인간에 대한 관심의 정도
  ① **보호문화** : 구성원의 복리를 강조하지만 그들에게 높은 성과를 강요하지는 않음
  ② **냉담문화** : 인간과 성과 모두에 대하여 무관심한 조직으로, 특별한 상황과 환경에 의해 보호를 받지 못하면 생존할 수 없는 조직
  ③ **실적문화** : 구성원의 복지에 대해서는 소홀하지만 그들에게 높은 성과를 요구
  ④ **통합문화** : 성과와 인간에 대한 높은 관심을 나타내는 조직

(5) 스타인호프와 오웬스(Steinhoff & Owens)의 학교문화 유형론 : '비유'를 사용하여 설명
  ① 가족문화(학교는 '가족'이나 '팀', 교사는 '부모'나 '코치')
  ② 기계문화(학교는 '기계', 교장은 '기계공')
  ③ 공연문화(학교는 '공연장', 교장은 '단장')
  ④ 공포문화(학교는 '형무소', 교사는 '교도관')

(6) 맥그리거(McGregor)의 X-Y이론 : 인간 본성에 대해 두 가지 기본 가정에 기초
  ① **X이론** : 전통적인 경영이론에 바탕
  ② **Y이론** : 경영에 대한 새로운 이론에 근거

(7) 아지리스(Argyris)의 미성숙-성숙이론
  ① 아지리스(Argyris)는 관료적 가치체제와 인간적 가치체제를 비교 연구
  ② 미성숙-성숙의 연속선 제시

미성숙한 인간과 조직의 특성	성숙한 인간과 조직의 특성
• 피동적인 태도 • 의존적인 성향 • 단순한 행동 • 얕고 산만한 관심 • 단견적 비전 • 종속적 위상 • 자의식의 결여	• 능동적인 태도 • 독립적인 성향 • 다양한 행동 • 깊고 강한 관심 • 장기적 비전 • 평등 지배적 위상 • 주체적 자의식

UNIT 6 조직 성장·발전론

1 그라이너(Greiner)의 조직성장론

(1) 조직은 생성과 함께 5단계의 진화 과정을 거친다고 설명
(2) 조직의 성장은 진화기와 함께 말기의 혁신기를 거침
(3) 진화기는 성장을 이루기 위하여 사용되는 지배적인 경영 유형에 의해 특징
(4) 혁신기는 성장이 지속되기 전에 해결되어야만 하는 지배적인 경영문제로 특징

> **알아두기 ①**
> (1) 제1단계
>   창의성에 의해 성장하는 단계. 이 단계는 창설자에 의해 주도되고, 상품과 시장을 창조하는 일에 몰두
> (2) 제2단계
>   지시에 의한 성장 단계. 이 단계에서는 새로운 경영자와 간부가 기관의 나아갈 방향에 대하여 책임을 지게 되는 반면, 하위층의 감독자는 아직도 자율적으로 의사결정하는 경영자라기보다는 기능적 전문가로 남아 있음
> (3) 제3단계
>   위임을 통한 성장 단계. 이 단계의 조직은 대체로 분권화된 조직구조를 개발하기 시작하여 하위층의 의욕을 북돋운다. 그러나 이는 곧바로 다음 단계의 위기를 초래. 경영자가 고도로 다양화된 영역에 대한 통제를 상실해 감으로써 통제의 위기가 나타나는 것
> (4) 제4단계
>   조정을 통한 성장 단계. 이 단계는 보다 광범한 조정을 달성하기 위하여 공식적인 체제를 활용하는 것으로 특징지어짐. 그러나 그 조정체제는 종국에 가서 무력하게 되어 형식주의의 위기를 초래
> (5) 제5단계
>   협동을 통한 성장 단계. 조정단계에서는 공식적인 체제와 절차를 통하여 성장을 도모하지만, 이 단계에서는 팀워크를 통해 성장을 도모하게 됨

2 오웬스와 스타인호프(Owens & Steinhoff)의 조직발전론

(1) 조직발전이 학교혁신의 가장 핵심적인 과정
(2) 그 과정을 특징짓는 10가지의 개념을 통해 조직발전론 전개
  ① 발전 목표 : 조직 자체의 기능을 개선하기 위한 것
  ② 체제의 혁신 : 조직이 결국 소멸하는 것이라는 사고를 배격
  ③ 체제적 접근 : 조직을 복잡한 사회체제로 보는 관점에 근거
  ④ 인간중심주의 : 조직발전의 핵심은 과업, 기술, 구조적 차원이 아니라 인간적 차원
  ⑤ 교육을 통한 혁신 : 조직발전은 교육을 통하여 조직의 자기혁신을 자극시키는 것
  ⑥ 경험을 통한 학습 : 조직생활에서 실천학습 개념의 적용이 조직발전을 위한 학습의 기초
  ⑦ 실제적인 문제 취급 : 조직발전론은 현존하는 긴급한 문제를 해결하기 위하여 조직에 적용하는 것
  ⑧ 체계적인 계획 : 조직발전의 또 하나의 특성은 노력이 체계적으로 계획된 것

⑨ 변혁 주도자의 참여 : 조직발전은 변화 노력의 초기 단계에서 핵심적인 역할을 수행하는 변혁 주도자의 참여에 의해 좌우
⑩ 최고 의사결정자의 참여 : 최고 행정가가 조직발전에 관심을 가지고 헌신하며 가시적으로 참여할 때에만 부하직원의 참여 동기가 높아지고 발전 노력이 성공

UNIT 7 조직갈등이론

1 갈등에 관한 견해

(1) 과학적 관리이론과 관료제 이론적 관점
갈등은 존재할 수 없으며, 갈등이 발생해도 조직에 역기능적이기 때문에 반드시 제거

(2) 행동과학적 관점
갈등은 불가피하며 갈등 속에 존재. 그러나 갈등은 반드시 해결

(3) 상호작용적 관점
갈등의 긍정적 측면을 인정

2 역할갈등의 유형

(1) 역할 내 갈등
① 특정한 역할 수임자의 역할이 역할 전달자의 역할 기대와 양립할 수 없는 경우
② 교칙위반 학생에 대해 교장(엄한 처벌)과 담임교사(생활지도)의 다른 생각

(2) 역할 간 갈등
① 특정한 역할 수임자가 맡은 복수의 역할에 대한 기대들이 상충하는 경우
② 직장인 초과문제와 가장으로서 가족간 많은 관심의 역할 기대가 충돌하는 경우

(3) 역할·인성 간 갈등
① 특정한 역할 수임자의 인성이 그의 역할 수행을 방해하는 경우
② 회사에 유리한 계약을 체결할 때, 특정한 내용이 개인적 윤리관에 배치될 때

3 토마스(Thomas)의 갈등처리 기법

(1) 경쟁
① 신속한 결정이 요구되는 긴급한 상황
② 중요한 사항이지만 인기 없는 조치가 요구되는 경우
③ 조직의 성장에 매우 중요한 문제일 때
④ 타인이 부당하게 이용하는 사람에게 대항할 때

(2) 회피
① 쟁점이 사소한 것일 때
② 해결책의 비용이 효과보다 훨씬 클 때
③ 사태를 진정시키고자 할 때
④ 다른 사람들이 문제 해결을 더 효과적으로 해결할 수 있을 때

(3) 수용(순응, 동조)
① 자기가 잘못한 것을 알았을 때
② 다른 사람에게 더 중요한 사항일 때
③ 보다 중요한 문제를 위해 좋은 관계를 유지해야 할 때
④ 조화와 안정이 특히 중요할 때

(4) 협동(협력)
① 양자의 관심사가 매우 중요하여 통합적인 해결책만이 수용될 때
② 목표가 학습하는 것일 때
③ 다른 관점을 지닌 사람들로부터 통찰력을 통합해야 할 때
④ 합의와 헌신이 중요할 때

(5) 타협
① 목표가 중요하지만 잠재적인 문제가 클 때
② 당사자들의 주장이 서로 대치되어 있을 때
③ 복잡한 문제에 대한 일시적인 해결책을 얻어야 할 때
④ 시간부족으로 신속한 행동이 요구될 때
⑤ 협력이나 경쟁의 방법이 실패할 때

4 개인 간 갈등관리 전략과 조직 간 갈등관리 전략

(1) Rohim의 다섯 가지 갈등처리 방식(개인 간)
① **강요** : 상대방을 압도하고 자기주장을 관철
② **수용** : 자신의 주장을 양보하고 상대방의 주장에 따름

③ 타협 : 서로가 양보하고 조금씩만 자기만족을 꾀함
④ 협력 : 서로 간의 관심사를 모두 만족시키려 함
⑤ 회피 : 갈등 현장을 떠남으로써 자신과 상대방의 관심사를 모두 무시

(2) March & Simon의 네 가지 갈등처리 방식(조직 간)

① 문제해결 : 당사자 간에 직접 접촉하여 공동의 노력에 의해서 정보를 수집하고 탐색활동을 통하여 새로운 대안을 제시하고, 평가를 통해서 당사자 모두를 만족시킬 수 있는 문제해결안을 찾는 것
② 설득 : 비록 개별 목표의 차이가 있기는 하지만 어느 수준(상위 수준)에선가 공동목표의 차이는 공동목표에 대한 합의가 이루어질 수 있으며, 이를 위해 설득이 필요
③ 협상 : 토론을 통한 타협이다. 협상에 의해서 얻은 결정은 어느 당사자에게도 최적의 결정이 될 수 없다. 따라서 협상은 갈등의 원인을 제거하지 못하고 갈등을 일시적으로 모면하게 하는 것이므로 잠정적인 갈등 해소법이라 할 수 있음
④ 정치적 타결 : 각 갈등 당사자는 정부나 이론, 대중과 같은 제3자의 지지를 얻어 협상하려는 것이다. 협상과 마찬가지로 갈등의 원인을 제거하지 못하고 표출된 갈등만을 해소하는 방법이 됨

(3) 갈등해소의 전략과 갈등조성의 전략

① 갈등해소의 전략

문제해결	갈등을 일으키고 있는 당사자들이 직접 접촉하여 갈등의 원인이 되는 문제를 공동으로 해결하게 하는 방법. 당사자들의 이견을 서로 용납하거나 갈등상황에 적응하기로 합의하는 것이 아니라 공동의 노력으로 갈등상황을 제거하는 것. 특히 당사자들이 협동적인 문제해결능력을 가지고 있을 때 효율적
상위목표의 제시	갈등을 일으키고 있는 당사자들이 공동으로 추구해야 할 상위목표를 제시함으로써 갈등을 완화시킬 수 있다. 갈등관계에 있는 행동 주체가 모두 협력해야만 그러한 상위목표를 달성할 수 있으므로 행동 주체의 개별적인 목표 추구에 의한 갈등상황은 상위목표의 제시 때문에 상당 부분 완화
공동의 적 제시	갈등 당사자에게 공동의 적을 확인해 주고 이를 강조하면 잠재적으로 갈등을 해소하거나 이를 잠복시킬 수 있다. 이는 상위목표 제시의 소극적 측면
자원의 증대	희소자원의 획득을 위한 경쟁에서 촉발되는 갈등을 해소하는 가장 효과적인 방법. 그러나 조직 내의 전체적인 가용자원은 한정되어 있기 때문에 자원증대에 의한 갈등해소 방법에는 많은 제약이 따름. 특히, 한 조직의 갈등을 해소하기 위해 다른 조직의 자원을 전용하였을 경우 그 '다른 조직'의 갈등은 악화될 수 있음
회피	이는 단기적으로 갈등을 완화할 수 있는 방법. 갈등을 야기할 수 있는 의사결정을 보류 또는 회피하거나 갈등상황에 처한 당사자들이 접촉을 피하도록 하는 것 혹은 갈등행동을 억압하는 것 등이 회피의 방법에 해당. 이는 갈등의 근본적인 해소 방법은 되지 못함
완화 혹은 수용	갈등 당사자들의 차이점을 호도하고 유사점이나 공동의 이익을 강조함으로써 갈등을 해소하려는 방법. 완화는 회피와 상위목표 제시의 방법을 혼합한 것이라 볼 수도 있음. 완화는 잠정적이고 피상적인 갈등해소의 방법인데, 이는 갈등을 야기하는 당사자가 근본적인 차이점을 해결해 주지는 않기 때문
타협	당사자들이 대립되는 주장을 부분적으로 양보하여 공동의 결정에 도달하도록 하는 방법이 타협. 타협에 의하여 얻은 결정은 이해 당사자들의 상충되는 주장을 절충한 결정이기 때문에 어느 당사자에게도 최상의 결정이 되지 못함. 타협은 갈등의 원인을 제거하지 않고 갈등을 일시적으로 모면하게 하는 것이기 때문에 잠정적인 갈등해소 방법이라고 할 수 있음

협상	이해 당사자들이 서로 다른 선호체계를 가지고 있을 때 공동의 결정을 해 나가는 과정이 협상. 이 과정에서 당사자들이 서로 상대방에게서 자기가 원하는 것을 얻으려고 노력. 협상에는 당사자들이 승패를 판가름하려고 각기 자기 몫을 주장하는 분배적 협상도 있고, 당사자들이 모두 승리자가 될 수 있도록 공동의 이익 또는 효용을 키우는 방안을 탐색하는 통합적 협상도 있음	
상관의 명령	부하들의 이해관계나 의견의 대립에 의한 갈등을 공식적 권한에 근거한 상관의 명령에 의하여 해소할 수 있다. 상관의 명령도 제3자에 의한 중재와 유사. 상관의 명령에 의한 갈등의 해소는 갈등 당사자 간의 합의를 전제로 하는 것이 아니고, 표면화된 갈등행동만을 해소하는 것	
갈등 당사자의 태도 변화	갈등을 일으키거나 가능성이 있는 사람들의 인적 변수를 변화시킴으로써 갈등을 예방할 수 있다. 당사자의 태도를 바꾸는 방법은 단기간의 노력으로 사람들의 태도를 변화시키기 어렵기 때문에 시간과 비용이 많이 듦	
구조적 요인의 개편	구조적 요인에 변화를 야기함으로써 갈등을 보다 근본적으로 해소할 수 있다. 구조적 요인을 개편하는 방법의 예로 인사교류, 조정담당 직위 또는 기구의 신설, 이의제기제도의 실시, 갈등을 일으키는 조직 단위의 합병, 갈등을 일으키는 집단의 분리, 지위체제의 개편, 업무 배분의 변경, 보상체제의 개편 등을 들 수 있음	

② 갈등조성의 전략

의사전달 통로의 변경	표준화된 공식적 또는 비공식적 의사전달 통로를 의식적으로 변경하여 갈등을 조정할 수 있다. 특정한 의사전달 통로에 통상적으로 포함되던 사람을 일부러 제외하거나 또는 본래 포함되지 않았던 사람을 새로 포함시키는 것은 의사전달 통로 변경의 한 예. 그러나 역설적으로 의사전달 통로의 변경은 정보의 재분배와 그에 입각한 권력의 재분배를 초래하기 때문에 갈등을 야기할 수도 있음
정보전달 억제 또는 정보과다 조성	조직 구성원이 얻으려는 정보를 감추면 권력은 감소. 따라서 권력의 재분배가 일어나고 그 때문에 갈등이 조성될 수 있음. 그런데 정보전달을 억제하는 경우와는 반대로 지나치게 많은 의사전달을 함으로써 정보과다 현상을 나타나게 하여 갈등을 조성할 수도 있음. 이러한 과정을 통하여 조직 구성원의 정체된 행태를 활성화하고 창의성과 자율성을 일깨워 줄 수 있음. 특히, 이러한 방법을 통해서 모든 의사전달을 무비판적으로 받아들이는 무관심 상태를 타파할 수 있음
구조적 분화	조직 내의 계층 수, 기능적 조직 단위의 수를 늘려 서로 견제의 역할을 수행하게 함으로써 갈등을 조성할 수 있음. 이 경우에 조직 단위 간의 의존도를 높이면 갈등 발생 가능성은 더욱 커짐
구성원의 재배치와 직위 간 관계의 재설정	사람의 유동과 직위 간 관계의 재설정은 관련된 조직 단위의 동질성을 와해시키고 의사결정권을 재분배하며 상호 감시 기능을 확대시켜 갈등을 야기할 수 있다. 가치관 등이 서로 다른 이질적인 사람들을 같은 집단에서 일하게 하면 갈등 발생 가능성이 높아짐
리더십 스타일의 변경	리더십의 유형을 적절히 교체함으로써 갈등을 야기하고 대상집단을 활성화할 수 있음
구성원의 태도 변화	조직 구성원의 태도 변화를 통해서 간접적으로 갈등을 조성하는 방법이 있을 수 있음

CHAPTER 03 동기 및 지도성 이론

UNIT 1 동기이론

1 동기이론

(1) 동기는 사람으로 하여금 어떠한 행동을 하도록 유도하는 요인을 의미한 것
(2) 동기는 개인이 가지고 있는 욕구, 필요, 추진력, 충동 등으로 정의되기도 함
(3) 동기는 인간 행동의 활성화, 행동의 방향 제시, 행동의 지속 및 유지라는 요소 포함

2 동기이론의 유형

형태	특성	이론	예
내용 이론	사람에게 동기를 부여하는 특별한 요인을 식별하는 데 관심	• 욕구체계론 • 동기 위생이론 • 생존 관계 성장이론	보수, 승진, 인정에 대한 욕구를 충족
과정 이론	동기를 유발하기 위하여 동기요인들이 상호작용하는 과정에 관심	• 기대이론 • 공정성이론 • 목표설정이론	작업투입, 성취 요구, 보상에 대한 개인의 지각 명료화

UNIT 2 동기의 내용이론

1 의미

(1) 행동을 유발하는 욕구가 무엇이며, 욕구의 우선순위가 무엇인가의 관계
(2) 동기는 무엇에 의해 일어나는가를 의미
(3) 무엇이 행동에 대한 동기를 유발하는가?

2 내용이론의 유형

(1) 욕구체계론(Need Hierarchy Theory) : 포터(Porter)의 욕구위계이론

① 매슬로우의 욕구위계에서 생리적 욕구를 제외하고 자율의 욕구를 추가

Maslow 욕구 위계론	• 개인의 잠재력을 계발하고, 창의성을 발휘하는 것과 관련되어 있으면서 자아실현의 욕구, 심미적 욕구, 지적 욕구를 포함하는 성장욕구와 우선적으로 만족되어야 하는 욕구로 생리적 욕구, 안정의 욕구, 애정 및 소속의 욕구, 존중의 욕구를 포함하는 결핍욕구로 나눔 • 과학적 관리론에서는 저차원의 욕구를, 인간관계론에서는 고차원의 욕구를 중시

② 욕구위계 : 안정의 욕구 → 소속의 욕구 → 자아존중의 욕구 → 자율의 욕구 → 자아실현의 욕구

㉠ 생리적 욕구 : 기아를 면하고 생명 유지를 위한 욕구로서, 가장 기초적인 의식주에 관한 욕구에서 성적 욕구까지를 포함

㉡ 안전 욕구 : 생리적 욕구가 충족된 후에 나타나는 욕구로서 위험, 위협, 박탈에서 자신을 보호하고 불안을 회피하고자 하는 욕구

㉢ 사회적 욕구 : 인간의 사회적이고 사교적인 동료의식을 조성하기 위한 욕구로서 애정, 귀속, 우정, 사랑 등을 포함

㉣ 존경 욕구 : 자기존중에 초점을 두고 있으며, 타인의 인정과 존경을 포함. 존경욕구가 충족되면 자신감, 권위, 권력, 통제 등이 생겨나게 됨

㉤ 자아실현 욕구 : 계속적인 자기발전을 위하여 자신의 잠재력을 최대한으로 발휘하는 데 초점을 둔 욕구로서, 전술한 모든 욕구가 충족되어야만 이 욕구의 충족이 요구. 자아실현의 욕구는 다른 욕구와는 달리 사람에 따라서 각기 다르게 나타남. 예를 들면, 궁극적인 만족을 위해서는 작곡가는 명곡을 창조해야 하고, 미술가는 걸작을 그려야 하며, 교사는 학생을 잘 가르쳐야 하는 것

결핍욕구	성장욕구
• 회피함으로써 충족됨 • 원하지 않는 긴장의 감소 및 평형의 회복이 목표 • 욕구의 충족은 안도감과 포만감을 유발 • 욕구 추구자는 장애에 부딪쳤을 때 타인의 도움에 의지하려 함(환경의존도가 높고, 타인 지향적)	• 추구함으로써 충족(완전 만족×) • 즐거운 형태의 긴장을 유지하려는 것이 목표 • 욕구의 충족은 즐거움과 그 즐거움을 더하려는 욕구 유발 • 욕구 추구자는 장애에 부딪쳤을 때 스스로 처리하려 함(자율적이고 자기 지향적)

(2) 생존·관계·성장이론 : 앨더퍼(Alderfer)의 ERG이론 : 불만족-퇴행법

① 허즈버그와 매슬로우의 내용이론을 확장한 것으로서 매슬로우의 욕구위계론의 설명력과 경험적 타당성을 개선하기 위해 제안된 이론

② 매슬로우의 5단계 욕구를 생존욕구, 관계욕구, 성장욕구 3가지로 통합

생존욕구(Existence)	관계욕구(Relatedness)	성장욕구(Growth)
신체적 안녕과 복지를 유지하기 위해 본질적으로 필요한 생리적 욕구와 안정의 욕구. 즉, 인간이 생존을 위하여 필요로 하는 욕구로서 매슬로우의 생리적 욕구와 안전욕구에 해당	의미있고 만족스러운 사회적 관계에 대한 욕구. 즉, 인간이 사회적 존재로서 타인과 인간관계를 맺으려고 하는 욕구로서 사회적 욕구와 타인으로부터 존경받고 싶은 욕구	최고 수준의 욕구로 자존과 자아실현의 욕구. 즉, 성장 발전하여 잠재력을 최대한 발휘코자 하는 내적 욕구로서 자신으로부터의 존경과 자아실현의 욕구

③ 두 가지 이상의 욕구가 동시에 작용할 수 있다고 주장
④ 교사들이 직무수행의 과정에서 생존욕구가 완전히 충족되지 않았다고 하더라도 일 자체를 흥미롭고 도전감있게 제시해 주면 성장욕구를 충족하게 되어 동기부여의 효과가 충분
⑤ 동일한 직무상황에서 하나의 동기요인이 다른 동기요인을 대체하여, 전체적으로 보면 직무수행의 동기나 열의가 높아질 수 있음을 의미
⑥ 학교조직에의 교사들이 자아실현의 욕구를 충족시키는 기회가 제한되어 있다고 할지라도, 직무를 수행하는데 있어서 자존심(자율감)을 경험하도록 할 때 교사들은 만족감을 갖고 직무를 만족스럽게 수행할 수 있다는 사실을 중시해야 할 것

(3) 동기 위생이론 : 허즈버그(Herzberg)의 2요인설

① **특징** : 동기요인과 위생요인으로 구분. 이 두 요인은 서로 다름

동기(만족)요인	• 직업 자체에서 도출된 인간의 내적 혹은 심리적인 것과 실제 직무에 관련된 것 • 직무 상황에서 사람들에게 만족을 가져다주는 요인인데, '직무 그 자체'와 관련된 것들 • 성취 자체, 성취에 대한 인정, 일에 대한 도전, 책임감, 성장 및 발달 등 일의 목표나 수행 방식 등을 스스로 결정하는 자유재량권을 주면 사람들은 만족감을 느낌
위생(불만족)요인	• 과업수행의 상황이나 환경에 관련된 것으로 과업의 외재적 혹은 물리적 성격 • 직무를 수행하는 환경과 관련된 요인으로, 회사의 정책과 행정, 감독, 임금, 대인관계, 작업 조건 등을 말함 • 위생요인은 그것의 충족이 단지 직무에 대한 불만족의 감소만을 가져올 뿐이지 적극적으로 직무만족에 작용하지는 못함

② **동기화전략** : 내적 보상의 제공을 통한 동기화 전략이 필요함을 제시
③ 인간은 직무에서 동기요인이 충족되면 비록 위생요인이 미흡한 수준에 있더라도 직무에 대한 만족을 느낄 수 있으며, 개인적인 성장과 능력의 향상을 이룰 수 있음
④ 위생요인이 충족되면 직무에 대한 불만족을 제거할 수 있으나, 그 자체가 직무수행을 위한 동기를 유발시키고 개인의 성장을 촉진시키는 요인은 되지 못함
⑤ 만족을 주는 데 기여하는 요인과 불만족을 야기하는 데 기여하는 요인은 서로 차원이 다를 뿐이지 반대개념은 아님(불만족 → 불만족이 없는 것, 만족의 반대 → 만족이 없는 것)

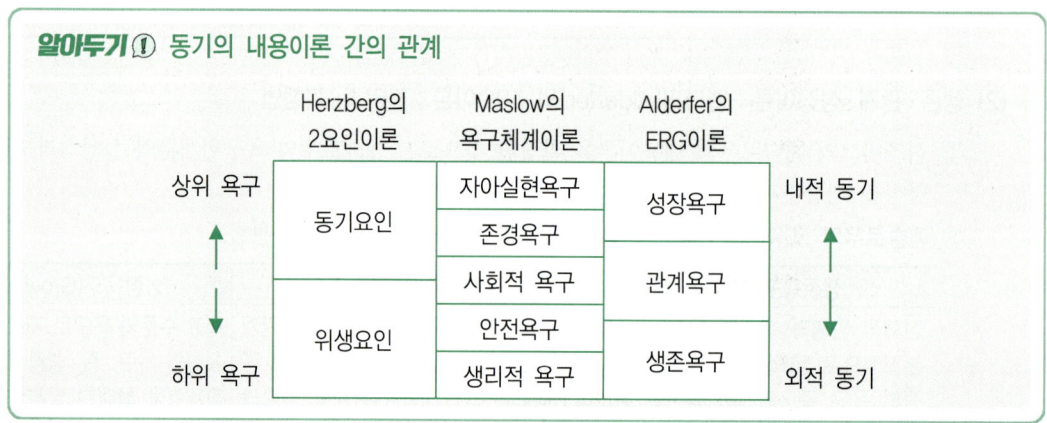

알아두기 ① 동기의 내용이론 간의 관계

(4) 아지리스(Argyris)의 미성숙 – 성숙이론

① 조직풍토 개선에 관심
② 성숙한 인간의 욕구와 공식조직의 욕구 간 불일치 해소에 중점(구성원을 성숙한 존재로 대우하는 지도력으로의 전환)
③ 민주적이고 인간관계 지향적인 조직풍토하에서는 구성원의 인성이 성숙 상태로 발달
④ 권위적이고 전체주의적인 조직풍토하에서는 구성원의 인성이 미성숙 상태로 변함
⑤ 지도자가 바람직한 지도성을 발휘하고, 구성원들이 긍정적인 상호작용적 경험을 계속하게 되면, 그 구성원은 미성숙 상태에서 성숙 상태로 발달

(5) 맥그리거(McGregor)의 X-Y이론 : 인간 본성에 따른 동기유발

X이론	Y이론
• 성악설 : 인간은 본성적으로 악하다	• 성선설 : 인간은 본성적으로 선하다
• 일을 싫어한다	• 일을 좋아한다
• 본능적으로 행동한다	• 인본주의에 따라 행동한다
• 개인적·이기적·경쟁적 존재이다 → 개인 중시	• 집단적·협동적 존재이다 → 집단공동체 중시
• 타율적 통제가 필요하다 → 강제적 외적 동기	• 자율적 통제가 가능하다 → 자율적 내적 동기
• 염세적·비관적 인생관	• 낙천적·낙관적 인생관
• 과학적·관리론적 접근	• 인간관계론적 접근
• 권위주의적 리더십 발휘	• 민주적 리더십 발휘
• 강제, 명령, 통제, 금전에 의한 유인, 위협, 벌칙 등	• 자발적 근무의욕 및 동기 유발 고취
	• 사회심리적 욕구충족 중시

UNIT 3 동기의 과정이론

1 의미

(1) 공통적인 심리적(내적)·행동적(외적) 과정 확인을 통해 동기를 이해하려는 것
(2) 인간의 행동은 개인적 요소와 환경과의 조화에 의해 결정된다는 것을 설명
(3) 직무동기의 발동과 유지에 작용하는 여러 변인들의 관계를 파악하는 데 초점
(4) 인지주의 학습이론과 관련
(5) 어떠한 과정을 통해서 동기유발이 되는가?

2 과정요인 이론

(1) 기대이론 : 브룸(Vroom)의 기대이론
① 기대이론은 두 가지 가정에 근거
㉠ 인간은 생각하고 추리하며 미래를 예측하는 능력을 사용하여 그들이 조직행동을 결정. 즉, 사람은

자신의 행동이 가져올 결과 혹은 개인적인 보상에 대해 기대하였던 가치를 주관적으로 평가한 다음에 어떻게 행동할 것인가를 선택한다는 것
- ⓒ 개인의 가치와 태도는 역할기대와 학교문화 같은 환경적 요소와 상호작용하여 행동에 영향
- ⓓ 사람들이 성과에 따른 결과에 대하여 주관적인 가치를 부여한다는 데 착안하여 전통적인 욕구이론에 '기대'라는 개념을 추가하여 동기유발과정을 설명
- ⓔ 동기의 강도는 결과에 부여하는 가치(유의성)와 기대를 곱한 값과 같다는 선호-기대이론을 제시
- ⓕ 구성원은 자기가 선호하는 보상을 받을 가능성이 크다고 기대하면 동기가 부여되어 열심히 일한다는 것. VIE이론이라고도 함

② 유인가(Valence) - 수단성(Instrumentality) - 기대(Expectancy), 즉 VIE이론 혹은 가치이론
③ 유인가(목표의 매력성), 성과기대(노력과 성과의 연계), 보상기대(성과와 보상의 연계)

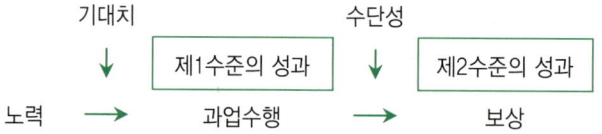

> **알아두기 ①**
> - **유인가**: 보상의 가치나 매력의 정도. 즉 보상에 대해 개인이 갖는 좋고 싫음의 강도
> - **수단성(instrumentality)**: 성과달성(교사의 노력으로 학생 성적이 오르고), 보상(교장의 인정을 받아 보너스) 받게 되는 수단
>   - ⓐ 1차 결과(업무성과)가 2차 결과(보상)를 수반하게 되리라는 주관적 확률치
>   - ⓑ 1차 결과와 2차 결과의 상관관계로서 자신이 수행한 업적에 대한 보상수준을 의미
>   - ⓒ 성과를 높이면 승진될 가능성이 매우 높을 거라는 생각
> - **기대감(expectancy)**: 활동(교사가 열심히 노력하면) 결과(학생들의 성적이 오를 것)이라는 확신의 정도
>   - ⓐ 개인의 노력으로 특정한 1차 결과가 나올 가능성에 대한 개인의 신념 또는 주관적 확률
>   - ⓑ 노력과 목표달성 간의 인과관계에 대한 주관적 인식
>   - ⓒ 업무를 잘 수행하면 좋은 업무성과가 나온다고 믿음

④ **요약**: 개인의 동기적 힘은 첫째, 노력을 쏟은 결과 얻게 될 성취 수준에 대한 인지된 성과기대와 둘째, 성과로 얻게 될 보상에 대한 보상기대 간의 함수며, 양자는 개인이 느끼고 있는 유인가에 의하여 조정
⑤ **결과(outcome)**: 1차 수준의 결과(업무성과)와 2차 수준의 결과(보상)가 있음. 업무를 잘한 것은 1차 결과, 승진은 2차 결과
⑥ **행동선택**: 기대되는 결과 및 중요성을 비교·평가한 후 자신의 행동을 취하는 것

> **알아두기 ①**
> - 조직구성원이 승진을 무척 원하고(유의성), 최고관리층이 성과(1차 결과)를 승진(2차 결과)에 반영할 가능성이 크며(높은 수단성), 자기 자신의 능력에 대한 자신이 있다면(높은 기대), 동기수준은 높게 나타나 열심히 일하게 됨(행동선택)
> - 직무성과는 동기유발과 능력을 곱한 것에 달려 있음. 즉, 동기만이 유일한 요인은 아니고 동기를 뒷받침할 능력이 있어야 하며 [성과 = f(동기×능력)], 직무수행에 필요한 환경적 요인도 중요. 따라서 성과는 노력, 환경, 능력의 결합함수

(2) 공정성 이론 : 아담스(Adams)의 공평성이론(균형이론, 교환이론)

① 조직원의 동기는 그가 조직에서 공정하게 대우받는가의 지각 정도에 영향
② **투입요인** : 과업을 수행하기 위해 피고용자가 기여하는 모든 것(교육, 경험, 능력, 태도)
③ **성과** : 과업을 수행한 결과로서 피고용자가 받게 되는 보수, 승진, 인정 등
④ 공정성을 회복하려면
  ㉠ 투입조정 : 비교 대상과 비교하여 낮은 봉급을 받고 있다고 느끼면 직무에 대한 시간과 노력을 감소시키거나 봉급 인상을 요구할 것. 반면 과대 보상을 받는다고 느끼면 직무수행의 양과 질을 높이게 될 것
  ㉡ 성과 조정 : 노력이나 투입의 증가없이 보수, 근무조건, 노동시간을 개선할 것을 요구
  ㉢ 투입과 성과에 대한 인지적 왜곡 : 인지적 불협화이론에 의하면 개인은 긴장이나 불협화를 감소시키기 위해 양립할 수 없는 지각 중 하나를 수정하려고 노력. 만일에 타인이 자신보다 불균형하게 높은 성과를 받을 경우에, 그는 타인이 자신보다 많은 직무 지식이나 지능을 가지고 있는 것으로 추론함으로써 자신의 지각을 왜곡시킴. 반대로 자신이 불균형하게 많이 받을 경우에는, 자신이 타인보다 많은 경험이나 지식을 가지고 있다고 그 자신을 확신시킴으로써 이를 정당화할 것
  ㉣ 비교 대상의 투입과 성과의 변경 : 비교 대상의 투입 또는 성과를 실제적으로 변경하고자 하는 것으로, 비교 대상에게 투입을 감소시키도록 압력을 가하거나 떠나도록 압력을 넣을 수도 있음
  ㉤ 비교 대상의 변경 : 만일에 자신의 투입-성과 비율이 타인의 그것에 비하여 불공정하다고 느낄 때 그는 공정성을 회복하기 위하여 비교 대상을 변경
  ㉥ 조직 이탈(퇴직) : 전보를 요청하여 부서를 옮기거나 조직을 완전히 떠날 수 있음
⑤ 아담스는 조직 내 구성원들이 서로를 비교하는 습성이 있다는 데 주목하여 조직구성원 간 처우의 공정성(형평성)에 대한 인식이 동기부여에 영향을 미친다는 이론 제시
⑥ 개인의 투입 산출비율이 타인의 것과 비교했을 때 불공정하다고 인식되면 개인은 불공정성을 감소시켜 공정성을 유지하기 위하여 동기가 유발된다는 것
⑦ 한 개인이 다른 사람에 의해서 얼마나 공정한 대우를 받고 있다고 느끼는가에 초점

(3) 목표설정이론 : 로크(Locke)의 목표설정이론

① 목표가 구성원의 동기유발 원인
② 목표를 중시하는 경영기법 활성화
③ **목표설정이론의 일반 모델**

④ 로크는 목표가 가장 강력한 동기유발요인이라는 목표설정이론을 제시. 이 이론의 가장 기본적인 가정은 인간의 행동이 의식적인 목표와 성취의도에 의하여 결정된다는 것
⑤ 사람들은 일을 할 때 자기욕구의 충족 여부 등을 따지지 않고 설정된 목표를 달성하기 위하여 열심히 일한다는 것
⑥ **목표의 성과** : 성과는 목표의 특성 및 종류에 따라서 결정되며 그 영향의 정도는 여러 가지 상황요인에 따라서 달라진다는 이론

⑦ **목표의 특성** : 목표와 난이도와 구체성에 의하여 개인의 성과가 결정
⑧ 대부분의 인간 행동은 유목적적이며 행위는 목표와 의도에 따라 통제되고 유지된다고 봄

(4) 포터와 롤러(Porter & Lawler)의 성과-만족이론

① 보상에 대한 개인의 만족도를 주요 변수로 삼아 브룸(Vroom)의 기대이론을 보완. 즉, 기존 이론이 만족에 의하여 업무성과가 결정된다고 봄
② 반대로 업적-만족이론은 과거업적에 대한 보상이 공정하면 만족을 느끼게 되어 동기가 유발된다고 봄

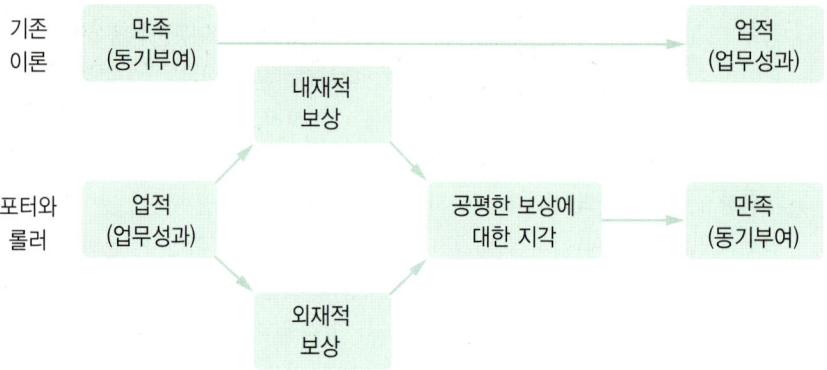

③ 개인은 업적(근무성과)에 대하여 내적인 보상과 외적인 보상을 받게 됨
④ 보상은 만족에 부분적으로 영향을 줄 뿐이며 그 보상이 공평한가의 여부가 더 큰 영향을 미치게 됨. 만약 보상이 주어지더라도 불공평하다고 지각되면 만족을 느끼지 못함
⑤ 직무성취에 따라 실제로 받은 보상의 양뿐만 아니라, 받아야 한다고 기대하는 보상의 양이 클수록 만족을 느끼게 됨. 즉, 과거의 경험(업적성취에 따른 보상)에 의거하여 미래의 기대감 속에서 동기를 부여받고 열심히 일하게 됨
⑥ 근무성과는 그 직원의 능력, 특성 및 역할인지의 수준에도 영향을 받음

UNIT 4 지도성 이론

1 특성이론(위인이론) : 심리학적 접근, 지도자는 선천적인 특성 소유

(1) 지도자와 비지도자가 구별되는 개인의 육체적·심리적·사회적 특성을 확인하는 데 관심
(2) 버나드(Barnard)는 지도자의 자질로 활동성과 인내심, 설득력, 책임감, 지적 능력을 강조
(3) **인성적 특성** : 스토그딜(Stogdill)은 능력, 업적, 책임, 참여, 지위, 상황 등을 범주화
(4) **실무적 특성** : 카츠(Katz)와 칸(Kahn)
(5) 지도자의 지도성은 선천적인 특성을 지니고 있다고 보고, 지도자가 공통적으로 구비하고 있는 특성과 자질을 연구. 주로 지도자의 개인적 특성에 초점을 맞춘 것으로 인성적 특성, 동기적 특성, 지능 등을 연구

(6) 지도성 연구에서 가장 전통적인 이론으로서, 지도자는 어떤 특성을 구비해야 한다고 보고, 그것을 구비한 자는 어떤 집단이나 어떤 상황에서도 리더가 된다고 보는 입장
(7) 1930~1940년대 : 리더의 개인적 특성에 초점

2 행동적 접근(지도자 행위론) : 행동과학적 접근

(1) 지도자가 어떤 행동을 하느냐를 분석의 초점(사회학적 접근, 행위론적 접근)
(2) 지도자 행동을 과업중심 차원과 인화중심 차원으로 구분
(3) 블레이크(Blake)와 무통(Mouton)의 관리망 이론
  ① 인간관계를 중요시 하는 측과 직무중심의 지도성을 중시하는 양측에 대한 절충론
  ② 무기력형(1-1), 사교형(1-9), 과업형(9-1), 중도형(5-5), 팀형(9-9)
(4) 레빈(Lewin), 리피트(Lippitt), 화이트(White) : 전제형, 민주형, 자유방임형
(5) 타넨바움(Tannenbaum)과 슈미트(Schmidt)의 지도성 유형 연속선
  한쪽 끝은 지배자 중심 지도성(전제형), 다른 한쪽 끝은 구성원 중심 지도성(민주형), 그 사이 연속선 상에 설명형(전제형)-판매형-검사형-상담형-참여형(민주형) 등 5가지 지도성 행위를 구분
(6) 핼핀과 위너(Halpin & Winer) : 지도자행동기술 질문지(LBDQ, leadership behavior description questionnaire)
  ① 조직 지도자의 지도유형을 진단해 낼 수 있는 질문지
  ② 햄필(J. K. Hemphill)과 핼핀(A. W. Halpin)은 구성원들의 지각 및 지도자 자신의 반응을 통해서 지도자의 지도성 유형을 인화중심적(人和中心的) 요인(배려성 : consideration leadership behavior)과 과업중심적 요인(구조성 : initiating structure leadership behavior)의 두 차원으로 분류
  ③ 과업중심적 차원은 지도자가 집단활동(集團活動)을 조직·결정하거나 또는 지도자와 집단과의 관계를 명백히 하는 것
  ④ 따라서 지도자는 각 구성원이 각자에게 기대되는 역할을 분명히 해주고 임무를 배정하고, 미래계획을 세우며, 일을 처리하는 방법과 절차를 세우며, 결실을 보기 위하여 일을 처리하는 것을 주로 하는 유형
  ④ 인화중심적 차원은 지도자와 집단 사이의 상호신뢰·상호존경·화합과 친화(親和)·래포(rapport) 등을 나타나게 하는 행동을 포함하는 것으로서
  ⑤ 구성원의 욕구에 깊은 관심을 가지며, 아랫사람으로 하여금 의사결정 과정에 적극 참여케 하고 의사소통(意思疏通)을 활발히 하도록 장려하는 행위를 포함하는 것으로서
  ⑥ 지도자와 구성원 간의 따스한 인간적 교류를 주축으로 하는 지도행위. 지도자의 광범한 행위를 LBDQ 척도로 진단하여 나타난 결과에 따라 지도자의 지도유형은 효율적 행정유형·과업중심적 행정유형·비효율적 행정유형·인화중심적 행정유형 등 네 가지로 분류
(7) 1950~1960년대 : 리더의 행동유형에 초점

3 상황적응적 접근(지도자 효과성 이론) : 지도성은 상황적 조건에 의해 결정

(1) 특징

① 어떤 유형의 지도성도 상황 여하에 따라 효과적일 수도 혹은 비효과적일 수도 있다고 봄(상황에 적합한 리더의 유형, 1970~1980년대)
② **지도자의 행위에 영향을 주는 지도성의 상황요인**(Hoy & Miskel)

조직의 구조적 속성	규모, 계층 구조, 공식화, 기술
역할 특성	지위 권력, 과업의 형태와 난이도, 처리규칙, 만족과 수행에 대한 기대
부하의 특성	교육정도, 연령, 지식과 경험, 모호성에 대한 관용성, 책임, 권력
내부환경	풍토, 개방성, 참여정도, 집단 분위기, 가치와 규범
외부환경	복잡성, 안정성, 불확실성, 자원 의존성, 제도화

(2) 지도성 유형

① **피들러(Fiedler)의 모형 : 우발성 이론(상황적 특성론)**
리더십 유형과 효과성의 관계는 상황적 요소인 **리더-구성원의 관계, 과업구조, 지위권력** 세 가지에 따라 좌우

지위권력	조직이 일을 완수하기 위해 지도자에게 부여하는 힘
과업구조	과제가 분명하게 구체화된 목표, 방법, 수행표준을 갖고 있느냐의 정도
지도자와 구성원의 관계	집단 구성원에 의해 지도자가 수용되고 존경받는 정도

② **허쉬(Hersey)와 블랜차드(Blanchard)의 지도성 효과**
  ㉠ 블레이크와 머튼(Blake & Mouton)의 관리망이론과 레딘(Reddin)의 3차원 지도성 모형의 확장 이론
  ㉡ 이들은 효과적인 리더십은 조직구성원들의 욕구를 얼마나 잘 충족시키느냐에 달려있다는 전제 아래, 지도자와 조직구성원 간의 상호조화 관계를 중요시하고, 조직구성원의 성숙수준을 고려하여 효과적인 지도성 유형을 제시
  ㉢ **과업중심행동** : 지도자의 과업행동은 지도자가 집단 구성원들의 역할을 조직하여 명확하게 하고, 각자가 무슨 과업을 언제, 어디서, 어떻게 수행할 것인가를 지시하는 행동. 지도자는 수행사항을 구성원들에게 설명함으로써 일방적인 의사소통에 전념
  ㉣ **관계중심행동** : 지도자의 관계행동은 의사소통 통로의 개방, 사회정서적인 지원의 제공, 심리적 자극 및 동기 부여 등으로 구성원들과의 인간적 관계를 유지하려고 하는 행동. 과업행동과 달리 쌍방적 의사소통을 중심으로 이루어짐

> **알아두기 ①**
> - 지도성 효과는 지도자(L)와 추종자(F) 및 상황(S)과의 함수관계. $E = F(L \cdot F \cdot S)$
> - **효과적 지도성** : 각 개인의 성숙도, 아울러 집단의 성숙 수준을 측정하고 평가할 수 있어야 함
>   ① 직무성숙 : 교육과 경험에 의해 영향을 받게 되는 개인적 직무수행 능력으로서 과업을 수행하기 위한 지식과 기능을 의미
>   ② 심리적 성숙 : 어떠한 일을 성취하고자 하는 동기나 의욕과 관련되며, 일에 대한 애착과 헌신을 의미

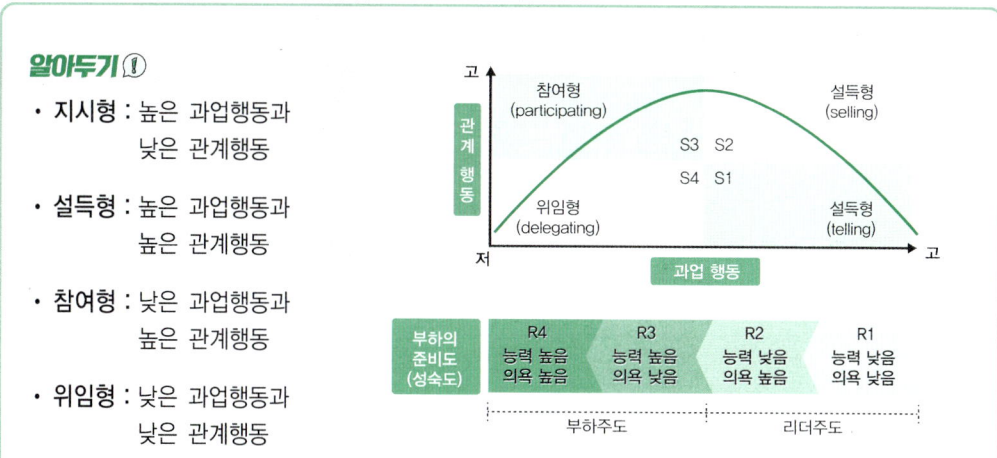

알아두기
- **지시형** : 높은 과업행동과 낮은 관계행동
- **설득형** : 높은 과업행동과 높은 관계행동
- **참여형** : 낮은 과업행동과 높은 관계행동
- **위임형** : 낮은 과업행동과 낮은 관계행동

③ **레딘(Reddin)의 삼차원 지도성 유형** : 레딘은 2차원 유형의 '기본형'을 토대로 이 이론을 발전시켜 이른바 삼차원 유형(3 dimension model)을 제시. 즉 그는 네 가지의 기본형(관련형, 통합형, 분리형, 헌신형)으로부터 8가지의 삼차원 유형(수동형, 인화형, 독재형, 타협형, 관료형, 개발형, 선의독재형, 유인형)으로 분류

알아두기
- **수동형(deserter)** : 수동적이고 소극적인 평가를 받는 리더십 패턴
- **인화형(missionary)** : 인화 및 조화에 흥미를 갖는 리더십 패턴
- **독재형(autocrat)** : 신뢰성이 없으며, 불유쾌한 평가를 받고 목전의 과업에만 치중
- **타협형(compromiser)** : 무능한 의사 결정자로 평가받으며, 장기계획이 없고 목전의 문제만을 해결하려는 리더십 패턴
- **관료형(bureaucrat)** : 규칙과 절차에 따르고 양심적인 평가를 받는 리더십 패턴
- **개발형(developer)** : 신뢰성이 있는 평가를 받으며 구성원을 개발시키는 데 관심
- **선의독재형(benevolent autocrat)** : 반발을 사지 않고 업무를 수행시킬 수 있는 경우
- **유인형(executive)** : 훌륭한 동기를 유발시킬 수 있을 뿐만 아니라 구성원의 개인차를 인정하고 또한 팀워크에 의한 관리를 하는 리더십 패턴

4 변화지향적 지도성 : Burns & Bass

(1) 특징
① 번스(Burns)는 교환적 지도성과 변화지향적 지도성으로 구분
② 교환적 지도성은 부하들의 업무수행에 대한 대가로 보상을 해주는 양자간의 교환관계
③ 변화지향적 지도성의 초점은 잠재능력각성, 높은 요구충족, 동기유발, 사명감으로 수행

> **알아두기** 교환적 지도성과 변혁적 지도성
>
> | 지도성 유형 | 특징 |
> |---|---|
> | 교환적 지도성 | 노력에 대한 보상의 교환을 계약함으로 발휘되는 지도성 |
> | 변혁적 지도성 | • 기대 이상의 직무수행을 가능하게 하는 지도성(교환적 지도성과 반대)
• 부하의 잠재능력 계발에 도움을 주고, 내재적 만족감을 갖도록 해 줌
• 지도자의 자질 : 높은 도덕적 품성과 비전을 제시, 솔선수범하고 직원에 대한 신뢰, 직원에게 지적 자극을 제공, 구성원들로 하여금 조직의 문제에 대한 인식 수준을 높이기 위해 노력 |

(2) 변화지향적 지도자에게 요구되는 활동
① 변화에 대한 필요 규정
② 새로운 비전을 창안하고 그 비전에 대해 열의 집중
③ 장기 목표에 집중
④ 보다 높은 체제의 목표를 위해 추종자들이 그들 자신의 개인적 이익을 초월
⑤ 추종자들이 그들 자신의 개발과 다른 사람의 개발에 보다 큰 책임감을 갖도록 지도

(3) 배스(Bass)의 변혁적 지도성의 요인

영감적 동기	비전을 제시함으로써 조직의 문제가 해결될 수 있다는 신념을 갖도록 함
이상화된 감화력	신뢰와 존경심을 형성하며 개인과 조직이 수용할 수 있는 기반을 제공
개인적 배려	잠재력을 계속해서 높은 수준으로 발전시키고 자기 발전에 대한 책임
지적 자극	추종자들을 자극하여 혁신적이고 창의적인 사람이 되도록 함

5 문화적 지도성 : 서지오바니(Sergiovanni)의 학교장 지도자 유형

(1) 학교는 구조적 접근보다는 문화적 접근을 통한 교육개혁
구성원의 의미추구 욕구를 만족시킴으로써 그 구성원을 학교의 주인으로 만들고 조직의 제도적 통합을 가능하게 하는 지도성 접근법

(2) 학교장 지도자 유형
① **기술적 지도자** : 계획, 시간관리기술, 상황적응적 지도성이론 및 조직의 구조 강조
② **인간적 지도자** : 인간관계론, 대인관계 능력, 동기유발 기술과 같은 개념 강조
③ **교육적 지도자** : 교육문제의 진단, 교사와의 상담, 장학, 평가, 직원의 성장 등
④ **상징적 지도자** : 학교의 의식이나 행사 주재, 학교의 전망 제시 등
⑤ **문화적 지도자** : 전통을 수립하고 조직의 역사를 창조하고 배양하며 가르치는 일에 열중

(3) 교사와 학생들은 관료제적 규칙, 관리지침, 상황의존적 교환, 합리적 실제의 이미지보다는 규범, 집단의 관습, 신념의 유형, 가치, 사회화 과정, 사회적으로 구조화된 실체의 이미지(문화)에 더 잘 움직여짐

(4) 학교는 다른 조직들과는 달리 모호한 목적과 넓은 통솔범위를 가진 이완구조의 특성을 갖기 때문에, 관리원칙을 그대로 학교에 적용할 경우 '효과성은 감소되고, 사람들은 혼란을 경험하며, 일은 이루어지지 않음(Weick)'

(5) 인간의 의미 추구 욕구를 만족시킴으로서 그 구성원을 조직의 주인으로 만들고, 조직의 제도적 통합을 가능하게 하는 효과적 지도성이 문화적 지도성
(6) 문화는 교직원 개개인에게 수용될 수 있는 방법을 규정하며 그들이 생활하는 기초가 되어 사람들의 마음에 영향을 주고 그들의 업무, 그리고 자기 자신을 지각하고 결부시키며, 해석하는 모델이 되기 때문에 학교 교육을 개선하기 위해서 반드시 고려되어야 함
(7) 지속적으로 조직효과성을 개선하는 데 있어 조직문화는 모든 행정적 노력의 구심점이 되어 조직구조, 조직행동 그리고 조직의 직무수행에 영향을 주고 직무수행을 개선하기 위한 기제가 됨

6 분산적 지도성 : Spillane

(1) 팀이나 집단 그리고 조직적 성격을 중심으로 파악
(2) 학교 구성원의 능동적 참여와 공조 행위를 통한 다수의 지도자들의 집단지도성 강조
(3) 지도자와 구성원들이 조직의 상황과 맥락에서 조직이 직면한 문제 및 이슈에 대한 의사결정의 공유를 통해 조직 역량과 개인의 전문성을 극대화하기 위한 지도성 이론
(4) 교장과 같은 개인을 학교 효과성에 주요 인물로 강조하는 경향을 반대하고 팀이나 집단 그리고 조직적 성격을 중심으로 리더십 개념을 파악하는 지도성 이론
(5) 다원화되고 복잡다단한 개방체제로서의 학교조직은 단위학교 책임 경영제의 실천과 함께 학업성취도 평가를 통한 책무성 요구에 부응해야 하는 환경 속에서 분산적 지도성은 책무성과 자율성 기반 학교 개선을 위한 새로운 지도성 유형으로 각광(Harris)
(6) 분산적 지도성은 최근 대두되고 있는 이론이지만 실제로는 학교 현장에서 이미 실행
학교 조직이 너무 복잡하고 과제도 광범위하기 때문에 개인이 이와 같은 모든 문제를 처리하기에는 역부족이라서 분산적 리더십이 필요

7 도덕적 지도성

(1) 학교 구성원들이 '자기 지도자'가 되도록 자극하고, 지도자 자신은 '구성원의 지도자'가 아닌 '지도자들의 지도자'가 되어 궁극적으로 '효과적이며 도덕적인 조직'이 될 수 있도록 하는 지도성 기제
(2) Sergiovanni의 도덕적 지도성은 문화의 개념을 통하여 리더십을 설명하면서, 학교를 도덕적 측면에서의 선의(good will)와 관리적 측면에서의 성공이란 두 가지 차원을 조합한 네 가지 유형을 설명

[학교의 4가지 유형]

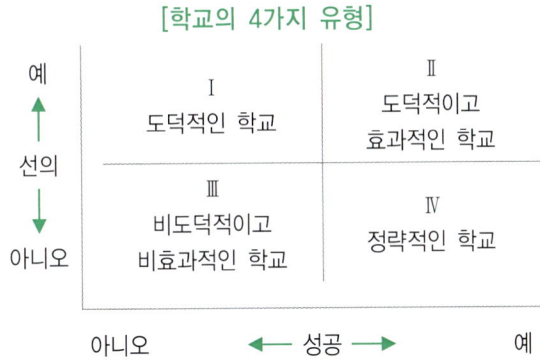

(3) Ⅰ상한의 도덕적인 학교에서 교직원들은 선의에 의해 동기가 유발되지만 목적의 성취에 있어서는 성공적이지 못함
(4) Ⅳ 상한의 정략적인 학교에서 교직원들은 선의에 의해 동기가 유발되지 않았지만 목적 성취에 있어서는 성공적
(5) Ⅰ 도덕적인 학교는 교직원들이 선의에 기초한 교장의 지도성을 이해하게 되면서 성공할 가능성이 증대될 것
(6) 단기적으로 성공을 지향하는 Ⅳ 정략적인 학교보다는 선의를 강조하는 Ⅰ 도덕적인 학교가 장기적으로 Ⅳ학교가 될 가능성이 더 높게 됨
(7) 결국 교장이 지향해야 할 도덕적 지도성은 성공보다는 선의를 중시하는 Ⅰ과 Ⅱ학교를 만드는 지도성이라고 할 수 있음

8 초우량 지도성

(1) 자율적 지도성의 계발 → 조직 구성원들이 스스로를 통제하고 자신의 삶에 진정한 주인이 되어 자율적으로 이끌어 갈 수 있도록 능력을 계발하는 지도성 기법
(2) Mans와 Sims의 초우량 지도성이론은 구성원의 자기지도 능력의 계발
(3) 구성원 각자가 스스로를 지도할 수 있도록 만들 수 있는 지도성
(4) 초우량 지도성의 개념에는 자율적 지도성이 내포되어 있으며, 이러한 자율적 지도성은 구성원 각자가 스스로를 지도할 수 있는 능력
(5) 다른 사람에게 영향력을 준다는 전통적 지도성의 개념을 넘어 자율적으로 자신의 지도력을 발휘할 수 있게 되는 것을 의미
(6) 지도자는 구성원이 스스로 생각하여 해결책을 찾고 의사결정을 하도록 도와주는 사람
(7) 조직구성원들의 자기 관리를 위한 장기적 잠재력 개발에 초점을 두고 있으며, 구성원들이 외적인 통제에 의해서보다는 자기 지도적이고 내적인 통제에 의해 보다 생산적이고 성공적인 직무수행이 가능
(8) **자율적 지도성**: 교사들은 일상적인 업무에 대한 통제에 있어 높은 수준의 자율성을 경험하고 기대하며 전문 직업인으로서 교사들은 일상의 과업에서 상당한 재량권을 행사

9 감성 리더십

(1) 골먼(Goleman)의 감성리더십은 리더 자신이 가지고 있는 감성적이고 사회적 능력을 개발하고, 구성원들의 감성을 이해하고 배려함과 동시에 비전을 제시하고 자연스럽게 조직 구성원들에게 영향력을 행사하는 것
(2) 감성지능이 리더십 유효성에 중요한 요소이며 특히 팀을 이끄는 리더에게 더욱 중요하고, 조직의 상위 계층으로 갈수록 감성지능이 더욱 중요하다고 봄

알아두기 ① 감성 리더십의 구성요인

구성요인	세부요인	정의	하위요인
개인 역량	자기인식 능력	자신의 감성을 명확하게 이해하는 능력	• 감성이해력 • 정확한 자기평가 • 자신감
개인 역량	자기관리 능력	자기자신의 감성을 효과적으로 관리하는 능력	• 자기통제력 • 신뢰성, 자기관리 및 책임의식, 적응력 • 성과달성지향, 주도성
사회적 역량	사회적 인식 능력	다른 사람의 감성을 명확하게 이해하는 능력	• 감성이입, 조직파악력 • 고객 서비스 정신
사회적 역량	관계관리 능력	다른 사람의 감성을 효과적으로 관리하는 능력	• 영감을 불러 일으키는 능력 • 영향력, 타인지향성, 연대감 형성 • 커뮤니케이션, 변화촉진력, 갈등관리 능력

CHAPTER 04 교육정책 및 의사결정

UNIT 1 교육기획

1 교육기획의 의미

(1) 미래의 교육활동을 준비하는 과정
(2) 목표를 설정하고 그 목표를 달성할 수 있는 전략과 활동 계획을 수립하는 의식적 과정

2 교육기획의 특성

(1) 미래지향적 행동과정

기획은 미래를 구상하는 것으로, 앞으로의 활동을 준비하는 과정. 주간계획, 월간계획, 연간계획, 장기계획 등과 같이 모든 계획을 실제로 시행하기 전에 이를 준비하고 구상하는 과정

(2) 지적인 활동

기획은 어떠한 일을 구체적으로 시행하기 전에 그 목표와 내용, 절차와 방법, 기대되는 성과에 대해 미리 생각해 보는 것이기 때문에 고도의 지성과 전문성을 요구하는 계획 과정

(3) 합리적 활동

기획은 목표와 수단 및 방법을 합리적으로 연결하고 이를 통해 목표 달성을 효율화하는 활동이기 때문에 합리적인 정보수집과 판단, 그리고 문제해결 능력을 필요로 함

(4) 사전준비과정

기획은 사전의 준비 과정이지 실제적인 시행이나 집행이 아니기 때문에 상황의 변화에 따라 언제든지 수정하거나 보완할 수 있는 특징을 가지고 있음

3 교육기획의 원리

[교육기획의 원리(원칙)]

타당성의 원리	교육기획은 의도하는 교육목표를 달성할 수 있는 적절한 수단과 방법을 통해 수립
효율성의 원리	교육기획은 의도하는 교육목표를 달성할 수 있는 능률적이고 효과적인 수단과 방법을 동원할 수 있도록 수립
민주성의 원리	교육기획은 일반 국민과 이해 관련 집단 등의 광범위한 참여를 통해 민주적인 방식으로 이루어져야 함
전문성의 원리	교육기획은 교육전문가들의 적극적인 참여와 지속적인 검토 과정을 거쳐 수립
중립성의 원리	교육기획은 교육 자체의 타당성과 효율성에 따라 수립되어야 하며, 어떠한 정치적·종교적·당파적 이해와 압력에 좌우되어서는 안됨
융통성의 원리	교육기획은 상황의 변화에 탄력적으로 대응할 수 있도록 신축성있게 수립
안정성의 원리	교육기획은 정책의 일관성과 안정성을 유지할 수 있도록 수립되어야 하며, 지나치게 가변적인 계획으로 이루어져서는 안됨
균형성의 원리	교육기획은 안정성과 적응성, 민주성과 전문성 등을 적절하게 유지하는 방식으로 이루어져야 함
통합성의 원리	교육기획은 국가의 타 부문 기획과 통합되도록 이루어져야 하며, 하위 부문을 종합적으로 고려하여야 함
계속성의 원리	교육기획은 의도한 교육목적을 실현하기 위해 계속적인 연구와 평가를 통해 수립

4 교육기획의 접근방법

(1) **사회수요접근법**

　　수요를 근거로 교육기획을 수립하는 방법

(2) **인력수요접근법**

　　인력을 추정하여 교육계획을 수립하는 것

(3) **수익률 분석방법**

　　경제적 효과를 산출하여 교육기획을 수립하는 방법

(4) **국제 비교에 의한 접근방법**

　　선진국 혹은 경제와 교육 발전이 유사한 다른 국가의 경험을 비교·연구함으로써 자국의 교육 발전을 위한 방향과 전략 등을 수립하려는 접근 방법

(5) **델파이 방법**

　　관계 전문가들로부터 견해를 종합하여 집단적인 판단을 내리는 방법

구분	사회수요 접근법	인력수요 접근법	수익률 접근법
교육목적	교육 내적 효율성 강조	사회에 대한 성과 강조	보충적 도구
정의	교육에 대한 개인적 또는 사회적 수요(예 취학률)를 기초로 교육기획을 세우려는 방법	경제 성장 목표달성에 필요한 인력수요(예 산업사회의 필요인력)를 예측하여 교육투자 수준을 결정하는 접근법	교육에 투입된 경비, 산출된 효과(예 교육 수익률)를 비용으로 계산하여 교육투자의 순위결정
장점	• 균등한 교육기회 보장 • 심리적 욕구 충족	• 사회 경제적 목적 충족 • 경제인력의 안정적 공급	경제적 측면에서 정교하고 현실적임
단점	• 교육투자에 대한 정책 결정이 곤란 • 인력공급 조정실패 가능성 • 교육수요 판단곤란 • 수익성 판단곤란	• 사회수요와 인력수요의 차이로 인한 불만 야기 • 학교교육과 경제현장과의 괴리 가능성	교육기획에서 필요한 자료는 미래의 수익률이기 때문에 수익률이 가변적인 경우 계획의 신뢰성이 떨어질 수 있음

5 교육기획의 효용성

(1) 교육정책 수행과 교육행정의 안정성 기여
(2) 교육행정 및 교육경영의 효율성과 타당성 제고
(3) 한정된 재원의 합리적 배분에 도움
(4) 교육개혁과 교육적 변화를 촉진
(5) 합리적 통제를 가능하게 해 줌

6 교육기획의 과정

(1) 기획 이전 단계

① 합리적인 기획체제의 구성
② 기획의 절차 설정
③ 계획의 형성과 이행에 참여하는 교육행정 조직의 재구조화
④ 기획에 요구되는 통계나 자료의 수집 분석을 위한 조직 절차의 설정

(2) 기획 단계

① **진단** : 교육목표가 설정되면 기획담당자는 현재의 교육적 역량이 그 목표 수행에 적절하고 충분한가를 확인해야 함. 이러한 절차는 교육적 역량과 교육목표를 비교하고 그 차이를 분석함으로써 이루어짐. 이러한 과정을 통해 현재의 교육활동의 성격, 규모, 수준, 조직 등의 결함과 부적절성이 확인됨
② **정책 형성** : 현재의 교육상황에 대한 진단은 적절성, 능률성, 효과성 등을 신장시키기 위해 개선해야 할 결함과 부적절성을 드러냄. 이러한 결함과 부적절성을 개선하기 위한 일련의 조치가 교육정책으로 나타나게 되는데, 대개의 경우 이러한 정책들이 교육개혁과 혁신의 수단이 됨
③ **장래 소요비용의 추정** : 교육정책이 형성되면 미래의 요구에 대한 비용을 추정하게 됨. 유용한 자료를 활용하여 물가 변동을 고려한 각각의 요구에 대한 소요 비용을 추정, 최종적으로 모든 요구를 충족시키는 데 소요되는 전체 비용을 산출

④ **우선순위와 목표 설정** : 과거의 사례에 기초하여 교육 발전에 도움이 되는 자원을 평가하고 실질적으로 기대할 수 있는 자원을 추정. 나아가 이러한 자료와 함께 미래의 요구를 분석하여 우선순위를 설정하고 한정된 자원 내에서 현실적으로 성취할 수 있는 목표를 설정. 또한 허용된 비용 내에서 가장 적절하고 효과적인 목표 달성 방안을 결정하기 위해 그 방안들을 체계적으로 검토함

⑤ **실현 가능성의 검토** : 목표가 설정되고 우선순위가 정해지면, 그 목표가 일관성을 가지고 있고 실현 가능한 것인지를 검토

(3) 계획 형성 단계

① 광범위한 국민의 참여
② 계획 시행을 위한 법의 제정·개정
③ 계획 시행을 위한 행정·재정 개혁
④ 계획 수행을 위한 요원의 교육 훈련
⑤ 광범위한 홍보

(4) 계획 정교화 단계

① **사업계획의 작성** : 이는 계획을 특정한 목표를 성취하기 위한 포괄적인 활동 영역으로 세분화하는 것. 포괄적으로 세분된 행동 영역을 사업계획이라고 하는데, 사업계획에는 동일한 행정단위에서 관리할 수 있는 모든 활동이 포함. 이러한 활동은 상호 보완적·상호 의존적이어서 동시적이고 연속적으로 수행해야 할 것들임

② **프로젝트의 확인과 형성** : 사업계획은 행정적·재정적 목적을 위해 동일한 단위로 통합되어야 할 활동들로 구성되는데, 그러한 하위단위를 프로젝트라고 함. 따라서 프로젝트는 사업계획의 원래 목표 내의 하위 목표 성취를 목적으로 하고 있음. 프로젝트는 실천이 가능하도록 체계적으로 형성되어야 하는데, 이 프로젝트의 형성은 프로젝트 수행을 위하여 관련 기관이나 비용, 시간 계획 등을 체계화하는 과정을 의미. 하나의 계획이 사업계획으로 작성되고 프로젝트로 형성될 때까지 실질적인 과업수행은 전혀 이루어지지 않음. 개발도상국에서 계획이 제대로 실현되지 않는 것은 이러한 세분화에 의한 구조화 과정이 미흡한 데 그 원인이 있음

(5) 계획 실천 단계

① 계획은 실질적인 목표, 예산, 세부작업 과정 등에 관한 치밀한 계획에 따라 시행
② 계획이 시행 기간 중에 해결방안의 효율성을 조사하기 위한 실험과 검증을 실시
③ 계획 당국은 계획의 시행에 관한 기술적인 조언
④ 세부계획을 수정하고 예기치 못한 사태에 대비하기 위해 수시평가를 통해 실천과정 점검

(6) 평가와 수정 및 재계획 단계

① 계획의 결함을 지적해주며, 계획의 수정을 위한 자료를 제시
② 평가 결과는 재계획의 수립을 위한 진단 단계에 환류

7 교육기획의 효용성과 한계

(1) 교육기획의 효용성
① 교육계획은 교육정책 수행과 교육행정의 안정화에 기여
② 교육계획은 교육행정 혹은 교육경영의 효율성과 타당성을 제고
③ 교육계획은 한정된 재원을 합리적으로 배분할 수 있도록 함
④ 교육계획은 교육개혁과 교육적 변화를 촉진하는 역할을 수행
⑤ 교육계획은 합리적인 통제를 가능하게 함

(2) 교육기획의 한계
① **미래 예측의 어려움** : 교육기획은 미래에 관한 정확한 예측을 기초로 하는데, 인간의 예측 능력은 불완전하기 때문에 그 효용에도 한계가 있음. 최근 컴퓨터 등 기기의 발달과 예측기법의 발전에 힘입어 예측의 정확성이 크게 제고되고 있기는 하지만, 인간의 합리성에 한계가 있기 때문에 근본적인 문제점은 여전히 남음
② **정보와 자료의 부족** : 교육계획을 수립하기 위해서는 교육의 현황과 문제, 인적·물적 자원의 규모와 능력 등에 관한 다양한 정보와 자료가 필요함. 그리고 그러한 정보와 자료는 정확성과 예측성 및 시의성을 가지고 있어야 함. 그러나 정확하고 적절한 정보와 자료의 취득에는 한계가 있기 때문에 합리적인 교육계획을 작성하는 데 늘 어려움이 상존하고 있음. 특히, 후발국에 있어서 기초 연구와 통계의 미비는 좋은 교육기획을 저해하는 가장 큰 요인이 되고 있음
③ **전제 설정의 불확실성** : 교육계획에서는 각종 예측과 추정을 위해 여러 가지 상황을 전제. 예컨대, 취학 아동의 수가 감소하지 않을 것이라든지, 경제 성장이 지속되리라는 가정 등을 전제로 미래 예측을 하고 그에 따라 교육기획을 수립. 그런데 급변하는 현대에 있어서는 이러한 전제 설정이 매우 어려운 일이고, 비록 설정하였다 하더라도 그 변화를 예상하기 어렵기 때문에 정확한 미래 예측을 통한 교육기획에는 많은 한계가 있음
④ **시간과 비용 및 노력의 제약** : 교육계획의 수립에는 많은 시간과 경비, 전문적 역량이 계속적으로 요구됨. 그러나 그러한 것들은 항상 한정되어 있기 때문에 교육계획의 효율적인 수립과 추진이 저해를 받음
⑤ **정치적·사회적 압력** : 교육계획은 중립성의 원리에 따라 합리적으로 이루어지는 것이 바람직. 그러나 교육전문가에 의해 합리적으로 수립된 교육계획의 경우도 정치적·사회적 압력에 의해 변경되거나 실현되지 못하는 경우가 종종 발생. 모든 사람에게 이익이 되고, 만족감을 충족해 줄 수 있는 변화와 개혁은 있을 수 없기 때문에 교육기획은 대단히 어려운 것
⑥ **계량화의 곤란성** : 교육계획의 목표는 대체로 추상적인 경우가 많음. 그래서 이를 명확하게 계량화하기가 어렵기 때문에 목표를 설정하는 것 자체가 어렵고, 그 달성 수단을 강구하거나 달성 여부를 평가하기가 대단히 곤란함
⑦ **교육운영의 경직성으로 인한 개인의 창의성 위축** : 교육은 자율적인 활동에 의존하므로 지나치게 세부적인 교육계획은 그러한 자율성의 침해를 가져오고 창의성을 위축시킬 수 있음. 특히, 교육계획은 교육 발전을 최우선 목표로 하고 있기 때문에 자율성의 침해나 창의력의 위축은 심각한 저해 요인이 되는 문제

UNIT 2 교육정책

1 교육정책의 정의

(1) 국가의 공권력이나 국민의 동의를 바탕
(2) 교육목적 달성을 위해 강제하는 기본적인 교육지침

2 교육정책의 개념적 속성

(1) 목적 지향적 활동
(2) 정부에 의해 이루어지는 체계적 활동
(3) 의도적 목적 달성을 위한 실제적 행동과정 포함
(4) 공공성 지님
(5) 국민의 동의를 바탕으로 한 국가권력에 의한 강제행위
(6) **교육정책과정** : 사회적 이슈화 → 정책의제설정 → 정책결정 → 정책집행 → 정책평가

3 교육정책의 특성

(1) **행위의 측면** : 의사결정

(2) **형성 혹은 과정의 측면** : 정치적 과정

(3) **효과의 측면** : 교육목적의 실현

(4) **정책 유형(로위, Lowi)** : 구성정책(신설, 변경, 규제정책(활동제한), 배분정책(서비스, 이익, 지위, 기회 등 배분), 재분배정책(사회적 형평성 이념에 입각 재정리)

4 정책 형성의 이론 모형

(1) 의사결정을 보는 네 가지 관점
　① **합리적 관점** : 합리적 판단으로서 의사결정, 관료제, 중앙집권적 조직에 적합
　② **참여적 관점** : 합의로서 의사결정
　③ **정치적 관점** : 타협으로서 의사결정
　④ **우연적 관점** : 우연적 선택으로서 의사결정

(2) 정책 형성의 기본 모형
　① 합리모형
　　㉠ 합리모형 혹은 합리적·종합적 모형은 인간과 조직의 합리성과 지식 및 정보의 가용성을 전제로 한 이론 모형

      ⓛ 합리모형은 정책결정자가 의사결정을 할 때에 인간의 이성과 합리성을 바탕으로 최선의 대안을 찾을 수 있다는 가정을 전제

      ⓒ **예** 학교폭력을 방지하기 위해서 그 원인을 과학적 기법으로 분석하여, 최선의 대안을 마련하는 것이 가능하다는 낙관적 믿음을 가짐

      ⓔ 인간이 각종 통계기법, 컴퓨터 등 정보처리를 하더라도 여전히 계량적으로 처리할 수 없는 부분이 있기 마련

      ⓜ 현실적인 경험으로 볼 때 환경의 불확실성이 너무 커서 모든 사안에 대하여 합리성을 활용한다는 것은 비현실적

② **만족모형**

      ㉠ 만족모형 혹은 만족화 모형은 합리성의 한계를 어느 정도 수용한 제한적인 합리성을 전제한 이론모형

      ㉡ 만족모형은 인간의 합리성의 한계를 어느 정도 수용하면서 현실에서 정책결정자가 합리성을 바탕으로 한 최적의 대안보다는 만족스러운 대안을 수용할 수밖에 없다는 점이 이 이론의 논거

      ㉢ 이 모형은 합리모형이 지닌 한계점을 극복할 수 있다는 여지가 장점으로 부각되지만 정책결정자의 만족사항을 결정하는 기준이 무엇인지, 또한 그 기준을 구성하는 변수가 무엇인지를 제시하기 어려운 약점

③ **점증모형**

      ㉠ 점증모형 혹은 점진적 모형은 합리모형의 비현실성을 극복하기 위한 방안으로 제안된 모형

      ㉡ 점증모형은 기존의 정책 대안을 바탕으로 점진적인 개선을 도모할 수 있는 제한된 수의 대안만 검토하여 실현가능한 정책을 결정하는 모형

      ㉢ **예** 정부 부처에서 예산 편성 시 전년도 예산을 기준으로 일률적으로 5%를 증액하여 편성하는 방식이 대표적인 예

      ㉣ 이 모형은 이해관계자의 심각한 갈등이나 문제를 일으키지 않고 안정적인 정책추진을 해 나갈 수 있는 장점

      ㉤ 새로운 사업에 대하여 적극적인 검토를 하지 않는다는 점에서 보수적이고 소극적인 의사결정 모형으로 인식

④ **혼합모형**

      ㉠ 혼합모형은 합리모형의 이상주의와 점증모형의 보수주의를 비판하고, 이 두 모형의 장점을 결합시킨 이론 모형

      ㉡ 혼합모형은 합리모형과 점증모형의 장점을 결합시킨 모형으로 정책의 기본방향의 설정은 합리모형에 적용하고, 세부적인 정책을 수립하기 위해서는 점증모형을 활용하는 것

      ㉢ 이 모형은 기본정책 방향은 광범위하고 포괄적으로 합리성을 바탕으로 결정하고 이를 실행하는 데에는 현실적인 안정성을 추구한다는 장점

      ㉣ 새로운 모형이기 보다는 절충된 모형에 불과하기 때문에 가치가 하락한다는 지적

⑤ **최적모형**

      ㉠ 최적모형은 점증모형의 타성적이고 현실 안주적인 성격을 비판하면서 그 대안으로 제안된 것. 합리모형과 점증모형의 절충을 시도하고 있다는 점에서 혼합모형과 유사하나, 양자의 단순 합계적 혼합이 아니라 합리성과 초합리성을 동시에 고려하는 최적치를 추구하는 규범적인 모형이라는 점에서 혼합모형의 경우와는 크게 다름

- ⓒ 합리모형과 점증모형의 장점만을 살리려는 모형으로 혼합모형과 유사하나, 이와 다른 점은 최적모형의 합리성은 초합리성을 고려한다는 점
- ⓒ 정책결정에 있어서 직관적 판단이나 상상력과 같은 초합리성을 중시하여 최적치를 선택하는데 활용한다는 점
- ⓔ 이 모형은 초합리성을 고려하여 혁신적인 정책결정을 할 수 있는 기틀을 마련하기는 했지만, 초합리성의 개념이 불명확하여 다소 비현실적이라는 비판을 받고 있음

⑥ 쓰레기통 모형
- ㉠ 대학조직의 경우 '조직화된 무질서'의 환경이기 때문에 의사결정자들의 선호가 다양하고, 목표와 이를 달성하려는 기술이 불분명하여 경험에 의존하려는 경향
- ㉡ 의사결정 참여자가 수시로 변경되어 유동적인 특성을 띤다고 주장
- ㉢ 의사결정은 합리성보다는 우연성에 의존
- ㉣ 문제와 해결책이 조화를 이룰 때 좋은 의사결정이 이루어짐
- ㉤ 조직의 목적은 사전에 설정되는 것이 아니라 자연스럽게 나타남
- ㉥ 높은 불확실성을 경험하고 있는 조직에서 가장 많이 일어나는 정책결정 모형
- ㉦ 학교조직의 의사결정은 다양한 문제와 해결방안들 사이의 혼란스러운 상호작용 속에서 비합리적이고 유연적 방식으로 이루어짐

5 교육정책의 형성 과정

(1) 교육문제의 제기
(2) 정부 귀속과 교육정책 의제화
(3) 교육정책의 목표 설정
(4) 정책 대안의 탐색과 선택
(5) 정책 대안의 심의·결정과 합법화

6 교육정책 형성의 참여자와 제약 요인

(1) 교육정책 형성의 참여자
정부, 이익집단, 매스컴과 여론, 국민과 학부모

(2) 교육정책 형성의 제약 요인
① **인적 요인** : 정책결정자나 참여자들이 가지고 있는 인성, 지식과 기술 및 경험, 가치관과 태도 등 개인적 요인이 합리적인 교육정책 수립을 제약
② **조직적 요인** : 중앙집권적인 조직 구조와 관료제적 특성, 의사소통체제의 미비, 자원·정보·시간의 부족 등 조직과 관련된 제약 요인이 합리적 정책 결정을 제약
③ **환경적 요인** : 조직을 둘러싸고 있는 정치적 풍토, 문화적 배경이 정책 결정에 영향

7 캠벨(R. Campbell)의 교육정책 수립과정

기본적인 힘 → 선행운동 → 정치적 활동 → 입법

8 커닝햄의 모형(교육정책 형성과정)

지시 → 정의 → 심의 → 입법 → 결과처리

9 정책평가

던(Dunn)의 정책평가 기준 : 능률성, 효과성, 충족성, 적합성

UNIT 3 의사결정 모형(의사결정의 산출모형) : 정책결정모형 → 문제해결을 위한 대안 선택

1 합리적(이상적) 모형

(1) 리츠(Reitz), 최선의 대안 모색, 객관적 합리성, 경제인 모형
(2) 인간과 조직의 합리성, 그리고 완전한 지식과 정보의 활용을 전제로 한 모형
(3) 이상론적 낙관론적 모형
(4) 전체주의 체제에 적합
(5) 합리모형은 정책결정자가 의사결정을 할 때에 인간의 이성과 합리성을 바탕으로 최선의 대안을 찾을 수 있다는 가정을 전제로 함.
(6) 예를 들어, 학교폭력을 방지하기 위해서 그 원인을 과학적 기법으로 분석하여, 최선의 대안을 마련하는 것이 가능하다는 낙관적 믿음을 가짐
(7) 인간이 각종 통계기법, 컴퓨터 등 정보처리를 한다할 지라도 여전히 계량적으로 처리할 수 없는 부분이 있기 마련. 또한 현실적인 경험으로 볼 때 환경의 불확실성이 너무 커서 모든 사안에 대하여 합리성을 활용한다는 것은 비현실적

2 만족화 모형

(1) 사이먼(Simon), 마치(March), 현실적으로 만족할 만한 해결책 선택, 주관적 합리성
(2) 제한된 합리성, 행정가 모형, 관료주의 체제
(3) 최적 대안보다는 만족스러운 대안을 선택한다는 입장
(4) 정책결정자를 실증적으로 관찰하여 정책결정이 이루어지는 양태를 모형화한 것
(5) 인간의 합리성 한계를 어느 정도 수용하면서 현실에서 정책결정자가 합리성을 바탕으로 한 최적의 대안보다는 만족스러운 대안을 수용할 수밖에 없다는 점이 이 이론의 논거

(6) 이 모형은 합리모형이 지닌 한계점을 극복할 수 있다는 여지가 장점으로 부각되지만 정책결정자의 만족사항을 결정하는 기준이 무엇인지, 또한 그 기준을 구성하는 변수가 무엇인지를 제시하기 어려운 약점이 있음

3 점증모형

(1) 린드블럼(Lindbloom), 윌다브스키(Wildavsky), 기존 정책보다 약간 개선된 대안 선택
(2) 정치적 합리성, 제한된 합리성, 정치가 모형
(3) 전년도까지의 실적을 기초로 여기에 약간의 향상된 정책을 추구하는 방법
(4) 약간의 점진적인 개선을 도모할 수 있는 제한된 수의 대안만을 검토하여 현실성 있는 정책선택
(5) 첨예한 갈등이나 문제를 야기하지 않으며 안정적인 정책결정과 집행이 가능
(6) 다원적이고 합의 지향적인 민주주의 체제에 적합한 모형
(7) 기존의 정책 대안을 바탕으로 점진적인 개선을 도모할 수 있는 제한된 수의 대안만 검토하여 실현가능한 정책을 결정하는 모형
(8) 예를 들면, 정부 부처에서 예산 편성시 전년도 예산을 기준으로 일률적으로 5%를 증액하여 편성하는 방식이 대표적인 예
(9) 이 모형은 이해관계자나 심각한 갈등이나 문제를 일으키지 않고 안정적인 정책추진을 해 나갈 수 있는 장점이 있지만, 새로운 사업에 대하여 적극적인 검토를 하지 않는다는 점에서 보수적이고 소극적인 의사결정 모형으로 인식

4 혼합모형(제3의 모형)

(1) 에치오니(Etzioni), 합리적 모형 + 점증적 모형
(2) 합리성(장기) + 실용성(단기), 자율인, 자율사회 체제
(3) 기본적 방향의 설정은 합리성을 근거로 하고, 특정 문제의 결정은 점증 모형의 입장
(4) 합리적 모형의 비현실성과 점증모형의 보수주의를 비판하면서 두 모형의 혼합한 형태
(5) 합리모형과 점증모형의 장점을 결합시킨 모형으로 정책의 기본방향 설정은 합리모형을 적용
(6) 기본방향이 설정된 후에 세부적인 정책을 수립하기 위해서는 점증모형을 활용하는 것을 내용으로 함
(7) 이 모형은 기본정책 방향은 광범위하고 포괄적으로 합리성을 바탕으로 경청하고 이를 실행하는 데에는 현실적인 안정성을 추구한다는 장점이 있지만, 새로운 모형이기 보다는 절충된 모형에 불과하기 때문에 가치가 하락한다는 지적도 있음

5 최적모형

(1) 드로우(Dror), 주어진 목적에 가장 알맞은 모형 선택
(2) 초합리성(엘리트들의 영감, 비전 중시), 혁신적 사회체제
(3) 합리적 요인과 초합리적 요인을 동시에 고려하는 최석지 중심의 규범적 모형
(4) 계량적인 측면과 질적인 측면을 구분하여 검토하고 난 다음 이들을 결합시키는 질적 모형
(5) 의사결정자의 초합리성을 중시, 초합리적 과정이 정책결정에 있어 적극적이고 불가결한 역할

(6) 합리모형과 점증모형의 장점만을 살리려는 모형으로 혼합모형과 유사하나, 다른점은 최적 모형의 합리성은 초합리성을 고려한다는 점
(7) 정책결정에 있어서 직관적 판단이나 상상력과 같은 초합리성을 중시하여 최적치를 선택하는데 활용한다는 점
(8) 이 모형은 초합리성을 고려하여 혁신적인 정책결정을 할 수 있는 기틀을 마련하기는 했지만, 초합리성의 개념이 불명확하고 다소 비현실적이라는 비판을 받고 있음

6 쓰레기통 모형

(1) 코헨(Cohen), 마치(March), 올슨(Olsen), 문제의 우연한 해결
(2) 비합리적 의사결정, 조직화된 무질서(목표 모호, 방법이 불분명, 참여 유동적)
(3) **특징**
   ① 학교의 의사결정은 늘 불안정하고, 유동적인 상황
   ② 학교의 의사결정은 문제, 해결책, 참여자, 선택의 기회라는 비교적 독립적인 영역들이 혼합
   ③ 학교의 의사결정은 조직에서 독립적인 상황의 흐름에 따라 경험적으로 결정이 이루어짐
(4) **투입조건**
   ① 문제 : 성적, 시설, 교사의 질, 학생 생활지도 등
   ② 해결책 : 문제와는 독립적으로 존재 가능
   ③ 참여자 : 학교는 성원들의 출입이 유동적이기 때문에 문제와 해결책이 빨리 변함
   ④ 선택의 기회 : 계약 서명, 성원의 채용과 사직, 금전의 지출 등
(5) 대학조직의 경우 '조직화된 무질서'의 환경이기 때문에 의사결정자들의 선호가 다양하고, 목표와 이를 달성하려는 기술이 불분명하여 경험에 의존하려는 경향이 크며, 의사결정 참여자가 수시로 변경되어 유동적인 특성을 띤다고 주장
(6) 이러한 조직에서의 의사결정은 문제, 문제의 해결책, 의사결정 참여자, 해결책의 선택기회 등이 마치 다른 시점에 하나의 쓰레기통에 모여 다양한 흐름과 타이밍에 따라 선택되어 지는 것에 비유된다는 것
(7) 실제 의사결정에서는 날치기 통과, 진빼기 작전 등의 방법으로도 이루어질 수 있어 대학의 의사결정이 합리성을 바탕으로 한 것만은 아님
(8) **장점**
   이 모형은 조직상황을 조직화된 무질서로 가정함으로써 의사결정 이론의 폭을 확대
(9) **한계점**
   모든 조직이 조직화된 무질서의 환경적 속성을 가진 것은 아니므로 일반화하기는 곤란

UNIT 4 의사결정과 참여

1 무관심권과 수용권

(1) 무관심권

상급자의 명령을 아무런 문제없이 수용 가능한 영역(버나드, Banard)

(2) 수용권

상급자가 행한 의사결정을 충분히 검토하지 않고 따르는 영역(사이먼, Simon)

2 참여방법

(1) 학교장이 수용권 내에 있는 의사결정에 교사를 참여시킨다면 그 참여는 비효과적
(2) 학교장이 수용권 밖에 있는 의사결정에 교사를 참여시킨다면 그 참여는 보다 효과적
(3) 관련성이 없고 교사의 능력 밖에 있는 경우 그 결정은 수용권 내에 해당. 교사 비참여
(4) 교사가 높은 관련성과 높은 전문성을 가지고 있다면, 그 결정은 수용권 밖. 교사 참여

3 의사결정의 참여모형

(1) 브리지스(Bridges)의 참여적 의사결정

① 참여허용 범위(상황) - 수용영역 밖, 회색영역(한계영역), 참여허용 기준 - 적절성(이해관계), 전문성(능력)

수용 안 됨	회색영역	약간 관심	수용영역 의문 없이 받아들일 수 있음	높게 수용될 수 있음

② **상황에 따른 의사결정 유형** : 수용영역 밖(의회주의형 의사결정), 회색영역(민주적 접근형 의사결정)

구분	상황	참여적 의사결정의 유형
수용영역 밖(외부)	적절성○, 전문성○	구성원을 자주 참여시킨다. → 의회주의형 의사결정
수용영역의 한계영역(marginal conditions)	적절성○, 전문성×	구성원을 제한적으로 참여시킨다. (참여시키는 목적은 이해를 구하고, 설득 합의를 도출하여 저항을 최소화하기 위함) → 민주적 접근형 의사결정
	적절성×, 전문성○	구성원을 제한적으로 참여시킨다. (참여시키는 목적은 질 높은 아이디어나 정보를 얻기 위함) → 민주적 접근형 의사결정
수용영역 안	적절성×, 전문성×	구성원을 참여시킬 필요가 없음

(2) 호이와 타터(Hoy & Tarter)의 참여적 의사결정의 규범모형

① **참여허용 기준** : 관련성(적절성), 전문성 + 신뢰수준
② **의사결정 구조** : 집단합의, 다수결, 집단자문, 개인자문, 일방적
③ **학교장의 역할** : 통합자, 의원(협의자), 교육자, 간청자, 지도자(지시자)

구분	참여허용 기준	상황	관여	의사결정 구조	학교장 역할	기능	목표
수용영역 밖(외부)	관련성○, 전문성○, 신뢰○	민주적	항상 그리고 광범위하게	집단 합의	통합자	각기 다른 입장을 통합	일치된 의견을 얻음
				다수결	의원 (협의자)	공개토론을 조성	반성적 집단 숙고를 지지
	관련성○, 전문성○, 신뢰×	갈등적	항상 그러나 제한적으로	집단 자문	교육자	쟁점을 설명하고 논의	결정의 수용을 추구
관련성 한계영역	관련성○, 전문성×	이해 당사자	가끔 그리고 제한적으로	집단 자문	교육자		
전문성 한계영역	관련성×, 전문성○	전문가	가끔 그리고 제한적으로	개인 자문	간청자	충고를 구함	결정의 질을 개선
수용 영역 안	관련성×, 전문성○	비협 조적	배제	일방적	지도자 (지시자)	단독적 결정을 행함	효율성을 성취

UNIT 5 조직 내 의사소통 유형

1 집권적 의사소통과 분권적 의사소통

(1) 업무가 비교적 단순한 경우, 집권화된 의사소통 구조가 분권화된 의사소통 구조보다 효율적
(2) 복잡한 문제나 애매모호한 업무를 처리할 경우에는 집권적 구조가 분권적 구조보다 비효율적, 직원들의 사기와 직무 만족도를 저하시킴

2 의사소통 방향에 따른 구분 : 수직적 의사소통과 수평적 의사소통

(1) 피라미드형으로 나타낼 수 있으며, 상향적일수록 면적은 줄어들고 하향적일수록 증가
(2) **포터(Poter)는 수평적 의사소통을 유형화**
  ① 작업집단 내의 친밀한 동료들 간의 의사소통
  ② 조직 내의 다른 부서와의 의사소통
  ③ 계선과 참모 간의 의사소통

(3) **수직적 의사소통** : 하향적 의사소통과 상향적 의사소통으로 분류

3 언어적 의사소통과 비언어적 의사소통

(1) **언어적 의사소통** : 인간의 말, 기록된 매체

(2) **비언어적 의사소통**

신체언어나 몸짓, 상징적 가치를 지닌 구체적 물건이나 인공물, 공간, 접촉, 다른 비언어적 상징(억양, 악센트, 목소리의 고저와 강도, 말하는 속도와 비율)

4 의사소통의 원칙(Redfield)

(1) **명료성** : 피전달자가 분명하고 정확하게 이해할 수 있도록 간결한 문장과 쉬운 용어 사용
(2) **일관성** : 의사소통 내용의 전후 일치, 무모순성
(3) **적절성** : 적당한 정보의 양
(4) **적시성** : 필요한 정보는 필요한 시기에 적절히 투입될 것
(5) **분포성** : 의사소통의 모든 대상에게 골고루 전달될 것
(6) **적응성과 통일성** : 내용은 상황에 맞게 융통적으로 적응할 수 있어야 하며, 전체적인 통일성이 조화되어야 함
(7) **관심과 수용** : 수신자의 관심과 수용적 태도가 있을 것

5 의사소통의 기법 : 조하리의 창(Johari's window)

(1) **조셉 루프트(Josep Luft)와 해리 잉햄(Harry Ingham)에 의해 개발**
① 원래 대인관계의 유형을 설명하려는 것이었으나,
② 대인관계 능력의 개선방향이나 대인 간 갈등을 분석하는 데 널리 사용

(2) **조하리의 창**
① 인간은 자신에 대한 정보가 자신에게 잘 알려져 있는 영역도 있고, 자신에게 알려져 있지 않는 영역도 있음
② 이들의 결합관계에서 개방적 영역(Open), 맹목적 영역(Blind), 잠재적 영역(Hidden), 미지적 영역(Unknown)의 네 개 영역이 생기게 됨
③ **개방적 영역** : 자신에 관한 정보가 자신이나 타인에게 잘 알려져 있는 부분
④ **맹목적 영역** : 자신은 타인에게 잘 알려져 있지만 자기 스스로는 잘 모르는 부분
⑤ **잠재적 영역** : 자신은 스스로를 잘 알고 있지만 타인에게는 알려져 있지 않은 부분
⑥ **미지적 영역** : 자기 스스로와 타인에게 모두 알려지지 않은 부분

	피드백 →	
자기 노출 ↓	개방적 영역 (민주형)	맹목적 영역 (독단형)	타인에게 알려진 영역
	잠재적 영역 (과묵형)	미지적 영역 (폐쇄형)	타인에게 알려지지 않은 영역
	자신에게 알려진 영역	자신에게 알려지지 않은 영역	

CHAPTER 05 장학이론 및 교육재정

UNIT 1 장학의 의미

1 의미

(1) 교수학습의 개선을 위해 교사를 중심으로 한 전문적 기술적 지도과정
(2) 장학의 공통적 정의에는 전문적, 기술적, 참모활동, 지도조언, 보조활동 등을 포함
(3) 행정관점의 장학, 수업관점의 장학, 인간개발관점의 장학

2 와일즈(Wiles)의 장학의 내용

(1) 수업의 개선을 위한 계획적 프로그램
(2) 수업의 개선에 종사하는 교직원들에게 지도성을 제공하는 모든 노력
(3) 현직교육과 협동적인 집단 발전 프로그램
(4) 교사의 계속적 성장을 자극하고 조정하며 인내하는 노력
(5) 교수학습상황의 개선과 발전에 대한 조력

3 장학지도의 원리(Melchoir)

인성적 변인	태도	장학지도자가 장학지도에 관한 올바르고 건설적이며 진취적인 태도를 가져야 함 → 모든 장학지도 원리의 기본
	협력	장학담당자, 교장, 교감, 교사 등이 협력하여 실시할 때 장학의 효과가 큼
인지적 변인	창조	새로운 것을 창조하고 기존의 것을 개선하여 보다 새로운 것에 도전
	과학성	장학지도자는 장학지도에 있어 과학적인 사고방법을 취해야 함
업무수행 변인	효과	태도, 창조, 협력, 과학성을 토대로 장학지도가 수행될 때 효과가 나타남 → 가장 궁극적인 원리

4 장학의 과업(Harris, 1975)

교육과정개발	교육과정지침 개발, 기준 설정, 수업단원 계획, 새로운 과정 설계
수업을 위한 조직	학급편성, 수업시간계획, 교실배당, 수업시간배정, 시간표작성
교원 확보	교원모집, 심사, 선정, 보직 및 전보
시설 구비	학교부지 및 설비시방서의 개발
학습자료 확보	학습자료의 선정과 구비, 학습 기자재와 자료의 사전점검 및 평가
현직교육 준비	연구협의회, 상담, 현장학습, 훈련과정
교원의 적응지도	신임 직원들을 시설, 직원 및 지역사회에 적응하게 만드는 일
특수아 지원업무	정책개발, 우선순위 배정, 지원업무와 학교의 수업목적 간의 관계를 극대화하기 위해 지원인사 간의 관계정립
지역사회관계 개선	보다 나은 수업의 촉진을 위해 지역사회주민을 최적수준으로 참여하게 하고, 수업문제에 관한 정보를 자유롭게 제공하거나 제공받는 일
수업평가	수업개선을 목적으로 자료수집과 분석, 해석, 의사결정을 위한 절차를 계획, 구성, 조직, 이행하는 일

UNIT 2 장학이론의 발달 과정

1 과학적 관리론의 장학

(1) 테일러(Taylor)의 과학적 관리론을 장학에 도입한 이론
(2) 낭비요인을 줄이고 학교시설의 이용을 극대화하여 교사의 능률을 올리고자 하는 것
(3) 교사는 과업 수행상의 자율권이 전혀 없으며 장학사가 지시하는 대로 따르기만 하면 됨
(4) 대부분의 권한과 의사결정권이 중앙정부 또는 행정기관의 행정가에게 집중된다는 문제점

2 인간관계 이론의 장학

(1) 메이요(Mayo)에 의해 실시된 호손 공장 실험 결과를 반영한 장학
(2) 교사의 욕구와 참여강조, 만족감과 사기, 원만한 인간관계 형성을 중시
(3) 자유방임적 장학으로 흘러 직무수행의 효과나 목표달성 정도를 향상시키지 못했다는 비판

3 행동과학적 장학

(1) 1950년대 행동과학 이론을 장학에 도입
(2) 장학의 조직, 구조, 풍토, 권한배분, 행위, 역할과 과업, 기능, 행위, 의사결정 등 강조

4 인간자원론적 장학

(1) 사람이 조직에서 가장 중요한 자원이라는 전제
(2) 교사 자신이 개인의 욕구와 잠재능력, 수행가능성, 사명감 등 경쟁력있는 조직이 되도록 관심
(3) 교사로 하여금 인간적 자질을 함양하고 욕구를 충족시키거나 만족을 증대하도록 함
(4) 일에 대한 동기, 책임, 성공에 대한 열망과 가능성에 초점
(5) 직무풍요화, 참가적 경영, 조직민주화, 조직개발, Z이론 등

5 장학의 발달과정

(1) **관리장학 시대(1750 ~ 1930)**

시학과 강제, 과학적 장학, 관료적 장학 → 과학적 관리론

(2) **협동장학 시대(1930 ~ 1955)**

협동적 장학 → 인간관계론

(3) **수업장학 시대(1955 ~ 1970)**

교육과정 개발, 임상장학 → 행동과학론

(4) **발달장학 시대(1970 ~ 현재)**

경영으로서 장학, 인간자원 장학, 지도성으로서 장학 → 일반체제론, 인간자원론

UNIT 3 장학의 종류

1 중앙장학

교육부 내에서 이루어지는 모든 장학활동

2 지방장학

시도교육청과 그 하급행정기관에서 이루어지는 장학

3 지구자율장학

(1) 독창성 있는 사업을 효율적으로 선정·운영함으로써 교수학습 방법의 개선을 도모

(2) 지구장학의 내용

① 학교 간 방문장학
② 자율학습, 보충학습, 학사일정 등 현안문제 협의
③ 지구별 자율 장학반 편성
④ 교육연구활동
⑤ 순회교사제 운영
⑥ 연구발표회 및 합동강연회 등 개최

4 교내자율장학

(1) 교내자율장학

① 단위학교 내에서 이루어지는 것을 말하며, 교육행정기관 등 외부 장학담당자에 의해 실시되는 장학에 대비되는 개념
② 단위학교에서 교육활동의 개선을 위하여 학교장과 교감을 중심으로 전체 교직원들의 상호 이해와 협력을 기초로 하여 서로 지도·조언하는 활동으로 정의
③ 장학활동을 수행함에 있어서 개별 단위학교의 학교 중심성, 자율성, 협력성, 다양성, 계속성, 구성원의 자기발전성을 특징. 교내 자율장학을 실무에는 교내장학이라 함

[교내 자율장학의 3영역]

영역	교사의 전문적 발달	교사의 개인적 발달	학교의 조직적 발달
초점	교육과정 운영	교사 개인	학교 조직
	교사들이 교과지도, 특별활동지도, 생활지도를 포함하는 교육활동 전반에서 안정·숙달·성장을 도모하는 데 관련	교사들이 개인적·심리적·신체적·가정적·사회적 영역에서 안정·만족·성장을 도모하는 데 관련	학교의 조직환경 및 조직 풍토를 긍정적으로 변화시켜 학교 내에서 교사들의 삶의 질을 높이고, 학교 조직의 목표를 효과적으로 달성하는 데 관련
내용	• 교육철학 및 교직관 • 교육목표 및 교육계획 • 교육과정 및 교과지도 • 특별활동지도 • 생활지도 • 학급경영 • 교육기자재 및 자료활용 • 컴퓨터활용 • 학부모·지역사회 관계 • 교육정보·시사 등	• 교사의 신체적·정서적 건강 • 교사의 성격 및 취향 • 교사의 가정생활 • 교사의 사회활동 • 교사의 취미활동 • 교사의 종교활동 등	• 학교 경영계획 및 경영평가 • 학교경영조직 • 의사소통 및 의사결정 • 교직원 간 인간관계 • 교직원 인사관리 • 학교의 재정·사무·시설 관리 • 학교의 제 규정 • 학교의 대외적인 관계 등
관련 이론	• 교육과정이론 • 아동발달이론 • 학습심리이론 • 교수학습이론 등	• 성인발달이론 • 성인심리이론 • 정신의학이론 • 사회심리이론 등	• 학교조직이론 • 조직발달이론 • 인간관계이론 • 집단역학이론 등

(2) 임상장학

① 환자를 치료하는 의사와 같이 교실에서 이루어지는 교수학습의 과정에서 일어나는 사태
② 교사의 교실활동을 개선하고 학생의 학습효과를 높이려는 장학(협력장학)
③ 교실현장에서 장학자와 교사가 일대일의 친밀한 관계 속에서 교사의 교수기술 향상과 계속적인 전문적인 성장을 위하여 계속 협의회, 수업관찰, 피드백 협의회 과정을 거치는 특별한 하나의 장학 대안
④ **임상장학의 단계** : 계속/사전 협의회 → 수업관찰 → 피드백/사후협의회
⑤ **임상장학의 유형** : 마이크로 티칭

[마이크로 티칭의 절차]

준비 단계
- 마이크로티칭의 개념 및 진행과정 설명
- 비디오테이프 등을 통한 시범
- 주제와 상황을 선택하고 수업을 준비

▼

교수 단계
- 모의수업 진행(비디오 촬영)
- 학생 역할을 하며 강의자의 모습 관찰, 평가

▼

평가 단계
- 수업진행과 교수기술 평가
- 비디오 기록과 체크리스트 사용

단계	Cogan의 임상장학단계	Goldhammer 등	Acheson과 Gall
1	교사와 장학담당자와의 관계 수립	① 관찰 전 협의회	① 계획협의
2	교사와의 협의를 통한 수업계획작성		
3	수업관찰 전략 수립		
4	수업관찰	② 수업관찰	② 수업관찰
5	교수학습 과정의 분석	③ 분석과 전략	
6	교사와의 협의회 전략 수립	④ 관찰 후 협의회	③ 환류협의
7	교사와의 협의회		
8	새로운 계획의 수립	⑤ 협의 후 분석	

(3) 동료장학(협동적 장학, 동료코치) : 커플(멘토링) 장학
   ① 둘 이상의 교사가 서로 수업을 관찰하고 관찰 사항에 관하여 상호 조언
   ② 자신들의 전문적 성장을 위해 함께 연구하는 장학
   ③ 동료장학은 수업개선 효과뿐만 아니라 동료애, 애교심, 사명감과 아울러 전문적 신장과 교직 성취 감을 증진시키는데 크게 기여

   > **알아두기** ①
   > - **협의중심 동료장학** : 같은 교과의 교사끼리 수업기술 향상을 위하여 협동(교과협의회 등)
   > - **수업연구중심 동료장학** : 경험있는 유능한 교사와 짝을 이루어 장학의 기능수행(팀티칭)
   > - **연수중심 동료장학** : 비슷한 문제와 관심을 갖고 3~4명의 팀을 이루어 협동적 문제해결

   ④ 수업 개선을 위해 학교교사들이 공동으로 노력하도록 함으로써 협동적 조직풍토를 형성할 수 있고, 장학활동을 위해 학교의 인적자원을 최대한 활용

(4) 자율(자기)장학
   ① 혼자 독립적으로 자신의 전문적 성장을 위해 연구하는 과정
   ② 교사 자신의 자율성과 자기발전 의미 및 능력을 기초로 함
   ③ 제반 전문적 영역에서의 교사 자신의 성장·발달을 도모
   ④ 원칙적으로 교사 자신이 스스로 계획을 세우고, 이를 실천하며, 그 결과에 대하여 자기반성을 하는 활동
   ⑤ 자기 수업을 녹화 또는 녹음하여 이를 분석 및 평가
   ⑥ 자신의 수업이나 생활지도, 학급경영 등과 관련하여 학생들과의 만남이나 학생들을 대상으로 한 의견조사
   ⑦ 학생이나 학부모, 동료교사로부터 수업에 대한 피드백
   ⑧ 대학원 과목을 수강하거나, 세미나와 학회에 참가
   ⑨ 다양한 방송매체가 제공하는 교원연수와 관련된 프로그램이나 동영상 시청

(5) 확인장학(전통적 장학 – 약식장학)
   ① 교장이나 교감이 비공식적으로 학급을 순시하거나 수업을 관찰하는 불시방문
   ② 교사들에게 지도와 조언을 제공하는 전통적 장학 방법 혹은 약식장학
   ③ 원칙적으로 학교행정가인 교장이나 교감의 계획과 주도하에 전개
   ④ 간헐적이고 짧은 시간 동안의 학급순시나 수업참관을 중심활동으로 함
   ⑤ 다른 장학형태에 대하여 보완적이고 대안적인 성격

   > **알아두기** ① **약식장학의 주요특징**
   > - 원칙적으로 학교행정가인 교장이나 교감의 계획과 주도하에 전개된다.
   > - 간헐적이고 짧은 시간 동안의 학급순시나 수업참관을 중심활동으로 한다.
   > - 다른 장학형태에 대하여 보완적이고 대안적인 성격을 갖는다.

5 컨설팅장학

(1) 교원들의 전문성 계발을 위해 교원들의 요청과 의뢰로 제공하는 자문활동
(2) 의뢰인인 교사가 주체가 되고 동등한 위치에서 그들의 필요와 욕구를 충족하기 위한 활동
(3) 컨설팅 장학의 영역은 의뢰인이 필요로 하는 모든 영역
(4) 컨설팅 장학은 순수하게 교원들에게 부딪친 문제 해결 중심의 다양한 전문성 제공
(5) **기본원리** : 자발성의 원리, 전문성의 원리, 자문성의 원리, 한시성의 원리, 독립성의 원리
(6) **절차** : 준비 → 진단 → 해결방안 구안 및 선택 → 실행 → 종료

> **알아두기**
> - **학교컨설팅** : 학교 교육을 개선하기 위해서 일정한 전문성을 갖춘 사람들이 학교와 학교 구성원들의 요청에 따라 제공하는 독립적인 자문활동
> - 학교컨설팅은 전문성, 독립성, 자문성, 일시성, 교육성, 자발성의 원리로 이루어짐

6 사이버장학

(1) **개념** : 인터넷 공간(예 학교 또는 교육청 홈페이지, 이메일)을 활용한 장학

(2) **목적** : 정보화 사회에 부응한 전천후 장학체제로의 전환, 현장방문을 통한 장학지도의 대안으로 장학 수혜자의 다양한 욕구충족, 학교현장 교육활동의 문제점 및 발전적 대안의 공유

7 발달장학

(1) 교사의 발전 정도에 따라 다른 장학방법을 적용하고 장학에 의하여 발전 수준을 높여 나가는 장학
(2) 낮은 수준의 교사에게는 지시적 장학을 적용하고, 중간 정도의 교사에게는 협동적 장학을 적용하고, 높은 수준의 교사에게는 비지시적 상황을 적용
(3) 차등적인 장학으로 교사의 발전정도, 참여 정도를 높여 나간다는 점이 특징

8 담임장학

(1) 교육지원청의 학교담당 장학사가 중심이 되어 실시
(2) 학교 현황 및 장학록을 작성하여 누가적으로 기록함으로써 학교교육 평가에 활용
(3) 교육과정의 운영, 생활지도, 도의교육, 과학실업교육, 보건체육교육 등 학교교육 전반에 걸쳐 전문적이고 지속적인 지원을 제공

UNIT 4 교육재정의 의미

1 의미

(1) 재정이란 일반적으로 국가 및 공공단체가 공공욕구를 충족하기 위하여 필요한 수단을 조달하고 관리·사용하는 경제활동 또는 간단히 정부의 경제라고 정의

> **알아두기 ① 교육재정**
> - 재정의 사전적인 의미로는 국가와 지방자치단체가 국가를 유지하기 위한 역할을 수행하기 위하여 행하는 일련의 경제활동을 의미
> - 교육재정은 교육 활동을 위해 필요한 수입·지출 활동과 자산과 부채를 관리·처분하는 모든 재정활동. 따라서 '지방교육재정'이란, 교육활동을 지원하기 위한 시·도교육청의 재정활동을 의미하며, 대상은 지방자치단체가 설치하고 운영하는 공·사립 유치원, 초·중·고등학교, 특수학교
> - 지방교육재정은 시·도교육청의 교육감이 관장하며, '교육비특별회계'라는 이름으로 지방자치단체의 일반회계로부터 분리되어 운영. 특별회계라는 말은 회계적인 특성상 일반회계와 구분되어 특별한 설치목적을 가지고 수입과 지출이 일반회계와는 별도로 이루어지는 회계를 의미. 즉, 교육비특별회계는 교육이라는 특별한 목적을 갖고 이루어지는 회계라고 볼 수 있음

(2) 교육활동의 운영을 지원하기 위해 경비를 조달하고 관리 사용하는 것
(3) 교육활동을 지원하기 위해 필요한 재원을 확보, 지출, 평가하는 일련의 활동

교육재정의 범위 : 교육에 필요한 비용	교육재정의 주체 : 공공적 범위
• 학교교육비(사립학교 재정 포함)	• 학교
• 사회교육비	• 다양한 공공교육기관
• 금전적, 비금전적 비용 포함	• 개인 또는 사회집단/단체 교육비 조달 및 배분 행위 포함 ×

(4) **교육재정의 기능**
① **자원배분기능** : 어떤 재화와 용역을 얼마만큼 생산할 것인가 혹은 생산자원을 사적 욕구 충족과 공공 욕구 충족 간에 어느 정도로 배분할 것인가를 결정하는 것
② **소득분배기능** : 개인 내지 가계 간에 생산물을 가급적 공평하게 분배하는 것
③ **경제안정화기능** : 높은 고용과 생산 수준을 유지하면서 물가를 안정시키는 것

(5) **교육재정의 특성**
① **강제성** : 재정은 가계나 민간기업과 같은 민간 개별경제와는 달리 공권력을 통하여 기업과 국민 소득의 일부를 조세를 통해 정부의 수입으로 이전시키는 성격이 있음
② **공공성** : 재정은 사적 이익을 위해서가 아니라 국가활동과 정부의 시책을 효과적으로 달성할 수 있는 방향으로 사용되어야 하는 공공성을 지니고 있음
③ **양출제입원칙 적용** : 재정에 있어서는 국가활동의 종류와 범위를 결정하고, 이에 필요한 경비를 산출한 후 수입을 확보하는 양출제입의 회계원칙이 적용되는 반면에 민간경제에 있어서는 양입제출(量入制出)의 회계원칙이 적용
④ **존속기간의 영속성** : 재정은 민간경제보다는 존속기간이 길다고 하는 특성
⑤ **기타** : 교육적 성취, 수단성, 무형재 생산, 수지 균형, 일반보상 등

(6) **교육재정의 이념**
① **충분성**: 어느 정도 적정 수준의 재화와 용역이 확보되어야 함
② **평등성**: 동일한 여건에 있는 사람을 동일하게 취급해야 한다는 원칙
③ **공정성**: 학생 개인의 능력이나 다른 정당한 차이로 인정되는 특징들을 설정하고, 이에 따라 재정배분이나 지출에서 차등을 두어 지원하는 것이 보다 공정한 원칙
④ **효율성**: 최소의 비용으로 최대의 효과를 거두려는 가치
⑤ **자율성**: 재정운영에 있어서 단위학교 또는 교육구가 선택할 수 있는 정도

2 교육재정의 일반적 성격

(1) 높은 공공성 및 장기 투자성
(2) 비긴급성과 장기 효과성
(3) 효과의 비실측성
(4) 독립성(일반행정으로부터의 분리와 독립)

교육재정의 성격	교육재정의 영역
• 수단성 • 공공성	• 재원의 확보 • 재원의 배분 • 재원의 지출 • 재원의 평가

3 교육재정의 흐름도

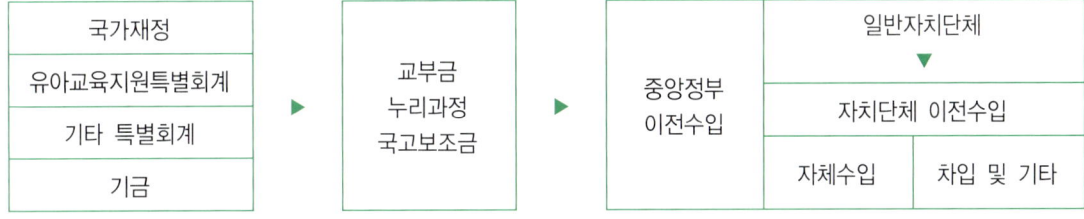

(1) 국가정책 수행을 목적으로 운용되는 우리나라의 총예산인 국가재정이 중앙재정과 지방재정으로 나눠지고, 지방재정은 일반지방재정과 교육지방재정으로 구분
(2) 지방교육재정 즉, 시·도교육청의 예산은 국가재정으로부터는 지방교육재정교부금과 국고보조금을 지원 받고, 일반자치단체로부터는 법정전입금과 비법정전입금을 지원. 국가(교육부)로부터 교부되는 지방교육재정교부금과 시·도로부터 전입되는 법정전입금이 시·도교육청의 주요 세입재원
(3) 국가재정의 일반회계에서는 지방교육재정교부금이 편성되어 지방교육재정으로 지원되고, 지방교육재정에서는 이를 중앙정부이전수입으로 편성하고 있음. 지방교육재정에서 가장 큰 비중을 차지하는 것이 국가재정에서 지원되는 지방교육재정교부금
(4) 일반자치단체의 일반회계로부터 「지방교육재정교부금법」에 따라 법정전입금과 비법정전입금이 시·도교육청의 교육비특별회계로 전출. 이렇게 구성된 지방교육재정은 공·사립 초·중·고등학교 재정의 교육비특별회계 이전수입이 되며, 학교재정에서 교육비특별회계 이전수입은 가장 큰 비중을 차지

UNIT 5 교육재정의 조달과 배분

[지방교육재정의 구조]

1 중앙정부 재원조달

(1) **지방교육재정 교부금** : 지방자치단체가 교육기관 및 교육행정기관을 설치·경영하는 데 필요한 재원의 전부 또는 일부를 국가가 부담하여 교육의 균형 있는 발전을 도모하기 위하여 운영하고 있다. 교부금의 종류에는 보통교부금, 특별교부금이 있음
(2) **국고 보조금**

2 지방자치단체의 부담

(1) 시·도의 교육·학예에 소요되는 경비는 당해 지방자치단체의 교육비특별회계에서 부담하되,
(2) 의무교육에 관련되는 경비는 교육비특별회계의 재원 중 교부금과 시·도의 일반회계로부터의 전입금으로 충당하고
(3) 의무교육 외의 교육과 관련되는 경비는 교육비특별회계의 재원 중 교부금, 시·도의 일반회계로부터의 전입금, 수업료 및 입학금으로 충당

UNIT 6 교육경비의 분류

1 직접교육비

(1) 교육목적을 달성하기 위하여 교육활동에 직접적으로 투입되는 모든 경비로 교육재정의 대상이 되는 비용
(2) **공교육비와 사교육비로 구성**
  ① 공교육비란 회계절차를 거치는 비용으로 부담의 주체가 학교 또는 정부
  ② 사교육비란 회계절차를 거치지 않는 비용으로 학생 또는 학부모가 부담

> **알아두기 ① 교육기회 경비**
> 경제적 비용이란 직접적인 지출을 나타내는 비용은 물론 기회경비까지 포함. 비용이란 근본적으로 기회경비 중의 하나. 즉, 주어진 어떤 활동 때문에 X규모의 예산이 대체적인 활동에 활용될 수 없을 때, 그 활동은 X규모의 비용을 갖게 됨. 교육의 기회경비에는 학생이 학교에 다니기 때문에 교육기간 동안에 직업을 가질 수 없는 데서 오는 포기된 소득, 비영리기관에 부여하는 면세의 가치, 건물과 장비의 감가상각비와 이자 등이 있음

2 간접교육비

(1) 일정 단위의 교육서비스의 생산에 있어서 직접비용 이외에 소요되는 경비
(2) **기회비용** : 실질적으로 교육활동을 위해 투입되는 경비는 아니지만 피교육자가 교육에 종사하기 때문에 포기해야 하는 포기소득과 같이 다른 용도의 사용을 가정한 경비
(3) 비영리기관인 학교에 대해 세금을 면제해주는 면제의 비용, 학교건물과 장비 사용에 따라 발생하는 감가상각비와 이자도 포함

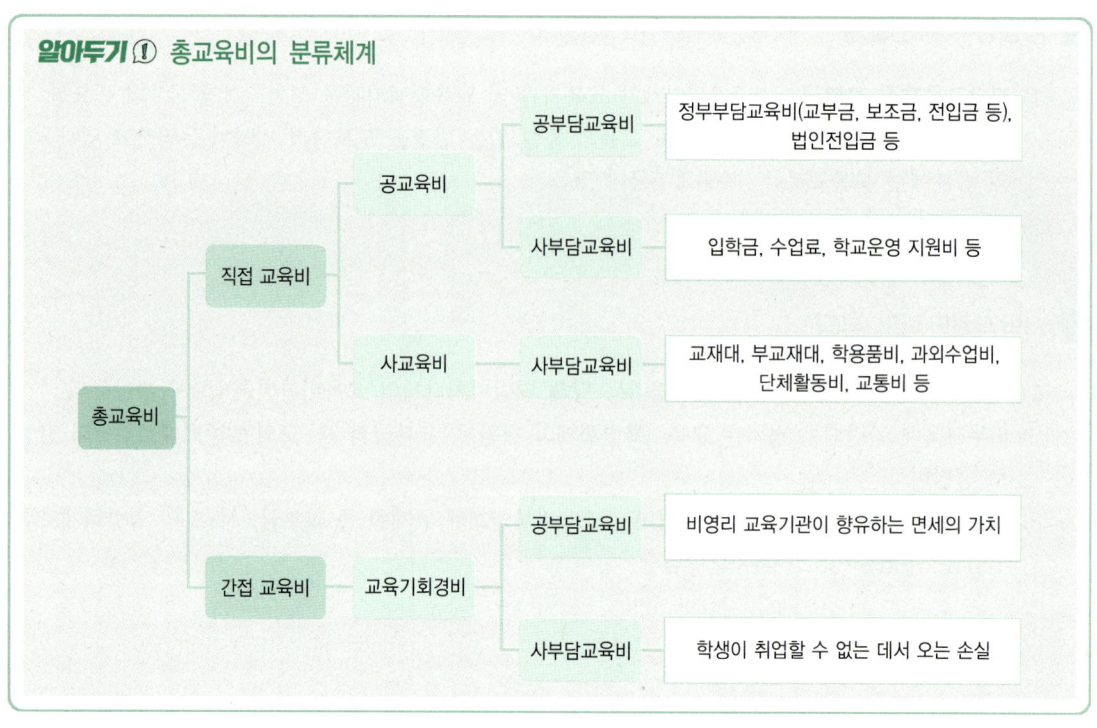

UNIT 7 교육과 경제적 소득 관련 이론

1 슐츠(Schultz)와 베커(Becker)의 인간자본론

(1) 교육 투자의 결과, 지식과 기술의 형태로 인적자본이 형성되면 일터에서의 노동생산성이 향상되고 그 결과 노동 소득이 향상된다는 것(결과적 평등 실현)
(2) 노동시장은 동질적이며, 완전 경쟁적이고, 노동 수요면에서는 고용주가 노동자들의 한계 생산성에 관한 완전한 정보를 갖고 있으므로 그것을 토대로 고용량을 결정

2 버그(Berg)와 애로우(Arrow)의 선발가설

(1) 인간자본론에 대한 반기로 성립
(2) 학력은 생산성에 별다른 영향을 끼치지 않으며 교육은 단지 선발의 장치 또는 생산성이 있음을 보이는 신호의 역할만을 하게 됨
(3) 교육은 능력에 따라 개인을 분류하고 그 능력에 합당하는 교육자격증을 부여하는 역할

3 도어링(Doering)과 피오레(Piore)의 이중노동시장론

(1) 노동시장은 1차 노동시장과 2차 노동시장으로 분단
(2) 소득에 미치는 교육의 영향은 인정되지 않으며 소득은 1차 노동시장과 2차 노동시장 중 어느 부분에 편입되는가에 따라 결정
(3) 빈곤, 비자발적 실업, 산업간 임금격차, 성 및 인종 차별 등의 문제를 설명하는 데 활용

4 보올스(Bowles)와 긴티스(Gintis)의 비판론

(1) 개인의 소득 불평등은 가정의 사회경제적 배경이 결정
(2) 교육은 상류층으로 하여금 부를 세습하는 수단이며 장치라고 간주하는 이론

UNIT 8 교육예산제도

1 품목별 예산제도

(1) 예산의 편성 분류를 정부가 구입·지출하고자 하는 물품 또는 서비스별로 하는 예산제도. 즉, 지출의 구체적 항목을 기준으로 예산이 편성되고 운영되는 제도
(2) 이 제도는 부정과 오류가 발생하지 않도록 확인하고 감독하는 전통적인 통제 지향적 제도이며, 조직이 달성하고자 하는 성과가 아닌 조직의 활동을 위한 투입요소를 기준으로 편성되는 제도로 아직도 광범위하게 사용
(3) **장점** : 예산의 낭비와 부정을 방지하는 데 유용하고 다른 예산제도와 결합하여 편성하기가 쉬우며 사람들이 이해하기 쉽다는 것
(4) **단점** : 사업의 효과와 효율보다 지출의 액수에 초점을 맞추기 때문에, 예산의 성과에 대한 분석은 소홀해진다는 단점을 지니고 있음

2 성과주의 예산제도

(1) 주요사업을 몇 개의 사업으로 나누고 사업을 다시 몇 개의 세부 사업으로 나눈 다음, 각 세부 사업별로 단위원가에 업무량을 곱해서 예산액을 표시하는 제도
(2) 사업과 기능을 중심으로 예산을 편성하며, 업무측정단위를 결정하여 단위 원가를 계산하고, 사업의 총예산은 사업을 구성하는 모든 활동들의 예산을 합산하여 산정
(3) **장점** : 달성하려는 목표와 사업이 무엇인지를 표시하고 이를 달성하는 데 필요한 소요비용을 명시해 준다는 것
(4) **단점** : 예산관리에 치중하기 때문에 계획을 소홀히 한다는 단점이 있음

3 기획예산제도

(1) 장기적인 계획수립과 단기적인 예산편성의 프로그램 작성을 통해 유기적으로 연결하는 예산제도. 계획, 프로그램의 체계화, 중장기계획의 수립, 예산편성, 평가
(2) 자원배분에 관한 의사결정을 일관성있게 합리적으로 하려는 제도
(3) **장점** : 학교 목표의 우선순위에 따라 자원의 합리적 조정이 가능
(4) **단점** : 교육활동의 성과가 장기적이라는 점을 고려할 때 실적평가가 너무 성급하게 이루어질 수 있고, 예산운영의 집권화를 조장시킬 수 있는 단점이 있음

4 영기준 예산제도(Zero Based Budgeting System)

(1) 전 회계연도의 예산에 구애받지 않고 의사결정단위인 조직체의 모든 사업과 활동에 대해 영기준을 적용 → 학교 경영에 구성원의 폭넓은 참여 유도
(2) 체계적으로 비용 수익분석 혹은 비용-효과분석을 행하고 그에 따라 우선순위를 정해서 예산을 결정 → 우선순위가 높은 사업에 대한 집중지원이 가능
(3) 재정 경직화의 타파와 재원의 합리적 배분이 가능한 반면, 시간 노력이 과중하고 사업 우선순위 결정이 곤란
(4) 그러나 학교경영 계획과 예산이 일치함으로써 교장의 합리적이고 과학적인 학교경영을 지원할 수 있음

5 단위학교 예산제도

(1) 단위학교에서 교장이 예산과정의 중심적인 역할을 담당하는 분권화된 예산제도
(2) 종래의 교육청 중심의 학교예산 편성 및 집행을 단위학교의 예산편성 및 집행으로 전환

6 학교회계제도

(1) '초·중등교육법', 제30조의2와 제30조의3에 의하면, 학교회계는 국·공립의 초등학교·중학교·고등학교 및 특수학교에 설치됨
(2) 국가의 일반회계나 지방자치단체의 교육비 특별회계로부터 받은 전입금, '초·중등교육법' 제32조 제1항에 따라 학교운영위원회 심의를 거쳐 학부모가 부담하는 경비, 제33조의 학교발전기금으로부터 받은 전입금, 국가나 지방자치단체의 보조금 및 지원금, 사용료 및 수수료, 이월금, 물품매각대금, 그 밖의 수입을 세입으로 함
(3) 학교운영 및 학교시설의 설치 등을 위하여 필요한 모든 경비를 세출로 함
(4) 학교회계의 회계연도는 매년 3월 1일 시작하여 다음해 2월 말일에 종료
(5) 국·공·사립 초·중등학교는 학교회계와 별도로 학교발전기금을 재원으로 하는 학교발전기금회계를 설치할 수 있음
(6) 학교발전기금의 용도는 학교교육시설의 보수 및 확충, 교육용 기자재 및 도서의 구입, 학교체육활동, 기타 학예활동의 지원, 학생복지 및 학생자치활동의 지원 등임
(7) 일정 기간 동안 단위학교가 교육활동을 실천해 나가는 데 필요한 세입과 세출의 계획서
(8) 학교운영위원회는 학교회계 세입세출예산안을 회계연도가 시작되기 5일 전까지 심의하여야 함

(9) 새로운 회계연도가 시작될 때까지 예산안이 확정되지 않을 경우, 학교장은 학교시설의 유지관리비를 전년도 예산에 준하여 집행할 수 있음
(10) 학교장은 학교구성원의 의견을 반영해서 세입과 세출로 구성된 학교 예산안을 편성
(11) 학교의 자율적인 예산운영이 가능 : ① 학교 재정운영의 투명성 확보, ② 학교 재정운영의 효율성 증대, ③ 회계업무가 간소화, ④ 학교예산 관련자들의 참여 증대가 보장
(12) 학교는 「초·중등교육법」 제3조에 의해 설립 주체를 기준으로 국립·공립·사립 학교로 구분되며, 「교육기본법」 제16조에는 학교 등의 설립자·경영자가 법령이 정하는 바에 따라 교육을 위한 시설·설비·재정 및 교원 등을 확보하고 운용·관리하도록 되어 있음
(13) 2000년 1월 28일에 개정된 「초·중등교육법」 제30조의2(학교회계의 설치)에 의해 학교회계제도가 2001년 3월부터 도입. 학교회계제도가 도입되기 이전에는 교직원 인건비와 교육부나 교육청이 지원하는 보조금은 일상경비로, 일반운영비는 도급경비로 배부되어 각각 별도로 관리되었고, 자체적으로 징수한 학교운영지원비도 별도로 관리·운영되었으며, 각 경비에 적용되는 법규가 서로 달라 학교현장에서 학교재정을 효과적으로 운영하는 데 어려움이 많았음. 또한 단위학교에 예산편성권이 주어지지 않고 교육청에서 배분하는 예산을 항목별로 집행하는 형식적이고 수동적인 회계의 특성을 가지고 있었음. 이러한 단위학교 재정 운영체제를 근본적으로 변화시킨 것이 학교회계 제도
(14) 학교회계제도는 교육목적을 달성하기 위한 학교의 제반 활동을 재정적인 측면에서 효과적으로 지원하는 데 목적을 두고 설치. 이 제도는 일상경비, 도급경비, 학교운영지원비 등 세입 재원을 구분하여 각 자금별로 지정된 목적에 따라 제한적으로 편성·집행해오던 학교예산을 회계연도 개시 전에 총액으로 배분하고, 학교운영지원비, 학교발전기금으로부터의 전입금 등 다른 자금을 하나의 회계로 통합·운영하며, 교사의 참여와 학교운영위원회의 심의를 거쳐 하나로 통합된 세입재원을 학교에서 필요한 우선 순위에 따라 자율적으로 세출예산을 편성·집행하는 제도를 의미
(15) 학교회계제도가 도입되면서 교직원이 중심이 되어 자체적으로 예산을 편성하고 집행하며 결산을 할 수 있게 되었으며, 예산 편성 과정에 교직원이 참여하기 때문에 투명성과 효율성 증대. 아울러 학생의 특징을 잘 알고 있는 학교에게 학내·외 다양한 교육자원을 활용할 수 있는 자율성을 주어 개별 학교의 여건에 따라 교직원이 예산을 다양하게 운영할 수 있게 되었음
(16) 지방교육재정이 국가와 지방자치단체에서 지원되는 지방교육재정교부금으로 예산을 편성하여 지방의회의 의결을 거쳐 의결·집행하는 반면, 학교회계는 시·도교육청의 전입금과 학부모 부담수입을 주요 재원으로 하여 세입·세출 예산을 편성하고 학교운영위원회의 심의·자문을 거쳐 예산을 집행. 현재 학교회계는 각 시·도교육청별 학교회계 교육 규칙에 근거하여 운영되고 있으며, 교육비특별회계와 달리 학교가 시작하는 매년 3월 1일에 시작하여 다음 해 2월 말일에 종료

7 표준교육비

(1) 일정 규모의 단위학교가 그에 상응하는 표준적인 교육여건을 확보한 상태에서,
(2) 교육과정이 제시하는 정상적인 교육활동을 수행하는 데 필요한 인건비, 관리운영비 등의 최저소요경비를 가리킴
(3) 표준교육비에는 인건비와 운영비가 포함되며,
(4) 운영비에는 교수학습활동경비(교과활동경비)와 공통운영경비(전기수도)가 포함

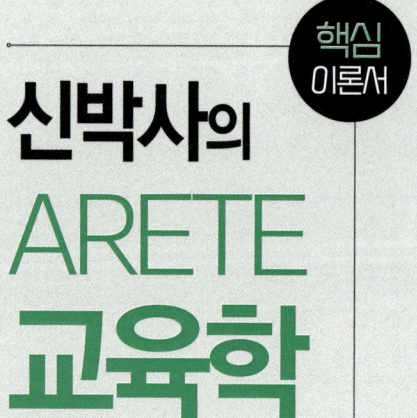

PART 5

교육철학

CHAPTER 01 교육의 이해
CHAPTER 02 인식론과 교육
CHAPTER 03 가치론과 도덕교육론
CHAPTER 04 20세기 미국의 현대 교육사조
CHAPTER 05 현대 교육사상

CHAPTER 01 교육의 이해

UNIT 1 교육의 이해

1 교육의 어원적 의미

(1) 영어 'Education'의 의미

Education	Pedagogy
• 라틴어의 educare, 즉 e + ducare의 의미로 이는 '안에 있는 것을 밖으로 이끌어 주는 것'. 영어의 education도 라틴어의 educare, educo 등에서 유래된 것 • 밖으로(e)와 이끌다(ducare)의 합성어. 즉, 교육이란 인간이 가지고 있는 잠재소질을 계발하여 육성한다는 의미 • 교육이란 어린아이의 타고난 소질과 능력을 밖으로 이끌어낸다는 뜻	• Education 외에 교육을 뜻하는 영어 단어로 pedagogy가 있으며, Pedagogy는 고대 그리스 사회에서 귀족자녀를 학교로 데려다 주고 데리고 오는 일을 하면서 기본적인 교육을 실시한 파이다고고스(paidagogos, 敎僕)에서 유래한 단어 • Paidagogos는 '어린이'라는 파이도스(paidos)와 '이끈다'의미의 아고고스(agogos)의 합성어로 '어린이를 이끈다'는 뜻을 포함

(2) 한자의 '敎育(교육)'의 의미

敎(가르칠 교)	育(기를 육)
• 훈(訓), 도(導), 수(修)의 뜻으로 손에 매를 들고 바람직한 방향을 제시하는 것 • "위에서 베풀고 아래에서는 본받는다" • '착함을 권장함으로써 그 잘못된 것을 구제하는 것'(교사 중심). 孝(효)와 卜(복)으로 나누어짐. '孝'란 '아래서 본받는다'는 뜻이며, '卜'이란 '가볍게 때려서 주의를 준다'는 뜻. 즉, 윗사람이 가볍게 때려서 주의를 주어 베풀어 주고, 아랫사람은 본받아서 배운다는 뜻 • 외부로부터 주어지는 것, 즉 학습자에게 전통적인 문화와 생활습관, 풍습, 관습, 언어활동 등을 가르쳐 주는 교도, 편달적인 성격 • 깨닫다(悟), 가르치다(訓), 이끌다(導), 배우다(學), 닦다(修), 본받다(倣) 등과 동의어	• "자녀를 길러 착하게 만든다"는 의미 • '어린이로 하여금 가히 선(善)을 행할 수 있도록 기르는 것', '선하지 않은 자로 하여금 가히 선을 행할 수 있도록 하는 것'이라는 뜻(학생 중심) • '云'(子를 거꾸로 한 글자)자와 '月'(肉) 자가 합해서 이루어진 글자로서 잉태된 어린이의 자세를 상형화한 글자 • 보호와 육성을 의미. 즉, 학습자가 생득적으로 타고난 소질과 성품이 바르고 순조롭게 자라날 수 있도록 보호하고 키우는 것을 의미

• 교육(敎育)이라는 한자어가 처음으로 등장한 문헌은 「맹자(孟子, B.C. 372~B.C. 289)」의 진심편(盡心篇) 상편에는 군자가 갖는 세 가지 즐거움. "得天下英材而敎育之三樂也"(천하의 뛰어난 영재를 얻어 교육하는 것)

(3) 어원적 의미의 종합

① 교육이란 내부적 가능성을 외부적 조성작용에 의해 변화·발전시키는 '인간의 형성 작용'이라고 규정
② 교사의 엄격한 지도를 통하여 세계를 학습하여 알아 나간다는 뜻과 따스한 보살핌 속에서 자신의 내적인 소질을 계발, 완수한다는 뜻을 동시에 포함
③ 윗사람이 모범을 보이고, 아랫사람이 본받음으로써, 자녀가 미성숙자를 올바르게 길러 가는 활동을 의미
④ 교육이란 성숙한 교육자가 어린이를 가르쳐서 어린이의 발달 가능성을 이끌어내어 바람직한 방향으로 나아가도록 도와주는 일
⑤ 언어적인 의미에서 볼 때 교육이란 어른은 바람직한 것을 제시해 주고, 어린아이는 이를 본받아 따르면서 착하고 바른 품성을 기르도록 돕는다는 뜻임
⑥ 교육에 해당되는 우리말은 '가르침'인데, 이는 동사인 '가르치다'의 명사형으로 '가르치다'는 '가르다'와 '치다'의 합성어
⑦ '가르다'는 말하다, 가리키다, 지시하다, 분별하다 등의 뜻을 포함하고 있고, '치다'는 유용하고 쓸모 있게 만든다는 의미가 내포
⑧ 우리말에서의 교육이란 어른이 말이나 지시를 통해 아이로 하여금 분별하게 하여 아이를 쓸모 있게 만든다는 의미

2 교육의 비유적 정의

교육개념	관련 예	특징
주형(鑄型)	• 로크의 형식도야 : 수동적 백지설(예 운동을 통해 근육을 단련하듯 교과를 통해 몇 가지 마음의 능력인 지각, 기억, 상상, 추리, 감정, 의지를 단련해야 한다.) • 행동주의 : 왓슨-교육만능설(예 나에게 12명의 아동을 다오. 건강한 신체를 가진 아이와 적절한 장소를 주기만 하면 자신이 원하는 어떤 전문가든지 만들어 낼 수 있다. 의사나 교사 등 원하는 대로 만들어 주겠다.)	• 교사 중심의 전통적 교육관, 상식적인 교육관 • 교육은 '장인(교사)'이 '쇳물(아동)'을 일정한 모양의 틀에 부어 모양을 만들어 내는 일 → '무엇을 가르칠 것인가'에 관심 • 교사와 아동 간 수직적 인간관계를 전제 → 아동은 수동적 존재 • 교육내용 중시 • 단점 : 교사와 학생의 관계에 대한 오해, 권위주의 교육풍토 조성
	주입(注入)의 비유	항아리에 물을 부어 넣듯이 교육을 인간의 마음속에 지식이나 규범을 집어넣은 것으로 보는 것
	도야(陶冶)의 비유	체계적인 운동을 통해 신체의 근육을 단련하듯이 교육을 몇 가지 마음의 능력인 지각, 상상, 추리, 의지 등을 단련해야 하는 것으로 보는 것
성장(成長)	• 루소 : '자연(심리적 자연-아동의 발달단계)에 따라서' • 진보주의 : "우리는 교과를 가르치는 것이 아니라 아동을 가르친다."	• 아동 중심 교육관(새교육 운동) → 교사는 안내자 • 교육은 아동의 잠재성을 자연스럽게 조성하는 일 → 교육의 강조점이 '무엇을 가르칠 것인가'에서 '누구를 가르칠 것인가'로 변화 • 교사와 아동 간 수평적 인간관계를 전제 → 아동은 능동적 존재 • 교육방법 중시 • 단점 : 교사의 역할을 과소평가
	교육에 있어서 사회적 환경의 요인과 교과 등과 같은 문화적 요인, 그리고 가르치는 교사의 역할을 경시하기 쉬움	

예술 (藝術)	• 교학상장(教學相長) – [오경] 중 '예기' – 예기에 따르면, 스승은 제자에게 가르침으로써 성장하고, 제자는 배움으로써 진보함을 의미. 배우고 나서야 자기의 지덕이 모자람을 알게 되는 것이며, 가르치고 나서야 자기가 아직 지덕이 미숙하여 곤란을 겪는다는 것을 알게 되는 것 – 자기의 지덕이 모자람을 알고 나서야 능히 스스로 반성하여 면학하게 되고, 곤란함을 알고 나서야 능히 힘쓰게 되는 것 – 교육적 의미 : 학문이 아무리 깊은 사람도 남을 가르치다 보면 자신이 미처 알지 못하는 부분이 있다는 것을 깨달을 수 있으니, 교사와 학생은 한쪽을 가르치기만 하고 다른 한쪽은 배우기만 하는 관계가 아니라, 서로 배우고 가르치는 가운데 성장하고 진보한다는 것 • 줄탁동시(啐啄同時) – 벽암록 – 줄 : 병아리 부화 시기가 되면 알 안에서 병아리가 껍데기를 깨려고 여린 부리로 온 힘을 다해 쪼아대는 것 – 탁 : 이때 어미 닭이 그 신호를 알아차려 바깥에서 부리로 알 껍데기를 쪼아줌으로써 병아리의 부화를 도움. 이렇게 어미 닭이 밖에서 쪼아주는 것. 줄과 탁이 동시에 일어나야 한 생명은 온전히 탄생 – 교육적 의미 : 교사의 외적인 지도와 학생의 자발적인 성숙이라는 두 가지 요소가 결합되어야 올바른 교육이 이루어질 수 있음	• 오경(五經) : 시경, 서경, 역경, 춘추, 예기 • 예기(禮記) : 예법의 이론과 실제를 풀이한 책으로, 예(禮)에 관한 해설서 • 주형과 성장의 대안적 비유 • 교사(예술가)와 아동(재료) 간 상호작용적 관계 • 벽암록(碧巖錄) : 중국 송나라 때 원오 스님이 지은 것으로 알려져 있다. 스승의 말이나 행동을 화두로 삼아 공부하고 깨달음을 얻기 위한 책
	'주형'과 '성장'의 비유가 교사와 학생의 관계를 일방적으로 보는 것을 교정하여, 긴장 가운데 상호작용하는 관계라는 것을 보여 줌	
성년식	**피터스** : 교육은 미성년자인 학생을 '문명화된 삶의 형식(인류 문화유산)에 입문시키는 일'	• 주형과 성장의 대안적 비유 • 교육내용과 교육방법 모두 중시
	성년식의 비유는 교육내용과 교육방법의 관계까지 분리되어 있는 것이 아니라 서로 관련되어 있음을 보여 줌	
만남	• 실존주의, 인본주의 교육 • **볼노브** : "만남은 교육에 선행한다."	• '주형, 성장, 예술, 성년식(의도적 교육을 가정)'의 대안적 비유 • 단속적이고 비연속적인 교육(비의도적 교육) 중시
	만남의 비유는 주형, 성장, 예술, 성년식에 대한 대안적 비유 비약적이고 갑작스러운 성장을 기대하다 보면 요행주의로 흐를 위험성도 있음	

3 교육의 기본 전제

(1) 미성숙성
① 듀이는 미성숙성을 하나의 적극적인 능력, 즉 '성장하는 힘'으로 보았음
② 즉, 미성숙성이란 단순히 결핍되어 있다, 없다는 의미가 아니라 성장 가능성 의미

(2) 가소성
① 가소성이란 타고난 기질이 환경적 자극에 의해 변화될 수 있는 성질
② 인간에 미치는 영향 가운데 유전과 환경이 환경적 경험에 의해 발달이 촉진될 수 있는 가능성

(3) 의도성
① 교육은 교육하는 사람(주체)과 교육받는 사람(객체) 간의 의도적인 노력에 의해 성립
② 교육은 '인간이 변화된 것'이 아니라 '인간을 변화시키는 것'
③ 모든 인간의 변화가 교육인 것은 아니며 바람직한 변화만이 교육

(4) 가치지향성
① 교육은 바람직한 인간의 형성과정. 이 말 속에는 이미 가치, 특히 도덕적 가치를 전제. 그래서 교육을 흔히 '도덕적 기업'이라고도 함
② 교육의 도덕적 행위라는 것은 도덕적 인간을 기르고자 하고, 교육의 상황에서 도덕적 책임과 긴장을 요구한다는 의미를 가짐

알아두기 ❶ 주입으로서의 교육관

① 전통적 교육관으로, 현실적으로 많은 대중을 지배하고 있는 정의 방식
② 항아리에 물을 부어 넣듯이 교육을 인간의 마음속에 지식이나 규범을 집어넣는 것
③ 교육내용은 가치 있는 것이어야 함
④ 교육자는 이미 교육내용을 소유하며, 그것을 학습자에게 전달하는 과정
⑤ 주입식 교육의 문제
  - 지식의 폭발시대라고 일컬어지는 현대 생활의 상황에서 별 의미가 없음
  - 자율적 인간의 능력과 심성을 위축
  - 진리추구를 위한 탐구의 원리에 맞지 않음
  - 주입 내용이 절대적인 진리라는 것을 전제하고, 학습자의 비판과 수정을 미허용

UNIT 2 교육의 개념과 유사한 용어

1 교육과 훈련의 관계

- 피터스(Richard Stanley Peters)는 '교육이란 도덕적으로 인정할 수 있는 방법을 통해 의도적으로 전달하는 것'
- 교육은 인간의 신념체계 변화, 전인적 변화, 지적이고 창의적인 참여를 강조하고 가치지향적인 활동

- 피터스(Richard Stanley Peters)는 "훈련이란 제한된 기술이나 사고방식을 길러주는 것이고, 교육은 보다 넓은 신념체계를 다루는 일이다"라고 함
- 훈련은 제한된 기술의 연마, 인간 특성 일부의 변화, 기계적 학습의 강조, 가치중립적 활동을 특징으로 함

알아두기 ① 교육과 훈련의 관계

교육	훈련
• 가치지향(규범적 준거를 충족시킴)	• 가치중립(규범적 준거에 어긋남)
• 전인적 변화	• 인간 특성 일부의 변화
• 지적이고 창의적인 참여를 강조함	• 기계적 학습의 강조
• 신념체계의 변화(인지적 준거를 충족시킴)	• 제한된 기술의 연마(인지적 준거를 충족시키지 못함)
• 교육의 내재적 목적을 추구함	• 교육의 외재적 목적을 추구함

2 교육과 교화의 관계

- **교화의 기원** : 원래 교화란 선각자에 의한 대중의 감화, 목사나 신부 그리고 승려 등이 교도들을 교육
- **교육적 의미** : 교육적 차원에서 본다면 이론적으로 타당하지 않은 내용을 학습자에게 받아들이게 하거나 이론적으로 타당하더라도 학습자가 그것을 받아들일 태세나 준비가 되어 있지 않은데도 불구하고 학생이 기계적으로 받아들이도록 하는 방법을 의미

- **피터스의 견해**
① 학습자가 존중되지 않는다는 점에서 교화를 교육의 과정에서 제외
② 교화를 당하는 사람들은 자기가 믿는 신념의 근거를 파악하지 못하거나 자기가 믿는 신념에 대해 비판이나 평가를 하지 못하는 상황에서 신념을 믿게 되기 때문
③ 피터스는 교화를 교육의 규범적 준거와 인지적 준거에 저촉된다고 본 반면 조건화는 방법적 조건에 저촉된다고 보았음

UNIT 3 규범적 정의와 기능적 정의

1 규범적(規範的, normative) 정의

의미	규범적 정의의 예
• 교육을 궁극적 목적과 관련시켜 규정. 즉, 교육을 그 궁극적 목적과 결부시켜 당위적으로 규정 • 교육의 궁극적 목적으로서 어떤 가치와 진리를 내세우느냐에 따라 역시 수많은 규범적 또는 목적론적 정의가 가능 • 교육의 가치실현을 위한 교육 자체의 발전에 더 비중을 두는 입장 • 규범적 또는 목적론적 정의는 국가 사회적 차원에서나 개인적 차원에서 모두 인격완성이나 자아실현이라는 내재적 가치의 실현 또는 영원한 진리나 가치를 추구하는 것을 교육의 중요한 목표로 내세우고 있음 • 교육의 내재적 가치나 바람직한 의미를 강조하면서 내리는 정의 • 교육은 어떻게 해야 바람직하며, 어떻게 하는 것이 옳은가 같은 교육의 가치나 규범적 기준과 의미를 포함한 정의 • 교육은 다른 어떤 활동보다도 가치지향적인 활동인 만큼, 규범적 정의를 내리는 입장에서는 교육 그 자체의 의미와 가치실현에 큰 비중을 둠 • 규범적 정의는 구체적인 교육활동에서의 지침 마련이 어려운 추상적인 내용일 뿐만 아니라 빠르게 변화하는 실생활에서의 요구가 반영되지 못하는 비실제적, 비현실적인 성격의 정의가 되기 쉬움	• 칸트가 '인간은 교육에 의해서만 인간이 될 수 있다' 혹은 '인간은 교육을 받지 않으면 안 되는 유일한 피조물이다'라고 한 것과 • 루소가 '식물은 재배에 의해서 자라고, 인간은 교육에 의해 인간이 된다'라고 한 것은 목적론적 관점을 반영한 것이라고 볼 수 있음 • 교육은 '사람다운 사람을 형성하는 일'이라거나 '인격완성' 내지 '자아실현의 과정'이라고 보는 입장 • '교육은 민주시민이 갖추어야 할 자질을 함양하는 과정', '교육은 인간을 인간답게 형성하는 과정' • '교육은 헌신할 만한 가치가 있는 것을 전수해 주는 일' • '교육은 지식의 형식을 형성하는 것' 등

2 기능적(機能的, functional) 정의

의미	기능적 정의의 예
• 교육의 도구적 가치를 중요시하는 정의 • 교육이 무엇을 위한 수단인가로 규정하려는 입장으로, 교육을 무엇을 위한 수단, 즉 교육 외의 다른 것을 이루기 위한 도구나 수단으로 보고 교육을 규정. 이는 교육의 기능 또는 결과에만 관심 • 교육의 수단적 가치 또는 외부에서 주어지는 목표를 강조하는 외재적 가치에 근거하여 내리는 정의이기 때문에, 교육 그 자체의 본연적 가치실현을 소홀히 한다는 비판	• '교육은 국가 사회발전을 위한 수단이다' • '교육은 경제발전에 필요한 수단이다' • '교육은 사회 문화를 계승 발전시키는 수단이다' • '교육은 높은 사회적 신분상승의 수단이다' • '교육은 출세의 수단이다'

3 조작적(操作的, operational) 정의(공학적 정의)

(1) 의미

① 교육의 실제적 현상과 과정을 기술적 혹은 조작적 관점에서 정의한 것
② 특정한 의도나 용도에 따라 교육에 내포된 여러 특성이나 요소 중 특정의 것에 주목하여 '교육을 조작가능한 행위로 개념화'하는 방식
③ '지능'은 일반적으로 '한 사람이 잠재적으로 가지고 있는 종합적인 인지적 능력'으로 정의되지만, 어떤 임의적 목적에 따라서는 'IQ 테스트의 결과'로 정의
④ 기술적(記述的, descriptive) 정의의 한 형태로, 교육과 관련된 제 요소를 확인(관찰) 가능한 행위로 파악하게 함으로써 교육에 대한 평가와 통제를 용이하게 하고자 할 경우에 사용될 수 있음
⑤ '교육은 인간행동의 계획적인 변화'라는 말이 있는데, 이것이 바로 교육을 조작적으로 정의하는 관점을 보여 주는 예
⑥ 자연과학영역의 경우 관찰 가능하지 않은 어떤 사태나 현상을 반복적인 조작에 의해 관찰 가능한 형태로 하여 객관화된 과학적 지식이 가능해지듯, 조작적 정의란 어떤 사태나 개념을 관찰 가능한 형태로 정의하는 것
⑦ 교육활동이 이루어지는 객관적 현상에서 나타나는 결과에 비추어 교육에 대해 내리는 정의
⑧ 교육의 개념에서 추상적인 것을 배제하고 교육활동을 과학적으로 좀 더 명확하게 정의내리고자 하는 것
⑨ 교육은 '인간 행동의 계획적인 변화'라는 정의에서 알 수 있듯이 조작적 정의는 의도적·계획적 교육의 결과로 나타나는 관찰 가능한 인간행동의 변화에 국한
⑩ 인간행동의 내적인 측면보다는 관찰 가능한 외적행동의 변화를 교육의 주 대상으로 삼고 있다는 점에서 제한적이라는 비판

> **알아두기 ① 교육과정**
>
> - **인간행동** : 교육의 대상은 사람임. 따라서 '교육은 사람을 기른다, 인격을 함양, 인격을 만든다'고 함. 공업의 직접적 관심이 제조업이고, 농업의 직접 관심사가 쌀과 배추 등인 것과 같이, 교육의 직접적 관심은 사람. 교육은 그 자체가 발 벗고 경제발전에 나서는 것은 아니며, 경제발전의 직접적인 산업활동이고 경제활동. 교육은 이러한 활동에 필요한 인간을 만듦으로써 경제발전에 기여하는 관계에 있는 것. 가령, 교육은 농작물을 기르는 것이 아니라 농작물을 기를 줄 알고 기르려는 사람을 기르는 것. 인간행동은 뛰고, 말하고, 울고 하는 것과 같이 표출적, 외현적 행동만이 아니라 지식, 사고, 가치관, 성격 등의 내면적 행동도 포함
> - **변화** : 교육은 인간행동, 즉 인간의 지식, 태도, 가치관, 성격 등에 관심을 둠. 그러면 이러한 인간행동을 어떻게 변화시킬 것인가에 대해 생각해 보아야 함. 변화란 육성, 조성, 함양, 계발, 성숙, 발달, 증대 등을 포함하는 포괄적인 개념으로 사용. 교육은 없던 지식을 갖게 하고, 미숙했던 사고력을 숙달케 하며, 몰랐던 기술을 몸에 붙여주고, 이러했던 관을 저러한 관으로 바꾸어 놓으며, 저런 정신을 이런 정신으로 변화시키는 데에 관심. 교육은 근본적으로 인간의 생성에 관심을 갖는 역동적인 작업인 것. 뜻하는 바가 사고력이면 사고력, 창의력이면 창의력을 길러내느냐 못 길러내느냐 하는 아주 현실적인 문제에 기반을 두고 있는 것. 한때 인간개조라는 말이 있었음. 교육은 인간조성과 인간개조에 관심을 둠. 따라서 교육과 교육학에서 변화는 그 중핵적 개념이 됨
> - **계획적** : 교육은 그냥 인간행동의 변화라기보다는 계획적인 인간행동의 변화를 말함. 따라서 계획적이라 함은 첫째는 기르고자 하는 또는 길러야 할 인간행동에 관한 명확한 설정과 의식이 있다는 것, 둘째는 그것을 기를 수 있는 '이렇게 이렇게 하면 이것이 길러진다'는 이론과 실증의 뒷받침이 있는 계획과 과정이 있다는 것을 의미. 전자는 명확한 교육목적이 있다는 말이며, 후자는 교육(육성)이론 그리고 그것에 터한 교육프로그램 또는 교육과정(敎育課程, Curriculum)이 있다는 말. 이러한 말에는 교육이란 교육목적하에 교육과정 또는 교육프로그램을 통하여 체계적으로 인간행동을 변화시키는 것임을 알 수 있음

(2) 특징 : 이 정의는 실제적으로 의미 있는 개념들, 즉 인간행동, 변화, 계획 등의 뜻을 명료하게 규정하는 작업을 통해 교육의 의미를 파악

4 일반적 정의

(1) 기술적 정의
① 현재의 사용법을 정확히 기술하고자 하는 정의
② 분석적, 사전적이라고도 함
③ 즉, 일상 언어에서 한 단어가 가지고 있는 의미를 기술하기 위해 사용하는 정의

(2) 규정적 혹은 약정적 정의
① 약정적 정의는 주어진 맥락 속에서 사용자의 의도를 드러내는 데 사용
② 이 정의는 일상적인 개념적 내용과는 관계가 없음

(3) 강령적 정의
① 정의가 사용되는 측의 심리적 상태에 영향을 주거나 호소하기 위해 만들어진 정의
② 이 정의는 기존의 말에 'True', 'Real'이라는 말을 넣어 사용

UNIT 4 교육의 개념 정의

교육개념	관련 예	특징
조작적 정의	교육은 인간행동의 계획적 변화	• 개념을 과학적으로 정의하는 방식 • 관찰할 수 없는 것을 관찰 가능한 반복적 조작에 의해 객관적으로 정의 • 교육개념의 추상성을 제거하고 교육활동을 명백히 규정하려 할 때 사용
약정적 정의	교육을 훈련이라고 하자	• 의사소통을 위해 복잡한 현상을 무엇이라고 부르자고 약속하는 정의 방식 • 교육에 관한 여러 시각들을 조정하거나 보편적 정의방식에서 벗어나 새로운 방식으로 한시적으로 정의할 때 사용 : 언어의 경제성과 논의의 편리성 도모
기술적 정의	• 교육은 학교에서 하는 일 • 교육은 가르치고 배우는 일 • 서술적 정의, 가치중립적 정의, 사전적 정의, 관행적 정의, 보고적 정의, 객관적 정의	• 하나의 개념을 이미 알고 있는 다른 말로 설명함으로써 그 개념이 무엇인지를 알려주는 정의 • 누가 어떤 맥락에 사용하는가에 관계없이 일반적으로 통용되는 의미를 규정하라는 것 : 가치중립적/탈맥락적 정의 → 외재적 가치가 개입될 가능성이 있음 • 교육개념을 전혀 모르거나 생소한 사람에게 교육의 개념을 설명하거나 교육현상을 객관적으로 정확하게 묘사할 때 사용 : 교육과학자들이 선호하는 방식
규범적 정의	• 교육은 성년식(피터스) • 강령적 정의, 목적적 정의, 가치지향적 정의	• 하나의 정의 속에 '어떻게 해야 하는가, 어떻게 하는 것이 옳은가'와 같은 규범 내지 강령이 들어 있는 정의 : 교육의 가치 지향성/맥락성 중시 • 가치의 맥락에서 교육적 의미를 밝힐 때, 내재적 가치를 강조할 때 사용

알아두기 ①

구분	정범모(조작적 정의)	피터스(규범적 정의)
정의	교육 = 인간행동의 계획적 변화 교육은 (인간행동, 변화, 계획) 기준 만족	교육 = 인간의 마음을 계발하는 일 교육은 (규범적, 인지적, 과정적) 기준 충족
방식	관찰자적 시점에서 조작적, 기술적으로 정의	행위자적 관점에서 규범적으로 정의
내용	바탕으로 드러나는 '행동의 변화'	마음의 획득 혹은 계발
특징	교육은 과업(task)이 아닌 성취(achievement)	교육은 과업(task)이 아닌 성취(achievement)
배경	교육이 응당 가지고 있고 가져야 할 행동변화의 힘을 무시한 데 대한 반발에서 비롯	개인이나 사회의 유용성 혹은 실제적 효과와 관련하여 파악하려는 것에 대한 반발에서 비롯
공통	교육인 것과 교육이 아닌 것을 분명하게 구분하고, 교육에서 문제 삼아야 할 것과 문제 삼지 말아야 할 것을 명확하게 제시한다는 점	

UNIT 5 철학의 영역과 기능

1 철학의 탐구 영역

(1) 형이상학

① 형이상학은 '무엇이 실재하는가(What is real)?'를 탐구하는 영역으로, 이는 우주와 인생의 궁극적이고 본질적인 특징을 포괄적으로 파악하려는 노력

② 교육의 목적을 논의하는 경우 세계관이나 인생을 구성하고 있는 실재의 문제를 탐구해야 할 경우가 많음

③ 형이상학은 영역적·부분적인 지식이 아니라 보편적·전체적인 지식을 구함

④ 특수과학의 지식의 총화도 아니고 특수과학의 지식을 성립시키는 주관적인 근거(인식론적 근거)의 지식도 아님

⑤ 모든 존재자에 근거를 부여하는 궁극적 실재근거(實在根據)의 지식

⑥ 특수한 영역과 시야를 넘은 초월의 시야에서 얻어지는 초월적 지식

⑦ 서양에서 형이상학(形而上學, metaphysics)이라는 용어는 아리스토텔레스(Aristoteles)의 저서 『제1철학』에서 '메타피지카(Metaphysica)'로 통합되어 나중에 형이상학이라고 불려짐

⑧ 동양에서 형이상학이라는 말은 형이상자(形而上者)를 도(道)라 하고, 형이하자(形而下者)를 기(器)라고 한다는 『주역』의 계사(繫辭)에 나온 말로 그리스어 'metaphysic(메타피직)'을 한자어로 옮긴 말

⑨ 존재론(ontology)은 형이상학이라고도 하는데, 이 세상에 존재하는 모든 것의 궁극적인 본질이 무엇인가에 대해 탐구하는 것을 말함

⑩ 참으로 실재하는 것이 무엇인가, 변화하는 그 자체가 참인가, 아니면 변화하는 이면에 있는 그 어떤 것이 참된 실재인가에 대한 대답에 따라 관념론, 실재론, 실용주의 등으로 구분

- 관념론은 우주의 궁극적 실재는 정신, 관념 혹은 영혼이라고 보는 입장(플라톤)
- 실재론은 우주의 궁극적 실재는 객관적으로 존재하는 물질세계 그 자체(아리스토텔레스)
- 실용주의에서는 우주의 본질은 변화 그 자체라고 주장. 그 외 궁극적 실재의 불변하는 본질탐구를 유보하거나 알 수 없다고 보는 실존주의, 포스트모더니즘, 분석철학 등도 있음

⑪ 존재론적 논의에서 이 세상에 존재하는 것들이 궁극적으로는 하나의 실재로 이루어졌다고 주장하면 일원론자, 두 가지라고 보는 입장은 이원론자에 속함.
⑫ 우주의 궁극적 실재가 절대 불변하는 것으로 보는 입장은 절대론자에 해당되고, 가변적인 것으로 파악하는 입장은 상대론자로 구별
⑬ 우주의 궁극적 실재에 대한 이해, 즉 존재론에 대한 이해에 따라 삶의 목적 및 이에 근거한 교육의 목적과 이상이 달라짐.
⑭ 예를 들면, 궁극적 실재의 본질을 불변하는 것으로 보는 입장에서는 교육을 과거로부터 계승되어 온 문화적 전통이나 현존 사회의 제도와 관습의 기초가 되는 원리를 받아들이고 옹호하며 이에 적응하도록 가르치는 것으로 봄
⑮ 반면 변화를 실재의 본질로 보는 입장에서는 교육을 통해 기존 사회에 도전, 비판, 재평가하고 수정하는 능력을 기르는 것을 강조

유물론(아리스토텔레스)	유심론(플라톤)
• '물질'을 뜻하는 라틴어가 어원 • 유물론은 물질이 유일한 실재이며, 물질을 인간의 정신적 삶을 설명해 주는 근본적인 실재로 봄 • 물질은 정신으로부터 독립해 고유하고 자율적 법칙에 의해 지배되는 실재 • 예를 들면, 천민자본주의자들은 '돈이 최고야, 돈으로 안 되는 일이 없지'라고 외침 • 이런 정신을 유물론적 사고라고 함 • 물질만능주의를 낳기도 하는 사고방식	• 관념론이라고도 함 • 관념론이라는 말은 17세기에 이르러 유물론에 대비되어 만들어졌음 • 형이상학에서 관념론은 관념이 감각적 세계보다 더 참된 존재 • 예를 들면, 플라톤의 이데아의 세계가 '참된'실재이고 감각적인 경험의 세계는 이데아 세계의 허상(그림자)에 불과

(2) 인식론

① 인식론은 지식의 근거와 본질, 지식의 구조와 방법 및 가치를 탐구하는 분야
② 인식론은 교육을 통해 취급될 지식의 성격을 밝혀주며, 지식의 탐구 분야에서 유의해야 할 중요한 조건을 제시
③ 인식론(epistemology)은 진리나 지식의 근거와 본질은 무엇이며, 우리는 지식을 어떻게 습득하는지 그리고 어떠한 지식이 참인지를 파악하는 철학적 노력
④ 인식론은 진리나 지식의 터득방법과 그 원천에 따라 다음과 같이 구분

- **절대론** : 절대적 진리와 지식에 도달할 수 있다는 입장으로(세 가지로 구분)
  - 직관론은 진리는 직관에 의해 파악된다는 것
  - 합리론은 진리는 이성에 의해 파악된다는 입장
  - 경험론에서 진리는 경험, 즉 감각적 경험에 의해 파악된다고 주장
- **상대론** : 진리나 지식은 상대적인 것으로, 개선 및 변화가 가능하다는 입장
- **회의론** : 자명하고 확실한 지식은 없으며, 설혹 있다 해도 이러한 것은 단지 의견에 불과하기 때문에 참다운 진리에는 결코 도달할 수 없다고 봄

⑤ 교육은 진리추구 및 지식획득과 연관되는 활동으로 지식을 어떻게 습득하고 어떻게 전달할 것인가가 교육의 주된 관심사
⑥ 그 예로 교사는 어떤 종류의 지식을 중점적으로 가르칠 것이며, 또한 이를 어떤 방식으로 전달할 것인가에 대해 고려
⑦ 인식론은 특히 교육과정의 본질을 밝히고 정당화하는 데 도움을 준다고 할 수 있음

합리론	• 합리론 또는 합리주의는 인식 또는 현실의 설명 수단으로서 이성을 특별히 중요하게 여기는 이론 • 이들은 경험에서 얻은 지식이 참된 것이라는 베이컨의 경험론을 불완전한 인식방법이라고 말함
경험론	• 감각주의라고도 부름. 경험론에서의 인식은 감각적 외부 경험에 의해 형성된다고 봄 • 프랑스의 합리론자 데카르트가 말하는 본유관념을 부정
실재론	현실주의, 사실주의 등으로 번역되는 실재론은 정신으로부터 독립적인 실재의 존재를 긍정하는 이론
관념론	• 관념이 감각적 세계보다 더 참된 세계로 보는 이론 • 관념론의 대표적인 철학자는 18세기 계몽사상가인 칸트

(3) 가치론(axiology)

① 윤리학은 도덕철학이라고도 하며 선과 악, 의(義)와 사(邪), 정과 부정에 관한 판단의 논리와 근거의 문제를 다룸
② 미학은 어떤 대상이 아름다운가, 추한가의 문제 그리고 우리가 내리는 미와 추를 판단하는 근거의 문제에 관한 질문을 탐구
③ 교육은 그 개념과 본질상 가치의 문제를 전제로 한 활동인 이상, 가치의 본질과 기준에 의해 통제될 수밖에 없고 이 점에서 가치론적 논의는 밀접하게 관련
④ 가치의 본질과 가치판단의 기준을 좋은 것과 나쁜 것, 옳은 것과 그릇된 것, 아름다운 것과 추한 것 등과 관련지어 그 근거와 판단기준 및 대상 등을 탐구
⑤ 윤리학과 미학이 이에 속함. 윤리학은 선, 악, 정의, 부정의, 가치 있는 것과 없는 것 등에 관해 연구하고 미학은 어떤 대상의 아름다움과 추함의 문제를 탐구
⑥ 교육은 본질적으로 바람직한 가치를 전제로 하는 활동. 따라서 교육목적으로서의 '인격도야'나 '도덕적 인간형성'은 가치와 관련된 내용으로 상당히 중요
⑦ 올바른 가치관 형성은 개인의 삶 전체에 영향을 미칠 뿐 아니라 사회를 바람직한 방향으로 나아가게 하는 기초가 된다는 점에서 중요
⑧ 가치론은 교육목적이나 교육의 과정에 기초적인 원리를 제공할 뿐 아니라 교사가 바람직한 가치를 선택하고 이를 교육활동에 반영시키는 데 있어서 중요

(4) 논리학

① 논리학(logic)은 어떤 결론에 이르기까지 모순없는 사고의 전개과정을 위한 규칙에 관한 것으로, 크게 연역법과 귀납법으로 구분
② 어떤 주장이 결론에 이르기까지 모순없는 논리적 전개를 진행시켰다고 해도 그 결론이 과연 참인지 거짓인지를 검증할 수 없는 문제가 발생
③ 이러한 문제와 관련하여 후기현대철학에 속하는 분석철학에서는 그러한 주장을 무의미한 것으로 여기기보다는 하나의 주장이나 진술이 인간과 사회, 문화의 맥락 안에서 어떠한 의미가 있는가를 밝히고자 함

귀납법	연역법
개개의 특수한 구체적 사실에서부터 보편적이고 일반적인 원리나 법칙을 도출하는 추리과정 • '이끌어 내는 행위'를 뜻하는 라틴어에서 유래한 말로 특수한 경우에서 일반적인 법칙을 이끌어 내는 추론 방법 • 베이컨은 귀납적 방법에 의해 얻어진 지식만이 참된 것이라고 하였음	이미 알려져 있는 보편적·일반적인 원리로부터 특수하고 구체적·개별적인 사실에 대한 지식을 도출하는 과정 • '이끌다'를 뜻하는 라틴어에서 유래한 말로, 주어진 전제로부터 출발해 필연적으로 결론을 이끌어 내는 사유의 법칙으로서 귀납법과의 본질적 차이는 엄밀하게, 즉 필연적으로 추론할 수 있게 해 줌 • 수학적인 방법. 데카르트는 연역법을 통한 진리 인식만이 참된 지식을 이끌어 낸다고 하였음

(5) 윤리학

① 인간 행위의 선악, 시비의 문제를 다룸
② '무엇이 올바른 것인지'를 알게 함
③ 윤리학 외의 과목에서는 그 사회의 도덕사상을 그대로 받아들여 이를 피교육자에게 투입시키는 것을 사명으로 하는 반면
④ 그것을 공부하는 사람 스스로가 정답을 발견해야 함
⑤ 윤리학의 역할은 무엇이 좋고 나쁜지 구분하는 것
⑥ 윤리학의 근본 사명은 현재의 도덕을 비판적으로 검토하여 그것이 옳은지 그른지를 판결하고 나아가서는 새로운 행위규범을 발견 또는 창조하는 것으로 기존 도덕에 대한 회의적 태도, 비판적 태도가 윤리학의 출발점

목적론	법칙론
목적론은 인간이 추구해야 할 궁극적인 목적을 제시함으로써 선악, 시비의 판단 기준을 밝힘	법칙론은 인간이면 누구나 지켜야 할 도리, 즉 행위의 법칙이 이미 주어져 있다는 전제 아래 그 법칙을 발견함으로써 윤리적 평가 기준의 문제에 답하고자 함
결과주의	동기주의
• 어떤 행위의 선악, 시비의 판단은 어떤 행위가 최선의 결과를 가져왔는가에 달렸음 • 그 행위의 도덕적 성격은 상황에 따라 달라질 수 있음 • 결과주의 윤리적 관점은 목적이 수단을 정당화하는 잘못된 생각이 수용될 수 있음	• 시비, 선악의 기준을 세울 때 중요한 것은 그 기준을 어디서 찾을 것인가와 윤리학에서 또 다른 근본적인 문제인 '선악, 시비를 판정하는 기준은 무엇인가?'하는 것 • 동기주의는 그 기준을 행위의 동기에 둠 • 비록 결과가 나쁘게 나왔다고 해도 동기가 순수했다면 그 행위는 나무랄 수 없다고 봄
형이상학적 윤리설	자연주의적 윤리설
• 형이상학적 지식을 근거로 삼고 인생의 목적 또는 행위의 법칙을 발견 • 예를 들면, 플라톤의 이데아 세계의 구현을 인생의 목적으로 삼는 것 따위	경험적 사실에 관한 지식을 근거로 인생의 목적 또는 행위의 법칙을 추리해 내야 한다고 주장
직각(直覺)론적 윤리설	
어떤 다른 지식에 의존함없이 선천적으로 주어진 능력을 통해 직접적으로 시비, 선악의 원칙을 인식할 수 있다고 주장	

알아두기 ① 인간행위를 판단하는 다양한 기준

윤리적 쟁점	윤리설	윤리적 관점	유형
윤리적 판단의 근거는 무엇인가?	의무론 (법칙론)	사람이 따를 수 있는 보편적인 도덕규칙 = 선	의무론적 윤리설, 칸트의 윤리사상
	동기주의	도덕적 선은 완전한 의무의식(선의지), 실천이성의 명령(정언명령 ≠ 가언명령)에 의한 행위	
	목적론	최대 다수의 최대 행복(인생의 궁극적인 목적은 최대 다수에게 행복을 주는 행위 = 선)의 목적에 부합하느냐의 여부	목적론적 윤리설, 공리주의, 윤리적 쾌락주의
	결과주의	• 최선의 결과를 가져오는 행위로 그 행위의 도덕적 성격은 상황에 따라 달라짐. 목적이 수단을 정당화 • 결과가 좋으면 다 좋다는 생각	
행복은 인간의 궁극적인 목적인가?	쾌락주의	모든 쾌락은 그 자체가 선한 것, 좋은 것	윤리적 쾌락주의
	이성주의	개인적 욕망, 감정을 벗어나 합리적 판단에 의한 행위는 선	칸트의 윤리사상
객관적인 도덕 원칙은 있는가?	주관주의	도덕 판단(도둑질은 나쁘다)은 언제나 판단하는 사람의 심리상태(욕망, 성향, 감정)을 나타낸 것에 불과	윤리적 상대주의
	객관주의	도덕 판단은 과학적으로 참과 거짓을 가릴 수 있는 판단	공리주의
윤리는 불변인가, 변하는 것인가?	절대론적 윤리설	• 윤리는 인간이 마음대로 정할 수 있는 것이 아니라 이미 선천적으로 주어진 절대불변의 것 • 그러므로 윤리규범의 구속적 속성을 당위적 입장에서 받아들임 • 선한 행동이란 먼저 누구에게나 보편타당한 절대적 행위 법칙에 따르는 행위 • 윤리는 시공을 초월한 절대적이고 객관적이며 보편적인 행위 규범	의무론적 윤리설
	상대론적 윤리설	• 윤리는 관습이 체계화된 것으로 한 사회의 목표나 개인의 욕구 충족에 도움이 되는 행위는 시인 받고 그렇지 못한 행위는 비난을 받거나 제재를 당함으로써 옳은 행위와 그른 행위가 만들어짐 • 윤리는 상대적이고 개인적이며 주관적이고 특수한 행위 규범 • 사회가 변하면 윤리도 변함	벤담과 밀의 공리주의 윤리설

(6) 미학

① 미학이란 인간의 미적 능력 또는 미적 체험에 대한 형이상학적 또는 심리학적 분석을 주로 하는 철학의 한 부문
② 미학이라는 말은 아름다움에 대한 이론을 가리킴
③ 미학은 아름다움의 감수성에 대한 이론
④ 미학이란 예술적 아름다움에 대한 이론
⑤ 미학은 개별적인 예술 작품을 다루는 비평과는 구분
⑥ 아리스토텔레스와 칸트의 미학이 대표적

(7) 그 외 철학의 영역

영역	내용
역사철학	역사의 의미와 역사 인식 및 역사의 과정을 다루는 철학의 영역
사회철학	사회의 의미와 본질 및 사회 질서를 유지하는 원리 등을 탐구하는 철학의 영역
법철학	법에 관한 근본적인 물음. 즉 법의 정체, 법의 목적, 법의 가치 등을 연구하는 철학의 영역
정치철학	정치의 의미와 본질 및 가치에 근원적인 물음에 답을 찾으려는 철학의 영역
종교철학	• 종교의 의미와 본질 및 가치를 분석·비판 및 종합하려는 철학의 영역 • 예를 들면, '당신이 신이라면 세상을 어떻게 바꾸고 싶은가?'와 같은 물음에 답을 제공해 주는 철학의 영역

2 교육철학의 기능

(1) 사변적 기능

① 사변적 기능이란 새로운 가설이나 제언을 하는 정신적 기능으로, 교육이론이나 실천에서 교육문제 해결의 새로운 방향을 모색하고 새로운 아이디어를 창출
② 사변적 기능을 통해 개별적 사항이나 각 학문의 지식의 내용들을 조직하여 하나의 통합적인 체제로 종합하게 됨
③ 사변적 기능은 사회적 기능이라고도 함
④ 사변적 기능은 교육의 이론적·실천적 문제를 해결하기 위하여 새로운 제안이나 대안, 아이디어 및 가설을 성립시키고 얻으려는 기능
⑤ 사변적 기능은 낯설고 새로운 교육문제에 직면하게 되면 다양한 사고를 바탕으로 새로운 가설과 아이디어를 창출해 냄
⑥ 예를 들면, '4차 산업혁명시대에 요구되는 교육의 새로운 패러다임은 무엇인가?'라는 물음에 대한 참신한 답을 창안해 내는 것

(2) 규범적 기능

① 규범적 기능이란 교육에 관한 이론이나 실천, 원리, 주장 등을 어떤 기준이나 준거에 의해 판단하는 일. 규범적 활동이란 가치, 가치판단, 그리고 이것들에 대한 정당화에 관심
② 규범철학은 가치평가, 행동 판단, 예술 감상 등에 대한 기준을 세우고자 하며, 우리가 선과 악, 정의와 불의, 미와 추로서 나타낸 것을 검토
③ 평가적 기능은 교육명제나 교육이론 및 주장 등을 준거 또는 규범에 따라 가치판단하거나 가치평가를 하여 당위성을 확보하려는 기능
④ 평가적 기능은 분석적 기능의 도움을 받지 않으면 정확한 평가를 하지 못함
⑤ 예를 들면, '체벌은 교육적으로 정당하다'라는 명제 또는 주장은 분석적 기능을 통해 체벌, 교육, 정당성 등의 의미를 분명히 하고 그들 간의 논리적 관계를 따져본 후 사회적 준거나 규범에 따라 체벌의 옳고 그름을 평가해야 함

(3) 분석적 기능

① 분석적 기능이란 교육에서 사용하는 개념이나 용어의 의미를 명료화하고 논리적 모순점을 가려내는 일(교육의 기회균등, 평등교육)
② 현대의 분석철학자들은 분석적 기능만을 철학적 탐구 본연의 과제라고 생각. 즉, 분석철학자들에 의하며, 철학은 사실 표현의 진위에 관한 것이 아니라, 언어 혹은 기호가 가지는 의미상의 타당성에 관한 것
③ 분석적 기능은 비판적 기능이라고도 함
④ 교육활동의 정당화의 근거를 제공해 줌
⑤ 분석적 기능은 교육과 관련된 용어 속에 내재한 의미를 분명히 하고 의미들 사이의 논리적 근거를 밝히는 것
⑥ 예를 들면, '자유학기제'라는 교육행위에서 '자유'와 '학기'라는 말의 의미를 명백히 하고 둘 사이의 사실적 관계, 논리적 관계 및 당위적 관계를 따져 정확한 활용의 근거를 마련해 줌

(4) 종합적 기능

① 종합적 기능은 통합적 기능 또는 조화적 기능이라고도 함
② 현상과 과정을 전체로서 파악하고 서로 다른 여러 부분과 차원을 하나의 일관된 원리로 통합하려는 행위
③ 예를 들면, '사교육 문제를 해결할 획기적인 정책은 없는가?'라는 교육문제를 해결하기 위해 정치학, 경제학, 경영학, 사회철학, 심리학, 교육학, 역사학 등 다양한 학문의 지식과 지혜를 정-반-합 지양(높은 단계로의 통합)의 원리로 취사 선택 및 종합하여 해결하려는 교육철학의 기능

3 서양의 교육철학

(1) 관념론과 교육

① 관념론(idealism, 이상주의)은 우주의 궁극적 실재를 관념 또는 정신, 마음. 그렇기 때문에 우리가 감각적으로 경험하는 현실세계는 그 자체가 본질적인 것이 아님
② 현실세계에서 경험하는 모든 것은 우리 정신을 통해 파악되고 설명되는 것. 따라서 외적 물질세계는 정신의 그림자, 다시 말하면 정신이나 관념의 부산물일 뿐
③ 플라톤(Plato)을 시조로 하는 관념론의 대표적인 인물로는 데카르트(R. Descartes), 칸트(I. Kant), 피히테(J. W. Fichte)와 헤겔(G. W. F. Hegel), 프뢰벨(F. W. A. Fröbel) 등
④ 플라톤은 변화하는 가운데에서 변화와 관계없이 존재하는 참된 것이 있다고 주장. 그는 물질적이고 감각적인 세계를 관념의 세계와 엄격하게 구별
⑤ 플라톤에 의하면 우주의 궁극적인 실재, 변화와 관계없이 존재하는 참된 것은 바로 관념, 즉 이데아(idea). 이데아는 정신을 통해 파악되며 영원불변하고 절대적이며 완전
⑥ 반면 감각기관을 통해 파악할 수 있는 현실계는 불완전하고 일시적이며 가변적. 예를 들면, 우리가 눈으로 파악하고 있는 현실계의 나무나 책상 또는 연필 그 자체는 참된 실재가 아님
⑦ 그러한 것은 언젠가 닳아 없어지거나 사라질 수 있는 것으로서, 영원불변하지도 않고 절대적이지도 않음. 나무나 책상, 연필이 사라져도 변화하지 않는 것 그래서 영원히 존재할 수 있는 것, 완전한 것, 이상적인 것은 현실계에서는 찾아볼 수 없음

⑧ 이는 우리의 정신으로만 파악할 수 있음. 그 세계가 바로 이데아계, 곧 관념의 세계이자 이상의 세계인 것이다. 현실계는 관념의 그림자일 뿐
⑨ 이상적이고 완전한 이데아계는 바로 불완전한 현실계가 추구해야 할 목적. 관념론에 의하면 세계에 대한 참된 지식은 감각적인 경험에 의해서가 아니라 이성적 사유에 의해 획득
⑩ 플라톤에 의하면 새로 발견해야 하는 지식이 문제가 아니라 이미 존재하는 지식을 깨닫는 일이 중요
⑪ 그렇기 때문에 참된 지식을 획득하는 과정은 회상 또는 상기에 의해서 가능. 관념론에 근거한 교육철학에서는 이성 또는 정신의 계발을 중요시. 따라서 정신적 활동과 지적 훈련을 중시하며 이를 단련시키고 계발하고자 함
⑫ 교육내용으로는 변화하는 현실에 관한 내용보다는 문화적 전통 속에서 불변의 가치가 있다고 인정되는 것들, 예를 들면, 인문학, 철학, 역사학, 문학, 수학, 언어 등의 지적 교과목을 강조
⑬ 이는 일반교양교육을 중시하는 반면, 직업기술교육을 소홀히 한다는 비판을 받기도 함
⑭ 관념론에서 교육의 역할은 학습자의 정신에 이미 잠재되어 있는 이데아를 상기시켜 정신적 가치를 깨닫게 함으로써 도덕적 인격을 도야하는 것이 중요
⑮ 그렇기 때문에 소크라테스의 대화법이나 교사의 모범이 중시되며 학습활동에 있어서 교사가 주도적인 역할

(2) 실재론과 교육

① 실재론(realism, 현실주의)도 관념론과 마찬가지로 서양의 전통적인 철학사조. 실재론의 시조는 아리스토텔레스(Aristoteles)이며, 아퀴나스(Th. Aquinas), 베이컨(F. Bacon), 홉스(T. Hobbes), 코메니우스(J. A. Comenius), 로크(J. Locke), 헤르바르트(J. F. Herbart), 러셀(B. Russell) 등이 대표적 인물
② 아리스토텔레스는 객관적인 현실세계에 관심. 그에 의하면 우주의 궁극적 실재는 사물 그 자체. 즉, 우리가 지각하는 외적이고 객관적인 세계는 인간의 정신과는 독립되어 존재하는 있는 그대로의 세계이며, 그 자체의 법칙에 의해 존재하고 변화
③ 예를 들면, 산이나 나무, 바위, 풀 등 물질적·자연적 사물과 현상은 사람이 있거나 없거나, 보거나 말거나 혹은 이를 인식하거나 아니거나에 관계없이 그대로 존재. 이 세계의 만물은 플라톤이 주장하는 것처럼 인간이 관념적으로 만들어낸 세계가 아니며, 관념에 의해 영향을 받지도 않음. 인간 정신의 외부에 있는 객관적인 사물세계야말로 참된 실재. 이러한 실재론적 사고는 자연과학발달의 토대
④ 아리스토텔레스에 의하면 세계의 만물은 질료(matter)와 형상(form)으로 이루어져 있음. 질료란 어떤 형태의 사물이 될 가능성을 뜻하는데, 이러한 가능성이 일정한 형태를 취하여 현실적으로 그 모습을 드러낼 때 형상이라 함
⑤ 넓은 의미에서 질료는 형상의 가능성이며 형상은 질료의 현실성이고 완성된 실재(W. Durant, 1978 : 96). 예를 들어, 나무로 만들어진 책상이 있다면 이때 나무는 그 무엇이 될 수 있는 가능성인 질료이고, 그러한 질료를 재료로 하여 만들어져 구체화된 책상은 형상. 그러나 질료와 형상 이 두 가지는 개념적으로만 구분될 수 있는 것일 뿐, 우리의 감각기관으로는 이를 구분할 수 없음
⑥ 아리스토텔레스에 의하면 인간은 육체와 영혼이라는 두 가지 실체로 구성. 육체라는 물질적 바탕은 질료에 해당되고 영혼은 그 형상에 속함. 그는 형상을 질료보다 우위에 두었고 인간에게 있어서는 이성적 활동을 중요시. 그렇기 때문에 교육목적도 이성적 생활을 하기 위해 이성을 발달시키는 것

⑦ 실재론에 의하면 우리는 참된 실재, 즉 객관적으로 존재하는 사물세계로부터 지식을 획득할 수 있음. 사물세계에 대한 감각적 경험을 통해 지식을 얻을 뿐 아니라 이에 기초한 감각적·논리적 사고에 의해 우주 및 자연법칙을 발견. 따라서 실재론적 입장에서는 외적·객관적으로 있는 그대로의 세계, 곧 자연과 사물현상을 올바로 이해할 수 있도록 과학적 탐구방식과 이에 의한 과학적 지식을 포함하는 교육내용을 강조
⑧ 그렇기 때문에 인문과학보다는 수학, 자연과학적 교과, 역사, 언어, 예술 등을 중시. 그리고 교사는 학습내용을 결정하거나 이를 지도하는 등 교육에서 주도적인 역할

(3) 실용주의와 교육

① 실용주의(pragmatism)는 경험론, 공리주의, 진화론 등이 결합되어 생성된 철학으로 퍼어스(C. H. Peirce), 제임스(W. James), 듀이(J. Dewey)가 대표적 인물. 실용주의는 실험주의, 도구주의, 기능주의, 행동주의라고도 불림
② 실용주의는 영원불변하고 절대적인 것을 추구하는 전통철학과는 달리 변화를 핵심개념으로 함. 생물학적·사회적 존재인 인간은 환경과 상호작용하며 경험을 하면서 살고, 다른 생명 유기체와 마찬가지로 인간은 환경에 적응하는 일정한 방식을 형성하며 살아감
③ 환경이란 고정적으로 불변하는 것이 아니라 늘 변화하는 것이기 때문에 변화한 환경 속에서는 기존의 적응방식으로 대응할 수 없게 됨. 새로운 환경에 대해 새로운 적응방식을 찾아야 함
④ 환경이 달라진다는 것은 기존의 적응방식으로는 해결이 안 되는 새로운 문제에 부딪치게 됨을 뜻함. 문제에 부딪쳤을 때 인간은 반성적 사고를 통해 문제를 해결함으로써 새로운 환경에 적응할 수 있게 됨
⑤ 기존의 경험은 개조되고 새로운 경험을 쌓게 됨. 그렇기 때문에 삶 그 자체는 늘 끊임없이 경험을 개조해 가는 과정
⑥ 실용주의에서 진리란 인간의 경험으로부터 나오는 것. 따라서 진리 역시 선험적이고 절대불변의 고정적인 것이 아니라 상대적인 것. 진리뿐 아니라 지식이나 가치도 상대적인 것
⑦ 실용주의에서는 "무엇이 진리인가"가 중요한 것이 아니라 "어떻게 진리를 아는가"가 더 중요한 관심사. 진리나 지식은 타인의 권위나 이론에 의해서가 아니라 실험을 통해 발견되는 것
⑧ 과학적인 방법을 통해 증명되는 것. 실험주의라고도 함. 실용주의에서는 진리나 지식은 삶에 도움이 될 때 유용한 것이라는 도구주의적 입장도 강조
⑨ 듀이를 대표로 하는 실용주의 철학에서의 교육은 생활 그 자체. 전통적인 교육에서처럼 미래를 위해 준비하는 활동이 아니다. 어린이는 현재 중심적이기 때문에 그가 생활하는 환경과 분리해서 생각할 수 없음. 따라서 교육은 어린이의 현재 생활과 세계에 직접적으로 관련된 것이어야 함
⑩ 실용주의에 의하면 어린이는 환경과의 상호작용 속에서 부딪치는 문제해결을 통해 계속적으로 경험을 개조하고 재조직함으로써 성장. 새로운 환경에 접하면서 문제에 부딪치고 이의 해결을 통해 기존의 경험이 개조됨으로써 성장하는 것, 그것이 바로 교육
⑪ 실용주의에서는 성장, 즉 교육적 가치를 지닌 성장 그 자체가 교육목적
⑫ 전통교육에서처럼 교육목적이 성인이나 사회의 기준에서 결정되는 것이 아니라 교육목적은 어린이의 내적 능력의 발달 그 자체
⑬ 비판적 지성, 곧 반성적 사고에 의한 문제해결능력은 교사의 지도나 책을 통해서 습득되는 것이 아니라 행함을 통한 학습(learning by doing), 즉 실제로 행함으로써 발달

⑭ 학습활동에서는 어린이의 비판적 사고에 의한 탐구활동 및 활발한 질문과 문제제기 그리고 적극적인 참여의 자세가 요구. 교사는 어린이가 문제해결을 하는 데 있어서 도와주는 안내자

UNIT 6 교육철학의 의미

1 교육철학의 정의

(1) 일관된 몇 가지 대전제(보편적 원리)로 교육 현상을 고찰하거나(Rein), 혹은 교육의 보편적인 원리를 제시하고자 하는 분야
(2) 교육의 본질, 근본, 혹은 전체를 파악하는 분야, 즉 교육 본질학, 교육 전제학

2 교육철학의 임무

(1) 교육문제의 전제나 내포된 의의를 분석하는 일
(2) 교육문제에 관한 논의 속에 모순점을 발견·검토하는 일
(3) 교육문제 속에 포함된 개념의 정의와 의의를 논의하는 일
(4) 여러 학문의 출처에서 주장되는 이론이나 논의를 통합 하나의 종합적인 이론으로 체계화
(5) 교육의 목적론적 및 방법론적 이론에 관련되는 일체의 가치판단의 논거를 구하는 일

> **알아두기 ①** 교육철학의 일상적 정의
> - 교육관 혹은 교육사상
> - 교육목적론
> - 철학적 지식이나 이론을 교육에 적용하는 것
> - 교육을 대상으로 철학적 탐구방법을 활용하는 지적인 활동

UNIT 7 교육철학의 두 가지 계보

1 객관주의(Objectivism) 교육철학

(1) 이상주의(Idealism) 교육관
① 바람직한 개인 삶과 인간사회를 이루기 위해서는 우리의 정신 속에 얼마나 완전하고 아름다우며, 참다운 이념, 이상을 가질 수 있느냐가 결정적으로 중요
② 교육에 있어서도 완전하고 이상적인 교육이념, 교육목적 등을 설정하는 것 중시

③ 현상세계에 대한 인식(경험적 인식)과 이에 대한 추구에 머물지 않고, 삶과 사계에 대한 보다 근원적이고 통찰함을 통하여 이념들에 눈뜨게 하며, 이에 상응하는 이상을 마음에 품고 살아가는 인간을 기르고자 대체로 인문교양교육을 중시

(2) 실재주의(Realism) 교육관

① 교육의 주요목표는 객관세계의 법칙이나 체계(실재의 구조)를 발견하고 전달하며 사용할 수 있도록 탐구능력을 배양하면서 이성을 발달시키는 데에 있음
② 실재의 구조에 대한 지식은 우리의 삶에 대한 지침이 되며, 이를 통하여 우리는 실행가능하며, 합리적인 삶의 길을 선택할 수 있게 된다는 것
③ 교육과정은 객관세계에 대한 분야별 체계적 지식인 역사, 사회, 생물, 심리, 지리 등의 학문교과로 구성, 교사는 이들 지식을 체계적으로 전달하는 자가 됨
④ 수업은 실재를 정확히 관찰하고 발견할 수 있게 훈련과 경험 그리고 연습을 많이 제공해야 하며, 토론, 실험, 실물교수법 등의 다양한 방법의 사용이 권장
⑤ 교육방법에 있어 귀납적 방법을 사용하여 객관적이고 과학적인 방법에 공헌
⑥ 중세 스콜라 철학과 초기 실학주의(코메니우스)에 영향을 미쳤음

2 구성주의(Constructivism) 교육철학

(1) 자연주의(Naturalism) 교육관

① 교육에 있어서 중요한 교육의 3요소를 인간, 자연, 사물로 봄. 그 중에서도 자연을 교육에서 매우 강조하는 입장
② **아동의 본성에 기초한 교육** : 자연에 따르는 교육은 곧 아동의 지적, 정서적, 신체적 발달단계의 특징에 따라 그에 합당한 교육이 이루어져야 함
③ 학습은 자연의 발달순서에 따라 이루어져야 함. 인위적인 교육으로 서두르는 교육이 되어서는 안 된다는 점
④ **직관교육** : 교육의 과정에서 실제 사물을 보고 느끼는 직관을 통한 교육
⑤ **아동중심 교육** : 교육에 있어서 인위적인 기성 교육이 아니라 아동들이 원하고 필요로 하는 아동 중심의 교육을 강조. 즉, 아동의 현재 생활을 존중해 주고 아동들은 아동들 나름대로의 서열과 정당한 권리를 인정해 주어야 함
⑥ **학습자역할 중시** : 모든 교육에 있어서 학습자들 스스로 판단하고 행하는 교육이 이루어질 수 있도록 환경을 만들어 주는 교육을 강조

(2) 실용주의(Pragmatism) 교육관

① **상대적 진리관** : 객관주의 입장에서 진리가 선험적으로 존재한다는 선험주의와 진리가 인간 경험과 독립적으로 존재한다고 보지만, 실용주의는 진리란 인간의 경험으로부터 나오는 시험적, 가설적, 상대적인 것이라고 주장
② **교육방법론** : 인간 삶의 과정에서 발생하는 문제의 해결에 관심을 기울이기 때문에 지식이란 인간 삶의 문제를 해결하는 데 도움이 되어야 한다는 입장(유용성, 도구주의), (자연)과학적인 방법으로 인간의 행동을 분석하고 검증하는데 관심

③ 교육은 끊임없이 문제 사태에 직면하게 되는 변화하는 세계에서 성공적으로 살아갈 수 있도록 우리를 준비시키는 일
④ 교육의 궁극적인 목적 : 기존의 교육에서 진리나 가치를 인정하고 기록해 놓은 교과서 중심, 지식 중심의 교육을 거부하고, 학생의 삶 안에서 이루어지는 경험의 재구성을 통한 성장이 교육의 궁극적 목적

> **알아두기 ① 다양한 교육관**
>
> - **주형적 교육관(기계적 교육관)** : 주물 제작을 할 때, 제작하려는 물건의 본을 뜬 틀을 만든 다음 쇳물을 부어 원하는 물건을 만들어 내듯이, 교육도 교육자가 원하는 방향으로 아이들을 만들어 가는 일이라고 이해
> - **성장적 교육관** : 식물학이나 원예학의 핵심 용어인 '성장'을 중심으로 교육을 이해
> - **개인 중심 교육관** : 개인주의에 토대를 둔 교육관. 개인을 독립적이고 자율적인 존재. 집단보다는 개인의 목적이 우선적이고 다른 목적들은 개인의 목적에 부차적
> - **공동체 중심 교육관** : '공동체주의'라는 사회정치이론이 토대

CHAPTER 02 인식론과 교육

UNIT 1 　인식론의 정의와 유형

1 정의

(1) 지식의 본질, 근원, 방법, 구조, 가치 등을 탐구하는 분야
(2) 인식론(epistemology)은 진리 또는 지식의 근거와 그 특징을 밝히려는 철학 영역
(3) 즉, "무엇이 참인가? 진리와 비진리는 어떻게 구별되는가? 안다는 것과 모른다는 것은 어떻게 구별되는가? 도대체 안다는 말의 의미는 무엇인가? 과연 우리는 참다운 앎에 다다를 수 있는가?"와 같은 물음에 대한 답을 하는 것이 인식론의 큰 과제

2 유형 : 인식의 근원을 어디에서 찾는가에 따라 합리론과 경험론의 구분

(1) 합리론

① 수학의 지식을 전형적인 것으로 하고, 확실하고 참된 인식은 사고(이성)에 의해 얻어진다고 하면서 관념론의 경향을 강하게 내세움
② 비합리적이고 우연적인 것을 배척하고, 이성적·논리적·필연적인 것을 중시하는 철학적 태도
③ 이성을 통해 진리를 파악할 수 있다는 견해(합리주의·이성론·이성주의)
④ 모든 지식은 감각경험에서 비롯된다고 주장하는 경험론과 상반되는 입장
⑤ 실체 자체가 논리구조를 갖고 있어 세상의 어느 것이든 존재 이유를 갖고 있음
⑥ 또한 수학적 인식을 원형으로 하는 논증적 지식을 중시하여 논리학과 수학을 가장 확실한 지식으로 간주
⑦ 대표적 학자로는 데카르트, 스피노자, 라이프니츠 등
⑧ 데카르트는 진리 탐구의 방법으로 '방법적 회의'를 주장하였는데 데카르트의 "나는 생각한다. 그러므로 나는 존재한다(cogito, ergo sum)."란 말은 사유하는 자아의 자기확실성을 나타낸 대표적 명제. 합리론은 18세기 독일의 관념론으로 발전

(2) 경험론

① 감각을 통하여 얻어진 경험이 인식의 원천이 된다고 봄
② 초경험적 존재나 선천적인 능력보다 감각과 내성(內省)을 통하여 얻는 구체적인 사실을 중시하여, 전자도 후자에 의해 설명된다는 사고방식이며, 지식의 근원을 이성에서 찾는 이성론·합리론과 대립

③ 철학이론으로서 경험론은 이미 고대철학의 역사 속에 존재. 따라서 경험론은 그 역사적 형태에 따라 고대적·근대적 및 현대적인 것으로 구별

④ 고대그리스의 소피스트(sophist), 원자론자, 소크라테스파(派)의 일부(퀴닉파·키레네파등), 에피쿠로스학파 등이 이 경향에 속하며, 플라톤·아리스토텔레스 등의 이성주의·초월주의의 경향과 대립

⑤ 그러나 이 경향이 유력해진 것은 과학의 발전과 더불어 경험적 사실이 중시되고, 또 인식론이 철학의 중심 과제가 된 근대 이후의 일

⑥ 특히 영국은 경험론의 전통에 있어 대륙의 이성론이나 독일의 관념론 등과는 대조적인 성격, 이 경향은 중세에 이미 F.베이컨, W.오컴 등에서 뚜렷하였으며, 특히 후자의 비판적 견해는 매우 중요

⑦ 그러나 영국 경험론의 진정한 기원은 관찰과 실험을 중시하고, 연역적 추리에 대하여 개별적 경험에 근거를 두는 귀납법을 제창한 베이컨

⑧ 이 경향은 T.홉스를 거쳐 J.로크에 이르러 R.데카르트의 생득관념설(生得觀念說 : nativism)을 비판하여 모든 인식의 경험에 의해 설명됨으로써 명확화

⑨ 로크는 "마음이란 백지 또는 암실이며, 모든 지식은 감각과 반성을 통하여 외적으로 주어지는 문자이며 빛"이라고 하였음

⑩ 로크의 경향은 G.버클리와 D.흄으로 계승되어 영국 경험론의 트리오를 이루었고 그들은 추상개념, 경험의 배후에 있는 실체개념, 인과율(因果律) 등에 대한 날카로운 비판을 보였으며, 흄은 추상관념을 비판하여 관념의 기원을 감각인상에서 찾음으로써 위의 경향을 극한으로까지 밀고 가서 칸트로 하여금 이성론의 독단이라는 잠에서 깨어나게 하였으나, 상대주의·회의주의적인 결과도 나타냈음

⑪ 19세기에 들어서는 J. S. 밀 등도 영국의 고전 경험론의 흐름을 따름. 경험론이라는 큰 조류가 볼테르를 거쳐 프랑스에 유입되자 프랑스 계몽사상, 특히 프랑스 유물론으로서, 근대 세계사를 비약적으로 전진시키는 일대 격류로 변모·발전

⑫ 또 영국 경험론은 이와 같은 프랑스의 계몽사상이나 유물론과 합류, 봉건제에서 깨어나지 못하였던 독일을 일깨웠는데, 그것은 단순한 충격에 그치지 않고 독일 관념론 형성의 기반이 되었다는 것은 철학사상(哲學史上) 유명한 사실

⑬ 그러나 근대 경험론으로서의 영국 경험론은 이 동안 프랑스 유물론이나 독일 관념론의 형태로 소멸된 것이 아니라, 독자적으로 발전하여 19세기 전반에는 영국의 부르주아 라디칼리즘의 철학적 지주가 되었음

⑭ 19세기 후반 이후, 한편으로 유럽 대륙에서 이른바 '과학의 철학'의 여러 조류에서 핵심적인 이론이 되었고, 20세기에 들어서자 논리실증주의의 형태로 나타났음

⑮ 한편 미국 대륙에 건너가서는 프래그머티즘이라는 형태로 이론적인 자체강화를 이루어 오늘에 이름. 이렇게 경험론의 전통은 헤겔 철학을 정점으로 하는 독일 관념론의 붕괴 이후, 그 반동으로서의 유물론이나 실증주의의 움직임과 결부되어, 19세기~20세기에 서양에 확산

⑯ 논리실증주의·프래그머티즘·분석철학 등은 대표적인 현대 경험론

⑰ 예를 들면, 논리실증주의는 한편으로 사실적(事實的) 여건을 모든 경험과학 이론의 구성과 환원의 기초로 생각하고, 또 한편으로는 전통적으로 선천적 인식으로 간주되어온 논리학·수학 등의 필연성까지도 감각적 기호(記號)에 관한 약정(約定)에 뒤따르게 하고 있음

⑱ 프래그머티즘은 위의 이원론(二元論)에는 비판적이며, 일원적 연속성과 행동심리학에 의한 인식의 동적인 파악을 강조하지만, 한층 철저한 경험론의 입장에서는 공통된 경향을 보임

(4) 언어철학 : 인식의 근원은 언어

① 독단론(dogmatism)

- ㉠ "참다운 앎에 도달할 수 있다"고 보는 입장이 있는데 이를 '독단론(dogmatism)'이라고 한다. 이 입장에서는 자명하고 확실한 지식이야말로 의심할 수 없는 지식이며 이러한 지식을 근거로 하여 연역되거나 발견된 지식들도 의심할 수 없음
- ㉡ 따라서 이 입장에 있는 사람들은 모든 지식이 그 기초로 삼을 수 있는 자명하고 확실한 지식이 무엇인가를 찾으려고 노력
- ㉢ 그런데 '참다운 앎에 도달할 수 있다'고 보는 입장 내에서도 "그러면 우리는 어떻게 알게 되는가?"에 대한 대답에 따라 직관론, 합리론, 경험론의 구분이 있음

  - 직관론 : 절대불변의 확실한 지식은 직관에 의해서 파악되는 것이라는 입장
  - 합리론 : 인간이 가지고 있는 이성의 추리에 의해 발견된다는 것
  - 경험론 : 인간의 감각기관을 통해 확인될 수 있는 것만이 절대로 확실한 지식

② 회의론(skepticism)

- ㉠ "참다운 앎에 결코 도달할 수 없다"는 입장이 있는데 이를 '회의론(skepticism)'이라고 함. 이 입장에서는 자명하고 확실한 지식은 없으며, 지식은 단순히 의견에 불과한 것
- ㉡ 회의론자들은 "사람들은 자신들이 모르고 있다는 것을 모르고 있다"라고 주장. 그런데 만약 회의론을 받아들이려면 '회의론만은 틀림없다'는 것을 인정하여야 하는데, 그렇게 되면 회의론의 주장에 어긋나게 되기 때문에, 결국 회의론의 주장을 인정할 수는 없게 됨
- ㉢ 따라서 회의론은 자기 스스로를 인정하지 못하고 부정하게 됨. 이 때문에 진정한 의미의 회의론은 성립하기 곤란

③ 오류가능성론(fallibilism)

- ㉠ 마지막으로, "알 수 있다. 그러나 그 앎은 불변하고 절대적이며 확실한 것이 아니라 개선 가능하며 상대적이거나 확률적인 것"이라고 보는 입장을 '오류가능성론(fallibilism)'이라고 함
- ㉡ 이 입장에서는 인간의 지식이란 광석을 발굴해 내듯이 어디엔가 숨겨져 있는 것을 찾아내는 것이 아니라, 이 세계 안에서 이루어지고 있는 현상을 설명하기 위해 인간이 만들어낸 인식의 도구 또는 설명의 도구에 불과한 것
- ㉢ 따라서 지식은 인간의 이해와 경험의 범위 또는 설명하고자 하는 현상의 복잡성 여하에 따라 상당한 제한을 받게 되며, 인간의 이해와 경험의 폭이 확대됨에 따라 얼마든지 개선될 가능성을 갖고 있음
- ㉣ 즉, 인간의 이성도 인간의 감각도 다 불확실한 것이며 잘못될 가능성이 있는 것이기 때문에, 각각의 지식은 실제로 해보아 그 결과가 그렇다는 것이 증명되는 한에서 확실한 것이라고 봄
- ㉤ 이는 곧 실험주의를 일컫는 것이며, 바로 실용주의자들이 취하는 입장. 그런데 이러한 입장에서는 과연 유용성의 기준을 어디에다 또 얼마만큼 두어야 하느냐 하는 것이 커다란 문제점

UNIT 2 교육철학에서 다루는 지식의 종류

1 명제적 지식

'Know that ~'으로 표현되는 지식, 즉 어떤 사실이나 이론 원리에 대하여 우리가 아는 것으로, 대체로 진(眞)·위(僞)를 구별할 수 있는 문장으로 표현

사실적 지식	논리적 지식(형식적 지식)	규범적 지식
대부분의 자연과학, 사회과학의 지식은 사실적 지식(물은 100℃에서 끓음)	분석적 문장으로 표현되는 지식으로, 이는 새로운 지식을 알려주기보다는 문장을 구성하는 요소들의 의미상의 관계를 나타냄. 대부분의 수학적 지식은 논리적 지식에 포함(할아버지는 아버지의 아버지, 삼각형의 내각의 합은 180°)	가치나 규범을 나타내는 지식으로 평가적 문장으로 구성되며, 모든 가치 판단·도덕 판단에 관한 지식을 포함(민주주의는 바람직한 사회제도)

2 방법적 지식

(1) 특징
① 방법적 지식이란 'Know how ~'로 표현되는 지식으로 인간 행위의 상태와 과정을 말하는 것
② 방법적 지식은 책에 적혀있는 것이 아니라 어떤 사람의 실행에 표현되어 있을 뿐이며, 말과 글을 통해 배우는 것이 아니라 교사의 실행을 모방함으로써 배움

(2) 방법적 지식의 성립 조건
① 그 과제를 수행하는 데 지켜야 할 규칙이나 원리에 익숙해지는 것이 요구. 즉 알게 된 것은 기술이나 기능과 같이 인간의 성향이나 능력에 관한 것
② 방법적 지식은 다양한 지식과 정보를 효과적으로 활용할 수 있는 능력이 요구되는 지식기반사회에서 중요시

(3) 방법적 지식의 예
① 나는 수영을 할 줄 안다
② 나는 자전거를 탈 줄 안다

UNIT 3 지식의 형식 대표사상가

1 개요

(1) 경험을 의미있게 구조화해 주는 여러 가지 공적인 개념체계
(2) 허스트(P. H. Hirst)와 피터즈(R. S. Peters)에 의하여 제안된 이 개념은 때로 「사고의 양식」(modes of thought), 「이해의 형식」(forms of understanding), 「지식과 경험의 양식」(modes of knowledge and experience) 등으로 불리기도 함
(3) 여러 가지 지식의 형식은 인류가 지금까지 점차로 분화, 발전시켜 온 공적 전통으로서, 그 각각은 독특한 개념과 검증방법을 가지고 있음
(4) 허스트와 피터즈는 희랍의 자유교육에 들어 있는 형이상학적 측면을 배제하고 지식의 형식의 공적 성격에 의존하여 교육의 개념을 규정
(5) 교육의 정당화 문제에 있어서도 「지식의 형식」은 특별한 의미. 지식의 형식은 허스트와 피터즈에 의하여 제안된 「선험적 정당화」 논의에서 핵심적 위치를 차지
(6) 그들이 선험적 논의를 빌어, 지식의 형식의 가치는 논리적 모순을 저지르지 않고는 부정될 수 없다고 주장하는 것은, 바로 지식의 형식이 공적 성격을 지니고 있다는 데 그 근거
(7) 우리는 지식의 형식을 배우는 일뿐만 아니라 여러 가지 다른 활동을 하면서 살아 왔지만, 그런 활동에 대해 어떤 식으로 생각하며 또 어떤 의미를 부여하는가 하는 것은 전적으로 지식의 형식에 달려 있음
(8) 지식의 형식은 우리가 생각을 품을 수 있는 모든 것, 즉 사고의 총체를 의미하며, 그것을 벗어난 삶은 상상할 수 없음
(9) 피터즈가 삶의 형식을 지식의 형식에 의해 규정한 점, 그리고 허스트가 지식의 형식의 정당화 사태를 가리켜 "정당화의 의미가 그 이상 적용될 수 없는 궁극적인 사태"라고 규정한 점 등은 이러한 관점에서 이해될 수 있음
(10) 그러나 최근 들어, 허스트와 피터즈가 지식의 형식의 성격을 규정함에 있어서 희랍의 형이상학을 배제하려고 한 것이 과연 타당한가 하는 의문이 제기. 교과 또는 지식의 형식의 의미는 「실재」와 무관하게 규정될 수 없으며 이것을 받아들이는 한, 교육에 관한 설명에서 형이상학적 측면을 전적으로 배제하기는 어렵다고 보아야 함

2 허스트(Hirst)

(1) 특징

① 허스트는 지식의 형식이 다양한 것은 지식의 형식 특유의 개념적, 논리적, 방법론적인 특징이 다양하기 때문이며, 발달된 지식의 형식은 독특한 중심 개념, 분명한 논리적 구조, 특유의 표현이나 진술, 검증의 기법 등을 지니게 된다고 주장
② 허스트의 분류에 따르면, 지식의 형식에는 수학, 자연과학, 인간과학, 역사, 종교, 문학과 예술, 도덕적 지식 등이 포함
③ 지식의 형식은 대체로 말하여, 전통적으로 학교 교육과정의 핵심을 이루어 온 이론적 교과와 상응하며 이 점에서 지식의 형식에 관한 논의는 교육의 정의 문제에 있어서나 교육의 정당화 문제에 있어서 매우 중요한 의의를 지님

④ 경험은 공적 개념구조에 의하여 파악될 때 비로소 의미 있는 것으로 되며, 모든 공적 개념구조는 지식의 형식 안에 표현. 지식의 형식을 배운다는 것은 공적인 개념구조에 의하여 구조화된 경험을 가지게 된다는 뜻이며, 그것은 곧 합리적 마음을 가지게 되는 과정. 그리하여 교육은 지식의 형식을 가르침으로써 합리적 마음의 발달을 도모하는 일로 규정

(2) **지식의 형식** : 수학, 자연과학, 인간관계에 관한 이해, 종교, 문학과 예술, 도덕, 철학

3 피터스(Peters)

(1) **특징**
① 피터스는 전통적으로 학교에서 가르쳐온 교과를 '지식의 형식'이라는 용어로 규정하고 이를 선험적 논의라는 방식에 의해 정당화
② 지식의 형식은 인간이 오랜 세월 동안 발전시켜 온 분화된 개념구조이며, 이 개념구조는 오늘날 우리가 사용하고 있는 공적 언어에 담겨 있음
③ 피터스의 지식의 형식은 전통적인 형식도야이론이나 생활적응교육의 설명 방식과는 뚜렷이 구분되는 설명 방식을 정립하려는 데 그 목적이 있음
④ 피터스가 교육을 「삶의 형식에의 입문」으로 규정한 것도 마찬가지 맥락에서 이해. 그가 말하는 삶의 형식은 지식의 형식에 의해 규정되는 삶의 형식이며, 삶의 형식에 입문된다는 것은 우리가 분화, 발전시켜 온 공적 개념체계로서의 지식의 형식에 입문되는 것을 의미

(2) **지식의 형식** : 형식논리학, 수학, 자연과학, 인간과학, 역사, 종교, 문학과 예술, 철학, 도덕적 지식 등

(3) **교육의 개념적 기준**
① 피터스는 교육을 '지식의 형식에 입문시키는 과정'이라고 말하고,
② 교육의 개념적 기준 3가지, 즉 규범적 기준, 인지적 기준, 과정적 기준 등을 제시

UNIT 4 지식의 진리조건

1 정합(整合)설 : 진리의 준거(準據)에 관한 학설

(1) 어떤 지식이나 신념이 다른 지식이나 신념과 모순되지 않게 일관성을 유지하면서 논리정연하게 포함될 때 진리라고 보는 설
(2) 정합설에 의한 신념 혹은 판단의 진리는 감각적 경험에 의해 입증되거나 검증된다기보다는 논리적 사유에 의해 증명될 수 있기 때문에 합리론의 진리설에 의해 지지
(3) 진리란 어떤 신념 혹은 판단이 다른 신념 혹은 판단과 모순되지 않는 관계를 유지하면서 한 체제 속에 논리정연하게 포함되는 것
(4) 즉, 진리는 명제들이 서로 응결되어 있는 체제로 이해되며, 이렇게 볼 때 정합설은 단편적 신념이나 지식이 아닌 학문을 구성하는 지식의 입장에서 중요한 원리

(5) 한 명제가 그 체제 속에서 정합하는 정도에 따라 "보다 더(혹은 덜) 참이다"라고 할 수 있으며, 명제가 허위일지라도 논리적 일관성을 가진 체제를 구성하는 것이 가능
(6) 따라서 진리의 준거로서 문제가 있다는 비판. 이 학설은 스피노자(B. Spinoza)·헤겔(G. W. F. Hegel) 등으로부터 시작되어 브래들리(F. H. Bradley)·카르납(R. Carnap) 등에 의해 주장

2 대응설

(1) 어떤 지식이나 신념이 경험적으로 입증될 때만 진리라고 보는 설
(2) 진리의 진위 여부는 신념이나 판단이 실세계에 있는 사실과의 관계에 있다고 봄
(3) 진리(眞理)는, 신념이나 판단이 사실(事實)과 일치하느냐의 여하에 따라서 결정
(4) 상식적인 생각을 반영하면서 여러 사람들에 의해서 오랫동안 유력한 진리론으로 주장
(5) 그중에서도 주로 인식론적으로 경험론(經驗論)의 입장을 지키는 철학자들에 의해서 주장
(6) 이것은, 대응설 자체가 세계의 모든 실체(實體)는 인간의 감각(感覺) 혹은 지각(知覺)에 관계없이 존재한다는 실재론(實在論)을 전제하고 있기 때문
(7) 논리학이나 수학의 명제 등, 엄격히 말해서 대응하는 실체가 없는 명제의 진리 여부를 따지는 데는 적용될 수 없다는 한계

3 실용주의설

(1) 어떤 지식이나 신념이 실생활에 유용할 때 진리라고 보는 설
(2) 이들은 인간 생활 대부분의 업적이 이론적인 진리에 의해 발전된 결과라기보다는 오히려 실천적인 성공의 결과라는 점을 강조
(3) **실용주의의 두 가지 일반적 특징**
   ① 행동적·실천적인 면에서 볼 때 어떤 사상이 진리를 갖고 있는지 아닌지는 그 사상 자체에 의하는 것이 아니라 그 사상을 만들어 낸 행위의 결과에 의해서 결정
   ② 동적·과정적(過程的)인 면에서 볼 때 행위·실천을 중시함으로써 진리를 동적(動的)·과정적으로 파악. 즉, 진리는 이미 있는 것이 아니라 만들어지는 것이며 선천적 이유, 고정된 원리, 폐쇄된 체계, 모든 절대자를 배척

UNIT 5 교사는 왜 인식론적 탐구자세가 필요한가?

1 교사는 자기가 가르치는 지식의 성립 조건, 지식의 확실성, 교과 속에 포함된 지식의 가치 등에 대한 이해가 필요

2 교과의 지식을 효과적으로 전달하는 방법 등에 대한 이해가 요구되며 이는 인식론의 교육철학이 답해줄 문제. 이런 측면에서 무지한 교사는 교화(敎化) 혹은 맹교(盲敎)에 빠질 위험

CHAPTER 03 가치론과 도덕교육론

UNIT 1 가치론

1 의미

(1) 가치인식의 문제, 가치와 사실의 관계 등에 대해 연구하는 분야
(2) 가치론(axiology)은 선과 악, 의와 불의, 목적과 수단, 미와 추의 문제와 관련지어 그 기준과 판단의 과정 및 그 대상 등을 밝히려는 철학 영역
(3) 즉, "가치란 객관적인가 아니면 주관적인가? 가치는 변하는 것인가 아니면 영원불변의 것인가? 가치의 세계가 있는가?"라는 물음에 대한 대답을 구하는 것
(4) 가치론은 보통 윤리학(ethics)과 미학(aesthetics)으로 구분
(5) 윤리학은 도덕성의 본질과 도덕적 행동이란 무엇인가를 밝히려는 것이고, 미학은 예술과 인간의 삶과 경험 속에 들어 있는 아름다움의 본질과 그 대상을 밝히려는 것

2 가치의 영역

(1) 도덕적 가치를 다루는 윤리학
(2) 미적 가치를 다루는 미학
(3) 가치론에는 크게 두 가지의 입장이 있는데, 가치가 객관적으로 존재하는 것이라는 입장이 '객관주의(objectivism)'이고, 가치가 사람에 따라 서로 달라질 수 있다는 입장이 '주관주의(subjectivism)'
(4) 객관주의는 다시 '직관론(intuitionism)'과 '합리론(rationalism)'으로 나누어지는데, 객관적 가치가 직관에 의해서 파악된다는 것이 전자의 입장이고, 가치가 객관적 이성의 추리에 의해 밝혀진다는 것이 후자의 입장
(5) 한편, 주관주의에는 '자연론(naturalism)'과 '정의론(emotivism)'이 있으며, 자연론에 의하면 가치란 인간 및 사회의 본질과는 별도로 존재하는 것이 아니라 인간이 공유하고 있는 삶의 경험과 이상 그리고 필요 및 욕구에 의해서 형성된 것으로, 절대적이거나 불변적인 것이라기보다는 개선 가능하며 제한적인 것
(6) 정의론에 의하면 가치란 단순히 좋아하거나 싫어하는 것과 같은 개인의 감정적 표현의 하나에 불과한 것으로, 발견되는 것이 아니라 시험과 시련을 거치면서 형성

UNIT 2 도덕교육론

1 도덕교육의 접근방식

(1) 공동체주의
① 기본가정은 모든 사람은 공동체의 산물이며 선의 관념은 본질적으로 정의의 논의에 앞섬
② 따라서 학교에서의 도덕교육은 공동체적 규범을 강조(내용주의)

(2) 자유주의
① 개인의 자유를 강화하는 방향을 강조, 학교에서의 도덕교육은 개인의 자율성을 신장(형식주의)
② 자유주의는 콜버그의 도덕적 인지발달이론을 탄생

2 도덕교육에서의 내용주의와 형식주의

(1) 도덕교육의 내용주의 : 특정 사회에서 요구되는 도덕적 규범들과 가치들 또는 인간이 갖추어야 할 품성적 특성인 덕목들을 학생들에게 가르치고 내면화해야 한다는 입장

(2) 도덕교육의 형식주의 : 도덕성을 이루고 있는 형식적 특성인 도덕적 판단과 관련된 합리적 능력을 길러주어야 한다는 입장

(3) 내용주의와 형식주의의 결합
① 도덕교육에서 내용주의와 형식주의의 결합을 주장한 사람은 피터스
② 피터스는 도덕교육에서 형식을 중시하는 자율적 도덕성 형성 못지않게 내용을 중시하는 관습적 도덕성 형성도 중요하다고 주장
③ 즉, 어린 시절의 관습적 도덕성의 학습은 이후에 일어나게 될 도덕성의 합리적 형식 발달을 도와주는 방식으로 이루어져야 함

3 최근 학교 도덕교육의 방향

(1) 특징
① 행위의 정답을 가르치는 전통적 도덕교육의 방식(내용주의)에서 탈피해서 가치명료화와 문제해결능력을 기르는 데 중점을 둠(형식주의 지향)
② 최근 도덕교육은 전(全) 생활과 전(全) 교육을 통해서 이루어짐
③ 도덕교육에서 교화를 부정하고 인지적 측면을 강조, 가치추론 과정이나 가치명료화과정에 관심

(2) 실천 중심의 도덕교육
① 실천 중심의 도덕교육이란 지식 중심의 도덕교육에서 벗어나 대화, 토론, 상담, 사회봉사 등의 실천적 활동을 통해 민주 시민윤리를 내면화하고
② 전 교과에 걸쳐 도덕 교육이 구현되도록 함으로써 학교를 도덕적인 분위기로 전환시키는 것을 말함

CHAPTER 04 20세기 미국의 현대 교육사조

UNIT 1 20세기 전반 서양 교육사상

20세기 전반 서양 교육사상 : 미국의 4대 교육사상				
진보주의	현실의 경험 중시(자유주의), 아동(개인) 중심 교육 → 민주주의 건설			
본질주의	사회적 전통 중시(보수주의), 교사 중심 교육 → 민주주의 수호			
항존주의	절대적 진리 중시(복고주의), 교사 중심 교육 → 현대 문명의 위기 극복, 인간성 회복			
재건주의	사회문화적 위기 극복(미래 민주주의 유토피아 건설), 아동 중심 + 교사 중심			
구분	진보주의	본질주의	항존주의	재건주의
시기	1920년대	1930년대	1930∼1940년대	1950∼1960년대
개념	전통교육의 문제점을 극복하기 위한 교육개혁운동(신교육운동)	진보주의의 교육적 한계를 극복하려는 교육개혁운동	• 진보주의 전면 부정 • 현대문명의 위기 극복을 위한 참된 인간성 회복 운동	사회문화적 위기를 교육을 통해 극복하려는 사상
철학 배경	자연주의(아동중심사상) + 프래그머티즘(유용성)	• 단일한 철학적 배경은 없음 • 진보주의와 항존주의의 절충적 입장 • 민주주의 체제 수호 철학	관념론, 실재론, 스콜라철학 → 복고적·고전적 인문주의, 신토미즘('문화로부터의 역행'이라는 비판을 받음)	진보주의 토대 + 본질주의(계통학습)의 항존주의(합리성)
전개 과정	실험학교, 진보주의 교육협회, 8년연구, 구안법, 지역 사회학교	미국교육의 향상을 위한 본질파 위원회, 기초교육위원회, 메사추세츠 우즈호울 회의	허친스의 시카고 플랜, 아들러의 파이데이아 교육과정	경제공황의 위기적 상황에서 전위적 사상가 출현, 브라멜드에 의해 체계화
대표자	듀이, 파커, 킬패트릭, 올센	데미아쉬케비치, 배글리, 브리드, 브리그스	허친스, 아들러, 커닝햄, 마리탱	브라멜드, 카운츠, 러그
주장	• 아동개인의 필요 충족 • 경험을 통한 학습	교육은 인류가 쌓아 놓은 과거의 문화유산에서 가장 기본적이며 '본질적인 것'을 간추려서 다음 세대에 전달함으로써 역사 발전의 원동력을 기르는 것	• "이 하늘 아래 새로운 것은 하나도 없다"(전도서 1장 9절) • "영원 불변하는 진리의 세계로 돌아가자"	• 학교는 새롭고 더 평등한 사회창조를 위해 지도적 역할을 수행해야 함 • 교육을 수단으로 현 사회를 개혁하고 새로운 사회질서를 수립해야 함

교육 원리	• 아동의 현재 생활 중시 • 지식은 문제 해결의 도구 • 상대적 진리관 가치관	• 과거의 본질적 문화유산 중시, 미래생활 대비 교육 • 교사의 통제와 주도성 중시 • 학습의 훈련성 강조 • 교과의 철저한 이수 강조 • 사회적 요구에 부응하는 교육	• 인간본성의 동일성 • 교육은 인간을 영원불변하는 진리에 적응시키는 일 • 교육은 생활 그 자체나 모방이 아닌 미래의 이상적 생활의 준비 • 이성의 도야를 위한 자유교양 교육 중시	• 교육개혁을 통한 사회문화의 재건 • 복지사회 이상 추구 • 아동 교육 학교 등은 사회적·문화적인 힘에 의해 재구성되어야 함 • 미래지향적인 학교교육
교육 목적	• 현재 생활에 적응할 수 있는 전인 양성 • 성장 : 경험의 계속적 재구성	• 인류의 본질적인 문화유산 전달 • 미래 생활 준비로서의 교육	이성의 도야를 통한 참된 인간성의 회복	개인의 사회적 자아실현과 사회의 민주적 개혁
비판	• 교육의 사회적 요구 무시 • 1차적 지식의 중요성 간과 • 가치의 절대성 교육의 방향성 상실	• 문화의 동적 관점 무시(문화적 보수성) • 절대적 진리에는 소홀 • 미래의 전망과 사회혁신의 자세가 결여	• 주지주의적 엘리트 교육, 귀족적 교육, 상류층 교육 • 전인교육에 위배 • 자유시민 육성에 부적절함 • 고전을 통한 교육은 인문주의에 빠지기 쉬움	• 교육의 역할과 민주주의에 대한 지나친 기대 • 미래사회의 바람직한 가치관에 대한 논증 결여 • 행동과학을 지나치게 중시 • 지나치게 미래지향적

  진보주의

1 개요

(1) 사회개혁운동으로 시작한 진보주의는 다양한 배경을 갖고 있어 하나의 중심적 이론을 가지고 있는 것은 아님
(2) 미국의 진보주의 교육운동은 듀이의 프래그머티즘의 이론 형성과 맥을 같이 함
(3) 듀이 교육사상의 기본적인 배경은 프래그머티즘에 있으며, 프래그머티즘을 다시 자기의 독자적인 실험주의 또는 도구주의 철학으로 발전시켜 실용주의적 교육학을 건설

2 역사

(1) 진보주의는 한편에서는 코메니우스, 루소, 페스탈로치, 프뢰벨로 이어지는 신교육운동과 다른 한편으로는 제임스, 퍼어스, 듀이에 의해 체계화된 실용주의에서 비롯
(2) 특히 1919년에 결성된 진보주의 교육협회(PEA)를 통해 구체적인 행동을 시작

3 교육원리

(1) 교육은 미래생활의 준비가 아니라, 현재의 생활 그 자체
(2) 학습은 아동의 흥미와 직접적으로 관련
(3) 문제 해결을 통한 학습이 교재를 통한 학습보다 우위에 두어야 함
(4) 교사는 지시자가 아니라 안내자여야 함
(5) 학교는 경쟁보다 협동을 장려해야 함
(6) 민주주의만이 진정한 성장에 필요한 사상의 교류와 인간성의 자유로운 상호작용을 격려
(7) **교육의 내재적 목적** : 교육의 과정은 계속적인 과정이므로, 교육은 성장 이외에 다른 목적이 없음. 따라서 교육의 목적은 밖으로부터 주어져서도 안됨. 교육은 생활 그 자체이며, 미래의 생활을 위한 준비가 아님
(8) **경험을 통한 교육**
   ① '행함으로써 배움'을 강조. 경험은 능동적인 것(해보는 것 혹은 작용하는 요소)과 수동적인 것(당하는 것 혹은 반작용하는 요소)의 유기적 결합, 행동과 사고를 포함
   ② 진정한 교육이란 모두 경험을 통해서 이루어지는데, 경험이 보다 교육적인 것이 되려면 상호작용과 계속성의 원리(경험의 연속성)에 따른 것이어야 함
   ③ **교육적 경험** : 경험의 재구성은 경험의 질적 변화를 의미. 이러한 경험은 미래에도 계속적으로 성장을 조장하는 '교육적 경험'. 반대로 현재에도 상호작용이 활발하게 일어나지 않으며 또한 후속 경험을 방해·저지·왜곡시키는 경험을 '비교육적 경험'
   ④ **반성적 사고** : 교육적 경험은 반성적 사고에 의해 일어남. 반성적 사고는 문제해결을 하기 위해서 결과를 예언하고 가설을 세우며 행동으로 검증해보는 것
(9) **문제해결학습**
   ① 지식은 그 자체로 가치가 있는 목적이 아니며, 문제를 해결해 나가기 위한 하나의 도구적 수단. 따라서 지식(개념, 사고, 이론 등)을 도구삼아 문제에 부딪혔을 때 문제를 해결할 줄 아는 문제해결학습을 강조
   ② **킬패트릭의 구안법(프로젝트 학습법)** : 듀이의 문제해결학습을 발전시킨 것. 프로젝트를 하듯이 학습을 함. 즉, 목표설정 → 계획 → 실행 → 평가의 방식으로 문제를 해결하는 학습방식
(10) **민주주의와 교육 : 학교라는 '사회'**
   ① **축소된 사회** : 학교는 삶의 장면과 유리된, 단순히 교과를 공부하고 정보를 제공하는 곳이 아니라 사회생활의 한 형태이며, 사회생활을 단순화한 소형사회. 학교에서 학생들은 사회성을 함양하고, 민주주의적인 학교생활을 통해 민주주의를 배워야 함
   ② **민주주의적 교육** : 학교는 공동생활의 형식이며 경험을 전달하고 공유하는 이상적인 방식인 민주주의 학습장. 이처럼 교육은 사회의 진보와 개혁의 근본수단이며, 따라서 교육은 지역사회가 가져야 할 최고의 도덕적 의무. 이후 재건주의 교육에 영향을 줌
(11) **교육방법**
   ① 생활중심, 흥미중심, 아동중심 교육. 경험이 '중심'이 되는 교육이지, 체험만 하는 교육이어서는 안 되고 생활(활동)을 통한 교육

② 흥미가 '중심'되는 교육이지, 흥미위주의 교육이어서는 안 됨. 흥미란 단순한 호기심이 아니라, 학습자가 대상에 몰입되는 통합적 활동을 의미. 그런 점에서 아동의 발달 수준과 흥미를 중요하게 고려해야 함
③ 아동이 '중심'되는 교육이지, 아동이 주도하는 교육이나, 자유방임 교육이 되어서는 안 됨. 그러므로 교사는 방관자가 아닌 아동의 안내자, 조력자, 조언자, 지도자, 충고자가 되어야 함

4 대표자 : 듀이, 킬패트릭, 파커

[듀이(Dewey)의 교육사상]

인간관	· 인간은 생물학적이고 사회적 존재 · 인간의 본성은 충동, 습관, 지성	
	충동	신경조직의 생득적, 본능적 작용 방식 또는 욕구 → 맹목적이고 능동적임
	습관	충동을 가진 인간이 환경과의 상호작용을 통해 획득한 효율적인 행동방식
	지성	반성적 사고의 능력
인식론	· 경험을 통해 아는 것이 핵심 · 지식의 가치는 현실적합성(실생활에의 유용성) 여부에 의해서 판단 · 지식은 상대적	
가치론	· 경험에 의해 그 실용성과 효용성이 입증된 것만이 가치있는 것 · 진리 또는 윤리 도덕적 규범의 절대적 가치를 부정 : 개인과 사회의 성장과 발전(진보)에 유용한 것만이 가치있는 것	
교육관	· 교육은 생활 · 교육은 성장 · 교육은 계속적인 경험의 재구성 · 교육은 사회적 과정 · 교육은 학생들의 자발적 활동과 능동적 참여 과정 · 교육은 전인적 과정	

5 진보주의의 비판

(1) 진보주의는 사회복지 이론을 제시하는 데 실패(Counts)
(2) 진보주의는 교육목적으로서의 '성장'을 비판. 성장이란 그것이 진행하는 한 좋을 수도 나쁠 수도 있다는 것(Horne)
(3) 아동 중심의 교육원리는 현실적으로 적용되기 곤란. 지적 성숙은 오랜 시일에 걸쳐 습득되는 정신적 훈련의 결과이기 때문
(4) 아동의 흥미를 중시하다 보면 아동들은 학교에서 기본교과의 습득에 소홀하게 되며 이로 인해 수학이나 자연과학 분야의 발전이 저해
(5) 진보주의자들은 기본적인 지식, 기술, 능력 습득을 소홀히 하여 아동에게 미래에 대한 준비를 시켜주지 못한다는 비판을 받았음. 지적으로 무지한 인간을 길러냈고, 구체적으로 기초학력저하 문제를 지적함
(6) 아동의 자유를 지나치게 존중하여 개인주의적, 자아중심적 교육이 되었음. 따라서 지나친 아동 중심(흥미, 욕구) 교육으로 목표의 혼란, 산만한 수업이 이루어지며, 역설적으로 아동의 이기적, 자기중심적 성향을 증대시킨다는 비판을 받았음

(7) 진보주의자들은 협동, 활동, 체험을 지나치게 강조함으로써 교육의 비효율성을 초래한다는 비판도 받았음. 즉, 학습자 자율성 강조로 인한 교육의 비효율성 등을 비판함

UNIT 3 본질주의

1 개요

(1) 본질주의는 항존주의와 마찬가지로 서양철학의 전통사상인 관념론과 실재론을 포괄하고 있으며 진보주의에 반대하는 전통적이며 보수적 교육사상
(2) 듀이의 경험중심 교육사상에 반대하며 교과 지식을 중시하는 교과중심 교육사상 지지
(3) 그러나 항존주의와는 달리 진보주의를 전면 부정하지는 않으며 항존주의와 본질주의는 학교가 직업교육기관이 되어야 한다는 데 반대
(4) 직업교육과 같은 비 지적 활동을 반대하면서 그들은 학문적 교과를 학습하고 전달하는 데 교수학습의 중심을 두어야 한다고 주장

2 역사

(1) 1930년대까지 극성을 떨쳤던 진보주의 교육관에 반기를 들고 나타난 사상
(2) 정확하게는 1936년 베글리(Bagley, 1874~1946)를 중심으로 '미국교육 향상을 위한 본질파 위원회'를 창설하고 1938년 '본질파 선언'을 하면서 부터임
(3) 진보주의 교육이 아동의 흥미와 자유를 지나치게 중시하고 전통적 문화를 경시한 것에 대해 비판하면서 진보주의 교육의 한계를 보완하려고 1930년대 나타난 교육운동
(4) 역사적으로 전수되는 문화유산에는 본질적인 내용들이 있으며, 그것은 오늘날에도 필수불가결한 것이기 때문에 교육을 통해서 가르쳐야 한다고 주장

"본질주의자들의 교육적 관점에 따르면, 교육의 주요 기능은 인류의 문화적 유산을 전승시키는 것이다. 교과목은 새로운 지식을 획득하기 위해 사용되는 지적 자본을 나타내며, 가치있는 경험들을 구체화시킨다. 근본적인 기능의 숙달은 기능의 필요성이 제기될 때 우발적으로 획득될 수는 없다(Kandel, 1955)."

3 교육원리

(1) 학습은 본질상 강한 훈련의 과정. 그러므로 교육의 주도권은 학생이 아니라 교사에게 교육과정의 본질은 기본 교과를 철저히 이수시키는 것
(2) 교육은 과거부터 발전되어 온 기본적 능력, 예술, 과학과 같은 학문적 교과가 중심
(3) 교육방법은 전통적인 훈련 방식으로 회복. 즉 수업방법은 정규적인 과제, 시험, 평가가 중심
(4) 교육은 아동의 흥미와 자유보다는 아동의 노력과 흥미를, 아동의 자발성보다는 교사의 주도권을, 개인의 경험보다는 민족의 경험을, 교재의 심리적 조직보다는 논리적 조직을, 교과와 전통적 학문적 훈련 방법의 존속을 중시

① 학습은 본질적으로 어려운 훈련과정을 포함. 아동의 흥미만을 따를 수는 없고 원대한 목적을 위해 훈련이 병행되어야 함
② 교육은 아동이 아니라 교사가 주도해야 함. 교사는 성인 세계와 어린이 세계 사이의 중개자이며, 전문적인 준비를 갖춘 교사가 학생들의 성장을 지도할 수 있음
③ 교육과정은 선정된 내용을 학생들에게 전달하는 것. 사회적 전통은 인간경험의 결정체들이기 때문에 학생들은 개인적인 흥미나 관심에 따르기보다 이러한 '전통'을 학습해야 함
④ 학교는 전통적인 교수방법을 수용해야 함. 전통적인 정신훈련의 교수법들이 갖는 장점을 보다 강조

(5) **교육적 관심** : 교재내용의 재검토, 학교계획에서 본질적인 것과 비본질적인 것의 구분, 교실에서의 교사의 권위 회복 등에 관심

> **알아두기 ① 본질주의 교육원리**
> - 첫째, 초등학교 교육과정은 문자적 능력과 산술적 능력에 도움이 되는 기본적 능력의 배양
> - 둘째, 중등학교 교육과정은 역사, 수학, 과학, 국어, 외국어 교과에서의 능력을 배양
> - 셋째, 교육과정의 핵심은 교과를 철저하게 이수하고 그것에 몰두하고 숙달하게 하는 것
> - 넷째, 학교교육은 교과를 요구하며 권위에 대한 존중을 요구
> - 다섯째, 학습은 엄격하고 강한 훈련과 노력을 요구. 강한 훈련과 노력을 통하여 미래를 대비하고 전이력이 높은 교재나 훈련을 통하여 효율적인 학습을 진행하여야 함
> - 여섯째, 교육활동에서의 주도권은 학습자에게 있지 않고 교사에게 있으며 교사는 뛰어난 교수기술로 학습자의 능력을 개발시켜야 함
> - 일곱째, 교육의 목적은 생활 전반에 대한 지식을 배양하는 데 있음
> - 여덟째, 교육은 개인적 요구와 필요도 중요하지만 더 중요한 것은 사회적 요구와 관심. 학습은 원래 힘든 활동을 통해 목적을 이루고 하기 싫어도 적용해야 하는 요소를 내포
> - 아홉째, 교육의 궁극적인 목적은 사회의 유능한 시민을 양성하는 것. 이기적인 개인의 관심이나 요구만을 충족시키는 교육이 되어서는 안 됨. 교육은 요구와 관심을 반영하고 있어야 함
> - 열번째, 학교는 전통적인 강한 학문적 훈련방식을 사용

4 대표자 : 버글리, 모리슨, 브릭스, 칸델 등

5 본질주의의 비판

(1) 본질주의의 보수성은 지적인 진보성과 창의성을 저해할 위험
(2) 현대와 같은 급격한 변화의 문화에 비추어 지나치게 정적
(3) 문화유산의 본질적인 것을 보존한다고 할 때, 습관과 전통, 전통과 본질적인 것의 구분을 어떤 기준에 의해 할 것인가는 쉬운 일이 아님
(4) 문화유산에 대한 지나친 보수적 입장을 취함. 즉, 전통이 모두 가치있는 것은 아니라고 할 수 있다는 것으로 정적인 전통적 문화유산을 강조함으로써, 항상 변화하는 사회의 문화를 경시
(5) 자연과학이나 인문학(고전)을 강조하면서, 현대 문화를 이해하기 위한 사회과학을 경시하는 경향
(6) 교사 주도의 체계적인 지식 전수를 중시하였으나, 학생 참여 제한으로 독립심, 비판적 사고, 아동의 자발성, 협동정신의 함양 등이 소홀하게 되었음

UNIT 4 항존주의(Perennialism)

1 개요

(1) 항존주의는 실재론을 철학적 배경으로 하고 진보주의를 전면 비판하면서 1930년대 미국에서 등장한 교육철학
(2) 항존주의는 종교적 세계관 위에 서서 철저한 반과학주의, 탈세속주의, 정신주의를 강조
(3) 항존주의의 항존은 언제나 존재하며 절대로 변하지 않음. 즉 시공을 초월하여 늘 그대로 있음을 의미

2 역사

(1) 항존주의는 진리와 원리는 불변한다고 믿으며, 모든 가변적인 것을 진리와 원리에 입각해서 해석하려는 입장
(2) 항존주의의 직접적 성립 계기는 진보주의에 대한 반기로서 1930년대 싹틈
(3) 허친스는 오늘의 문명이 과학지상주의, 과학만능주의에 빠져 인간을 파멸의 길로 몰아가고 있다고 외치면서 이런 시련을 극복하기 위해서는 교육의 마당에서 과학숭배주의, 사회밀착주의를 추방해야 한다고 주장
(4) 진보주의와 그 철학적 배경인 프래그머티즘을 강력히 비판하면서 항구불변의 진리로 돌아갈 것을 강조하는 교육사조. 인간의 본질은 이성이며, 인간이 교육을 통해 익혀야 할 가장 중요한 것은 영구불변의 절대적, 보편적 진리이고, 인간만이 지닐 수 있는 도덕성을 계발하는 것
(5) 인간의 본성은 불변하기 때문에 교육에도 절대적인 원리가 적용되어야 한다고 보았음. '절대원리'는 진보주의의 '변화의 원리'와 대조. 따라서 심각한 사회 변화에도 불구하고 영속적인 것이 참되고 이상적인 것이라고 봄

3 교육원리

(1) 인간의 본성은 동일하기 때문에 교육은 모든 사람에게 동일해야 함
(2) 이성은 인간의 가장 고귀한 속성으로, 교육목적은 이 본성을 발휘하도록 하는 것
(3) 교육의 임무는 영원한 진리를 밝히는 것. 교육목적으로 이성의 계발 강조
(4) 아동은 문학, 철학, 역사, 과학과 같이 오랜 세월을 통하여 인간의 포부와 업적이 담긴 대저서를 읽어야 함
(5) 교육은 생활의 모방이 아니라 생활에의 준비
(6) 인간의 본성이 어디서나 동일하므로 교육도 모든 사람에게 동일해야 함. 이성을 계발(위대한 고전을 통한 지성의 계발)하고 욕망의 통제를 훈련하는 것이 중심적인 교육적 과제가 되어야 함
(7) 교육은 장래의 이상적인 삶을 위한 준비여야 하며, 교육은 생활의 모방이 아니라 생활을 위한 준비. 그런 점에서 학교는 생활현장과 같을 수 없고 학생들의 문화적 전통의 핵심을 습득할 수 있도록 계획되고 준비된 곳이 되어야 함
(8) 지식교육 중심의 교양교육을 강조. 학생들은 영원한 진리와 관련된 내용을 배워야 함. 실용적인 내용들이 아니라 필수적인 기본 학과와 더불어 이성의 훈련과 지성의 배양과 관련된 내용들을 공부해야 함. 따라서 전문가와 기능인이 되기 전에 교양인이 되어야 함을 역설

(9) 문학, 철학, 역사, 과학 등의 인류의 지혜와 진리를 담고 있는 위대한 저서(고전)를 읽어야 한다고 주장. 즉 시간과 공간을 초월하는 영원한 진리를 학습해야 한다.

> **알아두기 ①** 항존주의 교육원리
> - 첫째, 진리는 보편적인 것으로 장소, 시간, 사람에 따라 달라지는 것이 아님
> - 둘째, 훌륭한 교육은 진리를 탐구하는 것
> - 셋째, 진리는 서구 문명의 고전 속에 있음
> - 넷째, 교육은 지성을 배양하기 위한 교양교육이어야 함
> - 다섯째, 인간의 본질은 동일함으로 모든 동일한 교육이 요구
> - 여섯째, 교육내용은 인류가 축적해 놓은 위대한 고전이며, 이를 배우고 익힘으로써 우주의 영원성에 가장 잘 도달할 수 있음

4 대표자 : 허친스, 아들러, 마리탱 등

5 항존주의의 비판

(1) 지나치게 금욕적이고 지적 귀족적
(2) 재능있는 대학생에게 부과하는 것과 똑같은 종류의 엄격한 학문적 훈련을 아동에게 부과하는 것은 인간의 능력 차를 무시하는 일이며, 각 개인의 성장을 가로막는 일
(3) 지성은 인간의 인격성의 한 측면일 뿐 정서적이거나 개성적인 면도 중요하므로 교육을 통해 훌륭한 시민이나 생산자가 되는 것도 중요
(4) 인간을 너무 획일적으로 파악함으로써 인간에 대한 이해와 그에 기초한 지적인 측면에 한정. 즉, 이성이나 지적 훈련(지성 계발)을 획일적으로 강요하여, 전인교육을 소홀히 하였음
(5) 지적 측면에서 치우친 이러한 교육은 생활의 밀접한 연관 관계를 소홀하게 만들 수 있음. 따라서 고전과 인문교육을 지나치게 강조하여, 소수의 지적 엘리트를 위한 교육이 되기 쉬움
(6) 가치의 다양성과 상대성을 요구하는 현대 민주주의 사회에 부적합. 이들이 취했던 진리절대주의는 민주주의와 과학적 탐구정신과 양립되기 곤란

UNIT 5 재건주의(Reconstructionism)

1 개요

(1) 재건주의는 개조주의라고도 하며, 개조주의란 교육의 선도적 역할을 통해 무엇인가 잘못되어 가고 있는 '사고방식이나 사회시스템을 고쳐 새롭게 다시 만들자'라는 의도가 숨어 있음
(2) 재건주의의 대표적 인물인 브라멜드(Brameld)라는 재건주의를 사회적 병리로 멸망의 위기에 처한 인류를 구하는 철학이라고 하며, 인간교육의 유일한 목적은 인류가 멸망하기 전에 사회가 재건되어야 한다는 것

2 배경

(1) 사회적, 문화적 위기(사상의 혼란, 가치관의 갈등, 확실성의 상실, 사회적 정의의 상실, 불평등 등)를 극복하고 급변하는 사회변화에 적극적으로 대처해야 할 필요성을 강조하며 교육을 통하여 사회를 재구성(아동, 학교, 교육 그 자체가 사회·문화적 힘에 의해)해야 한다고 주장
(2) 기본적으로 진보주의를 계승하면서, 항존주의 및 본질주의의 장점을 수용. 특히, 진보주의가 듀이의 철학을 아동중심주의라는 측면에서 수용한 것이라면, 재건주의는 그것을 '사회중심주의'라는 측면에서 수용한 것. '사회적 진보주의'라고도 함

3 특징

(1) **사회적 자아실현 교육**: 교육의 가장 중요한 목적은 사회의 재구성을 위한 프로그램을 통하여 성장세대의 사회적 자아를 길러내는 데 있음
(2) 아동의 학교 교육은 사회와 문화에 의해 규정되어야 하고, 교육의 수단과 목적은 현대의 문화 위기에 대처하기 위해 재구성되어야 하며, 행동과학에 의해서 발견된 연구결과에 따라 재구성되어야 함. 왜냐하면 행동과학은 감정이나 독단에서 탈피한 보편적인 판단을 가능하게 하기 때문

4 재건주의 교육원리

(1) 재건주의 교육은 학습자에게 사회적 문제를 각성시키고 그러한 문제의 해결에 적극적으로 참여하도록 계획되어야 한다고 하였으며, 사회적 의식을 각성시키기 위하여 학습자는 현실의 의문과 논쟁적 문제를 제기하도록 권장
(2) 사회적 기관으로서의 학교는 사회 발전을 위한 다양한 사고와 견해가 강조되고 권장되는 장소이며 다양한 사고의 발전으로 논쟁의 중심이 되어야 함
(3) **재건주의 교육이념**
 ① 교육은 인간 정신의 변화를 꾀하고 과학의 힘을 이용하여 사회질서를 바로잡는 데 교육이 앞장서야 함
 ② 교사 스스로 재건주의 사상에 투철하고 문제에 대한 뚜렷한 해결방안을 가지고 있어야 함
 ③ 사회를 재구성하려면 먼저 사회구성원을 재교육하여야 함
 ④ 교육목적과 방법은 행동과학의 연구 성과에 의해 혁신되어야 하고, 교육의 목적, 내용, 방법은 문화의 위기를 극복할 수 있는 방향으로 재구성되어야 함
 ⑤ 교육의 사명은 새로운 민주적인 사회질서를 확립하고 부가 고루 분배되는 복지사회를 지향해야 함
 ⑥ 교육목적은 사회를 재구성하는 데 필요한 프로그램을 개발하는 것
 ⑦ 교사는 미래 지향적 교육을 해야 함
 ⑧ 학습자, 학교, 교육은 사회와 문화에 의해 재구성되어야 함

5 비판점 및 한계

(1) 미래사회를 어떤 가치관에 근거해서 세울 것인가에 대한 논증이 결여. 가령, 미래사회의 비전으로 민주복지사회를 말하지만 그것이 교육의 유일한 절대적 목표인가에 대한 의문. 즉, 민주주의에 대한 지나친 기대와 교육의 힘에 대한 과신이 문제가 될 수 있음
(2) 행동과학을 교육의 유일한 기초과학이나 방법으로 간주함으로써 교육을 단지 사회개조의 수단으로만 봄

CHAPTER 05 현대 교육사상

UNIT 1 실증주의

1 역사

(1) 실증주의는 좁은 의미에서 과학주의를 대표하며 지식의 대상을 경험적 사실에 한정
(2) 현대의 모든 학문에 가장 깊은 영향을 주었고 인식론적으로 볼 때 모더니즘으로 대표
(3) 독일의 실증주의, 신칸트학파, 현대의 논리실증주의 등 행동주의도 한 유형

2 기본 입장

(1) 지식의 객관주의 강조. 즉, 지식은 누구에게나 개인의 차이가 없이 경험되거나 관찰되어야 객관성을 인정받을 수 있다고 봄
(2) 지식의 객관주의는 인간의 감각기관에 의한 경험에 전적으로 의존하며, 인간의 감각능력을 확장하는 기구(현미경, 망원경 등)를 통해 감각기관에 의한 접근이 가능한 것으로 바꿈
(3) 지식의 객관성은 측정과 수량화 그리고 과학적 검증절차를 중시. 그러므로 실험과 관찰의 결과는 주관에 의해 왜곡됨이 없어야 하고 논리적, 수량적 조직을 필요로 함
(4) 이와 같은 수량화, 관찰, 검증의 중요성은 자연과학의 분야뿐만 아니라 사회과학을 포함하는 모든 학문의 태도와 방법에 영향을 미쳤음

3 교육 분야에의 영향

(1) 실증주의는 교육적 지식의 과학화, 객관화를 추구함으로써 교육 분야에서 양적 연구에 중점을 두는 결과를 가져왔음
(2) 인간행동의 연구에서 관찰할 수 있는 외형적 행동만을 강조한 행동주의는 20세기초의 교육문제를 탐구하는 패러다임, 교육목표와 교육내용의 탐구방식, 교육방법론에 지배적 영향

UNIT 2 실존주의

1 개요

(1) 20세기 후반 실존주의 등장으로 교육철학의 성격에 큰 변화가 일어났음
(2) 합리주의적 관념론과 실증주의 사상에 대한 반동으로서 독일과 프랑스를 중심으로 일어난 실존주의는 철학의 관심과 교육철학의 접근방법이 근본적으로 다름
(3) 실존주의는 개별 인간으로서의 주체적 존재성을 강조하는 철학 및 문예상의 한 사조

2 역사

(1) 실존주의는 19세기 키에르케고르(Kierkergaard)와 니체(Nietzsche)에서 비롯
(2) 본격적인 발전은 1920년대 후반에서 1930년대까지의 하이데거(Heidegger), 야스퍼스(Jaspers), 샤르트르(Sartre) 등에 의해 발전
(3) 실존주의는 합리주의의 허구성, 실증주의의 비인간화, 독재체제의 비윤리성에 반기를 들고 등장하였으며, 특히 제2차 대전의 체험에서 나온 절망적 허무주의 그리고 이것들을 극복하려는 행동적 참여주의하고도 맥을 같이하고 있음
(4) 현대문명이 결과한 문제점(제1·2차 세계대전과 후기산업사회의 비인간화)을 비판하고 그 대안으로 인간성 회복과 인간의 주체성 회복을 주장
(5) 체계성, 전체성, 일반성, 보편성(관념론과 실증주의)를 부정하고 자율적(주체적) 존재로서의 인간을 중시
   ① 현대 거대사회는 개인을 익명화시키며, 물질문명의 현란함과 폭발적인 지식, 정보의 홍수 속에 개인을 매몰시키는 전체성과 보편성을 거부
   ② 자신의 고유한 자아와 주체성을 상실하게 하고 그 결과 진정한 나를 상실한채 비본래적 삶을 영위하게 하는 비인간화의 반동으로 인간성의 회복을 주장하며 등장한 철학
(6) **참다운 자아의 회복**
   ① 실존이란 객관적 실재나 사물의 현존 등을 말하는 것이 아니라, 그러한 것이 나에게 어떠한 의미를 갖는가를 문제 삼는 것
   ② 추상적 이론으로 삶이 일반화되고 객관화되며, 사회의 조직과 규칙에 종속되는 것을 거부하며, 지금 여기에 실존하는 나의 삶의 의미가 무엇인지를 드러내는 것
(7) **'실존은 본질에 앞선다' 혹은 '존재는 주체성이다'**
   ① 샤르트르의 주장의 의미는 인간의 존재가 먼저 있고 인간의 본질에 대한 규정(본질에 대한 인식)은 나중에 이루어진다는 말
   ② 인식보다 존재가 우선인 것. 나의 존재가 먼저 있고 나는 오직 나의 자유로운 선택과 주체적 결단에 의해 내 자신을, 나의 본질(정체성)을 형성해 감
(8) **각성과 직면**
   ① '자유', '선택', '책임' : 구호 아래 인간이 선택하는 행위자, 자유로운 행위자, 책임지는 행위자이므로 교육은 선택의 자유, 선택의 의미, 선택에 대한 책임을 의식하도록 일깨우는 각성의 과정이어야 함
   ② 삶의 좋은 측면뿐만 아니라 부조리한 측면, 가령, 죽음, 불안, 좌절, 갈등, 분노 등도 교육장면에서 주체화시켜야 함. 그래야만 존재에 대한 환상에서 벗어나 존재를 있는 그대로 직면할 수 있음

3 기본 입장

(1) 인간 존재의 성격을 실존(현실존재, 즉 현존재)이라고 규정하고, 그 실존의 문제를 사상의 중심에 둠. 실존주의자들은 인간 존재의 상황은 무의미, 무기력, 무규범, 허무, 불안, 초조 등과 같은 한계상황이라고 말함
(2) 존재가 본질에 우선(Sartre). 전통철학의 입장과는 대립되는 것으로 인간 각자의 삶은 미리 짜여진 우주의 질서, 규범, 도덕적 판단기준에 매일 수 없는 존재이며, 스스로를 자신의 책임하에 형성해 갈 수밖에 없는 존재임을 말함
(3) 주체성이 진리. 인간은 자신의 진리를 선택함에 있어서도 실존적 자유가 있다는 뜻. 즉, 모든 인식에 있어서 무엇이 자기에게 진리인가를 궁극적으로 결정하는 것은 개별적 자아. 이는 보편타당한 진리관을 거부하는 논리
(4) 실존주의의 주요 관심사는 개체성. 지식뿐만 아니라 감정이나 의지까지 포함하는 체험의 세계, 존재의 불합리성, 선택의 자유와 결단, 인간이 회피할 수 없는 불안, 죽음, 우울, 공감적 참여의 문제 등

4 교육 분야에의 영향

(1) 교육적 관심의 심화와 교육목적의 성격을 근본적으로 반성하도록 하였음
(2) 현대 지식관의 변화에 영향을 줌으로써 교육내용 및 교수이론에 새로운 시각을 제공
(3) 아동 개개인의 자유와 책임, 주체성을 중시하도록 하였고 자아결정, 자아실현 등에 영향
(4) 인간존재의 심층적 상황을 극복하고 전인적 인격교육을 지향하도록 하였음
(5) 개성 중시, 자아실현, 전인교육, 비연속적 교육 측면도 포함

교육의 비연속성 (단속적 성격)	연속적인 교육관 공장적 교육관(주형의 비유)	유기적 교육관 (성장의 비유)
볼노우에 따르면, 교육을 통한 지속적인 성장·발전이라는 전통 교육의 연속적인 교육관의 입장을 거부. 교육은 '순간적으로 실현되었다가 순간적으로 소멸하는 특성'인 실존처럼 지속적인 형성은 불가능. 즉, 비연속적	기계적 교육관으로 교육을 일종의 '만드는 일'로 간주. 교육을 교육자의 의도했던 목적에 따라 그에게 맡겨진 인간을 어떤 모습으로 만들어 가는 것이라고 보는 것. 교육을 적극적 형성작용으로 이해	교육은 일종의 '기르는 일'. 정원사가 자연의 법칙에 따라 식물을 재배하듯이, 교육자도 학생의 본성에 내재하는 법칙에 따라 그 자신의 목표를 실현해 가도록 하는 것으로 보는 것. 교육을 소극적 보호작용으로 이해

5 만남의 교육적 가치

(1) 실존철학은 교육의 상황에서 교사, 학생, 교재의 실존적 만남 위에서 교육을 논의하는 기초를 제공. 만남은 특정한 계기와 돌발적 상황을 통해 비약적으로 성장, 발전할 수 있는 계기를 가져다줌(비연속적 형식의 교육관)
(2) 만남의 교육적 가치는 부버(Buber, 1878~1965)에 의해 제시. 그는 현대인의 인간관계를 '나-그것'의 관계로부터 '나-너'의 관계인 인격적 만남의 관계로 달라져야 함을 강조

① '나 – 그것'의 관계	② '나 – 너'의 관계	③ 대화교육
개인이 사람이나 사물에 대하여 맺는 관계를 말함. '나'가 '그것'(대상)을 경험하고 인식하고, 소유하고 이용하는 관계. 이때의 '나'는 '그것'을 관찰하고 조정할 뿐 인격적으로 상호작용하지 않음	서로 온 존재를 기울여 맺는 온전하고 참된 인격적 관계. '나-너'의 관계가 진정한 '만남'의 관계라고 보고 그러한 만남을 통해 인간의 실존을 회복할 수 있다고 보았음. 인간은 관계를 통해 자기의 실존을 형성해 나가는 존재이기 때문	'나'와 '너'의 인격적인 만남 안에서 진정한 대화가 일어날 수 있음. 이러한 진정한 인격적 대화를 통해 인간의 실존의 회복, 즉 인간화가 가능. 그런 점에서 교육은 인간의 본래적 모습을 회복하는 일에 초점을 두어야 함

(3) 볼노우는 '만남이 교육에 선행한다'고 주장함으로써 "참다운 만남, 즉 인간의 내면적 핵심에서 접근하는 만남(해후)은 나의 삶 전체가 뒤집히고, 전혀 새로운 출발을 하게 될 수도 있다"라고 하였음

위기	• 어원적 의미 : 사람을 어떤 나태로부터 해방시키는 체(screen)와 같이 걸러내는 작용. 즉 정화의 의미와 하나를 선택하지 않으면 안 되는 상황 • 인간의 성장은 한결같은 흐름으로 진행되는 것이 아니라 침체기를 갖는 불연속적인 단절현상이 있음. 학생들로 하여금 위기를 회피하게 하지 말고, 도리어 위기는 인간의 삶에 본질적인 필요임을 인식시켜 용감하게 대결하도록 도와주어야 함
각성	• 교육의 결정적 임무는 양심의 각성이며 학교의 임무는 인간을 내면적으로 눈뜨게 하는 것 • 오직 돌발적으로 끼어드는 단속적 사건에 의해서만 일어나며 이것은 인간을 이때까지 타성에 끊어 놓음. 그러므로 각성은 언제나 고통스러운 일
충고	• 권위를 가지고 남에게 새로운 방향을 제시하는 교육자적인 의도에서 외부로부터 갑자스럽게 가하는 간섭을 말함 • 책망과 칭찬에 비하여 미래지향적이며 칭찬보다 책망에 가깝다고 할 수 있음. 명령과 호소 사이에 있는 교육적 감화영역에 속함 • 좋은 행동은 반복하게 격려하는 칭찬도 중요하고 바람직하지 못한 행동의 반복을 만류하는 책망도 중요하지만 미래를 지향하게 하는 충고에서 더 중요
상담	타인이 과감하게 결단을 내릴 수 있게 헌신적으로 봉사하는 일이라 할 수 있음
만남	• 예측, 예견도 못하였던 일이 운명적으로 일어나 그 사람을 사로잡아 새로운 방향을 취하게 만드는 사건의 돌발을 의미 • 우연한 계기로 만나서 새로운 변화를 일으키고 관계가 영속적으로 유지되는 것을 의미
모험과 좌절	교육은 학생들이 무엇에 온몸으로 도전하여 성공하면 기쁨을 맛보고, 실패하면 쓰라림을 통하여 다시 슬기롭게 도전하게 하는 면도 강조해야 함

(4) **개인의 중요성** : 학교는 개인의 창조적 개성을 신장시켜주어야 함. 즉, 개인의 개인성이 중요. 교육에 있어서 개성 존중(학습자의 정의적 측면 중요시하고 표면화)과 주체적 자아 발견을 강조하여 집단에 함몰되지 않는 개성있는 인간 육성을 추구

(5) **전인교육** : 진정한 의미의 존재는 전인의 포함. 이는 지적 생활과 정서 생활을 포함한 모든 면의 생활이 그의 존재를 의미

(6) **인격교육** : 학생의 자유와 개인적 책임을 강조. 학생 스스로 자기행위의 결과를 책임질 수 있는 태도를 강조

(7) **교사의 역할** : 교사는 학생들이 스스로 다가올 수 있도록 격려하고, 학생 스스로 생활방식을 통해 개성을 표현할 수 있도록 도와주며, 학생들의 입장에서 그들의 독립성을 존중해 줌

6 실존주의 교육원리

(1) 실존은 본질에 앞섬. 주체적·독립된 인간으로서의 순간순간의 인격적 만남이 교육에 선행
(2) 교육이란 반드시 의도적, 체계적, 지속적일 수만 없음. 순간의 만남과 사건이 우리의 삶의 방향을 완전히 바꾸어 놓을 수 있음. 이는 순간순간의 각성을 통해 변화되는 교육의 단속성을 전제로 한 것
(3) 이러한 단속적 실존주의 교육방법으로 위기, 각성, 충고, 상담, 해후 그리고 모험과 좌절을 들고 있음
(4) 대표적인 교육방법으로 해후가 있음. 실존적 개념의 만남이란 돌발성을 의미. 만남은 통념적으로 교육의 개념과 대립되며 교육으로의 방법화를 거부. 교사는 만남을 꾸며 낼 수 없음. 해후는 오랫동안 헤어졌다 뜻밖에 만나기 때문. 교사는 이 같은 만남이 일어날 수 있게 예비(준비)할 따름
(5) 학습자는 완전한 자유 속에서 스스로의 결단에 의한 개인적 선택을 하고 자신의 선택에 대한 책임을 지도록 함. 학습자는 자신의 문제 앞에 선 단독자
(6) 실존주의 교육은 철저한 선택과 책임, 그리고 개개인의 주체성을 강조
(7) 진정한 인간교육은 삶의 좋고 밝은 면뿐만 아니라 삶의 부조리나 실존적 긴장, 즉 불안이나 죽음, 고통, 위기같은 불합리하고 추한 측면까지도 포함한 전체로서의 인간교육이어야 함
(8) 훌륭한 교육이란 적나라한 인간의 모습에 초점을 맞추는 것

7 비판점 및 한계

(1) 개인을 지나치게 강조함으로써, 환경과의 관계를 소홀히 했음
(2) 비연속적 원리에 의한 교육은 그 자체가 교육적으로 의의가 있기 보다는 대안적이고 보완적인 역할에 지나지 않음(예 교수·학습 활동 이외에 학생의 생활지도 상담 등)
(3) 실존주의 교육학이 현장에 적용되기 위한 교육방법 연구는 아직 미진한 상태여서 이에 대한 활발한 연구가 요청

UNIT 3 현상학과 해석학

1 현상학

(1) 역사
① 현상학은 후설에 의해 철학이나 제학을 무전제의 기초 위에 확립하려는 의도 아래
② 모든 선입관을 추방하고 '사상 그 자체'로 환원해가려는 의도로 출발
③ 현상학은 '삶의 철학', '실존주의', '해석학'과도 밀접한 관련을 지님
④ **현상학적 환원** : 현상은 '의식 내재적인 현상'이 되고, 의식작용을 깊이 들여다보면 의식(현상)의 구조를 밝혀내게 됨
⑤ **본질직관** : 현상학적 환원을 통해 주체는 자신의 사고체험의 관찰자가 되므로 가장 객관적인 위치에 서게 되며, 이를 통해 궁극적으로 대상의 불변하는 본질을 직관적으로 파악하고자 하는 것

⑥ **생활세계** : 학문적 이념의 옷을 입히기 이전의 원초적 체험의 세계를 말함. 후설은 생활세계야 말로 상호주관적인 의미지평으로서의 객관적 세계이므로, 이것이 모든 학문의 기초가 됨

(2) 기본 입장
① 현상학은 모든 대상을 객체적으로 보려는 실증주의적 태도를 지양하고
② 개인의 체험세계 내에서 모든 대상적 인식의 기초를 지우려는 지식 주체화 운동
③ 현상의 본질을 이성적으로 탐구하려는 학문. 현상 + 논리 → 철학의 방법론

> **알아두기** ❶ 현상
> ① 경험적 대상이 의식에 나타난 구체적 모습
> ② 인간이 지니고 있는 의식의 '지향성'으로 인해 모든 외부의 대상은 새롭게 구성되어 나타나며, 이러한 구성과정을 통해 인간의 의식 속에 나타난 대상의 모습이 '현상'
> ③ 현상이란 우리의 인식과는 관계없이 존재하고 있는 객관적 대상물이 아니라 인간의 의식작용에 의해 '구성되어 나타나게 된 것'을 의미

> **알아두기** ❶ 현상학
> ① 사물 그 자체에 대한 학문이 아니라 경험적 현상에 관한 학문
> ② 실체가 무엇인가라는 질문보다는 실체를 어떻게 경험하느냐는 질문에 답하려는 인식론
> ③ 하나의 정답을 찾으려는 학문이 아니라 서로의 차이점을 이해하려는 각자의 주관성에 대한 학문

(3) 교육 분야에의 영향
① 현상학은 우리에게 뿌리 박혀 있는 전통 관념적, 비본질적 교육관을 타파하고
② 교육받는 당사자들의 체험 세계로 돌아가 교육현상 자체를 성찰하는 계기를 제공
③ 지금까지 지배적이었던 실증주의적 전제를 문제시하고 주관적 의미구성
④ 교육적 맥락의 이해, 교육 참여자들의 상호주관적 관계 등을 파악
⑤ 현상학은 교육과정 사회학, 상징적 상호작용론, 문화기술적 방법, 교육적 체험세계 등에 영향
⑥ 교육에 있어서 학생이 단지 수동적인 대상이 아니라, 능동적인 주체라는 점에 대한 인식을 새롭게 해주었음(신교육사회학, 구성주의의 인식론의 토대로 제공하고 실존주의 교육관에 영향)
⑦ 교육현상들을 미시적으로 서술(기술)하고, 이를 통해 해당 교육현상의 본질구조를 밝히려고 함(교육사회학의 미시적 접근에 영향)

2 해석학(인식대상에 대한 이해를 탐구)

(1) 역사
① 해석학은 원래 희랍인들이 신화를 해석하기 위한 기술로 개발되었고
② 기독교에서 성서 해석에, 법률가들이 법조문 해석에 이를 사용

(2) 딜타이의 입장(정신과학적 해석학)
① 딜타이는 '체험(삶)', '표현', '이해'를 기본 개념으로 해석적 활동의 궁극적 목표인

② 이해는 삶의 표현들과 직접적으로 관련된다고 보았음.
③ 그는 모든 텍스트는 해석되어야 한다고 보았고 이때의 텍스트는 언어, 문헌, 작품, 역사적 사물로 표현된 인간의 의식과 인간의 행위를 포함

(3) 교육 분야에의 영향
① 해석학적 교육이론은 인간적 삶의 현실을 교육적인 시각에서 바라보고 그 의미를 해명하려는 해석학적 노력과 지도
② 해석학적 교육이론에서는 인간의 삶의 현실로서의 교육현실을 과정인 동시에 생성으로 보고 아르키메데스적인 기점은 존재할 수 없다고 봄
③ 이는 사변적 관념의 세계 혹은 실증 과학적 객관화의 세계로부터 구체적인 교육이 이루어지고 있는 교육현실로 시야를 돌려야 함을 말해주고 있음
④ 교육현실은 하나의 텍스트이며 그 텍스트는 '이해'되어야 함
⑤ 해석자는 텍스트를 아무런 전제도 없이 대하는 것이 아니며, 사전지식 또는 선이해를 가지고 이해
⑥ 이해의 방법으로서 대화는 매우 중요
⑦ 이해의 지향점은 결코 절대적 진리의 획득이 아님. 이해는 더 나은 이해를 위한 전제

UNIT 4 포스트모더니즘(postmodern) : 근대교육의 해체(reconstruction)

1 개요
(1) 20세기 후반에 등장한 포스트모더니즘은 모더니즘의 문제점을 지적하고 개선하기 위한 사상
(2) 모더니즘이란 계몽주의의 과학적 합리성과 지성, 객관성 및 획일성, 절대적인 틀, 주지주의 등을 강조하는 사상
(3) 반면 포스트모더니즘은 다양성, 구체성과 개별성 그리고 주관성, 독특성 등을 강조
(4) 대표적인 사상으로는 데리다(Derrida)의 해체주의, 푸코(Poucault)의 사회 및 역사이론, 라캉(Lacan)의 심리분석이론 등

2 등장 배경
(1) 20세기 후반 이성 중심의 합리성에 한계를 느껴 새로운 패러다임의 필요성이 정치, 경제, 사회는 물론 문학, 예술, 학문 등 광범위한 영역에서 출현
(2) 오늘의 세계는 어느 때보다도 가치의 절대성과 판단 근거의 보편성이 군림하던 시대로부터 가치가 다원화되어 가는 형상이 심화되고 있음
(3) 20세기 전반에 이르는 시기를 계몽주의적 이성중심주의로 대표되는 모더니즘담론이 지배하던 시기라고 규정하고 이로부터의 탈피를 주장

3 모더니즘의 시대정신과 포스트모더니즘

(1) 근대성의 정신인 합리성과 근대화, 과학과 기술에 대한 믿음은 지속적인 변화와 역사의 진보적 개혁에 대한 '근대성'의 믿음을 지지

모더니즘 특징	논리적 사고와 판단을 인식표준으로 삼는 이성주의와 보편주의
	인간을 이성적 주체로 보아 동일성과 책임성을 강조하는 인간관
	인간과 사회를 기능적 연관체제로 보는 시스템적(체제적) 사고와 이에 연관된 효율성과 생산성 강조
	인간과 사회의 구체적 현실보다는 커다란 관계를 중시하는 대서사(거대담론)
	이성적 합리성의 증진을 통해 역사가 지속적으로 발전할 것이라는 진보적 역사관
	모더니즘의 입장들을 허구적이므로 해체시켜야 한다고 주장하면서 다양성과 차이의 존중을 통한 인간화(소서사 : 여성 및 성차별, 인종, 빈민, 아동, 환경문제 등)가 중시되어야 한다고 봄

(2) 근대성이 끼친 영향(Pippin)
 ① 이성의 권위를 인정
 ② 삶과 자연을 탈신비화
 ③ 인간 및 역사의 발전 가능성을 인정
 ④ 공통의 언어와 전통에 기초한 단일민족국가의 탄생에 기여
 ⑤ 자연과 인간의 본질을 규명하는 데 자연과학적 권위에 의존
 ⑥ 개인의 천부적 권리, 특히 자유와 자기결정의 표현에 대한 권리를 인정
 ⑦ 자유시장 경제를 도입하고 임금노동과 도시화, 그리고 생산수단의 개인소유를 장려

4 포스트모더니즘의 특징

(1) 계몽적 합리성의 부정
 ① 포스트모더니즘은 세계에 대한 모든 지식은 우리에게 주어진 이성이나 감각 작용을 통해
 ② 세계를 있는 그대로 파악하고 발견함으로써 이루어지는 것이 아니라고 봄
 ③ 우리가 지닌 욕구, 동기, 관심과 신념, 편견과 가치관, 경험 등에 기초해서 세계를
 ④ 해석하고 이해하고 탐구한 결과로 이루어진다는 것

(2) 진리의 상대성 및 다원성
 ① 포스트모더니즘은 진리의 다원성과 국지성, 상대성을 주장. 영원한 진리는 없으며
 ② 항상 그것은 부분적이며 불완전. 따라서 세계를 다양한 각도에서 해석하고 이해하려는 노력이 필요
 ③ 상대주의적 인간관, 진리관, 윤리관. 진리의 영원성을 거부

(3) 실천적 주체성의 강조
 ① 포스트모더니즘은 진리나 합리성의 역사성과 상대성에 대한 올바른 인식은, 곧 세계를 이해하고
 ② 파악하는 데 있어서 인간이 갖는 주체적이고 능동적인 역할과 능력에 대한 새로운 인식을 요구

(4) 사회적 협동과 대화, 연대의식의 강조
　① 진리가 상대적이라는 말은 개인의 임의적인 진리성을 주장하는 것을 의미하는 것이 아니라
　② 공통적인 관심과 가치관을 공유하는 대화와 논의, 비판적인 검토와 합의를 통해 만들어지는 것. 즉, 진리는 협동적 논의의 산물
　③ 타인에 대한 관심과 공동체의 존중과 상호협력을 강조하고 타인에게 해가 되는 어떠한 폭력과 착취도 거부

(5) 반주지주의, 반이성주의, 비합리주의, 즉 인간의 감성적 가치관을 지향

(6) 반권위주의를 지향 : 전체주의적 사고방식에 단호히 반대

5 포스트모더니즘의 교육관

(1) 포스트모더니즘은 계몽주의적 사고방식에 도전
(2) 큰 이야기보다는 작은 이야기, 총체성보다는 파편성, 중심성보다는 주변성, 타자성을 중요시
(3) 이성 중심의 교육학에 대한 비판이고, 특히 마르크스주의 교육학이 실천의 난관에 부딪치면서 새로운 실험을 시도하지 않으면 안될 상황에서 등장

6 포스트모더니즘의 교육적 논의

(1) **근대 공교육의 비판**
　① 포스트모더니즘은 근대 공교육은 정보양식과 컴퓨터가 발달한 오늘날에는 잘 맞지 않는다고 주장
　② 즉 정보사회에서 근대성의 표현물인 학교양식은 생산양식과 같은 공장모형에 잘 어울리는 것으로 발달한 오늘의 조건에서는 시대착오적인 것으로 여김
　③ 그 대안이 학교폐지론이며 다른 한편으로는 실험학교 혹은 대안학교 등이 있음

(2) **다양한 유형의 학교 강조**
　① 포스트모더니즘은 학교교육 중심의 사고에서 벗어난 새로운 형태의 다양한 학교 밖의 교육을 요구
　② 도서관, 박물관, 미술관 등을 포함한 다양한 사회교육체제 속에서 다양한 형태의 교육과 다양한 교육수요를 흡수하는 교육을 요구

(3) **교양교육에 대한 비판**
　① 고대 이래 자유교양교육 혹은 교양교육은 인간의 합리적 이성의 발달과 끊임없는 진리에 대한 탐구에 있음
　② 진리의 보편성과 영구불변성을 신뢰하는 교양교육을 강조하는 항존주의는 진리의 상대성을 주장하는 포스트모더니즘 교육과 근본적으로 대립

(4) **문화다원주의**
　① 포스트모더니즘 교육은 획일성과 하나의 논리를 거부

② 포스트모더니즘은 인간중심주의, 남성중심주의, 서구중심의 가치관으로부터 생태학적 교육, 홀리스틱 교육, 세계복합 문화주의, 남녀 평등주의, 다문화가치, 다양한 인간조건을 모두 포괄하는 문화 혹은 가치를 강조

(5) 비판적 교육학에 대한 입장
① 비판적 교육학은 계몽, 비판, 의사소통, 해방을 목표로 함
② 이와 같은 비판적 교육학의 거대서사에 대해 포스트모더니즘 교육은 강한 거부를 보임
③ 작은 이야기와 타자성, 자기 한계적 태도를 강조하는 포스트모던 교육학은 거창한 계몽이나 해방이 인간을 광인으로 만들었다고 비판

(6) 교육과정의 다양성
① **교육과정의 다양화** : 학생들이 다원적이고 개방적인 인식을 할 수 있도록 다양성 강조
② **교육과정의 맥락성과 정치성** : 창의적, 비판적, 다양한 사고를 자극하고 주체적인 문제해결 능력을 길러주는 하나의 학습 자료로서 기능해야 함

(7) 학습자 중심의 교육
① **학습자 중심 수업** : 교사와 학생은 공동으로 지식과 가치를 탐구하고 창조하며 재구성
② **학습주체로서의 학생** : 학생들의 흥미, 기호, 사유 및 행동 양식 등에 깊은 관심과 주의를 기울이고 교육의 과정에 적극적으로 참여시켜 그들의 비판적 능력과 창의성이 신장되고 발휘될 수 있도록 해야 함

(8) 대안적 학교체제
① **대안적 교육체제** : 열린교육, 대안교육, 홈스쿨링 등
② **단위학교 중심의 학교체제** : 관료주의 교육행정을 지양하고, 단위학교 중심의 자율적인 학교운영 지향

7 포스트모더니즘이 현대교육에 주는 시사점

(1) **포스트모더니즘은 학교에서 가르치는 지식에 대한 전통적인 관점의 전환을 요구**

보편타당한 것으로 간주되었던 교과 지식의 성격을 전반적으로 재검토하고 재인식하여 해체할 필요가 있음을 시사

(2) **다양성과 창의성을 강조하는 포스트모더니즘은 기존의 교육과정을 심각하게 비판**

교육이 단일하고 보편적인 지식과 가치를 전달하는 것이 아니라면 단일한 교육과정을 구성하기는 어려울 것

(3) **포스트모더니즘에 의한 교육은 학습자에 대한 전통적 견해를 수정할 것을 요구**
① 학습자에 대한 전통적인 견해는 학습자는 학습활동에서의 수동성을 강조
② 그러나 포스트모더니즘은 학습자의 능동성과 교육의 주체로 여김

(4) 포스트모더니즘은 전달과 주입이라는 전통적인 교육방법의 전환도 요구

학습활동에서의 개방적이고 비판적인 대화와 토론, 협동, 자율적인 참여와 창의적 탐구학습법으로 전환해야 한다고 제안

(5) 포스트모더니즘은 학습자 중심의 다양한 감성교육을 지향하여 인간 정신의 감성적 기능의 회복을 강조

(6) 포스트모더니즘은 현행 교육제도의 근본적 재검토를 요구하고 사회의 변화에 따른 새로운 교육체제를 요구. 또한 학교문화 해석의 다양성을 요구

> **알아두기 ① 포스트모더니즘의 특징**
> ① 포스트모더니즘은 거대서사를 거부
> ② 포스트모더니즘은 반정초주의를 표방
> ③ 포스트모더니즘은 다원주의를 표방
> ④ 포스트모더니즘은 형이상학에 비판적
> ⑤ 포스트모더니즘은 반권위주의를 표방
> ⑥ 포스트모더니즘은 지식과 권력을 상호의존적 관계로 파악
> ⑦ 포스트모더니즘은 연대의식을 표방

8 대표자

푸코(Foucault, 권력과 지식, 광기), 료따르(Lyotard, 소서사, 주체성), 로티, 데리다(Derrida, 해체, 자연) 등

UNIT 5 분석적 교육철학

1 개요

(1) 분석교육철학은 분석철학에 기반을 둠
(2) 사고의 논리적 명료화를 목적으로 하는 분석철학은 논리실증주의에 기초하여 발전한 철학
(3) 분석철학은 어떤 개념의 명료화와 진술의 논리적 타당성을 연구
(4) 분석철학의 영역은 언어철학. 언어는 실재의 논리적 그림
(5) 분석철학의 목적은 다른 모든 학문의 영역에서 사용하는 언어를 분석하려는 것이며 학문에서 사용된 언어의 오해와 오용을 제거하기 위해서임

2 배경 및 특징

(1) 형이상학적 명제(관념철학)을 배제하고, 논리적 분석(언어분석)에 의해 문제를 명확히 해결하려는 철학적 입장. 인간의 사상과 사고는 언어라는 매개체에 의해 표현되기 때문에, 언어분석이 분석철학의 가장 중요한 과제

(2) 교육에 관련된 기본 개념들(교육, 교수, 교화, 학습, 훈련, 성취 등)의 의미를 명백히 함으로써, 교육 현상에 대한 이해를 돕고, 나아가 교육의 실천원리들이 교육적으로 타당한가를 평가할 수 있는 토대를 마련하려 함
(3) 교육의 목적, 교육 내용, 교육 방법은 제시하지 않고, 그러한 주장 속에 담긴 내용들을 분석하여, 논리와 개념들의 의미를 명료화하려고 노력
(4) '교육', '훈련', '교수', '학습' 등과 같은 교육적 개념(도구)의 의미를 명료하게 해줌. 교육학을 과학화, 즉 학문적으로 체계화·전문화하는 데 기여하면서 새로운 차원의 학문적 방법론, 즉 분석적 방법론을 제공해주었음
(5) 교사들이 사용하는 언어의 중요성을 부각시키는데 중요한 공헌

3 자유교육론

(1) 자유교육

외재적 가치인 직업교육이나 특정 분야 전문가를 기르는 교육이 아닌 내재적 가치인 지식, 이해, 합리성을 실현하며 추구하는 일련의 활동이라는 교육의 내재적 목적을 강조

(2) 지식의 형식

① '지식'이란 공적 개념구조에 의해 구조화된 경험이며, 이러한 지식이 발달하여 공통된 지식으로서 어떠한 기준을 갖추고 일반적으로 인정되는 방식으로 분류된 것이 '지식의 형식'임. 즉, 인간의 구조화된 경험들이 개념적으로 조직된 것을 말함
② 피터스에 따르면, 교육이란 어떤 가치가 있는 '내용'을 도덕적이고 합리적인 '방법'으로 가르치는 일이라고 보았으며, 이러한 교육을 실행하는 교육과정은 규범적, 인지적, 과정적인 세 가지 기준을 따라야 한다고 보았음
③ 이 중 인지적 기준에 해당하는 것이 바로 교과내용으로서 지식의 형식을 명시하는 것
④ 지식의 형식은 인간의 경험을 조직하고 표현하는 공통의 방식으로서 교과보다 좀 더 포괄성과 균형을 갖추고 있음

(3) 성년식 입문으로서의 교육

① 교육은 교육의 개념에 논리적으로 내재 되어 있는 교육의 3가지 개념적 준거를 충족시키면서 문명화된 삶의 형식으로의 입문, 즉 성년식으로서의 과정
② 성년식 입문으로서의 교육은 사회화임

(4) 선험적 정당화

① 개인의 의식적 사고에 의하여 받아들여지는가 혹은 받아들여지지 않는가와는 무관. 즉, 개인의 경험과 무관하게 성립하는 그런 정당화
② 선험적 정당화의 내용은 개인이 심리적으로 그것을 납득하든지 않든지 간에 '논리적으로' 받아들이지 않으면 안 됨
③ 따라서 교과의 선험적 정당화란 우리의 필요나 이해에 관계없이 교과(교과의 내용)는 가치가 있다는 것을 가리킴

4 분석철학의 교육원리

(1) 교사는 자신이 생각하는 바를 학습자에게 **언어로 정확히 전달해야** 함
(2) 교사는 **논리학의 공식과 법칙을 준수하여 일관성있게 추리하여야** 함
(3) 교사가 주장하는 **지식은 객관적**이어야 함. 개인적이고 문화적인 편견으로부터 탈피하고 전문가에 의해 공식적으로 증명된 지식을 사용해야 함. 개인적 감정에 의한 지식은 옳은 것이 아님
(4) 교사가 주장하는 **지식은 신뢰할 수 있는 것**이어야 함. 증거가 불충분할 경우에는 그 이상의 자료가 발견될 때까지 판정이 보류되어야 함
(5) 모든 규범적인 명제를 신중히 검토, 그것이 과연 무엇을 의미하는가를 밝혀야 함
(6) 교사는 모든 논의와 토의에서 **사용되는 말과 규율을 명백히** 하여야 함
(7) 교사는 귀납법, 개연성의 법칙이 가설, 개념, 이론을 실증하는 데 적용되어야 함
(8) 교사는 특정한 교육이념을 무비판적으로 수용하게 하는 불분명한 정의와 표어, 은유 등을 바로잡기 위하여 **언어분석법을 사용**하여야 함

> **알아두기 ①** 분석철학의 교육적 의의
> - 교육학의 용어, 원리, 이론 등을 명확히 하는 데 공헌
> - 지식의 성격에 대한 탐구를 통해 교육내용을 선정·조직하는 데 필요한 체계적 논거를 제공
> - 교육의 윤리적 차원을 분명히 해 주었음
> - 교육현장에도 영향을 미쳐 교사들에게 명료하게 생각하고 말하도록 촉구

5 비판점 및 한계

(1) 교육에 내재된 다양한 개념들의 의미를 명확히 하는 데 중점을 두지만, 그 개념이 갖는 가치지향성에 대해서는 충분히 고려하지 못함. 가령, 교육을 가치추구 활동이라고 보는 전통교육과 충돌하며, 또한 실증되지 않는 것은 자유, 인격, 인간주의(인간성)같은 관념들이 교육에서 배제됨으로써 **인간을 단지, 생리적, 사회적 체제(매커니즘)에 지배되는 존재(성년식입문으로서의 교육 : 사회화)로** 환원
(2) 철학언어(개념, 명제)의 의미 명료화에 지나치게 집착하여, 개념 속에 내재된 언어의 역사적·사회적 측면을 소홀히 하거나 무시
(3) 언어적으로 명확하게 가치 추구라는 미명하에 학교교육에서의 합리성 혹은 지식의 추구와 같은 교육의 인지적, 이론적 측면을 강조한 반면, **직업교육과 같은 삶에 필요한 실제적 가치들을 간파하고 소홀히 함**
(4) **'사회적 실재의 입문으로서 교육'** : '지식의 형식들'에서 '사회적 활동들'로
  ① 허스트에 따르면, 교육은 사회적 실재로 학생을 입문시킴으로써 실천적 이성에 기반을 둔 실질적인 삶을 영위하도록 하는 활동
  ② 지식은 자체로 신성한 것이 아니라 좋은 삶을 위하여 사회적 활동과 연계될 필요가 있음. 따라서 명제적 지식만을 강조하지 않고, 절차적 지식과 함께 가르쳐야 함

UNIT 6 비판적 교육철학

1 개요

(1) 비판이론의 출발점은 독일의 프랑크푸르트 학파
(2) 대표적인 학자로는 호르크하이머, 아도르노, 마르쿠제, 하버마스, 지루, 프레이리 등
(3) 프랑크푸르트 학파의 가장 큰 특징은 현존하는 것에 대한 날카로운 비판, 대안에 대한 회의, 체계적인 것의 회피 등
(4) 비판교육학, 비판적 교육사회학

2 배경 및 특징

(1) 현대사회의 문제들(특히, 비인간화의 문제)을 비판하되, 그 책임을 개인에게 돌리지 않고 '사회 또는 그 체제'에 돌리면서 평등이념에 기초하여 사회를 비판하고 개혁하려는 철학사상
(2) 교육현장에서 강력한 힘을 발휘하고 있는 사회 불평등의 원인으로서 이데올로기의 실체를 밝히고, 이데올로기가 어떻게 인간의 의식과 사회화의 과정에 침투되어 비인간화를 조장하는가를 밝혀내고자 함
(3) 교육현장에서 발생되고 있는 억압관계, 지배와 피지배의 관계, 인간의 물상화, 자기소외의 문제 등을 발생시킨 원인을 역사·사회적인 맥락에서 찾아 극복하고자 하며 이를 통해 교육상황을 개선하고자 함
(4) '도구적 이성'에 대한 비판
  ① **도구적 이성 또는 도구화된 이성** : 도구적인 기능밖에는 수행하지 못하는 이성이라는 말. 도구적인 기능은 그 어떤 주어진 가치 또는 목적을 달성하는 데 있어서 가장 효율적인 방법은 무엇인지를 알려주는 기능을 가리킴
  ② 도구적 이성은 추구하는 가치나 목적이 과연 바람직한 것인지, 정당한 것인지에 대해서 그 이성은 아무런 판단도 할 수 없다는 점
  ③ **반교육** : 반쪽짜리 이성을 비판하기 위한 것. 원래 교육이라는 활동은 좋은 삶, 올바른 삶에 관한 규범적인 내용들을 가르치는 활동이었지만, 현대교육은 이런 내용들을 상실해 버린 채 여타의 상품들과 마찬가지로 시장에서 사고팔고 소유하는 하나의 상품으로 전락해 버렸음

3 교육의 정치학

(1) **교육의 목표** : 비판적 교육학의 주요 관심은 사회상황 속에 존재하는 일정한 사회계층의 예속상황, 억압 등을 폭로하는 것
(2) **반교육** : 현대사회의 부조리와 모순을 교육의 과정에서 인식조차 할 수 없이 그대로 재생산하는 것이 현대교육의 기능(기능중심 교육)이라면, 이런 것을 비판하고 개혁하고자 하는 교육을 말함. 이를 역교육이라고 하기도 함.

4 의사소통의 교육학

(1) 의사소통의 합리성

하버마스에 따르면, 자신의 의사소통이론을 통하여 억압과 지배가 없는 즉, 평등한 '이상적 담화상황'의 개념인 '의사소통의 합리성'을 제시하고, 이를 통하여 사회의 불평등이 극복되고, 민주주의가 증진될 수 있다고 보았음.

(2) 미시교육학적 관심

교육실천의 장인 교육사회와 사회적 조건들에 내재되어 있는 이데올로기를 비판, 분석하고 교육에 반영하기 위해서는 정치교육, 의식화교육, 여성해방교육 등이 중요하며, 이러한 교육을 통하여 평등적 민주주의 이념에 의해 의식화된 인간을 이성적 인간으로 봄.

5 비판이론의 교육원리

(1) 비판이론의 교육적 관심사는 다음 세 가지 질문을 통해 알 수 있음

① 교육에서 무엇이 문제인가?
② 그러한 문제는 왜, 어떻게 일어났는가?
③ 그러한 문제는 어떻게 치유될 수 있는가?

(2) 비판이론의 교육목적은 인간교육의 실현. 바람직한 인간교육을 구체적으로 제시

① 맹목적이고 억압적인 공부는 주체적인 사유를 방해하기 때문에 인간교육을 방해
② 바람직한 인간교육을 위해서는 물상화에 대한 저항이 필요
③ 인간은 기계적으로 변화되는 존재가 아님
④ 인간교육을 위해서는 정열, 즉 생동감이 필요
⑤ 바람직한 인간교육의 실현을 위해서는 특권의식이 없는 사회를 실현하는 것

6 비판점 및 한계

(1) 비판이론은 기존사회를 지배하는 주도적 이데올로기를 밝혀내어 비판하고 극복하고자 함.
(2) 그런데 비판이론이 평등이념을 강하게 고수하면서 그 자신이 하나의 이데올로기적이라는 비판을 면하기 곤란
(3) 평등적 민주주의사회(사회적 민주주의)를 지향하며 이에 따라 교육학의 주요 관심도 교육을 통한 사회민주주의를 의식화시키는데 있지만
(4) 근본적으로 인간의 타고난 이기적 본성. 즉, 개인의 욕망을 극대화하는 신자유주의 교육의 등장이 교육을 통해 얼마나 변화시킬 수 있는지는 여전히 어려운 과제

> **알아두기 ①** 비판이론의 교육적 의의와 한계
>
> - 비판이론은 철학의 사회적 역할을 강조
> - 비판이론은 실천과학의 한계를 지적
> - 비판적 교육이론은 총체적 교육관을 제시
> - 비판적 교육이론은 이상적 인간상을 정립
> - 비판적 교육이론은 교육내용과 방법에 대한 혁신적인 제안을 하고 있음
> - 비판이론은 학생들의 비판의식을 지나치게 강조하여 사회제도와 교육의 순기능을 제대로 파악하지 못하였음
> - 비판이론의 자본주의에 대한 비판은 과학과 기술의 인간 통제에 집중함으로써 그들 자신이 제시한 총체적 방법론을 스스로 따르지 못하였음
> - 비판이론가들이 제시하는 '해방적 교육학'은 개인적 교육학과 사회적 교육학의 원리를 취사선택하는 것이어서 논리적 일관성이 부족하다는 지적

온라인 교육의 명품브랜드 www.edupd.com

신박사의 ARETE 교육학
핵심 이론서

PART 6

교육사 (서양 및 한국)

CHAPTER 01 [서양교육사] 고대 및 중세
CHAPTER 02 [서양교육사] 16~17세기
CHAPTER 03 [서양교육사] 18~19세기
CHAPTER 04 [한국교육사] 고대 및 중세
CHAPTER 05 [한국교육사] 조선 및 근대

CHAPTER 01 [서양교육사] 고대 및 중세

UNIT 1 그리스 문화의 특징

1 그리스 문화

(1) 고대 그리스는 각 종족이 폴리스라는 도시국가를 형성하여 각각 다양한 문화적 독창성을 창조했으며, 문학, 철학, 예술, 과학 등을 발전시킴
(2) 이 시기는 서양교육의 기초와 유산의 토대가 된 중요한 시기임
(3) 고대 그리스 교육의 목적은 지혜와 행동이 겸비된 귀족적인 영웅을 양성하는 것
　① 명석한 판단력, 통찰력, 현명함과 재치, 웅변술 등의 덕목을 지닌 '오디세우스'적인 지혜
　② 힘과 용기, 담력과 인내심을 가진 '아킬레스'적인 용기와 조화를 이루는 이상적인 인간상
(4) 대표적인 고대 그리스의 교육제도로는 스파르타와 아테네의 교육제도를 들고 있음

2 특징

(1) 그리스는 철학, 과학, 예술, 정치, 교육 등 다방면에 걸쳐 서양 문화의 근원
(2) 이성을 가장 강조
(3) 사색과 세련됨을 중시
(4) 인간성의 조화로운 발달 지향
(5) 개인주의를 강조하였으나, 공동체의 일원으로서의 개인
(6) 자유인(시민)과 비자유인(노예, 외국인 등)을 엄격히 구분

UNIT 2 자유(교양)교육과 7자유과

1 그리스의 자유교육

(1) 의미
① 자유인을 위한 교육, 정신을 자유롭게 하는 교육, 혹은 여가를 위한 교육
② 직업교육·전문교육에 대하여 자유인으로서 인간적 교양을 기르는 것
③ 신교육운동에서 주장하는 아동의 개성과 자발적 활동을 존중하는 교육
④ 고대 그리스의 아리스토텔레스는 자유교육을 직업과 전문기술 지식을 위한 교육이 아니라는 의미에서, 자유인에게 적합한 교육이라고 생각
⑤ 현대의 자유교육은 획일적·통제적인 공교육(公敎育)에 반대하여, 목적에 있어서나 내용이나 제도 면에 대해서도 교육자의 창의로 행하여지는 교육을 가리킴
⑥ 일반적으로 그 성격은 자유주의적·개인주의적·문화주의적이라고 할 수 있음

(2) 영향
① 그리스의 자유교육의 영향은 서양 전체의 교육사에 중요한 영향
② 로마의 웅변가, 인문주의 시대의 신사, 신인문주의 조화로운 발달 등에 영향

2 7자유과(liberal arts)

(1) 의미
① 18세기까지 서양의 전 교육과정사에 커다란 영향. 20세기 이후의 자유교양 내용 체계에 영향
② 중세 수도원, 중세 대학 등에서 7자유과를 가르쳤으며 중세 대학 제도에서 핵심 커리큘럼
③ 삼학(trivium)과 사과(quadrivium)로, 삼학은 문법과 수사학, 변증법(논리학)이고, 사과는 산술, 기하학, 점성술, 음악을 포괄
④ "자유과"라는 표현에서 "자유"라는 단어는 라틴어 : liberalis에서 기원하는데 이는 "자유로운 인간"(노예가 아닌, 사회 그리고 정치상의 엘리트)을 뜻하며 이는 "섬기는 학문"과 대조
⑤ "자유과"는 초창기 사회의 엘리트 계급이 필요로 하는 각종 능력과 교양을 의미했으며 "섬기는 학문"은 인부들이 전문화된 능력과 지식을 갖추고 이들 엘리트를 섬기는 것에 필요한 훈련 과정을 의미

(2) 종류
① 3학 : 문법, 수사학, 변증법(논리학)
② 4과 : 산수, 기하학, 천문학, 음악

UNIT 3 아테네와 스파르타의 교육

1 아테네 교육

(1) 특징

① 아테네(Athene)는 기원전 1200년경에 이오니아족이 세운 도시국가
② 아테네 교육의 기초는 기원전 594년에 제정한 솔론(Solon, B.C. 640~560) 법에 의해 확립
③ 아테네의 교육은 시민(ephebus)을 자유인으로 기르기 위한 교육, 즉 자유교양교육(liberal education)을 지향하는 것
④ 자유인의 자질로서 요구되는 인간과 자연에 대한 폭넓은 지식과 귀족으로서의 품위를 유지하는 데에 기본이 되는 도덕성과 고상한 취미를 계발하여 균형있는 인격을 형성하는 데 그 목적을 두었음(자유교양교육, liberal education)
⑤ 교육내용은 체육, 문학, 음악, 미술, 철학 등과 독·서·산(3R's) 등을 중시했으며 신체와 정신이 조화된 인간을 양성하는 것
⑥ 아테네 교육은 페르시아 전쟁(기원전 500~497)을 전후하여 초기 아테네 교육과 후기 아테네 교육으로 나눔

(2) 초기 아테네 교육과 후기 아테네 교육

① 초기 아테네 교육의 목적은 조화로운 인간으로의 자유시민을 양성하는 것으로, 교육내용은 7세까지 가정교육을 하고, 8세~16세까지 초등교육 기간이며, 이후 체조학교와 음악학교에 다녔고, 16세~18세까지 공립체육학교에서 운동경기와 군사훈련을 받고, 20세까지 군복무를 하였으며 20세에 시민권을 받았음
② 후기 아테네 교육목적은 개인발전을 위한 지식과 기능을 습득하는 것으로 교육내용은 초등교육(8~13세)에서 독·서·산(3R's)과 체육 등을 위주로 한 사설 초등학교교육이 실시되었고, 중등교육(1~16세)에서 기하, 음악, 천문학, 문법, 수사학 등을 가르쳤으며, 고등교육(16세 이상)에서는 고등교육기관인 수사(修辭)학교에서 법률, 정치, 경제, 역사, 변증법, 수사학 등을 가르쳤음

(3) 소피스트

① 기원전 5세기경 아테네는 많은 전쟁을 거치는 동안 외국인들과의 접촉이 빈번해지고 국제화되어 감에 따라 아테네의 옛 정신이 약화되고 극단의 개인주의로 흐르게 됨. 당시의 이러한 요구는 소피스트(Sophist)들에 의해 대변됨
② 소피스트는 원래 지자(智者)를 의미하며, 5세기 후반에 웅변, 수사학, 기타 여러 지식을 전수하던 직업적인 교육자 또는 철학자를 총칭함
③ 교육목적은 입신양명에 필요한 지식 및 웅변술을 교수하는 것, 최초로 급료를 받은 교사

(4) 사상가의 특징

> **알아두기 ①**
>
> 소크라테스(Socrates), 플라톤(Plato), 아리스토텔레스(Aristotle) 등은 **개인주의와 사회적 질서를 조화시키기 위해** 힘썼고, 그것을 위한 여러 가지 행동기준이 무엇인가를 탐구하여 제시하려고 노력

① 소크라테스는 지덕합일의 도덕적 인간 양성을 교육목적으로 하였음
  ㉠ 지식(참다운 앎)에 바탕을 둔 도덕성으로 문제를 해결하려고 하였으며, 지(知)와 덕(德)을 겸비한 도덕적 인간을 말함
  ㉡ 교육방법은 무의식적인 무지(無知)에서 의식적인 무지로 이끌어 합리적인 진리에 인도하기 위해 대화법, 문답법, 반어법, 귀납법, 산파술 등을 교육하였으며, 경건과 절제, 자제, 정의 등을 강조함
② 플라톤은「국가론」에서 이상국가와 철인통치의 교육관을 보여 주고 있음
  ㉠ 영원불변의 개념인 이데아(idea)를 통해 존재의 근원을 밝히고자 했음
  ㉡ 그의 교육목적은 국가정의를 실현하는 것으로 국가의 통제감독하에 이상국가를 건설하는 것이었음
  ㉢ 교육내용은 20~30세는 산수, 음악, 기하, 천문학을, 30~35세는 가장 우수한 자를 선발하여 철학을 가르치고, 35~50세까지 국가의 정사에 실제경험을 쌓게 한 후, 50세에 철인(哲人)으로서 정치에 참여하여 정치적 지도력을 발휘함
  ㉣ 그는 소수 엘리트교육을 강조하였으며 지혜, 용기, 절제, 정의(四元德)를 갖춘 인간양성과 남녀 교육기회균등을 주장하였으며, 고등교육기관인 '아카데미(Academy)'를 개설하고 각지에서 청년들을 모아 연구와 교육생활에 전념함
③ 아리스토텔레스는 인간의 최고의 기능을 사고와 행위에 있어서의 합리성
  ㉠ 모든 개인은 타인과 함께 살아가면서 그의 행위와 사고를 이성에 의해서 안내받도록 교육되어야 한다고 주장함
  ㉡ 그는 "사물의 본질은 개개의 사물에 내재한다"는 실재론(질료와 형상)과 현실주의적인 철학적 입장이었음
  ㉢ 그의 교육목적은 중용(中庸)의 덕을 쌓아 행복한 생활을 영위하는 자유인을 양성하는 것이었음
  ㉣ 교육의 단계는 초등교육(신체발육), 중등교육(정서훈련, 습관형성), 고등교육(이성적 훈련)으로 구분하였고
  ㉤ 교육방법은 변증법적, 객관적, 과학적 방법으로 스콜라철학과 초기 실학주의에 영향을 주었음

2 스파르타 교육

(1) 개요

① 스파르타는 기원전 1100년경에 도리아(Doria)족이 세운 도시국가로 스파르타의 정치체제는 '군국주의'임
② 스파르타 사회는 극소수의 귀족과 30배에 달하는 평민과 노예로 구성
③ 노예들의 잦은 반란이 있었고, 험준한 산악지대에 위치해 있었기 때문에 농토를 확보하기 위해서는 다른 국가들과 끊임없는 전쟁을 치러야 하는 형편이었음
④ 스파르타는 지배자로서 자신들의 수십 배에 달하는 피지배자들을 억누르고

⑤ 외적의 위협으로부터 국가를 보호하며 농토 확보를 위한 전쟁을 끊임없이 수행해야 했음
⑥ 따라서 스파르타는 강력한 군국주의 국가체제로써 스파르타의 교육은 **강력한 군국주의 국가를 유지하기 위한 애국시민**, 즉 전사를 양성하는 것이 일차적인 목적

(2) 교육

① 교육은 강력하고도 혹독한 훈련을 동반할 수밖에 없었을 것
② 부족의 장로들이 갓 태어난 아이를 면밀히 검사하여 건강하면 키우게 하고
③ 연약하면 깊은 산골짜기에 버리도록 명하였음. 또한 부모가 자기 마음대로 자식을 기르거나 교육하는 것을 허용하지 않았으며
④ 7세부터 거의 30세에 이르기까지 엄격한 조직생활을 하도록 요구되었음. 문자교육은 실생활에 필요한 가장 기초적인 것에만 한하였고
⑤ 훈련의 대부분은 **명령에의 복종, 고통에 대한 인내, 죽음을 불사할 정도의 용맹성, 한겨울에도 가벼운 옷 한 벌로 견딜 만큼 건강한 신체** 등을 목표로 했음
⑥ 교육목적은 훈련을 통해 강인한 신체와 용기, 호전적인 시민을 양성하는 것이었음. 교육내용은 신체훈련, 군사훈련, 전투방법과 기술, 리쿠르구스(Lycurgus, B.C. 800~730) 법전, 호머(Homer)의 시와 군대음악, 3R's(reading, writing, arithmetic)이었음
⑦ 교육방법은 7~18세에 군사훈련, 18~20세에 전문적인 특수훈련, 20~30세에 실전교육을 받았고, 30세에 시민권을 획득하였음

구분	스파르타의 교육	아테네의 교육
교육특징	군국주의, 국가주의	개인존중의 자유교육
교육법전	리쿠르구스 법전	솔론 법전
교육목적	호전적 시민 양성	자유 시민 양성
교육내용	체육훈련, 호머의 시, 리쿠르구스 법전암기, 3R's, 지적인 고등교육은 받지 않음	지적 교육, 음악, 체육, 유희, 3R's, 교양중시
교육기관	체육장, 훈련장	음악학교, 체조학교, 김나지움, 수사학교
교육실제	국가적 통제에 의한 국가중심교육	사람과 국가중심 공존
영향	국가주의, 전체주의 교육에 영향	인문주의, 자연주의 교육에 영향
공통점	국가를 위하여 유용한 시민 양성	

UNIT 4 교육사상가

1 소피스트(Sophists)

(1) 특징

① 최초의 전문적·직업적 교사로, 아테네 출신이 아닌 그리스 교사를 지칭
② 진리의 주관성과 상대주의를 주장

③ 교육의 실용적 가치를 중시. 즉, 교육은 생활을 위한 교육
④ 소피스트에게 있어 교육은 설득력 있고 강력하게 말할 수 있는 능력을 훈련시키는 일
⑤ 웅변술에 필요한 문법, 수사학, 변증법을 처음 확립하였으며, 뒤에 7자유과가 됨

(2) 대표자
① **프로타고라스** : 기원전 5세기경 활동한 고대 그리스 철학자. 최초의 소피스트라 불리는 인물로 "인간은 만물의 척도이다."는 말로 진리의 주관성과 상대성을 설파
② **고르기아스** : 기원전 5세기 말부터 기원전 4세기 초까지 활약한 고대 그리스 철학자. 프로타고라스와 함께 대표적인 소피스트. 언어로 표현되는 로고스의 힘을 강조했으며 인간 사유의 상대성과 불완전함을 주장
③ **이소크라테스** : 수사학의 기술과 함께 이들에게 인간의 정신을 도야하도록 가르쳤으며, 보편적인 인간교육 이념을 확산시켰음

2 소크라테스(Socrates, 기원전 469 ~ 기원전 399)

(1) 교육사상의 특징
① 소크라테스가 교육에 공헌을 남긴 것은 지식을 극히 강조한 점에 있음
② 그가 강조한 지식은 보편타당성을 가질 뿐 아니라, 도덕적 의미를 지닌 것임
③ 사람은 진정한 지식에 접하면 반드시 선을 행함으로써 그에게 있어 지혜는 덕이며 덕은 지혜였음
④ 교육의 궁극적 목적은 도덕적인 것이며, 교육이란 결국 선한 인간을 만드는 것
⑤ 지식은 반성연마를 통해 진리를 깨닫게 하는 방법임
⑥ 소피스트의 상대적 진리관에 반하여 절대적 진리관을 갖고 있음
⑦ 교육의 목적은 인간 스스로 사고하고 반성할 수 있는 능력인 사고력을 발달시키는 일임
⑧ 반성과 지각을 통한 자기성찰을 무엇보다 중요시함

(2) 지행합일설
① '도덕적 지식은 도덕적 행위를 보장하는가?'라는 문제 '지식은 덕이다'라는 원리
② 옳음을 안다는 것은 그것을 행하는 것이며, 지식은 바로 미덕
③ 모든 인간은 자기 자신 안에 진리를 인식하고 평가하는 능력을 가지고 있고
④ 그 능력을 획득할 가능성을 지님
⑤ 지식은 자유행동의 선행조건, 모든 기술(Arts)에 있어 바른 행위의 기초
⑥ 선(善)은 선의 본질에 관한 지적 이해에 달려 있음
⑦ 자신이 하려고 하는 행위에 관한 정확한 지식이 있을 때 선한 행위를 할 수 있음

(3) 문답법(대화법)
① **반어법** : 학습자의 무의식적 무지에서 의식적 무지까지 이끄는 것
② **산파술** : 의식적인 무지에서 합리적인 진리로 인도하는 것

> - 교육자는 상대가 이미 알고 있다고 생각하는 관념에 대해 그것이 과연 타당한 것인지 계속해서 질문을 제기
> - 교육자가 피교육자에게 무엇인가를 일러주는 것이 아니라 피교육자 스스로 생각하도록 유도하는 교육방법
> - 상대방으로 하여금 결국 자신이 모르고 있었다는 것을 깨닫게 하여 배움의 새로운 단계로 이끄는 교육방법

③ 학습자의 출발점 행동을 고려한 질문으로 시작하여 단계적으로 수준을 높여가는 전개. 현대의 발견학습, 질문법, 토의법의 효시

| 반어법 | 소극적 대화(파괴 단계) | 무의식적 무지 → 의식적 무지 | 피아제의 비평형화 |
| 산파법 | 적극적 대화(생산 단계) | 의식적 무지 → 객관적 진리 | 비고츠키의 비계설정 |

(4) 교육에 대한 소크라테스의 공헌점
① 지식은 실제적이거나 도덕적·기능적인 가치를 지님
② 지식은 보편이지 개인적인 것은 아님
③ 학습자를 주체적인 탐구, 자발적 발견 능력, 자아 확신의 독자적인 창조의 힘을 지닌 존재로 인정
④ 교육의 직접적인 목적은 사고력의 발전. 즉, 인간 내면의 각성이며, 주체적 인격을 도야하는 일

3 플라톤(Platon, 기원전 427 ~ 기원전 347)

(1) 교육사상의 특징
① 보편적이고 절대적인 세계를 중시
② 지혜, 용기, 절제, 정의의 덕목을 강조
③ 특별히 적합한 자질을 갖춘 사람에게만 높은 수준의 교육을 허용
④ 국가 중심의 공동체 교육, 계급에 따른 교육지향(비민주성)을 주장
⑤ 여성교육의 옹호와 여성과 자녀의 공유를 주장
⑥ 소수엘리트교육 강조
⑦ 플라톤은 국가론에서 3계급론을 주장하였는데 1, 2계급만이 교육을 받을 필요가 있고 3계급은 교육받을 필요가 없다고 주장함으로써 귀족적 교육사상을 주장
⑧ 소크라테스는 모든 사람이 진리에 이르는 인식능력을 가지고 있다고 믿었지만
⑨ 플라톤은 참된 지식을 인식할 수 있는 능력은 소수의 사람에게만 국한된다고 봄
⑩ 개인 능력 수준에 따라 계층적으로 구분된 사회구상, 수준에 맞는 교육 주장

(2) 철인 교육단계론(국가론)
① 제1단계 : 예비교육단계(출생 ~ 7세), 체육과 음악을 통한 육체와 정신 연마 주력
② 제2단계 : 기초적인 훈련단계(7 ~ 16세), 실생활에서 유용한 지식을 배우는 단계
③ 제3단계 : 제1차 실습교육단계(16 ~ 20세), 군사적 훈련으로 국가를 방위하는 군인양성
④ 제4단계 : 전문교육단계(20 ~ 30세), 이론중심의 교육으로 교과의 본질과 상호관계 파악
⑤ 제5단계 : 제2차 실습교육투입단계(30 ~ 50세), 철학의 문답법만을 연습 철인이 되어 국가통치
⑥ 50세 이후 : '선의 이데아'를 탐구하다가, 공동의 선을 위해 통치하는 철학자의 의무

덕	사회	교육 단계
지혜	지배계급(철학자)	(35세 ~) 행정실무 경험
		(30 ~ 35세) 변증법, 철학
용기	수호계급(군인)	(20 ~ 30세) 4과[음악, 기하학, 산수(수학), 천문학]
절제	생산계급(노동자)	(18 ~ 20세) 군사훈련
정의	국가	-

4 아리스토텔레스(Aristoteles, 기원전 384 ~ 기원전 322)

(1) 철학과 학문관
① 실재론적 철학관을 제시
② 진리탐구는 정신에 의해서만이 아니고, 객관적 사실 속에서도 구해야 함
③ 최초로 논리학을 개념적 사유에 대한 순수한 형식의 이론으로 발전

(2) 인간관
① 자연, 습관, 통찰을 통하여 선하고 도덕적인 인간으로 성장
② 덕은 습관이나 훈련을 통해 형성되며 습관은 제2의 자연
③ 인간을 자연, 습관, 이성이라는 3요소를 통해서 파악
④ 귀족주의적 교육을 주장하고 여성교육에 대해서는 무시

(3) 교육사상의 특징
① 교육목적으로서의 이성인을 강조. 교육의 궁극적 목적을 행복한 생활을 영위할 수 있는 인간 육성에 둠
② 이성인이 누려야 할 최고의 생활은 행복이며, 지식의 소유는 덕이 아니고 행복이나 선에 도달. 행복을 실천하기 위해 이성적 삶을 요구함
③ 교육은 신체의 교육, 인격의 교육, 지력의 교육을 포괄
④ 자유교육과 비자유교육 구분. 지식교육을 통한 이성의 훈련과 실현을 강조한 아리스토텔레스에 의해 자유교육의 이념을 이론화(확립)시킴
⑤ 지식은 진리 자체가 목적인 것으로, 인간의 영혼을 자유롭게 하는 것만이 자유교육에 속함. 비자유교육은 직업적 교육과 실용적 교육으로, 지식자체가 아니라 지식의 사용이 목적
⑥ 고등교육기관인 리케움을 설립. 소요학교로 불리었음. 생물학, 역사 등도 교육
⑦ 이성적 생활은 과학과 철학을 통한 이성의 훈련을 통해 가능하다고 봄. 따라서 이성적 인간의 형성은 교육을 통해 실현해야 할 목적임
⑧ 그에 의하면 이성을 훈련하기 위해서는 지식을 추구해야 하며, 실용적인 목적을 떠나 오직 진리 자체를 목적으로 추구해야 한다고 봄
⑨ 이것이 자유인이 지식을 추구하는 방식이며, 이렇게 함으로써 인간은 무지, 오류, 편견에서 해방되어 자유롭게 됨

알아두기 ① 교육목적

(1) 시민양성
① 첫째로 교육은 훌륭한 시민을 양성함으로써 국가의 복지를 보장한다는 긴박한 실제적 목적을 가짐. 아리스토텔리스에 의하면 인간의 행복은 그 고유한 덕의 형식에 맞게 활동하는 상태를 가리킴
② 인간의 고유한 덕-욕망을 가졌다는 점에는 다른 동물과 다를 바 없지만 그럼에도 불구하고 인간을 다른 동물과 구별되게 하는 인간고유의 덕-은 사회적 관계 속에서 사회적 관계를 통하여 성취될 수 있는 것임
③ 그러므로 교육은 인간 개개인의 행복을 위해서나 국가의 행복을 위해서나 시민으로서의 실제적 의무를 수행하는 데에 적합한 사람을 길러내지 않으면 안 됨
④ 인간이 욕망을 억제하고 절제와 용기와 관용을 갖춘 정의로운 사람이 되도록 교육받아야 하는 이유가 바로 여기 있음. 훌륭한 시민의 삶을 사는 데에는 이성의 통제를 받지 않는 욕망이나 열정은 들어설 자리가 없음

(2) 관조적 삶
① 둘째로 비록 훌륭한 시민을 길러내는 것이 교육자의 중요한 목적이기는 하지만 그것이 유일의 목적 또는 최상의 목적은 아님
② 이성이 하는 일이 단순히 욕망이나 열정을 억제한다는 소극적인 것에 그치는 것은 아님
③ 이성은 영혼의 비이성적인 부분을 억제하는 것과 무관하게, 인간을 신적인 경지로 이끌어 올린다는 그 자체의 순수하고 적극적인 활동을 수행함
④ 모든 피조물 중에서 오직 인간만이 자기 자신의 이익보다 더 높은 선을 생각할 수 있으며 이 점에서 인간은 일상의 실제적 삶에서 완전한 만족을 찾을 수 없음
⑤ 신과 마찬가지로 인간은 사변적인 삶을 향유할 능력을 가지고 있으며 플라톤이 말한 바와 같이 시간을 초월한 관조자가 될 능력을 갖고 있음
⑥ 인간은 과학을 할 수 있으며 지력의 도움으로 우주의 법칙으로 관통할 수 있음
⑦ 인간은 문학과 예술을 할 수 있으며 자신의 작품을 만들어 내고 다른 사람의 작품을 즐길 수 있음
⑧ 인간은 종교를 가질 수 있으며 신을 통해 만물의 형상을 볼 수 있음
⑨ 이렇게 볼 때 교육자는 특정한 국가의 시민을 양성하는 것 이상의 중요한 임무를 띠고 있다는 것을 알 수 있음
⑩ 인간의 본성에 충실하게 교육하려면, 교육자는 국가의 경계에 구애됨이 없이 참으로 축복받은 삶을 영위할 수 있도록 젊은이를 준비시켜야 함
⑪ 교육의 최고의 목적은 여가를 올바르게 누리도록 준비시키는 것
⑫ 다시 말하여, 일상의 실제적 문제를 다소간 해결하고 난 뒤에 영혼이 신의 모습을 보고 거기서 최상의 행복을 맛볼 수 있도록 보장하는 데에 있음
⑬ 아리스토텔레스의 발견은 단순히 시민을 기르는 교육에서부터 모든 인간적인 것을 포괄하는 보다 넓은 교육으로의 전환을 지시함

구분	플라톤	아리스토텔레스
사상	이원론, 이상주의, 관념론	일원론, 현실주의, 실재론, 경험론
교육 목적	• 이데아 실현 → 진선미의 절대적 가치 추구 • **훌륭한 시민 양성** : 심신조화, 선미한 인간 • 국가 정의(철인, 군인, 평민의 조화)와 개인 정의(지혜, 용기, 절제의 조화)의 실현 → 개인의 완성 = 사회의 완성 • **4주덕** : 지혜(이성), 용기(격정), 절제(욕망), 정의	• 행복의 실현 → 인생 목적 • 이성의 훈련을 바탕으로 중용의 덕(arete)을 갖춘 자유인의 양성 • **교육의 3요소** : 자연적 요소(본성, 습관, 이성) • 교육목적은 행복을 영위하는 인간의 양성
내용	자유교양교육, 도덕교육	교양교육, 자유교육 → 자유교양교육의 출발점
방법	• 주관적·내성적·연역적 방법 • 대화법(회상설, 상기설)에 의한 교육 • **4단계 교육** : 음악과 체육 → 산수, 음악, 기하학 과학(천문학) → 철학(형이상학)과 변증법	• 과학적 객관적·논리적(귀납적)·변증법적 방법 • **3단계 교육** : 신체적 발육(본성) → 도덕적 습관 형성(습관) → 이성 도야(이성)
특징	• 아카데미 대학 설립 → 무보수로 교육 • **여성교육 중시** : 최초의 여성교육 옹호자 • **계급에 따른 차별교육** : 서민교육 부정, 교육의 기회균등 무시 → 귀족교육, 철인정치론	• 리케이온 대학 설립 → 소요학파(산보하며 수업) • 여성교육 부정, 교육대상에서 노예 제외 • 중용의 덕을 강조 • 모든 실체는 형상(form)과 질료(matter)
저서	국가론, 향연, 소크라테스의 변명	니코마코스 윤리학, 변증론, 정치학
영향	중세 교부철학, 신인문주의(19C) 교육에 영향	중세 스콜라 철학과 실학주의(17C), 항존주의(20C)에 영향

UNIT 5 로마 문화의 특징

1 의미

(1) 로마시대는 전기 공화정 시기와 후기 제정시대로 구분할 수 있음
(2) 로마의 교육은 전기 공화정 시대부터 활발하게 이루어졌음
(3) 공화정 초기에는 가정이 교육의 중심이었으나, 공화정 후기에 상업교역이 발달됨에 따라 문자의 지식과 계산술을 가르치는 강의소 형태의 준학교 조직이 출현
(4) 제정시대에 이르러 귀족계급을 대상으로 한 학교교육이 활발하게 이루어지게 되었으며, 제왕들은 학교교육을 적극적으로 보호하고 장려하였음
(5) 제정시대의 초등교육기관으로 문자학교가 있었으며, 중등교육기관으로는 문법학교가 그리고 고등교육기관으로는 수사학교가 있었음
(6) 문자학교에서는 독, 서, 산의 초보적 지식을 가르쳤으며, 문법학교에서는 그리스 문법과 7자유과(문법, 수사학, 논리학, 산술, 기하, 천문, 음악)를 가르쳤으며, 수사학교에서는 수사학을 가장 중시하여 가르쳤음
(7) 이 시대의 주요 학자는 퀸틸리아누스, 키케로, 카토, 세네카 등이 있음
① 키케로(Cicero, 기원전 106~43)는 웅변가이자 법률가이기도 하였고, 교육사상가로 국수주의적인

경향과 그리스의 인성론적 철학사상을 조화시켜 교육사를 정립
  ㉠ 교육사상은 그가 저술한 「대웅변론」에서 찾아 볼 수 있음
  ㉡ 교육이념은 인간의 천부적 소질을 완성하며 이성적 존재로서의 덕성을 발휘하도록 하는 데 두었음
  ㉢ 성선설에 입각하여 교육에 의해서 행복한 생활을 누리게 되는 것이 인생의 최고의 목적이며 이것이 바로 덕(virtus)이라고 하였음
  ㉣ 체육을 경시하고 학예, 교양, 웅변술을 교육의 중심으로 하며 인문주의와 자유주의 교육을 중시하였음
  ㉤ 교육의 목적은 국가에 충성할 수 있는 로마시민을 양성하는 데 있었음
② 세네카(Seneca, 기원전 3 ~ 65)는 진보적인 사상가이며 문장가로 생활중심의 교육과 아동의 개성을 존중해야 한다고 주장. 그는 「도덕서간 집(Epistulea)」에서 도덕주의 교육관을 강조하였고, 엄격하고 진보적 교육방법을 강조함
③ 퀸틸리아누스(Quintilian, 35 ~ 95)는 웅변가 양성을 목적으로 하여 「웅변가의 교육」에서 아동중심 교육과 자연성을 강조하였음

2 초기 로마 시대(공화정 시대)

(1) 초기 로마는 실용적이고 현실적인 가치를 중시
(2) 사회질서로서의 법률 제정, 조직과 행정 등에 재능을 발휘
(3) 경건, 복종, 정복, 용기, 인내, 충성, 진실, 강인, 엄격 등의 덕목 중시
(4) **교육목적**
  ① 주변의 도시국가들과의 전쟁이 중요한 당면과제였기에
  ② 용감하고 순종 잘하는 유용한 시민과 군인을 양성하는 것이 최고의 교육목적

[교육의 특징]

가정교육 중시	비형식적 교육
• 로마 초기에는 가정이 가장 중요한 교육의 장소였으며 특히 도덕적 품성 함양의 장소였음 • 가정교육의 중심은 어머니로, 자녀에게 건전한 도덕적, 종교적 감정을 길러주고 올바른 인생관과 생활태도의 기초를 닦아 줌	• 가정 이외에 소년을 위한 교육의 장소는 병사, 공회소, 농장 등이 아동교육의 중요한 교육기관이 됨. 이곳에서 생활교육이 실시됨 • 소녀들은 가정에서 어머니에 의해 가사를 배웠을 뿐, 지식교육은 거의 이루어지지 않음

3 후기 로마 시대(제정 시대)

(1) 후기 로마는 그리스의 영향으로 웅변술이 중시
(2) 공화정 시대는 순수한 로마적 요소를 간직, 후기의 제정시대는 그리스 학자와 교육정신이 도입

수준	학교	수학기간	교육내용	특징
초등	루두스(문자학교)	6~12세	12동판법, 3R's, 체육	사립(학생들의 수업료)
중등	문법학교 • 그리스어 문법학교 • 라틴어 문법학교	12~16세	7자유과(교양과목), 호머의 시, 문학, 역사	• 고등교육 준비교육 • 모두사립(국가보조) • 제정시대 교육핵심
고등	• 수사학교 • 철학학교 • 법률학교	16~18세	• 수사학, 라틴어, 그리스어, 문법 • 윤리학, 논리학 • 법학	• 웅변가 양성 • 수사학교가 대부분 • 정부지원과 보조금

UNIT 6 교육목적

1 웅변가 양성을 강조, 자질로는 도덕적 품성, 해박한 지식, 설득력 있는 언어 기술 등

2 지적 발전에 중점을 두고 국가 사회에 봉사할 수 있는 지적인 인간

3 교양있고 유능한 웅변가를 기르는 것

UNIT 7 교육사상가

1 키케로(Cicero, 기원전 106~기원전 43)

(1) 키케로
① 공화정시대의 정치가로서 웅변에 능하고 시를 좋아하고 문장력이 뛰어났던 교육학자
② '웅변술'에서 교육의 목적은 교양있는 웅변가를 기르는 것
③ 웅변가는 윤리적이며 박식하고 도덕성을 갖춘 사람
④ 환경이 교육에 영향을 주므로 아동에게 좋은 환경을 마련해 주어야 하고, 아동의 교육은 평화롭게 교훈적으로 해야 한다고 하였음
⑤ 체육을 경시하고 인문교육에 치중한 키케로의 교육사상은 르네상스기에 키케로주의(문학성을 무시하고 글쓰기를 흉내 내고 모방하는 것만 신경씀)로 등장

(2) 특징
① 로마교육의 그리스적 영향을 대표하는 최초의 학자

② 교육목적을 인문적 교양을 지닌 웅변가의 양성
③ 사상과 문체는 로마를 대표, 문예부흥시대 자유주의 사상가들의 표준적인 문체
④ 키케로는 성선설을 바탕으로 인간의 천부적 소질과 본성을 완성시키는 것이 교육
⑤ 그에 의하면, 인간 정신의 최고의 기능은 이성에 있으며, 이성을 완전히 실현할 때 인간은 덕을 갖추게 됨
⑥ 그리고 이 덕을 갖춤으로써 인생 최고의 목적인 행복한 생활을 할 수 있음
⑦ '웅변가론'이라는 저서를 통해 로마에 대한 그리스 문화의 영향을 대변하고 있으며 로마인에 의하여 최초로 쓰인 교육사상을 담음

(3) **저서** : 웅변가론, 연설가에 대하여, 공화정론, 수사학, 의무론 등

2 퀸틸리아누스(Quintilianus, 35 ~ 95)

(1) 교육사상
① 공립 수사학교 출신 교사인 퀸틸리아누스는 12권으로 된 저서 '웅변교육론'에서 웅변가는 가장 고귀하고 완전하며, 참다운 의미에서 지혜롭고 이상적인 인간이라 하였음
② 교육의 목적은 변론술에 뛰어나고 교양 있고 도덕적으로도 훌륭한 웅변가를 기르는 데 있음
③ **교육방법**
  ㉠ 아동은 기억력과 모방력이 뛰어나므로 조기 언어교육을 강조
  ㉡ 체벌에 반대. 유능한 교사는 체벌에 의하지 않고도 다른 긍정적인 방법으로 교육할 수 있어야 함
  ㉢ 개인차를 고려한 교육을 주장. 훌륭한 교사는 아동의 능력차를 고려하여 적합한 교육
  ㉣ 교사는 교육에서의 중용적 태도를 지녀야 함. 아동에게 지나치게 엄격하거나 지나치게 관대해서는 안 됨

(2) 특징
① 로마의 가장 대표적인 교육사상가
② 수사학교를 설립하여 문법과 변론술을 가르침
③ 교육사상으로 학생체벌 반대, 개인차중시, 조기교육 필요성, 흥미중시와 학교교육 중요성강조
④ 국가로부터 봉급을 받는 최초의 공립학교 교사

(3) **저서** : 웅변교수론 저술
① 총 12권에 달하는 이 작품은 웅변가를 훈련하기 위한 기본 원리와 교육방법을 담고 있는 중요한 교육학 저술로 평가
② 웅변가는 단지 언어를 능숙하게 할 수 있는 능력을 소유한 사람이 아니라, 그와 더불어 중요한 것은 인간적 덕목
③ 1권과 2권에서는 교육원리와 방법, 주요 교과목, 관리와 훈련에 관해서 다루고 있음
④ 1권에서는 수사학 교수 이전에 아동에게 어떤 교육을 해야 할 것인가를 분명히 하고, 개인차를 강조하며, 아동의 진보 가능성을 믿고 기억훈련과 도덕적 훈련을 할 것을 기술

⑤ 사교육보다는 공교육을 중요시하였는데, 그 이유는 아동이 학교에서 다른 아동들이나 교사와 서로 배울 수 있기 때문
⑥ 3권에서 7권까지는 문장의 창작과 구성, 8권에서 12권까지는 본격적으로 웅변술, 웅변가의 이상 등을 체계적으로 다루고 있음

UNIT 8 교육철학 및 교육사상

1 로마 교육의 시대 구분

(1) 로마시대의 교육사상을 왕정시대, 공화정시대와 제정시대로 각각 구분
(2) 왕정시대의 교육은 주로 가정이라는 비형식적 기관에서 모방이라는 방식으로 교육
(3) 공화정 시대의 교육은 주로 가정에서 부모에 의해 이루어짐
(4) 공화정 말기에는 가정교사에 의해 교육과 그리스의 영향을 받아 문법학교, 수사학교 등의 형식적 교육이 이루어지기도 했음

2 공화정 시대 교육

(1) 공화정 시대 교육의 목적은 신과 부모 및 법률을 존중하며, 순종적이고 용감하며 책임감이 강한 군인 양성
(2) 공화정 시대 교육내용은 3R's(읽기, 쓰기, 셈하기)와 12동판법(기원전 450년에 제정된 로마 최초의 성문법으로 12표법이라고도 함)의 내용
(3) 공화정 시대 교육방법은 체벌을 동반한 기계적인 반복과 암기

3 제정시대의 교육

(1) 제정시대의 교육은 형식적 교육기관에서 행해짐
(2) 초등학교에 해당하는 루두스(사립)를 수료하고 나면 중등학교에 해당하는 문법학교를 다니게 되고 문법학교를 수료하면 고등교육기관인 수사학교에 입학
(3) 제정시대의 교육목적은 도덕성을 겸비한 웅변가가 되는 것

UNIT 9 중세 문화

1 중세 문화의 특징

(1) 기독교적 요소, 게르만적 요소, 그리스·로마문화를 포함한 고전문화적 요소가 합쳐서 구성
(2) 지적요소는 교회의 교육과 교회의식이 대신하고, 엄격한 행위의 훈련 수행
(3) 교육에서는 미래를 준비하기 위한 엄격한 체제가 강조
  자연적 흥미나 현세 및 현세의 활동과 연결되는 일체의 것은 악으로 간주
(4) 인격발전과 미적취미, 지적활동의 배양을 기하기 위한 모든 배려는 중대한 죄악으로 간주
  ① 중세시대 교육은 로마제국이 멸망하면서 기독교 교회를 중심으로 종교교육이 등장
  ② 중세교육은 기독교 교육과 기사도 교육, 시민 교육 등으로 구분할 수 있음

> **알아두기 ① 기독교 교육**
> ① 기독교는 유일신관(唯一神觀)을 바탕으로 그 자체의 사해동포주의적(四海同胞主義的)인 특성과 서양의 모든 군주로부터 평민에 이르기까지 그리고 생활의 모든 영역과 사상 및 학예의 모든 영역에 걸쳐 크고도 지속적인 영향을 끼치게 됨
> ② 이 시기의 교육목적은 인간을 순종과 신앙으로 이끌고 기독교적 완전성에로 인도하기 위한 내세교육이었고, 교육사상은 주정주의(도덕적 생활 강조), 내세주의, 신(神) 중심주의, 사해동포주의, 금욕주의였음
> ③ 교육에 대한 교회의 관심은 중세 전반에 걸쳐서 잘 나타나고 있음
> ④ 교구교회는 교구학교나 음악학교를 마련하여 읽기, 쓰기, 음악 등 초등교육 정도를 행하였는데 빈한한 아이들도 공부할 수 있었음
> ⑤ 교회마다 초신자 학교를 세워 아직 세례(洗禮)를 받지 못한 사람들에게 기독교의 기본적인 교리들을 가르침. 따라서 이 학교에는 남녀노소 누구나 입학할 수 있었으며, 이 학교를 거쳐야 세례를 받고 교회의 정규 구성원이 될 수 있었음
> ⑥ 초등교육 수준의 문답학교(초등교육기관)는 교리문답(敎理問答)과 독·서·산(3R's)을 가르쳤고, 고등교육 수준의 고급문답학교에서는 철학, 신학, 수사학, 천문학, 그리스어 등을 가르치고 문답학교의 교사를 양성하였으며, 성직자를 양성하기 위해 신학, 수학, 과학, 성서 그리스 문학 등을 가르친 본산학교(감독학교, 사원학교)가 있었음

2 중세 기독교의 교육기관

(1) **문답학교**
  ① 주로 세례를 받기 위한 예비교육 실시. 이교도를 기독교도화하기 위한 교육
  ② 묻고 답하는 방식에 의하여 교육하는 학교
  ③ 교회 내부의 아직 세례를 받지 않은 아동과 교회 밖의 이교도들에게 세례를 받게 하기 위한 준비교육을 실시하고자 설립한 것
  ④ 초기에는 1년 이내의 단기간에 거쳐 세례를 받고자 하는 사람들에게 실시하던 교육이 시간이 갈수록 길어져 2년 혹은 3년간 지속된 경우도 있었음
  ⑤ 문답학교는 문자 그대로 교회부속학교로서 그 교육 수준은 낮았고, 그 내용도 기독교 교리에 한정된 단편적 지식에 불과

(2) 문답교사학교(고등문답학교)

① 문답학교의 교사 및 교회의 지도자 양성
② 고급문답학교이며, 기독교 교리의 내용을 근간으로 하면서도 이 학교의 교육내용은 신학, 철학, 자연과학, 수사학, 천문학, 수학, 문학, 역사학 등을 다룬 점에서 교육 수준이 상당하였음을 짐작
③ 그 당시 지적 활동이 활발하였던 로마와 아테네는 물론 동방의 알렉산드리아는 도덕 훈련의 중심지 역할을 하였음

(3) 본산학교(사원학교, 감독학교)

① 성직자양성과 일반 자제의 교육. 찬송가, 문자, 산술, 문법 등을 교육
② 사원학교이며, 각 교구의 본산 소재지에 세운 학교로 감독학교로도 불림
③ 11세기를 전후하여 20여 개의 본산학교가 유럽에 설립
④ 교회의 지도자와 성직자를 양성하는 데 목적을 두었으나, 나중에는 일반 자녀도 받아들여 중세 교육의 일대 중심을 이루게 되었음
⑤ 프랑스에서는 주로 풀버트(Fullbert)가 감독한 학교와 독일의 퀼른 사원학교가 훌륭한 교육으로 명성을 얻었음
⑥ 읽기, 쓰기, 찬송가 등 기초적 공통교과를 이수한 후에 7자유교과와 신학을 교육내용으로 배우도록 하였음
⑦ 점차 고대 로마의 키케로, 세네카, 퀸틸리아누스 등이 국가의 지도자 양성을 위해서 제시한 원리와 방법을 활용
⑧ 독일의 뷔르츠부르크 사원학교의 경우 7자유교과와 도덕 훈련에 치중
⑨ 언어를 조리있게 다룰 수 있도록 수사학, 웅변술, 시를 가르쳤고, 도덕적으로 올바른 삶을 위해서 윤리학을 부과하였음

(4) 수도원학교

① 중세의 가장 대표적인 학교(라틴어로 교육)
② 수도원 생활의 핵심은 금욕주의(정절, 빈곤, 복종)
③ **초등과** : 읽기, 쓰기, 음악, 산술, 라틴문법, 시편 등
④ **고등과** : 7자유과
⑤ 수도원교육은 엄격한 것이어서 육체적 단련과 명상과 같은 정신적 수련을 강조하였고 체벌이 용인되기도 하였음
⑥ 수도원은 10세기에 정점에 이르렀고, 수도원의 학문적 기풍은 그대로 중세 대학의 성립에 영향을 주었음
⑦ 11세기 들어 수도원의 사회적 지위가 높아짐에 따라 점차 귀족화되었고, 그 순수한 정신을 상실한 채 쇠퇴의 길로 접어들게 되었음

UNIT 10 스콜라 철학과 교육

1 교육적 의의

(1) 중세 수도원에서 시도했던 학문 방법
(2) 주로 기독교의 교리를 이성적 방법으로 체계화하려는 시도

2 스콜라 철학의 목적

(1) 이성으로 신앙 옹호, 지적 능력의 발전으로 종교생활과 교육을 강화하고자 하는 것
(2) 신앙을 논리적 체계로 발전시켜 자기의 신앙체계를 제시하고 변호하는 힘을 배양하고자 하였음

3 대표자

(1) **안셀무스** : 중세 이탈리아의 기독교 신학자임과 동시에 인간의 이성을 신의 존재론적 증명에 처음 사용한 철학자. 에리우게나와 함께 스콜라 철학의 시조로 불림. 이탈리아 출신의 스콜라 철학자로 영국에서 켄터베리 대주교를 지냈고, 철저한 실재론자로서 신의 현실에서의 존재를 존재론적 방법을 통하여 증명하고자 하였음
(2) **아벨라르** : 프랑스의 신학자이자 철학자. 논리학과 수사학에 뛰어난 학자. 중세 보편 논쟁에 대한 해답을 찾고자 노력했으며 신학과 논리학 분야의 뛰어난 저작들을 발표. 나이 어린 제자 엘로이즈와의 연애사건으로 큰 파란을 불러 일으켰으며 말년에는 학설이 이단으로 몰려 큰 고통을 받았음
(3) **토마스 아퀴나스** : 이탈리아에서 태어난 토마스 아퀴나스는 어릴 때부터 책과 사색에 몰두. 도미니코 수도회와 파리 대학의 교수로 활동. 논리와 이성으로 신을 증명할 수 있다고 여겼고, 맹목으로 흐르기 쉬운 신앙에 이성적 사유의 중요함을 일깨워 주었다는 점에서 성인으로 추대

4 스콜라 철학의 영향

(1) 중세 대학의 성립과 학문방법론에 영향
(2) 토미즘의 철학은 현대 항존주의의 철학관에 영향
(3) 현실성이 없는 형식적 진리를 추구하였다는 점에서 비판

> **알아두기 ① 스콜라 철학**
> ① 중세의 사상계를 주도하였던 스콜라 철학은 성당학교를 중심으로 하여 이루어졌음
> ② 이 철학은 보다 넓은 의미로는 스콜라주의(scholasticism)로 불리기도 하는데, 중세에 형성된 그리스도교 중심의 철학으로서 교부(敎父)철학이 원천이 되었음
> ③ 스콜라철학은 교회의 권위를 인정하고 스콜라(중세시대의 교회나 수도원에 부속되었던 학교)를 중심으로 하여 중세 최대의 철학사상이 되었음
> ④ 이 철학은 토마스 아퀴나스(Thomas Aquinas, 1225 ~ 1274)가 「신학대전」을 통해 집대성하였기 때문에 토미즘(Thomism)이라고도 하며

⑤ 아리스토텔레스의 철학을 활용하여 그리스도교를 신학적으로 뒷받침했다는 데 의의
⑥ 수도사를 양성하기 위해 수도원에서 경영하였던 수도원학교가 있었음
⑦ 수도원 교육은 순결, 청빈, 복종을 약속하고 금욕생활을 하는 곳으로 성베네딕트 수도원 이후 전 유럽에 보급되었음
⑧ 일반 아동들의 입학도 허락하였는데, 수도사를 양성하기 위한 내교(內校)와 일반 아동의 교육을 위한 외교(外校)로 구분되어 있었음
⑨ 초등과정에서는 독·서·산(3R's) 등의 기본교과를 가르쳤고, 고등과정에서는 이른바 칠자유과(Seven Liberal Arts)라고 불리는 삼학(三學, Trivium, 문법, 수사학, 논리학)과 사과(四科, Quadrivim, 산수, 기하, 천문학, 음악)를 가르쳤는데, 이는 현대 학교 교과목의 원형
⑩ 수도원은 그 자체가 하나의 학교로서, 그 안에서의 공동생활을 통해 참다운 기독교의 신앙을 배우고 실천하려고 하였음
⑪ 수도원은 도서관, 출판사, 문화센터, 병원, 작업장 등으로서의 역할까지도 하였음
⑫ 그 결과 수도원은 기독교 신앙을 위한 교육뿐만 아니라 희랍·로마의 문화를 보존·발전시키며, 당시의 여러 가지 기술들(목공, 철공, 상업, 피혁 등)을 습득하고 발전시키는 데 크게 공헌하였음

UNIT 11 기사도 교육

1 기사도 교육의 특징

(1) 기사도 교육의 목적은 기독교적 무사를 기르는 것
(2) 전쟁의 기술에 필요한 무술과 용기, 노약자와 여성에 대한 보호와 친절 등의 내용
(3) 기사의 의무는 신에 대한 의무, 군주에 대한 의무, 그리고 부인에 대한 의무로 상징

알아두기 ① 기사도 교육

① 기사도(騎士道, Chivalry)란 불어의 말(馬, Cheval)에서 유래된 것으로, 규정된 훈련을 통해서 규정된 서약을 지키는 귀족자제가 기사(Knight)가 되었음
② 기사도 교육은 기사를 양성하는 훈련으로 기독교적 도덕성과 게르만족의 무사정신을 결합한 귀족교육임
③ 약자에 대한 보호와 여자에 대한 의협심 그리고 매사에 정직할 것을 목적으로 행동의 실천을 중시하였음
④ 진실한 기사는 신과 왕과 부인에게 봉사와 헌신하는 자였음
⑤ 이러한 사람이 되기 위해서는 먼저 교회에 대한 헌신의 표현으로서 신앙의 서약을 하고
⑥ 이어 봉건적 군주에 대한 복종의 표현으로서 충성의 서약을 하고
⑦ 마지막으로 부인에 대한 정절의 표현으로서 의협의 서약을 하였음
⑧ 이러한 서약을 한 기사의 생활신조는 사람들이 가장 높이 우러러 보도록 행동하라는 것임
⑨ 기사도 교육은 육체적, 사회적, 군사적, 종교적 활동력을 기르는데 필요한 신체훈련, 복종과 예절훈련, 군사훈련 그리고 종교교육을 실시함

2 기사도 교육 단계

(1) **제1단계** : 6세까지 가정에서 어머니로부터 육체적, 도덕적 및 종교적 훈련의 기초
(2) **제2단계** : 시동. 7세 ~ 13세까지. 남자주인으로부터 사냥, 여행 등 여주인을 모시고 예절, 풍습 등
(3) **제3단계** : 13세 ~ 21세. 영주의 주변 경호. 무사로서 실무경험을 쌓는 단계. 7예. 21세 입문식

3 교육적 의의

(1) 귀족교육의 성격
(2) 생활중심의 비형식적 교육이었으며 모든 학습은 직접 생활과 실천을 통한 모방방법
(3) 중세 교육에서 경시되었던 체육이 군사훈련의 일부로 강조
(4) 교육내용으로 7예(승마, 수영, 궁술, 검술, 수렵, 장기, 시작)가 강조
(5) 모국어 문학과 교육내용으로서, 모국어 교육을 중시하는 데 선구적인 역할을 담당

UNIT 12 중세 대학의 성립

1 중세 대학의 기원

(1) **사라센 문화의 유입과 스콜라 철학의 영향** : 스콜라 철학이 발달하면서 학문적 열기가 고조
(2) **도시의 발달과 시민계급의 형성에 영향** : 법조인, 의사와 같은 전문인력에 대한 수요 증가
(3) 도제제도의 영향
(4) 십자군 원정 이후 외부 지역으로부터 실용학문이 널리 유입

2 중세 대학의 교육내용 및 방법

(1) **교육내용** : 중세대학은 7자유과가 중심. 그 밖에 신학, 의학, 법학 등
(2) **교육방법**
   ① 스콜라적 방법이 강조
   ② 강의법 사용
   ③ 수업은 학칙에 따라 철저히 진행. 공부하는 과정이 엄격히 정해져 있었음

3 중세 대학의 특권

(1) 교수와 학생에 대한 병역 및 세금 면제권
(2) 대학 내 구성원의 학내 재판권
(3) 학위 수여권

(4) 학장 및 총장 선출에 대한 자치권
(5) 이동의 자유 보장
(6) 부당한 대우에 대해 휴교령을 내릴 수 있었음
(7) 대학 관계자의 범죄에 대한 자체 재판권도 가지고 있었음
(8) 중세 대학의 설립과 운영의 주체는 학습자에게 있었음

4 중세 대학의 특징

(1) 대학의 성립과정은 이탈리아의 볼로냐(로마법중심)를 시작으로 살레르노(의학중심), 파투아 및 파리(신학중심), 옥스퍼드와 케임브리지 대학 설립
(2) 대학은 우니베르시타스(Universitas), 즉 교수와 학생의 조합을 나타내는 말. 교육기관 자체는 당시에 슈투디움 게네랄레(보편학문의 배움터)로 불리웠음
(3) 중세대학 기숙사 콜레기움이 나타남. 콜레기움은 독지가가 가난한 학생들을 위해 지어놓은 무료 기숙사
(4) 중세 대학으로부터 근대 대학으로의 전환은 독일의 할레 대학이 최초
(5) 대학은 교수들과 학습자들이 길드(조합)를 조직함으로써 시작되었는데 이것이 오늘날 종합대학으로 발전
(6) 세속적인 학문에 흥미를 가진 이지(지혜로운)적 집단
(7) 교수와 학습자는 가난하여 대학 내 공동합숙소에서 생활하였는데 이것이 오늘날 단과대학의 기원
(8) 중세 대학의 교육과정은 7자유과를 기본으로 하고 사고와 이성을 계발하는 교과로 구성

UNIT 13 중세의 대표적인 교육철학자

1 아우구스티누스(Augustinus, 354~430)

(1) 로마제국 말기 히포 레기우스의 주교 아우구스티누스는 초기 그리스도교 교회가 낳은 교부철학자. 그리스 철학과 기독교의 신앙을 조화시켜 신의 존재를 이성적 차원에서 밝힌 수사학 교사 출신의 철학자
(2) 교육은 외부에서 주입되는 것이 아니라 인간 내부에 있는 진리를 이끌어 내는 것
(3) '교사론'에서 교육은 인간이 선천적으로 가지고 있는 지식을 상기하도록 돕는 활동
(4) '상기'란 먼 옛날 함께 살았던 잊어버린 지식이라는 존재를 기억해 냄의 의미
(5) **교부철학** : 원시 기독교가 사도 바울로 인해 체계를 갖춘 후, 새로운 기독교적 철학이 발생하여 2C~7,8C까지 계속되는데 이를 교부철학이라 함

2 아퀴나스(Aquinas, 1225~1274)

(1) 아퀴나스 철학의 목적은 논리와 이성으로 신의 존재를 증명하는 것
(2) 아퀴나스는 아리스토텔레스의 철학사상에 힘입어 모든 신학적 교리를 논리적으로 체계화한 스콜라 철학의 최고봉

(3) 아퀴나스의 교육목적은 신을 섬기고 이웃에 봉사하는 인간을 양성하는 것
(4) 교사의 임무는 가능태(도토리는 참나무의 가능태)로 존재하는 지식을 현실태(참나무는 도토리의 현실태)로 이행시키는 일
(5) 교육은 아동의 잠재가능성을 이루도록 잠재가능성을 끌어내어 현실화시키는 활동
(6) **아퀴나스의 교육관**
  ① 교육자들은 대부분의 실재론자와 같이 인간 이성을 연습하고 함양하게 고안된 하나의 기관으로서 학교의 지적 역할을 강조
  ② 도덕교육을 강조. 도덕교육은 선(善)의 환경을 학습자에게 습관화하는 과정. 선을 습관화시키는 중요한 기법은 모방
  ③ 교사는 봉사 헌신하는 사람으로 자신이 담당한 학문에 대한 공부를 부지런히 하여 풍부한 지식을 갖추고 있어야 함

[교부철학과 스콜라철학의 비교]

교부철학(아우구스티누스)	스콜라철학(토마스아퀴나스)
• 이해하기 위해 믿음	• 믿기 위해 이해
• 신의 사랑과 은총	• 신앙과 이성의 조화
• 플라톤 철학 수용	• 아리스토텔레스 철학 수용
• 이성 < 신앙	• 이성 = 신앙
• 신비주의	• 합리주의
이성에 대한 신앙의 우월성	

CHAPTER 02 [서양교육사] 16~17세기

UNIT 1 인문주의와 교육의 특징

1 인문주의의 특징

(1) 예술, 문학, 과학, 철학, 정치, 교육 등에 있어서의 새로운 정신의 부활
(2) 인문주의의 외침은 '과거로 돌아가자. 고대 세계의 예술과 문학과 종교로 돌아가자'
(3) 인간적인 것에 대한 관심이 고조, 중세와 근세의 전환적 문화를 의미
(4) 르네상스(Renaissance), 즉 문예부흥은 중세의 내세적이고 금욕적이었으며 폐쇄적이었던 인간관에서 벗어나 인간의 본성과 현세를 긍정하는 인간중심의 세계관으로 인간 본연의 모습을 되찾자는 각성에서 시작된 학예상의 운동

2 인문주의 교육의 특징

(1) 미적 표현의 중요성을 강조
(2) 신체적 요소와 더불어 행위와 행동을 중시
(3) 그리스 자유교육 사상의 부활, 인격을 발달시키는 것을 목적
(4) 고전어뿐만 아니라 민족 문자(모국어)의 중요성을 강조
   ① 자국어로된 진정한 문학이 출현
   ② 단테, 페트라르카, 보카치오 등
   ③ 영국의 초서와 위클리프는 자국어의 문학적 가능성을 입증
(5) 이 시기의 교육의 특징은 인간중심주의, 합리주의와 이성주의, 현실세계의 존중, 개성의 발견과 존중, 자유주의
(6) 이 시기의 교육은 개인적 인문주의, 사회적 인문주의, 언어적 인문주의로 구분

3 인문주의 교육철학 및 교육사상

(1) 그리스 로마시대의 인문의 재생 또는 부활을 내세운 르네상스 정신은 근대교육의 원천
(2) 르네상스 운동은 그 자체가 교육, 즉 인문주의 교육운동
(3) 인문주의 교육은 신 중심 교육의 스콜라주의에서 벗어나려는 교육 경향을 말하고 현세의 삶을 긍정하고 인간다운 새로운 삶을 추구하는 것

(4) 인문주의 교육은 교양교육, 즉 자유교육과 고전 중심의 인문교육, 르네상스 말기의 키케로주의 인문교육 등 크게 세 방향으로 전개
(5) 인문주의 교육사상의 특징은 인간의 모든 선천적인 능력을 최대한으로 계발하고 발휘하게 하는 것
(6) 르네상스 운동의 핵심인 인문주의는 점차 내용보다는 형식에 얽매이는 경향으로 흘러갔음
(7) 고전문학의 내용을 익히는 것보다는 고전작가 키케로의 글쓰기를 흉내 내고 모방하는 데만 신경을 씀
(8) 16세기에 접어들면서 인문주의는 고전문학을 읽어 그 속의 사상을 섭취하려는 것이 아니라 작품의 문체나 표현형식에 치중하는 경향
(9) 키케로주의의 문제점을 지적한 사람이 바로 카톨릭 사제 출신의 에라스무스

UNIT 2 인문주의의 유형

1 개인적 인문주의

(1) 배경

① 이탈리아를 중심으로 한 초기의 인문주의 운동은 개인적·심미적·귀족적 경향
② 개인의 폭넓은 교양과 자유의 신장에 주된 관심을 가지고 있었음
③ 희랍·로마의 고전을 통하여 교양의 폭을 넓히고 체육, 문화, 예술 등의 활동을 통하여 개성을 발현시킴으로써 전인적인 발달을 가져올 수 있다고 믿었음
④ 이들의 관심은 주로 중등교육에 주어졌는데, 이러한 인문교과를 가르치기 위하여 라틴 문법학교를 세우게 됨
⑤ 이 학교들은 고전 및 문법 중심의 교육을 하였는데 대학의 준비학교적인 성격을 띠었음
⑥ 북부 유럽의 인문주의 운동은 이탈리아의 그것과는 다른 성격을 가졌는데, 이는 주로 사회적·도덕적·대중적 경향을 지닌 것이었음

(2) 특징

① 그리스 자유교육의 부활을 의미하는 것
② 다재다능함과 정신적·물질적으로 풍요한 삶을 사는 것을 추구
③ 지성·육체·덕성의 조화로운 발달을 추구한 그리스 정신
④ 신학 대신 인문학을 중시
⑤ 교육목적은 지·덕·체의 조화로운 발달과 개성의 존중 및 자유인 양성
⑥ 주관적이고 심미적이며 풍족한 삶을 누리고자 했음
⑦ 교육내용은 주로 그리스 로마의 고전문학, 고전예술, 라틴어, 체육, 음악, 무용, 도덕과 예의에 관한 것
⑧ 교육방법은 글쓰기를 통한 자기표현활동과 개성과 흥미를 존중하는 학습법을 사용

(3) 대표자 : 이탈리아의 페트라르카와 보카치오

2 사회적 인문주의

(1) 배경
① 남부 유럽에서는 개인의 충실하고도 풍요로운 삶에 주된 관심이 있었던 반면에 북부 유럽에서는 사회 전체의 충실하고도 풍요로운 삶의 실현에 더 관심이 많았음
② 따라서 사회의 발전과 인류의 복지에 도움을 줄 수 있다고 믿어지는 교과에 더 강조점을 두게 되는데, 이러한 북부 유럽의 인문주의를 사회적 인문주의라고 부름
③ 북부 유럽의 인문주의 학교들은 고전과 성경문학의 조화를 꾀했으며 그 외에 역사, 지리, 과학 등도 가르쳤으나 체육·음악·미술 등은 이탈리아의 학교에서만큼 중요시되지는 못했음

(2) 특징
① 북유럽의 인문주의 운동을 대표하는 정신으로 후기 르네상스라고도 함
② 네덜란드에서 성립된 공동생활 동포교단이 계기. 사회적 관심의 신앙, 사회적인 개혁과 인간관계의 개선, 객관적이며 도덕적인 행동에 관심
③ 교육목적은 사회발전에 도움이 되는 것에 초점을 맞추고 사회, 종교 및 도덕교육을 중시
④ 교육내용은 고전문학, 성서문학, 문법, 지리, 역사, 다양한 외국어, 신체적 훈련
⑤ **교육방법**
  ㉠ 학습자의 흥미나 필요에 의한 학습법을 강조
  ㉡ 학습내용을 분명히 이해한 후 학습하게 하고 그것을 기억하는 방식

(3) 대표자 : 에라스무스(학문이나 지적인 것보다는 신앙중시, 도덕적 의무를 중시)

3 키케로주의

(1) 형성
① 언어적 인문주의는 키케로주의(Ciceronianism)로도 지칭되는데, 이는 16세기 초 문예부흥기 말기에 들어서면서 고전의 사상과 내용에 대한 이해보다는 고대 로마의 문장가였던 키케로가 사용한 글귀나 문장을 암송하는 형식에 치우친 일종의 구술주의(口述主義, verbalism)에 경도된, 형식적 인문주의의 경향을 말함
② 이렇게 변질된 인문주의는 17세기 자연과학의 발달과 함께 교육의 실용성을 강조하는 실학주의(realism)에 의해 대체되어 나감

(2) 특징
① 16세기 중반 이후 형식화된 인문주의로 변질된 인문주의
② 언어의 형식적인 면만을 강조(언어주의)
③ 키케로주의의 언어주의로부터 탈피한 것이 실학주의

(3) 문제점
① 키케로주의자들은 학교의 전 과정에서 키케로의 작품을 중점적으로 연구하고 모방
② 키케로의 글만이 가장 가치있는 문체라고 믿었음

르네상스 (14~15C) (구) 인문주의		종교개혁 (16C)		실학주의 (17C)		계몽주의 (18C)		낭만주의(19C) 신인문주의	
개인적 인문주의	비토리노	신교	루터, 칼뱅	인문적 실학주의	라블레, 밀턴, 비베스	자연 주의	루소	계발 주의	페스탈로치, 헤르바르트, 프뢰벨
사회적 인문주의	에라스 무스	구교	로욜라, 라살	사회적 실학주의	몽테뉴, 로크	범애 주의	바제도우, 잘쯔만	국가 주의	피히테, 크리크, 슐라이마허
키케로 주의	-	-	-	감각적 (과학적) 실학주의	코메니 우스	합리 주의	칸트, 볼테르	과학적 실리주의 (실증주의)	스펜서

UNIT 3 교육사상가

1 단테(Durante degli Alighieri, 1265 ~ 1321)

(1) 개관

① 단테는 『신곡』에서 길을 안내하는 시인 베르길리우스(Vergilius)와 많은 점을 공유
② 전쟁의 소용돌이를 경험하고, 제국을 통한 평화를 열망
③ 베르길리우스로부터 시적 영감만을 받은 것이 아니라 보편적 평화에 대한 전망도 공유

(2) 특징

① 중세적 세계상을 탈피하여 살았으며 페트라르카, 리엔치와 더불어 이탈리아 르네상스 개척자
② 민족문자(모국어)의 표준어 개념을 뚜렷하게 했을 뿐만 아니라 그것을 자신의 문화에서 실현

(3) 영향 : 중세로부터 르네상스의 전환이 단테로부터 비롯

2 에라스무스(Erasmus, 1466 ~ 1536)

(1) 개관

① 사회적 측면의 인문주의자였던 에라스무스는 다른 인문주의자들의 생각을 넘어 현실적·정치적 자유 및 민족해방까지 주장한 르네상스 시기 전체를 통해 가장 뛰어난 인문주의 교육사상가
② 에라스무스가 제안한 교육목적
  ㉠ 경건한 신앙심을 깊이 있게 가르치는 것
  ㉡ 자유학과목을 열심히 그리고 철저히 학습하는 습관을 기르는 것

    ⓒ 삶에 주어진 자신의 의무를 잘 수행할 수 있도록 준비하는 것
    ⓔ 어릴 때부터 올바른 예법을 몸에 익히기 위해 훈련하는 것
③ **교육방법론(아동자유교육론)**
    ⓐ 체벌 대신 사랑으로 교육. 자유롭게 태어난 인간을 교육이라는 활동을 핑계 삼아 구속하지 않고 자유로운 분위기에서 교육해야 함. 회초리 없는 자유로운 교육이 참다운 교육
    ⓑ 전통적인 주입식 교육보다는 흥미 있는 교재를 아동의 개인차를 고려하여 능력에 맞게 조금씩 개별 학습하도록 해야 함
    ⓒ 학습에 흥미를 갖도록 카드놀이 등 다양한 유희를 통하여 유쾌하고 즐거운 학습이 되도록 해야 함
    ⓓ 교수(teaching)는 일상적인 이야기로부터 시작하여 시인이 만든 동화로 옮겨 가야 함
    ⓔ 만물이 자연의 순리에 따라 자라나듯 교육에도 자연스런 순서와 절차가 있음. 즉, 아동의 발달단계에 따르지 않는 교육은 바람직하지 못한 상태로 보았음

(2) **특징**
  ① 교육목적은 지성을 지닌 인간 본성의 함양. 교육은 경건한 신앙을 강조
  ② 아동에 대한 연구 권장. 학습의 개별적 관리와 지도 강조, 체벌의 무의미성 주장
  ③ 어머니의 역할, 놀이나 운동의 중요성, 교육과 생활과의 밀접한 관계의 필요성
  ④ 빈부·귀천·남녀차별이 없는 교육을 강조
  ⑤ 교육의 3요소(자연, 훈련, 연습), 교사교육 최초로 주장, 교육의 기회균등
  ⑥ 조기교육 중시, 아동중심의 교수법 → 학습방법론, 아동자유교육론, 우신예찬
  ⑦ 에라스무스(Desiderius Erasmus, 1466~1536)는 인문주의와 성서의 조화를 주장하며 올바른 지식과 독립적인 판단을 내릴 수 있는 지성을 가진 인간을 양성하고자 하였음
  ⑧ 그는 아동을 자유인으로 보았고 자연적인 교수방법과 체벌 없는 교육을 강조
  ⑨ 교육방법에서는 놀이의 중요성을 강조
  ⑩ 에라스무스는 작문, 번역, 지리학과 같은 어느 정도 공부의 중압감을 느끼는 교과에서도 얼마든지 적합한 놀이와 함께 가르칠 수 있다고 보았음

(3) **저서**
  ① 사물과 언어의 세계, 키케로주의, 아동 인문교육, 학습방법론 등
  ② 아동교육론에서 에라스무스는 인간 행복을 결정하는 중요한 세 가지 요소로 '본성', '방법', '실천'을 강조
  ③ 바보예찬, 우신예찬, 학습방법론, 아동자유교육론 등

3 비토리노(Vittorino, 1378~1446)

(1) **개관**
  ① 비토리노는 이딜리아 출신으로 최초의 근·현대적 교사라는 칭호를 받고 있음
  ② 당시 풍부한 교육 경험을 소유한 최고의 인문주의 교육학자
  ③ 비토리노 학교는 즐거운 곳이어야 한다는 취지에서 학교를 '즐거운 집'이라 했음
  ④ 즐거운 집의 입학 자격은 별도로 없었으며, 무상교육이었음

⑤ 교육목적은 심신과 도덕성을 조화롭게 발달시켜 사회의 유능한 인재로 양성
⑥ 교육내용은 라틴어와 그리스어로 된 건전하고 도덕적인 역사와 고전문학 그리고 역사와 고전문학 뿐만 아니라 철학과 7자유과 중 4과, 신체 단련과 관련 있는 펜싱, 레슬링, 댄스 등을 강조
⑦ 교육방법은 강제적인 기억이나 반복적인 암기보다는 학습자의 능력과 흥미에 따르는 것
⑧ 교육사상은 철저한 아동 중심, 개성 중심이며, 교육의 기회균등의 원리를 강조함으로써 현대의 경험 중심, 아동 중심 교육사상에 큰 영향을 끼쳤음

(2) 특징
① 르네상스기에 이탈리아 최초로 인문주의 학교를 설립한 인물
② 비토리노 학교는 젊은이들에게 다양한 인문교과를 가르치기 위하여 설립
③ 라틴어 고전, 역사학, 수사학, 문법, 시, 도덕철학이 인문교과로 다루어졌음
④ 이들 교과의 목적은 삶과 공적인 봉사를 위한 개인의 능력을 최대한 끌어올리는 것
⑤ 교육의 사회적 의무를 강조한 결과, 이 학교 학생들은 사회로 진출하여 대부분 사회의 공적 업무에 종사

UNIT 4 종교개혁과 교육의 특징

1 종교개혁의 특징

(1) **기원** : 종교개혁은 루터의 '95개조의 항의문'이 서민층의 지지를 받으면서 본격화

(2) **특징**
① 종교개혁은 직업인·전문인을 육성하고자 하였고, 이를 일관하는 것이 금욕주의적 경향
② 종교개혁은 대중적이었으며 중세의 부정과 근대화의 추진을 철저하게 진행

> **알아두기 ①** 종교개혁(Reformation)기의 교육
> ① 루터(Martin Luther, 1484 ~ 1546)에 의해 시작된 종교개혁(Reformation)에 의해 중세의 교권체제가 무너지면서 이제까지의 기독교 교육의 전통은 종교개혁자들에 의해서 다시 정돈되는데, 이들은 주로 초등보통교육의 성립과 확대에 큰 공헌을 하게 됨
> ② 종교개혁은 중세의 권위적, 타락적인 신앙에서 벗어나 내면적, 성서 중심의 초기 기독교로의 복귀운동임
> ③ 종교개혁자들은 성경을 왜곡해서 해석한 성직자들의 부패를 비판하며, 오직 성서를 통해 올바른 신앙의 가치관을 확립하여 인간을 해방시키기 위해 성서에 대한 해석과 교육을 중시하며, 라틴어 성경을 모국어로 번역하고 모국어 교육을 대중화시키는 데 힘씀
> ④ 종교개혁가들은 종교교육과 함께 가정, 직장, 사회와 국가에서 의무를 잘 감당하기 위한 교육도 하여야 하고, 이를 위해서는 성경, 모국어, 읽기, 쓰기, 음악, 체육, 공예, 가사 등이 포함된 초등교육을 모든 어린이들이 의무적으로 받아야 한다고 주장함
> ⑤ 현대의 보통 의무교육은 사실상 이들로부터 시작된 셈임

2 교육의 특징(신교의 교육)

(1) 기독교적 이상과 인문주의의 결합(내적 신앙과 지적이고 이성적인 지성의 중요성 강조)
(2) 교육의 국가적 의무와 보편적인 무상의무교육을 강조. 근대 초등교육 기초 마련
(3) 학교의 임무를 강조. 남녀를 불문하고 모든 계층에게 보편적이고 강제적인 교육을 요구

3 종교개혁기의 교육철학 및 교육사상

(1) 신앙의 자유를 외쳤던 종교개혁은 단순히 로마 가톨릭의 타락과 세속화에 국한하여 반대했던 개혁이 아니라 사회전반에 걸친 일종의 대변혁사상
(2) 성경이 독일어로 번역되면서 교육의 대중화가 시작
(3) 보통교육의 확산으로 초등의무교육의 초석이 마련
(4) 루터는 남자들만 독점하던 초등학교 교사에 여자도 채용할 것을 주장
(5) 학교는 사회의 발전에 기여할 수 있는 유용한 사람을 길러 내는 곳이어야 하고 교육은 실생활에 유용한 것이 되어야 한다고 강조
(6) 과학적 지식이 교육내용의 대상이 되면서 종교적인 것과 세속적인 것을 일치시켜 조화롭고 융합된 인간 생활을 구현하고자 하였음
(7) 루터는 신앙교육의 시작은 가정이어야 하며 국가발전의 기초가 되는 가정교육의 중요성도 역설

UNIT 5 교육사상가

1 루터(Luther, 1483 ~ 1546)

(1) 교육관
　① 루터는 종교개혁의 선봉자로서 일생을 신교주의 교육에 매진
　② 루터의 교육관은 당시 인문주의자들과는 달리 좀 더 대중적
　③ 학교교육은 빈부귀천, 남녀노소 차별 없이 어떤 구속도 받지 않고 누구나 글을 읽고 쓸 수 있도록 국가가 무상으로 교육의 기회를 제공하여야 한다는 점을 역설
　④ 가정교육과 학교교육 그리고 세속적인 노동과 세속적이며 전문적인 직업훈련을 강조

(2) 특징
　① 가정교육의 보완으로 학교교육을 중시. 아동의 자유로운 성장 촉구
　② 학교교육 유지에는 국가의 책임이 중요. 의무교육제도의 사상적 체계 마련
　③ 국민교육의 진흥과 보급, 공교육의 의무화를 강조. 교직의 중요성 강조
　④ 신교의 교육목적에 근거하여 노동과 직업훈련을 강조
　⑤ 보다 확대된 교육의 기회균등이 필요. 모든 사람은 모국어로 성경을 읽는 능력을 가져야 함

⑥ 루터는 가정, 교회, 국가에 사명을 다하는 유용한 인간을 양성하는 것을 교육목적으로 삼고,「소교리문답서」를 통해 교회와 가정교육의 지침을 만들었으며, 국가가 국민의 교육을 책임져야 한다고 주장함
⑦ 학교교육 중시, 공교육제도 주장, 의무교육제도 주장, 어린이 인격을 존중하는 교육, 가정교육을 강조, 교직의 중요성 강조, 다양한 교과내용 중심

(3) 저서
① 기독교계의 개선에 대하여 독일의 기독교 귀족에게 고함(1520)
② 교회의 바빌론 죄수(1520), 그리스도인의 자유(1520)
③ 자녀를 학교에 취학시켜야 할 것에 관한 설교(1539) 등

2 칼빈(Calvin, Jean, 1509 ~ 1564)

(1) 교육관
① 개인생활이나 사회생활에서 종교를 진흥시키는 도구로서의 교육의 중요성을 강조
② 그의 교육사상은 칼뱅주의로 확대되어 유럽은 물론 미국에까지 큰 영향을 미쳤음

(2) 특징
① 직업 소명설을 주장하면서 신분적 직업관에서 탈피할 것을 주장
② 공교육제도와 교사채용(임용)의 시험제도 등을 주장함
③ 대학교육보다는 초등교육과 서민교육을 강조함
④ 직업소명설을 주장하여 부의 축적을 정당화함. 이러한 주장은 이른바 청부사상(淸富思想)이라고 할 수 있는 것으로, 정직과 검약을 통해 재산을 형성하고 이러한 재산을 이타적으로 사용할 줄도 안다면 부자가 되는 것은 죄악이 되지 않는다는 것이었음
⑤ 현실적 삶과 도덕적 실천, 직업적 평등, 근검절약, 재산소유 허용 등을 주장함
⑥ 일을 함에 있어서 천직(天職)의식과 직업적 소명(召命)의식의 중요성 강조
⑦ 가정, 교회, 학교와 국가가 상호보완적인 교육 주장

3 멜란히톤(Melanchthon, 1497 ~ 1560)

(1) 교육관
① 루터의 충실한 대변자이자 종교개혁의 동지였던 멜란히톤은 독일 공립학교 교육체제를 계획 및 수립하고 발전시키는 데 가장 큰 공헌을 한 인물
② 인문주의 교육자로서 그는 평생을 루터의 정신을 구현하고자 노력
③ 멜란히톤의 가장 큰 교육 업적은 '작센교육계획'을 수립한 것
④ 이 계획은 1528년 독일 북부 작센공국 내 여러 도시의 공립학교 설립 및 운영 방안을 수립하는 것
⑤ 이 계획 속에는 교육과정을 세 수준으로 구분하여 학습자들의 학업정도에 따라 진급하는 제도도 포함. 이것이 오늘날 학년제의 시초가 되었음

(2) 특징
① 개신교적 인문주의를 확립한 인물
② 인문교육의 기초로 가장 강조한 영역은 고대 언어
③ 자신의 교육방법을 실천에 옮기고자 그리스 고전에 대한 해박한 지식을 토대로 다양한 교재를 편찬
④ '그리스 문법', '경구집', '라틴어 문법' 등 편찬 보급

UNIT 6 실학주의와 교육의 특징

1 실학주의의 특징

(1) 실학주의란 언어나 문학보다 자연현상이나 사회제도가 학습의 주제가 되어야 한다는 정신
(2) 현실의 객관적 관찰을 통한 실용적 지식과 실제적인 직업기술 및 과학적인 학문탐구 방법중시

> **알아두기 ① 실학주의**
> ① 인문주의적 교육이 한낱 라틴어 학습과 고문의 암기에만 열중하게 되고, 종교교육 또한 교리의 암송에 치우치게 되어 인간의 현실의 삶과의 관련성이 점점 멀어지게 되자, 교육이 삶의 실제에 관여하여야 한다는 반성의 소리가 높아지게 되었음
> ② 이러한 운동은 리얼리즘(realism), 즉 현실주의 혹은 실학주의라고 하는데, 교육의 목표는 실생활에 필요한 교육을 함으로써 유능한 인간을 양성하는 것이었음
> ③ 이들은 자연에 대한 지식이 종래의 문예적·종교적 지식을 대신하여 인간의 삶에 실제적이고도 유용한 새로운 기초가 되어야 하며, 그러한 과학적 지식을 탐구함으로써 인류사회는 발전하며 인류의 복지도 향상될 것이라고 믿었음
> ④ 자연과학적 지식은 종래의 전통적 지식과는 전혀 다른 형태의 지식활동의 소산이므로 이러한 지적 훈련이 학교에서도 이루어져야 한다고 주장함
> ⑤ 이들은 보통사람이라도 잘만 가르치면 진리를 획득할 수 있다고 믿었기 때문에 모든 사람에게 교육을 받을 권리가 있다는 것을 인정
> ⑥ 종래의 편협한 교과목 대신에 백과사전적인 광범위한 교과목을 가르쳐야 한다고 주장
> ⑦ 이들은 고전의 학습도 그 자체의 학습이 목적이 아니라 그 속에 담겨져 있는 과학적·사회적·역사적 지식을 얻는 데 목적이 있다고 하였음

2 교육의 특징

(1) 실용적 지식을 추구하였고, 경험 중시. 과학과 모국어 중시
(2) 감각적 및 시각적 교수법이 도입(실학주의의 표어는 '언어 이전에 사물')
   실학주의 교육은 인문적 실학주의, 사회적 실학주의와 과학적 실학주의로 구분할 수 있음

3 실학주의 교육철학 및 교육사상

(1) 실학주의가 추구한 이상은 진정한 인간다운 삶을 누리는 것
(2) 실학주의 철학의 목표는 '어떻게 하면 그런 삶을 살 것인가'였음
(3) 실용주의는 구체적 지식과 사실의 실용성과 실천성을 강조하고 고전연구 대신 모국어와 외국어 교육을 중시
(4) 여행, 관찰, 실험 및 실물, 표본, 지도, 그림 등 시청각적 교구교재를 강조
(5) 실학주의는 새로운 방법과 새로운 교육을 통해 인문적 실학주의, 사회적 실학주의, 감각적 실학주의의 이름을 거치면서 철학의 목표, 즉 삶의 목적을 이루어 갔음

UNIT 7 실학주의의 유형

1 인문적(개인적) 실학주의

(1) **특징**
① 편협한 인문주의 교육에 반대
② 고대의 다방면의 생활에 관한 지식을 통해 그들 자신의 자연적·사회적 생활환경을 이해
③ 고전문학의 연구 그 자체가 교육의 전부는 아니며 신체적·도덕적·사회적 발달을 교육의 중요한 요소로 간주
④ 인문주의의 문제점과 자연과학의 발달을 배경으로 대두된 실학주의로 넘어가는 과도기적 현상으로 등장한 것이 인문적 실학주의

(2) **대표자** : 존 밀턴, 비베스(1492~1540, 에스파냐의 인문주의자 철학자. 근대 실험심리학의 시조로 경험적 관찰과 실험을 중시하고 스콜라 철학과 아리스토텔레스를 반대), 라블레(프랑스의 작가, 인문주의자. 몽테뉴와 함께 16세기 프랑스 르네상스 문학의 대표적 작가) 등

(3) **교육목적**
① 고대문학 연구(고전)를 통해 현실세계의 생활 준비
② 실제 생활의 수단으로써 언어와 문자를 습득하는 것이었고 고전어보다 모국어를 중시
③ 인문주의 교육의 이상은 덕성을 고루 갖춘 전인적 인간 육성

(4) **교육방법** : 개별적 교육, 동기학습법, 토의와 설명에 의한 독서법

2 사회적 실학주의

(1) **특징**
　① 청소년들에게 유망하고 유쾌한 인생을 살도록 하기 위한 판단력과 성격을 형성
　② 경험을 넓히고 사람들과의 습관에 친숙해지기 위한 여행의 중요성을 강조
　③ 여행을 통해 사람들은 실제적 지식을 획득하고 문학 연구, 이미 알고 있는 여러 지역이나 국민과 실제적 접촉을 하게 되어 교양 획득

(2) **대표자** : 몽테뉴(르네상스기의 대표적인 프랑스 철학자), 로크(영국의 철학자)

(3) **교육목적**
　① 사회적 조화, 신사 양성
　② 신사(교양 있는 귀족)의 양성이었고 사회생활의 경험을 강조하였으며, 성경, 지리, 역사, 천문학, 여행 등을 가르쳤음
　③ 학문적 지식보다는 사회생활의 경험을 쌓아 인생을 살아가는 데 도움이 되는 지혜를 가지게 하고, 도덕적 품성을 지닌 신사로서의 자기완성을 준비시키는 것

(4) **교육방법** : 이해와 판단을 중시

3 감각적 실학주의(과학적 실학주의)

(1) **특징**
　① 지식이 감각이나 경험을 통해서 오는 것이라는 신념에 근거
　② 교육은 기억 활동보다는 감각적 지각의 훈련에 기초해야 한다는 입장
　③ 지식과 진리의 원천으로서의 자연현상에 흥미와 관심을 가짐
　④ 교육에서 모국어 사용의 중요성을 강조
　⑤ 교육의 모든 문제 해결에 귀납법(베이컨에 의해 확립)을 채택
　⑥ 종교개혁 교육의 신 중심의 편협성, 인문주의 교육의 언어의 편협성을 탈피하고자 하고 고전, 라틴어보다는 자연과학과 모국어를 중시하였으며 암기나 암송보다는 관찰과 이해를 중시하고 직관 교수, 실물 교수, 시청각 교육을 강조

(2) **대표자** : 멀카스터(영국 르네상스 시대의 대표적 인문주의자), 베이컨(근대 초기에 새로운 철학의 출발을 알린 영국의 철학자), 라트케(독일의 대표적 교육개혁 사상가), 코메니우스(실학주의를 대성시킨 17세기 최대의 교육자이며 사상가) 등

(3) **교육목적**
　① 감각을 통한 올바른 시식 획득, 과학적 지식을 통한 힘의 증진
　② 실용인 실천인의 양성

(4) **교육방법** : 관찰에 의한 감각 훈련, 귀납적 방법, 실천에 의한 학습, 실물학습

UNIT 8 교육사상가

1 존 밀턴(John Milton, 1608 ~ 1674)

(1) 개관
① 《실낙원(失樂園)》의 저자로서 셰익스피어에 버금가는 대시인으로 평가되는 영국 시인
② 최초로 영어로 쓴 걸작시 《그리스도 강탄의 아침에》는 종교적 주제에 있어서나 기교적 원숙에 있어서 성년에 도달하였고 또 그의 장래의 방향을 선언한 작품

(2) 특징
① 당시에 지배적이었던 형식적 문법에 의한 과제 접근 방법을 반대
② 학습은 어학의 형식적 방면의 습득이 아닌 문학이나 내용 방면에 주의를 향하도록 해야 함
③ 산수, 기하, 도덕, 라틴 문법, 농학, 아리스토텔레스의 생리학, 건축학, 자연철학, 지리학, 의학
④ 고전을 통한 종교적 현세적 도야, 실낙원
⑤ 교육기관의 성격상 특권층의 자녀가 입학하여 교육을 받아야 한다고 주장함으로써 귀족주의적 성향에서 탈피하지 못한 한계

(3) 저서
① 교육론(교육에 관한 고찰)
② 12세에서 21세까지 성장기 인간의 발달과 교육을 기술
③ 당대의 형식적인 교육 대신 고대 작가들을 연구하여 과학과 도덕성을 교육하는 데 적극 활용해야 한다고 주장

2 몽테뉴(Montaigne, 1533 ~ 1592)

(1) 개관
① 사회적 실학자인 몽테뉴의 사상은 그의 유일한 저서 '수상록'에 고스란히 남아 있음
② 수상록에는 신 중심의 사상에서 벗어나 가장 보편적인 인간상과 교육에 대한 생각들이 잘 드러나 있음
③ 수상록에서 교육의 목적은 인문주의적 인간을 육성하기보다는 이해력과 양심을 가진 사회적으로 유능한 신사를 길러 내는 것
④ 지식은 생활에 쓸모가 있어야 하므로 다양한 교과목을 통해 지식을 습득해야 하며, 신사는 많은 지식을 가지는 것도 중요하지만 그 지식을 유용하게 가치 있게 써야 한다고 하였음
⑤ 아이들에게는 심신의 조화로운 교육을 강조하였으며 말을 기억하기보다는 사물을 관찰하도록 가르치는 것이 더 중요하다고 하였음
⑥ 몽테뉴의 교육사상은 데카르트, 파스칼, 로크 등에 영향을 미쳤음

(2) 특징
① 감각의 훈련과 신체의 교육, 자국어의 교육을 중시. 교육에서 여행의 중요성 강조
② 교육목적은 도덕성이 되어야 하고, 교육내용은 실용적인 것이 되어야 함
③ 지식은 동화되어야 하고, 행동은 모방되어야 하며, 관념은 행위로 실현되어야 함
④ "세상은 가장 훌륭한 교과서"(여행을 통한 앎이 참된 지식) → 가정교사에 의한 교육, 신사양성
⑤ 사회적 실학주의 또한 아쉽게도 상류층 자제의 교육에 널리 퍼지는 데 그쳤음

(3) 저서 : 수상록(현학에 관하여, 자녀교육에 관하여, 아버지의 자녀에 대한 영향에 관하여), 아동교육

(4) 교육방법
① 학습자에게 가장 유익한 것을 가르쳐라
② 강제적인 교육을 절대 하지 말라
③ 학습이 학습자 자신의 판단력을 행사하는 기회가 되게 하라

3 베이컨(Bacon, 1561 ~ 1626)

(1) 개관
① 교육분야에서 베이컨의 가장 큰 업적은 자연과학의 방법론을 이론적으로 체계화한 진리 인식의 방법인 귀납적인 방법을 교육에 적용한 점
② 귀납적 방법이란 관찰과 실험을 통해 얻은 구체적 사실들의 공통점에서 일반적인 법칙이나 원리를 끌어내는 방법
③ 관찰과 실험은 참다운 진리라는 목적지를 향해 떠나는 항해사의 나침반에 비유
④ 베이컨은 이 방법이 자연현상을 탐구하는 보다 타당한 방법임을 강조
⑤ 베이컨의 교육목적은 과학적 지식의 힘으로 자연을 정복하고 지배하여 자연에서 유익한 것을 얻어 인간의 삶을 윤택하게 하는 것
⑥ 이런 의미를 담은 베이컨의 명언이 바로 '아는 것이 힘이다'임. 여기서 '아는 것'은 과학적 지식을 아는 것이고 '힘이다'라는 말은 생활에 유익하고 모두에게 행복을 가져다 준다는 의미

(2) 특징
① 그의 유일한 가치는 자연계를 정복하는 힘. 자연의 지식은 그러한 힘의 근원
② 귀납법을 창시. 감각과 구체적 사상에서 출발하여 계속 점진적으로 올라감으로써 원리를 구성
③ 가장 보편적인 원리에 도달하는 것이 진정한 진리의 탐구 방법이라고 하였음
④ 귀납적 교수를 통한 4대 우상 타파 : 귀납법의 창시자로 유명한 인물 – 종족(사람), 동굴(주관), 시장(미신), 극장(학설)
⑤ 신학과 형이상학에서 과학으로 사회의 관심을 돌림으로써 인문주의적 형식주의에서 실학주의로 전환하는 계기를 마련
⑥ 과거의 지적 성취를 포괄적으로 연구한 후 그는 '신기관(1620)'에서 새로운 학문의 방법으로 귀납법 제시

(3) 저서
① 뉴 아틀란티스, 학문의 진보, 신기관 등
② **신기관** : 새로운 학문의 방법으로 귀납법 제시(개별 사실로부터 일반적인 법칙을 발견해 나가는 자연현상의 탐구방법)
③ **새로운 아틀란티스(1627)** : 자연현상의 탐구가 사회운영의 원리가 되고, 과학 지식의 소유가 사회에 널리 퍼진 이상사회를 그린 작품. 그는 새로운 과학기술이 인간의 번영과 행복에 기여할 것이라는 확신을 품고 있었음

4 코메니우스(Johann Amos Comenius, 1592~1670)

(1) 개관
① 코메니우스(Johann Amos Comenius, 1592~1670)는 초등교육인 모국어 학교에서 3R's, 역사와 지리를, 소년기 라틴어 학교에서 7자유과, 어학, 수학, 물리를 그리고 청년기 대학에서 신학, 법학, 철학 등의 전공과목을 가르쳐야 한다고 하였음
② 그는 「범교육론」에서 모든 사람이 균등하게 교육을 받아야 한다고 주장
③ 자연의 원리와 질서에 따르는 교수방법으로 실생활에 유용한 것을 간단하고 직관적으로 가르쳐야 한다는 직접적인 사물교육을 통한 실물교수론을 강조

(2) 교육목적
① 신과의 영원한 행복
② 바른 지식, 도덕, 경건한 신앙이 요청
③ 지식, 도덕 그리고 경건을 순서대로 습득하는 것이 교육목적
④ 도덕교육과 종교교육이 중시되었으며 전쟁을 방지할 국제기구의 설립을 주장

(3) 교육내용
① 범지적 교과론을 주장. 이는 당시의 지식을 백과사전적으로 조직하려는 전통을 이어받은 것
② '만물을 하나도 불명확한 것이 없도록, 그리고 각 부분이 그 고유의 위치에
③ 정연하게 보이도록 그 모든 구성요소를 분해하는 우주의 정확한 해부도'를 그리는 것

(4) 교수방법
① 코메니우스의 교육방법인 합자연의 원리는 베이컨의 귀납법에 영향을 받은 것
② 베이컨의 방법이 자연현상에만 적용되는 데 비해 코메니우스의 방법은 우주 전체를 고찰
③ 교육방법은 합자연의 원리, 객관적 자연주의, 감각에 의존하는 실용학습 강조

(5) 학교조직과 학급조직
① 어머니 무릎학교(0~6세), 모국어 학교(7~12세), 라틴어 학교(김나지움, 13~18세)
② 대학(19~24세) 등으로 연계된 단선형 학제를 주장

(6) 기회균등과 남녀평등
① '대교수학'에서 "교육은 모든 사람에게 실시되어야 한다"라고 하였고
② 또한 남녀평등의 취학의 의무를 강조
③ "모든 청소년은 남녀를 불문하고 취학되지 않으면 안 된다"라고 주장

(7) 저서 : 어학입문, 대교수학, 세계도회

5 로크(John Locke, 1632 ~ 1704)

(1) 개관
① 로크(John Locke, 1632 ~ 1704)는 백지설(Tabula Rasa)을 주장
② 따라서 이 백지가 경험(교육, 환경)에 의해 채워질 때 선한 인간과 악한 인간이 된다는 경험, 교육, 환경의 중요성을 강조
③ 그는 직관을 통한 경험적, 구체적 교수방법을 중시하였고 아동의 흥미와 논리적 과정, 발표와 응용을 강조
④ 인간은 주요한 정신적 능력을 지닌 존재로 정신적인 능력을 어려운 교과의 학습을 통해서 계발하면 이 능력과 관련된 다른 교과의 학습에 도움이 된다는 형식도야설(形式陶冶說, formal discipline theory)을 강조
⑤ 지, 덕, 체의 전인교육을 주장하였고, 특히 체력의 중요성을 강조

(2) 특징
① 인식의 기원으로 경험론을 제시
② 인간은 정신은 원래 빈방 혹은 흰 판(Tabula Rasa)이며 감각을 통해 이 어둠의 상자에 개별적인 관념이 들어가고 이 관념은 연상, 명명 그리고 감각의 일반적인 연결을 통해 인식이 가능해짐
③ 교육은 '마음의 능력'을 단련하는 일(훈련으로서의 교육관)
④ 지육은 연습과 훈련에 의해 사고의 습관을 형성하는 일
⑤ 정신의 능력은 신체의 단련과 동일한 방법으로 훈련
⑥ '건강한 신체에 건강한 정신은 이 세상에서 행복의 상태를 표현한 것으로 이 두 가지를 소유한 자는 더 이상 원할 것이 없다'고 하는 체육의 중요성을 강조
⑦ '건강한 신체에 건전한 정신'이라는 표어로 표현

(3) 영향
① 교육적 인간상으로서의 신사상을 제시
② 교육정신으로서의 자유교양교육은 인문주의 신사의 정신 속에서 계승

CHAPTER 03 [서양교육사] 18~19세기

UNIT 1 계몽주의

1 계몽주의의 특징

(1) 기원과 성격
① 18세기 지적 운동의 하나(유럽을 지배한 사상)
② 인간 이성에 대한 신뢰를 바탕으로 합리주의적 사상 경향
③ 자유롭게 지각된 개인과 이성 및 지성존중의 정신을 전제조건
④ 베이컨을 발판으로 로크에 의해 배양되어 유럽 각국에 퍼져나가 18세기 절정

(2) 인간관
① 본래 모두 이성적 존재로서 평등하며 누구나 자유와 평등을 누릴 권리를 중시
② 인간 권리에 대한 절대적 신뢰를 강조

(3) 세계관
① 경험을 존중하고 사실에 입각한 과학적 세계관
② 실증주의적 경향을 지님
③ 과학을 중심으로 하며, 교육방법은 인간 이성에 호소하는 방법을 강조

(4) 역사관 : 진보를 역사의 근본 법칙으로 간주, 이는 인간 이성에 대한 신뢰와 교육만능론의 근거

> **알아두기 ① 계몽주의(Enlightenment)**
> ① 서양은 18세기에 이르러 정치적, 경제적, 사회적으로 커다란 변화를 겪게 됨
> ② 계몽주의(Enlightenment)는 합리적 이성으로 비합리적인 권위와 구습, 무지와 미신을 타파하고 인간의 자유와 존엄성이 강조되었으며
> ③ 교육목적은 모든 속박으로부터 이성을 해방시키는 것이었음
> ④ 계몽주의 교육의 특징은 이성주의, 주지주의, 합리주의, 자연주의, 실리주의 등
> 프랑스에서는 일찍부터 계몽사상가들에 의하여 교육개혁론이 대두되었음
> ⑤ 그들은 교육이란 국민 모두의 행복을 위한 것이어야 하며, 어떠한 종파나 특정한 단체를 위한 것이어서는 안 된다고 주장하였음

⑥ 1762년에는 드디어 당시 프랑스와 중등교육을 장악하고 있던 예수회를 재판에 의해 프랑스로부터 추방시키고 이에 대치할 새로운 국민교육체제를 계획하게 됨
⑦ 자유·평등·박애를 표명했던 프랑스의 혁명정부가 구상하였던 공립무상교육제도 그리고 나폴레옹 시대의 학제를 거쳐 1882년에는 공립, 의무, 무상의 보통교육제도가 확립

2 계몽주의의 교육관

(1) 교육은 개인의 이성적 능력의 발달을 도모하는 일
(2) 개인의 판단 능력을 존중
(3) 지적 가치를 강조하였고 주지주의에 입각한 기능인 양성에 주력

3 계몽주의 교육철학과 교육사상

(1) 냉정한 비판과 이성의 힘으로 절대주의 폐단을 몰아내고자 한 하나의 교육사상
(2) 계몽사상의 교육목적은 이성의 힘으로 자유를 속박하는 독단적인 모든 정치사회적 제도와 특권과 모순의 사회구조를 제거하려는 데 있었음
(3) 계몽철학자들은 대부분 인간이 겪는 불화와 불행에서 벗어날 해결책이 있다고 생각
(4) 이들은 공동생활에 이성적 사고가 확산되고 과학이 보급되고 경제가 획기적으로 성장하면, 인간이 이전보다 행복해져 서로 해치고 파괴하는 행동이 줄어들 것이라고 믿었음
(5) 계몽철학자들은 절대주의 가치를 극복할 수 있는 교육내용으로 철학, 과학, 정치, 문학 등을 가치 있게 받아들였음
(6) 교육방법으로는 자연주의를 택하고 있음
(7) 자연주의 교육방법이란 일체의 인위적 권위를 배격하고 인간에게 선천적으로 부여된 자연성을 자유롭게 교육하는 것을 말함
(8) 대표적인 계몽사상가로는 '법의 정신'을 저술한 몽테스키외, 철학소설 '캉디드'를 쓴 볼테르, 프랑스의 사상가이자 소설가이며 인간의 자유와 평등을 주장했던 루소, 독일의 계몽주의 교육자이자 사상가이며 범애주의의 창시자인 바제도, 루소에 맞먹는 낭만주의의 초석이라 할 수 있는 칸트 등이 있음

UNIT 2 자연주의

1 자연주의 교육의 특징

(1) 자연에 일치하는 교육으로 이는 교육과정에 대한 자연법칙의 발견·형성·응용을 의미
(2) 인간발달이 자연적 법칙에 일치하는 교육을 의미하는 것, 후에 계발주의자(19세기의 신인문주의자)들에게 영향을 미침

(3) 모든 인위적인 것에 반대하여 자연으로 돌아가는 것을 말함
　① 아동에 대한 인위적인 환경과 훈련을 공격
　② 아동의 자연스런 자발성을 억압하는 모든 인위적인 것을 반대

2 자연주의의 교육관

(1) 자연적인 것을 공경하고 존중하며, 인위적인 억압이나 간섭을 최소화
(2) 자연에 일치하는 현대교육의 특징인 심리학적·과학적 기저가 되는 사상, 인간교육의 실제적 정신과 목적과 성격에 많은 영향을 끼쳤음

3 자연주의의 유형

(1) **객관적 자연주의** : 코메니우스(근대 교육학의 선구자)
(2) **주관적 자연주의** : 루소(인간의 자유와 평등을 주장)
(3) **사회적 자연주의** : 페스탈로치(교육에 있어 조건 없는 사랑을 실천한 것으로 유명)

UNIT 3　루소(Rousseau, 1712~1778)의 교육사상

1 루소

(1) 루소(Jean-Jacques Rousseau, 1712~1778)는 아동중심의 교육사상가로서 자연, 인간, 사물을 교육의 3요소라고 했으며
(2) 직관주의를 바탕으로 실물주의와 아동 스스로 합자연의 원리를 따르는 교수방법을 강조
(3) 루소는 교육이 어린이들의 자연성을 무시하고 마네킹 취급을 하고 있으며 온실재배식의 교육을 한다고 하여 교육의 인공성을 비판
(4) 루소는 「에밀」의 첫 머리에서 "인간은 조물주의 손에서 나올 때는 선하나 사람의 손에서 악해진다"라고 말하고 있음

2 에밀의 구성과 내용 : 1762년 발간(50세)

• 아동본위의 교육	• 자연주의 교육
• 체육의 중요성	• 감각훈련의 중요성
• 실물교육	• 자발성의 원리
• 소극 교육	• 심리관찰의 필요성

(1) 제1편(출생 ~ 5세)
   ① 유아기의 교육으로 신체단련에 중점을 두었으며, 핵심개념은 운동성
   ② 유아의 운동을 구속해서는 안 되며, 방임함으로써 신체적인 발달을 할 수 있도록 해야 함
   ③ 모자 ×, 맨발, 약 ×, 냉수목욕, 유아 양육은 모친

(2) 제2편(5 ~ 12세)
   ① 아동기의 교육으로 감각기관의 훈련, 자연의 벌(스스로)을 강조하며, 핵심개념은 감수성
   ② 이 시기는 언어의 습득과 오관의 연습이 주된 목적
   ③ 사물은 경험을 통해 배우게 해야 함
   ④ 독서 ×, 명령 복종의무 ×

(3) 제3편(12 ~ 15세)
   ① 소년기의 교육으로 지적도야기, 이성에 눈을 뜨며 지적교육이 가능. 핵심개념은 지성
   ② 천문학, 물리, 지리 등의 자연과학 그리고 수공을 가르쳐야 함
   ③ 직관주의적 교수법, 자기발견과 재발견주의 교수법, '로빈슨 크루소의 표류기'만을 읽도록 함

(4) 제4편(15 ~ 20세)
   ① 청년기의 교육으로 감성과 성, 사회에 대한 관심이 고조되고
   ② 종교와 도덕교육, 성교육 그리고 생활에 필요한 교육을 준비하는 시기
   ③ 핵심개념은 도덕성
   ④ 복잡한 사회관계를 올바르게 이해하기 위해 사회학, 심리학, 윤리학, 정치학 등을 연구
   ⑤ 도덕교육과 종교교육의 시기
   ⑥ '플루타크 영웅전' 읽도록, 연극관람(취미)

(5) 제5편(여성교육론) : 소피(Sophie)
   ① 철저히 남성을 위한 교육
   ② 현모양처와 정숙한 여성이며, 이상적인 여성을 기르기 위해서는 남성의 교육과는 달리
   ③ 여성의 본질에 적합해야 한다고 보았음

3 루소의 자연주의 교육사상

(1) 자연의 개념
   ① **신성(神性)으로서의 자연** : 자연과 신 동일시, 인간도 자연 속의 신과 일치하는 존재
   ② 인위적으로 계획되거나 조작된 것과는 대립된 개념. 기존의 사회나 문명은 타락된 것
   ③ **본래적 속성으로서의 자연** : 타고난 능력과 성향으로서의 자연
   ④ **감각적 내적 발달로서의 자연** : 인간의 감각기능과 기관을 내적으로 계발하는 것

(2) 자연적 교육
   ① 자연성의 계발과 발달을 목적으로 하는 교육

② 사회에 의해 가해지는 인위적인 조작이나 강요를 거부하는 교육
③ 내적 발달을 추구하는 교육

(3) 교육적 이상으로서의 자연인
① 루소에게 있어서 교육을 통해 길러야 할 이상적인 인간은 자연인
② 자연인은 연민이나 고독과 같은 자연의 특성을 습득한 사람
③ 자연인은 자기 자신에 대해서만 생각하며 죽음에 대해 배우고 사고할 줄 앎
④ 자연인은 동물적인 미개인이 아니라 유덕하고 행복한 이상적 인간
⑤ 자연인은 타락하지 않은 순수한 인간 본질을 그대로 간직하고 있는 존재

4 소극적 교육론

(1) 특징
일체의 교육을 거부하는 것이 아니라 종래의 교육관행과는 전혀 다른 별도의 교육을 주장

(2) 에밀에 표현된 소극적 교육론
① "최초의 교육이란 전적으로 소극적이어야 한다"
② 직접 지식을 가르치기 전에 지식의 도구인 모든 기관을 완전하게 하고 적당한 감각의
③ 훈련으로 이성에의 길을 준비하려는 교육
④ 아동이 진리를 이해하는 것을 기다려 스스로 진리에 이르는 길을 취하게 하고
⑤ 선을 인식하고 사랑하는 능력을 획득하는 것을 기다려 선으로의 길을 택하게 하는 것

5 루소 교육의 장·단점 및 영향

(1) 장점
① 인간 내면의 건전한 자발성을 교육의 중핵으로 보고 자유로운 교육을 강조
② 감정적 도야를 중시(주정주의적 입장)
③ 발달과정에 따른 심리적 개성을 존중
④ 주체적 자기 활동을 장려
⑤ 자기 능력을 기르기 위한 '수(手) 작업'을 중시
⑥ 발달 단계에 따른 교육을 강조

(2) 단점
① 자연적 속성을 선미(善美)
② 감각적 자아와 정신적 자아, 개성과 인격을 혼동함으로써 자연주의에 환상을 갖게 함
③ 국가와 사회·문화를 악한 것으로 간주하고 원시적 자연으로의 복귀를 주장
④ 자유방임주의에 편중하여 지도의 가치를 경시
⑤ 개인교육에 주력하여 사회교육의 가치를 무시

⑥ 소극적 교육론은 정보사회에서 어울리기 곤란
⑦ 여성교육의 가치를 무시

(3) 영향

① 페스탈로치의 사상에 영향
② 프뢰벨의 유치원, 톨스토이의 자유학교, 바제도우의 범애학교 설립에 영향
③ 범애파 교육, 현대의 아동중심주의, 생활교육 사상에 영향
④ 활동주의, 노작주의 교육사상, 신교육운동 및 진보주의, 자유주의에 영향
⑤ 루소 교육사상의 영향을 받은 국가의 예
　㉠ 프랑스에서는 교육의 국가계획에 대한 요구가 일어났고, 교육은 보편적이고 무료여야 한다는 주장
　㉡ 영국에서는 루소의 문학적 영향이 강해서 교육문제를 다룬 문학이 나타났고, 19세기 초에는 아동문학이 발전
　㉢ 루소의 교육사상이 가장 큰 영향을 준 나라는 독일로, 바제도우의 범애학원 설립을 통해 나타났음

UNIT 4 칸트(Kant, 1724~1804)의 교육사상

1 칸트(Immanuel Kant, 1724~1804)

(1) 독일의 계몽주의 사상가로서 「교육학」에서 오직 인간만이 교육에 의해서만 인간이 될 수 있다고 보았음
(2) 교육을 통해 이성의 계발이 가능하다고 보았고, 정신적인 훈련과 연습을 통해 진리를 탐구하고 도덕적인 인격을 형성하는 것이 중요하다고 보았음
(3) 순수이성비판(1781), 실천이성비판(1788), 판단력 비판(1790) 등 3대 비판서 출간

> **알아두기 ① 순수이성비판 : 인간의 인식능력을 논함**
>
> **첫째, 선험적 미학(감성문제 : 감성능력) :** 선험적 미학이란 흔히 말하는 미학(예술론)이 아니라, 우리 가운데 있는 감성에 관한 이론으로 이해하는 것이 마땅. 그렇다면 감성이란 무엇일까? 그것은 밖에 있는 대상을 우리가 받아들일 때, 그 감각(시각·후각·미각 등)을 일으키는 능력을 말함
>
> **둘째, 소극적(선험적) 분석론(오성문제 : 오성능력) :** 우리는 인식의 줄기인 감성 외에 오성(悟性, 지성이나 사고능력)을 가지고 있음. 우리는 감성에 의해 대상을 받아들이고, 오성에 의해 이 대상을 생각하게 됨. 공간과 시간의 직관 형식에 의한 인식의 재료를 우리의 감성이 받아들였다 할지라도, 참다운 인식이 성립되기 위해서는 그 대상을 오성으로 생각하는 과정이 있어야 함. 오성에 의해 인식이 성립하는 과정을 논한 것이 바로 분석론임
>
> **셋째, 선험적 변증론(이성문제 : 이성능력) :** 우리의 인식은 언제나 감성과 오성의 결합으로 성립되기 때문에, 감성적 직관으로 인식되지 않는 대상에 대해서는 범주(category)를 적용할 수 없음. 말하자면, 우리가 현실세계에서 경험할 수 없는 영혼불멸이니 신의 존재에 대해서 우리의 인식은 한계에 머물 수밖에 없는 것. 그런데도 감성적 직관으로 인식되지 않는 초(超)감성계까지 오성의 범주를 적용하려는 데서 선험적 가상(假象)이 생겨남

UNIT 5 신인문주의의 특징

1 시대적 특징

(1) 19세기 초 독일을 중심으로 지배적이었던 지적 움직임
(2) 철학적 혹은 문학적으로 낭만주의의 색채
(3) 18세기 계몽주의의 지나친 합리주의에 반기를 들었으며, 인간의 정의적인 측면 강조

2 교육적 특징

(1) 인간성의 조화로운 발달을 추구
(2) 정의적, 국민적, 역사적 색채
(3) 신인문주의자들은 계몽사상이 인간을 기계적이고 형식적으로 해석한 데 대한 반발로, 정의적이고 전인적이며 조화로운 인간을 양성
(4) 신인문주의(New humanism)란 19세기의 철학적·문학적 낭만주의(Romanticism)와 함께 나타난 교육사상적 체계를 지칭함
(5) 이것은 18세기의 합리주의적, 주지주의적, 개인주의적인 계몽사상에 대한 반동으로 일어난 사상체계임
(6) 이성이나 지성으로 해명할 수 없는 인생의 비밀을 감성적이고 심미적인 태도로 탐구하려는 학문적 태도를 강조한 신인문주의는 지·덕을 갖춘 인간을 양성하고자 하였음
(7) 신인문주의의 교육적 특징은 인간의 지·정·의 모든 영역에 걸쳐 이루어지는 지속적이고 폭넓은 발달을 지향하며, 인간성 존중, 심미적 가치 지향, 비합리주의 지향
(8) 그리스 고전시대의 문학, 사상, 인생관, 세계관을 부활시켜 고전의 참 정신습득을 중시. 그리스 고전의 문학사상의 내용에 중점을 두었으며, 역사주의, 민족주의, 국가주의 강조
(9) 신인문주의는 계발주의, 국가주의, 과학적 실리주의로 구분할 수 있음
   ① 계발주의(developmentalism)란 헤르바르트, 페스탈로치, 프뢰벨 등이 발전시킨 교육사상을 특히 심리학적 측면에 중점을 두어 후대 학자들이 명명한 것임
   ② 국가주의 교육이란 피히테(독일의 철학자, 독일 관념론의 대표자), 푸리에(프랑스의 공상적 사회주의자이자 수학자) 등이 강조한 교육사상임
   ③ 과학적 실리주의는 특히 스펜서(Herbert Spencer, 1820~1903, 영국의 철학자이자 사회학자. 실증주의의 입장에 선 그는 과학의 개념을 서로 대립·항쟁하는 것이라고 보았음)에 의해 강조된 교육사상을 일컫는 말

3 신인문주의 교육철학과 교육사상

(1) 유럽 전역은 산업혁명과 프랑스 대혁명을 거치면서 사회 전반에 큰 변화가 초래
(2) 근대교육의 발전을 선도한 독일을 중심으로 신인문주의 운동이 일어났음
(3) 신인문주의는 키케로주의, 실학주의의 공리성 및 유용성, 18세기 계몽주의의 이성지상주의에 대한 반동으로 일어난 사상

(4) 과학적 지성이 초래한 비인간화에 저항하는 인도주의 사상과 예술적 감성과 미를 중시하는 문예와 철학에서의 낭만주의가 어우러져 교육 분야에서는 신인문주의가 탄생
(5) 신인문주의 교육철학의 주 관심은 '어떻게 하면 인간의 감성과 심미적 태도를 잘 길러 인간성의 원만한 발달에 기여할까'였음
(6) 신인문주의는 인문주의의 관점, 고대문예의 기계적이고 무조건적 모방과 찬미를 극복하고 그리스 문예 속의 참다운 인간성의 존중이라는 진정한 정신을 그대로 이어받아 그리스 문화 전체의 연구를 통해 현재의 문화를 발전시키고자 했음

4 국가주의 교육철학과 교육사상

(1) 국가주의란 국가의 국민들이 공통된 가치관, 감정, 사상 등을 가지도록 모든 제도와 조직을 국가가 관리하는 정치체제를 말함
(2) 국가주의 교육철학의 주 관심은 '어떻게 하면 개인의 성장과 발달보다 국가의 발전에 기여할 수 있는가'였음
(3) 국가주의 교육의 목적은 국가의 경제적 독립과 발전에 기여할 수 있는 도구적 국민 양성
(4) 이러한 목적을 달성하기 위해 국가는 교육을 철저히 통제
(5) 자국의 이익을 최우선으로 한다는 국가주의의 출발은 선의였지만, 19세기에 이르러 경제적 문제로 인한 국가 간 식민지 쟁탈과 같은 어두운 면을 드러내기 시작
(6) 이에 모든 국가는 학교를 설립하여 국가에 헌신할 수 있고 국가 간의 경쟁에서 승리하기 위한 충성스러운 국민을 양성하고자 하였음
(7) 당시 19세기 상황에서는 국가의 이상을 실현하는 데 교육만큼 좋은 수단은 존재하지 않았음
(8) 공교육이 최고의 국방력이었던 것
(9) 프랑스, 독일, 영국, 미국을 비롯한 제국주의 국가들이 국가주의를 지향하게 되고 그들 국가는 자신들의 국가적 이상을 실현하기 위해 학교제도를 개편하기에 이르렀음
(10) 국가주의 교육사상의 핵심은 자국민들의 애국심 고취와 교육의 국가관리, 즉 의무교육 등을 지향. 피히테 (국가를 위한 국민교육)
(11) 교육이념 : 애국심 고취, 국민단결, 준법정신, 자문화중심주의, 배타주의, 민족주의

UNIT 6 교육사상가

1 페스탈로치(Pestalozzi, 1746 ~ 1827)

(1) 인간관
① 교육을 개인의 잠재된 가능성을 끌어내어 실현시켜 주는 활동으로 보았음
② 교육목적은 보편적이고 평등하게 가지고 있는 인간성을 교사와 부모가 계발
③ 인간성이란 지·덕·체의 모든 능력을 의미

④ 교육이란 지적 영역, 정의적 영역, 신체운동 영역을 유기적으로 조화시켜 전인적으로 발달시키는 작용
⑤ 페스탈로치가 실천한 교육원리 및 방법은 자발성의 원리, 조화의 원리, 방법의 원리, 직관의 원리, 사회의 원리, 노작의 원리, 생활의 원리 등

(2) 교육목적
① 교육은 아동 각자의 정신, 도덕, 신체의 유기적 발달
② 아동의 인간성 속에 숨겨진 제 능력의 자연적, 점진적, 조화적 발달
③ 교육의 목적이 인간의 행복한 삶에 있다면 그 내용은 삶 속에서 찾아야 하며, 그 방법 또한 살아있는 생생한 방법으로 해야 함

(3) 교수법

직관 교수법	아동들이 사물의 직관으로부터 명료한 개념에 도달할 기초적 수단으로 수(셈하기), 도형(재는 것), 언어(말하는 것)를 들고, 직관의 개념을 교육방법적으로 명확히 함
실물 교수법	코메니우스와 루소의 실물교수법을 발전시켜 교수방법으로 정식화. 실물교수는 단지 사물의 지식을 획득하거나 관찰 능력을 배양하는 것이 아닌 아동의 전 정신적 발달의 기초 원리

① 수업의 가장 급선무는 인간의 본성에 내재된 발달을 지향하는 힘을 개발하는 것
② 인간의 내면적 본성의 개발은 외적 자연과의 교제를 통해서 이루어짐. 하지만 도야의 과정은 혼자 내버려둘 경우 질서를 찾지 못하고 우연성에 떨어질 수 있기 때문에 인간적인 기술로 정돈되지 않으면 안 됨
③ 인간적인 기술, 즉 수업이 성공을 거두기 위해서 교육자는 아동과 아동의 발달, 다른 한편으로 자연과 문화를 정확히 인식하지 않으면 안됨
④ 합자연적 수업이 아동의 학교 입학과 더불어 시작된다는 생각은 그릇된 것. 왜냐하면 "첫 수업의 시작은 탄생의 순간부터이기 때문이다". 기초적 수업을 하는 것은 결코 사회가 아니라 자연 그것도 어머니의 근원적인 자녀 사랑에 있음

(4) 학교관
① 학교는 형태를 바꾼 가정이고, 가정과 동일한 정신을 반영
② 가정과 동일한 목적 즉, 아동의 도덕적·지적 발달과 물질적 개선을 지향한 곳
③ 가정교육을 가장 중요시하여 학생들이 학교를 가정집과 같이 편안하고 안락한 장소로 여길 수 있도록 구성
④ 학습의 대상을 먼 곳에서 찾는 것이 아니라 학생 자신이 친숙한 내용에서 구성하도록 하여 자신 주변의 문제를 개인적 혹은 집단적으로 해결하거나 실제적 생활 개선에 도움이 되도록 하였음
⑤ 이러한 생활 중심의 교육은 20세기 개혁 교육학과 진보주의 교육의 초석

(5) 삼위 일체설
① **교육이념**: 삼육교육 주장(지·덕·체 조화), 인지적·정의적·신체적 영역 조화
② **교육내용**: 기초교육론 강조(수·형·언어), 언어·음악·쓰기·미술과 셈하기
③ **교육방법**: 직관·언어·사고

(6) 저서
① 은자의 황혼, 린하르트와 게르트루트, 입법과 영아 살해
② 게르트루트는 어떻게 자녀를 가르치고 있는가, 직관의 ABC, 백조의 노래 등

2 프뢰벨(Fröbel, 1782 ~ 1852)

(1) 개요
① 독일이 낳은 유아 교육사상가
② 페스탈로치의 '합자연의 원리'를 계승
③ 유아기 교육의 중요성을 깨달은 프뢰벨은 페스탈로치의 인간주의 교육관에 기초하여 세계 최초로 '일반 유치원'을 창시

(2) 특징
① 세계 최초의 유치원 창설(1837)
② 유아교육의 가치와 중요성을 형이상학적 차원에서 이론화
③ 철학과 과학의 공통 사상을 교육에 적용한 최초의 인물
④ 교육은 아동의 내부에 잠재되어 있는 신성을 밖으로 이끌어 내는 일
⑤ 자기 속에 성장·발전의 에너지를 가지고 있는 유아는 자발성을 지닌 존재로 파악
⑥ 유아교육 방법의 원리로서 중시했던 것은 유희, 노작, 은물
  ㉠ 유희 : 아동이 자기 내면을 스스로 자유롭게 표현하는 것
  ㉡ 노작 : 노동과 작업을 의미하는 것으로 신체를 건강하게 할 뿐만 아니라 정신도 강하게 하고, 나아가 일과 창조의 의미를 깨닫게 함. 정원가꾸기, 바깥놀이, 콩으로 작업하기 등 창안
  ㉢ 은물 : 유아의 창조적인 자기활동인 유희와 노작을 가능케 하는 고안물. 신이 내린 선물이라는 의미를 지닌 은물은 주로 나무로 만들어졌으며, 기하학적 형태를 띠고 있으며 이것은 작업과 함께 감각기관을 훈련시키고 자기활동을 유도하여 아동의 타고난 잠재 능력을 계발시키게 됨

(3) 교육목적 : 교육목적으로 신, 인간, 자연의 통일성을 제시

(4) 통일성의 원리
① 신, 인간, 자연의 불가분 관계를 말하는 것
② 만물의 근저에는 모든 것을 통일하는 존재가 있는데, 이것이 곧 신(神)

(5) 자기활동의 원리
① 아동은 자기 자신의 동기나 자신의 힘에 의하여 스스로 활동
② 모든 교수 활동은 자기활동으로부터 시작
③ 창조적 자기활동의 가장 자연적인 형태는 놀이와 작업

(6) 연속적 발달의 원리
소년기, 청년기, 성인기를 거친 연속적 과정

(7) 상징적 실물교재

은물(恩物)이라고 하는 상징적 교재를 만들었고, 이는 신성의 통일성을 나타내기 때문

(8) 신교육운동에 영향

아동중심주의는 듀이에 의해 신교육이론으로 발전

(9) 저서

① 인간교육, 어머니와 사랑의 노래 등
② **인간의 교육** : "인간은 일정한 연령에 달함으로써 소년이 소년으로 되는 것이 아니고, 청년이 청년으로 되는 것도 아니다. 유년기, 소년기를 정신, 심정, 신체의 요구에 충실하게 생활함으로써 비로소 소년은 소년이 되고, 청년은 청년이 되는 것이다. 마찬가지로 어른은 어른의 연령에 달했기 때문에 어른이 되는 것이 아니라 그의 유년시대, 소년시대, 청년시대의 요구가 그에 의하여 충실하게 충족됨으로써 비로소 어른이 되는 것이다."

3 헤르바르트(Herbart, 1776 ~ 1841)

(1) 개요

① 헤르바르트의 교육사상은 페스탈로치의 교육원리 및 방법 중에서 '직관의 원리' 지지
② 지식이란 외계의 직관에 의해서만 형성된다고 하였음
③ 심리학과 실천철학의 지식을 동원하여 과학적 교육학을 수립
④ 과학으로서의 교육학은 윤리학(목적)과 심리학(방법)의 연구결과를 교육실천에 적용
⑤ 교육목적을 도덕적 품성의 도야에 두었음. 5가지 생각 또는 이념이 개인에게 준비될 때 도덕적 품성이 형성된다고 하였음
⑥ 내면적 자유의 이념, 완전성의 이념, 호의의 이념, 정의의 이념, 형평의 이념
⑦ 교육목적을 달성하기 위한 방법으로 관리, 교수, 훈련을 중시

(2) 특징

① 칸트의 철학과 페스탈로치의 교육원리를 결합하고
② 인간성의 전면적 발달과정을 이론적으로 추구하여 교육학을 과학적으로 체계화
③ 교육학의 창시자. 교육의 목적은 철학. 교육의 방법은 심리학
④ 교육실습의 아이디어를 낸 사람으로 장차 교사가 될 사람들이 교육이론을 무장한 후 반드시 교육현장에서 경험을 쌓을 수 있도록 부속학교를 제안
⑤ **교육적 수업** : 수업이 단순히 지식의 전달에 있는 것이 아니라 수업을 받는 학생들의 인격을 감화하고, 마음을 움직일 수 있는 '교육적'인 방향으로 승화되어야 한다는 의미

(3) **교육목적** : 도덕성의 계발

① 마음의 상태로서 내적인 자유에 대한 생각
② 의지란 관념이나 사고 과정에서 독립된 행위를 일으킬 수 있는 독립적인 심적 능력이 아니라 심의가 가지는 관념이나 표상에서 생기고 그것에 의존하는 심적 기능

(4) **교수방법** : 흥미 강조

① 흥미를 통해 의지를 도야하여 도덕적 품성에까지 도달하는 교육을 '교육적 교수'
② 교육적 교수의 직접적 수단은 아동의 마음속에 '다방면의 흥미'를 일으키는 것
③ 흥미란 '우리가 특정한 사실에 주의를 기울일 때 그것에 수반되는 특별한 정신상태'

(5) **전심(專心)과 치사(致思)**

전심	일정한 대상에 주의를 집중하여 다른 대상을 의식에서 배제하는 상태를 말함(피아제의 동화)
치사	의식 속에 있는 많은 표상을 결합하고 통일하는 작용. 즉, 치사란 전심을 통해 파악된 대상이 마음속에 들어 있는 다른 관념들과 관계를 맺으면서 비교·조정되는 과정(피아제 조절)

(6) **연상주의에 기초한 교수 4단계**

명료	• 개념을 명확하게 파악하는 단계(전심에 해당) • 수업에서 다루게 될 지식요소를 깊이 생각하고, 학습대상을 파악하고 이해하는 단계. 이제까지 낯선 상념들이 수업의 과정에서 '명료'해져야 함
연합	• 다른 사물이나 사실과 비교하여 기존의 아이디어와 새로운 아이디어를 연합시키는 단계 • 기존의 지식에 새로이 배운 내용들을 연결시키는 단계로서 이 단계에서는 새로 배운 상념들은 '연합'이 되어 서로 연결됨
계통 (체계)	• 기존의 아이디어와 새로운 아이디어를 연합하여 계통적으로 지식을 파악하는 단계 • 체계는 새로이 배운 지식 내용을 기존의 지식체계에 녹아들도록 구성하는 단계. 이미 배운 체계와 새로운 체계는 관계를 맺게 되고, 이제 하나의 '체계'가 이루어짐
방법	• 여러 지식이나 사태에 계통적 지식을 응용하는 단계 • 새로 배운 내용을 지적·도덕적 의미의 교육적 수업에 적용하는 단계 • 이 단계에서 실천의 '방법'과 적용의 문제가 새롭게 부각

(7) **저서** : 일반교육학, 교육학강의 개요 등

CHAPTER 04 [한국교육사] 고대 및 중세

UNIT 1 삼국시대의 교육

1 고구려의 교육

(1) 개요

① 삼국시대에 이르러 비로소 의도적인 학교교육이 나타나게 됨
② 삼국사기(1145, 김부식)에 있는 "고구려 소수림왕 2년(372)에 태학을 세워 자제를 교육하다"란 기록은 한국교육사에 있어서 학교교육의 기록 중 가장 오래된 것
③ 「삼국사기」에 의하면 신라는 고구려보다 310년 늦게, 삼국통일 후인 신문왕 2년(682)에 국학을 세웠다는 기록이 있음
④ 고구려는 한자(漢字)를 사용하고 유학을 장려하였음

(2) 태학(372) : 수업연한 8년 반, 정원 300명

① 최초의 관학 교육기관으로서의 역사적 의의
② 태학은 유교적 관리양성을 목적으로 중앙에 설치된 교육기관
③ 교과로는 오경(五經)과 삼사(三史)가 중심이었을 것으로 추측
④ 태학은 소수림왕대의 개혁정책 추진에 활용할 수 있는 국가적 인재양성을 위해 설치된 국립교육기관이었다고 할 수 있음
⑤ 태학의 교육내용은 오경, 삼국지, 삼사, 진춘추 등 중국 고대의 경서와 사서를 중요한 교재로 함
⑥ 태학은 고급관리의 양성을 목적으로 귀족의 자제들(문무관 5품 이상, 3품관의 증손)을 교육했고, 최초의 관학이며 동시에 최초의 고등교육기관이라는 교육사적인 의의를 갖음

(3) 경당

① 지방에 설치된 최초의 사학 교육기관
② 교육내용은 독서와 습사(활쏘기)를 통한 문무일치교육 실시
③ 미혼 자제를 대상으로 하여 기숙제로 운영
④ 경학(오경), 사학(사기, 한서, 후한서, 삼국지, 진춘추), 문자학(옥편, 자통, 자림), 문장학(문선)
⑤ 고려 및 조선조 서당의 기원
⑥ 이에 반해, 경당은 5세기 장수왕 때 지방에 설립한 최초의 사설 교육기관이었음

⑦ 교육목적은 전인양성과 힘, 지혜가 조화된 청년을 양성하는 것
⑧ 지방 부호, 서민, 평민의 자제들이 입학할 수 있었으며 대중적인 교육기관

2 백제의 교육

(1) 삼국 가운데 교육정치문화가 가장 발달하였으나 교육에 대한 기록이 매우 부족함
(2) 백제는 학교가 있었다는 직접적인 기록은 없으나, 높은 학문적 수준을 유지했을 것으로 짐작
(3) **박사제도를 두어 교육을 담당**
  ① 6좌평 가운데 내법좌평이 교육을 담당하였음
  ② 교육을 주로 담당했던 박사(博士)가 있었는데, 오경박사(五經博士 : 시, 서, 예, 역, 춘추)와 의박사, 모시박사, 역박사 등이 있었음
  ③ 백제의 박사에 대한 기록은 주로 왜에 파견되어 왜인을 교화한 인물들을 전해주고 있으며, 고대 일본 아스카 문화에 가장 큰 영향을 주었음

> **알아두기 ❶ 오경박사**
> ① 백제는 기원전 18년에 건국
> ② 백제가 중앙집권체제를 갖추기 시작한 시기는 고이왕 때부터였음
> ③ 근초고왕을 거쳐 침류왕에 와서 중앙집권적 통치이념을 굳건히 하였음
> ④ 백제의 교육기관에 대한 정확한 기록은 없지만 위에 세 왕을 거치면서 교육제도가 성립되지 않았을까 추측
> ⑤ 285년 박사 왕인이 일본에 '논어', '천자문'을 전해 주었고, 375년 근초고왕은 박사 고흥에게 '서기'(백제의 역사서)를 만들도록 하였다고 전해짐
> ⑥ 백제 역시 고구려와 마찬가지로 박사라는 직제를 둔 것으로 보아 교육기관 존재를 추측해 볼 수 있음
> ⑦ 당시 백제에는 오경박사라는 직제가 있었음
> ⑧ 오경박사는 교육관련 관직임과 동시에 유학경전에 능통한 학자를 말함
> ⑨ 이들은 중앙에 머물면서 관학에 나아가 오경을 강의한 것으로 추측
> ⑩ 오경박사뿐만 아니라 의학, 천문, 지리 등의 다양한 영역에 정통한 전업박사들도 활발하게 활동

(4) 와(瓦)박사, 노(爐)박사 등의 직제로 볼 때 고도의 직업 및 기술교육 추측
(5) 왕인이 일본에 논어와 천자문을 전한 것으로 볼 때 학교가 설립되었을 것으로 추측
(6) 백제시대의 관직으로 내신좌평(內臣佐平)·내두좌평(內頭佐平)·내법좌평(內法佐平)·위사좌평(衛士佐平)·조정좌평(朝廷佐平)·병관좌평(兵官佐平) 등 모두 6좌평이 있었음
(7) 자색(紫色) 옷에 은화를 꽂은 관(冠)을 썼으며, 좌평을 의장으로 하여 귀족회의인 정사암 회의가 열렸는데, 여기에서 국가 안팎의 중요한 일을 논의하여 결정했음

3 신라의 교육

(1) 개요
  ① 신라에도 박사(博士)와 조교(助敎) 제도가 진덕왕 5년(651)에는 정비되어 있었으며 교육과 학문활동이 활발하게 이루어지고 있었음
  ② 신라인의 학문과 교육에 대한 이러한 열정이 바탕이 되어 진흥왕 6년(545)에 거칠부의 국사편찬이 가능하였음

(2) 국학
    ① 신라 31대 신문왕 2년(682)에 국학의 체제를 정비하여 예부에 소속
    ② 경(卿) 1인과 박사 및 조교 몇 명을 두었음
    ③ 15~30세까지 입학이 가능. 수업연한은 9년
    ④ 입학자 신분은 대사(大舍)로부터 무위자(無位者)까지고, 졸업하면 대나마, 나마 관등
    ⑤ 논어와 효경을 공통과목으로 하여 3가지로 분류
    ⑥ 국학은 15~30세의 귀족(경전교육)이나 평민(기술교육)의 자녀를 위한 최고 국립고등교육기관이었음
    ⑦ 교육목적은 유학사상의 보급과 관리를 양성하는 것이었으며
    ⑧ 교육내용은 유학과와 기술과로 구분하였는데, 유학과는 관리 자제를 위한 교육으로 논어, 효경을 필수로 하고 주역, 상서, 모시, 예기, 춘추 등을 공부함
    ⑨ 기술과는 서민을 대상으로 한 교육으로 산학, 의학, 천문학 등을 공부함
    ⑩ 통일신라의 학교교육은 당나라의 교육제도를 모방하여 설립한 국학에서 시작

(3) 독서삼품과(讀書三品科) : 독서출신과
    ① 기원 : 38대 원성왕 4년(788)에 실시된 국학 졸업시험. 고려 과거제도의 전신
    ② 내용
        ㉠ 상(上)품과 : 춘추좌씨전·예기·문선을 읽고 그 뜻에 능동하며 논어·효경에 밝은 자
        ㉡ 중(中)품과 : 곡예·논어·효경을 읽은 자를
        ㉢ 하(下)품과 : 곡예·효경을 읽은 자를
    ③ 의의 : 시험을 통해 문과능력 확인 후 등용하게 되는 계기
    ④ 고려 과거제도에 영향을 줌
    ⑤ 특품 : 오경, 삼사, 제자백가 능통

(4) 화랑도의 교육
    ① 목적 : 국가적 관리양성을 목적으로 한 청년운동(賢佐忠臣, 良將勇士)
    ② 기본정신 : 세속오계(사군이충, 사친이효, 교우이신, 임전무퇴, 살생유택). 유불선 3교정신
    ③ 교육방법
        ㉠ 집단생활을 통한 심신연마 : 상마이도의(相磨以道義), 상열이가락(相悅以歌樂)
        ㉡ 심신 단련 및 직관교육 : 유오산수(遊娛山水), 무원부지(無遠不至)
    ④ 교육내용 : 무술(창, 활, 말타기 등), 도덕(六藝와 五常), 정서도야, 심신단련, 유교교육
    ⑤ 화랑조직 : 국선화랑(총 단장)-화랑(각급단장)-문호(단부)-낭도(단원)
    ⑥ 화랑정신은 고려 태조가 국호에 담겨진 자주적 정신을 강조하기 위해 수용
    ⑦ 최충의 문헌공도도 화랑도를 모방한 것
    ⑧ 신라의 교육기관인 화랑도는 신라시대 청년단체에서 발달하여 24대 진흥왕 때(6세기) 공인을 받아 본격적인 교육기관으로 발달하였음
    ⑨ 신라의 토착신앙과 유·불·선 등이 결합하여 화랑정신인 세속오계의 교육이념으로 발전하였음

⑩ **세속오계** : 사군이충(事君以忠, 충성으로써 임금을 섬긴다), 사친이효(事親以孝, 효도로써 부모를 섬긴다), 붕우유신(朋友有信, 믿음으로써 벗을 사귄다), 임전무퇴(臨戰無退, 싸움에 임해서는 물러나지 않는다), 살생유택(殺生有擇, 살생을 함부로 하지 않는다)
⑪ 화랑도는 원화제도를 계승한 자생집단으로 귀족자제와 일반 평민이었고, 교육목적은 문무를 겸비한 전인양성으로 교육내용은 실생활 중심교육으로 무술교육과 정서도야, 심신단련, 세속오계 등이었음

UNIT 2 교육사상가

1 원효(617 ~ 686)

(1) 개요

신라의 승려로 일심(一心)과 화쟁(和諍) 사상을 중심으로 불교의 대중화에 힘썼으며 수많은 저술을 남겨 불교 사상의 발전에 크게 기여. 6두품 출신

(2) 특징
① 불교의 여러 사상과 주장들을 '일심'의 발현(一切唯心造)
② 교육사상의 핵심은 이 일심의 회복에 둠
③ **화쟁사상** : 화쟁이란 이쟁을 화해시키는 원리로서 조화와 화해를 모색하는 인식전환 방법 → 모든 논쟁을 화합으로 바꾸려는 불교 교리
④ **무애사상** : 어디에도 구속되지 않는 자유주의 정신을 의미
⑤ **일심사상** : 일심사상은 「금강삼매경론」, 「대승기신론소」 등에 공통적으로 나타나는 사상으로, 그의 '일심'은 존재의 근본을 의미함
⑥ 원효의 사상 가운데 이 일심사상은 중생 교화의 이론적 토대가 됨

(3) **저서** : 금강반야경소, 금강삼매경론 등

2 최치원(857 ~ ?)

(1) 개요
① 9세기 통일신라 말기의 학자. 6두품 출신
② 중국 당 나라에서 '토황소격문(討黃巢檄文)'으로 문장가로서 이름을 떨쳤으며, 신라로 돌아온 뒤에는 진성여왕에게 시무책을 올려 정치 개혁을 추진
   - **토황소격문** : 신라 제49대와 헌강왕 때 초치원이 중국 당나라에서 벼슬하며 황소를 치기 위하여 지은 격문
③ 유교(儒敎)·불교(佛敎)·도교(道敎)에 모두 이해가 깊었고, 유·불·선 통합 사상을 제시
④ 수많은 시문(詩文)을 남겨 한문학의 발달에도 기여

(2) 특징
  ① 당나라 유학생으로 문장력이 가장 뛰어난 인물
  ② 유·불·도를 상호 대립적이 아니라 이를 종합 수용하는 가운데 화랑도의 민족 사상을 계승·발전
  ③ 문묘에 배향된 인물로서 우리나라 유교의 시조로 볼 수 있는 인물
  ④ 사람됨의 길을 제시함
    ㉠ 바라건대 이욕(利慾)의 문을 막아 부모께 받은 몸 상하지 말라
    ㉡ 몸이 영화로우면 티끌에 물들이기 쉽고 마음의 때는 물로 씻기 어렵다
  ⑤ 고려 현종 11년에 국자감의 문묘에 배상되어 우리나라 선현에 대한 제사를 최초로 지냄
  ⑥ 난랑비 서문에서 낭가사상을 강조함

(3) 저서 : 계원필경, 격황소서 등

3 설총(654 ~ 660)

(1) 개요
  ① 원효의 아들이면서 원효 버금가는 성인으로 추앙 받은 사람이 설총(薛聰)
  ② 아버지가 불교였다면 아들은 유교에서 거목. 6두품 출신
  ③ 신라의 두 축 곧 불교와 유교가 이 부자에 의해 세워지지만, 서로가 그리워했을 뿐 지나간 자리의 자취를 우리는 밟지 못함
  ④ 설총이 남긴 글 '화왕계'를 통해 그의 사상에 조금이나마 다가가 볼 뿐

(2) 특징
  ① 신라 경덕왕 때의 학자로 6두품 출신이며, 신라 10현 가운데 한 사람
  ② 중국의 경학, 특히 훈고학을 익히고 유학의 경전을 연구하여 우리말로 해석하고 주석을 한 유학자
  ③ 최치원과 함께 신라 3대 문장가로 꼽혔으며, 특히 향찰을 집대성하여 정리, 국학설립 주도적 역할
  ④ 군왕교육의 이념으로 유덕선정(有德善政)을 주장함

(3) 저서 : 우화적 단편 산문인 '화왕계'

> **알아두기 ①** 남북국시대의 교육
> (1) 통일신라의 교육
>   ① 국학 : 문묘 최초 설치, 귀족자제 입학, 논어와 효경이 필수, 전공은 3분과제로 운영, 최초로 기술과 교육 실시 → 국내의 역사 기록에서 운영규정을 확인할 수 있는 최초의 대학
>   ② 독서삼품과 : 최초의 평가제도(특품, 상품, 중품, 하품), 문관등용방법 → 과거제도의 예비 단계
> (2) 발해의 교육 : 주자감(고등교육기관), 여사제도(왕족의 여성교육을 담당했던 여자 스승)

4 원광(555 ~ 638)

(1) 성은 박씨(朴氏) 또는 설씨(薛氏). 법명은 원광(圓光). 경상북도 경주 출신. 우리나라 최초의 여래장 사상가

(2) 점찰법회(占察法會)를 도입하여 불교의 토착화·대중화의 기반을 마련
(3) 교육이념은 세속오계
(4) 이상적인 인간상은 문무겸비된 화랑이었음
(5) 교육방법은 신체단련과 정신수양으로 함

UNIT 3 고려시대의 교육 개요

1 사상

고려사회 전반을 지배한 정신적 사상계는 불교가 지배하고 있었고, 유교는 교육사상의 핵심으로 나타나 있었음

2 교육제도

(1) 고려시대의 대표적인 교육기관은 국립으로 중앙에 국자감(國子監)을 비롯하여 학당(學堂)과 10학(學)이 있었으며 지방에는 향교(鄕校)와 서당이 있었다. 사립으로는 개성에 12공도(公徒)가 있었음
(2) 고려 전기에는 국자감이 융성하였으나 후기에는 12공도가 융성하였음
(3) 10학은 고려 말에 전문교육기관으로 설치되었으며, 공양왕 원년(1389)에 설치된 10학은 예학(禮學), 악학(樂學), 병학(兵學), 율학(律學), 자학(字學 : 書學), 의학(醫學), 풍수음양학(風水陰陽學), 이학(吏學) 등이며, 그 밖에 역학(譯學)과 산학(算學)이 있었음
(4) 이 10학의 설치로 성균관(국자감)에서 종래의 율학, 서학, 산학 등의 기술교육은 분리되고, 성균관은 오로지 유학만을 전담하는 교육기관으로 되었음
(5) 지방에는 향교(鄕校)가 설치되어 이를 향학(鄕學) 또는 주현학(州縣學)이라고도 하였음
(6) 향교는 지방의 국립학교로서 유학을 교육하며, 공자의 묘인 문묘(文廟)를 갖춘 중등교육기관이었음
(7) 서당은 일반 서민자녀의 교육을 위한 초등교육기관이었음

UNIT 4 교육기관

1 관학

(1) 국자감
① 성종 11년(992)에 설립된 중앙의 국립교육기관
② **입학자격** : 국자학, 태학, 사문학을 설치하여 신분에 따라 입학자격을 부여

③ 교과목 및 수업연한

구분			교과목	수업연한	
유학부	국자학, 태학, 사문학	필수	논어·효경	합 1년	—
		선택	상서·공양전·곡량전	각 2.5년	합 9년
			주역·모시·주례·의례	각 2년	
			예기·좌전	각 3년	
		공통	산술, 시무책 등	선택·병행	
기술학부	율학		율·령	6년	
	서학		팔서(八書)	6년	
	산학		산술	6년	

④ 국자감에는 박사와 조교를 두어 학생을 교육. 다만 율·서·산학에는 박사만 두었음

⑤ 예종 9년(1114)에 양현고를 두고 유학생 60명과 무학생 17명을 양성

⑥ 6대 성종 11년(992)에 관학으로 설립된 국자감은 고려 최고의 국립고등교육기관으로 신분에 따른 차별교육이 이루어졌고 인재양성과 유학보급을 위한 목적. 즉, 국자학, 태학, 사문학 등의 유학부와 율학, 서학, 산학 등의 기술학부를 두어 관료와 기술양성을 위한 교육에 힘썼음

⑦ 국자감의 입학자격은 신분에 따라 제한을 받았는데, 국자학은 3품 이상, 태학은 5품 이상, 사문학은 7품 이상의 자제가 입학할 수 있었고, 기술학부에는 8품 이하의 관리나 서민의 자제가 입학할 수 있도록 규정했음

⑧ 고려의 역대 왕들은 국자감 교육을 매우 중요시하여 국가적 차원에서 보호 육성하였고 예종 14년에는 국자감의 재정을 원활히 하기 위하여 국자감에 장학제도인 양현고(養賢庫)를 설치. 국자감은 충렬왕 1년(1275)에 국학으로 개칭되었다가 충선왕(1298)이 즉위하며 성균관으로 개칭함

⑨ 충선왕(1308)이 즉위하면서 성균관으로 개칭한 후 몇 차례 명칭이 변경되었으나 성균관의 명칭이 조선으로 계승되었음

> **알아두기** 7재(齋)
> ① 예종 4년(1109)에 국자감의 교육진흥을 위하여 둔 7가지 전문 강좌를 말함
> ② 「주역」을 전문으로 강의하는 곳을 여택재, 「상서」를 강의하는 대빙재, 「모시」의 경덕재, 「주례」의 구인재, 「대례」의 복응재, 「춘추」의 양정재 등 6재와 무예를 강의하는 강예재가 그것임
> ③ 이 가운데 대빙재에서 양정재까지의 재를 유학재(60~70명), 강예재를 무학재(8~17명)라고 부름
> ④ 국자감에 무학재를 둔 것은 이때가 처음
> ⑤ 이것은 예종 11년(1116) 4월의 교서에서 보는 바와 같이, "문무양학은 국가교화의 근원"이라는 취지에서 나온 것임
> ⑥ 다른 한편으로 당시 여진과의 관계가 긴박하여지는 것과 관련하여 국자감에 무학을 설치하고 무신등용의 길을 열려는 의도에서 나온 것
> ⑦ 그러나 무학재는 큰 성과를 거두지 못하고 얼마 안 가 1133년에 폐지

(2) 학당

① 원종 2년(1261)에 중앙에 설치된 중등 정도 수준의 유학 교육기관
② 문묘가 설치되지 않은 순수한 교육기능을 담당(학당은 중앙에만 설치됨)
③ 학당은 중등교육기관으로 동서학당을 공양왕 때 5부 학당으로 확대·개편한 5부 학당이 동, 서, 남, 북과 중앙에 있었으며, 국자감에서 교육을 받지 못한 학생들이 주로 유가의 경전을 공부하였음

(3) 향교
　① 성종 6년(987)에 12목에 경학박사와 의학박사 각 1명을 파견(권학관 제도)
　　– 권학관 제도 : 중앙에서 각 지방 교육을 육성하기 위해 파견했던 관리
　② 인종 5년(1127)에는 지방에 학교를 세우도록 명
　③ 향교는 지방에 설립된 중등정도의 관학 교육기관
　④ 고려시대에 설립되었으나 조선시대에 들어와 크게 확충

2 사학

(1) 초등 정도 수준의 교육기관으로 서당이 설립되었을 것으로 추측

(2) 고려조 서당에 관한 기록. 중국인 서긍의 '고려도경'에 기록

> "마을의 거리에도 경관과 서사가 두 셋씩 서로 바라보이며, 민간 자제의 미혼자가 무리로 모여 스승에게 경을 배우고, 좀 장성하면 각각 저희들끼리 벗을 택하여 절간으로 가서 공부하고, 아래의 서인이나 아주 어린아이들까지도 역시 마을의 선생에게 나아가 배운다."

(3) 12공도
　① 12공도란 문종 이후 개경에 있었던 12개의 사설교육기관을 총칭
　② 과거준비를 위한 교육 실시
　③ 각촉부시, 모의과거 등을 실시. 각촉부시는 후에 문신중시법이 되었음
　　– 각촉부시 : 초에 금을 새겨놓고 그 부분이 다 타기까지를 시한으로 정하고 글 또는 시를 짓는 일
　④ 과거 합격생으로 하여금 학생들을 지도(일종의 조교제도)
　⑤ 12공도는 지방고등사립학교로 유가의 경전을 주로 가르쳤고, 교육내용은 9경(주역, 상서, 예기, 춘추, 시경, 효경, 논어, 맹자, 주례)과 3사(사기, 한서, 후한서) 등으로 과거시험과 교양을 쌓기 위한 목적으로 교육하였음
　⑥ 최충의 문헌공도

3 고려시대의 과거제도

(1) **목적** : 유능한 인재를 선발하는 제도. 왕권의 강화책으로 실시

(2) **응시자격** : 양민에게도 자격부여. 승려는 승과에만 응시 가능

(3) **특징**
　① 무과가 설치되지 않았고, 과거제의 실시는 유교가 정치이념으로 채택되었다는 것을 의미
　② 신라의 독서삼품과가 과거제의 시초이나, 본격적인 과거제도는 고려 때부터 시작됨
　③ 고려 4대 광종 때 유교적 이념에 입각한 지배질서의 확립을 꾀하였는데, 그 일환으로 가장 특기할 만한 것이 과거제도의 실시임
　④ 이는 국초 이래의 유력세력과 결탁된 초기적 상황을 탈피하고 관직진출의 문호를 모든 피지배계층에 개방하여, 새로운 정치체제를 모색하는 동시에 왕권을 강화하는 작용

⑤ 이와 같이, 고려 초기에는 호족이나 개국공신의 합리적 도태와 제거가 목적이었으나 차츰 광범위한 인재선발이 주목적

(4) 과거제도의 종류

① **제술과** : 진사과라고도 하며, 문관 등용시험. 문학을 시험
　- 고려시대에는 경학보다 사장(문장과 시부의 통칭)이 중시되면서 제술업 급제자가 명경업 급제자보다 많았음
② **명경과** : 유교 경전을 시험 보는 문신선발시험. 과거시험 중 가장 어려운 분과
③ **잡과** : 기술 및 기능에 대한 시험. 초시와 복시 2단계 시험을 보아 합격자를 선발
④ **승과** : 승려 양성 시험으로 고려조에서 처음 실시

구분	내용
음서제도	조상의 음덕으로 5품 이상의 관리 자제들에게 과거 없이 관직에 등용하게 한 제도 → 문벌 형성의 배경
천거제도	학식과 재능, 덕행이 뛰어나고 가세가 미약하여 벼슬에 오르지 못한 인물을 추천에 의해 특별히 등용하는 제도
성중애마	내시와 숙위 등 왕을 가까이 모시는 특수 직책을 이용해 고위관직으로 진출할 수 있게 하는 보선제도
남반·잡로	하급관리가 고위직으로 진출할 수 있게 한 제도 → 고려 후기의 신분제 동요에 따른 상황을 반영한 제도

4 성리학의 수용

(1) 특징

① 고려 후기에 신흥 사대부들에 의해 새로운 유학인 성리학이 수용. 성리학은 송나라 때의 유학의 한 계통으로 성명과 이기의 관계를 논한 유교철학
② 성리학은 충렬왕 때 안향이 처음 소개
③ 성리학은 송나라의 주자가 완성한 것
④ 종래 훈고학적 유학에 대하여 우주의 근본 원리와 인간의 심성문제를 철학적으로 해명하려는 신유학

(2) 경학의 중시

성리학이 도입되면서 기존 시나 문장을 짓는 사장학 중심의 유학으로부터 유교 경전을 중심으로 하는 경학 중시

UNIT 5 교육사상가

1 최충(984~1068)

교육과 인재양성으로 고려를 재건한 명재상

(1) 특징
① 문헌공도라는 사학을 설립하여 12도의 효시
② 덕망이 높아 '해동공자'라는 이름으로 불림

(2) 교육방법
귀법사에서의 하기 강습과 조교제도 및 각촉부시 등의 독창적 교육방법 제시

2 지눌(1158~1210)

지눌의 평생의 철학 과제는 민중교화 및 교종과 선종의 극심한 이념 대립과 갈등을 해소해야 할 교선일치의 문제

(1) 특징
① 신라의 원효와 고려의 의천으로 연결되는 통불교를 완성
② 교선일치의 답과 누구나 부처될 수 있는 방법을 돈오점수와 정혜쌍수로 정리하고 체계화
③ 돈오와 점수, 정혜와 쌍수는 수행자에게 있어 수행의 근본

(2) '정혜쌍수'와 '돈오점수'
① **정혜쌍수** : 선정과 지혜를 함께 닦는 수행 방법
② **돈오점수** : '돈오'란 자각(깨달음)이 점진적이 아니라 순간적인 비약이며(견자불성, 자신의 본성을 보는 것), '점수'란 자각을 완전히 인격화하여 삶 속에서 구현하기 위한 끊임없는 노력을 말함

3 안향(1243~1306)

(1) 개요
① 안향의 교육사상은 주자학에 기초
② **주자학의 학문 목적**
   ㉠ 군자지학(학문의 목적이 군자, 즉 인재가 되는 것)
   ㉡ 격물지지(세상의 이치를 잘 안다는 의미)
   ㉢ 존양성찰(항상 반성하여 자신의 착한 본성을 유지한다는 의미)
   ㉣ 존천리거인욕(천리, 즉 자신의 본성을 잘 보존하고 욕심을 억제한다는 뜻)

(2) 특징
① 충렬왕 11년(1286)에 원나라에 가서 주자대전과 공자와 주자의 상을 그려 가지고 와서 주자학을 우리나라에 전하였음
② 철저하게 주자학을 근본으로 하고 공자의 도를 배우려면 먼저 회암(주자의 호)을 배워야 함

(3) 섬학전의 설치
① 국학의 재건을 위해 섬학전 설치(6품 이상은 각 은 1근씩, 7품 이하는 포(布)를 내도록 함)
② 기부금을 양현고에 귀속시켜 자본으로 삼아 이자로 양사의 비용에 충당

4 이색(1328 ~ 1396)

(1) 고려 말의 문신·학자. 삼은(三隱)의 한 사람
 – 삼은 : 목은 이색, 포은 정몽주, 야은 길재 ⋯▶ 고려후기 절의를 지킨 세 학자
(2) 정방 폐지, 3년상을 제도화하고, 김구용·정몽주 등과 강론, 성리학 발전에 공헌
(3) 우왕의 사부. 위화도 회군 후 창(昌)을 즉위시켜 이성계를 억제하려 했음
(4) 조선 태조가 한산백에 책봉했으나 사양
(5) 불심유성동일사상, 5단계 교수법(본문강의 – 의문논란 – 이동의 분석과 판별 – 이치절충 – 주지합치), 과거에 무과 설치 주장 → 문무겸비인 양성이 교육목표

5 정몽주(1337 ~ 1393)

(1) 박학 심문, 중용과 대학 중시 → 충군신의인 양성이 교육목표
(2) 몰락해 가는 고려 왕조를 교육의 힘으로 일으키려고 했던 당대의 가장 유명한 대학자
(3) 관학인 국학과 5부 학당을 재건하고 지방의 향교 부활을 통해 불안한 정국을 안정시키려 노력
(4) 교육방법은 유교 경전을 암송하고 연구하여 이치를 깨달아 성찰하고 실천

CHAPTER 05 [한국교육사] 조선 및 근대

UNIT 1 조선시대의 교육 개요

1 교육제도

(1) 조선시대의 교육은 조정에서 주도하는 관학(官學)과 지역의 선비들이 운영하는 사학(私學)으로 나뉘어 있었음
(2) 관학은 한양에서는 대학에 해당하는 성균관(成均館)과 중·고등학교에 해당되는 중학(中學)·동학(東學)·서학(西學)·남학(南學)의 사학(四學)에서 이루어졌고 지방에서는 조정의 지원을 받는 향교(鄕校)를 통해 이루어짐
(3) 성균관의 교육은 교화였으며, 주로 사서(대학, 중용, 논어, 맹자), 오경(시, 서, 역, 예, 춘추)과 역사서를 가르쳤음
(4) 교화는 사회에 유교적 예속(禮俗)을 정착시켜 사회의 기강을 세우려는 국가중심의 사회지배 형태로, 이로 인해 실천적인 유교규범을 담고 있는 「소학(小學)」과 유교적 의례가 담겨 있는 「주자가례(朱子家禮)」가 중시되었음
(5) 4학(4부 학당)은 성균관에 예속된 교육기관으로 사서오경과 근사록, 역사서 등을 공부하였음
(6) 향교는 제사와 지방교화를 위해 세워졌고, 소학, 사서오경, 역사서, 여씨향약, 근사록(중국 송나라 때 신유학의 생활 및 학문지침서) 등을 가르쳤으며 과거시험을 위한 교육기관이기도 하였음
(7) 서원은 지방의 교육을 담당하였을 뿐 아니라 지역사회의 도덕적 교화를 주도하기도 하였음. 서원교육은 중앙관료의 양성과 도학(道學)의 실현, 참된 선비 만들기에 있었음
(8) 서원뿐 아니라 초등학교 과정에 해당하는 서당이 곳곳에 설치되기도 하였음
　　서당은 아동들에게 글을 깨우쳐주고 예절바른 몸가짐을 가르쳐주는 기초적인 교육기관

2 조선시대 교육 목적

(1) 교육목적은 숭유사상을 고취하고 수신제가치국평천하의 유학이념을 실천하며 관리를 양성하는 데 있었음. 조선의 관리선발제도인 과거시험은 문과(文科), 무과(武科)와 잡과(雜科)로 구분하였음
(2) 조선시대는 유교중심의 교육으로 성리학에 입각한 윤리철학을 교육철학으로 하였고, 후기에는 실학이 교육사상을 주도하였음
(3) 성리학은 교육이념이자 통치이념이 되었고, 그 뒤 5백 년간 이어져 온 관리지배체제의 사상적 뼈대가 되었음

(4) 실학은 실사구시(實事求是-사실에 입각하여 진리를 탐구하려는 태도)로 학문의 실용성을 추구하였고, 교육의 기회균등, 교육의 자주성 고취, 과거제도의 개혁 등을 주장하였음

3 조선시대 교육적 인간상

① 경전에 밝고 행실을 닦아 도와 덕을 겸비하여 사표가 될 만한 자
② 시무에 대한 식견에 통하고 재능도 경제에 합당하여 공을 세울 만한 자
③ 문장을 익히고 서찰에 공을 들여 문한의 임무를 맡을 만한 자
④ 법률과 회계에 정밀하고 행정력에 통달해 백성을 다스리는 직을 맡을 만한 자
⑤ 병법을 탐구하고 용맹이 뛰어나 장수가 될 만한 자
⑥ 말타기와 활쏘기를 익히고 봉술과 투석에 능해 군무를 맡을 만한 자
⑦ 천문, 지리, 점술, 의약 중 한 가지 기예를 전공한 자

UNIT 2 교육기관

1 관학

(1) 성균관

① 태조 7년(1398)에 중앙에 설치한 국립대학(예조관할)
② 총 책임자 지관사(혹은 예문관의 대제학)를 두고, 그 밑에 동지관사 1인
③ **입학자격** : 생원과 진사를 원칙
  ㉠ 사학의 학생 중 소학과 4서 1경에 능통한 자
  ㉡ 나라에 공로가 있는 공신과 3품 이상 관리의 적자로서 소학에 능통한 자
  ㉢ 일찍 문과나 생원, 진사의 초시인 한성시나 향시에 합격한 자
  ㉣ 관리 중 입학을 원하는 자
  ㉤ 경학의 유학 중 우수자
  ㉥ 생원, 진사로서 정규과정을 이수하는 학생은 상재생이라 하고, 그 외에 재학생을 하재생이라 하여 엄격히 구분함
④ **교육내용** : 강독(글을 읽고 그 뜻을 밝힘), 제술(시나 글 따위를 짓는 일), 서법(문자의 결수와 집필 및 문필 방법), 4서와 5경
⑤ **성적평가** : 대통, 통, 약통, 조통으로 구분. 조통이 하는 엄하게 벌함
⑥ 성균관의 구조는 문묘(공자의 위패를 모셔 놓고 제사를 지내는 곳)와 명륜당(유학) : 문묘 + 학당 = 묘학

⑦ 성균관 유생의 자치조직을 '재회'라고 함

> **알아두기 ① 원점제도**
> ① 성균관에 입학한 유생들은 동재와 서재로 나누어 기숙하면서 공부하였는데
> ② 이들은 아침이나 저녁을 먹을 때마다 식당에 비치된 명부인 도기에 서명하게 됨
> ③ 이것은 원점을 계산하는 근거가 되는 것으로, 아침이나 저녁 두 번 식당에 들어가 서명해야 원점 1점을 얻게 됨
> ④ 이러한 원점은 오늘날의 출석점수와 같은 것으로서 성균관 유생들로 하여금 동재, 서재에 기숙하면서 학업에 열중하게 하기 위해 제정됨

⑧ 특징
  ㉠ 조선 최고의 국립 고등교육기관으로 단순한 관리양성뿐만 아니라 국가의 통치이념을 창출하고 실현하는 중심기관
  ㉡ 조선시대 최고학부인 성균관은 옛 성현에 대한 봉사 기능도 함께 지님
  ㉢ 이는 당시 학문의 목표가 성현이 되기를 바라는 데 있었기 때문임
  ㉣ 따라서 강의실과 도서관, 기숙사의 역할을 했던 명륜당과 존경각, 동재와 서재 말고도 성현의 위패를 모신 대성전 등의 문묘를 둠
  ㉤ 고려의 국자감과 달리 순수한 유학 교육기관으로 운영
  ㉥ 유생들이 생활하며 공부할 때 지켜야 할 수칙으로 학령이 존재

(2) 4학(四學)
① 고려시대 동서학당에서 비롯되어 성균관 부속의 기숙제 중등교육기관
② 문묘가 설치되지 않은 순수한 교육기관
③ 교수 2명과 훈도 2명을 두었고, 학당의 규칙은 성균관식에 따름
④ **입학자격** : 양반자제로 8세 이상원칙. 15세가 되어 학문이 우수하면 성균관 입학
⑤ 경서 중에서 소학을 필수 과목

(3) 향교
① 지방의 중등교육기관. 형식과 내용면에서 성균관과 흡사
② 설립목적은 통치체제에 필요한 인재의 확보와 유교 이념에 따라 백성을 교화하는 것
③ **교육내용** : 유학, 문묘에 제사하는 종교적 기능 이외에 지방민을 위한 사회교육적 기능
④ **입학자격** : 16세 이상의 양반 또는 향리의 자제를 원칙
⑤ 향교의 교원은 종6품관의 교수와 종9품관의 훈도 및 학장으로 구성
⑥ 조선을 건국한 태조는 고을마다 하나의 향교를 세우라고 했을 정도로 교육 기관 설립에 정성을 기울였음

(4) 종학
왕실 종친 자제 교육, 종부시 관할 → 조선 후기 '종인학교' 설치, 서양 중세의 '궁정학교'와 유사

(5) 잡학
해당 관청에서 주관, 중인계급 대상, 10학[4학만 과거 실시 → 초시, 복시 2차시로 진행(초시는 담당관청에서, 복시는 담당관청과 예조에서 공동 관할)]

과목	목표	담당관청	비고(과거)	과목	목표	담당관청	비고
의학	의원 양성	전의감, 혜민서	의과	도학	노장사상 연구	소격서	천민입학 허용
율학	법률집행관리	형조	율과	악학	악사	장악원	천민입학 허용
음양학	천문, 지리	관상감	음양과	화학	화공양성	도화서	천민입학 허용
역학	통역관	사역원	역과	유학	하급관리	예조	양반층 업무
산학	회계관리	호조	–	무학	무인	병조	양반층 업무

2 사학 : 국가가 직접 통제하지 않는 사립교육기관

(1) 서당
  ① 고려시대에 설립되어 조선시대에 발전. 초등 사설교육기관
  ② **교육내용** : 강독(천자문, 동몽선습, 소학, 사서삼경, 근사록), 제술, 습자
   - 동몽선습 : 유학 입문용 교재. 중종 때 박세무가 저술. 학습내용을 경(經)과 사(史)로 나누어 제시. 일제 강점기에는 우리 역사를 다룬다는 이유로 서당의 교재로 쓰지 못하게 하였음
  ③ **입학자격** : 신분의 제한이 없으며, 연령은 보통 7~8세부터 15~16세의 아동
  ④ **학습방법** : 학습량과 속도를 조절해서, 완전히 뜻을 이해하면 다음 단계로 진행(능력, 개인)

(2) 서원
  ① 중등교육기관, 주세붕이 안향을 배향하고 유생을 교육하기 위해 세운 '백운동서원' 유래
  ② 설립목적은 선현존승과 후진장학
  ③ 학칙, 학령 등 규칙의 제약을 받지 않고 자유롭게 학문의 학습과 수양이 가능
  ④ **소수서원** : 퇴계 이황의 요청에 의해 우리나라 최초의 사액서원. 소과 합격자인 생원·진사에게 거재 유생의 자격을 우선적으로 부여

UNIT 3 과거제도와 교육

1 과거제도의 종류

(1) 문과
  ① **소과** : 문과의 예비시험. 생원시(경전)와 진사시(논술)
  ② **대과** : 중급 문관 선발시험. 관료가 되는 정규과정. 급제자에게 홍패 지급

(2) 무과
  강서와 무예의 두 가지를 시험 보며 초시, 복시, 전시의 3단계 실시

(3) 잡과

① 기술 관리를 채용하기 위한 시험. 각 관청별로 실시

② 역과, 의과, 음양과, 율과 등

③ **시험과목** : 강서, 사자, 역어, 산 등

④ **응시자격** : 교육받은 자를 대상으로 양인이상 응시. 실제로는 중인들이 독점

2 과거제도의 시험과목

(1) 문과의 생원, 진사시는 제1차 시험인 초장은 경서, 제2차 시험인 중장은 시, 부, 표, 제3차 시험인 종장은 시무책(과거 시험은 3년에 한 번씩 실시)

(2) 초장의 경서 시험방법은 강경(구술)과 경서의 뜻을 필답하는 제술(필기)

3 과거제도의 영향

(1) 긍정적 측면

① 과거제도가 학교교육을 촉진시키는 역할 담당

② 능력주의에 입각한 관료체제를 확립하는 데 기여

(2) 부정적 측면

① 학교교육이 과거시험에 예속화되고 학교가 과거준비기관

② 유교경전을 중심으로 이루어짐으로써 폭넓은 사상과 지식의 발전을 저해

③ 과도한 경쟁으로 인해 부정과 부패

④ 교육의 귀족화와 특권화(응시자격의 제한으로 인해)

UNIT 4 조선 전기 교육사상가

1 정도전(1342 ~ 1398)

(1) 개요

① 정도전(鄭道傳, 1342~1398)은 고려에서 조선으로 교체되는 격동의 시기에 역사의 중심에서 새 왕조를 설계한 인물

② 그러나 자신이 꿈꾸던 성리학적 이상 세계의 실현을 보지 못하고 끝내는 정적의 칼에 단죄되어 조선 왕조의 끝자락에 가서야 겨우 신원되는 극단적인 삶을 살았음

(2) 특징

① 조선 초기 국가이념을 확립하는 데 기여한 인물

② 이(理)를 중시하면서도 기(氣)의 존재를 인정하는 현실적 입장
③ 심성론은 본체론과 우주론에 바탕을 두고 객관적인 현상 세계의 모든 변화는
④ 그 속에 담겨있는 이(理)로 말미암은 것이며 인간은 이 이(理)를 찾아낼 수 있다고 봄
⑤ **벽물론** : 인간의 길흉화복은 음양오행의 기(氣)의 차이에 의해 좌우된다는 입장

(3) **저서** : 불씨잡변, 심리기편 등

2 권근(1352~1409)

(1) 개요

① 고려 말·조선 초의 문신·학자로 호는 양촌. 친명정책을 주장
② 조선 개국 후, 사병 폐지를 주장하여 왕권확립에 큰 공을 세웠음
③ 길창부원군에 봉해졌으며, 대사성·세자좌빈객 등을 역임하였다. 문장에 뛰어났고, 경학에 밝아 사서오경의 구결을 정하였음

(2) 특징

① 권근은 조선 초기 성리학을 학술적으로 정착시키는 데 기여한 인물
② 정도전이 실질적인 경세론을 주도한 것과 비교
③ 권근의 성리학설은 '천인심성합일론'으로 요약될 수 있으며
④ 이는 우주론과 인성론을 전체적으로 일관되게 통합하는 체계
⑤ 입학도설에서 경전의 근본정신이 천일합일에 있다는 점을 분명히 하고
⑥ 그것을 실현하는 방법을 '권학사목'과 '향학사목'에서 제시

(3) **저서** : '입학도설(1397)'-성리학입문서, 삽화수록, '오경천견록', '권학사목', '향학사목', '양촌집', '사서오경구결', '동현사략' 등

3 퇴계 이황(1501~1570)

(1) 개요

34세 때 과거에 급제하고 43세 때 성균관 대사성이 되었고, 49세 때 풍기 군수를 마지막 관직으로 보내고 50세에 호를 퇴계라 하고 고향 예안에 도산서당을 짓고 유학을 가르치며 성리학을 끊임없이 연구한 전형적인 선비의 길을 걸었던 대유학자

(2) 특징

① 퇴계의 사상은 주자의 이기이원론의 사상을 계승
② 우주를 이(理)와 기(氣)로 보고 이 가운데 이(理)를 기(氣)의 우위에 두는 입장
③ 교육목적은 성인을 배워서 덕성을 함양. 즉 '구인성성(求仁成聖)'
④ 학문 목적으로 '위기지학(爲己之學)'을 강조
⑤ 교육방법으로 '경(敬)'을 중요시, '지행병진(知行竝進)'을 강조

㉠ **경(敬)** : 지적 행위와 실천 행위를 보다 넓고 깊게 철저화된 개념으로서 일신의 주재인 심(心)을 다시금 주재하는 것
㉡ **지행병진** : 거경과 궁리를 근본원리로 삼아, 도덕적 심성은 배양하고 의심이 없도록 사물의 이치를 깨닫는 교육방법을 강조

(3) 저서
① '수정천명도설', '성학십도', '자성록', '주자서절요', '도산십이곡' 등
② **주자서절요** : 주자의 편지를 간략히 줄여 만든 책
③ **성학십도** : 선조에게 바친 왕의 도리에 관한 책. 성학의 개요를 그림으로 설명

4 율곡 이이(1536 ~ 1584)

(1) 개요
조선 후기 최고의 정치가, 철학자, 교육사상가였으며 향약을 제정하여 지역사회를 도덕적으로 경제적으로 부흥시킨 경세가

(2) 특징
① 이원론을 반대하고, '이(理)는 통하고 기(氣)는 국한다'는 이통기국설을 주장
② 교육의 전제로서의 입지(立志)를 강조
③ 입지의 방법으로 성(誠)을 중요시. 성이란 진실한 것이고 스스로 속이지 않는 것
④ 입지와 성경을 바탕으로 지행합일, 내면적 동기, 반복학습을 통한 점진적 발전 등을 강조

(3) 저서
① 동호문답, 성학집요, 인심도심설, 시무육조소 등
② **성학집요** : 왕세자를 가르치기 위한 책
③ **격몽요결** : 초학자들의 몽매함을 깨우치고 공부의 중요성을 강조한 성리학의 입문서
④ **학교모범** : 청소년을 위한 가정과 학교생활 규칙서
⑤ **동호문답** : 왕도정치와 관련
⑥ **학교사목** : 학교에 관계된 인사문제의 원칙과 지침
⑦ **만인봉사** : 성학의 대요를 적은 책(상소문)

5 기타

(1) **박세무(1543)** : 동몽선습(유학 입문용 교재), 어학, 유교, 역사
(2) **최세진** : 훈몽지회(어린이들의 한자 학습을 위한 책)
(3) **유합** : 한자를 수량, 방위 등으로 유별하여 새김과 독음을 붙여 만든 한자 입문서

알아두기 ① 교육기관의 변천(삼국시대 ~ 개항 이전)

설립 주체		관학			사학		
설립 수준		초등	중등(중앙 : 지방)	고등	초등	중등	고등
삼국시대	고구려	–	–	태학	←	경당	→
	백제	기록이 없고 명칭만 전함[박사(유학에 정통한 학자, 교사), 사도부(교과부), 내법좌평(교과부장관), 도당유학]					
	신라	화랑도(비형식적 교육, 사설 단체, 국가가 보호 육성)					
남북국시대	발해	–	–	주자감	–	–	–
	신라	–	–	국학	–	–	–
고려		–	학당(동서학당 → 5부학당)	향교	국자감	서당	–	12공도
조선		–	사부학당(사학), 종학, 잡학	향교	성균관	서당	서원	→

알아두기 ① 교육기관의 변천(개항 이후 ~)

시대구분	관학			사학		
	초등	중등	고등	초등	중등	고등
개항 이전 (~ 1876)	–	–	–	–	–	베론신학당 (1856)
개항 ~ 갑오개혁 (1876 ~ 1894)	–	–	성균관 육영공원(1886)	원산학사 (1883)	배재학당 (1885)	–
교육입국조서 ~ (1895.2)	소학교 (1895.7)	한성중학교(1900) 한성고등학교(1906)	한성사범학교 (1895.4)	–	–	–

UNIT 5 실학의 발생 배경과 학파

1 발생 배경

(1) 조선왕조의 지배적 원리였던 성리학의 반역사성에 대한 반성
(2) 조선왕조가 축적해온 학문적·과학적 전통
(3) 임진왜란 이후 봉건질서의 해체과정에서 봉건사회의 경화(硬化)에 대한 반성
(4) 조선 후기 사회계급의 변화
(5) 서학 및 청으로부터 고증학(명말 청초 실증적 고전 연구 학풍)의 유입

2 실학의 학파

(1) **경세치용파** : 이익. 토지제도 및 행정기구, 기타 제도상의 개혁에 치중하는 학파
(2) **이용후생파** : 박지원. 상공업의 유통 및 생산기구 등 일반 기술면의 혁신 지표 학파
(3) **실사구시파** : 김정희. 경서 및 금석, 전고의 고증을 위주로 하는 학파

UNIT 6 교육사상가

1 반계 유형원(1622 ~ 1673)

(1) **특징**
① 율곡 이이로부터 영향
② '예(禮)에 천하에 나면서부터 귀한 자는 없다'는 인간평등관을 주장
③ 인재 등용에는 오직 도덕성과 능력만을 기준으로 삼아야 한다고 주장
④ 모든 인간은 능력에 따라 교육의 기회가 주어져야 한다고 주장
⑤ 각 학교의 재정은 국가에서 지급해야 한다는 공교육 주장
⑥ 과거제의 폐지와 공거제(유능한 인물 천거) 제시. 단계적 학제론(4단계) 제시
⑦ 조선후기 실학파의 시조

(2) **저서** : 반계수록(이 책에서 국가의 대개혁을 주장)
① 그는 자기수양을 통해 바른 행실을 갖추고 치인의 능력을 아울러 갖춘 인재를 양성
② **과거제를 폐지하고 공거제 주장** : 과거제도 비판(선발방식 문제점, 평가 타당도, 오늘날 대학 수시입학 제도의 취지와 관련)
③ 근대적인 학제 도입 주장
④ 초등학교 단계인 향상과 방상은 누구나 교육을 받게 하고, 사학부터는 신분에 구애없이 사대부의 자제는 물론 서얼과 서민의 자제에게도 기회를 주되, 나이와 능력에 따라 선발하자고 제안

2 성호 이익(1681 ~ 1763)

당쟁으로 부친과 그에게 글을 가르친 둘째 형을 잃은 몰락한 남인 출신의 대학자

(1) **특징**
① 일신전공(日新全功)을 강조해서 끊임없는 자기수양을 중시
② 개혁안은 사회적 좀(노비제도, 과거제도, 문벌제도, 기교, 승려, 타성)을 제거
③ 이상적 인재 선발 방식은 천거제라 할 수 있는 '향거리선제'
④ 가정교육의 중요성을 역설하였는데 이는 현대 가정의 기능 약화로 인해 야기되는 부부문제, 자녀 문제를 해결할 수 있는 시사점을 제공

(2) **저서** : 성호사설, 곽우록 등

(3) **교육목적**
① 현실 문제를 해결할 수 있는 사람, 국가사회 발전에 도움이 되는 사람, 즉 주체성 있는 역사의식을 가진 양사(선비 양성)
② 백성 중심의 평등주의 교육, 한 나라의 백성된 자는 무의도식하지 말아야 한다는 사농일치의 사상을 가지고 있었음. 이것은 그의 민본주의 사상의 근간

(4) **교육방법**
질의하고 답하는 방식 그리고 깨우친 앎을 실천하는 지행합일의 방식을 강조

3 다산 정약용(1762 ~ 1836)

조선 후기 유형원과 이익의 사상을 계승·발전시켜 실학을 집대성한 대학자

(1) **특징**
① 그의 핵심사상은 수기치인(修己治人)
② 수기의 입장에서 교학일여(敎學一如), 치인의 실천방안으로 교정일치(敎政一致) 주장
③ 수기치인은 경전을 통해 사실을 입증하는 도가 아니라 몸소 행하는 것

(2) **저서**
① **아학편** : 기존의 천자문을 비판하고 저술한 새로운 아동용 2천자문
  ㉠ 상편 : 유형적 개념에 해당하는 한자
  ㉡ 하편 : 무형적 개념에 해당하는 한자(계절, 기구, 방위 등)
② **오학론** : 정약용이 당시의 다섯 가지 학술을 비판
  – 성리학, 훈고학, 문장학, 과거학, 술수학

(3) **교육사상**
① 교육의 목적은 사회적 유용성이 현저히 떨어지는 유교 이념인 수기치인을 시대에 맞게 해석하는 일
② 교육내용은 중국의 것이 아닌 '우리 것'을 중요하게 여겼음. 예를 들면 '삼국사기', '징비록', '연려실기술', '여지승람' 및 우리의 문예 등에서 '사실'을 찾아내어 교육에 적용하고, '고려사', '삼국사기', '동국통감' 등은 과거시험 과목에 포함시켜야 한다고 역설
③ 교육방법은 실천성을 강조. 예로, 다산이 지은 '아학편'에서 아이에게 천자문을 가르친다면 먼저 감각기관을 통해 글자와 개념을 익힌 다음 그것을 복습하고, 다음으로 추상적인 개념을 표현하며 그것을 범주화하여 문자를 배열하는 것. '아학편'은 어떤 성질의 단어를 어떤 방법으로 어떤 순서로 가르칠 것인가를 설명해주는 책

4 홍대용(1731 ~ 1783)

(1) 기 철학적 인간평등론 → 행정구역마다 학교 설치, 관 주도의 의무교육제도 실시(면 단위 소재의 학교인 '재'에 8살 이상의 아동을 취학시킴) 주장

(2) 수학을 소개한 '주해수용' 저술

5 최한기(1803 ~ 1877)

(1) **사상**

기일원론적 기학, 통기(기로써 객관적 대상물을 접촉하여 인식함)와 추측(감각적 경험을 분별 헤아리는 추리작용) 중시

(2) **염습론**

경험은 지식과 사고의 근간, 유아기의 경험과 습관은 "흰 비단에 물을 들이는 것과 같다." → 로크의 백지설과 흡사

(3) **경험을 통한 학습, 추측을 통한 사고력 증진, 개인차 존중**

(4) **특징**

아동 교육의 중시(염습론), 생활중심교육, 수학교육(만물의 근원적 출발이 되는 교과, 논리와 분석력을 기르기 위해) 중시

UNIT 7 실학운동의 교육사적 의의

1. 신분을 초월한 교육의 기회균등 사상과 민본주의적 개인차의 중시 등은 근대적 교육이념기초 제시
2. 시험 위주의 교육이 갖는 교육적 역기능의 심각성과 폐해 등을 해결하기 위한 개혁안 제시
3. 한글의 보급과 발전에 기여
4. 교육내용은 조선의 역사, 제도 등을 강조함으로써 민족주체성 교육을 지향
5. 발달 단계에 따른 체계화된 학제를 제시했다는 점에서 교육 근대화의 중요한 상징적 가치

UNIT 8 근대의 시대적 배경과 사상적 동향

1 새로운 사상적 경향 대두

(1) 개요
① 근대란 조선시대 말기인 19세기 중엽 이후로 외국에 문호개방을 하면서 서구문화가 유입되었고, 기독교가 유입되면서 교육에 대한 개혁운동이 불가피하게 되었음
② 19세기 말에 진행된 교육의 개혁은 급변하는 시대적 상황에 대응하기 위한 노력의 표현
③ 한반도 지배권을 차지하려고 투쟁하는 열강의 무력한 희생물이 되어서는 안 된다는 필사적인 국력배양의 요청, 이러한 시대적 요청이 교육의 개혁을 추진하게 만든 원동력

(2) 개화사상
① 실학사상을 기반으로 하면서도 새로운 서양사상과 서양문물의 지식을 포섭
② 근대적 개혁을 담당하고자 하였던 사상체계(김옥균, 박영효, 홍영식 등)

(3) 동학사상
① 반봉건, 반제국을 사상적 기초로 하였던 동학농민운동에 뿌리를 둔 사상체계
② 반봉건이라는 점에서 위정척사론과 대립하였고, 반제국적 사상체계로 인해 개화사상과의 차이

(4) 위정척사파
① 주자학적 명분주의를 철저하게 이어받아 서양문물의 배격을 추구하였던
② 보수적 사상경향(이항로, 최익현, 이만손 등)

(5) 동도서기파
① 주자학적 교조주의의 틀 속에서 새로운 시대조류에 대응하고자 했던 봉건적
② 지식인의 사상체계(윤선학이 대표)

2 개화기 교육사상의 특징

(1) 개요
① 동학혁명과 갑오경장을 거치며 교육을 관장하던 예조와 과거제도가 폐지되고, 신분차별 없이 누구나 교육을 받을 수 있는 계기가 되었음
② 조선정부의 교육 근대화를 위한 주체적 노력으로 육영공원이 설립되었는데, 육영공원은 1886년 6월 조선정부가 처음으로 설립한 신식학교로 이후 8년간 지속되다가 폐교되었음
③ 교육의 근대화의 필요를 가장 절실하게 느낀 것은 개항지의 주민들이었음
④ 이들은 외국상인들과의 경쟁에서 패배하게 되며 교육의 필요성을 느끼게 되었고, 주민들의 교육에 대한 요구는 원산학사의 설립으로 나타남

⑤ 원산학사는 1883년에 설립되어 조정의 윤허까지 받은 정식학교로 자생적 근대 교육기관이라는 특징을 지님
⑥ 그 외 민간차원의 근대학교로는 흥화학교(1895), 점진학교(1897), 보성학교(1905), 대성학교와 양정의숙, 오산학교(1907) 등이 설립되었고, 선교사에 의해 설립한 배재학당(1885), 이화학당과 경신학교(1886), 정신여학교(1887) 등
⑦ 1895년에는 최초의 근대적 교육법규인 「한성사범학교관제」를 비롯하여 10여 개의 교육법규가 제정되었고 국립과 공립의 초등학교들이 설립되었음
⑧ 이때부터 정부는 근대적 학교의 설립을 적극적으로 추진하기 시작하였음
⑨ 초등학교인 '소학교'의 교사를 양성하기 위한 한성사범학교를 설립하고, '소학교'의 설립을 전국적으로 추진. 소학교를 중앙정부설립의 '관립', 지방정부설립의 '공립' 그리고 '사립'으로 구분하였으나, 이들은 모두 「소학교령」의 규정에 의하여 정부의 감독과 통제를 받는 공교육체계를 이루었음

(2) 특징
① **근대적 신교육론** : 갑오개혁안과 교육입국조서를 통해 근대적 신교육 도입 주장
② **의무교육론** : 개혁 목적 달성하기 위해 전 국민에게 기본적인 교육을 실시할 필요성을 역설
③ **여성교육론** : 남녀평등 교육을 통해 국가발전의 원동력을 찾기 위해 강조
④ **실업기술교육** : 국가의 부강과 자강을 위해 새로운 기술의 수용과 보급의 필요성 주장

UNIT 9 근대적 학제의 성립과정

1 정부에 의한 신학제 성립과정

(1) 육영공원(1886)

① 정부가 설립한 최초의 근대 학교
② 육영공원은 조미수호조약 체결 후 미국 시찰을 마치고 돌아온 민영익의 건의에 의해 설립된 학교
③ 민영익은 서양 문물의 탁월함을 고종에게 보고하는 동시에 현대식 학교의 설립을 제안
④ 고종은 미국 정부에 이런 학교를 세우고 가르칠 수 있는 교사 세 사람(헐버트, 길모어, 벙커)을 추천해 줄 것을 요청
⑤ 그러나 양반 자제들의 특권의식과 나태함, 관리들의 학교 공급 유용 등 정부에 봉사할 유능한 인재의 양성이라는 소기의 목적을 달성하지 못하고 1894년에 완전히 폐지

(2) 갑오경장과 교육개혁안(1894.7)

6조 폐지, 8아문 설치, 과거제 폐지, 새로운 관리등용법 실시

(3) 홍범 14조(1894.1)

"나라 안의 총명하고 우수한 자제를 널리 파견하여 외국의 학술과 기예를 학습"

(4) 교육입국조서(1895.2)
① 실용교육, 유학자의 비판, 근대교육의 이념과 필요성. 삼육론 제시. 학교를 널리 세워 인재를 양성할 것을 제창
② 교육입국조서는 국가 중흥의 염원을 담고 있는 개화 조선의 교육 헌장
③ 조서의 내용은 현재 한국 교육의 원형적 형태를 이룰 만한 의미심장한 언급을 함
  ㉠ 가장 원론적인 것으로 '교육은 국가를 보존하는 근본이다'
  ㉡ 교육의 실용성을 중시하였다는 점
  ㉢ 교육의 강령을 구체적으로 덕과 체와 지의 세 가지로 제시

(5) 한성사범학교(1895)
① 소학교 교원양성기관으로 본과(2년)와 속성과(6개월)
② 한성사범학교 규칙
  ㉠ 교육자에게 있어 정신의 단련과 덕조(德操)의 마려(磨勵)는 중요하므로 평소에 이를 권행
  ㉡ 교육자에게 있어 존왕애국(尊王愛國)의 지기(志氣)는 중요하므로 평소에 충효의 대의를 밝히고 국민의 지조(志操)를 진기(振起)함
  ㉢ 교육자에게 있어 규칙을 지키고 질서를 보전하며 사표(師表)의 위의(威儀)를 갖추는 것은 중요하므로 평소에 장상(長上)의 명령 및 훈화에 복종하고 기거, 언동을 바르게 함
  ㉣ 신체의 건강은 성업의 기본이므로 평소 위생에 유의하고 체조에 힘써 건강을 증진시킴
  ㉤ 교육자에게 있어 교수법은 중요한 것이므로 소학교 규칙에 맞도록 힘써야 함

(6) 관립한성외국어학교 : 영어학교, 일어학교, 법어학교, 아어학교, 덕어학교 등 설치

(7) 성균관 : 근대적 개편(경학원)하여 3년 과정의 경학과 설치

(8) 관립중학교 : 4년제의 심상과 3년의 고등과

(9) 연무공원(鍊武公院) : 1888년에 설치된 한국 최초의 근대식 사관양성학교

2 민족주의와 교육구국운동

(1) 원산학사(1883)
① **민간인이 설립한 최초의 근대학교**
② 민중이 힘을 모아 세운 학교로는 최초의 근대식 학교인 원산학사
③ 원산학사는 원산의 덕원읍민, 즉 지방 민중의 노력에 의해 설립된 학교
④ 원산은 부산, 인천과 더불어 강화도 조약에 의해 개항
⑤ 개항과 동시에 일본 상인들이 물밀 듯이 들어오자 민중은 스스로의 권익을 어떻게 지켜야 할 것인지를 고민할 수밖에 없었음
⑥ 이에 덕원 지역의 의식 있던 지성인들이 온건개화파로서 덕원부사였던 정현석에게 학교 설립을 요청
⑦ 중요한 것은 덕원의 민중이 학교 설립 기금을 모아 자제들에게 신지식 교육을 실시하려는 시도

⑧ 당시 조선이라는 신분 사회에서 민중의 교육적 자각에 의한 학교 설립은 교육사적으로 엄청난 사건
⑨ 학사에서는 문예반, 무예반, 외국어반 등 다양한 교육과정을 두었는데, 문예반에서는 경전의 의미를 가르치고, 무예반에서는 병서를 가르쳤음
⑩ 원산학사는 외국의 도전에 대응하기 위해 민중이 자발적으로 성금을 모았다는 점
⑪ 외국인이나 관 주도의 교육에 앞서 민중의 광범위한 근대화의 의욕에서 설립되었다는 점에서 큰 의의가 있음

(2) 학회 활동
① 서우학회, 기호학회, 태극학회, 관동학회 등과 독립협회의 활동
② 독립협회는 독립신문을 발행하여 자주독립의 정신을 계몽

(3) 민족사학의 설립 정신
① **기본성격** : 민족지도자의 양성, 민족의식의 고취, 과외활동을 통한 애국사상의 함양, 항일운동 등
② 흥화학교(1895), 점진학교(1899), 보성전문(1905), 양정의숙(1905), 휘문의숙(1906), 현산학교(1906) 등

3 종교계의 교육활동

(1) 인간의 평등과 성별 및 계급을 초월한 사상적 기반으로 활발한 교육활동 전개
(2) 광혜원(알렌, 1885), 배재학당(아펜젤러, 1886), 경신학교(언더우드, 1886), 이화학당(스크랜턴, 1886) 등 설립
① **광혜원** : 최초로 서양식 의료기술을 전파
② **이화학당** : 우리나라 최초의 여학교. 선교사 스크랜턴이 창설한 사립 초중고등 과정의 여자교육기관
(3) 병원을 설립하는 의료의 전파와 동시에 교육을 주요 포교의 수단으로 삼았음
① 의료 행위를 통해 조선 사람을 불행에서 구하고
② 교육을 통해서 계몽의 방법으로 서양의 근대문화를 소개
(4) **미션스쿨**
선교사들의 교육활동은 서구의 근대적 교육제도를 도입하고, 서구식 민주주의 이념에 입각한 교육의 기회 균등 사상을 보급하는데 기여

UNIT 10 개화기 교육사상가

1 유길준(1856 ~ 1914)

서유견문, 노동야학독본 저술(우리나라 최초의 일본과 미국 유학생)

2 이용익(1854 ~ 1907)

근대 기술자 양성을 시도. 보성전문학교와 보성중학교 설립

3 남궁억(1863 ~ 1939)

무궁화 보급을 통한 애국운동. 최초의 통신강의록 '교육월보' 창간

4 안창호(1878 ~ 1938)

(1) 대성학교 설립, 신민회 조직, 교육혁신으로 3가지 강조
  ① **자아혁신** : 거짓과 공론을 배격하는 것
  ② **무실역행** : '참'과 '행'에 힘쓰자는 것
  ③ **점진공부** : 그의 수학(修學) 태도

(2) 대성학교의 교육방침
  ① 건전한 인격의 함양
  ② 애국정신에 강한 민족운동자의 양성
  ③ 국민으로서 실력을 구비한 인재의 양성
  ④ 강장(强壯)한 체력의 훈련

(3) 무실역행(務實力行)과 주인정신(主人精神)을 강조
  ① **무실역행** : 나 한 사람부터 성실한 사람이 되어야 민족중흥에 새로운 힘이 될 수 있다는 의미
  ② **주인정신** : 책임과 독립을 강조하는 주체적 정신. 우리 민족의 구성원 모두가 역사와 민족에 대해서 책임질 수 있다는 생각을 지닐 때 주인정신이 살아남. 안창호는 바로 이런 무실역행과 주인정신을 교육을 통해 심어 주려고 하였음

5 이승훈

(1) 민족의 장래와 운명이 교육에 달려 있다고 보고 오산학교 설립
(2) 오산학교는 민족의 영광을 바라보는 민족정신을 고취하려고 하였음
(3) 그러기에 자신의 덕과 지혜, 힘을 길러 나라에 봉사하려는 희생정신을 바탕으로 신학문을 닦아 국가의 기둥이 되려는 학생들이 모여들었음

UNIT 11 식민지 교육의 일반적 특징

1 개요

(1) 일제는 1905년에 '을사조약'의 체결을 일방적으로 선포하고 통감부를 설치한 뒤, 조선인들에 의한 민족교육을 탄압할 목적으로 1908년에 「사립학교령」을 공포
(2) 관립과 공립학교들도 식민지 지배자들의 장악하에 들어가며, 일제는 민족말살정책으로 우리말과 글을 빼앗고 일본말을 사용하도록 하였으며, 창씨개명을 하도록 하는 우민화정책을 추진
(3) 식민정책은 교육뿐만 아니라 모든 분야에서 이루어졌고 경제적 수탈이 극심하면서 민족독립의식을 고취하고 군사적 투쟁능력을 양성하는 등 교육활동 그 자체를 식민지 지배로부터 독립시켜 민족교육을 계승·발전시키려는 교육투쟁이 일어나게 되었음
(4) 조선총독부의 교육정책에 대한 투쟁과 동시에 지하에서 애국심과 민족교육을 실시하는 방편으로 야학, 위장 서당, 비밀 학습조직 등을 운영하고, 농촌계몽운동을 통하여 민족교육을 이어나갔음
(5) 임시정부는 독립투쟁 과정에서의 교육뿐만 아니라, 독립 후의 교육에 관하여도 이념과 제도를 매우 분명하고 자세하게 제시함

2 특징

(1) 동화주의와 황국신민화
(2) 관학의 육성과 사학의 탄압
(3) 일본어 교육의 강화와 조선어 말살
(4) 초등교육의 강화와 고등교육의 배제
(5) 법학 및 의학의 인정과 정치·경제·이공계 교육의 배제

UNIT 12 통감부 시대(1906~1911)의 교육정책

1 교육정책의 특징

(1) **우민화 정책** : 소학교를 보통학교로 개칭하고 수업연한을 4년으로 단축하였으며, 중등학교 이상의 학교설립을 불허

(2) **동화정책** : 관·공립 보통학교를 확장하였고, 일본어 보급에 중점

(3) **친일교육** : 교과를 통한 친일교육을 강화하였고, 일본인 교원의 배치에 중점

2 법령 제정

사립학교령과 교과용도서 검정 규정을 제정하여 사립학교의 통제와 친일교육을 강화

UNIT 13 조선교육령에 의한 교육통제

1 제1차 조선교육령(1911) 시대의 교육통제 정책

(1) 교육목적을 충량한 국민양성에 두고, 시세와 민도에 맞는 교육을 실시
(2) 일본어를 '국어'로 하고, 조선어 시간을 단축
(3) 외국어 학교와 성균관을 폐지하여 경학원으로 대치, 서당 규칙을 제정하여 서당 통제

2 제2차 조선교육령(1922) 시대의 교육통제 정책

(1) **조선인과 일본인의 공학(共學)을 원칙** : 3·1운동으로 표출된 반일감정을 무마하기 위한 회유책
(2) 조선 민립대학 설립운동을 봉쇄, 경성제국대학을 설립
(3) 조선어를 정규교과로 하고, 한문은 수의과목
(4) 일제의 우민화 정책에도 불구하고, 조선인의 보통학교 재학생 수는 증가
(5) 일본의 학제에 따라 보통학교의 수업연한을 6년으로 연장

3 제3차 조선교육령(1938) 시대의 교육통제 정책

(1) 조선어 과목은 정규교과에서 수의과목(선택과목)으로 밀려났음
(2) 국어(일본어)는 조선인을 황국신민화하는 데 가장 중요한 과목으로 강조
(3) 1941년 '소학교령'을 '국민학교령'으로 개정, 조선어 과목을 완전히 폐지
(4) 조선인의 '황국신민화(皇國臣民化)'를 철저히 하면서 조선인에게 '황국신민서사(皇國臣民誓詞)'의 암송 제창을 강요

4 제4차 조선교육령(1943) 시대의 교육통제 정책

(1) '교육에 관한 전시 비상조치령'을 발표, 교육을 전쟁 수행을 위한 수단으로 전락
(2) 창씨개명 강요, 애국채권의 강매, 여자정신대 동원, 신사참배 등을 강요
(3) 모든 교육기관에 대한 수업연한을 단축하고 전문학생, 중학생을 각종 토목공사 등에 동원

> **알아두기 ①** 1920~1930년대 식민지 교육 시기 교육계의 인식
>
> ① 5,000여 년의 찬란한 문화는 종족이 하루아침에 이민족의 침입을 받아 문화, 종교, 언어, 습속이 파괴당하고 매몰되었는데 그 중 교육이 가장 심하다.
> ② 한글과 한국의 역사는 한국인이 배우고자 하는 것인데, 일본인들이 금지하고 대신 일본어와 일본의 역사를 가르친다.
> ③ 한국인 선생과 한글 서적은 모두 한국인이 요구하는 것인데, 일본인들이 못하게 하고 일본인 선생과 일본 서적을 강요한다.
> ④ 배우는 권리는 한국인이 균등하게 누리고자 함인데, 일본인이 이를 제한하는 까닭에 태어나 배울 수 있는 학교가 없으며 배워도 직장을 구할 수 없으니 이를 통탄해 마지않는다.
> ⑤ 경성의 한글신문인 조선일보(1928.11.25.일자)에는 교육계의 큰 문제로 "일본인 교원 대신 한국인 교원 채용을 요구"라고 하였는데, 근래 조선 학생들의 사상 경향을 살펴보면 모두 열렬히 자국의 언어와 역사를 주장하는데, 이것은 청년계의 향학열이 격발해서 민족적 자각의 소리가 고조되는 징조이다. 조선의 전통교육이 중국의 경(經)·사(史)·자(子)·집(集)을 근간으로 했으며, 자국의 문화에는 주의를 기울이지 않았기에 급기야는 비참한 결과를 가져왔다. 생각건대, 이러한 과거는 깨끗이 잊어버리고 자국의 언어와 역사를 배우고 닦는 데 급급하지 않을 수 없다.
> ⑥ 한국의 공립보통학교는 외국의 초급 소학교를 말하는데, 소학에서 중학, 전문학교에 이르기까지 모두 일본인이 교장이고, 중요 직책, 직원, 교사도 역시 모두 일본인이 점거함으로써 50만 학생으로 하여금 머리를 조아리게 한다.

UNIT 14 식민시대 교육저항 운동

1 민립대학 설립운동

(1) 1920년 한규설, 이상재 등 100여 명이 조선교육회를 조직하고 민립종합대학을 설립하기로 결의한 것으로 본격화되었으나 일제의 방해로 실패. 일제는 그 무마책으로 1925년 경성제국대학을 설립. 1907년도부터 시작된 국채보상운동에서 비롯되어 1922년 '조선민립대학 기성회'가 조직됨으로써 본격 추진

(2) 목적은 우리의 교육수준이 국내에 대학을 가질 정도에 이르렀다는 자각, 우리의 민력이 이를 지탱할 수 있다는 생각, 대학교육을 통해 우리의 손으로 지도적 인재를 길러내자는 것 민족정신을 높이고 민족의 단결을 공고히 하여 새로운 희망과 긍지를 주자는 것

2 서당 및 야학 중심의 교육구국운동 전개

(1) **서당**

민족주의자들과 개화기 의병투쟁에 참가하였던 양반·유생들에 의해 개량서당은 서민들의 문맹퇴치와 독립을 지향하는 민중의식을 함양

(2) **야학** : 노동자·농민들에게 근대 의식을 함양시켰고, 근대적 시민 의식의 고취와 독립정신, 민족의식 함양

3 학생 항일운동

(1) 동경에서의 2·8독립선언과 국내의 3·1운동을 주도하였던 학생들이 계속해서 동맹휴학, 계몽운동, 비밀결사, 가두시위 등을 통해 활발한 민족운동 전개
(2) 그 대표적인 운동이 1926년 6·10만세운동과 광주학생운동

4 문자보급운동과 브나로드 운동(계몽운동)

(1) 문자보급운동은 1920년대 후반부터 동아·조선일보사가 중심이 되어 전개되었고, 조선어학회의 후원으로 전국순회 강습회 및 귀향 학생들이 일반 민중들에게 한글강좌 민족의식과 애국계몽운동을 전개
(2) 브나로드 운동은 동아일보사가 1931년부터 실시한 농촌계몽운동과 문맹퇴치운동을 말하며 총독부의 탄압으로 이 운동은 큰 효과를 거두지 못하였음
(3) **브나로드(vnarod)** : 제정 러시아 말기의 "민중 속으로 가자" 구호

UNIT 15 교육사상가

1 남궁억(1863 ~ 1939)

(1) **교육입국론** : 교육은 국가와 민족 발전의 중핵
(2) 모곡학교(초등), 현산학교(중등) 설립
(3) **교육월보 발간** : 미취학 청소년을 위한 순한글로 된 통신강의록 → 사회교육
(4) 실업교육(노작활동), '무궁화 동산' 건설 운동
(5) 일제강점기 황성신문 사장, 독립운동가, 교육자(배화학당 교사)

2 안창호(1878 ~ 1938)

(1) **교육이념** : 자아혁신, 무실역행, 점진공부 → 민족 개조(힘을 기르소서)
(2) 일인일기(직업교육), 빙그레 운동(정서교육), 소크라테스식 문답법, 대공(大公)주의, 주인정신, 지력주의 강조
(3) 점진학교(최초의 남녀공학의 소학교), 대성학교(대이상향 설계), 흥사단(무실, 역행, 충의, 용감)
  ① 무실 : 참으로 진실됨
  ② 역행 : 힘써 실천함
  ③ 충의 : 충성스럽고 정의로움
  ④ 용감 : 씩씩하고 기운참

3 이승훈(1864 ~ 1930)

(1) 서민정신과 오산정신(참과 헌신의 정신) 강조 → 성(誠), 애(愛), 경(敬)
(2) 강명의숙(소학교), 오산학교(대이상향 설계) → 이상촌 건설 운동

PART 7 교육심리학

CHAPTER 01 인지발달
CHAPTER 02 성격 및 도덕성 발달
CHAPTER 03 개인차
CHAPTER 04 생활지도의 이해
CHAPTER 05 상담이론

CHAPTER 01 인지발달

UNIT 1 피아제(1896~1980)의 인지발달이론 개관

1 인지발달이론

(1) 발생적 인식론이 이론의 근간을 이룸. 지식은 외부세계의 단순한 '모방'을 통해서가 아니라, 대상에 대한 행위자의 물리적·사회적·개념적인 행위를 통해 구성
(2) 아동의 사고는 성인의 사고와 질적으로 다름
(3) 인지는 구성적 과정. 인지구조가 외부세계에 객관적으로 존재하는 것이 아니라 환경과의 능동적인 상호작용을 통해 구성
(4) 인지발달은 단계적으로 이루어짐. 발달의 단계는 양적인 차이가 아니라 질적인 차이를 나타내고, 모든 사람들은 발달 단계를 동일한 순서로 통과함

2 피아제의 인지발달이론

(1) 피아제는 인간의 인지를 복잡한 유기체가 환경에 대해 생물학적으로 적응해 나가는 과정의 특수한 형태로 보고 인간의 지각, 학습, 경험 등 인식의 문제를 연구
(2) 피아제는 출생부터 청년기까지 일어나는 '인지 기능의 개체 발생적 변화'를 밝히고자 함. 그는 아동의 개인차에 관심이 있는 것이 아니라 모든 인종과 역사 속에서 아동에게 일어나는 개념화 형태에 관심

UNIT 2 인지발달의 개념

1 도식(Schema)

(1) 경험을 통하여 형성되는 특정 대상이나 현상의 속성이나 조작에 관한 정신적 표상
(2) 일단 형성된 도식은 이후 개인이 지각한 내용을 인지·해석하거나 조직화하는 데 정신적인 틀(이해의 틀)의 역할을 수행
(3) '유기체가 어떤 사실을 공통된 특성에 따라 군으로 조직하는 지적 구조', 즉, 개념, 범주, 색인철을 의미

(4) 피아제는 인간이 신체와 더불어 정신구조를 가지고 있다고 보고, 기억, 사고 등을 위한 반응양식으로서 필요한 인지구조를 스키마라고 불렀음
(5) 스키마는 아동이 성장하면서 조금씩 확대되어 일반화되고 분화되며, 끊임없이 변화하고 더욱 정교해짐. 이를 인지발달이라고 함
(6) 사물, 사건, 개념에 대해 정신적으로 표상하거나 생각하도록 하는 조직화된 행동 또는 사고체계의 기본 단위. 이 도식을 통해 외부 세계를 해석하게 됨
(7) 경험과 학습을 통해 개개의 도식은 보다 정교화되고, 통합되어 보다 큰 단위의 도식으로 재구조화 되거나, 새로운 도식으로 형성되어 인지구조의 변화와 발달을 가져옴

[도식의 종류]

감각운동도식 (감각운동기)	아동들이 어떤 대상이나 경험을 표상하고 거기에 반응할 때 사용하는 체계화된 행동 패턴으로, '행동도식'이라고도 함
상징도식 (전조작기)	• 아동들이 행동을 하지 않고도 사물이나 사건을 정신적 상징을 이용하여 표상하는 것을 말하며, 2세경부터 형성되기 시작 • 아동이 어떤 형태로든 타인의 행동을 정신적 표상으로 형성하여, 그것을 일정 시간 저장해 두었다가 나중에 이를 이용하여 모방행동을 실행하는 것
조작도식 (구체적 조작기 이후)	• 어떤 논리적인 결론에 도달하기 위해서 자신의 사고를 대상으로 행하는 정신적인 활동의 구조를 말하며, 약 7세 이후의 아동들에게 형성되기 시작 • 가장 일반적인 조작은 수학적 연산에 의한 정신적 활동

2 동화

(1) 새로운 자극이나 대상 또는 현상을 기존의 인지구조를 이용하여 이해(포섭)하는 것
(2) 새로운 지각물이나 자극 사건을 이미 가지고 있던 스키마 혹은 행동양식에 젖어들게 하는 즉, 통합되게 하는 인지과정을 의미
(3) 동화는 인지구조의 양적 변화를 의미. 즉, 스키마의 성장을 가져옴(양적 성장)
(4) 새로운 대상이나 사물을 기존의 인지구조에 맞춰 이해하고 해석하는 과정

3 조절

(1) 새로운 자극이나 대상 또는 현상을 기존의 인지구조를 통하여 이해(파악)할 수 없을 경우 기존의 인지구조를 변화(확장)시켜 그 대상을 이해하게 되는 것
(2) '새로운 스키마를 만들거나 낡은 스키마를 알맞게 고치는 인지과정'
(3) 인지구조의 질적 변화를 가져옴
(4) 동화와 조절은 서로 반복되게 일어나서 인지구조의 발달을 가져옴
(5) 새로운 정보가 기존의 인지구조와 맞지 않을 때 기존의 인지구조가 변경되고 새로운 도식이 만들어지는 적응 유형(기존의 도식을 수정하는 인지과정)
(6) 인지발달은 동화와 조절이 서로 보완하여 보다 적응적인 행동이 가능하게 되고 보다 균형화된 체계가 형성되어 가는 과정(질적 성장)

4 평형

(1) 평형화는 피아제가 처음에 상정한 '동화와 조절'과 '조직화'라는 두가지 인지기능에 몇 년 후 새로 추가한 개념
(2) 그는 모든 유기체가 환경과의 평형화 및 내부의 인지적 요소들 간의 평형화를 추구하는 경향성을 가지고 있다고 주장
(3) 갈등상태를 '동화와 조절'의 과정을 통하여 인지적 균형상태로 바꾸어 나가게 되는데, 이러한 균형상태를 곧 '평형화'(equilibrium)라고 함
(4) 동화와 조절의 균형 작용
(5) 동화작용만 일어나면 사물 간의 차이를 알지 못하고, 반대로 조절작용만 일어나면 사물의 일반성(유사성)을 획득하기 곤란
(6) 평형화 작용은 오늘날 구성주의 이론의 토대가 된 것으로 봄
(7) 지적평형이 깨어졌을 때 질서와 체계를 유지하려는 인간의 선천적이고 본능적인 경향성. 즉, 개인의 세상에 대한 이해와 경험 간의 인지적 균형상태를 가리킴
(8) 기존의 인지구조가 새로운 정보를 처리하기에 적합하지 않을 때는 평형상태가 깨지고 인지갈등이 유발. 유기체는 평형상태를 얻기 위해 평형화 과정을 거치게 됨
(9) 평형화 과정은 동화와 조절의 상호보완적 과정을 거쳐 일어나며, 이 과정을 통해 개인은 더 높은 수준의 인지구조로 발달하게 됨

5 적응

(1) 평형화를 유지하기 위해 도식과 새로운 경험을 서로 조정하는 과정으로서 동화와 조절 과정으로 구성
(2) 적응은 동화(assimilation)와 조절(accommodation)의 상호보완적 기능을 가진 두 기제를 통해 일어남
   ① 동화는 개인이 새로운 대상을 경험하게 될 때 자신이 기존에 가지고 있던 도식으로 이해하는 과정
   ② 조절은 기존 도식으로 새로운 대상을 수용하지 못할 때 자신의 도식을 변형하여 이해하는 과정

6 조직화

(1) 조직화는 유기체가 자신이 가지고 있는 여러 인지구조들을 보다 큰 단위로 통합시키는 것을 말하는데, 이를 '구조화'라고도 명명
(2) 유기체 내에서 각각의 인지구조들은 서로 독립적으로 존재하는 것이 아니라 일정한 기준에 의해 통합되어 보다 큰 인지구조로 구조화됨
(3) 동화, 조절, 평형화, 비평형화, 재평형화를 통해 여러 개의 요소들을 일관성 있는 인지구조 속으로 분류와 조직을 통해 체계화하고 결합하는 과정
(4) 조직화는 환경과의 상호작용을 통하여 도식을 체계적으로 결합하고 배열하는 과정, 영아가 세상에서 처음으로 발달시키는 도식은 신체적 도식이며, 이를 기반으로 영아는 자신과 외부세계를 구분하고 점차 정교한 도식으로 자신의 도식을 조직화하게 됨
(5) 피아제는 적응과 조직화는 모든 발달단계에서의 인지발달을 설명해 줄 수 있는 보편적 원리라고 하였으며, 이를 불변적 기능이라 불렀음

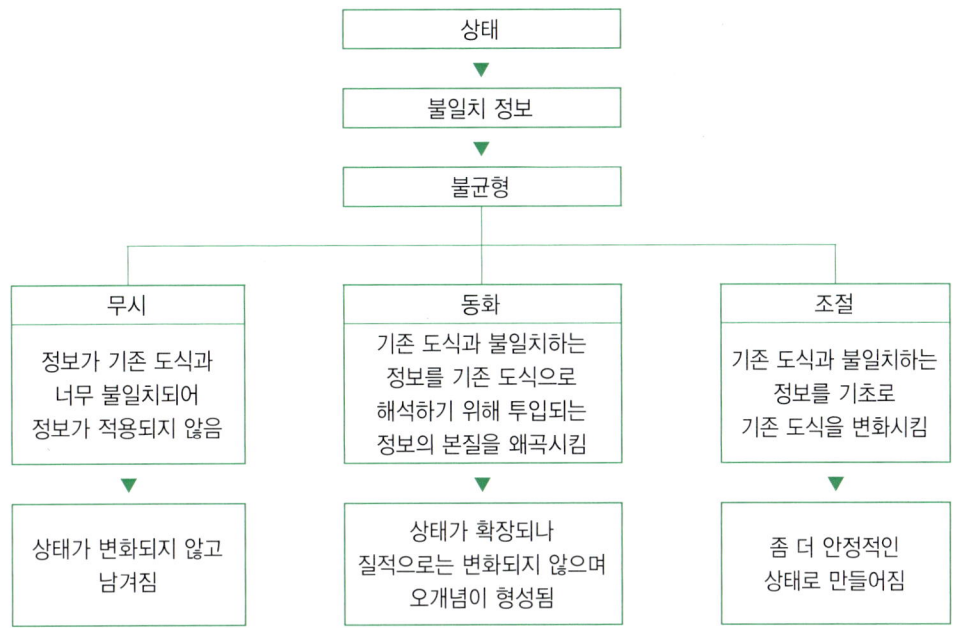

| UNIT | 3 | 인지발달 단계와 특징 |

1 감각 운동기(0 ~ 2세)

(1) 모든 지적 발달의 바탕이 되는 단계
(2) 대상 항구성(대상 영속성)의 개념을 형성하기 시작
(3) 세상을 이해하기 위해 감각과 운동능력을 이용하는 시기
(4) 초기에는 사물을 정신적으로 표상하지 못하다가 후기가 되면 모방 능력과 물체를 기억속에 표상하는 능력인 대상영속성을 획득
(5) 감각운동기(sensory-motor stage)는 태어나서 2세까지의 시기를 말하는데, 이 시기 동안 영아는 감각과 운동기관을 통해 세상을 인식하고 경험해 나감
(6) 감각운동기 동안 아동은 입으로 느껴지는 감촉과 두드리고 만지는 운동을 통해 대상을 인식하고 환경과의 상호작용을 통해 적응해 나감
(7) 영아는 여러 가지 초기 반사기능을 갖고 태어나며 이러한 반사행동들은 이후의 인지발달을 위한 기반으로 작용
(8) 이 단계에서 가장 중요한 인지변화는 대상영속성의 획득
   ① 대상영속성은 대상이 시야에서 사라져도 그 대상이 계속 존재한다는 것을 인식하는 능력. 사물을 보거나 만질 수 있는 감각운동적 경험을 할 수 없는 상황에서 대상영속성이 획득되지 않은 영아에게 그 사물은 존재하지 않는다는 것을 의미

② 대상영속성이 없는 영아는 가지고 놀던 공을 뒤로 숨기면 그 공을 찾지 않으며, 점차 영아는 어떤 대상이 눈앞에서 사라져도 그 대상은 계속 존재한다는 것을 알게 되며 그 대상을 찾는 행동을 하게 됨
③ 대상영속성을 획득한 영아는 표상적 사고가 가능하게 되었음을 의미
(9) 말기 즈음 영아는 표상적 사고가 가능해지면서 정신적인 표상을 할 수 있게 됨

2 전 조작기(2 ~ 7세)

(1) 행동을 물리적이라기보다는 정신적으로 수행
(2) **발달의 특징** : 자기중심성, 집단 독백, 물활론적 사고, 비가역성(변화를 일으킨 물질이 본디의 상태로 돌아오지 아니하는 성질)
(3) 이 단계에서 '전조작'이라는 용어를 사용하는 것은 그것이 발달의 불완전한 단계라는 것을 암시. 아동들은 이 단계를 거치면서 언어의 발달이 급속히 이루어지고 상징적 사고의 발달과 개념 획득 능력에서 빠른 성장을 보임
(4) 다양한 개념을 형성. 트럭, 아파트, 나무 등과 같이 물질로 존재하거나 현재 상황과 연결된 개념은 비교적 쉽게 습득하지만, 추상적인 개념의 습득은 여전히 한정되어 있음
(5) 자기 중심성, 집중성, 비전이, 비가역성, 추론의 다섯 가지 특성으로 설명할 수 있음
(6) 전조작기(preoperational stage)는 2 ~ 7세까지의 시기에 해당하는데, 감각운동적 사고의 제한에서 벗어나 표상적 사고(구체적 대상을 대신하여 그 대상을 표현할 수 있는 사고능력)가 가능해졌다는 점에서 질적인 도약을 의미
(7) 전조작기 아동은 바나나를 나타내기 위해 실제 바나나가 없어도 '바나나'라는 단어나 '바나나' 그림 등을 사용하여 표현할 수 있으며, 전조작기라는 용어가 암시하듯이 이 시기에는 정신적 조작이 불가능하며 논리적인 사고보다는 비논리적인 사고를 함. 이로 인해 직관적 사고(대상을 논리적으로 이해하지 않고 대상이 갖는 현저한 지각적인 속성에 의해 대상을 파악하는 사고), 중심화와 자아중심성의 특징을 나타냄
(8) 이 시기의 아동은 외형이나 지각적 특징에 의존하여 대상을 파악할 뿐 논리적 조건이나 객관적 기준에 의한 사고를 하지 못함
(9) 피아제는 보존과제를 사용하여 전조작기 아동의 직관적 사고의 특성을 잘 보여 주었음

> ① 보존과제에서 아동은 똑같은 양의 물을 모양이 다른 컵에 부으면 물의 양이 변한다고 생각
> ② 물의 높이가 갖는 현저한 시각적 속성에 의해 아동의 사고가 지배당했기 때문
> ③ 보존과제에서 물의 높이에만 집중하고 밑면의 변화를 알아차리지 못한 아동의 특징은 중심화로도 설명할 수 있음

(10) 중심화는 현상을 이해하는 데 있어서 여러 가지 측면을 동시에 고려하지 못하고 한 가지 차원에 구속되는 경향성을 의미

> ① 중심화 경향은 아동의 자아중심성에서 전형적으로 나타남
> ② 자아중심성은 타인의 생각, 감정, 관점 등이 자신의 것과 동일하다고 생각하고 자신의 방식으로 세상을 이해하는 것을 말함
> ③ 이 시기 아동의 자아중심성은 타인의 관점을 이해하지 못하는 인지적 한계에서 비롯

(11) 피아제의 세 산(three mountain) 모형실험에서 아동은 자신과 반대편에 있는 인형이 자신과 다른 산의 모습을 본다는 것을 이해하지 못하고 자신과 동일한 산의 모습을 본다고 대답

① 자아중심성은 아동의 언어와 사회적 상호작용에 큰 영향을 미침
② 이 시기 아동의 언어는 자기중심적 언어로 나타나며, 7세 이후 자기중심적 언어가 사라지고 사회적 언어가 출현

3 구체적 조작기(7 ~ 11세)

(1) 실재하는 구체적 사물을 통해 논리적 사고, 가역적 사고(일단 일어난 행위를 거꾸로 원상태로 돌릴 수 있는 능력)가 가능한 시기
(2) **발달의 특징** : 구체적 조작, 보존 개념의 습득, 서열화(기준에 따라 순서 배열)
(3) 주변 세계를 인식하는 아동의 능력이 상당히 진전. 아동은 구체적 조작기를 통해 전조작기의 결핍 요소들을 습득하게 됨
(4) 자기 중심적 사고는 타인에 대한 관심으로 전환되고, 이러한 능력의 습득으로 구체적인 사물에 대한 논리적인 조작을 수행할 수 있게 됨
(5) 단순한 지각에 의해서가 아니라 추론을 토대로 결론에 도달하게 되는 능력을 발전시키는 것
(6) 주된 특성은 수와 물질의 특성에 대해서 배열과 분류의 능력이 발달된다는 점. 단지 논리적 사고는 실제적이고 물질적인 것에 한정되어 있다고 볼 수 있음
(7) 구체적 조작기(concrete operational stage)는 7 ~ 11세까지의 기간으로 중요한 발달은 정신적 조작(mental operation)의 습득

① 조작은 정신적 표상에 대해 논리적인 사고를 수행할 수 있는 능력
② 아동은 이제 구체적으로 경험하거나 관찰한 대상에 대해 논리적으로 사고

(8) 이 단계의 사고를 구체적 조작기라고 부르는 이유는 직접 경험할 수 있는, 즉 구체적 대상에 한해서만 논리적 사고를 할 수 있기 때문. 그 결과 직관적 사고, 중심화, 자아중심적인 사고에서 벗어나 논리적 사고, 탈중심화가 가능해짐
(9) 이 시기의 아동은 탈중심화가 되어 대상의 현저한 특징뿐만 아니라 여러 가지 차원을 동시에 고려하여 상황을 판단할 수 있게 되고, 자기중심성에서 벗어나 타인의 관점이 자신과 다를 수 있다는 것을 이해
(10) 전조작기에 오류를 범했던 보존과제, 세 산 모형실험과 서열화 과제에서 성공
(11) 그러나 이 단계의 사고는 아직 한계가 있는데, 추상적 상황 또는 가능성의 상황에 대한 논리적 사고는 가능하지 않다는 점

4 형식적 조작기(11 ~ 15세)

(1) 복잡한 언어문제, 가설적 문제, 미래에 대한 문제, 과학적 추리, 가설의 설정 및 검증 가능
(2) 발달의 특징

① 가설의 생성, 조합적 사고
② 아동은 가설을 세워 사고하며 현실적인 것뿐만 아니라 비현실적인 것에 대해서도 추론할 수 있게 됨
③ 추상적인 문제를 체계적으로 사고하고 그 결과를 일반화할 수도 있음. 삼단논법의 이해가 이루어지는 것도 이 단계에서임. 또한 문제 상황에서 변인을 확인하여 분류할 수 있으며, 이를 통해 혹은 제어할 수 있음

(3) 형식적 조작기 시기의 사회적 특징
① 셀먼(Selman)의 사회적 조망수용이론(관점, 생각, 감정, 지식 등)에 의하면, 청년기(10세 ~ 15세)는 제3자적 조망수용단계로 자신의 관점, 상대방의 관점, 제3자의 관점까지 이해 가능하다고 봄
② 엘킨드(Elkind)의 청년기의 자기 중심성에서 형식적 조작기에 도달한 청년들은 급격한 신체적, 정서적 변화로 말미암아 외모와 행동에 몰두함으로써 자기 중심성을 나타냄
③ **상상적 관중** : 자신은 주인공, 타인은 구경꾼으로 생각하여 시선끌기 행동, 유치한 행동 등을 나타냄
④ **개인적 우화** : 자신을 중요하며 특별한 존재로 여겨 자신은 죽지 않으리라고 생각하여 모험적 행동을 하거나 자신의 사랑은 남과 다르다고 생각하기도 함

(4) 형식적 조작기(formal operational stage)는 대략 11세 이후부터 시작. 이 시기에 들어서면 실제 경험이나 관찰을 넘어선 추상적 대상이나 가능성에 대해 논리적 사고가 가능
(5) 구체적 조작기와 형식적 조작기를 질적으로 구별하는 '형식적'이란 의미는 문제의 구체적 내용이 아니라 형식(form)에 반응하고 가설을 설정할 수 있는 능력을 말함
(6) 예를 들어, 형식적 사고를 하는 청소년의 경우 "5와 15의 관계는 1과 3의 관계와 같다"라는 진술문과 "1원과 100원의 관계는 1년과 1세기와 같다"라는 진술문이 내용은 달라도 형식이 동일하다는 것을 이해
(7) 형식적 조작단계에서 사고는 직접적이고 구체적인 현실에 존재하는 현상에 얽매이지 않음
(8) 추상적 사고능력이 가능해지면서 구체적 조작기에는 가능하지 못했던 추상적 개념과 추상적 개념 간의 관련성을 이해
(9) 또한 다양한 현상에 대해 가설을 설정하고 검증하여 결론을 도출하는 가설 – 연역적 사고가 가능해지며, 문제상황의 가능한 요인을 추출하여 체계적 조합을 구성할 수 있는 조합적 사고를 할 수 있게 됨
(10) 형식적 조작기의 사고 특징은 피아제의 화학실험 연구에서 확인

> 네 개의 비커에 담긴 화학물질을 섞었을 때 내용물을 노랗게 변하게 하는 변인을 찾아내는 실험. 형식적 조작기의 아동만이 가능한 모든 조합을 만들어 계획을 세운 후 체계적으로 모든 가능한 조합을 실험하여 답을 알아내었고, 반면 구체적 조작기의 아동은 여러 가지 방법으로 조합을 구성하려 했으나 모든 경우의 조합을 만들지는 못했음

[인지발달단계와 그 특징(Eggen)]

단계	특징	예
감각운동기	목표 지향 행동	뚜껑을 열면 인형이 튀어나오는 상자의 뚜껑을 열기
	대상영속성(대상을 기억에 표상하기)	부모의 등 뒤에 숨어 있는 물체를 찾음
전조작기	언어능력의 급격한 성장과 언어 사용의 과잉 일반화	"엄마, 할아버지가 식사하시고, (동생인) 철수도 식사를 하셔."
	상징적 사고	차창을 가리켜 '트럭'이라고 말함
	지각에 의해 지배됨	세면대의 모든 물은 수도꼭지에서 나온다고 생각
구체적 조작기	구체적인 물체를 논리적으로 조직함	저울에서 평형을 이룬 두 물체는 하나가 다른 것보다 부피가 크더라도 질량은 같다고 결론을 지음
	분류와 서열화를 함	그릇을 부피가 큰 순서로 배열
형식적 조작기	추상적이고 가상적인 문제를 해결함	제2차 세계대전에서 영국이 패했다면 어떤 결과가 나타났을지 생각
	조합적인 사고를 함	3가지 종류의 고기, 치즈, 빵을 가지고 몇 가지 샌드위치가 만들어질 수 있는지 체계적으로 생각할 수 있음

UNIT 4 피아제 인지발달이론의 중요성

1. 인지발달은 유전적 요인과 환경 간의 상호작용에 의해 일어남
2. 각 단계는 서로 독립적이지만 상호의존적
3. 동화와 조절은 개인의 전 생애를 통해 일어나는 불변인
4. 인지적 결과는 경험으로서의 환경적 요소, 동화·조절 등 기능적 불변인이며 개인의 인지구조의 산물
5. 발달단계에 따른 교육의 중요성을 강조

UNIT 5 각 단계별 지도방법

1 구체적 조작기의 지도방법

(1) 계속해서 구체적 준비물과 시각적 보조물을 사용하며, 특히 수준 높은 자료들을 다룰 때 사용
(2) 학생들에게 물체를 조작하고 검증하는 기회를 계속해서 제공
(3) 발표와 읽기가 간단하게 잘 조직화되었는지 확인
(4) 복잡한 개념들을 설명하려면 친숙한 예들을 사용
(5) 점차적으로 복잡해지는 수준에서 물체와 개념을 분류하고 군집화할 기회를 줌
(6) 논리적, 분석적 사고를 요하는 문제를 제시

2 형식적 조작기의 지도방법

(1) 구체적·조작적 교수전략과 자료들을 계속해서 사용
(2) 학생에게 많은 가설적 질문을 탐구할 수 있는 기회를 제공
(3) 학생이 문제를 해결하고 과학적으로 추론할 기회를 제공
(4) 가능한 한 지식뿐만 아니라 학생들의 삶과 관련있는 자료와 아이디어를 사용하면서 광범위한 개념을 지도
(5) 가설적 문제를 탐색할 기회를 제공하고, 문제를 해결하고 과학적으로 추론하는 훈련을 제공
(6) 학생들의 생활과 관련된 아이디어나 자료를 사용하여 폭넓은 개념을 가르치도록 함
(7) 배경지식의 부족한 내용을 다룰 때는 구체적인 자료를 사용하여 접근함

UNIT 6 피아제 인지발달이론의 공헌점

1. 아동의 사고에 대한 관심을 통해 이 분야가 단지 성인의 사고에서 나온 개념과 방법을 아동에게 적용하는 것이 아닌 '발달적' 접근이 될 수 있음을 강조
2. 아동이 자신의 발달에 중요한 역할을 하는 호기심 많은 능동적인 탐색가임을 확신. 즉, 아동은 능동적으로 지식을 구성하는 존재
3. 지적 발달의 광범위한 단계에 대한 피아제의 서술은 아동이 어떻게 사고하는가에 대한 정확한 견해를 제공
4. 피아제는 중요한 질문을 제기함으로써 후에 많은 연구자들이 인지발달에 관한 연구 시도

UNIT 7 피아제 이론의 교육적 시사점

1. 교육활동이 아동의 현재 인지발달수준에 부합되도록 조정되어야 한다는 점
2. 교육활동은 어디까지나 아동들의 자발성에 의존해야 한다는 점
3. 교육활동이 아동의 인지발달의 기초를 넓히는 데 기여해야 함
4. 교사가 필요 이상으로 아동의 인지발달을 가속화시키려고 노력해서는 안 됨
5. 교사가 학생들의 인지발달단계의 특징을 심층적으로 이해하는 데 도움. 이러한 인식을 바탕으로 학생의 발달 수준에 따라 적절한 교수방법과 전략이 필요하다는 점을 인식
6. 인지발달에서 아동의 능동적인 역할과 직접 경험이 인지발달에 가장 중요한 요인으로 작용. 이런 점에서 피아제이론은 아동의 발견학습을 지지하며, 교사의 역할은 아동이 주체적으로 정답을 발견할 수 있도록 지원해 주는 것
7. 피아제는 발달단계를 무시하는 선행학습을 지양. 학습은 발달에 기초하여 이루어져야 하며, 수업내용이 아동이 속해 있는 발달단계에 따른 인지구조나 사고방식에 적절한 수준으로 구성되어야 한다고 하였음
8. 교수 전략은 적절한 대립전략. 인지발달은 기존의 도식과 새로운 환경 간에 발생한 인지적 불균형을 평형상태로 회복시키려는 결과로 일어남. 따라서 교사의 역할은 아동의 호기심을 지속적으로 자극하고, 인지적 불균형을 유발하기 위해 적절히 새로운 내용을 제시하여 적응 활동이 적극적으로 일어날 수 있게 하는 것

UNIT 8 피아제 인지발달이론의 한계점

1. 많은 연구들이 피아제가 제시한 인지발달단계모형에 대한 문제점을 지적
2. 피아제의 이론은 아동 특히, 어린 아동의 인지능력을 과소평가하고 있다는 비판
3. 피아제의 이론은 아동의 인지발달에 미치는 사회문화적 환경(부모나 교사, 또는 영리한 또래)의 영향을 간과했다는 비판

알아두기 ① 인지적 구성주의와 사회적 구성주의의 학습 및 교수에 관한 견해

구분	기본특징	교육적 시사점
인지적 구성주의	• 관련된 아이디어가 추가(동화)되면 기존의 도식과 조작은 수정된다. 기존의 도식에 일치되지 않는 아이디어에 적응하기 위해 새로운 도식과 조작이 구성된다(조절). • 동화와 조절은 선천적인 과정이며, 또래 및 물리적 환경과의 상호작용에 의해 영향을 받는다.	• 교사는 학생이 갖고 있는 아이디어와 불일치하는 새로운 아이디어를 제시하여 인지갈등을 유발해야 한다. • 학생들은 새롭고, 더 효과적인 도식을 구성하기 위해 개별학습 및 협동학습을 한다. • 새로운 도식을 발달시켜 개인적 의미를 구성하는 데 주안을 둔다.
사회적 구성주의	• 학습이란 본질적으로 더 유능한 사람들이 존재할 때 일어나며, 그 사람들의 영향을 받는다. • 다른 사람의 지도를 통해 획득된 지식과 기능은 기존 지식에 통합되고 점진적으로 내면화되어 학생의 자율성과 독립성이 높아진다.	• 교사는 학생들이 현실적이고 개방적인 과제를 활용하여 지식을 구성하도록 조력한다. • 학생들은 교사의 지도를 받아 협동적으로 새로운 개념을 구성한다. • 공유된 의미를 구성하고 내면화하는 데 주안을 둔다.

UNIT 9 비고츠키(1896~1934)의 역사·사회적 인지발달

1 특징

(1) 인간의 인지발달은 역사·사회적 영향력의 내면화에 의해 이루어짐
(2) 마음·인지·기억 등의 개념은 역사·사회적인 맥락에 의해 영향을 받아 정신 간 또는 정신 내적으로 실행되는 기능으로 이해
(3) 인간발달에서 사회·문화·역사적 측면을 강조. 사회환경을 고려하지 않으면 개체의 발달을 결코 이해할 수 없다고 생각
(4) 인간의 정신은 사회문화적 환경에 의해 결정된다고 보기 때문에 '문화역사적 이론'이라고 부름

2 사회적 상호작용

(1) 유능한 사람과의 상호작용이 학습 및 발달에 중요한 영향을 미침. 따라서 아동 학습의 상당 부분은 환경과의 상호작용을 통해 이루어지며, 그 상호작용은 아동이 무엇을 내면화하는가를 결정
(2) 언어는 학습 및 발달에서 핵심적인 역할을 함. 언어는 사고의 도구이기 때문에 개인의 사고와 행동을 조절해 줄 뿐만 아니라, 사회적 상호작용을 가능하게 함
(3) 학습은 발달에 선행하며 발달을 촉진. 피아제는 발달이 학습보다 선행한다고 봄. 즉, 학습이 이루어지려면 일정 수준의 발달이 전제되어야 한다는 것. 하지만, 비고츠키는 학습이 발달보다 선행하여 적절한 발달을 유도한다고 봄

(4) **교육적 의미** : 근접발달영역 개념을 통해 한 개인의 발달을 설명. 따라서 학생-교사, 학생-학생 간의 상호작용을 중시하는 수업을 진행하는 것이 바람직

UNIT 10 근접발달영역(ZPD : Zone of Proximal Development)

1 의미

(1) 이 개념은 비고츠키가 아동의 현재 정신연령을 측정하여 추후 학습과 발달을 예언하기 위해 사용. 아동이 다른 사람의 도움을 받아 발달할 수 있는 영역
(2) 아동이 혼자서 문제를 해결할 수 있는 영역과 없는 영역으로 구분
(3) **실제적 발달수준** : 아동이 남의 도움 없이 혼자서 문제를 해결할 수 있는 영역
(4) **잠재적 발달수준** : 성인의 지도 혹은 능력 있는 또래와의 협력하에 이루어지는 문제해결 영역
(5) **정의** : 실제적 발달수준과 잠재적 발달수준 간의 차이

실제발달영역	근접발달영역	발달불가영역
'실제발달영역' 최대수준 ▼	'잠재발달영역' 최대수준 ▼	
아동이 타인의 조력없이 혼자서도 성공적으로 성취할 수 있는 과제	아동이 타인의 조력을 받아 성공적으로 성취할 수 있는 과제	아동이 타인의 조력을 받더라도 성취할 수 없는 과제

과제난이도 증가 ▶

2 교육적 의의

(1) 학교에서 교사와 학생들 간의 능동적 협력과정을 강조
(2) 기존의 성취검사나 지능검사가 현재의 발달수준만을 측정하기 때문에 사회적 맥락 속에서 작용하는 지도의 유무에 따른 잠재적인 성취수준을 언급하지는 못하므로 부적절, 아동은 독자적으로 해결할 수 없는 과제라고 해도 협력적으로 그 문제를 해결할 수 있음
(3) 교육자에게 아동의 잠재력에 대한 더 좋은 자료를 제공, 즉, 아동 발달 가능성에 대한 개방성을 시사
(4) 사회문화적 환경, 특히 인적 환경이 아동의 인지 발달에 중요하다는 것을 시사
(5) 교사에 의한 수업활동뿐만 아니라 학생들에 의한 협동학습활동이 함께 필요함을 역설해 주고 있음
(6) 교수활동에서 학생들에게 현재의 발달수준보다 조금 앞서는 내용을 가르침으로써 그들의 인지발달을 적극 주도하여야 한다는 점을 시사

3 비계설정(발판, Scaffolding) : 효과적인 비계설정

(1) 성인이나 유능한 또래에 의해서 제공되는 조력으로, 아동이 스스로 문제를 해결할 수 있는 수준에 도달하기까지 단계마다 아동의 수행 수준에 맞추어 도움을 주는 수준과 양을 적절히 조절하는 방안
(2) 가령, 문제해결에 관련된 단서를 제공하고, 상기시켜 주고 격려해주고, 문제를 단계별로 나누어 주고, 예를 들어 주는 것 등(힌트주기, 암시, 모델링, 설명, 토론, 격려, 주의 통제 등)
(3) 학습 초기에 시범을 보이는 등 많은 지원을 한 후 점차적으로 지원을 줄이고 최종적으로 혼자 해결할 수 있도록 하는 것이 바람직한 방법

알아두기 ① 근접발달영역의 개념

미발달능력	→	미발달능력	→	미발달능력	다른 사람의 도움을 받더라도 결코 해결할 수 없는 영역
근접발달영역		근접발달영역		근접발달영역	혼자 해결할 수 없지만, 다른 사람의 도움을 받으면 해결할 수 있는 영역
발달된 능력		발달된 능력		발달된 능력	혼자 힘으로 문제를 해결할 수 있는 영역

- 적절한 교수·학습을 통해 근접발달영역은 점차 상향 이동
- 근접발달영역이 상향 이동하고 있음은 발달이 이루어지고 있다는 증거
- 발달영역은 교수·학습 및 평가활동이 집중되어야 할 영역

알아두기 ① 교수과정에서 비계설정의 유형

모델링	체육교사는 농구수업에서 슈팅 시범을 보임
소리내어 생각하기	수학교사는 이차방정식 풀이 과정을 칠판에 판서하면서 말로도 똑같이 말함
질문하기	수학교사는 이차방정식 문제를 푼 후, 이차방정식에 대한 이해를 높이기 위하여 일차방정식과의 공통점과 차이점에 대한 질문을 던짐
수업자료 조정하기	체육교사는 뜀틀수업에서 처음에는 3단 뜀틀로 연습을 시키다가 학생들이 능숙해지면 4단 뜀틀로 높이를 높임
길잡이와 힌트	과학교사는 태양계의 행성들을 암기할 때, 행성의 앞 글자를 딴 '수금지화목토천해'를 제시

---

4 역동적 평가

(1) 아동이 혼자서 할 수 있는 것에 대한 평가(정태적 평가)가 아니라, 다른 사람의 도움을 받아 할 수 있는 잠재적 능력에 대한 평가(동태적 평가)
(2) 전통적인 평가가 잠재적 역량 중에서 검사 문항이나 수행을 통해 드러난 능력, 평가하는 시점에 '이미 발달된 능력', 즉, '정태적 상태'를 주로 측정한다는 문제점이 있음을 지적하면서 등장

(3) 정태적인 검사에 해당되는 전통적인 검사에서는 각 개인에게 일단의 검사 문항을 제시하고 나서 거의 또는 전혀 피드백 없이 문항을 풀게 함. 피드백을 제공하는 것은 측정오차를 야기할 수 있으므로 지양해야 할 일로 간주

(4) 동태적이고 역동적인 검사에서는 각 개인에게 일단의 검사 문항을 제시하되 명시적인 교수활동을 통해 해결하도록 함

(5) 역동적 평가에서는 명시적 또는 묵시적으로 피드백 또는 힌트를 제공(비계설정). 검사자는 해당 피험자가 주어진 문제를 해결하기 위하여 어떤 피드백을 얼마나 활용하는지를 확인하여 피험자의 학습능력을 평가하는 것. 따라서 검사자-피험자 관계는 양방향적 상호작용 관계를 요구. 전통적인 중립적 태도가 수업과 조력의 분위기로 대체됨

UNIT 11 비고츠키 이론의 한계점

비고츠키는 아동의 인지발달에 있어 타인의 역할이 매우 중요하다고 주장함으로써 피아제가 간과한 대인관계적 상호작용의 필요성을 부각하는 데 기여했으나, 두 가지 측면에서 한계

1 아동의 생물학적 발달의 측면을 간과하였다는 점

2 아동발달과 학습에 있어서 타인의 역할을 지나치게 강조하였다는 점

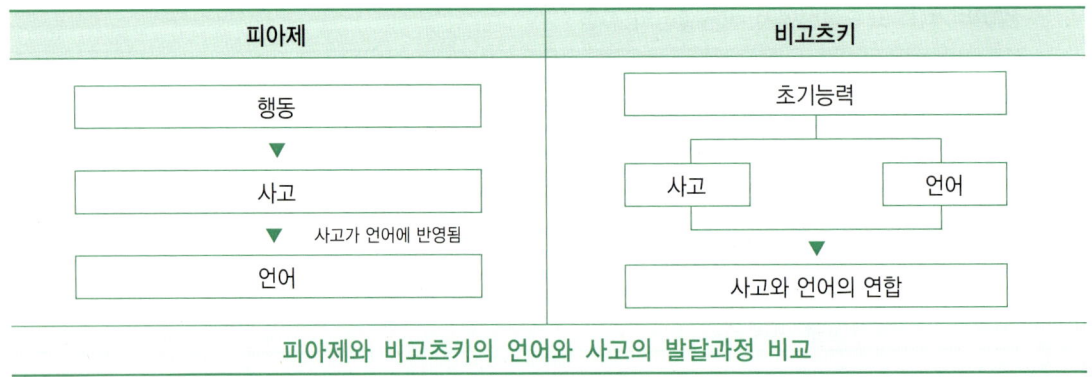

피아제와 비고츠키의 언어와 사고의 발달과정 비교

알아두기 ① 피아제와 비고츠키 이론의 차이점

구분	피아제	비고츠키
기본적 물음	모든 문화에서 새로운 지식은 어떻게 만들어지는가?	특정 문화 내에서 지식의 도구가 어떻게 전달되는가?
인지발달과 문화적 맥락과의 관계	인지발달과 문화적 맥락은 서로 관계없이 인지발달은 보편성을 띤다.	문화적 맥락은 인지과정의 유형을 결정한다.
언어와 사고의 관계	언어는 사고의 징표에 불과하다. 이는 사고중심적 관점이다. 언어는 논리적 사고의 원천이 될 수 없으며 사고에 의해서 언어가 구조화 된다. 즉 언어가 지적 기능 수준을 질적으로 높여주지는 않는다.	언어가 사고발달의 핵심적인 역할을 수행한다. 이는 언어중심적 관점이다. 언어는 인간의 고등정신기능으로서의 지식의 획득, 즉 내면화의 가장 중요한 신호체계로서 중요한 위치를 차지한다. 또한 특정의 발달단계에서 언어와 사고의 만남은 인간의 고등정신기능이 내면화되는 결정적인 계기를 마련해 준다. 언어는 사고, 문화전달, 자기조절을 위한 필수적인 기제이며, 지적 기능 수준을 질적으로 높여준다.

CHAPTER 02 성격 및 도덕성 발달

UNIT 1 프로이트(1856~1939)의 성격발달이론

1 특징(심리성적 발달이론)

(1) 성격형성에서 초기 경험의 중요성을 강조
(2) 즉, 각 단계에서 만족을 얻으면 다음 단계로 자연스럽게 이행되고
(3) 욕구 총족이 되지 않거나 과잉되면 고착 현상이 일어나 발달을 저해
(4) 심리성적이론(성적 결정론), 심층심리학(무의식 결정론), 메타심리학, id심리학, 과거결정론 → 정신분석이론

2 성격 형성 단계

(1) **구순기(0 ~ 1.5세) - 기본적 신뢰** : 빠는 행위 자체가 유아에게 쾌감. 고착되면 손가락 빨기, 과식이나 과음

(2) **항문기(1 ~ 3세) - 자율성** : 배설물 배출하거나 보유함으로써 쾌감. 훈련방법에 따라 고착현상

(3) **남근기(4 ~ 6세) - 주도성** : 성감대가 항문에서 성기. 오이디푸스 콤플렉스. 양심과 자아이상 발달

(4) **잠복기(6 ~ 12세) - 근면성** : 성적이고 공격적인 환상들이 잠복 상태에 있는 시기. 에너지 전환

(5) **성기기(12세 이후, 사춘기) - 정체성** : 이성에게서 성적 만족. 부모로부터 자유로워지는 것

3 성격 구조

원초아(Id)	자아(Ego)	초자아(Super Ego)
성격의 가장 원초적인 부분. 인간의 본능이 존재하는 곳	주위 환경과 상호작용하기 시작하면서 발달하기 시작. 강한 자아가 성격의 기초	인간의 도덕적 측면. 사회의 가치관과 규범을 전수하는 과정에서 발달

UNIT 2 에릭슨(1902~1994)의 성격발달이론

1 특징(심리·사회적 발달이론)

(1) 프로이트의 이론에 사회·문화적 요인을 고려하여 8단계로 성격발달 구분
(2) 각 단계에서 심리적인 위기를 맞게 되는데 정상적인 발달을 위해서는 긍정적 해결
(3) 최초 아동정신 분석 시도, 성인기의 단계 최초 구분, 성격·정서·사회성 발달의 통합

2 발달 단계

(1) 제1단계(출생 ~ 1세)
   ① 신뢰감 대 불신감. 부모로부터 사랑이 일관적·지속적·동질적일 때 형성(예 업기, 안기, 받아주기)
   ② 영아의 기본 욕구가 충족되면 세상을 안전하고 신뢰롭게 여기나, 부모의 보호양육에 일관성이 없거나 충분치 못할 때 불신감을 갖게 됨. 제1단계는 5단계와 함께 가장 중요한 단계(구강기)
   ③ 신뢰 대 불신(trust vs. mistrust)단계에서 가장 중요한 사회적 관계는 주로 어머니와의 관계. 어머니는 음식, 사랑과 보살핌을 통해 영아의 기본 욕구를 충족
   ④ 일관적인 보살핌과 사랑을 받게 되면 영아는 신뢰감을 형성
   ⑤ 영아의 욕구에 대한 어머니의 반응이 적절하지 못하거나 일관적이지 않을 때 영아는 근원적인 불신감을 갖게 됨
   ⑥ 인생의 초기단계에 형성된 신뢰성은 이후의 사회관계에서 지속적인 영향을 주며, 일단 형성된 불신감은 회복하기 어려운 비가역적 성질을 갖음

(2) 제2단계(2 ~ 4세)
   ① 자율성 대 수치심(회의감). 대소변 가리기, 걷기 등을 자발적으로 진행할 때 형성(예 붙들기, 놓아버리기)
   ② 대소변 가리기, 걷기, 먹기, 옷 입기 등의 자신의 행동통제를 통하여 자율성을 획득하고자 함. 이러한 기본적 기능을 습득하지 못하거나 실패에 대한 부모의 실망이 크면 수치심을 느끼게 되고 자신의 능력에 대해 의심을 품게 됨(항문기)
   ③ 자율성 대 수치 및 의심(autonomy vs. shame and doubt)단계에서 유아는 신체적으로 성장하게 되어 자신의 신체를 통제할 수 있게 됨
   ④ 상반되는 욕구 사이에서 스스로 선택하고 자신의 의지를 표현하고자 하는데, 자신의 능력을 스스로 실행하는 과정에서 긍정적 경험을 하게 되면 자율성을 갖게 됨
   ⑤ 반면 과도하게 엄격한 통제를 하는 경우 유아는 무력감을 경험하고 통제능력을 상실하게 되어 수치심 또는 자신의 능력에 대한 의심을 갖게 됨. 이 시기에 경험하는 위기 극복 방식은 이후 일생동안 지속적으로 자기통제력의 기초로 작용

(3) 제3단계(5 ~ 6세)
   ① 주도성 대 죄책감. 성적 경험보다 놀이와 자기가 선택한 행동에 더 많은 관심을 보이는 시기[예 따라하기(가장놀이)]

② 자율성이 크게 증가하여 다양한 신체활동과 언어활동에 참여하게 되는데 이것이 주도성임. 이 주도성은 앞 단계의 자율성에다 일의 착수시행, 도전 등을 가세시키는 것
③ 다양한 신체활동과 언어활동에 참여할 수 있는 기회가 타인에 의해 지나치게 통제를 받으면 좌절을 느끼며 좌절은 곧 죄책감을 가져옴(남근기)
④ 주도성 대 죄의식(initiative vs. quilt)단계의 아동은 운동과 언어능력이 더욱 발달하면서 적극적이고 주도적으로 환경을 탐색하고 자신의 능력을 점검해 보고자 함
⑤ 아동은 또래들과 놀이에 참여하면서 주도적 활동에 대한 자기주장을 하고 경쟁하기도 하면서 성공 또는 실패 경험을 하게 됨
⑥ 아동이 가족의 격려를 받으며 주도적으로 자신이 계획한 일을 성공적으로 해내면 주도성을 획득하게 됨
⑦ 그러나 아동 자신이 주도적으로 세운 계획이나 목표를 이루지 못하거나 부모가 주도적 활동에 대해 심하게 통제하고 꾸짖으면 죄의식을 발달시키게 됨

(4) 제4단계(7 ~ 11세)
① **근면성 대 열등감**. 아동이 공식적 교육을 통해 사회와 문화에 대한 기초적인 인지능력과 사회적 기술을 습득해야 하는 시기(예 만들기, 함께 만들기)
② 학교에서 성공과 성취가 근면성을 발달시킴. 기초적인 인지적 기술(읽기, 쓰기, 셈하기 등)과 사회성 기술을 발달시키려는 근면성이 발달하나, 실수나 실패를 거듭하면 부적절감과 열등감을 갖게 됨(잠복기)
③ 근면성 대 열등감(industry vs. inferiority)단계의 아동은 학교에 들어가면서 교사와 친구들의 중요성이 커지고 사회적 세계가 확대
④ 이 시기의 위기를 성공적으로 극복하기 위해 아동은 인지적 기술과 사회적 기술을 습득해야 함(인지적·사회적 기술 습득)
⑤ 아동이 학교에서 요구하는 과제를 성실하게 실행하면서 성공을 경험하면 근면성을 획득하고 자신에 대한 유능감을 가지게 됨
⑥ 반면 자신에게 주어진 과제에 실패할 경우 열등감과 부정적인 자아상을 갖게 되며, 부모나 교사가 아동의 노력을 격려하고 적절한 성취감을 경험하게 하는 것이 미래의 학습과 과업성실성 획득에 중요한 요인으로 작용

(5) 제5단계(사춘기 ~ 청년기)
① **자아정체감 대 정체감 혼미**. 급격한 신체적, 심리적 변화와 사회적 요구에 따라 자신의 존재에 대한 새로운 탐색을 시작(예 자기 되기, 함께 하나되기)
② 청소년기의 중심과제로써 자아정체감의 확립이 매우 중요. 자아정체감은 자기동일성에 대한 의식적 자각이며, 자기의 위치, 능력, 역할, 책임에 대한 인식
③ 자기존재에 대한 의문을 해결하는 것이 쉽지 않으므로 고민하고 방황하게 됨. 이런 고민과 방황이 길어지면 정체감의 혼미가 옴
④ 이 시기는 기본적 신뢰감과 불신감의 시기만큼 중요. 기본적 신뢰감부터 전 단계의 각 발달이 충분한 경우 정체감 발달도 적절할 것이라고 봄. 또 심리적 유예기 동안 자아정체감을 탐색하게 됨

⑤ **심리적 유예기** : 자아정체감을 확립하기 전 탐색기간으로 아동기와 성인기 사이에 자신에 대한 결정을 잠시 보류하는 시기. 이 기간 동안 새로운 역할이나 가치, 신념체계에 대한 끊임없는 탐색을 하면서 한편으로 보류기간 동안 주변으로부터 해방되는 시기이기도 함(생식기)
⑥ 정체감 대 역할혼미 시기의 청소년은 급격한 신체변화와 사회적 기대에 의한 혼란을 겪으면서 '나는 누구인가?'라는 자신의 존재에 대한 탐색을 시작
⑦ 이 의문에 대한 답을 추구하는 과정에서 청소년은 긍정적인 자기평가와 부정적인 자기평가 간의 갈등을 경험하며 자신의 정체감을 새롭게 정립
⑧ 청소년들은 직업, 정치, 교육, 성역할 등에 대해 탐색해 보려 하는데, 스스로 독립적인 탐색활동을 통해 자신을 인정하고 자신의 가치를 찾아가도록 노력할 때 정체감이 발달
⑨ 반면 자신의 생애를 설계하려는 욕구가 부족하고 자신의 현재 상태와 미래 역할에 대한 가능성을 탐색하려 하지 않을 때 역할혼미를 겪게 됨
⑩ 혼미 상태를 방치해 두고 방황이 계속되면 청소년은 부정적인 정체감 형성

(6) 제6단계(청년초기)

① 친밀감 대 고립감. 인간관계의 범위가 친구나 애인, 직장동료 등으로 확대(예 타인 속에서 나를 찾거나 나를 잃어버리기)
② 성인초기의 시기로 직업과 친구, 애인 및 배우자를 선택해야 하는 시기. 배우자나 상대방과의 공유적 정체감을 갖게 됨
③ 타인과의 관계에서 친밀성을 이룩하는 것이 중요한 과업. 친밀성이 형성되지 못하면 고립감을 갖게 됨
④ 친밀감 대 고립감(intimacy vs. isolation) 시기의 성인은 부모로부터 독립하면서 결혼 상대를 만나거나 직업을 선택
⑤ 이제 타인과 새로운 관계를 형성하는 것이 주요한 과업이 되는데, 성인초기의 친밀성이란 결혼 대상으로서 애정을 나눌 수 있거나 사회적 관계에서 우정을 나눌 수 있는 공유적 관계를 포함
⑥ 에릭슨에 의하면 청소년기에 긍정적인 자아정체감을 형성해야만 타인과의 관계에서 진정한 친밀성을 발달시킬 수 있게 됨
⑦ 그러나 청소년기에 자아정체성을 발달시키지 못한 경우에는 자신에 대한 자신감을 갖지 못하므로 자신에게만 몰두하게 되고 타인과 친밀감을 형성하지 못해 고립

(7) 제7단계(성인후기)

① 생산성 대 침체감. 직업적 창조성, 생산성, 후세 교육에 관심, 자녀들의 성공적 발달을 돕는 것이 최대 관심(예 보살피기)
② 사회에서 공헌하고 성인역할을 통해 보람을 느끼며, 직업과 가정에서의 자녀 양육에서 생산성을 나타내는 시기
③ 생산성을 제대로 나타내지 못하면 침체하게 됨. 침체시 관대함이 결여되고 자신에게 몰두하는 경향이 나타남
④ 생산성 대 침체성(generativity vs. stagnation) 시기는 중년기로 자녀를 낳아 양육하는 부모로서의 생산성과 전문기술을 다음 세대에 전수하는 과업 생산성을 획득하는 시기
⑤ 생산성은 가정에서 부모역할을 만족스럽게 수행하면서 그리고 자신이 종사하는 직업분야에서 직업적 성취감을 경험하면서 발달시킬 수 있음

⑥ 그러나 생산성을 제대로 발달시키지 못하면 자기침체 현상이 나타나며, 그 결과 타인들에 대한 관심과 배려보다는 자신의 욕구에 더 몰두하게 되는 경향을 보이게 됨

(8) 제8단계(노년기)

① 자기 통합성 대 절망감. 자신의 지나온 생애를 돌아보고 성찰하는 시기(예 과거를 통해 현재를 확인하기, 무존재 직면하기)
② 노년기로서의 개인으로서 자신의 삶을 어떻게 평가하느냐에 따름. 자신의 인생이 의미 있고 보람되었다고 느끼게 되면 인생에 대한 지혜를 터득하게 되어 보다 높은 차원의 인생철학을 발전시켜 통합을 이루게 됨. 그러나 자신의 인생이 의미가 없다고 느끼면 절망감을 갖게 됨
③ 자아통합감 대 절망감(ego-integrity vs. despair) 시기는 노인기로 자신의 인생을 회고하고 마지막 발달적 위기를 해결하는 시기
④ 신체적인 쇠약, 직업에서의 은퇴, 친구 또는 배우자의 사망 등으로 무력감과 인생의 무상함을 느끼게 되는 일이 많음
⑤ 이 시기의 성패는 자신의 신체적·사회적 퇴보를 어떻게 받아들이는지에 달려 있음
⑥ 자신의 삶을 돌아보고 과거의 절망, 실패 등을 후회하고 수용하지 않으면 절망감에 빠지게 됨
⑦ 반면 회고 과정에서 자신의 삶을 수용하고 보람을 느끼고 나름대로 의미를 찾게 되면 자아통합감을 획득하게 됨

알아두기 ① 에릭슨의 심리사회발달단계

발달단계	연령	주요발달과업	영향 요인
신뢰성 대 불신감	0~1세	자신과 주변 세계에 대한 신뢰감 형성	어머니 따뜻한 상호작용
자율성 대 수치 및 회의감	2~3세	행동에 대한 통제감 발달, 의도를 행동으로 실행할 수 있다는 인식	부모 모방
주도성 대 죄책감	4~5세	부모에 대한 동일시를 통한 자기감과 자기 행동에 대한 책임감 발달	부모 동일시
근면성 대 열등감	6~11세	또래와 상호작용을 통한 자기 가치감 발달	학교 교사 학습 및 교육 격려
자아정체감 대 정체혼미	청년기	확고한 자아 정체감 발달, 다양한 잠재적 자기 중에서 선택	또래 및 역할모형 사회적 압력
친밀성 대 고립감	성인기	타인과 친밀한 관계, 결혼에 필요한 친밀감 획득	배우자, 동료, 사회
생산성 대 침체감	장년기	사회에서 성인역할 수행, 공헌하기, 보람	배우자, 자녀, 친구 및 동료, 지역사회
통합성 대 절망감	노년기	죽음의 준비, 절망감 극복, 삶의 의미 통찰	가족, 친구, 친척, 지역사회, 종교

3 교육적 시사점(중등 시기)

(1) 중등 수준에서는 학생 스스로가 정체감을 가지도록 함
(2) 정체감의 구성 요소는 자신의 외모에 대한 승인과 자신이 어디로 가고 있는지를 아는 것
(3) 남녀 역할에 대한 명확한 개념을 형성하도록 하고, 올바른 직업선택을 하도록 함
(4) **교사 측면** : 교사 지도성의 중요성
  ① 청소년기인 중·고등학생 시기에 가장 중요한 관계의 대상중 하나는 지도자. 따라서 이 시기 교사의 행동과 말은 학생들에게 매우 큰 영향을 줄 수 있음
  ② 반두라(Bandura)의 사회학습이론에 따르면 학습은 직접적으로 이루어지지 않더라도 대리적 경험을 통해 이루어질 수 있는데, 교사의 언행은 이러한 대리적 학습의 가능성. 청소년기에 좋지 않은 교사의 행동을 모델링하는 과정에서 부적절한 정체성 형성. 이런 점에서 중·고등학교 교사의 언행은 매우 큰 의미를 가짐
  ③ 교사는 공평하고 중립적인 입장에서 다른 학생들 앞에서 드러나지 않게 칭찬하고 잘못된 부분을 지적해야 학생들의 긍정적인 자아정체감 형성을 도울 수 있음
  ④ 학생들이 다양한 상황을 경험하도록 하고 일기 쓰기 등을 통해 그들의 행동과 태도, 믿음을 평가하는 기회를 가지도록 함으로써 자신의 정체성을 탐색하도록 독려해야 함
  ⑤ '장래 희망이 무엇인가?', '학생에게 가장 영향을 미치는 사람은 누구인가?', '자신의 선택에 대한 느낌은 만족스러운가?' 등의 질문을 학생들에게 던지면서 교육적·직업적 관심에 관하여 이야기를 나눔으로써 학생들이 자아정체감을 형성하도록 적극적으로 도와야 함

(5) **학생 측면** : 올바른 또래집단 문화의 형성
  ① 12~18세 시기 중요한 관계를 형성하는 또 다른 대상은 동료 즉, 또래집단. 올바른 또래집단 문화를 형성하는 것은 매우 큰 의미. 하지만 현재 우리나라의 교실 문화가 과연 정체성에 대하여 진지하게 고민할 수 있는 장을 제공하고 있는지는 의문
  ② 오히려 학교 폭력과 집단 따돌림으로 얼룩져 있고, '빵 셔틀', '일진'이라는 용어로 점철되어 학생들이 역할혼미에 직면하는 것은 물론 부정적인 자아 개념을 형성할 여지도 있음. 따라서 이를 극복하기 위한 실제적인 대안이 필요한 시점이라고 할 수 있음

(6) **교육방법 측면** : 실제적, 맥락적 교육의 필요성
  ① 정체성 교육이 중요하다고는 하지만, 과연 실제 학교교육에서 정체성 교육을 실시하고 있는지는 의문
  ② '도덕'교과 내에서 '정체성'이라는 개념을 다루기는 하지만, 정체성은 그 개념을 아는 것만으로는 학생들에게 제대로 교육할 수 있는 것이 아니기 때문
  ③ 결국 보다 본격적인 정체성 교육을 위해서는 학습자들이 직접 자신의 인생에 직면토록 하는 과정이 필요한데, 이는 기존의 교육에 있어서 중심에 있는 지식 위주의 교육에서 탈피할 것을 요구
  ④ 정체감 교육을 위해서는 오히려 자신에 대해 생각할 시간을 제공하고, 삶의 현장에 맞닥뜨리도록 하는 교육이 필요할 것. 이를 위해 현행 교육과정에서는 과목선택형 수준별 교육과정이나 자유학기제 등이 시행되고 있음

UNIT 3 마샤의 청소년기의 정체감 상태

1 정체성 지위

(1) 정체성 지위는 개인의 정체감 형성과정뿐 아니라 정체감 형성 수준의 개인차를 함께 진단하고자 하는 개념
(2) 정체성 지위는 과업에 대한 전념 혹은 수행(무엇인가에 전념하고 있는가)과 정체성 위기 경험 여부 혹은 위기(정체감을 갖기 위해 노력하는가)라는 두 가지 기준에 따라 네 가지로 분류
(3) 일반적으로 정체감 성취와 유예 상태가 청소년에게 바람직한 것으로 볼 수 있음

정체성 지위	위기(경험)	전념(수행)
정체감 혼미	×	×
정체감 상실	×	○
정체감 유예	○	×
정체감 성취	○	○

2 정체감 성취

(1) 이는 현실적으로 선택할 수 있는 것들이 무엇인가를 먼저 고려한 후 선택을 하고, 그것을 위해서 추구한다는 것을 의미
(2) 정체감 성취는 삶의 목표, 가치, 직업, 인간관계 등에서 위기를 경험하고 대안을 탐색하며 확실하고 변함없는 자아정체감을 확립한 상태
(3) 타인의 이해, 가치 등을 고려하지만 스스로 많은 생각을 통해 의사결정에 이름. 현실적이고 대인관계가 안정감이 있으며, 자아존중감도 높고 스트레스에 대한 저항력도 높음

3 정체감 유실(상실)

(1) 다른 정체감을 실험해 보거나 다른 선택의 범위를 고려하지 않고, 대개 부모의 목표, 가치 그리고 생활방식을 택하는 상태
(2) 정체감 상실은 스스로 심각하게 생각하거나 의문을 갖지 않고 타인의 가치를 받아들이는 상태. 권위에 맹종하므로 부모가 선택해 준 인생을 그대로 받아들임
(3) 다른 지위에 비해 사회적 인정의 욕구가 강하고, 부모에게서 영향을 받은 자신의 가치에 따라 생애의 방향을 결정하고, 부모와 긴밀한 관계를 유지
(4) 부모의 과업을 물려받거나, 일찍 결혼하여 안정된 가정을 꾸려 나가는 청년에게서 흔히 발견. 이들은 청년기를 매우 안정적으로 보내는 것 같으나, 성인기에 들어서서 뒤늦게 정체성 위기를 경험하는 경우도 있음

4 정체감 혼미

(1) 어떤 확고한 방향도 잡지 못하는 상태를 의미
(2) 정체감 혼미를 경험하는 청소년은 선택을 하는 데 있어 성공적이지 못한 노력을 하였거나 혹은 전혀 그런 쟁점에 대해 진지하게 생각하지 않았을 것
(3) 정체감 혼미는 방향성이 결여되어 있는 상태로서 다른 사람이 어떤 일을 하는지, 내가 이 일을 왜 하는지에 대한 관심이 없음
(4) 이 상태에서는 정체감 위기를 느끼지 않으며, 미성숙하여 자아존중감이 낮고, 혼동에 빠져 있어서 정체성 지위 중에서 가장 낮은 단계. 그대로 방치해 두면 부정적 정체감으로 빠져들 위험이 있음

5 정체감 유예

(1) 에릭슨은 '유예'를 선택을 위한 노력 중에 있는 상태로 말하였고 마샤는 유예의 의미에 정체성 위기에 대처하기 위한 청소년의 활동적 노력도 포함시켜 그 의미를 확장, 복잡한 사회 속의 청소년들은 이러한 정체감 위기를 경험하거나 유예와 혼란의 일시적 시기를 경험한다고 믿었음
(2) 정체감 유예는 현재 정체감 위기나 변화를 경험하고 있는 상태로 정체감 확립을 위해 노력. 삶의 목표와 가치에 대해 회의하고 대안을 탐색하나 여전히 불확실한 상태에 머물러 구체적인 자신의 역할과 과업에 몰두하지 못하는 상태를 뜻함
(3) 이 지위에 속하는 청년은 가장 적극적으로 정체성을 탐색. 유예기의 청년은 안정감이 없으나, 정체감 성취를 위한 과도기적 단계에 있으므로 시간이 지나면 정체감을 확립하게 되는 경우가 많음

> **알아두기 ① 교육적 적용 및 시사점**
>
> - 교사는 학생들의 정체감 성취를 돕기 위해서 청소년이 자기 연령 수준에 맞는 무엇인가에 전념하도록 격려해야 함. 대단한 것보다는 자신의 수준에 맞는 활동이 중요하며, 한 가지 일에 전념하고 스스로 정한 것을 지킬 수 있도록 도움
> - 각 분야에 전념하여 성공한 예를 보여 주고, 교사나 다른 성인의 역할 모델이 되어 주는 것도 중요. 다양한 인물의 사례를 통해 모델을 발견하거나 다양한 가치, 문화 등을 체험하도록 하는 것은 정체성 확립에 도움

UNIT 4 로버트 셀먼(Robert Selman) 사회적 조망수용이론

1 개념

(1) 타인에 대한 이해란 곧 사회인지의 발달을 의미
(2) 아동이 자신의 관점과 다른 사람의 관점을 구별하는 능력과 다른 관점 간의 관계를 파악할 수 있는 능력을 발달시키면서 자신과 타인을 이해하게 됨
(3) 사회적 조망수용능력이 발달한 아동은 다른 사람의 정서상태를 대리적으로 경험하는 감정이입 능력과 동정심을 가지고 있으며 어려운 사회적 상황을 잘 처리하는 사회적 문제해결 능력도 지니고 있음

(4) 사람들은 자기 나름대로의 감정과 경험을 가지고 있다는 것을 이해하는 능력인 '조망수용능력'을 가지고 있다고 함. 이 조망수용능력에 따른 이론 0단계 ~ 4단계까지 5단계로 나눔

2 발달단계

(1) **0단계 : 미분화의 조망수용(3 ~ 6세)**

타인의 생각이나 기분을 인지할 수는 있으나, 모든 행위자들은 자신과 동일한 방식으로 그 상황을 이해한다고 생각

(2) **1단계 : 사회-정보적 조망수용(4 ~ 9세)**

① 아동은 사람들이 다른 정보에 접근할 수도 있기 때문에 다른 관점이 생길수도 있다는 것을 이해
② 타인의 조망이 자신의 조망과 유사하거나 상이하다는 것을 인지하기 시작. 그러나 아직까지 자신과 타인의 관점을 정확하게 구별하지는 못함

(3) **2단계 : 자기반성적 조망수용(7 ~ 12세)**

① 자신의 조망과 타인의 조망을 이해하고 타인의 조망으로부터 자신의 생각과 감정을 심사숙고할 수 있음
② 아동은 다른 사람의 관점을 이해할 수 있고, 자신의 감정과 행동을 다른 사람의 관점으로도 볼 수 있음

(4) **3단계 : 제3자적 조망수용(10 ~ 15세)**

중립적인 제3자적 조망에서 자신과 타인의 행동을 고려할 수 있음. 자신을 행위자와 대상자 양자로 볼 수 있고 제3자의 관찰자로서, 그 사회의 평균적 구성원들이 갖는 보다 더 일반화된 조망을 이해할 수 있음

(5) **4단계 : 사회적 조망수용(14, 15세 ~ 성인)**

① 자기-타인 상호작용에 대한 일반화된 사회적 조망을 지니고 있고 사회체계 속에 반영되어 있는 집단조망이 존재한다는 것을 인식. 따라서 법률과 도덕은 개인이 고려해야 하는 어떤 합의된 집단조망에 의존한다는 것을 이해
② 개인은 제3자 조망수용이 더 큰 사회적 가치의 하나 내지 그 이상의 체계에 의해 영향 받을 수 있다는 것을 이해

3 교육적 적용 및 시사점

(1) 아동에게 조망수용능력을 지도하고 훈련하면 반사회적 행동이 감소되고 감정이입과 친사회적 행동이 증가한다고 함. 예를 들면, 교실에서 서로 돕기, 나누기, 보살피기, 위로하기, 협조하기 등
(2) 학교폭력의 가해자는 조망수용능력이 높은 단계로 발달함에 따라 타인, 제3자, 사회 안에서 자신의 행동이 어떻게 인식될 것인지를 이해하고 생각하게 되므로 폭력을 줄이고 사회에서 바람직하다고 생각되는 행동을 통해 사회 문제 혹은 학교 폭력의 문제를 해결할 수 있게 될 것임
(3) 교사는 학생들이 높은 단계의 조망수용능력을 발달시킬 수 있도록 도와주어야 함

UNIT 5 인지발달이론에 근거한 도덕성 발달이론

1 특징 : 도덕성 발달에 대한 인지발달이론은 도덕적 사고·판단·추론 중시

2 도덕성 발달의 기본전제

(1) 도덕성은 연령의 증가와 더불어 질적으로 구분되는 일정한 단계를 거쳐 이루어짐
(2) 각 발달 단계는 한 개인이 세계를 보는 전체적 관점을 나타내는 것으로 그 이전 단계와는 전적으로 구분
(3) 도덕성의 본체는 심층에 자리 잡고 있는 인지구조
(4) 인지구조는 언어적 진술을 분석함으로써 추정해 낼 수 있음
(5) 발달의 속도와 종착점은 다르더라도 어떤 문화적 배경을 가진 사람들이든지 동일한 단계
(6) 피아제와 콜버그의 도덕성 발달론이 대표적

UNIT 6 피아제의 도덕성 발달이론

1 전 도덕 단계(3세 이전)

(1) 자기중심적으로 행동하는 단계(운동신경적 규칙)
(2) 이 시기의 아동은 어떤 재료를 가지고 놀이를 할 때, 같은 행동을 몇 번이고 되풀이하는 규칙성 있는 행동을 하게 되는데, 도덕적 판단 역시 이러한 기제에 영향을 받게 됨
(3) 이러한 반복적인 행동방식을 운동신경적 규칙이라 하였으며, 이 시기의 아동은 진정한 의미의 도덕성을 아직 갖추지 못한 상태라고 보았음

2 현실적 도덕 단계(3 ~ 6/7세)

(1) 규율을 절대적으로 간주하는 단계(타율성과 도덕적 절대주의)
(2) 아동은 점차 게임의 규칙이 다소 강제적인 측면을 가지고 있음을 깨닫게 됨. 아동은 게임에 임하면서 게임의 규칙은 변화하지 않는 것이며 반드시 그것을 지켜야 한다고 인식
(3) 이 시기의 도덕성을 '타율성'이라 한 것은 규칙이 아동 자신으로부터가 아니라 타인에 의해 정해진 것으로 이해하고 그것을 따르려 하기 때문. 그리고 '도덕적 절대'란 도덕적 판단이 행위의 객관적인 결과에 의해서만 판단된다고 생각하는 아동의 절내론적 사고를 나타냄

3 자율성과 도덕적 상대주의(7 ~ 11세)

(1) 이 시기의 아동들이 게임을 하면서 경우에 따라서는 게임의 규칙을 수정하기도 하고, 새로운 규칙을 만들기도 하는 것을 발견
(2) 이 시기의 아동들은 규칙은 외부에서 주어지는 것이기도 하지만 변화시킬 수도 있다고 생각하게 되는 것

4 자율적 도덕 단계(10세 이후)

(1) 스스로 규율을 만들고 규율을 상대적으로 간주하는 단계
(2) 아동은 조작적 추론 능력을 갖게 됨에 따라 규칙을 보다 보편적이고 추상적인 개념으로 이해하게 됨
(3) 이 시기의 아동은 새로운 경험 상황 속에서도 규칙을 새롭게 만들어 내며, 그것을 하나의 흥미로운 체계로 인식

UNIT 7 콜버그(1927~1987)의 도덕성 발달이론

1 의미

(1) 피아제가 주로 아동을 연구대상으로 했던 것에 반해 성인에게까지 연구대상을 확대하여 도덕성 발달 단계를 더욱 체계화
(2) 그는 '사람들이 실제로 도덕 문제에 어떻게 답하는가'하는 사고 체계를 연구하여, 이것을 바탕으로 도덕성 발달 단계를 3수준 6단계로 나누었음
(3) 도덕발달에는 인지발달이 필수적이며, 인지발달은 도달할 수 있는 도덕적 단계를 한정

2 콜버그의 도덕성 발달이론의 특징

(1) 도덕적 딜레마를 통해 연구
(2) 민족과 사회에 따라 도덕적 발달은 동일
(3) 모든 사람이 다 높은 수준의 단계로 올라가는 것이 아니라 6단계 가운데 하나에 머물러 고착
(4) 도덕적 딜레마나 어려운 결정을 해야 하는 가설적 갈등상황을 제시하고 '어떻게 하겠는가?', '왜 그렇게 해야 하는가?'를 질문
(5) 그리고 이러한 질문에 대하여 '예', '아니오'라는 응답에 관심을 둔 것이 아니라 왜 그렇게 생각하는지의 이유를 분석함으로써 옳고 그름에 대한 도덕적 판단, 도덕적 추론의 발달 순서를 세 가지 수준으로 구분하였고, 각 수준을 하위 단계로 나누어 설명
(6) 인습 이전 수준에서 좋은 행동은 자신에게 보상을 가져다주는 것이고, 나쁜 행동은 처벌을 가져오는 것. 인습 수준에서 좋거나 나쁜 행동은 개인적, 사회적인 권위의 모습과 일치하는 정도에 달려 있고, 인습 이후 수준에서는 사회계약과 보편적인 윤리라고 하는 것보다 높은 수준의 원칙에 근거

3 도덕성 발달 단계 : 3수준 6단계 이론

인습 이전 수준	1단계 복종과 처벌지향	어떻게 처벌을 면할 수 있을까? 아동의 행위 결과를 강요하는 사람이 누구인가에 의해 선악이 판별 예 들키지만 않으면 좋은 점수를 받기 위해서 부정행위를 해도 괜찮다.
	2단계 개인적 쾌락주의지향	나에게 뭐가 좋아? 아동 자신의 욕구충족이 도덕 판단의 기준이며, 다른 사람의 욕구충족을 고려하지만 자신의 욕구충족을 우선 생각
인습 수준	3단계 착한 소년/소녀지향	다른 사람을 기쁘게 하고, 도와주는 행위 여부가 선악을 결정하며 타인의 승인을 중요하게 생각 예 부모님을 실망시키지 않기 위해서 바른 행동을 해야 한다.
	4단계 사회질서와 권위지향	법은 절대적이고 사회질서는 유지되어야 함. 개인적인 문제보다 전체를 위한 의무감을 더욱 중요하게 여김. 즉, 주어진 사회질서를 유지하려는 행동이 나타남 예 금전적 손실이 있더라도 법으로 정해진 세금을 꼬박꼬박 내야 한다.
인습 이후 수준	5단계 사회계약지향	법의 사회적 유용성에 대한 합리적 고려에 따라 법이 바뀔 수도 있다고 생각. 인간으로서의 기본 원리에 따라 행동
	6단계 보편적 원리지향	스스로 선택한 도덕원리에 따른 양심적인 행위가 곧 올바른 행위가 됨

(1) 인습 이전 단계(2 ~ 6세 정도) : 전도덕기 → 힘의 윤리, 자기중심성의 윤리

① 도덕적 가치는 외적이고 물리적인 결과에 의존하며 자기중심성의 특징을 보임. 어떤 행동의 의미를 생각하지 못하며, 다른 사람의 규칙을 완전히 이해하지 못함

② 1단계 : 벌과 복종에 의한 도덕성(복종과 처벌 지향)
  ㉠ 이 단계는 행동의 외적·물리적인 결과가 옳고 그름의 판단 기준이 됨
  ㉡ 처벌을 피하려 하고, 힘을 가진 사람에게 순종

③ 2단계 : 욕구 충족을 위한 수단으로서의 도덕성(개인적 쾌락주의)
  ㉠ 이 단계에서는 자신과 타인의 욕구충족이 도덕 판단의 기준이 되는데, 우선 자신의 욕구가 충족되고 나면 다른 사람의 욕구도 고려하게 됨
  ㉡ 이 단계에서는 순진한 도구적 상대주의가 나타남. 이 단계의 아동은 공평성, 상호성이 중요하다고 생각하므로 어떤 환경에서든지 모든 사람이 동등한 대우를 받아야 한다고 생각

(2) 인습 수준(6 ~ 12세 정도) : 타율도덕기 → 정의의 윤리, 타인의 윤리

① 자신의 가족이나 자신이 속한 집단, 국가의 기준과 기대에 근거하여 도덕적 가치를 판단. 사회규칙과 사회계약을 유지하려고 노력하는 단계

② 3단계 : 대인관계 조화를 위한 도덕성
  ㉠ 다른 사람, 특히 권위있는 사람에게서 칭찬을 받는 행위가 도덕적인 행위라고 생각
  ㉡ 올바른 행동이란 다른 사람을 기쁘게 하고 도와주는 것이며, 이를 다른 사람이 착한 행동으로 인정하는 것
  ㉢ 이 단계의 아동·청소년은 다른 사람의 관점과 의도를 이해할 수 있으므로 다른 사람의 기대에 부응하는 것을 중시. 신뢰, 충성, 의리가 대인관계를 유지하는데 매우 중요하다고 생각. 행동은 의도에 의하여 판단되기 시작

③ 4단계 : 법과 질서 준수로서의 도덕성
　　㉠ 법과 질서를 준수하며, 사회 속에서 개인의 의무를 다함. 이 단계는 법과 질서를 기준으로 도덕판단을 함
　　㉡ 친구의 비행이 법을 어기거나 공공의 질서를 심각하게 방해하였는가에 따라 그 비행을 말할 수도, 하지 않을 수도 있음. 법과 사회의 질서를 지키는 것이 자신의 의무라고 생각

(3) 인습 이후 수준(12 ~ 20세 정도) : 자율도덕기 → 원리의 윤리
　① 사회규칙에 제한되지 않으며 보편적인 원리와 윤리에 초점을 두고 판단. 이 단계 사람들의 행동 기제에는 그 사람의 양심이 있음
　② 5단계 : 사회계약 정신으로서의 도덕성(민주적 법률)
　　㉠ 법은 사람들이 합의하여 만든 것이므로 융통성이 있고 고칠 수도 있다는 사실을 인식. 사회규칙이 도덕적 행동의 근거가 되지만 개인의 내면화된 도덕원칙과 사회규칙 간에 갈등이 있을 때 내면화된 도덕원칙이 우선시
　　㉡ 법은 개인의 자유와 존엄성의 원리에 대한 믿음 때문에 따라야 하는 것. 이 단계의 사람들은 소수라고 하더라도 개인의 권리를 보호하는 것이 정의라고 생각
　　㉢ 어떤 친구의 비행을 말할 것이냐 아니냐 하는 문제는 이제는 그 친구가 그 행위를 하게 된 이유에 달려 있게 되고, 일어날 수 있는 여러 행동이 그 친구와 보다 넓은 공동체에 끼칠 영향력을 고려하게 됨
　③ 6단계 : 보편적 도덕원리의 도덕성
　　㉠ 보통 사람에게서는 거의 찾아볼 수 없는 단계로 극히 소수만이 이 단계에 도달
　　㉡ 법이나 관습을 넘어서 정의, 평등, 생명의 가치와 같은 추상적이고 보편적인 원리를 지향. 도덕원리는 논리적으로 포괄적이며 일관성있는 것으로 추상적
　　㉢ 스스로 선택한 도덕원리, 양심의 결단에 따라 도덕적 판단이 이루어짐
　④ 7단계 : 우주적 영생을 지향하는 단계

4 콜버그의 도덕성 발달이론의 한계

(1) 단계란 서로 현실적으로 분리되거나 순서적으로 일관성 있는 것이 아님
(2) 도덕적 추론의 높은 단계에 이르기 전까지는 사회의 인습과 진정한 도덕적 쟁점들을 구별하지 않음
(3) 5단계와 6단계는 서구적 개인주의를 강조하는 남성적 가치로 편파되어 있음. 즉, 단계들은 남성 중심적으로 편파, 여성에게 있어서 도덕적 추론이 발달되는 방식은 서술되지 않았음

CHAPTER 03 개인차

UNIT 1 지능검사

1 지능검사의 역사

(1) 비네(Binet, 1857~1911) 지능검사(1905)

비네는 지능을 '일정한 방향을 설정·유지하는 경향성, 소망하는 결과를 성취할 목적으로 순응하는 역량, 그리고 자기비판의 힘'이라고 정의

(2) 스텐포드-비네 지능검사(Stanford-Binet Intelligence scales, 1916)

20세기의 가장 대표적인 어린이용 지능검사의 하나로 비네검사의 미국판

(3) 웩슬러(Wechsler, 1896~1981) 지능검사(1936)

웩슬러는 유목적적으로 행동하고 합리적으로 사고하며, 환경을 효과적으로 다루는 개인의 종합적 능력. 언어성 검사 이외에 동작성 검사를 포함

(4) 카우프만(Kaufman) 지능검사(1983)

아동용 지능검사(K-ABC)는 비언어적 척도를 포함, 10개의 하위검사로 구성

2 지능검사의 종류

(1) 일반지능검사와 특수지능검사
(2) 언어검사와 비언어검사
(3) 동작성검사와 필답검사
(4) 개인지능검사와 집단지능검사
(5) 탈문화검사와 문화구속성검사

UNIT 2 지능이론

1 스피어만(1927)의 2요인설

(1) 일반적 지적능력과 특수한 지적능력으로 구분
(2) 스피어만(C. Spearman, 1863~1945)은 여러 가지 인지능력 검사간의 상관을 분석한 후, 모든 영역에 고르게 영향을 미치는 일반요인(g-factor)과 특정 과제에서만 적용되는 특수요인(s-factor)의 두 가지 요인을 구분
(3) 일반요인에는 언어, 수, 정신속도, 주의, 상상의 다섯 가지 요인이 포함
(4) 지능이 높은 아동은 거의 모든 형태의 문제를 잘 푸는 경향이 있는 것은 일반요인설의 근거임(예 팔방미인, 다재다능)
(5) 일반요인의 개인차는 경험의 포착, 관계의 유출, 상관인의 유출 등과 같은 질적인 인지원리를 사용하는 능력의 차에서 비롯

g요인 (일반요인)	• 모든 지적 과제 수행에 관여되는 기본 인지 능력 • 일반 요인의 개인차는 각 개인이 지적 과제 수행에 사용되는 정신 에너지의 개인차와 관련하여 이해
s요인 (특수요인)	특수 영역에 대한 지적 특성요인

2 서스톤(1938)의 다(多) 요인설(군집요인설)

(1) **기본정신능력(PMA) 7요인**
　① 지각속도 요인　　　② 수 요인
　③ 단어유창성 요인　　④ 언어 요인
　⑤ 공간 요인　　　　　⑥ 기억 요인
　⑦ 추리 요인

(2) 서스톤(L. L. Thurstone, 1887~1955)은 지능을 7개의 다중 요인으로 분석하고 이 요인들을 기본정신능력(primary mental ability, PMA)이라 불렀음
(3) 기본정신능력은 언어이해요인, 지각속도요인, 추리요인, 수요인, 기억요인, 언어유창성요인, 공간요인으로 구성되어 있으며 7개의 능력은 상호독립적으로 작용

3 카텔(1963)의 유동적 지능과 결정체적 지능

(1) **카텔(1905~1998)과 혼(Horn)은** 유전에 의한 선천적으로 타고난 사고능력인 유동적 지능과 개인의 학습 참여나 경험 등에 의해 후천적으로 획득된 교육에 의해 변화 가능한 환경에 의한 지능인 결정적 지능으로 구분

(2) 유동적 지능

① 학교학습과 관련성을 갖지 않으며 어떤 특정한 문화권에 구애를 받지 않는 생득적 요소를 가진 지능(유전결정론)
② 선천적인 유전적, 신경·생리적 영향에 의해 발달되는 지능. 청년기까지는 증가하나 생리적 발달이 쇠퇴하는 성인기 이후 점차 쇠퇴. 언어적 유추능력, 단순 암기력, 지각력, 일반적 추론력을 포함

유전결정론 (유동적 지능)	• 선천적인 유전적, 신경·생리적 영향에 의해 발달되는 지능 • 청년기까지는 증가하나 생리적 발달이 쇠퇴하는 성인기 이후 점차 쇠퇴 • 언어적 유추능력, 단순 암기력(기계적 암기), 지각력, 일반적 추론력을 포함

(3) 결정체적 지능

① 문화에 의해 학습되고 가치화된 지능으로 나이가 들어도 감소하지 않음
② 어휘력, 문제해결력, 판단력, 분석력, 책임수행력 등(환경결정론)
③ 후천적인 환경적·경험적·문화적 영향에 의해 발달되는 지능. 가정환경, 교육정도, 직업 등에 의해 영향을 받으며, 성인기 이후에도 발달하지만 환경의 질에 따라 차이. 언어 이해력, 문제해결력, 논리적 추리력, 일반적 지식 등을 포함

환경결정론 (결정적 지능)	• 후천적인 환경적·경험적·문화적 영향에 의해 발달되는 지능 • 가정환경, 교육정도, 직업 등에 의해 영향을 받으며, 성인기 이후에도 발달하지만 환경의 질에 따라 차이가 발생 • 언어 이해력, 문제해결력, 논리적 추리력, 일반적 지식 등을 포함

4 길포드(1959, 1988)의 3차원설

(1) 내용5×조작6×결과6차원의 조합, 120 ~ 180개 요인설
(2) 길포드(J. P. Guilford, 1897~1987)는 내용, 조작, 산출의 3차원의 복잡한 지능구조모형(structure of intellect, SI)을 제안
(3) 지능은 5개의 내용(시각, 청각, 상징, 의미론적, 행동적), 6개의 조작(인지, 기억파지, 기억저장, 확산적 사고, 수렴적 사고, 평가), 6개의 산출(단위, 유목, 관계, 체제, 변환, 함축)의 세 가지 차원의 조합으로 얻어지는 180개의 상이한 정신능력으로 구성
(4) **정신적 조작**: 인지, 기억기록, 기억파지, 수렴적 사고, 확산적 사고, 평가
(5) **산출**: 단위, 분류, 관계, 체제, 변환, 함축
(6) **내용**: 시각적 내용, 청각적 내용, 단어의미, 상징, 행동

5 가드너(1983)의 다중지능

(1) 개요

① 가드너(1983)는 전통적인 IQ 검사 점수에서 벗어나 개인이 지닌 고유한 잠재능력의 개념으로 지능을 확장시킨 신개념의 다중지능이론을 제시
② 가드너(1999)는 지능이란 "문화적으로 가치있는 물건을 창조하거나 문제를 해결하는 데 필요한 그 문화에서 유용한 정보를 처리하는 생물·심리학적인 잠재력"이라고 정의

③ 그는 기존의 지능이론이 사용한 연구방법인 요인분석이나 상관계수분석을 통해 지능이론을 제안한 것이 아니라 지엽적인 두뇌 손상 연구, 특수아동 연구, 지능의 진화론적 관점 등에 근거하여 다중지능을 개념화
④ 가드너는 8개의 지능을 제안하였는데, 각 지능은 역할을 수행하기 위해 상호작용을 하지만 기능적으로 독립되어 있음
⑤ 가드너는 8가지 지능에 실존적 지능을 추가하였는데, 실존적 지능이 높은 사람은 삶의 의미를 찾고자 하고 존재론적 질문을 심도 있게 생각하는 경향이 있음

지능의 유형	특징	직업의 예
언어 지능	단어의 소리, 리듬, 의미에 민감하고 언어의 각각 다른 기능을 이해할 수 있는 능력	시인, 언론인, 문학가
논리-수학적 지능	논리적 혹은 수적 양상을 구별할 줄 아는 능력과 긴 추론을 요하는 과제를 다룰 줄 아는 능력	수학자, 과학자
공간 지능	시·공간적 세계를 정확히 지각하고 그 지각한 내용을 머릿속에서 변형, 회전시킬 수 있는 능력	건축가, 항해사, 조각가, 미술가
신체운동 지능	자신의 신체움직임을 통제할 수 있고 기술적으로 다룰 수 있는 능력	운동선수, 무용가, 마술사
음악 지능	개개의 음과 음절에 민감하고 음악적 리듬이나 구조를 결합할 줄 아는 능력	음악가, 작곡가
개인 내 지능	자신의 감정을 이해하고 구분 지을 수 있는 능력, 자신의 강점, 약점, 욕구, 지능 등을 인식하는 능력	종교인, 철학자
개인 간 지능	타인의 기분, 기질, 동기, 욕구를 구별하여 적절하게 반응할 수 있는 능력	심리치료전문가, 영업사원, 종교인, 사상가
자연관찰 지능	동식물이나 주변 사물을 자세히 관찰하여 그 차이점이나 공통점을 찾아내고 분석하는 능력	사냥꾼, 다윈(Darwin)
실존 지능	인간의 존재이유, 생과 사의 문제, 인간의 본성, 가치 등 철학적이고 또는 종교적인 사고를 할 수 있는 능력	철학자, 종교인

(2) 가드너의 다중지능

① **언어적 지능** : 단어의 의미와 소리에 대한 민감성, 문장 구성의 숙련, 언어 사용방법의 통달(예 시인, 연설가, 교사 등)
② **논리수학적 지능** : 대상과 상징, 그것의 용법 및 용법 간의 관계 이해, 추상적 사고능력, 문제 이해능력(예 수학자, 과학자 등)
③ **공간적 지능** : 시각적 정보의 정확한 지각, 지각내용의 변형능력, 시각경험의 재생능력, 균형 구성에 대한 민감성, 유사한 양식을 감식하는 능력(예 예술가, 항해사, 기술자 등)
④ **신체운동적 지능** : 감정이나 의도를 표현하기 위해 신체를 숙련되게 사용하고 사물을 능숙하게 다루는 능력(예 무용가, 운동선수, 배우 등)
⑤ **음악적 지능** : 음과 음절에 대한 민감성, 음과 음절을 리듬이나 구조로 결합하는 방법과 음악의 정서적 측면 이해(예 음악가, 작곡가 등)
⑥ **대인관계 지능** : 타인의 기분, 기질, 동기, 의도를 파악하고 변별하는 능력, 타인에 대한 지식에 따라 행동할 수 있는 잠재능력, 손다이크의 '사회적 지능'과 유사(예 정치가, 종교인, 사업가, 행정가 등)
⑦ **개인 내적 지능** : 자신에 대한 이해, 통찰, 통제능력(예 소설가, 임상가 등)

⑧ **자연 탐구적 지능** : 동식물이나 주변 사물을 관찰하여 공통점과 차이점을 분석하는 능력(예 동물행동학자, 지리학자, 탐험가 등)
⑨ **실존지능(영적인 지능)** : 인간의 존재 이유, 삶과 죽음, 희로애락, 인간의 본성 및 가치에 대해 철학적, 종교적 사고를 할 수 있는 능력(예 종교인, 철학자 등)

6 스텐버그의 삼위일체론

(1) 개요
① 스텐버그(1988)는 기존 지능이론이 근원을 개인, 행동, 상황의 일부만 고려한 불완전한 이론이라고 가정, 세 가지를 모두 고려한 종합적인 삼원지능이론 제안
② 그는 과제수행의 결과를 가지고 지능을 측정하기보다는 개인이 지적 활동을 수행할 때 정보를 처리하는 과정에 초점을 두고 지능을 연구하고자 하였음
③ 세 가지 하위 지능은 분석적 지능, 창의적 지능, 실제적 지능으로 구성되어 있으며, 세 가지 지능이 서로 상호작용하여 전체 지능을 결정

- **구성요소적** : 분석적 지능은 인간의 정보처리 요소와 연관된 것으로 전통적인 학업적 지능의 의미와 비슷한 개념. 정보처리과정에서 개인이 지식을 습득하고, 수행하며, 문제해결을 위한 전략 등을 세우는 능력을 의미
- **경험적** : 창의적 지능은 개인의 경험과 관련이 있으며, 창조하고, 발견하고, 상상하는 지능을 의미
- **상황적** : 실제적 지능은 사회적 유능성과 관련이 있는데, 실생활에서 환경에 적응하는 것, 환경을 조성하는 것, 환경을 선택하는 것 등 세 가지 기능을 담당

(2) 상황적 지능(실제적 지능)
① 현실상황에 적응하거나 환경을 선택하고 변형하는 능력
② 상황 하위 이론에 근거
③ 지능의 본질인 지능을 구성하는 지적 행동의 내용과 관련
④ 적절한 아이디어를 찾아내어 실행하며 적용하고 활용하는 것과 관련한 능력
⑤ 이것은 자신에게 주어진 현실 생활의 실제적 문제들을 잘 파악하고 이해함으로써 자신의 환경에 잘 적응하고 최선의 환경을 선택하며 현재의 환경을 조성하는 능력

(3) 경험적 지능(창의적 지능)
① 자동화 능력 + 통찰력
② 경험 하위 이론에 근거
③ 지능의 본질을 과제에 대한 개인의 경험과 관련
④ 무엇인가를 발견하고 발명하며, 상상하고 가정하는 것과 관련한 능력이며, 주어진 새로운 자극과 장면에 대처하는 능력

(4) 구성요소적 지능(분석적 지능)
① 전통적 지능, 구성적 지능
② 요소 하위 이론에 근거
③ 지능의 본질을 지적 행동에 내재되어 있는 정신과정과 관련

④ 비교, 대조, 비평, 판단, 평가 등과 관련한 능력. 이것은 기본적인 정보처리 능력으로서 주어진 문제를 풀 때 사용될 수 있음

7 Goleman의 정서지능

(1) 개념
① 자신 및 타인의 정서를 이해하고 활용하는 능력
② 정서를 정확하게 지각하고 평가하며 표현하는 능력, 감정이 사고를 촉진시킨다는 전제 하에서 감정에 접근하여 감정을 생성하는 능력, 정서와 정서적 지식을 이해하는 능력, 지적, 정서적 성장을 증진시키기 위하여 정서를 조절할 수 있는 능력

(2) 감성지능의 영역
① 자신의 정서를 인식하는 능력
② 정서통제능력
③ 동기부여능력
④ 다른 사람의 감정인식능력
⑤ 대인관계 관리 능력

(3) 학생의 정서지능 발달을 위한 전략
① 자신과 타인의 정서를 인식하고 표현하기 위한 능력 기르기
② 공감 능력 기르기
③ 정서조절 능력 기르기
④ 자신의 정서를 학습의 동기로 활용하기

알아두기 ① 감성지능지수(EQ : Emotional Intelligence Quotient)

구분	내용
감성(정서)의 개념	• 인지적·사회적·행동적 측면들의 상호작용 • 어떤 대상이나 상황을 인지하고, 이에 대한 감정과 행동이 연쇄적으로 나타나는 반응 • 자신의 감정을 이해하고 타인의 감정을 공감하며, 삶을 향상시키는 방향으로 감정을 조절하는 능력이다. 즉, 인간의 이성능력을 조절하고 통제하는 능력을 감성지능이라 한다.
감성(정서) 지능의 개념발달 및 구성요소	• 메이어(Mayor)와 셀로비(Salovey) : 감성지능(감성지수) 개념 최초 사용. 감성지능 구성요소 (3영역 10하위요소) • 골맨(Goleman) : '정서지능(1995)' 감성지능 개념 널리 알림. 감성지수 구성요소 5가지(자기감정인식, 자기감정관리, 자기동기화, 감정이입, 대인관계기술) 　- 자기인식 : 자신의 감정을 느껴 그대로 인식하는 것 　- 충동조절 : 자신의 감정을 통제하는 힘 　- 자기효능감 : 자신의 과제수행능력에 대한 개인의 신념 　- 과제집중력 : 지적 능력을 가능케 하는 힘 　- 공감능력 : 타인의 감정을 인식하고 공유할 수 있는 능력 　- 동기화능력 : 목적을 위해 감정을 다스리는 능력

감성(정서) 지능의 발달방법	• **정서적 측면**: 감정을 인식하고 이름 붙이기, 검정을 표현하기, 감정의 강도를 평가하기, 감정을 관리하기, 만족을 지연하기, 충동을 통제하기, 스트레스 줄이기, 감정과 행동의 차이점 알기 • **인지적 측면**: 자신과의 내적인 대화를 통해 어떤 사건을 다루거나 행동을 강화 또는 저지시키기, 사회적 관계의 단서를 알아차리기, 타인의 관점을 이해하기, 행동규칙을 이해하기, 자신에 대한 현실적인 기대갖기 등 • **행동적 측면**: 비음성적 기술(눈 접촉, 얼굴 표현, 목소리, 제스처 등)과 음성적 기술(명확하게 요구하기, 비판에 효과적으로 반응하기, 부정적인 영향에 저항하기, 다른 사람의 말 듣기, 다른 사람 돕기, 긍정적인 동료집단에 참여하기 등)로 나눌 수 있다.

8 지능이론의 교육적 시사점

(1) 교육현장에서 지능검사 점수의 의미에 대한 해석은 다양하다. 지능검사 점수는 우선 학교의 학업성취도와 비교적 상관이 높음
(2) 이는 지능검사 자체가 원래 학업성취도 수준을 예언하기 위해 설계된 검사이므로 당연한 결과일 수 있음
(3) 교사는 교육과정 구성이나 교육방법을 연구할 때 학생의 지능지수를 고려하여 학습지도를 할 수 있음
(4) 한편, 지능검사가 높다고 해서 실제의 생활에서 성공적인 삶을 살게 될지는 답이 분명하지 않고, 다만 어떤 일정한 직종 내에서 성공 여부는 지능지수와 관련이 없어 보이며, 개인의 동기, 사회적 기술 또는 운 등의 다른 요인이 작용한다는 연구가 있음
(5) 지능지수는 교사가 학생을 이해하는 데 도움을 주기는 하지만 교사의 기대에 의해 의도하지 않은 영향을 미칠 수 있음
(6) 이러한 현상은 자기충족적 예언(self-fulfilling prophecy)이라고 하는데, 이는 기대가 현실로 실현되는 것을 의미
(7) 지능지수가 낮은 학생과 높은 학생에게 교사가 기대를 달리함으로써 상호작용을 다르게 하여 교사가 기대한 대로 실현될 수 있다는 것
(8) 전통적 지능이론과 달리 가드너와 스턴버그의 지능이론은 비학업적 지능, 실용적 지능, 사회적 지능 등을 포함하고 있음
(9) 교사는 학교현장에서 학업관련 지능 이외에 다양한 유형의 지능 개념을 수용하고 학생들이 갖고 있는 잠재적 재능을 찾아내 개발하도록 지원해 주어야 함

UNIT 4 정의

1 내적 동기

(1) 개인의 내적 요인, 즉, 욕구, 호기심, 흥미, 가치, 신념, 포부 등에 의해 유발
(2) 내재적 동기는 개인의 내적 요인과 그가 수행하는 과제 자체에 의하여 동기화되는 것
(3) 수학이 가진 특성을 재미있어 하고 이를 이해하려고 자발적으로 노력하는 경우

2 외적 동기

(1) 외부적이고 환경적인 요인, 즉, 보상, 사회적 압력, 벌 등 외부로부터 유발
(2) 외재적 동기는 활동하는 과정과 무관하고 외적인 요소에 의하여 동기화되는 것, 활동을 특정 목적을 위한 수단으로서 참여하려는 동기
(3) 대학 입학이라는 외적 요소로 인하여 공부하려는 동기를 가진 경우

3 내재적 동기와 외재적 동기와의 관계(Deci)

대립적 상반적 관계가 아니라 연속선상의 개념으로 이해

내재적 동기화	외재적 동기화
• 개인의 욕구, 흥미, 호기심, 즐거움과 같은 심리적 요인에 의한 동기화 • 과제를 하거나 활동하는 그 자체가 보상이 되는 동기화 • 인간유기체는 자신의 능력을 발달시키고 자신의 성취를 즐기도록 동기가 유발되는 존재라고 이해하는 인본주의 혹은 인지심리학자들이 주로 강조	• 사회적 압력, 보상 및 처벌과 같은 환경적 요인에 의한 동기화 • 과제와 상관없이 외부의 보상을 얻으려는 것과 관련된 동기화 • 인간유기체는 외부의 보상이나 처벌에 의하여 동기화되는 존재라고 이해하는 행동주의 심리학자들이 주로 강조

과잉정당화 효과	• 외재적 보상이 내재적 동기를 감소시키는 현상 : 내재적 흥미를 가진 과제에 대하여 보상을 주면, 그 과제가 보상을 위한 수단으로 인식되면서 내재적 동기가 감소할 수 있음(예 하던 굿도 멍석 깔아 놓으면 안 함) • 통제의 특성을 가진 보상, 즉 보상이 통제로 인식될 때 나타남
인지평가이론 (Deci)	• 외재적 보상이 내재적 동기를 증가시킬 수 있다고 봄 • 수행이나 향상적 정보의 특성을 가진 보상, 즉 정보로 인식될 때 나타남

UNIT 5　동기에 관한 4가지 접근

1 행동주의적 접근

(1) 동기를 보상이나 유인가 등과 같은 개념으로 설명(스키너 강화이론)
(2) '보상', '유인가'와 같은 개념으로 동기를 설명
(3) **'보상'** : 특정한 행동의 결과에 따라 주어지는 매력적인 사물이나 사건을 말함
(4) **'유인가'** : 특정한 행동을 유발하거나 단념시키는 사물이나 사건을 말함
(5) 학습결과에 대해 상을 주거나 벌을 주는 것은 보상이나 처벌 등의 외적 수단에 의해 학생들을 동기화시키는 것

2 인본주의적 접근

(1) 공통적으로 자신의 잠재력을 실현시키기 위한 생득적 욕구에 의해 지속적으로 학생들이 동기화 된다고 믿음(매슬로우의 욕구 위계이론)
(2) 실현경향이 동기의 원천(로저스의 실현경향)
(3) 동기의 내재적 근원은 자아실현과 같은 개인의 욕구
(4) 자신의 잠재력을 실현하기 위한 생득적인 욕구에 의해 지속적으로 동기화 됨
(5) 학습자의 유능감, 자존감, 자율성과 자아실현을 격려해 주는 것이 중요
(6) 매슬로우의 욕구위계이론

3 인지주의적 접근

(1) 우리의 사고에 의해 행동이 결정(와이너 귀인이론)
(2) 어떤 과제를 수행할 수 있다는 능력에 대한 신념(반두라의 자아효능감이론)
(3) 내재적 동기는 자기결정의 경험에 기초(데시의 자기결정이론)
(4) **기대 × 가치이론** : 행동 및 성취동기는 기대와 가치의 두 가지 변수로 이루어짐
(5) **목표이론(목표지향이론)** : 목표설정이론
(6) 자기가치이론(자아존중감이론)
(7) 개인적 자유, 선택, 자기결단과 개인적 성장을 위한 노력, 신념이나 질서, 이해에 대한 욕구 등을 강조
(8) 외재적 동기보다는 내재적 동기를 강조

4 사회 학습이론적 접근

행동주의자의 관점과 인지주의적 접근을 수용(엣킨슨 기대 × 가치, 성취동기 = 목표접근지향 − 실패회피 경향). 동기의 세 요소(성공확률, 기대가치, 행위결과)

UNIT 6 학습동기의 귀인이론

1 특징

(1) 개인이 어떤 특정한 상황에서의 성취 결과에 대하여 그 원인을 무엇이라고 인식하느냐에 따라 그의 행동이 결정된다는 이론
(2) 학생이 성취 결과의 원인을 어디에 두느냐를 알 때, 그 학생의 미래의 성취도를 예견

2 와이너의 귀인이론모형

(1) **능력** : 내적, 안정적, 통제 불가능한 원인
(2) **노력** : 내적, 불안정적, 통제 가능한 원인
(3) **운** : 외적, 불안정적, 통제 불가능한 원인
(4) **과제 난이도(곤란도)** : 외적, 안정적, 통제 불가능한 원인

3 귀인의 세 차원

(1) **원인의 소재** : 성공과 실패의 원인을 내부로 돌리느냐, 외부로 돌리느냐의 차원
(2) **안정성** : 성공과 실패의 원인이 변할 수 있느냐 없느냐의 차원
(3) **통제 가능성** : 학습자가 성공과 실패에 대해 책임감을 수용하는 정도나 학습상황을 제어하는 정도

요소	원인의 소재	안정성	통제가능성
능력	내적	안정적	통제불가
노력	내적	불안정적	통제가능
운	외적	불안정적	통제불가
과제의 난이도	외적	안정적	통제불가

4 귀인이론의 교육적 시사점

(1) 학생들이 학교학습에서의 성공과 실패를 자신의 능력, 운 또는 타인과 같이 자신들이 통제할 수 없는 힘에 귀인시킬 때보다 자신들의 노력 또는 노력 부족으로 귀인시킬 때, 학습하고자 하는 동기가 더욱 증진
(2) 학생들이 통제할 수 없는 원인들 때문에 좋은 성적을 받았다고 지각한다면 학습동기가 증진되지 않음
(3) 성공은 자신의 노력의 결과이며 실패는 노력의 부족 때문이라고 지각한다면 학습동기는 계속 유지·증진
(4) 학습에 투입한 노력의 양이 중요한 것이 아니라 자신의 노력과 학습의 성패 간에 인과적 관계가 있다고 지각

UNIT 7 사회학습이론의 기대×가치이론

1 특징

(1) 인간이 어떤 과제를 전력을 다해서 수행하는 것은 자신이 그것을 완성할 수 있을 것이라는 기대 이외에, 과제 그 자체가 과제를 수행하는 사람에게 부여하는 가치, 이 가운데 어느 하나라도 0(Zero)이라면 목표를 향한 일의 동기가 이루어지지 않게 됨

(2) 기대 × 가치이론에 따라서 학생들의 행동을 예측하거나 그것을 변화시키려고 한다면 먼저 보상의 가치에 대한 학생들의 지각을 측정해보아야 함

2 요소

(1) **과제 난이도** : 적절한 난이도는 성공에 대한 기대를 높임
(2) **자기 도식** : 자기 능력에 대한 긍정적, 인지적 평가도 성공에 대한 기대를 높임
(3) **내적 흥미** : 기꺼이 참여하도록 유도하는 활동의 특성과 주제의 성격
(4) **중요성** : 자기 도식에서 중요한 점을 얼마나 확증해 주는가를 확인
(5) **효용가치** : 직업이나 미래의 목표를 충족시킨다는 인식
(6) **비용** : 과제에 참여함으로써 올 수 있다고 인식되는 부정적인 면

UNIT 8 매슬로우의 동기이론

1 특징

(1) 개인이 결핍 욕구가 만족될 때 동기는 감소하고, 성장 욕구가 충족될 때 동기는 중단되지 않고 더 높은 성취를 위해 증가
(2) 인간의 욕구를 7단계의 위계로 구분. 크게 결핍 욕구와 성장 욕구로 나뉨
(3) 욕구위계이론에 의하면 인간은 내적 욕구를 가지고 태어나고, 이 욕구를 만족시키기 위해 노력. 그러나 이러한 노력의 궁극적인 방향은 단순히 생물학적 만족이나 긴장의 감소가 아니라 자아실현의 추구라는 점이 중요. 즉, 인간의 긍정적이고 지적이며 상위지향적인 측면을 강조

2 욕구의 종류

(1) **결핍 욕구**(충분히 충족되지 않거나 부족할 경우 문제를 일으킬 수 있기 때문, 하단 4개 층) : 생존, 안전, 소속감, 자존의 욕구
(2) **성장 욕구**(자신의 성장과 발전을 도모하고자 하는 인간의 기본 욕구) : 지적 성취, 심미적 이해, 자아실현

3 교육적 시사점

(1) 결식을 하고 학교에 온 학생, 즉 생리적 욕구를 미처 충족하지 못한 학생에게 지적인 욕구를 가지도록 요구하는 것은 무리
(2) 또래로부터 지속적인 집단구타를 당하는 학생, 즉 안전 욕구에 위협을 받고 있는 학생에게 소속감이나 애정, 자존감을 강조하고 수업에 적극 참여하도록 요구하는 것은 의미 없음

(3) 또래로부터 따돌림을 당하여 소속감과 애정의 욕구가 위협받고 있는 학생, 교사나 친구로부터 자존감의 상처를 입은 학생에게 교과 수업은 더 이상 흥미로운 것이 될 수 없음
(4) 생리적 욕구가 충족되고 가정과 학교에서 안전감과 소속감, 애정을 충분히 느끼며 자기 자신이 존중받을 만한 가치가 충분히 있는 사람이라는 자긍심이 충족될 때 아이들은 비로소 성장욕구인 지적 욕구를 충족하기 위하여 더욱 열성을 보임
(5) 교육현장에서 교사는 학습자의 결핍욕구가 충분히 채워졌는지에 항상 주의를 기울여야 함. 학습자의 동기 유발을 위한 사전작업으로서 학생이 지니고 있는 욕구를 충분히 이해하려고 노력하는 교사의 행동은 매우 중요

UNIT 9 데시 & 라이언(Deci & Ryan)의 자기결정성 이론

1 개념

(1) 자신의 행동과 운명을 자율적으로 선택할 수 있다는 믿음을 말함. 자기 결정의 정도에 따라 동기를 설명하는데, 인간의 행동을 자율성의 정도에 따라 타율적인 행동(외재적 동기화된 행동)에서 완전히 자기 결정된 행동(내재적으로 동기화된 행동)에 이르는 과정을 개념화
(2) 자율성, 유능감, 관계성의 기본 욕구로 이루어져 있음

2 세 가지 기본욕구 : 내재적 욕구

(1) **자율성 욕구**
① 자기 결정성 이론의 핵심으로 인간이 외적인 보상이나 압력보다는 자신이 원하는 것에 따라 행동하려는 욕구
② 스스로 목표를 세우고, 자신에게 중요하고 가치있는 것을 결정하기를 원함

(2) **유능감 욕구**
① 인간이 누구나 능력 있는 사람이기를 원하고 자신의 능력이나 재능을 향상하기 원한다는 것
② 자신의 능력에 대해 긍정적인 인식을 가진 학습자는 유능감이 높음
③ 실제 학습과제에서 노력(매슬로우 욕구위계에서 지적 성취욕구, 사회인지이론에서 자기효능감)

(3) **관계성 욕구**
① 다른 사람과 정서적 유대와 애착을 형성하고자 하는 욕구. 내재동기와 직접적 관련은 없지만, 다른 사람과 함께 하는 활동에서 내재동기를 유지하는 데 중요
② 가령, 선생님과 부모와 안정적인 관계를 가질 때 아동은 높은 내재동기를 가짐(선생님과의 긍정적 관계는 학생의 성공가능성을 높임)

UNIT 10 에임스(Ames) & 매어(Maehr)의 목표지향성 이론

1. 학습이나 작업과 같이 성패와 관련된 어떤 과제를 수행할 때, 과제 수행의 목표를 어디에 두느냐에 관한 것이 그 과제의 수행과정은 물론 결과에까지 영향을 미친다는 것

2. 목표는 개인의 이루고자 하는 성과 또는 성취하려는 희망을 말함. 목표지향성이론에서는 학습목표와 수행목표를 구분

정의/영향		숙달목표	수행목표
정의	능력의 개념	변화가능	변화불가능
	성공의 정의	개선, 진보, 숙달, 창의성, 혁신, 학습	남보다 상대적으로 높은 성취
	가치 부여	노력, 도전적 과제시도	실패 회피
	노력하는 이유	개인적 성장	자기의 상대적 우수성 과시
	평가 기준	절대적 기준, 진보 여부	상대적 기준, 타인과 상대적 비교
	실수에 대한 견해	정보제공, 정성적 학습의 일부	실패, 능력이 낮다는 증거
영향	귀인	적응적 귀인	부적응적 귀인
	정의(情意)	노력으로 성공 시 자부심/만족감 경험	실패 시 부정적 정의 경험
	인지	심층적인 정보처리전략 활용	피상적이고 기계적인 학습전략 활용
	행동	개인적으로 도전적인 과제 선택	쉬운 과제 선택

UNIT 11 성공추구동기와 실패회피동기

성공추구 학습자	실패회피 학습자	실패수용 학습자
• 높은 성취욕구가 있음 • 도전적인 과제와 학습목표를 설정 • 실패의 귀인을 자신의 노력으로 능력은 개선될 수 있다고 생각 • 적응전략을 사용	• 수행목표를 설정 • 아주 어렵거나 쉬운 과제를 선택 • 실패회피가 동기를 유발 • 실패의 귀인을 능력 혹은 과제 탓 • 능력은 고정되어 있다고 생각 • 자아파기전략을 사용	• 아예 목표가 없음 • 쉽게 포기함 • 실패의 귀인을 능력으로 돌리며 능력은 고정되어 있다고 생각 • 학습된 무기력 전략을 사용

1. 모든 학생들 혹은 모든 교사들이 단지 성공하고자 하는 희망 때문에 동기가 유발되는 것은 아님

2. 과제수행의 동기는 실패에 대한 두려움 때문에 야기되는 경우도 많음

3. 실패의 두려움은 성공추구동기보다 더 강렬한 동기요인으로 작용

4 실패에 대한 두려움은 학생들이 어떤 활동을 시도하지 못하게 할 수도 있음. 혹은 실패에 대한 두려움은 개인들이 비현실적으로 어려운 과제를 시도하도록 동기유발

5 성공추구 학습자, 실패회피 학습자, 실패수용 학습자의 특성

UNIT 12 엣킨슨(Atkinson)의 성취동기이론

1 개념

(1) 성취동기는 학교에서의 학업성취에 가장 큰 영향을 미치는 동기 요인. 도전적이고 어려운 과제를 성공적으로 수행하려는 욕구라고 정의
(2) 학생들의 성취동기를 성공하기 위해 동기화되는 경우를 성공추구동기(Ms : motivation to succeed)와 실패를 회피하기 위해 동기화되는 경우를 실패회피동기(Maf : motivation to avoid failure)로 설명

2 동기 유형

(1) Maf > Ms 유형의 학생은 어떤 과제에서의 성공 경험은 동기를 증가시키는데 반하여, 실패 경험은 동기를 저하시킴
(2) Ms > Maf 유형의 학생은 반대로 어떤 과제에서의 성공 경험이 동기를 감소시키는 데 반하여 실패의 경험이 동기를 증가시킴
(3) 학습자의 유형에 따라 동기 유발의 방법이 다르므로, 학습자의 특성에 맞는 동기 유발 전략을 활용해야 함
(4) 성공의 경험은 긍정적인 자아개념을 형성하는데 도움이 됨

3 교사의 역할

(1) 과제 수행의 성공에 대한 기대의 가능성을 높여 줌. 학생들에게 성공적으로 학습과제를 수행할 수 있다는 기대를 높여 주어야 하는 이유는 그들이 학습 목적을 성취할 수 없다고 생각하면 성취하려는 동기도 생기지 않기 때문
(2) 학습 결과를 평가하는 과정에서 학습의 성공과 실패를 내적으로 귀인시켜 주어야 함(성공일 경우 자신의 능력으로 귀인, 실패일 경우 자신이 노력부족으로 귀인)
(3) 학습과제 수행에서 실패하였을 경우라도 벌을 최소화하고, 할 수 있는 가능성과 시사점을 구체적으로 명시해 줌으로써 북돋아 주어야 함

> **알아두기 ①** 켈러의 학습동기유발 전략(ARCS)

주의집중을 위한 전략	지각적 주의환기 전략	시청각 효과의 활용. 일상적이지 않은 사건이나 내용을 제시. 주의분산의 자극을 지양
	탐구적 주의환기 전략	능동적 반응 유도. 문제해결활동의 구상을 장려하기. 신비감의 제공
	다양성 전략	간결하고 다양한 교수형태의 사용. 일방적 교수와 상호작용적 교수의 혼합. 교수자료의 변화 추구. 목표-내용-방법이 기능적으로 통합
관련성의 증진을 위한 전략	친밀성의 전략	친밀한 인물 혹은 사건의 활용. 구체적이고 친숙한 사건의 활용. 친밀한 예문 및 배경지식의 활용
	목적지향성의 전략	실용성에 중점을 둔 목표 제시. 목적지향적인 학습형태 활용. 목적의 선택가능성 부여
	필요나 동기와의 부합성 강조의 전략	다양한 수준의 목적 제시. 학업성취 여부의 기록체제 활용. 비경쟁적 학습상황의 선택 가능. 협동적 학습상황의 제시
자신감 수립을 위한 전략	학습의 필요조건 제시 전략	교수목표와 그러한 목표의 구조 제시. 평가기준 및 피드백의 제시. 선수학습능력의 판단. 시험의 조건 확인
	성공기회의 제시 전략	쉬운 것에서 어려운 것으로서의 과제 제시. 적정수준의 난이도 제시. 다양한 수준의 출발점 제시. 다양한 사건 제시. 다양한 수준의 난이도 제공
	개인적 조절감의 증대 전략	학습의 끝맺음을 조절할 수 있는 기회 제공. 학습속도의 조절 가능. 원하는 학습부분으로의 재빠른 회기 가능. 선택 가능하고 다양한 과제와 난이도 제공. 노력이나 능력에 성공 귀착
만족감을 부여해주기 위한 전략	자연적 결과 강조의 전략	연습문제를 통한 적용의 기회를 제공. 후속학습상황을 통한 적용의 기회 적용. 모의상황을 통한 적용의 기회를 제공
	긍정적 결과 강조의 전략	적절한 강화계획의 사용. 의미 있는 강화의 제공. 정답에 대한 보상 강조. 외적 보상의 사려 깊은 사용. 선택적 보상체제 활용
	공정성 강조의 전략	교수목표와 내용의 일관성 유지. 연습과 시험내용의 일치

UNIT 13 학습전이의 이론

1 형식도야설

(1) 인간의 마음은 지각, 기억, 상상, 추리, 감정, 의지 등과 같은 서로 뚜렷한 일반능력들로 구성되어 있어 신체의 근육을 단련하듯이 마음을 단련(고대의 7자유과론)
(2) 교과를 통해 일반정신능력을 단련시킬 때 → 로크(Locke), 교과중심 교육과정
(3) 전이는 근육의 단련과 같이 연습을 통해 강화시킬 수 있다고 봄. 예를 들어 실생활과 관련 없지만 정신을 훈련시키는데 도움이 되는 어려운 교과목도 이수시키는 경우

2 동일요소설

(1) 한 학습의 효과가 다음 학습을 촉진시키는 경우
  ① 두 학습과제 사이에 동일한 요소가 존재해야 한다는 이론(형식도야설을 부정)
  ② 더하기를 잘하는 사람이 곱셈을 공부할 때 이해가 빠른 것은 더하기와 곱하기가 같은 요소
(2) 동일요소가 있을 때 → 행동주의 심리학에 기초, 경험중심 교육과정
(3) 자극의 요소, 개념, 원리, 법칙들이 유사 혹은 상관성이 있을 때 전이가 일어남. 가령, 자전거 타기가 오토바이 타는 데 도움

3 일반화설(동일원리설)

(1) 두 학습 내용 사이에 원리가 같을 때 전이가 일어난다는 이론
  1908년 주드의 실험이 대표적인 것으로서 동일원리설이라고도 함
(2) 원리나 법칙을 알 때 → 저드(Judd), 수중표적 맞히기 실험(굴절의 원리), 학문중심교육과정
(3) 사실적 지식보다 원리나 법칙에 대한 교수가 바람직(학문중심교육과정 : 브루너의 발견학습)

4 형태이조설

(1) 어떤 장면 또는 학습 자료의 역학적 관계가 발견되거나 이해될 때 그것이 다른 장면이나 학습 자료에 전이된다는 이론(게슈탈트 심리학에 기초)
(2) 두 자료간의 단편적 요소의 공통성보다는 형태나 관계성의 공통성을 강조한다는 점에 특색
(3) 관계를 알 때 → 브루너(Bruner), 학문중심교육과정(발견학습) 예 닭모이 실험
(4) 형태이조설에서 전이가 일어나기 위해서는 학생의 적극적인 통찰이 필요(통찰학습 혹은 학문중심교육과정)

전이 유형	주창자	내용	영향
형식도야설	로크 (Locke)	교과(형식)을 통해 일반정신능력을 훈련시킬 때 자연적 전이 발생	교과중심 교육과정
동일요소설	손다이크 (Thorndike)	동일한 요소가 있을 때, 유사성이 클 때 전이 발생	경험중심 교육과정
일반화설 (동일원리설)	저드 (Judd)	• 일반원리나 법칙을 알 때, 일정한 학습장면에서 조직적으로 개괄화 또는 일반화해서 다른 장면에 적용할 때 전이 발생 • 수중표적 맞히기 실험(굴절의 원리)	학문중심 교육과정
형태이조설 (구조적 전이설)	코프카 (Koffka)	• 일반화설의 확장 • 어떤 장면 또는 학습자료의 역학적 관계(수단과 목적의 관계)를 이해할 때 전이 발생 • 쾰러의 닭 모이 실험	학문중심교육 과정 발견학습

UNIT 14 종류

1 긍정적 전이(학습촉진), 부정적 전이(학습방해), 영전이

(1) 긍정적 전이(적극적)
어떤 상황에서 학습한 것이 새로운 상황에서도 기억되고 적용되는 것

(2) 부정적 전이(소극적)
어떤 과제를 학습한 것이 다음 과제를 학습하는 데 방해가 되는 것

2 수평적 전이(내용의 위계가 같을 때), 수직적 전이(내용의 위계가 다를 때)

(1) 수평적 전이
선행학습이나 경험이 후행학습의 것과 다르지만, 서로 비슷한 수준의 과제일 때 나타남(예 수학시간 사칙연산 → 물리시간 공식 이해 도움)

(2) 수직적 전이
선행학습과 후행학습 간에 내용이나 기능면에서 어떤 위계가 있어서 서로 영향을 미치는 전이. 가령 과거의 학습한 낮은 수준의 과제가 고차적인 수준의 학습을 촉진(예 수학에서 사칙연산 → 방정식 풀 수 있음)

3 특수적 전이(구체적 자극이 같을 때), 일반적 전이(법칙이나 원리를 알 때)

(1) 특수전이
① 선행학습에서 획득한 지식, 기능, 법칙을 매우 유사한 장면에 적용할 때 나타남
② 자극 유사성의 구체적인 측면에 의해서 전이가 일어남
③ 선행학습과 후속학습 간의 구체적 요인(특수요인)에 의해 전이가 일어나는 경우

(2) 일반전이
① 선행학습에서 획득한 지식, 기능, 법칙을 완전히 새로운 장면에 적용할 때 나타남
② 일반적인 원리의 이해가 전이를 일으키는 현상
③ 학습하는 방법을 학습함으로써 다른 방면에도 두루 전이 현상이 일어나는 경우

4 전향적 전이, 역행적 전이

(1) 전향적 전이
선행학습이 후행학습에 영향을 미치는 현상
예 연구방법론 수업을 수강하는 이유가 자신의 석사학위 논문을 작성하는 데 도움을 받기 위해서인 경우

(2) 역행적 전이

후행학습이 선행학습에 영향을 미치는 현상 → 현재의 학습활동이 과거에 학습한 활동을 이해하는 데 영향을 주는 현상

> 예 몇 해 전에 뚜렷한 목적 없이 교육심리학 과목을 수강했는데, 학원에서 아이들을 가르치는 과정에서 이전에 수강한 교육심리학 지식을 회상함으로써 도움을 받는 경우

UNIT 15 장독립성과 장의존성 학습양식(Witkin, 1962)

장독립형(Field-independence)	장의존형(Field-dependence)
내적 대상에 의존하는 성향 → 어떤 사물을 인지할 때 그 사물의 배경이 되는 주변의 장의 영향을 별로 받지 않는 인지유형	외부적 대상에 의존하는 성향, 지각 대상을 전제로서 지각하는 인지유형 → 주변의 장에 의존하는 인지양식
• 분석적 논리적 추상적 지각 • 내적 지향 → 비사교적 • 구조를 스스로 창출 → 비구조화된 자료 학습 선호 • 비선형적인 Hyper-media 학습에 적합 • 학문중심 교육과정에 유리 • 개인적 성향 → 대인관계에 냉담, 강의법 선호 • 사회적 정보나 배경 무시 • 개념이나 원리 지향적 → 실험적	• 전체적 직관적 지각 • 외부적 지향 → 사교적 • 기존의 구조를 수용 → 구조화된 자료 학습 선호 • 선형적인 CAI 학습에 적합 • 인간중심 교육과정에 유리 • 사회적 성향 → 대인관계 중시, 토의법 선호 • 사회적 정보나 배경에 관심 • 사실이나 경험 지향적 → 관습적, 전통적
• 분석을 통한 개념 제시 • 자신의 가설 형성 • 내적 동기 유발 → 외부 비판에 적게 영향 받음 • 수학, 자연과학 선호 → 수학자, 물리학자, 건축가, 외과의사와 같은 직업 선호	• 제시된 아이디어를 수용 • 눈에 띄는 특징에 영향을 받음 • 외적 동기 유발 → 외부 비판에 많이 영향 받음 • 사회관련 분야 선호 → 사회사업가, 카운슬러, 판매원, 정치가와 같은 직업 선호

1 장독립성

(1) 지각적 상황을 재빨리 재구조화할 수 있으며, 구조가 없거나 적은 상황에 구조를 부여
(2) 장독립적인 인지양식을 지닌 학습자는 내적 관련성에 의존하여 배경에 관계없이 정보를 독립적으로 분리하여 지각

2 장의존성

(1) 지각대상을 전체로서 지각하는 인지 유형으로, 대상을 그것이 가지고 있는 전체 자체로 받아들임
(2) 장의존적인 인지양식을 지닌 학습자는 외적인 관련성에 의존하여 사물을 지각할 때 사물의 배경이 되는 주변 장에 의해 영향을 받아 전체적인 특징을 지각하는 반응

알아두기 ① Kagan의 사려형(숙고형)과 충동형 : 과제해결에 대한 반응 시간과 반응오류를 기준

충동형	반성형(사려형)
문제해결에 있어 생각나는 대로 단순하게 답하려는 경향이 있어, 정보를 빠르게 처리하지만 많은 실수를 함	대안을 탐색하고 여러 측면을 검토하면서 적절한 답을 구하는 경향이 있어, 실수를 적게 함
• 활동적, 불안, 감각적, 총체적, 산만, 흥분 • 성취도가 낮고 보상에 민감	• 사변적, 사려적, 언어적, 분석적, 집중, 침착 • 성취도가 높고 보상에 둔감

UNIT 16 기제

1 방어기제

(1) 정의 : 자아가 위협받는 상황에서, 무의식적으로 자신을 속이거나 상황을 다르게 해석하여, 감정적 상처로부터 자신을 보호하는 심리 의식이나 행위를 가리키는 정신분석 용어

(2) 합리화

① 자기의 행동이 억압되었을 때 그럴듯한 변명을 함으로써 자아를 보호하려는 기제
② 여우와 신포도형(목표부정, 목표과소평가), 달콤한 레몬형(목표과대평가, 불만족한 현실인정)

(3) 보상 : 열등감이나 신체적 부족을 다른 것으로 대체시켜 만족을 얻으려는 기제

(4) 투사

① 자아의 욕구가 억압당했을 때 그 이유를 외부의 탓으로 돌려 긴장을 해소시키는 기제
② 잘되면 내 탓, 못되면 조상 탓, 못난 목수 연장 나무란다.

(5) 동일시

① 다른 사람이나 집단과 같거나 비슷하다고 느끼며 자신의 열등감에서 빠져 나오려는 기제
② 오이디푸스 콤플렉스(남근기), 연예인 흉내내기, 친구 따라 강남 간다, 윗물이 맑아야 아랫물이 맑다 등
③ 다른 사람의 행동 특성이나 심리특성을 자신의 특성처럼 받아들여 불안을 극복하려는 것

(6) 승화

① 억압된 욕구가 사회적으로 보다 바람직한 행동으로 발산되는 기제
② 성직자의 고행, 학자의 연구몰두, 학생이 공부에 전념함
③ 사회적으로 가치 있는 일을 성취하려고 노력함으로써 자신이 억압당하고 있는 욕구를 만족시키는 것

(7) **역형성(반동)** : 억압된 욕구나 충동이 방향이나 성질이 정반대인 현상으로 표현되는 기제

(8) **지성화(주지화)** : 감정이 아니라 이성(원칙)을 따라 행함으로써 문제해결

2 도피기제

(1) **정의** : 심리학 용어로, 받아들일 수 없는 현실, 고통, 위협 등을 거부하고 피하기 위해서 사용하는 방어기제의 일종

(2) **고립** : 외부와의 접촉을 끊고 자기 내부에 갇혀서 현실의 억압에서 피하려는 기제

(3) **퇴행** : 어릴 때의 감정, 사상, 생활태도로 되돌아가 현실의 과제로부터 도피하려는 기제 만족이 주어졌던 발달 초기의 수준으로 돌아가 미숙한 반응을 나타내어 불안극복

(4) **백일몽** : 현실적으로 도저히 만족할 수 없는 욕구나 소원을 상상의 세계에서 찾으려는 기제

(5) **억압** : (내부적) 위협을 주는 욕구(예 엄마에 대한 적대감)를 무의식적으로 차단, 자각시 현실의 문제상황을 인정, 즉, 의식하에 억눌러 버리고 의식상은 아무 것도 아닌 것처럼 행동하는 것

(6) **고착** : 현 발달단계에 멈춤

(7) **부정** : (외부적) 위협을 주는 욕구(예 친한 친구의 배신)를 무의식적으로 부정, 자각시 현실의 문제상황을 부정

3 공격기제

(1) 직접 공격이나 간접 공격을 함으로써 긴장을 해소하는 기제

(2) **직접적 기제** : 폭행, 싸움, 기물파괴

(3) **간접적 기제** : 욕설, 비난, 조소행위

알아두기 ① 방어기제의 종류 및 내용

종류	내용	예
억압	자아가 위협적인 내용을 의식 밖으로 밀어내거나 혹은 그러한 자료를 의식하지 않으려는 적극적인 노력. 본질적으로 억압은 우리에게 불편함이나 고통을 가져다주는 존재에 대한 무의식적 부정	자신을 학대하는 부모에 대한 뿌리 깊은 적대감을 알아차리지 못하는 것
부정	현실에서 일어났던 위협적이거나 외상적인 사건을 받아들이지 않고 거절하는 것	부모가 사랑하는 자녀의 죽음을 계속해서 믿지 않으려 하는 것
반동형성	개인의 내면에서 수용할 수 없는 충동을 정반대로 적극적으로 표현하는 것	위협적인 성적 충동에 사로잡혀 있던 사람이 정반대로 포르노그래피를 맹렬하게 비판하는 것
투사	자신이 갖고 있는 좋지 않는 충동을 다른 사람이 가지고 있다고 원인을 돌리는 것	내가 그를 미워하는 것이 아니라 그가 나를 미워한다고 표현하는 것
퇴행	위협적인 현실에 직면하여 덜 불안을 느꼈던, 그리고 책임감이 적었던 이전 발달단계의 행동을 하는 것	아이가 학교에 가야 한다는 위협에 직면하여 잠자리에서 오줌을 싸는 것
전위	어떤 대상에게 원초아의 충동을 표현하기가 부적절하면 그러한 충동을 다른 대상으로 대체하는 것	아빠에게 꾸중을 들은 아이가 적대감을 아빠에게 표현하지 못하고 동생을 때리거나 개를 발로 차는 것
합리화	자신의 행동을 그럴듯한, 그러나 부정확한 핑계를 사용하여 받아들여질 수 있게 행동을 재해석하는 것	이솝우화에서 포도를 딸 수 없었던 여우가 포도가 실 것이라고 결론 내렸던 것
승화	수용될 수 없는 충동이 사회적으로 받아들여 질 수 있는 충동으로 대체되는 것	타인에 대한 공격성이 권투선수가 되어 훌륭한 시합을 하는 것으로 대체되는 것

CHAPTER 04 생활지도의 이해

UNIT 1 생활지도의 주요활동

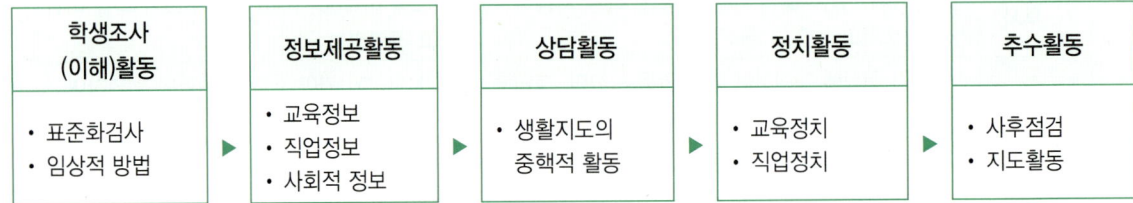

1 학생조사활동(student inventory service)

(1) 학생조사활동이란 '학생이해활동', '학생평가활동'이라고도 함
(2) 학생의 인적사항 등을 객관적이고 과학적으로 파악하는 활동
(3) 표준화검사에 의한 방법(지능검사, 적성검사, 성격검사 등)
(4) 임상적 방법에 의한 방법(관찰법, 면접법, 질문지법, 평정법 등)
(5) 학생들을 개별적으로 이해하는 데 필요한 기초적인 자료를 조사, 수집하는 활동
(6) 조사활동의 영역으로는 가정환경, 성적, 특별활동, 교외활동, 지능, 적성, 흥미, 성격, 장래의 희망 등이 조사활동의 영역
(7) 학생의 정보수집을 위해 이용되는 심리검사는 표준화 검사와 비표준화 검사로 구분
(8) 표준화 검사에는 지능, 적성, 학력, 흥미, 성격검사 등이 있고, 비표준화 검사에는 관찰법, 질문지법, 면접법, 투사법, 누가기록, 사회성 측정법, 자서전법 등

2 정보활동(information service)

(1) 학생들이 원하는 각종 정보 및 자료를 제공
(2) 학생들의 개인적 발달과 사회에의 적응을 돕기 위해 제공되는 활동
(3) **교육정보, 직업정보, 개인적 및 사회적 정보 등**
   ① **교육정보** : 학교교육과정, 학비에 대한 정보 등 적절한 교육을 받을 수 있도록 정보를 주는 활동. 즉, 교육의 과정에 관계되는 모든 정보를 말함. 신입생 오리엔테이션(orientation)에서 학교, 학과, 교과, 이수학점, 장학금, 도서관 이용 등의 정보 등을 제공하는 것도 교육정보

② **직업정보** : 직업세계의 분석을 통해 직업이 요구하는 자질, 장래성 등을 포함해 직업과 관련된 일련의 정보를 제공하는 활동. 즉, 직업에 관한 정보와 직업세계의 분석 및 각종 직업에 필요한 자질 및 장래성 등 직업과 관련된 일체의 정보를 의미

③ **개인·사회적 정보** : 학생들이 자신을 잘 이해하고 다른 사람과의 관계를 향상시킬 수 있도록 이에 필요한 정보를 제공하는 활동. 즉, 개인의 인성적 적응과 사회적 적응을 하는 데 도움이 되는 일체의 정보를 포함

④ 정보의 제공은 정보제공실, 정보제공자, 학교신문, 뉴스레터, 게시판 등을 통한 정보제공, 각종 집회활동, 홈룸(home room), 특별활동, 각종 오리엔테이션을 통한 정보제공 등의 방법

(4) 학생들을 둘러싸고 있는 여러 가지 환경과 문제해결에 관련된 정보를 제공해 주는 활동으로 교육정보, 직업정보, 개인적·사회적 등의 영역이 됨

3 상담활동(counseling service) : 생활지도 활동의 중핵적인 활동

(1) 학생조사활동과 각종 정보활동을 통해 획득한 종합적인 자료 정보를 근거
(2) 상담자와 내담자의 친밀한 관계 속에서 전문적인 대화가 전개
(3) 지도조언을 담당하는 상담자(counselor)와 지도조언을 받는 피상담자(내담자, counselee)와의 문제해결을 위한 역동적 활동으로 지시적 상담, 비지시적 상담과 절충적 상담 등

4 정치활동(placement service, 定置)

(1) 상담의 결과에 따라 학생들을 적재적소에 배치하는 활동(교육적 정치와 직업적 정치)
(2) 교육적 정치는 학과 선택, 특별 활동반 선택, 서클 활동 부서 선택 등을 돕는 활동
 – 진급, 전학, 월반, 학생 개개인의 수준에 맞게 교육과정이나 교과목을 선택하도록 돕는 일. 학과 선택, 특별활동의 선택 및 부서배치
(3) 직업적 정치는 직업선택, 진로선택, 부직 알선 등의 활동
 – 직업 선택과 진로 결정, 능력과 형편에 맞는 부업을 구하도록 돕는 일
(4) **개인발달을 위한 정치** : 집단이나 의사결정 등 다양한 역할 수행의 활동 기회 제공
(5) **환경적 정치** : 현재 자신의 환경과 현저하게 다른 환경에서 생활하는 기회 제공
(6) 학생의 능력, 적성, 흥미 등에 맞는 환경에 위치시키는 활동으로써 직장의 선택, 학과의 선택, 특별활동이나 홈룸(home room) 또는 클럽활동의 부서배치, 상급학교나 특정한 학교에 입학하는 등의 다음 단계로 옮겨가는 데 적성에 맞도록 조력을 하는 활동
(7) 교과선택, 출석, 생활지도, 과외활동, 지역사회운동 등과도 관련시켜 생각할 수 있음
(8) 정치활동은 학생에 관한 충분한 자료와 정보를 토대로 학생이 스스로 희망하는 분야를 선택할 수 있도록 조력하는 데 주안점

5 추수활동(follow-up service, 追隨)

(1) 추수활동이란 사후의 점검을 위해 이루어지는 일련의 활동
(2) 추수활동은 학생들의 인적사항 파악, 각종 정보의 제공 활동, 상담의 실시

(3) 학생들이 학교생활이나 사회생활, 직업생활 등에서 낙오되지 않도록 보살펴주는 활동
(4) 지도를 받은 학생이 어느 정도 건전하게 적응하고, 개선되었는가를 알아보고, 그 결과를 환류(feedback)시켜 새로운 생활지도 계획의 자료로 삼기 위해 추수활동
(5) 여기에는 재학생, 퇴학생, 졸업생 등이 포함. 추수활동은 전화, 면접, 관찰, 질문지, 방문지도 등을 통해서 이루어져야 함. 추수활동의 결과는 반드시 새로운 생활지도 계획에 반영

6 기타(위탁활동)

(1) 전문가나 전문기관에 의뢰하여 지도하는 것
(2) 교내 전문가에 의한 위탁과 지역사회에 대한 위탁으로 구분

UNIT 2 진로상담

1 특성요인이론

(1) **개요** : 상담은 특성요인이론(trait and factor theory)에 따른 상담을 말하며 주로 교육과 직업문제에 있어서의 적응을 강조하는 직업상담에서 발전해 온 것으로서 개인의 전체적인 발달을 목표로 삼고 있는 상담방법. 이 상담방법은 윌리엄슨(Williamson, 1939 & 1950 : Williamson & Biggs, 1979)을 중심으로 발전

(2) **특징**
① 삶의 어느 특정 시기에 의사결정을 하려고 할 때 도움을 줄 수 있는 이론
② 개인차 심리학과 응용심리학에 근거(Parasons, Williamson, Hull 등)
③ 개인의 특성에 대한 객관적 자료와 직업의 특성에 관한 자료를 중시
④ 특성요인 상담에서 상담자는 진단을 하기 위해서 현재 해야 할 것을 지시할 뿐만 아니라 정보의 제공, 지시, 암시, 비판, 충고, 설득, 훈계 등의 기술을 일방적으로 사용하여 지시적 상담이라고 하며
⑤ 내담자의 심리적 특성과 성공적 행동의 요인에 비중을 두기 때문에 상담자 중심의 상담이 이루어지므로 상담자 중심상담 그리고 논리적·지적인 도구를 사용하는 방법으로 상담을 하므로 이성적·지시적 상담이라고도 함
⑥ 특성요인 상담은 내담자에게 합리적인 정보를 제공하여 장래계획이나 진로선택을 하는 데 현명한 결정을 내릴 수 있도록 하는 데 초점
⑦ 상담에서는 내담자의 정서적 이해보다 문제의 객관적 이해에 중점을 두고 내담자에게 정보를 제공하고 학습기술과 사회적응 기술을 알려 주는 것을 중요하게 여김

(3) **주요내용**
① 인간은 각자 객관적으로 측정하고 조사할 수 있는 독특한 특성

② 즉, 적성, 욕구, 흥미, 가치관, 기대, 심리적 적응, 모험성 그리고 포부를 지니고 있음
③ 인간은 특정 직업에서 성공하려면 그 직업에 맞는 특성을 지녀야 함
④ 개인의 능력이 직업에 맞는 특성일수록 개인이 성공하고 만족감을 느낄 가능성이 커짐

(4) 상담목표 및 상담과정

① 문제해결의 지적 과정을 중시하고 있으며, 상담자의 적극적인 지시나 정보제공
② 내담자가 인격의 모든 면에서 최적의 방향으로 성장하도록 돕는 것
③ 특성요인 상담과정의 의의는 상담자가 상담 중에 내담자로 하여금 적극적으로 협력할 수 있도록 하여, 그의 문제를 찾아내고 진단하며 치료하는 것. 상담자는 문제해결에서 대부분의 책임을 지며 그 책임이 상담자의 노력의 초점
④ 윌리암슨과 달리(Williamson & Darley, 1937)의 6단계
  ㉠ 분석(analysis) : 학생을 이해하는 데 필요한 자료 모음
  ㉡ 종합(synthesis) : 자료를 체계 있게 정리·조작하여 학생의 적응 문제 정리
  ㉢ 진단(diagnosis) : 학생의 문제의 특징이나 원인에 관한 결론을 이끌어 냄
  ㉣ 예진(prognosis) : 학생의 문제가 앞으로 어떻게 발전되어 나갈 것인가를 예언
  ㉤ 상담(counseling) : 상담자와 학생이 바람직한 적응을 위하여 취하는 수단
  ㉥ 추후지도(follow-up service) : 상담 결과의 계속적 확인, 평가의 단계

(5) 기여 : 진로 지도 시 개인의 여러 가지 특성을 고려하도록 함

(6) 한계 : 각 발달 단계에서 특성을 어떻게 지속적으로 측정 및 고려할 수 있는가

2 발달이론

(1) 긴즈버그(Ginzberg)의 직업발달이론(1951)

환상기(6~10세)	무엇이든 하고 싶고 하면 된다는 식의 환상속에서 비현실적인 선택
잠정기(시도기) (11~17세)	• 개인의 흥미나 취미, 능력과 가치관 등에 따라 직업을 선택하려 하지만 현실 상황을 고려하지 않아 비현실적인 시기 • 흥미단계 → 능력단계 → 가치단계 → 전환단계의 하위단계로 진행
현실기 (18~22세)	• 직업에서 요구하는 조건과 개인적 욕구와 능력을 결합하여 현실적으로 직업을 선택하는 시기 • 탐색단계 → 구체화단계 → 특수화(전문화)단계로 진행

① 진로발달을 생애의 전 과정에 걸친 과정으로 파악
② 인간의 신체와 정신이 발달하는 것처럼 직업에 대한 지식, 태도, 기능도 어려서부터 발달. 일련의 발달 단계를 거친다는 것

(2) 수퍼(Super)의 직업발달이론(1953)

① 직업발달의 과정은 자아실현과 생애발달의 과정
② 개인적 요인과 환경요인과의 상호작용을 강조하는 통합적 접근
③ 단계를 성장기(출생 ~ 14세), 탐색기(15 ~ 24세), 확립기(25 ~ 44세), 유지기(45 ~ 64세), 쇠퇴기(65세 ~)
④ 직업선택의 발달은 인생의 전 생애에 걸쳐서 진행
⑤ 진로 의식의 발달 과정은 개인의 자아 개념의 발달과 그것의 실현
⑥ 발달과정은 개인의 변인과 사회적 요인간의 타협과 종합의 연속
⑦ 자아 개념은 타고난 능력, 신체적 특징, 다양한 역할 수행의 기회, 역할 수행의 결과에 대한 주의의 반응 등의 상호 작용의 산물

3 욕구이론

(1) 로우(Roe)의 욕구이론(1956)

① 개인의 욕구가 직업선택에 커다란 영향을 미친다고 봄
② 즉, 아동기에 형성된 욕구에 대한 반응으로 직업선택이 이루어진다는 것
③ 부모의 양육방식이 자녀의 성격과 욕구 위계를 형성하고 직업선택에 영향을 줌

부모의 양육방식 (부모-자녀의 상호작용 유형)		성격 지향성	직업 지향성
자녀에 대한 애착 (정서집중형)	과보호적 분위기(과보호형)	인간 지향적인 성격형성	인간지향적 직업선택 → Ⅰ. 서비스직, Ⅱ. 비즈니스직, Ⅲ. 단체직, Ⅶ. 일반문화직, Ⅷ. 예능직
	과요구적 분위기(요구과잉형)		
자녀 수용 (수용형)	애정적 분위기(애정형)	비인간 지향적 성격형성	비인간지향적 직업선택 → Ⅳ. 기술직, Ⅴ. 옥외활동직, Ⅵ. 과학직
	무관심한 분위기(무관심형)		
자녀 회피 (회피형)	무시적 분위기(방임형)		
	거부적 분위기(거부형)		

④ 새로운 직업분류체계를 개발. 직업선호도검사, 직업흥미검사, 직업명사전 개발
⑤ 기여 : 성격과 직업분류를 통합함
⑥ 한계 : 실증적인 근거의 결여, 검증 어려움, 진로상담을 위한 구체적인 절차 부재

(2) 홀랜드(Holland)의 인성이론 : (RIASEC 6각형 모델) - 직업선택이론(1966)

① 개인의 행동양식이나 인성 유형이 직업선택과 발달에 중요한 영향을 미친다고 보았음
② 직업선택을 개인의 타고난 유전적 소질과 문화적 요소 간의 상호작용의 결과
③ 개인의 직업선택 행동은 인성의 표출
④ 사람들은 자기의 인성유형을 표출할 수 있는 직업환경을 선택하게 됨
⑤ 기여 : 유효한 검사도구 개발. 직업사전을 홀랜드 직업코드사전으로 변안
⑥ 한계 : 다른 중요한 개인적, 환경적 요인 경시, 발달적인 측면 설명 결여, 개인 및 환경의 변화 가능성 고려하지 않음. 성적 편파 문제 해결 못함

직업환경	성격 특성과 직업적응 방향
현실적 (실재형, Realistic)	운동신경이 잘 발달되었으며, 손을 사용하거나 체력을 필요로 하는 활동을 선호하며 객관적이고 구체적인 과제를 즐김
지적 (탐구형, Investigate)	과업 지향적이고 신중하며 추상적인 일을 즐김. 학구적이고 과학적인 영역에서 탁월한 경향
심미적 (예술형, Artistic)	내향적이고 비사교적이며 민감하고 충동적. 언어적이고 예술적인 영역에서 탁월하며 창의적이고 독창적인 경향
사회적 (사교형, Social)	언어 능력과 대인관계 기술이 뛰어나고 다른 사람들과 함께 일하고 또 다른 사람들을 돕는 것을 즐김. 사회 지향적이고, 보수적
설득적 (기업형, Enterprising)	남성인 면이 강하고 타인을 지배하거나 설득하는 능력이 뛰어남. 비교적 외향적이며, 권력이나 지위 등에 관심이 많음
전통적 (관습형, Conventional)	틀에 박힌 활동을 좋아하고 법률이나 규칙을 잘 지킴. 보수적이고, 순응적이며 사회적 성향. 계산적이고 사무적인 직업을 즐김

4 사회학이론

(1) **의사결정이론(Keynes)** : 개인은 여러가지 선택 가능한 직업 중 자신의 투자가 최대로 보장받을 수 있는 직업선택

(2) **사회학습이론(Krumboltz, 행동상담의 제창자, 1928~2019, 진로선택이론)**
① 사회학습이론의 원리를 직업 선택의 문제에 적용한 것
② 진로 결정에 영향을 미치는 사회적 요인들의 상호작용을 중시
③ 학습이론을 토대로 개인의 성격과 행동은 그의 독특한 학습경험에 의해서 가장 잘 설명
④ **진로결정요인** : 유전적 요인과 특별한 능력(타고난 잠재력, 각 개인의 타고난 기질적 특성), 환경적 조건과 사건(사회적, 문화적 요인), 학습경험, 과제접근기술(개인이 성장하면서 발달시킨 기술)
⑤ **진로결정요인들의 상호작용 결과** : 자기관찰 일반화, 세계관 일반화, 과제접근기술, 행위산출
⑥ 상호 결정론에 기초. 인간의 행동과 여러 가지 다른 개인 및 환경적 요인은 상호 결정 요인으로 작용
⑦ 학습경험 및 다양한 요인의 결합은 개인이 주어진 환경에서 역할을 효과적으로 담당할 수 있도록 함

[학습경험]

도구적 학습경험	어떤 행동과 그것과 관련된 인지적 기능을 보일 때 긍정적으로 강화된다거나 벌이 가해질 때 일어남
연상적 학습경험	이전에는 중립적인(아무런 느낌을 갖지 못한) 사건이나 대상을 감정적으로 받아들여지는 사건이나 대상으로 연상하게 될 때 일어남
대리적 학습경험	다른 사람들의 행동을 관찰하거나 서적, 영화, 텔레비전과 같은 매체를 통한 새로운 정보와 지식을 획득할 때 일어남. 모방 학습, 모형학습, 동일시 등이 포함

CHAPTER 05 상담이론

UNIT 1 상담이론의 대표적 이론

구분	대표적 이론 및 주요 특징
인지적 영역	• **지시적 상담** : 특성 요인이론, 상담자 책임, 진단 중시, 비민주적 상담, 상담의 과학화 기여 • **합리적·정의적 상담이론** : 인지 정서 행동치료, 비현실적·비합리적 신념을 현실적·합리적 신념으로 전환 (ABCDE 기법) • **개인구념이론** : 과학자로서의 인간관, 배타적 또는 범주적 구념 → CPC절차, 대안적 구념, 역할실행, 고정역할 치료 • **인지치료(Beck)** : 부정적 자동적 사고(인지3제), 역기능적 인지도식, 인지적 오류 → 우울증 치료
정의적 영역	• **정신분석적 상담이론(프로이트)** : 무의식에 억압된 욕구의 의식화 • **개인심리 상담이론(아들러)** : 사회적 관심론, 열등감 보상, 우월성 추구, 생활양식 • **비지시적 상담이론(로저스)** : 자아이론, 인간중심 상담이론, 내담자 책임, 실현경향성 • **상호교류 분석이론(번)** : PAC자아, 자율성 성취 → 계약, 자아구조 분석 • **실존주의 상담이론(프랭클 & 메이)** : 불안과 그에 대한 현상학적 의미와 태도 중시 • **형태주의 상담이론(페리스)** : 자이가닉 효과(미해결 욕구), 지금 현재 전체로 지각, 알아차림 • **현실치료기법(글래서)** : 선택(통제)이론, 전행동이론, 책임적 자아이론, 정신분석과 행동주의 비판
행동적 영역	• **행동수정이론(크럼볼츠)** : 스키너 + 반두라 이론, 외적·수의적 행동변화 • **상호제지이론(월페)** : 파블로프 이론, 내적 불수의적 행동 변화
기타	• **절충적 상담이론(존)** : 원인분석(비지시적 상담) + 문제해결(지시적 상담) • **단기상담(샤저)** : 문제해결 중심, 25회 이내에 종결되는 상담

UNIT 2 정신분석적 상담

1 특징

(1) 인간의 행동은 어린 시기의 경험에 따라 크게 좌우, 마음의 대부분은 의식할 수 없는 무의식 속에 잠겨 있다고 가정(결정론과 무의식)

(2) 상담치료는 무의식적 갈등을 의식화시켜 개인의 성격구조를 재구성하는 데 있음, 따라서 치료과정은 아동기의 경험을 되살리는 데 초점을 둠(초기에는 최면술 사용)

(3) 프로이트(S. Freud, 1949 & 1955)의 정신분석의 체계는 성격발달의 모형이고 인간본질에 대한 철학이며 심리치료의 방법. 프로이트는 심리학에 새로운 전망을 부여하고 새로운 지평을 개척
(4) 인간의 본성에 대한 프로이트의 관점은 결정론적. 프로이트에 의하면 인간행동은 생후 5년간의 비합리적인 힘, 무의식적인 동기, 생물적이고 본능적인 동기 그리고 심리·성적인 사건에 의해 결정된다고 함
(5) 프로이트는 아동의 어린 시절의 경험이 중요하다고 봄. 즉, 인간의 문제는 인생 초기의 경험으로 인해 생기며 어린 시절의 해결되지 못한 문제가 일생을 통해서 영향을 미친다고 봄
(6) 본능(instincts)은 프로이트적 접근에서 중심개념으로, 생의 본능(life instincts, Eros-고대 그리스 사랑의 신)과 죽음의 본능(death instincts, Thanatos-그리스 신화에서 죽음을 의인화한 신)으로 구분. 또한 리비도(libido)는 성적 에너지를 언급할 때 사용했는데, 동기의 근원으로 보았음
(7) 정신분석적 접근에서는 불안은 중요한 요소. 불안은 본능과 자아, 초자아 간의 갈등으로 인해 생기며 불안으로 인해 스트레스를 겪게 됨
(8) 결국 인간은 자아가 합리적이고 직접적인 방법으로 불안을 제어할 수 없을 때 자아는 비현실적인 방법, 즉 방어기제에 의존하게 됨

2 대표자 : 프로이트, 아들러, 프롬, 설리반, 알렉산더 등

3 상담 목표

(1) 무의식적 갈등을 의식화하여 개인의 성격을 재구성
(2) 자아를 건강하게 구축. 행동이 본능적 충동에 따르기 보다는 현실에 적합한 행동에 따르도록 유도
(3) 내담자로 하여금 무의식적 갈등을 의식화시켜서 개인의 성격구조를 수정하고, 초기경험을 재결정하여 억압된 갈등을 훈습시키며 행동의 동기를 각성·통찰할 수 있도록 돕는 것
 - 훈습 : 내담자가 자신의 증상이나 문제점을 자각하고 통찰하도록 만들기 위해 스스로 저항을 극복하고 이해하도록 반복적으로 체험시키는 과정(절차)
(4) 무의식에 근거하고 있는 내담자의 문제행동에 대한 각성과 통찰을 도와서 건설적인 성격으로 변화시킴으로써 잘 적응하는 개인으로서 성장과 발달을 돕는 데 있음
(5) 가능한 한 내담자의 내부갈등을 해결하도록 도와주어 정신건강을 되찾도록 도와주는 것
(6) 정신분석 상담은 개인의 본능이나 초자아의 기능을 조절하고 자아의 기능을 강화하여 성격구조의 조화로운 발달을 가져오게 하고, 개인이 본능과 초자아 간의 발달과정상의 압력에서 생긴 불안심리로 인한 불합리한 방어기제에 대한 올바른 이해를 하여 해결을 할 수 있도록 도와줌

4 상담기법

(1) 자유연상(자유연상법)
① 내담자로 하여금 머릿속에 떠오르는 생각이나 욕망, 생리적 느낌 등 모든 것을 말하게 하는 것
② 내담자가 일상생활에서의 생각이나 상념, 어리석고 사소하며 비논리적이라 하더라도 마음에 떠오르는 것이면 무엇이든지 다 말하도록 하는 것이 자유연상법(free association)

③ 자유연상법은 무의식적 소망, 환상, 동기 등을 해방시키는 데 사용. 자유연상 중에 상담자는 내담자의 무의식 속에 억압된 정보들을 확인하고 그 정보들을 내담자에게 해석해주어 의식하지 못했던 잠재된 역동성을 이용하여 통찰을 증진

(2) 해석

① 자유연상이나 꿈, 저항, 전이 등을 분석하고 그 속에 담긴 행동상의 의미를 내담자에게 지적하고 설명해주는 절차
② 자유연상, 저항, 꿈 등에서 나타난 내담자의 행동의 의미를 상담자가 지적하고 설명하며 때로는 가르치기도 함
③ 해석(interpretation)의 기능은 자아를 새로운 정보에 동화시켜서 더 깊은 무의식의 정보들을 밝히는 과정을 촉진하는 것

(3) 저항(저항의 분석)

① 치료의 진전을 방해하고 상담자에게 협조하지 않으려는 내담자의 무의식적 행동을 의미
② 프로이트는 저항을 참을 수 없는 불안에 대항해서 자아를 방어하려는 무의식적인 역동성으로 보았음
③ 따라서 저항(resistance)은 내담자가 무의식적 욕구를 표출하는 것을 방해하기 때문에 상담자는 그것을 지적해야 하고 때로는 저항에 직면해야 함
④ 상담자가 저항을 해석하는 목적은 내담자가 저항에 대한 원인을 자각하고 그것들을 처리하도록 돕는 데 있음

(4) 전이(전이분석)

① 자유연상 과정에서 내담자가 어렸을 때 자신의 부모 형제나 주위 사람들에게 가졌었던 애정, 선망 또는 적개의 감정을 다른 사람에게 옮기는 현상을 말함
② 전이(transference)는 내담자가 중요한 타인과의 해결되지 못한 사건으로 인해 자신의 현재 상황을 왜곡시키고 상담자를 중요한 타인으로 인식하여 상담자에게 반응하는 것
③ 상담자와의 관계에서 내담자는 다시 그의 부모나 중요한 타인에게 느꼈던 거부감과 적대감을 재경험
④ 전이의 분석은 내담자로 하여금 과거의 경향이 현재에 어떻게 작용하는지를 통찰. 즉, 내담자가 현재까지도 고착되어 그의 정서적 성숙을 방해하는 과거의 갈등을 통찰할 기회

(5) 꿈의 분석

① 꿈은 잠재적 내용과 표현적 내용의 두 차원이 있다고 봄
② 잠재적 내용은 억압된 갈등으로 위장되고 상징적이며 숨겨진 무의식적 동기들로 구성되는데, 그것들은 매우 고통스럽고 위협적이므로 잠재적 내용을 구성하는 무의식적 성욕이나 공격적인 충동들이 꿈으로 변형되어 나타남
③ 상담자는 꿈의 분석(dream analysis)을 통해 꿈의 표현적 내용들에 나타난 상징들을 분석하여 잠재적 내용들을 밝혀야 함

(6) 방어기제

① **억압** : 위협적이고 고통스런 생각을 지각하지 않으려는 방어수단(예 기억상실)
② **반동형성** : 위협적인 충동을 반대 감정으로 표현(예 미운 사람에게 공손함)

③ **투사** : 자신의 결함이나 실패를 다른 사람 탓으로 돌리는 것(예 실력 없는 목수가 연장 탓한다)
④ **합리화** : 자신의 실수나 결점을 그럴듯한 변명으로 표현하는 것(예 다른 애들이 부정행위를 하기 때문에 나도 어쩔 수 없어)
⑤ **치환(전치)** : 위협적인 대상을 안전한 대상으로 바꿈(예 종로에서 뺨 맞고 한강 가서 눈을 흘긴다)
⑥ **보상** : 자신의 결함을 메꾸거나 체면을 유지하려는 무의식적인 노력(예 빈 수레가 더 요란하다, 없는 놈이 있는 체한다)
⑦ **승화** : 성적 에너지를 사회적인 승인이나 존경받는 대리적 행동으로 표출(예 공격적인 사람이 권투선수가 됨)

UNIT 3 비지시적 상담(Rogers)(정의적 영역)

1 개요

(1) 로저스(C. Rogers, 1942 & 1951)는 개인상담에서 지시적이고 정신분석적 상담에 대한 비판을 하며 비지시적 상담을 제안
(2) 인간중심 상담은 내담자 중심상담, 비지시적 상담이라고도 하며, 인간은 누구나 적당한 환경이 주어지면 스스로 성장할 수 있어 자아실현 할 수 있는 능력이 있다는 가정을 전제로 하고 있는 상담이론
(3) 그러므로 내담자의 성장가능성과 자아실현 능력은 내담자 스스로 문제를 이해하고 문제를 해결할 수 있다고 봄
(4) 인간은 긍정적 자아개념을 지니고 있으며, 사회적 발달지향적이며, 현실적이기 때문에 부적응 행동이 일어나면 인간은 자기 자신을 향상시키고 유지하는데 도움이 되는 양식으로 자신의 잠재능력을 발전시키는 생득적인 경향

2 특징

(1) 치료의 초점을 문제 자체보다는 인간에게 두며, 지적인 면보다는 정서적인 면을 중시, 비지시적 상담에서 내담자 중심 상담으로 그리고 후에는 인간 중심 상담으로 변경
(2) 인간을 합리적이며 사회적이고, 전진적이며 현실적인 존재로 봄. 비지시적 상담에서 내담자 중심의 상담이론으로, 최근에는 인간중심 상담이론으로 불림
(3) 비지시적 상담에서 부적응 행동이란 개인의 경험에 대한 지각의 왜곡된 결과
(4) **인간관** : 인간은 선천적으로 선한 존재로, 자아실현을 하고 잠재력을 성취하려는 긍정적인 경향성을 가지고 있음. 인간이 좌절이나 고통을 겪는 것은 능력이 부족해서가 아니라, 자신의 가능성을 발견하지 못해서 그 가능성을 제대로 실현하지 못했기 때문
(5) **부적응**
① 인간은 누구나 긍정적으로 존중을 받고자 하는 욕구가 있음. 이러한 욕구는 부모에 의해서 혹은 사회 가치조건에 의해서 충족이나 결핍의 과정을 거치면서 자아개념으로 형성

② 만약 어려서 형성된 자아개념이 자신의 실제 경험(유기체적 경험)과 일치하면 적응적인 인간으로 자라지만, 불일치가 많아지면 많아질수록 부적응적 인간이 됨

3 상담기법

(1) 수용
① 상담자가 편견이나 판단 없이 내담자의 문제를 듣고
② 내담자의 견해·태도·가치에 관계없이 하나의 인간으로서 내담자를 인정하는 것

(2) 공감적 이해
① 상대방의 감정, 경험, 사고, 신념을 상대방의 준거체제에서 이해하는 능력
② 공감적 이해를 '감정이입'이라고도 함
③ 심리치료에서는 내담자를 지적으로 이해하고, 감정을 공유
④ 의사소통을 원만히 하고 긍정적으로 수용하는 태도로 정의
⑤ 어떤 경우에는 타인의 내적 경험을 이해하는 인지적 능력
⑥ 혹은 타인의 정서를 자신이 경험하는 것으로 보기도 함
⑦ 내담자의 입장이 되어 문제를 이해하려고 하는 것으로 상담자는 내담자의 주관적인 경험, 특히 지금-여기에서의 경험을 감지하려고 노력해야 함
⑧ 학습의 과정에서 개인차를 고려한다는 것은 학습자 개인의 학습조건을 수용하고 공감한다는 것을 의미
⑨ 상담과정에서 상호작용하는 동안 내담자의 경험과 감정, 상담의 과정 순간에서 내담자를 민감하고 정확하게 이해하는 노력
⑩ 즉, 상담자는 내담자의 입장이 되어 내담자가 지닌 감정, 고민, 가치, 갈등 등을 가지고 그가 처해 있는 여러 상황에서 보며 감정이입(empathy)을 하는 것

(3) 무조건적 긍정적 관심
① 내담자를 선택적으로 평가하지 않으며 가능한 한 탐색, 동의, 반대, 권위적 해석을 피하는 태도
② 즉, 내담자에 대한 배려, 수용에 있어서 조건이 없다는 뜻
③ 상담자는 내담자에 대해 진정으로 깊이 있게 관심을 가짐
④ 관심은 무조건적이어야 함. 상담자가 있는 그대로의 내담자를 수용하고 존중할 때 내담자는 자유로이 자신의 감정을 표현하고 경험하게 됨
⑤ 상담관계에서 상담자가 내담자를 구별하거나 비교·선택하는 과정으로 평가·판단하지 않고 내담자의 모든 면을 있는 그대로 받아들여 소중히 여기고 존중하는 상담자의 태도를 무조건적인 긍정적 존중(unconditioned positive regard)이라고 말함

(4) 진지성(진솔성)
① 내담자와의 관계에서 상담자의 경험이나 감정을 솔직하게 표현하는 것
② 상담자는 내담자와의 관계에서 느껴지는 감정, 생각, 반응들을 진솔하게 표현
③ 진솔성은 상담자가 내담자에게 느끼는 바와 행동하는 바가 일치하는 것
④ 로저스는 상담자의 태도로써 진실성 또는 일치성의 조건을 중시

⑤ 진실성이란 상담면접 동안에 상담자의 유기적 경험의 모든 면들이 자유롭게 각성될 수 있어서 그의 자아 개념이 이 경험들과 일치하는 상태로 설명될 수 있기 때문

(5) 지금 – 여기
① 문제의 원인을 과거에서 찾는 것은 중요하지 않고 중요한 것은 '현재 내담자가 어떻게 기능하느냐'임
② 현재의 감정에 초점을 두어 내담자로 하여금 현재의 감정을 표현하도록 함

(6) 진단의 배제
① 진단은 개인을 특정 범주에 넣은 것이므로 개인의 고유한 특성을 무시하는 오류를 범할 수 있음
② 상담자는 내담자를 자기진단과 자기 치료를 할 수 있는 고유한 존재로 보고 내담자에 반응해야 함

(7) 정서적인 요소에 초점
① 특정 상황에 대한 사실이 아니라, 그 상황에서 내담자가 느끼는 감정에 주목
② 상담이 기법 적용보다 상담자와 내담자간의 관계 정립이 더 중요

4 상담목표

(1) 내담자의 사회적 관심, 즉 잘못된 사회적 가치를 변화
(2) 내담자의 소속감을 발전시키고, 공동체감과 사회적 관심을 가진 행동과 과정을 받아들임
(3) 내담자가 자기 인식을 증가. 기본적인 삶의 전제들, 삶의 목표, 기본 개념을 도전
(4) 상담자와 내담자 간의 따뜻하고 허용적인 인간관계를 바탕으로 하여, 상담자는 내담자에게 개방적인 행동을 하게 하는 가치조건들을 해제하도록 하며, 경험에 대한 개방성을 증가
(5) 상담자는 내담자가 갖고 있는 자아개념과 경험을 일치하게 도움으로써, 내담자가 참된 자신의 모습을 발견하고, 자아실현을 할 수 있도록 도움
(6) 내담자가 개방, 자기신뢰, 발전의지, 자발성 등으로 나아갈 수 있도록 도움
(7) 인간중심 상담의 궁극적 목적은 충분히 기능하는 인간(a fully functioning person)이 되도록 돕는 것이라 할 수 있음
(8) 여기서 기능을 충분히 발휘하는 사람의 특징으로 경험에의 개방성(openness to experience), 실존적 삶(existential living), 유기체적인 신뢰감(organismic trusting), 경험적 자유(experiential freedom), 창조성(creativity) 등

구분	지시적 상담	비지시적 상담
학자	Williamson, Darley	Rogers
인간관	인간은 선하나 심한 문화적 갈등	생득적으로 선한 인간
정의	의도된 상태에서 학생 행동변화 이끎	학생 자신 이해발견 스스로 성장 발달, 문제해결
특징	• 교사가 상담의 주체 • 학생은 교사 의도대로 • 학생스스로 문제해결 어려움 • 학생 자유반응 없음 • 상담분위기 조성 안 됨 • 학생의 내적 특성고취 안 됨 • 지시, 충고, 암시	• 학생이 상담의 주체 • 교사 상담의 안내, 조언 • 학생 스스로 문제해결 • 상담분위기 조성 • 수용일치, 공감적 이해 • 현재 삶의 가치추구 • 자율적으로 자기문제해결

UNIT 4 합리적·정서적·행동적 상담(Ellis)(인지적 영역)

1 특징

(1) 인지적 치료기법(REBT : Rational Emotive Behavior Therapy)
인성의 변화를 위해 인지적·정서적·행동적인 기법을 의식적이고 능동적으로 활용

인간관	인간의 신념은 인간 행동의 큰 원동력이며, 따라서 합리적인 사고를 하는 것이 중요. 따라서 인간의 심리적 고통이 비합리적인 사고방식에서 기인하기 때문에, 상담의 과정에서 이성적인 생각이나 지성적인 사고의 과정을 강조
부적응	인간의 부적응은 특정 사건 때문에 나타나는 것이 아니라 그것을 지각하고 받아들이는 방식이 잘못되었기 때문. 즉, 부적응은 비합리적으로 생각하기 때문에 나타남

(2) 부적응 행동
① 정서장애를 일으키는 것은 생활사건 자체가 아니라 사건에 대한 왜곡된 지각
② 왜곡된 지각 및 잘못된 생각의 뿌리에는 비합리적이고 자기 패배적인 관념

(3) 비합리적 사고방식의 예
① 주위의 모든 사람으로부터 반드시 사랑과 인정을 받아야만 함
② 가치 있다고 여겨지기 위해서는 완벽할 만큼 유능하고, 성취적이어야만 함
③ 어떤 사람은 나쁘고, 사악하며, 악랄. 그 사람은 반드시 비난과 처벌을 받아야
④ 일이 바라는 대로 되지 않는 것은 곧 무시무시한 파멸을 초래

[엘리스의 비합리적 신념 11가지~14가지]

인정의 욕구	우리는 주위 사람들로부터 항상 사랑과 인정을 받아야만 함
지나친 자기 기대감	우리는 모든 면에서 반드시 유능하고 성취적이어야 함
비난 경향성	어떤 사람은 악하고, 나쁘며, 야비함. 그런 행위는 반드시 준엄한 저주와 심판을 받아야 함
파국화 혹은 좌절적 반응 경향성	일이 내가 바라는 대로 되지 않는 것은 끔찍스러운 파멸
정서적 책임감	인간의 불행은 외부 환경 때문이며, 인간의 힘으로는 그것을 통제할 수 없음
과잉불안 염려	위험하거나 두려운 일이 일어날 가능성이 언제든지 존재하므로 이것은 커다란 걱정의 원천이 됨
문제회피	인생에 있어 어떤 난관이나 책임을 직면하는 것보다는 회피하는 것이 더 쉬운 일
의존성	우리는 타인에게 의존해야만 하고, 자신이 의존할 만한 누군가가 있어야 함
무력감	우리의 현재 행동과 운명은 과거의 경험이나 사건에 의해 결정되며, 과거의 영향에서 벗어날 수 없음
과잉불안 염려 및 무력감	우리 주변 인물에게 환난이 닥쳤을 경우에 우리 자신도 당황할 수밖에 없음
완벽주의	모든 문제에는 가장 적절하고도 완벽한 해결책이 반드시 있게 마련이며 그것을 찾지 못한다면 그 결과는 파멸
세상은 반드시 공평해야 하고, 정의는 반드시 승리해야 함	
나는 항상 고통 없이 편안해야 함	
나는 미쳐가고 있는지도 모름. 그러나 미쳐서는 안 됨. 왜냐하면 그것을 견딜 수 없기 때문	

2 ABCDE 모형

(1) A(Activating Event)
① 내담자가 노출되었던 문제 장면이나 선행의 사건
② 선행사건 : 개인에게 정서적 혼란을 야기하는 어떤 사건
③ 예 시험에 떨어졌다든지(시험을 실패로 자각), 실연당했다든지 등의 사건

(2) B(Belief system)
① 문제 장면에 대한 내담자의 사고 내지 신념
② **신념체제** : 환경적 자극이나 선행사건에 대해 개인이 갖게 되는 태도 또는 사고방식
③ 신념체계에는 합리적 신념과 비합리적 신념이 있음
④ 선행사건에 대한 신념이 합리적인 경우에는 문제가 되지 않으나, 선행사건에 관한 비합리적 신념이 문제를 유발시킴
⑤ 예 시험에 떨어진 것을 자기의 인생이 끝난 것으로 생각하는 경우

(3) C(Consequences)
① 선행사건 A 때문에 생겨났다고 내담자가 보고하는 정서적 혹은 행동적 결과
② **결과** : 선행사건에 접했을 때 그 사건을 해석함으로써 느끼게 되는 정서적·행동적 결과
③ 비합리적 신념을 가진 사람들은 죄책감, 지나친 불안, 분노, 자살 충동 등을 느낌
④ 예 대학 입학시험에 떨어진 후 극심한 우울증과 자살 경향성을 보이는 경우

(4) D(Dispute)
① 비합리적 상념, 사고, 신념에 대해서 도전, 다시 생각하도록 하여
② 재교육하기 위해 적용하는 논박을 가르침
③ **논박** : 내담자의 비합리적 신념에 대해서 '논리적으로 반박'함으로써, 내담자로 하여금 자신의 신념이 합당한지를 다시 검토하도록 상담자가 촉구하는 것
④ 예 대학 입학시험에 떨어진 것이 자살해야 할 만큼의 일이 아니라고 선행 사건에 대해서 논박하는 것

[논박의 과정에서 사용되는 기법]

객관화 기법	자신의 비합리적 사고를 객관적으로 탐색하도록 함
재귀인 훈련	이미 일어난 사태의 원인에 대해 새롭게 생각해 보도록 함(학습된 무력감을 합리적 신념인 '노력'으로 귀인할 수 있도록)
자기행동 관찰법	비합리적 사고의 발생빈도와 상황을 객관적으로 기록하도록 함
심상활용법	비합리적 사고와 동시에 발생하는 심상의 내용을 제거하거나 새로운 내용으로 바꾸어 줌

(5) E(Effect)
① 내담자의 비합리적 관념을 직면 또는 논박한 효과
② **효과** : 비합리적 신념이 합리적 신념으로 대치된 다음에 느끼게 되는 자기 수용적인 태도와 긍정적인 감정의 결과를 말함
③ 예 누구나 대학 입학시험에 떨어질 수 있음을 받아들이고, 더 열심히 공부해야겠다고 생각(자신의 노력 부족으로 귀인)

3 상담기법

(1) 인지적·설명기법 : 가장 일반적 핵심적인 인지적 방법으로 상담자가 적극적으로 내담자의 비합리적 신념을 논박하는 것

비합리적 신념 논박하기	상담자가 내담자의 비합리적 신념을 적극적으로 논박해서 내담자 스스로 비합리적 신념의 당위를 검토하는 방법을 가르치는 것
인지적 과제	내담자가 자신의 문제 목표를 만들고, 절대적 신념을 찾고, 그 신념을 논박하는 과제를 부과. 과제에는 내담자가 일상생활에서 부딪히는 많은 문제들을 ABCDE 이론에 적용하도록 함
내담자의 언어를 변화시킴	무력하고 자기비난적인 언어 패턴을 변화시켜 새로운 자기 진술을 사용하도록 함. 즉 '해야 한다', '하지 않으면 안 된다'를 '하고 싶다', '하겠다'로 변화시킴
유머의 사용	과도하게 생각한 측면을 반박하고 생활철학을 논박하기 위해 유머를 사용
유추의 기법	바람직하지 않은 행동이 자신의 어떤 행동 특성 때문에 나타나는지를 유추하게 하여 문제의 원인을 깨닫도록 함

(2) 정서적·환기기법 : 부정적 혹은 긍정적 상상을 하게 함으로써 부끄러움을 제거

합리적 정서를 상상	합리적인 정서를 상상하도록 함으로써 부적절한 정서를 대체
수치감-공격 연습	정서장애의 원인이 되는 부끄러움이나 자기 비난을 제거하기 위한 방법
역할 연기	내담자로 하여금 어떤 상황에서 할 수 있는 비합리적 행동을 시연해 보게 함으로써, 그가 무엇을 느끼고 있는가를 알아보고, 이러한 상황에서 느껴지는 부적절한 감정을 바꾸도록 함

(3) 행동적·적극적·지시적 기법 : 보상이나 과제 부과 혹은 자극 통제 등을 통해 바람직한 행동의 빈도를 증가시키는 것을 말함

강화기법	바람직한 행동에 강화를 제공
과제부과	내담자가 어려워하거나 두려워하는 일을 실생활에서 행동해 보도록 하는 과제를 부과. 과제는 체계적인 방식으로 행해지며, 둔감법, 기술훈련, 표현훈련을 포함
자극통제	환경을 재구성하여 내담자로 하여금 역기능적 행동을 하도록 유인하는 자극들에 노출되지 않도록 함

UNIT 5 지시적 상담(인지적 영역)

1 특징

(1) 상담자가 권위와 능력을 가지고 개인의 부적응 문제와 목표를 진단하여 확실한 해결책 제시
(2) 상담자 중심 치료법, 임상적 상담, 의사결정 상담, 특성·요인 상담이라고도 함
(3) 주로 비행자에 대한 상담기법으로 많이 사용
(4) 의사결정 접근, 특성중심 접근, 이성적 접근이라고도 함
(5) 내담자의 문제해결을 위해 논리적, 인지적으로 접근해 감

(6) 지시적 상담은 상담자가 내담자에게 인생의 장래에 대한 해석, 정보 제공, 조언, 충고를 해 주는 상담방법의 총칭
(7) 전통적으로 학교 상담활동에서 많이 사용되어 온 방법으로 학생들의 장래문제, 진학문제, 생활문제 등을 주 대상으로 함
(8) 상담자가 심리검사나 면접을 통해 내담자의 문제를 진단한 후 이를 기초로 처방이나 조언을 직접 해주는 상담

2 대표자 : 윌리암슨, 패터슨 등

3 상담의 목표

(1) 내담자가 자신의 동기·능력·적성·성격, 흥미 등의 특성과 요인을 이해하고 수용
(2) 자신의 특성 및 요인과 직업 또는 외부조건을 검토하여 만족스러운 결정
(3) 내담자가 자신의 가능성을 확인하고 이를 실제로 활용할 수 있게 함
(4) 자기통제가 가능하도록 함

4 지시적 상담의 6단계

(1) **분석** : 내담자에 관한 정보와 자료를 수집하는 일
(2) **종합** : 분석단계에서 수집하여 분석한 자료를 유용하게 활용할 수 있도록 정리 단계
(3) **진단** : 잠재적인 적응과 부적응을 추구하는 함축성과 더불어 학생의 문제, 그 원인과 기타 의미, 그리고 적절한 특성을 간결한 요약으로 이끌어 낼 수 있는 일관성과 유형을 발견하는 일
(4) **예후** : 진단을 통해 나타난 가능성과 변화의 용이성을 고려하는 일
(5) **상담** : 내담자로 하여금 현재 및 미래의 일상생활에 최적 상태로 적응할 수 있도록 도와주는 일
(6) **추후(추수)지도** : 상담 종료 후 내담자에게 새로운 문제가 발생하였거나 상담했던 문제가 발생했을 때 또는 상담의 효과를 확인하고자 할 때 진행하는 일

UNIT 6 인지치료(인지적 영역)

1 특징

(1) 정서적 장애의 본질을 이해하기 위해서는 마음을 어지럽히는 사건에 대해 개인적으로 반응하는 인지적 내용이나 사고의 흐름에 초점을 맞춤
  - **인간관** : 인간의 감정, 사고, 행동 중 사고 즉, 인지가 가장 중요하다고 봄

(2) 인지적 측면에서 부정적 생활사건에 대한 인지적 오류, 자동적 사고 등을 강조
① 인지적 오류란 현실을 제대로 지각하지 못하거나, 사실 또는 그 의미를 왜곡하여 받아들이는 것
② 벡(Beck)은 우울증의 원인을 부정적인 생활 사건과 인지오류 때문이라고 하였음

2 이론적 근거

(1) 역기능적 인지도식
① 생활 속에서 형성된 인지도식이 부정적인 경우를 역기능적 인지도식
② 역기능적 인지도식이 형성된 경우 심리적 문제에 매우 취약하게 되고 심리적 문제를 초래하는 근원적 역할을 함

(2) 인지오류
① 현실을 제대로 지각하지 못하거나 사실 또는 그 의미를 왜곡하여 받아들이는 것
② 종류로는 흑백논리, 과잉 일반화, 선택적 추론, 의미의 확대 및 축소, 개인화 등

> **알아두기 ① 인지오류의 종류**
> - **흑백논리** : 사건의 의미를 이분법적인 범주의 둘 중 하나로 해석하는 오류. 극단적 사고로서 모든 경험을 흑백논리로 파악하는 것이나 완벽주의 등을 말함
> - **과잉일반화** : 한두 번의 경험으로 일반적인 결론 도출. 한 두 개의 사건에 근거해서 결론을 내리고, 그것을 다른 상황에도 적용하는 것
> - **선택적 추상화** : 상황이나 사건의 주된 내용을 무시하고 특정 부분에만 주의를 기울여 해석. 다른 중요한 요소들은 무시하고 사소한 것에 초점을 두어 전체를 이해하는 것
> - **의미 확대 및 의미 축소** : 지나친 과장이나 축소 해석. 어떠한 사건이나 특성을 실제 가치보다 더 크게 또는 더 작게 지각하는 것
> - **임의적 추론** : 충분한 근거 없이 성급한 결론 도출. 어떠한 결론을 지지하는 증거가 없거나 혹은 증거가 결론에 위배되는데도 임의적으로 결론짓는 것
> - **사적인 것으로 받아들이기** : 자신과 관련시킬 근거가 없는 외부 사건을 자신과 관련시키는 성향. 개인화로서 자신과 관련없는 사건도 자신과 관련시킴으로써, 자신이 문제의 원인이고 책임져야 한다고 생각하는 것
> - **낙인찍기** : 불완전함과 과거의 실수에 근거해서 자신을 낙인찍고 이를 자신의 진정한 정체감으로 규정해 버리는 것

(3) 자동적 사고
① 어떤 사고에 접했을 때 자동적으로 어떤 생각들이 떠오르게 되는 현상
② 우울증자들은 부정적인 생각들이 자동적으로 떠올라 자신의 행동을 통제 못 함

3 심리적 상담의 발생과정

4 상담 목표

(1) 일상적 관찰을 통해 내담자들의 '인지적 오류'와 '자동적 사고'를 치료하는 것을 목적
(2) 부정적인 자동적 사고를 찾아내어 이를 보다 적절한 적응적인 사고로 대치
(3) 부정적인 자동적 사고의 기저를 이루는 근원인 역기능적 인지도식을 찾아내어 그 내용을 보다 현실적인 것으로 바꾸어 줌
(4) 내담자의 자동적 사고를 검토함으로써, 사고양식에서의 왜곡을 내담자 스스로 인식하고 대안적 해석을 하도록 도와주는 데 관심을 둠
(5) 내담자가 갖고 있는 비합리적인 사고를 현실적이고 합리적인 사고를 할 수 있도록 함으로써, 합리적 인간으로서 성장하도록 함

5 적용 : 우울증, 불안증, 시험불안, 공포증, 분노, 만성적 통증 문제, 자살 행동, 성격장애

UNIT 7 글래서(Glasser)의 현실 상담(정의적 영역)

1 특징

(1) 현실요법이라고도 하며 인간은 누구나 자신이 자기 삶의 주인이 되어 자신의 삶을 통제할 수 있을 때 행복을 느낌. 자신의 삶에서 중요한 선택을 스스로 함
　① 선택한 것에 대해 책임을 질 수 있는 사람이 행복한 사람이라는 것
　② 핵심개념은 '행동', '지금', '선택' 등
(2) 부적응 행동이란 실패 정체감에 기인
(3) 내담자의 현재 행동은 자신의 요구를 충족시키기 위한 선택으로 간주하고, 그 선택에 대한 책임은 내담자 자신에게 있음을 강조

2 주요 개념

(1) **인간관**
① 인간은 누구나 자신의 행동과 정서에 책임이 있으며 궁극적으로 자기 결정과 자기 삶에 대한 책임이 있다고 봄
② 인간은 스스로 성장하려고 하는 긍정적인 힘을 가지고 있고, 자신이 원하는 욕구에 따라 자신이 하고자 하는 행동을 결정하고, 선택할 수 있는 힘이 있음(행동선택이론)
③ 모든 인간은 생득적으로 다섯 가지의 유전적 욕구(생존, 사랑과 소속, 힘, 즐거움, 자유)를 가지고 있고, 이러한 욕구를 충족시키기 위해 노력
④ 다른 네 가지 욕구들을 충족시키기 위해서는 타인과의 관계가 필요하므로, '사랑과 소속의 욕구'는 가장 기본적인 욕구라 할 수 있음

(2) **선택이론** : '인간이 어떻게 느끼고, 생각하고, 행동하는가' 하는 것은 스스로의 선택

(3) **전(全) 행동**
① 인간의 전체 행동은 활동하기(acting), 생각하기(thinking), 느끼기(feeling), 신체 반응하기(physiology) 4개 구성요소
② 전체 행동을 변화시키기 위해 활동과 사고를 먼저 변화시키면 감정과 신체 현상도 더불어 변화

3 상담 목표 및 기법

(1) 인간은 자신이나 환경을 통제할 수 있는 존재
(2) 또한 자신의 행동을 포함하여 자신에 대해 책임질 수 있는 존재이기 때문
(3) 자신의 행동, 느낌, 생각, 환경적 여건에 대해 책임지고 스스로 통제
(4) 효율적으로 살아가는 방법을 배우도록 도와주는 데 목표가 있음
(5) **기법** : 숙련된 질문기술, 적절한 유머, 토의와 논쟁, 직면하기, 역설적 기법

4 상담절차

(1) **욕구 탐색하기(Wants)** : 내담자가 무엇을 원하는지, 그리고 상담을 통하여 무엇을 기대하는지를 파악
(예 원하는 것이 무엇인가?)

(2) **현재 행동에 초점두기(Direction and Doing)** : 내담자가 어떤 행동을 어떻게 하고 있는지를 탐색(예 어떤 행동을 어떻게 하고 있는가?)

(3) **평가하기(Evaluation)** : 내담자에게 자신의 행동을 개선하기 위해 얼마나 노력했는지, 자신의 행동이 얼마나 적절했는지 등을 스스로 평가해 보도록 함

(4) **계획과 계약하기(Planning)** : 자기 행동을 개선하기 위해 내담자가 앞으로 실천해야 할 구체적 방안과 계획을 수립하고 실천할 수 있도록 도와줌

UNIT 8 행동수정

1 특징

(1) 행동수정이란 인간행동의 학습에 관한 행동주의 심리학의 개념과 원리를 적용
  ① 여러 가지 형태의 부적응 행동을 변화시키는 원리
  ② 이를 '응용행동분석'이라고도 함(주로 스키너의 조작적 조건화설에 기초)
(2) 행동수정은 객관적으로 치료할 수 있고 측정 가능한 행동을 치료 대상으로 삼기 때문 치료의 효율과 성과 및 진전 정도를 객관적으로 평가하는 것이 가능

2 기본입장

스키너는 '내담자의 바람직한 행동은 더욱 증강시켜 주며, 바람직하지 못한 행동은 약화 또는 감소시킴으로써 내담자의 적응력을 높여주는 재학습과정'으로 정의

3 행동수정의 방법

(1) 바람직한 행동을 증가시키는 행동수정 기법

① **정적 강화**
  ㉠ 표적이 되는 행동이 증가되는 결과를 가져오기 위해 어떤 자극을 제시하는 것
  ㉡ 어떤 반응 또는 행동에 대해 그 행동의 빈도나 강도를 증가시키는 자극 제공

② **부적 강화**
  ㉠ 기존에 제공되던 자극을 철수시키는 것. 또는 어떤 것을 제거하거나 강도를 약화시킴으로써 행동의 발생 확률을 증가시키는 것
  ㉡ 어머니의 잔소리를 듣지 않기 위해 방 청소를 하는 것. 가족 간의 대화를 위해 TV를 치우는 것. 벌을 받지 않기 위해 교통신호를 잘 지키는 것. 화장실 청소를 면제받기 위해 공부를 열심히 하는 것

③ **프리맥 원리**
  ㉠ 낮은 확률의 행동을 증가시키기 위해 높은 확률의 행동을 연합시키면 낮은 행동의 확률이 증가
  ㉡ 숙제를 먼저 해놓고 나서 컴퓨터 게임을 하도록 하는 것

④ **행동조형(혹은 행동형성)**
  ㉠ 학생들에게 특정한 행동을 형성시키고자 할 때 사용하는 것으로,
  ㉡ 교사는 먼저 학생들에게 무엇이 바람직한 행동인가를 명확하게 설명해준 다음 그 행동에 근접한 행동에 대해서 강화를 줌

⑤ **토큰 강화**
  ㉠ 토큰경제법으로서 적정한 행동을 할 때마다 토큰을 통해 강화를 하는 것으로, 토큰은 구매력을 가진 상징적 표나 점수가 됨

      ⓒ 특정한 행동을 할 때마다 학생들에게 표식(플라스틱 조각이나 종이쪽지)을 주어
      ⓒ 일정한 양을 모았을 때 원하는 것과 교환하도록 함으로써 행동을 강화시키는 것으로, 비행청소년 및 지진아 교정에 효과적
      ② 토큰원리의 장점
        ⓐ 심리적 포화 현상을 제거할 수 있음
        ⓑ 토큰을 저축하여 좀 더 값진 물건이나 특혜와 교환할 수 있음
        ⓒ 토큰은 아동의 행동을 강화할 때 간편하게 처리할 수 있음
        ⓓ 토큰제도는 강화의 지연을 예방해줄 수 있음

(2) 바람직하지 못한 행동을 감소시키는 행동수정 기법
  ① 벌
    ㉠ 어떤 행동을 감소시키거나 전혀 하지 않도록 하기 위해 고통이나 불쾌감 제공
    ㉡ 혐오자극을 제공하는 것. 수여성 벌과 제거형 벌 등
  ② 혐오치료
    ㉠ 혐오요법으로서 구토제, 전기충격 또는 불쾌한 심상과 같은 벌 또는 혐오자극을 사용하여 바람직하지 않은 행동을 감소시키는 방법
    ㉡ 증상이 나타날 때마다 고통스런 혐오자극을 가하여 문제 행동을 소거시키는 방법
  ③ 소거 : 어떤 행동에 대해 아무런 환경적 귀결도 제시하지 않음으로써 그 행동이 약화되거나 소멸되는 것
  ④ 타임아웃
    ㉠ 적절하지 않은 행동을 했을 때 문제가 일어나는 상황으로부터 박탈을 당하게 하는 것. 가령, 교실에서 떠드는 학생을 복도로 나가게 하는 것
    ㉡ 잘못된 행동을 하는 아이를 어리석고 심심한 상황으로 보내는 방법
  ⑤ 상반행동의 강화 : 이 원리는 바람직하지 못한 행동 대신에 다른 바람직한 행동을 강화하면 나쁜 행동은 점차 없어지고 새로운 행동이 학습된다는 법칙에 근거
  ⑥ 상호억제(체계적 둔감법)
    ㉠ 불안의 위계를 작성하고 이완을 통해 불안이 낮은 것에서 높은 것으로 하나씩 제거해 나가는 방법. 즉, 심신을 충분히 이완시킨 후 불안이 가장 낮은 장면부터 불안한 장면을 떠올리게 함. 만약 이 때 불안을 느끼면 다시 이완을 하게 하고, 이완이 되면 다시 불안한 장면을 떠올리게 하는 작업을 반복적으로 실시함으로써 더 이상 그 장면에 불안하지 않도록 함
    ㉡ 울프(Wolpe)가 제시한 것으로 내담자의 행동을 변화시킴으로써 태도나 감정을 변화시키고자 하는 것
    ㉢ 내담자에게 그렇게 행동하도록 압력을 가해서 자기 행동의 결과를 두려워 할 필요가 없다는 것을 학습하도록 함

4 행동수정의 일반적 절차

(1) **행동의 선정과 정의** : 행동을 효과적으로 수정하기 위해서는 먼저 그 행동을 정확하게 파악해서 관찰 가능하고 측정 가능한 행동으로 세분화하여 서술적 용어로 정의해야 함

(2) **행동의 기초선 측정** : 행동의 기초선이란 행동수정의 시발점을 말함. 실제 행동수정에 들어가기 전에 일상생활 중에서 수정하기 위해 선정되어 정의된 행동이 얼마나 빈번하게 또는 오랫동안 일어나고 있는가를 측정

(3) **적응행동의 증강과 부적응행동의 약화** : 정의된 빈도와 지속시간을 측정한 후 정적 강화, 부적 강화, 벌 혹은 소거 등 행동 수정의 기법을 적용

(4) **행동수정 효과의 검증** : 행동의 변화를 목적으로 시작하였으므로 목적으로 두었던 행동변화가 확인되면 행동수정 작업을 끝내야 함

(5) **행동의 일반화** : 어떤 행동이 획득된 뒤에 그 행동이 생활환경에까지 확대되어 유지되지 않으면 수정의 목표를 달성했다고 볼 수 없음

UNIT 9 인지적 행동수정(행동적 영역)

1 특징

(1) 문제 아동이 자기 행동을 스스로 통제하도록 가르치기 위한 새로운 전략, 즉 아동으로 하여금 여러 가지 상황에서 자기 행동을 스스로 통제하도록 훈련시키는 전략
(2) 이 전략은 자신의 행동수정에 능동적인 역할을 한다고 가정하기 때문에 '자기관리' 혹은 '초인지 전략'이라고도 함

2 인지적 행동수정의 전략

(1) **자기기록**
  ① 자신의 행동을 계속 스스로 기록하게 하는 것
  ② 매일 저녁에 책을 몇 시간씩 읽는지, 숙제를 얼마나 하는지 등을 기록

(2) **자기교수**
  ① 자신의 행동을 조절하고 문제를 해결하기 위해 언어를 통한 방법
  ② 즉 언어를 통해 자신에게 지시하도록 하는 것

(3) **자기강화** : 학생들이 자신의 행동을 통제할 수 있도록 자신의 강화를 스스로 선택

UNIT 10 해결중심적 단기상담 : 문제해결(SFBC, solution focused brief therapy), 25회 이내의 종결되는 상담

1 개념

(1) 해결중심 상담기법의 가장 큰 특징 중의 하나는 **다양한 질문기법**을 개발하여 사용
(2) 비교적 단기간에 상담 목표를 달성하는 데 초점을 두고 개발된 이론으로, 학교 장면에서 여러 가지 업무로 상담 시간이 부족한 교사들에게 효과적
(3) 사회구성주의 철학에 기반을 두고 있는 치료적 접근방법

2 인간관

인간본성에 대한 종합적인 관점을 갖고 있지 않으며, 인간은 자신 안에 자신의 문제 해결능력과 자원을 지니고 있다고 보았음

3 상담의 기본원리

(1) 문제의 원인보다는 문제의 내용을 파악하는 데 초점
(2) 특정의 상담이론에 내담자를 맞추기보다는 내담자의 문제에 따라 여러 가지 상담방법을 적용
(3) 문제나 불평보다는 문제의 해결에 초점을 둠. '왜'라는 질문 대신에 행동을 변화시키기 위해 '무엇을 할 것인가'에 관심을 둠
(4) 내담자가 표현하는 것을 최대한 활용
(5) 과거보다는 현재와 미래에 초점을 둠

4 상담과정

(1) **문제기술** : 상담자는 '내가 당신을 위해 어떻게 기여할 수 있는가?'란 질문을 통해 내담자에게 자신의 문제를 기술할 기회를 줌. 상담자는 내담자가 기술한 내용을 주의깊게 경청함
(2) **목표형성** : 상담자는 내담자와 함께 가능한 잘 형성된 목표를 개발. 상담자는 '만약 너의 문제가 해결되었을 때 너의 인생이 어떻게 달라질 것인가?'란 질문을 해서 내담자의 기술을 끌어냄
(3) **예외탐색** : 이 단계에서 상담자는 내담자에게 문제가 일어나지 않았거나 문제가 덜 심각할 경우에 그의 삶이 어떻게 될 것인가를 물음
(4) **회기종결 피드백** : 회기 종결 시 상담자는 내담자에게 요약 피드백을 주고, 격려하며, 문제를 해결하기 위해 다음 회기 이전에 내담자가 할 수 있는 것을 제안
(5) **내담자 향상 정도 평가** : 상담자와 내담자는 함께 평정척도를 사용해서 내담자가 만족스러운 해결을 달성한 향상의 정도를 평가

5 상담기법

(1) 기적질문 : 기적질문은 문제가 해결된 상황을 상상해 보도록 하여, 잠시 떨어져서 자신의 문제를 돌아보게 하는 데 효과적

(2) 예외질문
① 예외란 내담자가 문제라고 생각하고 있는 행동이 일어나지 않는 상황이나 그리고 문제가 덜 심각했던 상황들을 말함. 이러한 예외적인 상황이 문제해결을 위한 실마리가 될 수 있음
② 예외질문은 평소에는 의식하지 못했던 성공적인 경험을 의도적으로 시행하도록 하여 강화하는 방법

(3) 척도질문
① 척도질문이란 숫자를 활용하여 학생이 생각하는 문제의 심각도, 가장 먼저 해결해야 할 문제의 우선순위, 상담목표의 성취정도나 상담동기, 성공가능성, 자신감, 상담과정에서의 문제해결 정도 등을 수치로 표현하는 것
② 척도질문의 방법은 자신의 고민이나 문제를 1에서 10까지 점수 중에서 어느 정도를 줄 수 있는지를 말하게 하거나, 1(그렇지 않다)에서 5(매우 그렇다)까지 말하게 하거나, 상중하 또는 100점 중에서 몇 점인지를 평가하도록 함

(4) 대처질문
① 대처질문은 만성적인 어려움이나 심한 좌절감을 실패로 비관적인 상황에 있을 때 지금까지 그 학생이 대처해 온 나름대로의 방법을 찾아서 성공감과 자긍심을 갖도록 하는 질문
② 대처질문을 통하여 어려운 상황에서도 노력하여 온 것은 자신의 힘 때문이라는 것을 알게 하고 이를 상담에 활용하는 것

UNIT 11 절충적 상담이론 : 원인분석(비지시적 상담) + 문제해결(지시적 상담)

Jones가 주장한 상담이론으로 대표적인 특징은 다음과 같다.
첫째, 비지시적 상담을 통해 부적응의 원인을 분석하고 지시적 상담을 통해 문제를 해결하는 상담이론이다.
둘째, 특정이론과 기법을 고집하지 않고 내담자가 가진 문제에 따라 적절한 기법을 선별 및 사용하거나 통합하여 사용하는 방법이다.

UNIT 12 실존주의 치료이론

1 이론적 개요

(1) 인간관
① 인간 실존은 신체적·정신적인 존재론적 다양성에도 불구하고 인간학적 단일성 내지 실존의 정체성을 유지
② 인간은 자신이 선택의 주체이며 그 선택은 미래를 결정하는 기준이며, 그 결정의 책임은 자신이 져야 하는 존재

(2) 상담목표
① 상담자는 내담자와의 특별한 신뢰적인 인간관계를 통하여, 내담자 스스로가 자아를 실현하고 잠재력을 발현하고 타인 및 세상과 깊은 관련성을 경험하도록 도움
② 상담자는 내담자를 존중, 지지, 격려를 해주며 진솔되고 개방되게 보살핌으로써, 내담자가 자신의 삶의 의미와 가치체계를 의식하고 자신의 생을 재구성하도록 함
③ 상담자는 내담자가 자신의 삶을 스스로 경험할 수 있도록 격려하며 동시에 현재 상황을 초월할 수 있도록 격려. 상담자는 내담자로 하여금 인생의 궁극적 가치 속에서 자아를 스스로 발견할 수 있도록 함

2 상담기법

(1) **의미치료** : 상담자가 내담자에게 내담자의 성격에서 무의식적이고 정신적인 요인들을 자각하도록 이끌며, 의미 있는 가능성들을 자극시키는 치료, 가령, 내담자의 정신, 책임감, 자유를 강조

(2) **현존분석** : 상담자와 내담자 간의 공감적 이해의 기반 위에서, 내담자의 내적 세계의 의미를 해석하려는 시도를 함

(3) **역설적 의도** : 불안, 강박관념 등을 정면으로 대결하도록 하는 신경증적인 행동 치료기법. 가령, 잠이 안 오면 책을 읽음

(4) **반성제거** : 지나친 자기주의에서 벗어나 인생의 참다운 의미를 갖게 함

UNIT 13 게슈탈트 치료이론

1 기본 개념

(1) **현재** : 지금 여기 현재의 순간을 완전히 경험하고 인식하는 것이 중요
(2) **전경과 배경** : 사람이 어떤 문제를 인식할 때 관심 있는 부분 이외에는 잘 인식하지 않는데, 이 때 사람의 관심의 초점이 되는 부분을 전경이라고 하고, 관심 밖에 있는 것을 배경이라고 함. 이 전경과 배경의 구분이 확실하면 할수록 문제가 선명해지고 따라서 건강하게 문제를 해결할 수 있음. 반대로 전경과 배경이 잘 구분을 못하는 것은 혼란과 부적응을 야기함
(3) **미해결 감정** : 뚜렷한 기억이나 환상들과 연합된 감정으로서, 개인이 과거에 완전하게 경험하지 못했거나 표현하지 못한 감정들. 가령, 원한의 감정은 가장 빈번하고 나쁜 종류의 미해결 감정으로서, 표현되지 않으면 자주 죄책감을 일으킴
(4) **회피** : 미해결 감정에 직면할 때 이와 연합된 불편한 정서를 경험하지 못하도록 하는 것으로서, 이런 회피를 통해서 통합과정이 시작됨

2 인간관

(1) 인간은 타고난 목표를 가지고 있으며 그 목표는 자신을 그대로 실현하는 것
(2) 인간은 생존과 생계의 과업을 생산적으로 해나가고 직관적으로 자기보존과 성장을 향해 움직이는 긍정적이고 능력있는 존재
(3) 인간의 긍정적인 성장과 변화에 필요한 자원은 자기 자신 안에 있음

3 부적응

(1) **각성 및 책임감의 결여** : 자신의 삶을 스스로 통제하고 책임지는 것이 아니라 환경의 기대에 맞춰서 의존적으로 살아가는 상태
(2) **환경과의 접촉 상실** : 너무 고지식해서 환경을 수용하지 않거나 너무 과도하게 수용하는 상태
(3) 그 외에 미완성 과제를 해결할 능력이 결여되거나 자신의 욕구가 사회적으로 용납되지 않을 때 자신의 욕구를 부인하는 상태

4 상담의 목표

(1) 상담자들은 내담자들이 현재를 어떻게 느끼고 어떻게 경험하고 있는지 도움을 줌으로써, '여기-지금'을 완전히 경험할 수 있도록 해줌
(2) 상담자들은 내담자들에게 '지금 현재 여기서'의 각성과 '지금의 자신에게 진실'되게 살아가도록 함으로써, 통합된 인간으로 기능할 수 있도록 해줌

5 상담의 기법

(1) 상담자와 내담자 간의 진정한 대화와 접촉이 있는 관계가 중요
(2) **각성기법** : 지금 여기에서 경험하고 있는 신체, 환경 등 모든 것을 자각하게 함
(3) **머물러 있기 기법** : 자신의 미해결 감정을 회피하지 않고 직면하게 함
(4) **실연기법** : 과거나 미래의 장면을 현재 벌어지는 장면으로 상상을 해보고, 실제 행동으로 연출해보는 것
(5) **빈의자기법** : 내담자가 중요하게 생각하는 사람이 빈 의자에 앉아 있다고 상상하고 그 사람과 대화를 하게 함
(6) **반대로 행동하기** : 내담자가 하고 있는 문제행동과 정반대의 행동을 해보게 함

UNIT 14 심리교류분석 치료이론(TA : Transactional Analysis) - 에릭 번

1 이론의 개요

(1) 과거가 지배한다는 정신분석이론의 결정론에 대해서 반대 입장을 취하며, 개인은 선택의 능력을 갖고 있다고 봄
(2) 궁극적 목적은 내담자의 자율성 성취에 있음. 자율성이란 개인의 과거 경험들이 그의 성격발달에 어떻게 얼마만큼 영향을 미쳤든 간에 상관없이 내담자가 현재의 행동과 생활양식을 보다 적절한 것으로 다시 선택할 수 있는 행동 특성을 의미
(3) 이러한 자율성은 현실적 이해와 정서적 표현능력, 그리고 친교할 수 있는 수용능력의 회복을 통하여 실현될 수 있음
(4) 어떠한 자아상태에서 인간관계가 교류되고 있는가를 분석하여 자기통제를 돕는 심리요법의 하나

2 인간관

(1) 인간은 습관적으로 답습하는 행동양식에서 벗어나 새로운 목표를 세우고 행동을 선택할 수 있는 능력을 가지고 있음
(2) 인간은 중요한 주변 사람들의 기대나 요구에 영향을 받음
(3) 특히 인생의 초기에 타인의 영향을 크게 받음

3 기본 개념(자아상태)

(1) **아이 자아상태(Child : C)**
  ① **적응적(Adapted) 어린이 자아** : 부모나 권위자의 관심을 얻기 위해 이들의 요청에 부응하려는 자연적 충동의 적응기능을 가진 자아상태. 올바른 품행, 순응력, 사교성

② **자유(Free) 어린이 자아** : 부모나 어른들의 반응에 구애됨이 없이 내면에서 자연스레 일어나고 느끼는 그대로 표현. 가령, 자발성, 즐거움, 생동감이 있음
③ **어린 교수 어린이 자아** : 선천적 지혜를 지닌 측면으로서, 재치 있고, 창의적이고, 탐구적이고, 조정적인 어른 자아의 축소판. 호기심, 탐구심, 설교적인 성향

(2) **어른 자아상태(Adult : A)** : 객관적, 합리적, 분석적, 지성적, 논리적, 사실 평가적, 정보처리적, 통합적, 문제해결적인 성향

(3) **부모 자아상태(Parent : P)**
① **비판적(Critical) 부모 자아** : 부모의 윤리, 도덕, 가치판단의 기준이 내면화. 가령, 판단력, 비난, 인정하지 않음 등
② **양육적(Nurturing) 부모 자아** : 부모가 자아를 양육하는 말이나 행동이 내면화되었음. 지지, 긍정, 보살핌이 있음

4 상담목적

(1) 내담자가 자신의 삶에 책임을 지고 스스로 자신을 지도할 수 있는 자율성을 성취
(2) 아이 자아, 성인 자아, 부모 자아가 성격에서 균형을 이루도록 도움
(3) 자기긍정 – 타인긍정의 태도를 갖도록 도움

5 상담기법

(1) **구조분석** : PAC 중에서 어느 자아생태가 주도적인지 분석함으로써 균형있는 자아상태를 이룰 수 있도록 함

(2) **의사교류분석**
① 대인관계에서 서로가 가지고 있는 자아상태를 분석하고 그로 인해 나타나는 의사소통의 문제를 해결
② **상보적 의사교류** : 발신자가 기대하는 대로 수신자가 반응하는 것
③ **교차적 의사교류** : 발신자가 기대하는 것과 달리 수신자가 반응하는 것
④ **이면적 의사교류** : 이면에 다른 의도를 가지고 대화를 하는 것

(3) **게임분석** : 이면교류를 하는 것을 게임이라 하는데, 이면교류 속에 숨겨져 있는 의도를 분석하는 것

(4) **각본분석** : 각본은 인생초기에 형성된 삶의 계획이나 태도로서, 이후의 삶에 계속적으로 영향을 미침. 각본분석은 구체적으로 어떻게 영향을 미치는지 탐색하는 것

UNIT 15 개인심리 상담이론

1 이론의 개요

(1) 형태심리학의 아버지인 아들러(Alder)의 개인심리학(인간을 전체적으로 보아야 한다는 입장. 전인, 개인의 분리 불가능성)에 기초한 상담이론
(2) 부적응행동이나 이상행동은 개인의 열등감과 직접적으로 연관성이 있다고 보고 '내담자로 하여금 잘못된 발달은 재구성해 주고 그로 하여금 생활양식과 사회적 상황을 이해하도록 돕는 일'을 상담자의 주요 역할로 보았음
(3) **상담의 목적** : 내담자 자신의 열등 콤플렉스와 생활양식의 발달과정을 이해하고, 그것이 현재 그의 생활과제들의 해결에 어떻게 영향을 미치는지 이해하도록 하여, 그의 생활목표와 생활양식을 재구성하도록 도와주는 것

2 인간관

(1) 인간은 원래 선한 방향으로 나아가도록 되어 있음
(2) 인간의 모든 행동은 사회적 맥락에서 일어남. 따라서 인간은 기본적으로 소속의 욕구를 가지고 있음
(3) 인간은 총체적인 존재. 즉, 인간은 일관성을 가진 하나의 독특한 실체
(4) 인간은 끊임없는 변화, 발전, 자기창조를 통하여 자기완성을 추구하는 존재
(5) 인간은 대인관계를 통해서 이해될 수 있음. 즉, 인간은 사회적인 존재로 자신의 환경과 상호작용함
(6) **인간의 기본적인 동기** – 열등감에 기초한 우월성의 추구
   ① 유아는 성인에 대해 열등감을 가지고 있으며 성장하는 과정에서 이러한 열등감은 더욱 커짐. 유아는 이러한 열등 콤플렉스를 보상받기 위해 우월감, 충족감 및 권력감을 성취할 수 있는 개인적 목표를 설정함
   ② **개인적 목표** : 실현 가능한 것일 수도 있고 그렇지 않을 것일 수도 있으며, 건전하지 못한 방법을 사용하려는 경우도 있음. 일단 목표가 선택되면 모든 인간의 행동은 의식적·무의식적으로 그 목표에 도달하도록 방향지어지고, 목표 달성을 위해 노력

3 기본개념

(1) **열등감** : 신체적 열등감, 심리적 무기력, 사회적 무능감에서 오는 주관적인 열등의식
(2) **우월성의 추구** : 단순한 열등감의 극복에서 시작되며 자신 스스로 설정한 내적 목표에 따라서 행동하여 자아완성을 추구하려고 우월로 나가려는 적극적인 힘
(3) **가상적 목적론** : (허구적 목적) 사회의 공통 목표 달성, 사회에 공헌하려는 경향을 의미. 사회적 관심은 개인의 열등감과 소외감과 불안을 감소시키며 소속감과 행복감, 유능감을 가지게 함
(4) **생활양식** : 개인의 독특한 삶의 방식이며 이것은 목표, 우월성을 향하여 가도록 이끄는 힘

(5) **창조적 자아** : 자신의 힘으로 자신이 원하는 존재를 만드는 능력을 갖출 수 있음. 따라서 자신의 창조적인 힘에 의해서 생활양식이 이루어지며, 자신의 인생목표를 향하는 자기 결정적인 태도를 형성할 수 있으며, 이를 통해서 사회적 관심에도 공헌할 수 있게 됨

4 상담목표

(1) 내담자의 열등 콤플렉스와 그릇된 생활양식의 발달과정에 대해 이해시킴
(2) 이해를 통해 콤플렉스를 우월성의 추구로 향한 의지로 변화, 잘못된 생활목표를 변화시키고, 새로운 생활양식을 구성하고 사회적 관심을 가지게 함

5 상담과정

(1) **1단계** : 관계형성
(2) **2단계** : 생활양식 탐색
(3) **3단계** : 통찰
(4) **4단계** : 재정향

UNIT 16 집단상담 및 학교상담

1 집단상담

(1) **개념**

① 한 사람의 전문적 상담자가 동시에 몇 명의 내담자를 대상으로 개인의 관심사, 대인관계, 사고 및 행동양식의 변화를 가져오고자 하는 노력
② 개인으로 하여금 자신과 타인의 관계를 통하여 자기 자신의 인생을 효과적으로 영위하기 위해 집단적으로 상호작용을 하는 과정

(2) **장점**

① 시간적으로 경제성이 있으며, 구성원들이 자유롭게 자신의 문제를 논의할 수 있음
② 자신과 타인의 관계에서 문제를 보는 시각이 증진
③ 지도성과 사회성을 기를 수 있음
④ 자기의 감정을 다른 사람에게 효과적으로 표현하고, 타인의 감정표현을 잘 받아들임

(3) **단점**

① 구성원 모두에게 만족을 주기가 어렵고, 모든 학생에게 적합한 방법은 아님
② 집단상담에서는 개인상담처럼 특정 집단원의 문제가 충분히 다루어지지 못할 가능성

③ 시간적으로나 문제별로 집단을 구성하기에 어려움
④ 개인에게 집단의 압력이 가해지면 오히려 구성원 개인의 개성이 상실될 우려
⑤ 개인상담에 비해 상담의 비밀이 보장되기 곤란

2 학교상담

(1) 개념
① Gybers에 의해 제안된 종합적 학교상담모형으로 학생의 건강한 인성발달과 최적의 능력개발을 조력하기 위해 학교에서 이루어지는 전문교육활동으로서 생활지도의 주요한 영역중의 하나
② 종합적이고 예방적이며 발달적이고 학생이 부적응 문제를 보이기 이전에 다양한 형태의 서비스를 제공하여 문제를 예방하도록 함

(2) 종합적 학교상담 모형
① 이 모형은 생활지도 교육과정, 개별계획, 반응적 서비스 그리고 체제지원의 4가지 영역 구분을 통해 상담교사의 역할을 조직적으로 규정
② 상담서비스의 영역을 특정 문제 영역에 한정된 것이 아니라 매우 종합적이고 포괄적으로 규정
③ 학교 상담 서비스의 제공 형태 또한 상담, 자문, 조정뿐만 아니라 의뢰, 정보제공 및 평가 등을 포괄해야 한다고 봄
④ 세 가지 영역으로 구분
 ㉠ 학업발달 영역 : 학업 성취도향상을 위한 학습법 및 동기수준을 증진
 ㉡ 진로발달 영역 : 진로의식의 고취와 진로의사결정에 필요한 기술을 학습
 ㉢ 개인·사회적 발달 영역 : 정서조절, 스트레스 대처, 대인 관계 기술을 발달
⑤ 성장의 단계
 ㉠ 계획 단계 : 각 학교의 상황과 요구를 분석
 ㉡ 설계 단계 : 계획단계에서 조사된 자료에 근거한 프로그램을 설계
 ㉢ 실행 단계 : 종합학교상담모형을 실제 실행
 ㉣ 평가 단계 : 모형을 평가한 후 추후 계획 및 계획 수정이 자료로 활용

UNIT 17 머튼(Merton)의 아노미(Anomie) 이론

1 특징

(1) 동조형(+, +), 의례형(-, +), 개혁형(+, -), 도피형(-, -), 반발형(반항형, -, -)
(2) 이 이론은 사회구조적 맥락에서 가난과 범죄와의 연관성을 설명
(3) 사회를 구성하는 기본적인 기둥으로서 문화구조와 사회구조를 강조하며 문화구조와 사회구조 사이에서 발생되는 괴리 현상을 아노미라고 함

(4) 사회구조가 계층에 따라 각기 다른 적응방식을 유도해 내고 있고 사회구조에 의해서 발생된 욕구좌절 때문에 다양한 일탈 현상이 나타나게 됨
(5) 문화적 목표와 제도적 수단(수용 +, 거부 -)

2 문화구조와 사회구조

(1) **문화구조**
  ① 가치, 규범과 같이 사람들의 의식이나 태도를 결정하는 요소
  ② 문화구조는 그 사회에서 바람직한 가치를 규정하고
  ③ 사회구조는 그러한 가치를 실현할 수 있는 구조적 가능성을 결정

(2) **사회구조** : 지위나 역할과 같이 사회의 위계서열로 나누는 요소

3 이론적 논의

(1) 안정된 사회는 문화구조와 사회구조 사이에 괴리가 없으나, 불안정한 사회는 괴리가 발생하며, 위계서열에서 불리한 위치를 차지하고 있는 사람들이 이 괴리를 더 크게 느끼게 됨
(2) 예를 들어 부자가 되고 싶으나 부자가 될 합법적 방법이 제한되어 있는 사람은 아노미를 체험하게 되고, 그 결과 비합법적인 방법으로라도 부자가 되려고 하는 과정에서 법을 위반하게 되어 범죄를 저지를 가능성이 높아짐

UNIT 18 차별접촉이론

1 특징

(1) 비행은 학습(친밀한 개인 집단 내에서의 학습)
(2) 이 이론은 가난과 범죄 사이의 관계를 아노미 이론보다는 더 문화적인 맥락에서 접근
(3) 즉 가난한 지역에는 범죄를 조장하는 문화가 존재한다는 가정에서 출발
  ① 비행을 사회적으로 학습된 행위로 봄
  ② 일탈은 다른 행동들이 학습되는 것처럼 타인에 대한 관찰과 강화작용, 사회화 등을 통해 학습된다는 학습이론

2 이론적 논의

(1) 인간의 행동은 정상적인 행동이든 일탈적인 것이든 간에 모두 학습된다고 가정
(2) 모든 사람들은 서로 다른 가치관을 지닌 여러 집단들과 접촉하게 되는데 그들은 자신이 가장 많은 시간을 보내고 자기들에게 가장 중요한 집단의 규범을 내면화시키는 경향

(3) 차별적인 접촉과정에서 범죄의 기술도 학습되지만 더 중요한 것은 범죄에 대한 우호적인 태도나 가치, 즉 법을 위반하는 행동에 대한 허용적인 태도를 배우게 됨
(4) 특히 주로 친밀한 집단 내의 상호작용을 통해서 이러한 가치와 태도를 배우게 됨

UNIT 19 낙인이론

1 특징

(1) 명명효과 → 사회적 반응이론, 상징적 상호작용론에 기초
(2) 행위자에 대한 낙인 여부가 비행 청소년을 낳게 하는 원인
(3) 기존의 이론과는 달리 비행 청소년과 정상소년은 범죄 성향에 있어 차이가 없다.
   ① 비행 청소년으로서의 주위의 낙인 여부의 차이가 비행의 여부를 결정하게 됨
   ② 범죄원인에 대한 사회구조적인 설명보다는 누가 어떠한 과정을 거쳐 비행을 저지르는가에 관심을 둠

2 이론적 논의

(1) 누구나 우연한 기회에 사소한 일탈의 가능성에 놓이게 되는데, 이러한 일탈이 범죄로 규정되고 그 행위자에 대해 범죄자로 '낙인'이 되면 그 행위자는 더욱 심각한 범죄를 저지름
(2) 낙인이론에 따르면 공식 낙인 이전의 일탈자의 법위반은 비조직적이고, 일관성이 없으며 드문 현상으로 여겨짐. 하지만, 이러한 일차적인 일탈 이후 발생되는 사회적 반응에 대한 일종의 행위자의 적응방식을 이차적 일탈로 봄
(3) 범죄자로 낙인이 되면 비행 청소년으로서의 자아가 형성, 계속적으로 비행을 저지르게 됨
(4) 낙인은 각 개인의 자아상에 부정적인 영향을 미치게 되는데, 낙인을 부여받은 청소년은 스스로를 불량 청소년 혹은 비행 청소년으로 여김으로써 미래에 더 큰 일탈, 즉 이차적 일탈을 저지를 가능성이 높아짐
(5) 낙인의 결과는 자기 충족적 예언이 되고 결국 일탈자라는 낙인이 찍히게 되면, 그 운명을 받아들이게 되어 일탈행동에 대한 합리화를 배우게 됨

UNIT 20 사회통제이론(사회유대이론)

1 특징 : 왜 다수의 사람들은 범죄를 저지르지 않을까? 하는 의문을 설명하고자 하는 이론

(1) 인간은 누구나 선천적으로 일탈 및 비행의 성향을 갖고 태어났다고 보기 때문에 비행 성향이나 비행 동기는 비행의 원인이 될 수 없음

- (2) 누구나 비행잠재성을 가지고 있지만 어떤 청소년들은 비행을 하지 않는가에 관심을 두고, 비행은 동기에 의해서가 아니라 동기를 통제할 수 있는 통제기제에 달려 있다고 봄
- (3) 비행 성향을 통제해줄 수 있는 사회와의 유대가 원인으로, 어떤 개인이 사회와의 유대가 강하면 비행 성향을 통제할 수 있게 되어 비행을 저지르지 않음
- (4) 그러나 그 유대가 약하게 되면 비행을 통제할 수 없어 자연적으로 비행을 저지르게 됨
- (5) 이 이론은 가정, 학교, 친구와의 유대를 강조. 통제기제의 대표적인 형태가 사회와의 유대. 즉 개인과 사회를 맺어주는 연계 또는 고리가 약해지거나 깨어질 때 사회가 개인에게 부과하는 억제력이 제거되며 이에 따라 그 개인이 일탈행동을 하게 된다는 것

2 사회 통제(유대)의 요인

- (1) **중요한 타인에 대한 애착** : 이는 감정적 혹은 정서적 구성요소로 가족, 친구, 그리고 학교에 대한 청소년들의 결속에 관심을 가짐
- (2) **관례적 행위에 대한 전념** : 전념은 비용적 요소를 말하는 것으로 관례적 행동에 투자한 것을 잃을 위험을 말함
- (3) **관례적 행동에 대한 개입** : 이는 기회적 구성요소를 말하는 것으로, 비행을 저지를 기회는 동조에 대한 사회적 가치를 증진시키는 관례적 행위에 대한 참여의 질과 양에 역으로 관련
- (4) **도덕적 요소로서의 믿음** : 믿음은 사회나 집단 내부에는 그 규범이 위반되고 있는 공통적 가치체계가 존재한다는 가정에 기초한 것으로, 사람들이 그러한 규칙에 복종해야 한다는 믿음이 적으면 적을수록, 규칙을 위반할 가능성은 더욱 커짐

3 사회통제이론의 특수유형

(1) 봉쇄이론

① 학교사회에서 거듭된 실패와 소외감을 경험한 학생들이라고 해서 모두 비행에 빠지는 것이 아니며
② 학업성취가 극히 저조하고 학교활동에서 소외된 학생들 중에도 스스로를 비행으로부터 봉쇄 혹은 견제하는 긍정적 자아개념을 가진 학생은 같은 실패에도 불구하고 비행에 빠지지 않도록 하는 강력한 내면적 억제력이 있다고 봄

(2) 제지이론

① 제지이론은 외적 사회통제의 수단에 의한 처벌을 비행예방의 가장 효과적인 수단
② 인간은 합리적이므로 범법행위에 수반되는 이득과 대가를 합리적으로 계산하고 전제
③ 처벌의 가혹성, 확실성, 즉시성 등 3차원에 관심을 가짐

UNIT 21 문화일탈이론

1 가난 – 범죄 사이의 관계를 문화적인 맥락에서 접근. 가령, 가난한 지역에는 범죄를 조장하는 문화가 있다는 가정에서 출발

2 인간의 행동은 그것이 정상적이건 일탈적이건 간에 모두 학습된다고 보아, 가난한 지역의 문화가 그 지역의 청소년에게 학습된다는 것

UNIT 22 편류이론

1 청소년 비행이란 일시적인 하나의 편류와 같은 것

2 청소년들은 때때로 정상에서 벗어난 행위를 하지만, 이런 행위는 일시적인 현상일 뿐 언젠가는 다시 정상으로 돌아온다는 것

UNIT 23 청소년 비행에 관한 심리학적 이론

1 좌절 – 공격이론

청소년의 비행행동은 욕구가 충족되지 않을 때 자신의 욕구를 방해하는 것에 공격적으로 반응하면서 나타남. 좌절은 공격행동을 증가시키는 경향이 있고 공격행동은 좌절에 기인한다는 이론

2 정신분석학적 이론

청소년의 비행행동은 자아와 초자아가 정상적으로 발달하지 못했을 때 본능에 의한 충동을 억제하지 못해 나타남

3 행동주의 이론

비행행동이 사람에 의해 긍정적으로 강화가 되거나 지지가 됨으로써 나타남

차별화된 합격중심의 교육학

PART 8

교육사회학

CHAPTER 01 교육사회학 이론
CHAPTER 02 신교육사회학
CHAPTER 03 학력상승과 학교팽창론
CHAPTER 04 교육평등과 사회평등
CHAPTER 05 평생교육

신박사의 ARETE 교육학

CHAPTER 01 교육사회학 이론

UNIT 1 구조기능론(기능론)

1 개요

(1) 사회를 유기체에 비유하여 사회의 각 부분이 상호의존적으로 전체 사회의 존속을 위해 필요한 기능을 수행하며, 사회는 항상 안정하려는 속성과 동질성과 균형성을 지향하는 경향이 있다고 보는 견해
(2) 사회적 사건이나 제도들을 인식하는 하나의 패러다임으로서 기능이론의 기본 관점은 생물학에 근거를 둠. 즉, 오랜 전통을 가진 기능이론의 근원은 생물학에서 비롯되었으며, 사회를 하나의 거대한 생물학적 유기체와 같다고 봄
(3) 사회학의 아버지로 불리는 콩트(Auguste Comte, 1798~1857)와 유기체설을 제시한 스펜서(Herbert Spencer, 1820~1903)에 의하여 기초가 형성된 뒤에 교육사회학의 창시자로 알려진 프랑스의 뒤르켐(Emile Durkheim, 1818~1883)에 의해 체계적 정립

2 기능론의 기본가정과 교육관

(1) 기능론의 기본가정
① 사회는 하나의 생물학적 유기체와 같다는 생물학에 근거
② 생물학적 유기체를 구성하는 여러 부분들이 각각 다른 생존적 기능을 담당하고 있음을 주목하고, 생물학적 영역에서 사회적 영역으로 관점을 확대 적용
③ 유기체의 일례로 인체는 호흡기·소화기·사지 등 여러 기관, 즉 요소들로 구성
④ 그들에게는 각각의 기능이 있고, 그 기능을 제대로 수행함으로써 인체의 생존과 건강유지 및 활동을 보장함
⑤ 그들은 상호의존적 관계에 있으며, 한 요소의 변화는 다른 요소 및 전체의 변화를 초래함
⑥ 유기체와 마찬가지로 사회도 각각 다른 여러 요소들로 구성되어 있으며 각 요소들은 전체의 존속을 위하여 필요한 기능을 수행한다는 설명 방식
⑦ 인체의 각 기관이 생존 욕구에 부응하기 위해 기능하는 것처럼 한 사회의 풍습이나 제도도 사회의 생존요구, 즉 안정과 질서를 위해 기능한다고 봄
⑧ 사회를 각기 다른, 질적 우열의 차이는 없고 기능상의 차이만 있는 여러 부분들의 집합으로 보는 사회관을 갖고 있음
⑨ 따라서 역할분화와 사회적 연대의식이 사회생활의 중요 요인임

⑩ 계층은 기능의 차이에 바탕을 둔 차등적 보상체제의 결과
⑪ '직업에는 귀천이 없다'는 생각도 이런 논리의 연장임
⑫ 어떤 사람이 부자가 되거나 권력을 갖는 것은 그가 다른 사람보다 더 어렵고 중요한 기능을 맡고 있으므로 더 많은 사회적 보상과 기능 수행에 필요한 권한을 받기 때문임. 따라서 계층의 차이는 부당한 불평등이 아닌 정당한 차이가 됨

(2) 기능론의 주요 개념
① 구조와 기능, 역할, 부분의 전체에 대한 공헌, 상호의존성과 통합, 안정성, 합의 등
② 기능이론은 각 부분의 상호의존성과 통합을 강조(사회통합 추구)
③ 부분들이 단순히 상호의존적 관계에 있는 것이 아니라, 급진적이거나 갑작스런 변화에 반대하고, 또 기능론은 합의를 강조하는데 중요한 지각, 정서, 가치, 신념에 구성원들이 동의했다고 가정함. 그러한 동의는 사회화 과정을 통해 이루어진다고 봄

(3) 기능론이 지향하는 사회

능력주의 사회	전문가 사회	민주사회
개인의 능력과 업적, 노력의 여하가 더 중요하게 취급되는 사회	고도로 훈련된 전문 인력 필요, 합리적인 지식에 의존하는 사회	사회정의 추구, 충만한 생활 영위, 다양성을 인정해주는 사회

(4) 기능론의 교육관 : 거시적 관점. 교육과 사회와의 관계를 비교적 긍정적, 낙관적

- 학교란 한 사회를 유지, 발전시키기 위하여 존재하는 합리적 기관. 즉, 성숙한 교사가 미성숙한 학생을 가르치는 곳이며, 한 사회를 유지·발전시키기 위하여 존재하는 합리적 기관
- 학교는 지식과 전문적 소양을 중시하고 현대 전문가 사회에서 필요한 지식, 기술, 가치규범을 함양하도록 만듦
- 학교교육의 기능은 능력과 기술을 겸비한 사람들을 분류하고 선발하고 업적주의 사회의 기반을 튼튼히 하는 데 있음.(적재적소에 배치하고 충원하는 합리적 기제)

- 교육목적으로 사회화 혹은 사회적 선발을 통한 사회질서, 통합, 안정, 발전. 즉, 학교 교육의 목적은 본질적으로 기존 사회의 유지와 변화하는 사회에 적응하기 위한 사회화 기능
- 교육과정이란 그 사회와 문화의 핵심을 선정해서 조직한 것, 학생들에게 필수적, 학교 지식은 사회구성원의 합의에 의한 보편적인 것

- 교육기회를 균등하게 부여함으로써 불평등을 해소할 수 있음. 즉, 학교는 계층이동의 수단으로 기능
- 학교에서의 성공과 실패는 사회 구조적인 차원보다 개인 차원으로 귀인할 수 있음(책임소재 → 개인주의 연관)
- 학교교육 기능의 원활한 수행을 위해 필요한 전제조건 : 기회의 평등, 업적주의

> **알아두기 ①** 뒤르켐(Durkheim, E.)의 교육 정의
> 교육은 사회생활을 위한 준비를 아직 갖추지 못한 어린 세대에 대한 성인세대의 영향력 행사이다. 그 목적은 전체로서의 정치사회와, 아동이 장차 소속하게 되어 있는 특수환경의 양편이 요구하는 지적·도덕적·신체적 제 특성을 아동에게 육성·계발하는 데 있다.

(5) 기능론의 사회관

① **질서유지적 관점**
  ㉠ 기능론에서 사회의 질서유지적 측면을 강조함
  ㉡ 질서는 구성원의 합의된 가치 및 관점에 의해 유지된다고 봄

② **체제적응적 관점**
  ㉠ 기능론에서는 전체 사회에 대한 교육사회의 기능을 체제적응적 기능으로 파악함
  ㉡ 따라서 교육사회는 사회의 변화에 따른 적응 기능을 제대로 수행해야 함
  ㉢ 예로 사회가 분화될수록 교육도 분화되어 적응함

③ **기회균등과 업적주의 사회관**
  ㉠ 현대사회는 세습적 지위나 권위보다는 개인의 능력과 업적 및 노력의 정도가 가장 중요하게 간주되는 업적주의 사회로 가정됨
  ㉡ 사회적 신분은 세습되지 않아야 하고 개인의 노력에 의해 성취되어야 함
  ㉢ 따라서 계층, 지역, 인종에 관계없이 누구나 동등한 사회적 성취기회를 가질 수 있어야 한다는 기회주의 원리가 중시됨
  ㉣ 이러한 사회에서 교육은 동등한 기회를 부여하고, 업적을 기준으로 한 공정한 경쟁의 장이며, 유능한 인재를 능력에 따라 선발하고, 적재적소에 배치할 수 있는 합리적 제도로 보임
  ㉤ 교육의 합리적 선발기능을 강조함. 특히 오늘날과 같은 전문가 사회에서 학교교육의 기능은 중요해짐
  ㉥ 학교에서 전문적 지식을 효과적으로 배우는 데 필요한 기초적이고 일반적인 학습능력을 가르쳐야 한다고 봄

④ **개인주의**
  ㉠ 기능론에서는 교육에 대한 선택 및 성공과 실패, 교육기회의 문제를 사회구조적 측면보다는 개인주의적 측면에서 설명함
  ㉡ 개인이 성공하고 실패하는 것은 그 개인의 능력에 달려 있다는 것임

⑤ **점진적 개량주의**
  ㉠ 기능론에서는 개혁에 대하여 기본적으로 점진적 개량주의 입장을 취함
  ㉡ 사회악이나 불평등 요소가 있다는 점은 인정하지만, 그것을 일시적이고 부분적인 체제의 부조화로 파악함
  ㉢ 그에 대한 대책도 부분적이고 점진적인 개선책으로 가능하다고 봄

3 기능론의 주요 이론과 교육

(1) 기술기능이론(Clark & Kerr) : 1950년대

① 산업사회에서 기술의 필요는 기술의 다양화에 따라 항시 높아짐
② 학교교육은 특수한 기술이나 일반능력을 위한 훈련을 제공
③ 직업에 필요한 교육수준은 날로 높아가며 많은 사람들이 학교에 머물러 있어야
④ 생산체계의 기술적 변화는 교육변화의 추진력을 제공함
⑤ 기술시대는 숙련된 기술자와 직업적 전문가들을 요구함

⑥ 교육체계는 그런 사람을 배출하는 데 공헌해야 한다는 주장이 제기됨
⑦ 낮은 수준의 기술을 필요로 하는 직업의 비율은 줄어든다는 것을 뜻함
⑧ 동일한 직업 내에서도 요구되는 기술의 수준은 점차 높아짐
⑨ 학교교육은 보다 더 높은 기술을 요하는 직업에 적합하도록 특수한 기술이나 일반능력을 위한 훈련을 제공함
⑩ 학교교육은 증대되는 필요를 충족시키기 위해 사회의 기술화 정도에 맞추어 팽창
⑪ 산업사회 직업구조는 특정한 종류의 능력을 필요로 하며 훈련 또는 학교교육이 필요를 충족시키는 수단임
⑫ **단점**
  ㉠ 기술사회를 향한 발전과정에서 갈등과 불화에 대한 측면은 외면
  ㉡ '학교교육의 팽창은 대중이 교육기회의 확대를 요구했기 때문이기도 하지만 지배계층의 특권을 유지시키는 수단이기도 했다.'라는 비판도 있음

(2) 인간자본론(슐츠)

① 교육이나 훈련을 통해 인간에게 체계화된 지식·기술·창의력 등과 같은 인간의 생산력
② 인간이 교육을 통해 지식과 기술을 갖추게 될 때 인간의 경제적 가치는 증가
③ 교육에 대한 투자와 국가의 경제적 발전 사이에 높은 상관관계
④ 인간은 태어나면서부터 천부적으로 일정한 양의 잠재적 자본을 갖고 있음
⑤ 인간은 유년기, 학령기 및 초기 직장생활 시기를 지나면서 타고난 자본을 더욱 증가
⑥ 반면 학습이나 훈련이 시대에 뒤떨어진 것이 되거나 낡아서 활용하지 못하게 될 때 그 자본의 약화 또는 퇴화를 맞보게 됨
⑦ 교육을 '증가된 배당금' 형태로 미래에 되돌려 받을 수 있는 인간자본에 대한 투자
⑧ 인간이 교육을 통해 지식과 기술을 갖추면 그 경제적 가치는 증대하게 된다고 주장
⑨ 이 같은 관점에서 학력에 따른 수입의 차이를 교육에 의한 지식과 기술의 차이, 생산성 차이로 설명함. 즉, 교육은 개인과 사회의 수익률을 높이는 중요한 요인
⑩ 인간자본론은 개인적 측면뿐 아니라 국가발전에 있어서도 교육에 대한 투자와 국가의 경제적 발전 사이에 높은 상관관계가 있음을 밝히는 데 사용됨
⑪ 인간자본론은 경제적 발전뿐 아니라 정체적 측면이나 개인의 성공과 실패에 관한 논의에도 응용됨
⑫ 학교교육은 정보처리 능력을 증진시키며, 기술이 급격히 변화하고 새로운 상황이 계속 생겨나는 환경에서 문제해결 능력을 높여 주는 데도 상당히 유용함
⑬ 사람들은 자기 자신에게 투자함으로써 스스로에게 선택의 범위를 넓혀 줄 수 있음
⑭ 그것은 자유인들이 자신들의 복지를 향상시킬 수 있는 한 방법임
⑮ 장기간에 걸친 폭넓은 학업을 장려하는 데 필요한 유인으로 교육받은 사람에게 더 많은 보상이 주어지는 것은 정당한 것으로 봄

⑯ 단점
　㉠ 학력과 직업이 당연히 일치된다는 가정은 현실과 거리가 먼 선발가설이론
　㉡ 교육적 투자가 사람들의 인지적 능력을 높인다고 볼 수 있으나 그러한 인지적 능력이 교육과 직업 또는 교육과 수입 간의 관계를 설명할 수 있는가는 분명하지 않음
　㉢ 인간자본론이 이론적 기초를 제공한 경제 및 사회정책, 예컨대 저소득 층에 대한 대규모 교육투자를 통한 1960년대 미국의 '빈곤과 투쟁'
　㉣ 1950년대 이후 국제사회로부터 교육원조 제공을 통한 제3세계 국가들의 빈곤 완화 및 경제성장 증진의 실패 등에 의하여 이론으로서의 신뢰가 실추 또한 과잉학력 현상을 설명할 수 없음
　㉤ 이중노동시장이론을 보면 아무리 생산성이 높은 노동자라도 자신이 2차시장에 있으면 승진이 불가능함. 따라서 개인의 소득결정은 노동시상의 분할구조에 의해 결정됨
　㉥ 이들에 의하면 학교교육이 승진과 임금상승에 영향은 주지만 불완전한 기회균등 도구임
　㉦ 완전한 계층의 평등을 이룩하기 위해서는 학교교육 변화뿐 아니라 노동시장정책의 변화도 중요함

(3) 근대화 이론

① 교육과 근대적 가치 습득과의 관계를 분석하고자 하는 이론
② 1950년대 출현해서 우리나라에서는 1960~1970년대 지배적이었던 이론
③ 근대화 이론은, 사회는 내·외적 요인들이 함께 작용하여 통합·분화·재통합을 거쳐 진화·발전한다고 봄
④ 근대화 이론은 우리나라의 1960년대~1970년대 학계와 정부정책에 널리 퍼져 있었음
⑤ 1950년대부터 미국을 중심으로 발달한 근대화 이론은 두 차례의 세계대전 이후 수립된 세계질서인 냉전체제에 대한 전략으로 볼 수 있으며, 신생후진국의 장래에 대하여 낙관적 발전 전망을 제시함
⑥ 근대화 이론에 입각한 많은 연구들은 교육과 고용이 근대적 가치 습득과 직접적으로 관련되어 있음을 강조함
⑦ 근대화 이론은 근대화 기관, 근대적 가치, 근대적 행위, 근대사회, 경제발전의 다섯 가지 변인 간에 직접적인 인과관계가 있다는 가정에 기초함. 그중 학교는 대표적인 근대화 기관으로 간주됨
⑧ 맥클러랜드에 의하면 문명의 발생과 쇠퇴는 그 사회 내에 있는 대다수 사람들이 소유하고 있는 개인적 가치관에서 기인됨
⑨ 그는 한 사회의 경제적·기술적 발전을 가능케 하는 성취동기라고 하는 성격적 특성이 사회화를 통하여 획득된다고 주장함
⑩ 성취동기의 개념은 '근대성 척도'라는 태도검사를 개발한 미국의 사회학자 인켈리스에 의하여 더욱 발전함
⑪ 근대성 척도는 한 사회의 구성원들이 무엇을 근대적 가치라고 보느냐를 측정하기 위해 1960년대부터 널리 사용됨
⑫ 이들 이론가들은 근대적 가치의 창출은 인간의 계획에 의한 결과라고 할 수 있으며, 근대적 가치의 출현에 있어(학교) 특수한 사회기관이 중요하다고 주장함
⑬ 이와 같은 근대화 이론은 근대화 과정의 궁극적인 목표점에 관한 과정이 이상적으로 기울어져 있고 서구 중심적임
⑭ 근대화를 측정하기 위하여 사용되는 준거를 보면 한 사회가 근대화되기 위해선 그 사회가 곧 서구화되어야 하는 것을 뜻하기 때문임

(4) 지위 획득론(사회이동론 촉진론)
교육과 개인의 직업 지위 획득 간, 혹은 사회적 상승이동의 과정을 긍정적으로 보는 입장

(5) 발전교육론
① 국가발전을 위한 교육의 기능 내지 역할의 중요성을 재인식
② 국가발전을 위한 교육계획 수립의 이론적 모형을 설계하고 발전교육의 연구과제 모색
③ 발전교육론에서는 교육이 경제발전을 위해 필요한 경쟁력 있는 인력육성, 정치발전을 위한 정치사회화, 사회 발전을 위한 근대적 가치관의 함양 등을 담당해야 한다 주장
④ 그러나 이러한 발전교육론은 교육을 목적보다는 수단으로 인식하는 도구적 교육론이라는 점에서 비판받음
⑤ **대표이론** : 기술기능론, 인간자본론, 근대화론 등

(6) 뒤르켐의 교육과 사회화론
① 뒤르켐에 따르면, 교육은 사회가 영구히 그 자체의 존재조건을 재창조하는 수단임
② 교육은 미숙한 인간을 새로운 인간으로 재창조함
③ 교육의 목적이 사회적이므로 목적달성 수단도 필연적으로 사회적인 성격을 갖음
④ 교육목적 기반인 사회적 조건은 교육방법의 설계에까지 영향을 미침
⑤ 이와 같이 사회학이 교육실천의 핵심이며 교사의 행동에 의미를 부여해 주는 지도 이념을 제공하므로 교육자에게 사회적 접근이 필요함
⑥ 뒤르켐의 사회화 기능은 보편사회화와 특수사회화로 나뉘는데
⑦ 보편사회화는 한 사회가 해체되는 일 없이 존속하는 데에 있어서 뿐만 아니라 한 사회의 독특성을 변화 없이 유지하는 데 있어 필수적으로 보는 것
⑧ 특수사회화는 개인의 적성이나 흥미에 따라 이루어지는 사회화의 방식으로 개인이 속하게 되는 특수한 직업집단이 요구하는 지적, 도덕적 특성의 함양을 가리킴
⑨ 교육을 통해 개인은 자신이 속하여 살아가게 될 직업집단의 규범과 전문지식을 미리 학습해야함
⑩ **도덕교육의 강조** : 한 사회의 중심 이념과 가치를 내면화하는 도덕교육을 강조

(7) 기능론적 사회화 이론 : 파슨스와 드리븐
① 교육의 사회화 기능에 관한 뒤르켐의 생각은 파슨스와 드리븐에 의해 계승되어 확장됨
② 파슨스는 사회화에 대하여 뒤르켐과 비슷한 견해를 유지하였고
③ 학교를 장래 성인이 되어 담당하게 될 사회적 역할을 수행하는 데 필요한 정신적 자세와 자질을 기르는 곳으로 봄
④ **파슨스(Parsons, T.)의 학교사회화이론**
　㉠ 구조기능주의적 사회체제이론을 체계화하였음
　㉡ 그에 의하면 사회체제는 다음 세 가지 속성을 갖음
　　ⓐ 한 체제를 구성하고 있는 요소들은 기능상 상호의존적임
　　ⓑ 한 체제의 구성요소들은 그 체제가 계속 작용할 수 있도록 적극적으로 공헌
　　ⓒ 한 체제는 다른 체제에 영향을 주며, 이 체제들은 한층 높은 수준의 체제, 즉 상위체제의 하위체제이기도 함

ⓒ 사회체제의 구성요소들은 거시적으로 볼 때 가변적이지만,
ⓔ 그 중 비교적 항상성이 높은 것을 '구조'(사회규범이나 제도)로, 가변적인 변수를 인간행동의 '동기'로, 양자의 상호연관성을 '기능'으로 정함
ⓜ 그는 사회현실을 하나의 사회체제로 보았는데,
ⓗ 사회체제에서는 부분이 전체에 연결되며 부분은 전체를 위한 기능의 관점에서 설명됨
ⓢ 학교를 사회체제의 하나로 본 파슨스는 기능주의의 입장에서 학교가 사회의 대행기관으로서 어떻게 전체 사회에 이바지하는가를 설명함
ⓞ 체제의 유지를 위해서는 '동기구조의 재조직'이 필요함과 무엇보다도 동료집단이 이러한 체제적 욕구를 충족시켜 주는 데 의의가 있음
ⓩ 가정은 성원들 간에 서로 친밀한 관계를 유지하는 가운데 아동을 자연적으로 사회화시키므로 아동에게 도덕과 규범 및 기술을 적절히 가르칠 수 없음
ⓧ 반면 아동의 동료집단 관계는 이후 성인생활에서의 평등한 지위관계모델을 제공하며 동기구조의 변화를 일으킴
㉠ 따라서 하나의 제도로서 동료집단은 더 큰 사회체제가 안정된 상태에서 상호작용할 수 있도록 도와줌
ⓣ 동료집단의 기능은 성인역할을 위하여 아동을 준비시킴으로써 사회질서를 유지하는 데 있다고 결론지음

⑤ 드리븐의 학교사회화 이론
㉠ 뒤르켐이나 파슨스의 주장은 드리븐에 의해 더 구체적으로 설명됨
㉡ 학교가 무엇보다 중시해야 할 일은 학생들을 산업사회에서 요청되는 사회인으로 만드는 것이라고 보고 규범학습을 강조함
㉢ 학교는 학생에서 산업사회에서 중시되는 4가지 규범인 독립심, 능력에 따른 성취, 보편성, 특수성을 내면화시킴
㉣ 학교에서 학생들은 각기 독자적으로 해야 할 일이 있다는 것과 다른 사람들이 이러한 독립심을 기대할 정당한 권리를 갖고 있다는 것을 배우게 됨
㉤ 교육과 직업의 관계에서 살펴보면 학교가 학생에게 제공해 주는 경험은 크게 보면 직업을 위한 준비라 할 수 있음
㉥ 직업세계를 위한 준비에 있어서 독립심을 길러 주는 일은 학생들이 남의 도움 없이 일을 하기보다는 독립적으로 무엇을 해내려는 심리적 성향을 개발하는 것이라 할 수 있음
㉦ 보편성과 특수성은 양극으로 대립되는 것처럼 보이지만 보편성의 규범은 같은 연령의 학생들이 동일한 학습내용을 배우면서 내면화됨
㉧ 학교는 같은 연령의 학생들이 동일한 학습내용을 배우면서 내면화됨
㉨ 학교는 같은 연령의 학생들에게는 성별, 사회적 지위, 외모 등의 특성과 관계없이 똑같은 규칙이 적용된다는 사실을 가르침
㉩ 학교는 학생들에게 학년이 높아질수록 흥미와 적성에 맞는 분야를 집중적으로 학습해 가도록 함으로써 그들이 특수성의 규범을 배우도록 함

주요이론	내용 요약	대표자
합의론적 기능주의	학교는 전체 사회 유지를 위한 긍정적 기능(사회화, 선발, 배치) 수행	뒤르켐, 파슨스, 드리븐
기술기능 이론	• 학교는 산업사회의 기술발달에 기여 • 고학력 사회는 고도산업사회의 결과, 학교는 산업사회를 지탱하는 핵심적인 장치	클라크, 커(Kerr)
인간 자본론	• 교육을 통해 사회·경제 발전에 필요한 인적 자본 생산/완전노동시장을 전제 • 교육은 '증가된 배당금'의 형태로 미래에 되돌려 받을 인간자본에의 투자, 인간이 교육을 통해 지식과 기술을 갖추게 될 때 인간의 경제적 가치는 증가하게 됨 • 교육수준의 향상 → 개인의 생산성 증대 → 개인의 소득능력 향상(경제적 이익 보장) → 사회·경제적 발전	슐츠, 베커
발전 교육론	교육은 국가의 정치, 경제, 사회발전의 수단, 국가발전을 위하여 교육의 양과 질을 계획적으로 조절할 것을 주장	로스트로, 슐츠
근대화 이론	베버의 사회심리학적 측면에서 교육을 통한 근대적 가치관 형성 중시(도덕적 근대화를 중시)	맥클랜드, 잉켈스
신기능 이론	학교개혁을 통한 교육의 수월성 강조 → 교육팽창을 생태학적 세계 체제이론의 관점에서 국제경쟁에 대한 각 국가의 적응과정으로 파악	알렉산더

4 기능론의 교육관이 지닌 한계

(1) 교육을 전통이나 문화를 보존하고 전달하는 것으로만 봄으로써 지나치게 보수적 색채
(2) 사회의 개혁보다는 기존 질서에 안주
(3) 학생 각자의 개성보다는 공통성 내지는 유사성을 중요시함으로써 엄격한 지도와 훈련강조
(4) 학력경쟁을 강조함으로써 고학력화를 부채질하는 경향
(5) 학생들의 인지적 측면만을 강조함으로써 인성교육 혹은 전인교육에 소홀
(6) 여러 교육문제들이 일시적 병리현상 또는 부분적 기능장애 정도로만 간주되므로 부분적이고 점진적인 개선책의 개발에만 집중함
(7) 기능론의 핵심 용어인 '기능'이라는 말의 의미가 분명하지 않음. 기능이란 말로써 어떤 일을 설명하는 것은 그것의 원인을 설명하지는 못한다는 약점이 있음
(8) 교육에 있어서 집단 간의 갈등을 외면함으로써 교육과정과 교육선발을 비롯한 교육정책의 결정과정에 대한 분석을 소홀히 함
(9) 업적주의 사회에 대한 전제와 교육선발이 능력본위로 이루어진다는 전제에 의하여 선발과정의 귀속적 측면에 대한 관심이 소홀했음

UNIT 2 갈등론

1 개요

(1) 갈등이론은 사회를 개인 간 및 집단 간의 끊임없는 경쟁과 갈등의 연속으로 간주
(2) 세력다툼, 이해의 상충, 지배자의 압제와 피지배자의 저항, 그리고 사회의 끊임없는 불안정과 변동이 이 이론이 보는 사회의 속성

2 성립배경

(1) 칼 마르크스(Karl Marx)의 사상 및 이론에 토대를 두고 다렌도르프(Darendorf), 밀즈(Mills), 코저 등에 의해 제창. 다렌도르프는 파슨스의 구조기능주의적 사회이론을 정면으로 부정
(2) 베버(Weber)의 사상에 이론적 토대를 둔 지위경쟁이론, 신마르크스의 이론적 입장에 근거한 저항이론
(3) 갈등론을 대표하는 학자로 마르크스, 베버, 짐멜, 코저 등을 들 수 있으나 갈등론의 전통은 마르크스와 베버의 두 가지가 서로 다른 뿌리에서 시작되었음
(4) 이 두 사람에 의해 구축된 이론적 뿌리는 이후 아주 복잡하고 다양한 양상으로 뻗어나갔음

3 갈등론의 기본가정과 교육관

(1) 기본가정
① 사회는 경쟁 집단이나 이해집단의 형태를 취함
② 사회적 갈등이나 계급갈등은 어떤 조직적인 사회조건하에서도 발생
③ 산업화는 자본주의적 지배형태인 중앙집권화, 엘리트주의에 공헌
④ 사회적 갈등은 자원의 희소성과 독점화에 기인
⑤ 경제적 사회계급, 정치권력, 사회적 지위를 사회계층의 결정요인으로 보고 중시

(2) 갈등론적 교육관 : 교육을 사회와 연관시키는데 있어 거시적 관점. 비판적

• 학교는 특정 집단이나 계층의 사고방식을 가르치는 곳. 즉 지배계급의 이익을 보존·재생산하기 위한 제도 • 학교의 교육과정은 특정집단의 문화를 재생산하는 데 기여	• 학교교육은 특정집단의 문화와 이익을 옹호하고 정당화 • 교육체제는 사회의 구조적 불평등을 유지하는 기능

(3) 갈등론적 교육관의 대두
① 갈등론적 교육관이 대두되기 시작한 것은 그리 오래되지 않았음
② 1960년대 중반부터 학교교육이 인간의 삶을 풍요롭게 하고 있는가, 학교교육이 사회 구조적 모순을 해결하고 사회평등화를 도모하고 있는가, 학교교육이 요구하는 사회적 질서는 누구를 위한 것인가 등의 문제에 근본적 의문이 제기됨
③ 기능론과 마찬가지로 갈등론도 학교와 사회가 밀접하게 관련되어 있다고 봄

④ 그러나 갈등론은 학교와 전체 사회의 요구 간의 관계보다는, 학교와 엘리트 혹은 지배집단 간의 관계를 강조함

(4) 갈등론적 교육관과 학교

① 학교는 재능 있는 사람들의 사회이동을 촉진시키고 사회평등화에 기여하는 제도라기보다 특정 엘리트 집단의 권력을 영속시키고 기존 계층질서를 유지시키는 도구
② 학교는 기존의 불평등 구조를 영속화 또는 심화시키고 피지배집단에게 현 사회구조에 순응하는 태도를 갖게 함으로써 지배 엘리트의 이익을 대변
③ 학교는 현대적이고 자유주의적이며, 민주적인 정책운영에 필요한 가치나 태도를 가르치지 않고, 오히려 중간계층의 도덕성, 맹목성 애국심, 바람직한 노동습관 등을 가르치는 제도
④ 학교는 자율적 사고를 고무시키기보다는 상업적 가치에 동조하는 태도를 주입시키며 현대사회의 복잡한 직업특성에 필요한 인지기술을 가르치기보다는 편협한 기술적인 가치관을 가르침
⑤ 학교에서 배운 지식과 기술이 직업신분이나 직무수행 능력과는 크게 관계가 없다는 증거가 제시됨
⑥ 이로써 학교는 현대 산업사회에서 필요한 지식과 기술을 가르치기보다는 교육자격증을 발급해 주는 곳
⑦ 학업성취에 있어서도 계급간·인종간의 차이가 지속적으로 나타남으로써, 교육확대를 통한 기회균등이 이루어지기보다는 특수계층의 권위를 유지하는 데 학교가 이용되고 있음
⑧ 학교는 아동의 지적·정의적 성장을 실현시키는 데는 별로 공헌하지 못하고 억압적이고 비인간적인 사회를 형성시키는 도구로 간주

4 갈등론의 주요 이론

(1) 개요

① 학교교육에 대한 갈등론적 이론은 몇 가지 유형으로 나뉨
② 교육이 사회계급을 재생산시킨다는 주장을 재생산이론이라고 하는데, 재생산이론에는 경제적 재생산이론과 문화적 재생산이론이 있음
③ 학교에서 저항문화가 어떻게 생산되는가에 초점을 맞춘 저항이론이 있음
  재생산이론과 저항이론은 대체로 마르크스적 전통을 따른 것임
④ 학교의 팽창을 부·지위·권력 등을 둘러싼 경쟁의 결과로 보는 지위경쟁이론이 있음. 지위경쟁이론은 베버적 갈등이론의 전통을 이은 것임

(2) 재생산이론

① 재생산이론의 기본입장
  ㉠ 학교가 지배사회의 이익을 위해 어떻게 작용하는가에 관한 문제가 핵심적 관심
  ㉡ 학교가 문화적 우수성, 가치중립적 지식, 그리고 객관적인 교수양식을 향상시키는 민주적 제도라는 가정을 거부
  ㉢ 학교와 자본의 이익을 매개하기 위하여 권력이 어떻게 사용되는가에 초점

② **경제적 재생산론(대응이론)**
  ㉠ 학교는 자본주의 생산관계를 유지하기 위해 필요한 사회구성체를 재생산함에 있어 주된 역할을 담당한다는 개념이 그 핵심적 주제
  ㉡ 대표이론으로는 알튀세르의 ISA, 보울스와 진티스의 대응이론 등
  ㉢ 경제적 재생산론의 주장자들은 학교교육의 사회적 기능을 자본주의 사회체제, 즉 경제적 관계와 분리하여 이해할 수 없다고 봄
  ㉣ 자본가계급은 노동 생산력의 축적과 계급통제를 통해 자신들의 경제적 이점을 증대시키려고 노력한다는 것임
  ㉤ 자본주의 체제에서의 학교교육은 경제적 모순을 은폐하고 불평등한 구조를 유지·존속·심화시키며, 아울러 지배계급의 위치를 정당화하는 도구적 기관의 역할을 함
  ㉥ 결국 학교교육은 경제적 불평등을 정당화·합법화함으로써 지배계급의 위치를 재생산하는 기능을 담당
③ 보울스와 진티스는 경제적 재생산이라는 개념을 사용하여 학교교육이 자본주의 경제체제의 재생산에 어떻게 기여하는지 설명하고자 함
④ 자본주의 체제의 사회적 위계관계를 정당화하는 학교교육의 역할을 명확하게 설명하기 위해 대응원리를 제시함
⑤ 대응원리는 노동의 사회적 관계와 교육의 사회적 관계가 서로 대응하고 있다는 것임
  ㉠ 초등학교에서는 하위직에 적합한 복종·순응·시간엄수 등
  ㉡ 중등학교에서는 중간직에 적합한 지식·가치·규범 등
  ㉢ 고등교육에서는 최고 경영자에 적합한 인성체계인 독립심·창조력·리더십 등을 은밀히 전수
⑥ 교육의 사회적 관계와 노동의 사회적 관계가 대응하는 측면은 다음과 같음
  ㉠ 학생은 노동자처럼 권한이 없음
  ㉡ 교육은 목적이 아닌 수단으로 기능함
  ㉢ 분업을 통하여 노동자의 임무가 제한되고 단결이 저해되는 것처럼 지식의 전문화, 단편화 및 과도한 경쟁을 통하여 학생의 임무가 제한되고 단결이 저해됨
  ㉣ 교육수준은 직업구조의 수준에 그대로 대응됨
⑦ 이와 같이 보울스와 긴티스는 교육제도 분석의 핵심으로 사회적 생산관계와 생산력의 성격에 주목함
⑧ 교육체제는 계급과 관련된 학업성취의 불평등이나 사회계급에 의한 차별적 사회화를 통하여 불평등을 강화함
⑨ 단점
  ㉠ 경제적 재생산론은 학교교육의 역할을 경제구조에 국한시킴으로써 다른 사회적 변인, 예컨대 문화구조의 역할을 간과함
  ㉡ 경제구조의 성격이 학교에 중요한 영향을 미치기 때문에 결국 학생들은 자본가 계급이 요구하는 인간으로 형성된다고 봄으로써 학생들을 수동적인 존재로 이해함
  ㉢ 학교 외부구조인 경제구조가 학교 내부구조의 모습을 결정한다고 가정함으로써 교수·학습 장면에서 일어나는 복잡한 관계를 단순화시키거나 간과하는 경향 있음

(3) 문화적 재생산이론

① 기본입장
  ㉠ 문화·계급·지배를 학교교육의 논리와 명령에 연결시키는 교육과정의 사회학을 발전시키고자 시도
  ㉡ 자본주의 사회가 어떻게 그들 스스로를 재생하고 반복할 수 있는가에 관한 질문과 관련
  ㉢ 문화적 재생산론 주장자들은 학교교육의 문화적 역할을 강조함
  ㉣ 이들은 자본주의 사회가 경제적 모순에도 불구하고 자연스럽게 유지되는 이유를 지배계급이 선호하는 문화를 학교교육에 투입시켜 불평등한 사회적 관계를 정당화하는 데서 찾음
  ㉤ 학교교육은 지배계급이 선호하는 문화영역을 통해 계급적 불평등을 유지·심화시키는 재생산적 기구라는 것임. 문화 재생산론자들은 문화영역과 계급구조와의 관계 밝힘
  ㉥ 이를 통해 계급적 문화의 법칙을 제시함으로써 그것이 정당화·합법화 되는 사회적 이유를 설명하며, 주로 학교와 지배계급 문화와의 사회적 관계에 관심을 갖음

② 주요 개념
  ㉠ 문화자본
    ⓐ 개인들이 그들 가정의 계급적 배경에 의해 상속받은 상이한 언어적·문화적 능력체계를 말하며, 부르디외는 이 가운데 아비투스적 문화자본을 가장 중요하게 취급
    ⓑ 문화도 경제적 자본이 생산·분배·소비되는 것과 유사한 운동원리를 지니고 문화시장을 형성할 뿐만 아니라 소유한 문화는 화폐적 가치를 지닌다고 함. 이것이 문화자본

> **알아두기 ①**
> - 체화된(내면화) 상태 : 어렸을 때부터 계급적 배경에서 자연스럽게 체득된 지속적인 성향인 아비투스적 문화자본(학교문화 구성과 학생선발에서 능력분류의 준거)
> - 객관화된 상태 : 문화자본, 책이나 예술작품(교육내용 구성의 원천)
> - 제도화된 상태 : 문화자본인 졸업장, 자격증(학업성취도와 관련된 교육결과에 대한 사회적 희소가치 분배의 기준)

  ㉡ 상징적 폭력
    ⓐ 자본주의 학교는 중·상류계층의 문화를 가르침으로써 하류층 아동에게 행사하고 있는 것을 상징적 폭력. 즉, "불평등한 사회적 관계를 정당한 것처럼 합리화시켜 주는 힘"
    ⓑ 물리적 폭력이 아닌 상징적 폭력으로 달리 말하면, 지배계급은 언어나 신분·지위·위신·관습과 같은 상징을 가지고 있는데, 그러한 상징을 통해서 그들의 사고방식이나 지배유형 또는 문화양식이 마치 자연스러운 질서를 가진 것처럼 보이게 한다는 것
  ㉢ 아비투스
    ⓐ 사고의 구성 틀에 영원히 새겨진 것으로 계급에 기초한 기호·지식·행동의 사회적 문법을 반영. 아비투스(혹은 내면화된 능력과 구조화된 욕구 체계)는 구조, 사회적 실천, 그리고 재생산을 연결하는 매개
    ⓑ 객관적인 계급구조와 개인의 특정 행동 및 의식을 연결하기 위한 개념적 도구로서 초기 사회화의 결과임
    ⓒ 아비투스는 같은 집단이나 계급 구성원 모두에게 공통적인 인지·개념·행위의 도식 또는 구조의 주관적이되 개인적이지 않은 체계이며

- ⓓ 내면화된 문화자본으로서 계급적 행동유형과 가치체계를 반영함
- ⓔ 아비투스는 취향을 통해 드러나며
- ⓕ 객관적인 계급구조에 따라 구별될 수 있으므로 지배와 피지배의 관계를 포함함
- ⓖ 그러한 상징적 폭력이 가장 강력하고 은밀하게 일어나는 곳이 학교이므로 학교에서 사회적 불평등이 생산된다고 본 것임
- ⓗ 지배계급의 문화가 강조되는 학교에서 계급적 배경이 다른 문화자본을 가진 아동들은 학업성취에 있어서 열등할 수밖에 없고 더 나아가 미래의 직업적 지위 또한 낮을 수밖에 없다고 봄

③ **부르디외의 문화적 재생산이론**
- ㉠ 부르디외는 학력증서를 제도화된 문화자본이라고 분류함
- ㉡ 교육체제는 중립적인 것처럼 보이므로 학위·졸업장·자격증 등의 증가가 곧 기회의 증가라는 생각을 갖게 함
- ㉢ 객관적인 시험들은 지배계층 내에서 이미 탈락했던 사람들에게는 다음 단계에 성공할 수 있도록 기회를 허용하고 어떤 사람에게는 실패하도록 하는 문지기와 같은 역할
- ㉣ 학교는 특히 졸업증서와 학위를 수여하는 메커니즘을 통해 기존의 질서를 유지시키는 중요한 장임. 나아가 교육과정을 사회질서와 개인 간의 의사전달 체계로 봄
- ㉤ 교육체계는 지배계급의 세계관을 반영하는 지식, 즉 문화자본을 전수함으로써 사회질서를 재생산하고 합법화함
- ㉥ 학교교육은 지배계층의 문화자본을 채택하여 교육과정에 반영하므로 노동계층 아동에게는 불리하게 작용함
- ㉦ 단점
    - ⓐ 부르디외는 사회 내부에서 비판의식이 어떻게 출현하는가를 설명하지 못함
    그는 문화구조가 학교교육의 모습에 영향을 주고, 이런 문화형태에 따라 학생들이 일방적으로 영향을 받는 수동적인 존재로 분석하고 있음
    - ⓑ 부르디외의 이론은 구조결정론을 회피하고자 하지만 사회구조 – 문화 – 사회구조로 이루어지는 도식으로 환원되어 문화는 사회구조에 대하여 독립적이고 창조적인 역할을 수행하지 못하고 기존의 사회구조를 정당화하고 재생산 하는데 기여하게 됨
    - ⓒ 학교교육에서 문화의 역할을 강조함으로써 다른 사회적 변인, 예컨대 경제적 영향력 정도를 간과하는 경향이 있고 학교내부 현상을 문화구조의 논리에 따라 그 성격을 규정함으로써 실제적인 복잡한 역동적 관계에 대해서는 관심이 부족함

(4) 저항이론

① **역사**
- ㉠ 1970년대 후반 노동계급 학생들이 기존의 학교 문화에 저항하고 모순을 극복하려는 측면을 분석한 윌리스의 '노동학습'으로부터 출발한 이론. 그 후 지루, 애플 등에 의해 체계적으로 연구
- ㉡ 윌리스는 노동자 계급의 학생들이 집단적으로 형성한 저항문화는 교육과 직업지위 획득에 심층적인 영향을 미치며, 바로 그러한 경로를 통해 지배적 사회질서인 자본주의 제도가 재생산되고 있다고 주장
- ㉢ 지루는 '교육이론과 저항'에서 저항의 가치는 비판적 사고와 반성적 행위를 촉구하는 것뿐만 아니라, 권력과 사회적 결정의 문제를 둘러싼 집단적 정치적 투쟁의 가능성을 내포한다고 주장

- ② 학교교육이 자본주의 체제의 질서를 확인해 주는 도구적 장치라고 간주하는 재생산이론은 학교교육의 특성을 구조적 측면에서 해석함으로써 학교교육의 역할을 축소시키는 경향 보임
- ⑩ 학교교육은 지배체제에 의해 그 역할과 성격이 규정되며 학교내부 현장은 사회구조의 반영물에 지나지 않음
- ⑪ 결국 학교에서 배우는 사람들도 사회구조의 영향력에 따라 그 모습이 형성되는 수동적인 존재에 불과함
- ⑫ 윌리스는 재생산이론에 대한 대안으로 문화적 저항이론을 제시함

> **알아두기 ①** 윌리스의 문화적 저항이론
> - 윌리스는 1970년대 영국의 산업도시에 소재한 한 종합고등학교의 노동계층 가정 출신 남학생들을 대상으로 고교 졸업 전 2년간의 학교생활과 졸업 후 직장생활 초기까지를 문화기술적으로 연구하여 그들이 어떻게 노동직을 선택하게 되는가를 분석
> - 노동계층의 남학생들은 학교라는 공식집단 내에서 비공식 집단을 형성하여 학교의 권위에 저항하고 학업활동을 거부하는 태도 및 행동을 취함. 그들은 자신들의 집단을 '사나이들'로 칭하며 교사에게 저항하는 한편 교사의 권위에 순응적인 학생들의 집단을 '범생이들'로 부르며 자신들로부터 분리시켜 거부하며 상대적 우월감마저 갖게 됨. 학교에 대한 그들의 저항은 제도와 규율로부터 자유로운 상징적·물리적 공간을 확보하기 위한 싸움과 학교가 가장 중시하는 목적인 공부시키는 일을 타파하려는 데서 극명하게 나타남. 그들은 학교가 공식적으로 정해 놓은 시간표를 무시하고 자기들 나름의 일과를 구성하여 행함. 수업에 대해서도 시간 빼먹기, 딴전피우기, 엉뚱한 반에 들어가 앉아 있기, 장난거리를 찾아 복도 배회하기, 몰래 잠자기 등의 행동을 저항
> - 학교에 정착된 사나이 문화는 계급문화의 일부로서 비공식적인 기준을 제공하는데, 사나이들은 그것을 근거로 하여 각자 어떤 종류의 노동환경이 자신들에게 가장 적합한지를 판단
> - 사나이들은 자신들이 학교에서 순응하고 복종함으로써 얻을 수 있는 대가가 공평하지 못하고, 학교에서 강조하는 것과 달리 지식노동과 육체노동의 가치가 같으며, 학교에서 강조하는 순응의 논리가 계급이 서로 다른 개인들 모두의 성공을 보장할 수 있다는 것은 허구임을 간파. 그러나 사나이들은 몇 가지 분리의식을 갖고 있음. 즉 육체노동과 정신노동의 분리, 남성과 여성의 분리, 백인종과 유생인종의 분리 등이 그것. 그러한 분리의식은 그들의 간파가 순수하게 발전하지 못하도록 가로막는 이데올리기적 장애요소, 즉 제약으로 작용하여 분절적 간파에 그치도록 한다. 즉 윌리스는 이데올로기와 재생산의 문제를 간파, 제약, 분절적 간파라는 변증법적 틀로 설명

② **교육에 대한 기본 입장**
- ㉠ 학교교육의 목표 및 정치적 목표와 관련된 이데올로기의 문제
- ㉡ 저항의 가치와 기능
- ㉢ 학교 학생들에 대한 의식화 교육
- ㉣ 교육의 상대적 자율성 문제
- ㉤ 그는 노동계층 학생들이 구조적 상황과 어쩔 수 없는 힘 때문에 노동직을 택하는 것이 아니고 자신들의 문화와는 이질적인 학교문화에 적극 저항하는 과정으로 봄
- ㉥ 학교가 자본주의 사회구조를 충실하게 재생산 한다는 점에는 동의하지만 상대적 자율성 또한 갖고 있는 것으로 봄
- ㉦ 그는 학생들이 학교생활을 통해 자본주의의 모순을 간파하지만 이데올로기가 그들의 계급을 재생산하게 하는 제약 조건으로 작용한다고 봄

③ 저항이론의 영향
- ㉠ 1990년대 들어 문화운동, 환경운동, 여성운동, 소수민족 운동 등 다양한 사회운동이 확대되는 사회여건과 맞물려 지배집단에 대한 동시 다발적인 비판과 공격의 실천적 이론으로 저항이론이 주목
- ㉡ 저항이론은 학교교육이 사회계급 구조의 불평등을 그대로 보존하거나 이행하는 단순한 반영물이 아니라 오히려 학교교육을 통해 사회모순과 불평등에 도전할 수 있다는 점을 부각함
- ㉢ 저항이론에서 인간은 사회구조가 요구하는 대로 그 성격이 규정되는 수동적 존재가 아니라, 주체적 의지를 지니고 사회의 불평등한 구조에 저항·도전·비판하는 능동적 존재임
- ㉣ 인간은 불평등한 사회구조를 인식할 수 있으며 이 구조를 개혁할 수 있는 의지를 지니고 있음
- ㉤ 이러한 능동적인 의지의 강조는 학교교육을 통해 사회모순을 극복할 수 있다는 낙관적 전망을 가능하게 함

④ 단점
- ㉠ 피지배집단의 저항과 투쟁 요인에 대한 역사적 발달과정에 대한 분석 결핍
- ㉡ 학생들의 표면적인 저항행위에만 초점을 두고, 드러나지 않는 이면적인 행위에 대해서는 간과하는 경향이 있음
- ㉢ 저항행위의 실체를 설득력 있게 제시할 수 있는 객관적이고 실증적인 연구가 부족함

(5) 문화적 제국주의론
① 카노이는 국가 간의 갈등 현상이 교육에 어떻게 반영되고 있는지를 분석
② 중심국가가 주변국가에 대한 신식민적 침투를 용이하게 하는 문화적 토대를 형성 간주
③ 아시아와 아프리카의 나라들이 문화적으로 종속되어 있는 현실을 잘 설명

(6) 지위경쟁이론
① 학교교육의 팽창과정을 지위, 권력 및 명예를 위한 집단 간 경쟁의 결과로 설명
② 학력이 개인의 능력과 노력의 수준을 나타내는 공인된 '품질 증명'
③ 학력은 높은 지위를 획득하는 수단으로 작용하여 학력상승과 교육팽창을 부채질
④ 학력이 사회적 지위획득의 수단이기 때문에, 학력병 사회 현상을 설명하는 데 유용
⑤ 막스베버의 전통에 따라 학교교육의 팽창과정을 지위, 권력 및 명예를 위한 집단 간 경쟁의 결과로 설명하는 데 중요한 역할을 한 사람은 콜린스
⑥ 오늘날에는 말할 것도 없고 과거에도 학력과 사회적 지위는 불평등하게 배분되었음
⑦ 교육은 더 높은 지위와 연결되어있고 모든 집단들이 교육을 통해 그들의 자녀들이 높은 지위를 얻도록 노력했음
⑧ 콜린스에 의하면 학교의 주된 활동은 교실 안팎에서 특정 지위문화를 가르치는 것
⑨ 학교는 기술적 지식의 전달보다 어휘·억양·의상·심미적 취향·가치와 예술 등의 지위문화를 중요시 한다는 것
⑩ 콜린스는 교육체제의 형성이 '체제의 요구'보다는 갈등하는 이해관계에 의해 이루어진다고 봄
⑪ 우월한 지위집단이 그들의 특권적 지위를 강화하기 위해 교육적 요구를 한층 더 상승시키면 낮은 사회적 지위집단은 더 많은 교육기회를 요구하게 된다는 것임
⑫ 학력은 높은 지위를 획득하는 수단이며 학력이 부족하여 낮은 계층에 남아 있던 집단은 보다 높은 학력을 획득하여 높은 지위를 얻으려 할 것임

⑬ 그렇게 되면 기존의 높은 지위를 점유하고 있던 집단은 그에 위협을 느끼고 자신들의 학력을 더 높일 것임
⑭ 이것은 다시 낮은 지위집단에게는 보다 높은 학력을 요구하는 환경으로 작용하여 학력상승과 교육팽창을 부채질하게 됨
⑮ 콜린스는 '지위문화'라는 개념을 고안해냄. 그는 교육의 역사를 통해 볼 때 학교는 특정한 지위문화가 전달되는 곳이라는 점을 사립학교의 예를 들어 밝힘
⑯ 사립학교들은 대부분 종교적 신념 또는 설립자의 정신을 보급시킬 목적으로 세워짐
⑰ 이런 측면에서 보면 학교는 권력 있는 지위집단이 그들의 자녀들에게 특정한 문화적 가치를 전수시키기 위해 설립한 것이라 할 수 있음
⑱ 이와 같은 맥락에서 기업들이 대학졸업자들을 선호하는 이유는 그들이 월등한 기술을 가진 것이 아닌 대학교육이 기업주들이 갖고 있는 것과 흡사한 동기와 사회적 경험을 제공한다 판단하는 것
⑲ 이렇게 보면 학교가 가르치는 문화가 고용집단의 문화와 일치할 때 비로소 학교교육이 직업획득에 중요한 역할을 하게 된다고 볼 수 있음
⑳ 하류계층 학생들도 지배문화를 갖기 위해 학교교육을 중시할 수밖에 없으며 그 결과 학교교육은 날로 팽창될 수밖에 없다는 설명임
㉑ 학교교육을 받은 사람들이 늘어나면 직업획득을 위한 수단으로서의 학교교육에 대한 요구가 커지므로 학교교육의 팽창이 가속화 됨
㉒ 대기업 및 인기회사들은 기업의 상대적 존경과 위신을 위해 직원을 채용할 때 제시할 학력조건을 높임
㉓ 이제 학교교육은 직업획득을 위한 합법적 기준이 됨
㉔ 또 이미 직업을 갖고 있는 사람들도 승진을 위해 더 높은 수준의 학교교육을 필요로 함
㉕ 이처럼 조직 내에서의 지위를 위한 경쟁은 결과적으로 학교교육에 대한 수요의 증가를 부채질 함. 그 결과 학교교육은 날로 팽창하고 학력 또한 계속 상승함

5 갈등론적 교육이론의 공헌점과 한계점

(1) 공헌점
① 기존의 학교제도의 근본적 문제점에 대한 비판을 드러내 주었음
② 사회 구조적 문제와 연결시킴으로서 논의의 지평 확대
③ 능력주의와 같은 이념에 대하여 근본적인 의문을 제기하고 그 허구성을 지적
④ 갈등론적 교육이론이 등장하면서 학교교육의 모순적 현실에 대한 비판이 날카롭게 지적
⑤ 이 관점은 학교교육이 인간을 풍요롭게 해주고 사회문제를 효과적으로 개혁하도록 도모하는가에 대하여 회의적인 반응으로부터 출발함
⑥ 오늘날 학교교육은 사회문제를 해결해 주기보다는 사회불평등을 더욱 심화시키며 인간을 억압하고 있다고 주장함
⑦ 갈등론은 현실적으로 나타나고 있는 학교교육의 역기능에 대해 다양한 사회학적 해석을 시도함으로써 학교교육의 사회적 성격을 새롭게 인식하도록 하는 계기를 마련함

(2) 한계점

① 반면 공헌에도 불구하고 갈등론적 교육이론이 제공한 새로운 해석은 이론적 한계를 갖고 있으며 학교교육의 본질적 모습을 왜곡하거나 해석에 오류가 있다는 비판을 받음
② 교육행위의 설명에서 인간의 의지를 무시
③ 교육이 가진 자에게만 봉사하는 것으로 규정한 것은 교육의 본 모습을 왜곡·과장
④ 학교교육이 신분세습 제도를 약화하고 업적주의적 사회이동을 가능하게 해 준 공헌 부정
⑤ 교육이 사회적 결속력을 높이고 국가 공동체적 의식을 높이는 데 기여한 점을 과소평가
⑥ 교육을 통한 능력과 재능의 선별과 사회적 상승이동에 기여한 점을 의도적으로 무시

6 기능론과 갈등론의 비교

구분	기능론	갈등론
사회관	• 사회의 요소는 안정지향적, 상호의존적 기능을 수행함 • 업적주의와 기회평등 및 적재적소 배치 • 사회의 가치, 규범, 관습 등은 구성원들의 합의에 의한 것. 보편적, 객관적임 • 사회의 모든 요소는 안정과 균형 지향 • 사회의 모든 요소는 상호의존적 • 사회의 갈등과 대립은 일시적 병리현상 • 사회의 모든 요소는 그 사회의 유지와 존속에 기여 • 모든 사회는 구성원 간의 가치 합의에 기반을 두고 있음	• 모든 사회는 변화지향적, 불일치, 갈등 • 각 기관들은 지배집단의 이익에 봉사 • 사회갈등의 원인은 재화의 희소성과 불평등한 분배에 기인(평등분배를 위한 재구조화 강조) • 모든 사회는 언제나 변화의 과정 • 사회의 각 집단은 경쟁적이며 대립적인 관계 • 사회의 갈등과 대립은 모든 사회에 편재해 있는 본질적 현상 • 사회의 모든 요소는 그 사회의 해체와 변화에 기여 • 모든 사회는 한 집단의 다른 집단에 대한 강제에 기반
교육관	• 학교는 보편적 사회화를 통하여 공동체 의식을 함양하며 사회결속력을 높임 • 학교는 개인의 능력과 적성에 따라 적합한 지식과 기술 및 태도를 함양하여 직업세계에 잘 적응할 수 있도록 하고 사회에서 필요로 하는 인력을 양성 • 학교에서 다루는 교육내용은 사회 구성원 모두에게 가치가 있는 내용 • 학교는 출신 배경을 대신하여 개인의 사회경제적 지위를 결정함으로써 사회이동을 촉진시키고 능력주의 사회평등 실현에 기여 • 학교교육은 인력을 양성하여 능력과 적성에 따라 적재적소에 배치함으로써 사회적 효율성의 극대화에 기여	• 학교는 개인의 사회계급에 따라 미래에 차지할 사회적 지위에 맞추어 차별적 사회화를 시행함으로써 불평등 구조의 재생산에 기여 • 학교는 직업세계의 사회적 관계에 상응하는 가치관과 태도의 사회화를 통하여 자본주의 확대재생산에 기여 • 학교에서 다루는 교육내용은 기득권을 가진 사회집단의 문화로서 가치관, 규범, 태도 등을 은밀히 전수 • 학교교육과 직업세계 간에는 기능적 관계가 없으며 졸업장은 상징적인 도구로서 특정 직업지위 집단의 입직 조건을 제한하여 지배집단의 기득권을 유지하는 데 기여
핵심	구조와 기능, 통합, 안정, 합의	갈등, 변동(변화), 강제(억압)

학교교육	• 사회의 안정과 질서에 기여함 • 사회가 요구하는 기술, 지식, 공동체 의식을 전수함 • 학교교육은 기술훈련을 통하여 국가의 경제성장과 발전 그리고 인간의 자기실현에 결정적인 역할을 함	• 기존의 위계질서를 공고히 하며, 지배계급의 이익에 종사 • 기존의 질서를 재생산함으로써 사회 불평등을 영속화 • 학교교육은 노동자를 차별적으로 양성하는 계급생산의 매커니즘
대표	뒤르켐, 파슨스	보울즈, 진티스, 카노이, 일리치, 라이머, 프레이리
교육과정	• 교육내용 구성의 과학성, 객관성, 조직성 강조 • 교육내용, 교육평가, 교육목표의 보편성 강조 • 학습내용의 성취정도에 대한 측정 강조	• 학교에서 제공되는 교육내용은 특정 계층의 문화내용으로 구성 • 학교지식은 학습자, 교사, 학보모, 정책 당국자 사이에 갈등을 유발
선발배치	• 능력주의 규범을 현실화하기 위해서는 인력배치를 효과적으로 해야 함 • 학교는 능력에 맞는 인력개발 및 훈련을 시켜야 함 • 좋은 인력관리는 교육기회의 균등화를 통해 아동 능력의 낭비를 제거하는 데 있음	• 계급에 따른 사회진출이라는 능력주의 규범은 허구적이며, 능력주의 교육관은 자본주의적 질서를 정당화하는 것일 뿐임(계급재생산론) • 학교가 일류고, 이류고 또는 우열반 같은 편성을 통해 계급적 선발과 분배과정을 정당화시킨다고 파악함 • 학교교육의 선발과정과 선발기능을 학생과 교사 간의 상호작용 속에서도 찾고 있다. 교사가 교실에서 행하는 교육활동, 교수활동은 선발과 분배기능을 합리화시키는 과정에 불과하다고 판단한다.

CHAPTER 02 신교육사회학

UNIT 1 교육과정 사회학

1 개요

(1) 지식의 분배, 조직, 계층화 및 이념적 배경 등을 사회학적으로 분석. 학교에서 가르치는 지식을 시간과 공간을 초월하는 보편타당한 절대적인 것으로 보기보다는 사회 제세력간의 갈등, 투쟁, 협상의 산물로 봄

(2) 학교의 지식은 누구의 지식인가? 그것은 어떻게 조직되고 분배되며, 계층화되는가? 특정의 지식이 학교지식으로 선택되는 이유는 무엇이며, 그것은 집단간의 경쟁, 갈등과는 어떻게 관련되어 있는가? 등은 이 학문분야의 핵심적인 질문들

(3) 기본관점은 인간의 사유(지식)는 시대적·사회적 제약조건에 의하여 제약받는다고 하는 지식 사회학의 관점을 비롯하여, 현상학, 상징적 상호작용론, 민족방법론 및 신마르크스주의자들의 비판이론에 그 뿌리

(4) 이 분야의 연구가 교육사회학의 한 분야로서 새롭게 대두하게 된 것은 영국의 신교육사회학과 미국의 교육과정에 대한 비판적 접근을 통해서였음

(5) 조기선발을 특징으로 하고 있는 영국의 복선형 교육체제는 노동계급아동들의 사회계층 이동에 공헌하고 있지 못하다는 비판에 직면, 영국의 노동당정부는 학교계열간의 벽을 허무는 종합학교의 신설확대, 보상교육프로그램의 실시, 고등교육기관의 정원확대 등 그 문제 해결을 위하여 다각도로 노력하지만 기대와는 달리 획기적인 성과를 거두지 못함

(6) 이러한 실패는 그 개혁들이 학교에서 가르치고 있는 교육과정이 안고 있는 문제점-학교지식은 중류계급의 문화를 반영하는 것으로 노동계급에게는 불리하게 되어 있다는 점에 착목하지 못했기 때문이라고 본 영(M. Young)은 《지식과 통제》(Knowledge and Control)에서 학교의 지식을 구성하고 있는 범주와 개념들 예컨대 「우수아」, 「열등아」, 「학구적」, 「비학구적」 등은 사회적으로 구성된 것으로 다시 말하면 특정집단의 사람들이 그들 자신의 기준과 분류방식을 다른 사람에게 부과한 것으로 보아야 한다고 주장

(7) 미국에서는 과학성과 효율성에 대한 비판이 휴브너(D. Huebner), 크리바드(H. M. Kliebard), 애플(M. W. Apple) 등에 의하여 이루어지고, 특히 애플(M. W. Apple)은 《교육과 이데올로기》(Ideology and Curriculum)에서 학교지식의 사회적·역사적 기원, 학교의 일상생활과 사회적 통제와의 관계를 분석

(8) 보울즈와 진티스(S. Bowles and Gintis)는 학교지식을 경제구조 결정론적으로 보아 기존지식의 재생산으로 보는 반면, 부르되(P. Bourdieu)와 번스타인(B. Bernstein)은 상대적 자율성을 인정하고, 윌리스(P. Willis)나 애플 등은 재생산뿐만 아니라, 그것의 생산적인 측면을 부각

2 특징

(1) 학교에서 가르치는 지식은 교육제도 속에서 '선별적으로 처리된 것'으로 간주
(2) 지식은 사회적 산물로서 상대적 속성을 가지며, 가변적이기 때문에 일방적 강요 안됨
(3) 교육사회학 연구를 교육내용에 관한 연구에까지 확장. 교육과 사회평등에 관한 문제 논의의 새로운 지평
(4) 신교육사회학은 교육내용의 사회적 측면 등을 주요 분석 대상으로 함
(5) 신교육사회학에서는 교육불평등의 결정요인이 되는 학교 내의 여러 현상을 연구했는데 교육내용의 성격과 그것이 가르쳐지는 과정에 전체사회의 구조적 불평등이 반영되어 있음을 발견하고 교육내용과 학교 내 상호작용과정에 관심을 집중
(6) 신교육사회학자들은 교육현실에 대한 가치중립적 탐구와 실증주의적 교육사회학에 대한 방법론적 비판을 제기
(7) 그들은 기능론적 연구에서 채택하는 도구적 추리와 기술적·방법적 효율성에 치중된 논의방식을 문제시하였음
(8) 종래의 연구들에 주로 사용된 투입-산출의 거시적 연구모형이 학교안에서 이루어지는 교육과정을 블랙박스로 간주했다고 비판하면서, 학교내부에 대한 미시적 분석의 필요성 강조
(9) 신교육사회학은 지식사회학의 관점에서 학교에서 가르쳐지는 지식이 누구에 의해 구성, 어떤 이유에서 선택, 어떻게 학생들에게 분배되고 있는가에 의문을 제기
(10) 나아가 학교에서 교사와 학생이 어떻게 조직되어 있고 그 준거는 무엇인가도 문제 삼음

3 의미

(1) 연구방법에 있어서 양적 연구로부터 질적 연구의 필요성을 강조
(2) 교육과 사회 불평등에 관한 연구에서 역사적이고 구조적인 분석에 비중
(3) 학업성취와 교육과정을 합법화된 학교지식으로 대상화시켜 분석하는 사회정치적 분석 강조
(4) 신교육사회학은 기능론적 분석과는 다른 학교교육에 대한 새로운 이해방식을 제공해주었다는 점에서 그 의의가 있음
   ① 지식사회학적 관점을 강조
      ㉠ 지식의 존재구속성과 상대성을 지적하면서 지식은 그것이 생산된 사회구조를 반영함을 강조. 종래의 객관적·보편적·절대적 지식관을 배격하고 '역사적·사회적 생성물'로서 지식을 강조
      ㉡ 교육에 관여하는 사람들이 구성해 낸 일상적 세계를 자명하거나 당연한 것으로 간주하기 보단 의문을 제기하고 분석. 따라서 교육과정과 학교 내 상호작용과정에 대한 연구에 사회학적 시각을 부여
   ② 지식·문화·이데올로기·규범 등의 지적 과정을 통한 지배와 억압의 구조를 파헤침으로써 교육과 사회불평등에 대한 이해의 폭을 확장. 개인의 해방과 지배구조의 재편성을 통한 평등과 자율이 더 보장되는 사회를 교육과 사회의 이상적인 모습으로 가정
   ③ 교육제도와 기능중심의 교육사회학을 교육내용과 과정, 그리고 학교내부 현상중심의 교육사회학으로 변화시킴. 연구방법 면에서도 질적연구와 미시적 분석의 필요성 및 중요성을 일깨워 줌
   ④ 교육과 사회불평등에 관한 연구에서 개인주의적이고 능력주의적인 분석을 비판하고 역사적이고 구조적인 분석의 필요성을 인식시켜주었음. 종래의 제도적 분석에 인간의식과 지식적 분석을 추가
   ⑤ 학업성취와 교육과정에 대해 객관주의적·심리적 분석을 포기하고 합법화된 학교지식으로 대상화시켜 사회·정치적 분석을 시도. 학교지식의 성질, 학교의 조직, 교사의 이데올로기 등 교육의 여러

문제를 상대적인 것으로 보고 자명하게 간주해 온 모든 전제에 의문을 제기함. 신교육사회학자들은 학교가 지식을 분류·처리하는 기관임을 강조. 따라서 그들은 교육과정 속에 나타나는 '지식의 사회구조의 역학관계'와 '지식과 집단 간의 사상적 갈등'을 집중적으로 분석하면서 교육과 사회평등에 관한 문제의 논의에 있어 새 지평을 열었음

⑥ 학교와 교실의 통제 및 조직에 대해 경영적·효율적·기술적 접근에 치중하는 관행을 비판하고, 상호작용적이고 문화적인 접근을 강조하였음. 신교육사회학은 사회적 현실의 창조와 구성에 적극 참여하는 능동적 인간관을 기저로 함. 따라서 교육활동에 관여하는 사람들이 그들의 일상적 세계를 구성하고 정의하며 관리하는 과정에 대한 연구를 중시

4 번스타인의 언어사회학 이론

(1) 하류계급의 의사소통 방식인 '제한된 어법'(대중어)과 중류계층의 '세련된 어법'(공식어 혹은 교양어), 학교가 수행하는 사회계급의 재생산 기능과 관련. 이 두 언어양식의 기본적인 차이는 사고와 감정을 조직하는 수단으로서의 언어에 대한 태도
(2) 습관적으로 사용되는 의사소통 양식은 그 계급의 문화를 다음 세대에게 전수
(3) 언어사회화는 가정에서 이루어지며 그 이후에도 계속적으로 영향을 미침
(4) 사회계급에 따라 상이한 언어양식은 학교에서 교사 사용언어로 인해 학업성취에서 차이가 발생

정교한 코드(elaborated, formal)	제한된 코드(restricted, public)
• 중산층 가정, 아동의 의사소통 유형 　- 인간관계중심, 상황탈피적 　- 개방적 의사전달, 일과 놀이의 동일시	• 하류층 가정, 아동의 의사소통 유형 　- 지위중심 속성, 상황부가적 　- 폐쇄적 의사전달, 일과 놀이의 명확한 구분
'우리'라는 말보다 '나'라는 내용 강조	'우리'라는 말이 '나'라는 말보다 강조
구두 언어의 세계(분명한 문맥)	비구두 언어의 세계(몸짓, 손짓)
일반상황 중심(추상적, 논리적)	특수상황 중심(구체적, 실증적)

UNIT 2 상징적 상호작용론

1 개요

(1) 영향력 있는 미국의 사회심리학이 시카고학파 사회학의 전성기(1920 ~ 35년)에 발생하여 1960년대에 일탈에 대한 낙인이론의 등장을 통해 활성화
(2) 1970년대 동안 상징적 상호작용론은 강력한 비판을 받게 되었지만 교재로써 공식적으로 편찬되었고, '상징적 상호작용연구회'와 저널 Symbolic Interation을 통해 제도화
(3) 상징적 상호작용론은 연구하는 현상들과 밀접한 관련을 맺지 않고 이론화하는 모든 사회과학의 전통에 반대
(4) 또한 이론화를 위해 다양한 연구도구들(특히 참여관찰, 생활사, 심층관찰)을 활용

(5) 미국의 사회학자 조지 미드의 이론을 바탕으로 제자 허버트 블루머(Herbert Blumer, 1900~1987)가 발전시켜, 1930년대에 처음으로 '상징적 상호작용'이라는 용어가 사용

2 특징

(1) 상징적 상호작용론은 조지 미드(George Mead, 1863~1931)가 연구 시작
(2) 자아는 사회적인 것이며, 주체로서의 나(I)와 객체로서의 나(me) 사이의 관계의 산물
(3) 사회를 인간들의 상징을 통한 상호작용으로 설명
(4) 이 상징은 집단 구성원 모두에게 동일한 의미로 해석되어 짐
(5) 상징은 인간 집단이 임의로 부여한 것으로 사회적 합의에 기초
(6) 개인은 세계의 창조자이면서 동시에 그 세계의 산물이라 주장하는 미드의 사회적 행동주의는 '상징적 상호작용론'으로 불리는 학파로 발전함
(7) 상징적 상호작용론에서 언어와 의사소통은 두 가지 중요한 기본 개념임
(8) 인간은 세계에 대해 그들이 지니는 의미에 근거하여 행동. '의미'는 인간 사회에서 사회적 상호작용의 산물
(9) 인간은 타인과의 상호작용을 통하여 의미를 이해하고, 사회적으로 주어진 의미를 중심으로 생활 조직
(10) 사회관계는 상호작용하는 쌍방이 각각 자신의 행동에 대한 상대방의 대응을 예견하고 상호 용납할 수 있는 방법으로 상황을 정의하여 서로 수용 가능한 행동의 한계를 설정
(11) 의미는 대화에 참여하는 사람들이 행하는 해석의 과정을 통해 수정되고 조정
(12) 사회를 사람들 간의 상호작용 관계로 봄으로써 사회의 정태적·구조적 측면 대신 사회의 과정적 측면을 강조

3 상징적 상호작용론이 학교에 제기하고 있는 문제들

(1) 교사와 학생들은 수업, 교육과정, 동료, 상호관계 등 어떻게 해석?
(2) 어떤 요소들이 이러한 해석에 영향을 주는가?
(3) 교사와 학생들은 학교의 과정을 어떻게 경험하는가?
(4) 교사와 학생들은 자신들의 학교에서의 활동을 어떻게 조직하는가?, 학교에서의 자신들의 경력을 어떻게 인식하는가?
(5) 하그리브스는『인간상호관계와 교육』에서 미드의 상호작용이론에 근거하여 학교의 주요 구성원들인 교사와 학생들 간 상호작용이 어떻게 이루어지고 그 내용은 무엇인지 묘사. 그는 교사-학생 관계에서 교사가 주도권을 가지고 학급상황을 규정하므로 교사가 상황을 어떻게 규정하는지가 아주 중요하다고 봄
(6) 교사들은 그들이 가진 자아개념에 따라 세 가지 유형, 즉 야수조련가, 향응제공자, 낭만주의자 등으로 나뉠 수 있다고 봄
(7) **한계점**
　① 이러한 연구들은 역사적·정치적 상황을 고려하지 않고 개별 행위자의 행위에 초점을 두고 논의함
　② 따라서 상징적 상호작용론의 주된 제한점은 행위의 광범한 구조적 배경에 대한 고려가 결여된 점

4 연구방법 : 민속방법론이나 현상학적 방법 등 질적 연구 등

(1) 민속방법론은 일상의 평범한 대화나 매일의 일상적 상호작용을 통하여 사람들이 그들의 세계를 어떻게 구성하는지, 민속방법이 어떻게 구성되는지를 연구
(2) 민속방법론은 1960년대 후반 해럴드 가핑클이 주창한 사회학의 한 방법론
  ① 민속방법론에서는 사람들이 사회적 상호작용을 통하여 사회적 현실에 대한 감각을 창출·유지·변화시킨다고 봄
  ② 개인은 언어적·상호작용적 능력을 갖고 질서 정연한 일상 세계를 산출하는 능동적 존재임
  ③ 사회질서는 실재하는 것이 아니라 사람들의 사회적 현실에 대한 감각의 산물로 가정됨
  ④ 규칙은 사람들이 사회적 상호작용에서 타인의 행동을 관찰하고 이해하는 해석 도구로 간주
(3) 민속방법론의 핵심개념은 설명, 지표성, 상호구성성
  ① 설명은 사회구성원들이 사회적 상호작용 속에서 사회적 현실에 대한 감각을 창출해내는 활동임, 사회구성원들은 주관적 설명 활동을 통하여 상호주관적이고 사실적 지위가 부여된 사회 세계를 창출함
  ② 지표성은 사회구성원들이 일상생활에서 주고받는 담화, 몸짓, 신호, 기타 정보들이 특정 맥락에 의존하여 의미를 지님을 뜻함
  ③ 상호구성성은 설명과 맥락의 의미는 상호작용에 참여하는 사람들이 특정한 경우 구성해낸 해석이며 이후 재구성됨
(4) 민속방법론자들은 평범한 대화나 매일의 일상적 상호작용을 통하여 사람들이 그들의 세계를 어떻게 구성하는지를 연구, 주요 자료수집 방법으로는 관찰을 활용. 인간을 능동적 존재로 규정하고 새로운 의미론과 이해론을 정립
(5) 민속방법론은 사회적 현실의 실재성을 무시하는 경향, 상호작용적 상황만을 강조함으로써 거시적 사회 현상은 설명하기 어려운 점 등이 지적되는 한계

5 상징적 상호작용론의 교육에의 영향

(1) 교사의 리더십 유형, 학생들의 친구 유형, 교실여건, 교사의 기대 수준, 학교문화
(2) 교사의 기대와 관련하여 중요시되는 낙인, 딱지붙이기, 자기 충족적 예언 등

UNIT 3 신교육사회학의 주요이론

주요이론		요약	대표자
문화재생산 이론		학교는 지배집단의 문화자본(아비투스와 제도적 문화자본)을 재생산	부르디외
문화적 헤게모니 이론		학교는 지배집단이 지닌 헤게모니의 매개자	애플, 그람시
사회구성체 이론 (자본주의 국가론)		학교는 이념적 국가기구 역할	알튀세르
문화제국주의 이론		학교는 강대국의 문화접변을 통해 신식민 질서 강화	카노이
탈재생산 이론	저항이론	반학교문화를 통한 탈재생산의 가능성 논의	윌리스, 지루
	자율이론 (문화전달이론)	교육과정 형성과 경제적 힘의 관계 규명	번스타인
상징적 상호작용 이론		학교 및 교실에서의 인간관계와 상호작용 연구	쿨리, 미드

1 안토니오 그람시(이탈리아 공산당 창설자)의 헤게모니론

(1) 특징
① 그람시는 마르크스 사상을 사회와 역사에 대한 비판으로 받아들이면서 의식의 실천을 강조
② 의식의 실천을 강조하는 것은 철학의 궁극적 과제는 이해하는 것이 아닌 현실을 변화시키는 것이라는 마르크스의 명제에 입각함

(2) 헤게모니
① 그람시가 헤게모니의 개념을 발전시킨 배경은 자본주의 사회의 계급지배방식의 장점을 깊이 있게 분석해 내면서 임
② 그는 계급지배가 강압적인 힘의 사용만으로는 지속될 수 없으며 전체 사회에 대한 지적, 도덕적 지배를 구축할 수 있게 되고 모든 사회부문을 이데올로기적으로 흡수할 수 있어야 가능하다고 인식함
③ 지배가 지속되기 위해서는 대중들의 이데올로기적 합의가 필요하다는 것임
④ 따라서 부르주아 지배는 단순히 힘에 의한 지배가 아니라 부르주아 세계관과 이데올로기에 대한 프롤레탈리아 계급의 동의에 바탕을 두고 있다고 봄
⑤ 여기에서 힘에 의한 지배와는 대조적인 동의에 의한 지배의 바탕인 지적, 도덕적 영향력 내지 지도력이란 개념이 등장. 이것이 바로 헤게모니 개념

(3) 헤게모니와 학교교육
① 헤게모니는 지배계급이 피지배계급에 대하여 영향력을 미치는 방식에 관련
② 기존의 이데올로기 질서들은 사회 전 영역에 걸쳐 지배계급의 세계관과 가치를 확산시키며, 지배계급의 가치들이 타 계급에 의해 받아들여지게 되면 이들의 권력은 합리적인 것으로 간주되며 더 이상 강제력에 의존할 필요가 없어지기 때문
③ 여기에서 자본주의 사회의 지배방식에 관련된 교육의 중요성이 드러남

④ 자본주의 사회의 학교는 자본주의 이데올로기를 생산하며 또한 이것을 대중들에게 전달하는 역할을 수행하는 이데올로기 장치임

(4) 프롤레타리아 지식인

① 그람시에 있어 교육의 중요한 역할은 자본주의 사회의 이데올로기 통제에 의한 계급지배방식을 꿰뚫어봄으로써 사회변혁을 위한 대항 이데올리기를 창출하는 프롤레타리아 지식인을 길러내는 것
② 비판적 의식으로 무장된 지식인이 지배 헤게모니에 대결하는 대항 헤게모니를 창출하여 이것을 통한 이데올로기적, 문화적 투쟁이 선진 자본주의 사회에서의 효과적 혁명 전략으로 봄
③ 그람시는 지식인과 대중, 전문가와 보통사람, 엘리트와 추종자 사이에 존재하는 전통적인 구분을 파기함. 따라서 자본주의 사회의 노동 분화구조인 정신적, 육체적 활동형태의 구분을 인정하지 않음

2 카노이의 문화제국주의론

(1) 특징

① 카노이는 교육의 국제적 관계를 제국주의적 관점에서 파악하고 국가 간의 갈등현상이 교육에 어떻게 반영되는가를 분석. 식민지의 교육이 식민지 국민의 의식을 어떻게 왜곡시켜 지배자들에게 복종하도록 만들었는지를 서술
② 식민통치자들은 학교교육을 통하여 지배의 바탕을 마련하고 이를 강화해 나감
③ 오늘날 아시아, 아프리카의 많은 나라들이 정치적으로는 독립하였으나 문화적으로는 여전히 식민지 상태를 벗어나지 못하고 있으며 교육이 문화적 종속을 더욱 부채질

(2) 교육수익률곡선

① 카노이의 수익률곡선이란 학교의 발달단계에 따라 교육을 통해 얻게 되는 이익이 달라진다는 것을 의미함
② 학교가 발달하는 초기에는 초등교육도 제대로 받는 사람이 없기 때문에 초등교육만 받아도 교육의 수익이 높아짐
③ 따라서 중·상류계층이 초등교육만 받다가 보편화 되면 그때부터 하류계층이 초등교육을 받게 됨
④ 이렇게 항상 교육의 발달단계 하나가 보편화되면 이미 그 수익률은 떨어지고 더 높은 단계로의 경쟁이 치열해지고 하류계층들은 계속 기회가 제한되어 불평등은 재생산됨

(3) 신교육사회학에 대한 비판

① 문제제기와 연구 가능성을 명료하게 시사한 것에 비해, 연구에 비경험적인 요소가 많고 재현가능성과 반증가능성이 약하며 사변적 수준에 머무름
② 극단적 상대주의는 연구의 일관된 전제를 유지하기 어렵게 만듦
③ 종래의 교육사회학에 대한 도전적·대결적 자세를 강하게 보이기 때문에 양자 간 시각의 상이점과 모순에만 집중, 연속성과 유사성에 대한 관심이 약화되기 쉬움

3 번스타인의 언어사회화와 계급

(1) 특징
① 번스타인은 언어사회화라는 미시적 주제의 분석을 통해 사회계급 불평등이라는 거시적 현상을 설명하고 있음(언어 사회적 유전인자)
② 하류계급과 중류계급의 의사소통방식의 차이가 학교의 사회계급 재생산과 관련. 즉, 사회의 어떤 계급에서 습관적으로 사용되는 의사소통 양식은 그것이 가지고 있는 사고와 감정의 전달방식을 통하여 그 계급의 문화를 다음 세대에 전수

(2) 계급에 따른 언어사회화
① 언어사회화는 학교교육을 받기 이전에 가정에서 이루어짐
② 학교교육과 관계없이 그 이후에도 계속 영향을 미침

> **알아두기 ① 정교화된 어법**
> ㉠ 중류계급이 쓰는 언어의 형태로 인과적, 논리적 관련을 갖고 있으며 정확한 문법구조에 맞추어 언어를 사용함
> ㉡ 보편적 의미를 담고 있어 구체적으로 같은 경험을 하지 않은 사람에게도 의미의 전달이 가능함
>
> **알아두기 ① 제한된 어법**
> ㉠ 하류계급이 쓰는 언어의 형태로 막연한 상투적 표현을 주고받기 때문에 말의 내용을 통해서가 아니라 말을 주고받는 사람들의 정서적 유대 때문에 서로의 의사소통이 이루어짐
> ㉡ 구체적 의미를 담고 있지 않아 그 의미가 국지적 관계나 흡사한 상황에 연관되어 있지 않은 사람에게는 이해될 수 없음
> ㉢ 예를 들어, 노동계급의 부모는 자녀에 대해서 습관적으로 간단한 명령을 하며 자녀가 명령에 따르지 않을 때 자신의 감정을 충동적으로 표현함
> ㉣ 그러나 학교에서 쓰는 어법은 정교화된 어법으로 하류계급에게는 불리하게 작용될 수밖에 없음
> ㉤ 번스타인은 노동계급 아이들이 학업성취에서 뒤처지는 이유가 그들의 어법에 관련되어 있다고 봄
> ㉥ 학교는 세련된 언어를 구사할 것을 강조하지만 노동계급 아이들은 제한된 상황과 관련되어 있는 언어를 구사할 것을 강조하지만 노동계급 아이들은 제한된 상황과 관련되어 있는 언어를 구사함
> ㉦ 따라서 상황을 파악하는 능력, 장기적으로 생활을 계획하는 능력, 즉각적인 감정이나 충동을 억제하는 능력이 부족하다는 것임

(3) 교육과정과 사회질서
① 번스타인은 교육과정의 조직은 사회통제의 원리를 반영하며 기존 체제를 유지하는 데 기여한다고 봄
② 교육과정 조직을 이해하면 학교교육과 사회구조와의 관계를 이해할 수 있다는 것임
③ 학교지식은 아동의 정체감 형성에 크게 영향을 미침. 아동들은 학교에서 배운 그대로 스스로를 평가하는 경향이 있음
④ 아동들은 자신에 대하여 역사를 잘한다거나, 수학을 못한다거나, 음악에는 소질이 없는 것으로 정체감을 형성함

(4) 번스타인의 교육과정 유형

① **분류화** : 교육과정을 구성하고 있는 각 교과들의 독립성 정도. 교과목 간, 전공 분야 간, 학과 간의 구분을 말하는 것으로 분류화가 강할 때는 교육내용 상호간에 독립되거나 분리되어 있어서 내용 간의 경계가 강하고 명확

② **집합형 코드** : 분류화의 정도가 강한 것으로, 각 교과목의 전문성이 강조되며 교과목 내용 간의 경계선이 뚜렷이 구분됨

③ **통합형 코드** : 분류화 정도가 약한 것으로, 교과목 내용 간의 경계선이 뚜렷이 구분되지 않으며 교과목을 통합하는 횡적 교류를 강조함

④ **구획** : 과목 내 또는 학과 내의 조직의 문제로서, 가르칠 내용과 가르치지 않을 내용의 구분이 뚜렷한 정보, 계열성의 엄격성 정도, 시간 배정의 엄격성 정도 등을 나타내는 개념

⑤ 구조화는 그 정도에 따라 교육내용 선정, 조직, 진도, 시간배당에 대한 교사와 학생의 통제력의 정도가 달라지는 것을 알아보기 위한 개념. 구조화가 강하면 교사나 학생이 의사를 반영하기 어렵고, 반대로 구조화가 약하면 그들의 의사를 반영하기 쉬움

4 보이는 교수법과 보이지 않는 교수법

(1) 특징

① 번스타인은 분류와 구획이라는 분석틀로는 교육적 지식이 구체적으로 전달되는 과정을 분석하기 어렵다고 보면서 대신 분석의 초점을 실제로 교육적 지식이 전달되는 과정으로 옮김

② 교수법 혹은 교수 활동에 대한 그의 분석은 학교의 내적 논리와 규칙이 어떻게 교수-학습 방법에 영향을 미치는가 하는 점을 밝히는 데 있음

③ 그는 교수활동을 크게 두 가지 축으로 구분. 하나는 교육활동을 지배하는 원칙이 구체적이냐 아니면 드러나지 않느냐에 따라 가시적, 비가시적 교수방법

④ 다른 하나는 수업을 지배하는 원리에 따라 직업과 관련된 기술교육을 강조하는 시장 의존적 활동과 시장 독립적 활동으로 구분

(2) 가시적 교수법

① 지식의 전달과 성취를 강조하는 것으로 보수적 교수법이라 할 수 있으며, 학생들의 겉으로 드러난 '성취'를 중시

② 학생들 사이의 성취에 따른 차이에 주목하고 어떤 교사와 학생이 지식의 전달을 잘하였으며, 성취도가 높은가를 비교하게 됨. 이는 교사 주도의 교육이며, 학교나 학습의 통제 원리로서 기능

(3) 비가시적 교수법

① 외적인 잣대에 따라 등수를 매기는 것이 아니라 학습자의 내적인 변화를 중시

② 학생들의 인지적, 언어적, 정의적, 동기수준에서의 변화를 강조

③ 다른 학생들과의 비교가 기본적으로 가능하지 않으며, 학습자 중심의 성격을 가짐

④ 가시적 방법이 지식의 전달과 성취를 중시한다면 비가시적 방법은 지식의 획득과 자질을 강조. 나아가 사회 계급에 따라서도 교수방법에 차이가 있다고 주장

⑤ 예를 들어 교육을 취업과 관련하여 생각하는 계급일수록 가시적 교수방법을 선호하는 반면 취업보다는 상징적 통제를 중시하는 상층계급은 비가시적 교수방법 중시

5 맥닐의 방어적 수업

(1) 특징

① 교사들이 학급내의 규율을 유지하기 위하여 교과내용을 독특한 방식으로 제시하고 있으며 교수방식도 학생들의 반응을 줄이는 방식으로 진행한다고 보고. 이러한 방식의 수업방식을 총칭해 **방어적 수업**이라고 함
② 어떤 정보가 학생에게 전달되는가 뿐만 아니라 그 정보가 어떤 방식으로 전달되는가를 확인하기 위해서 세 교사의 수업을 관찰하였다는데, 그 결과 모든 주제가 교사에 의해 통제된 단순한 정보로 환원된다는 점을 지적
③ 학생들에게 읽기나 쓰기가 요구되지 않았고 학생 토론이 거의 없었으며 교육시설이나 자료들이 거의 사용되지 않았음. 이러한 수업 방식은 교과서에 포함되어 있는 내용조차 왜곡하거나 생략함

(2) 방어적 수업의 유형

① **단편화** : 이는 어떤 주제든지 단편들 혹은 서로 연결되지 않은 목록들로 환원
② **신비화** : 교사들은 종종 논의의 여지가 있거나 복잡한 주제는 그것에 관한 토론을 막기 위해서 신비한 것처럼 다룸
③ 교사들은 그 주제는 매우 중요하지만 알기 힘든 것처럼 보이게 함
④ **생략** : 학생들이 몰라도 된다고 생각하는 부분이나 한 단원 전체를 생략하고 넘어가는 행위
⑤ **방어적 단순화** : 다른 내용을 깊이 들어가지 않고 간단하게 짚고 넘어가는 방식임
⑥ 교사들은 학생들의 능력이 모자란다고 여겼을 때 그것을 극복하기 위하여 이 전략 사용
⑦ 교사들은 동기화라는 전략을 따르기보다는 내용이 별로 어렵지 않고 깊이 들어가지 않을 것이라고 학생들에게 약속. 이로써 학생들의 불만과 불편을 제거하는 방식을 사용함
⑧ 단순화는 강의 시간에 간단히 설명하거나, 시험지의 빈칸은 단편적 사실로 채우게 하거나, 주제를 가능한 단순한 형태로 사용하거나, 제대로 설명하지 않고 한 페이지의 잡지 기사처럼 주제의 개요만을 말해주는 형태를 말함

(3) 이론의 의의

① 방어적 수업에 관한 맥닐의 이론은 기존의 재생산이론이 설명하는 것보다 현실은 훨씬 복잡하다는 점을 시사함
② 지식의 성격이 교사에 의해서 전달되는 과정에서 왜곡되는 과정을 밝혀주고 있다는 점에서 의의가 있음

구분	거시적 관점(기능론·갈등론)	미시적 관점(해석적 접근)
관점	거시적, 결정론적	미시적, 이해론적
연구관심	사회구조	행위자, 일상적 생활세계, 의미, 상호작용
인간의 본질	수동성, 사회화의 산물, 자유의지와 주체성 결여	능동성, 주체성, 상징성, 자유의지 강조
사회과학 목적	인간의 행위와 사회현상을 설명할 수 있는 과학적 법칙 탐구	사회적 행위의 해석적 이해를 통하여 행위자가 행위에 부여하는 의미 규명
연구방법	객관적·계량적·과학적 조사, 양적연구	관찰과 행위자와의 대화를 통한 질적연구, 해석적 이해

CHAPTER 03 학력상승과 학교팽창론

UNIT 1 학습욕구이론

1 개요

(1) 사람마다 가지고 있는 학습욕구를 충족하기 위하여 교육이 필요해지는데, 그러한 교육을 제공하는 곳이 학교이니 학교에 다닌다는 것
(2) 학교교육을 통하여 지적 욕구와 인격도야의 욕구를 충족시킬 수 있기 때문에 기회만 주어지면 누구나 교육을 받는다는 것

2 특징

(1) 학교가 사람들의 학습 욕구를 충족시켜 주는 기관이기 때문에 누구나 학교에 다니기를 희망
(2) 따라서 학습에 대한 강한 욕구로 인해 학력 상승이 발생한다는 이론

UNIT 2 기술·기능이론

1 개요

(1) 산업사회에 있어서는 누구나 어떤 종류의 직업을 갖게 마련인데, 과학기술의 부단한 발달 때문에 직업기술의 수준이 계속 향상됨에 따라 사람들의 학력이 높아질 수밖에 없다는 것
(2) 기술기능주의적 설명은 슐츠, 벡커 등의 인간자본론이 교육과 경제성장의 관계에 관한 이론과도 일맥상통
(3) 세계화시대에 국제경쟁에서 이기기 위하여 각국이 교육정책에 더욱 비중을 두는 것도 따지고 보면 이 이론에 대한 믿음

2 특징

(1) 과학기술의 부단한 향상으로 인해 직업 기술의 수준이 지속적으로 높아지며
(2) 이에 따라 학력이 높아진다는 이론

3 교육적 의의 : 학교제도와 직업세계가 상호 간에 긴밀한 관계를 유지 강조

UNIT 3 대응이론

1 개요

(1) 학교교육의 확대를 설명하는 또 하나의 이론은 마르크스주의자들의 상응이론(correspondence theory)
(2) 상응이론에 의하면 자본주의 경제구조와 학교교육은 상응관계에 있기 때문에 자본주의 경제의 확대에 따라 학교교육도 확대된다는 것
(3) 상응이론에 근거한 학교교육의 팽창에 관한 설명은 보울즈와 진티스가 미국교육을 대상으로 하여 구체적으로 발전시켰음
(4) 이들은 미국 학교제도의 발달은 교육 그 자체를 위한 것이 아니고, 국민 전체를 위한 것도 아니라고 주장. 즉, 교육제도는 자본주의 사회인 미국의 자본가계급의 이익을 위하여 자본가계급에 의하여 발전하였다는 것

2 특징

자본주의 사회의 학교제도는 처음부터 자본주의 경제체제를 유지하기 위해 고용주의 구미에 맞는 기술 인력을 공급하고 동시에 자본주의에 적합한 사회규범을 주입시키는 핵심장치로 작용하였다고 보는 입장

3 교육적 의의

미국 초기의 의무교육제도가 상류층이나 중류층의 자녀를 위한 교육을 위해서가 아니라 공장 노동 청소년들의 노동의 질을 높일 목적으로 공장지대의 주변 지역에서 오히려 더 강력히 실시되었음을 지적

UNIT 4 지위경쟁이론

1 개요

(1) 이 이론은 학력이 사회적 지위획득의 수단이기 때문에 사람들이 경쟁적으로 높은 학력을 취득하는 탓으로 학력이 계속하여 높아진다고 설명
(2) 남보다 한 단계라도 높은 학력을 가지고 있는 것이 사회적 지위의 경쟁에서 결정적으로 유리하기 때문에 모든 사람이 높은 학력, 즉 상급학교 졸업장을 받기 위하여 온갖 노력을 기울인다는 것
(3) 결과적으로 학교가 확대되지만 그래도 경쟁은 끝나지 않으므로 학교의 확대는 상급으로 상급으로 파급됨

2 특징

(1) 학력을 지위획득의 중요한 수단으로 간주해서 학력의 경쟁을 초래하며
(2) 따라서 개인의 학력이 상승한다는 입장

3 교육적 의의

(1) 현대 사회에서의 학력은 지위 획득을 위한 합법적인 사다리로 인정받고 있으며 모든 사람들은 더 높은 사회적 지위 상승을 위해 더 높은 상급학교 졸업장을 받기 위해 노력을 기울이며, 학교가 확대되지만 경쟁은 끝나지 않으므로 학교 확대는 상급으로 파급
(2) 콜린스에 의한 논의로 학력이 지위획득의 수단이기 때문에 사람들이 경쟁적으로 높은 학력을 취득하므로 학력은 계속 상승된다고 보는 입장임
(3) 과거부터 오늘날까지 학력과 사회적 지위는 불평등하게 배분됨
(4) 교육은 보다 높은 지위와 연결되어 있고 모든 집단들이 교육을 통해 그들의 자녀들이 높은 지위를 얻도록 노력했음
(5) 콜린스는 교육체제를 형성하는 것은 '체제의 요구'보다는 갈등하는 이해관계인 것으로 봄
(6) 우월한 지위집단이 그들의 특권적 지위를 강화하기 위해 교육적 요구를 한층 더 상승시킴에 따라 보다 낮은 사회적 지위집단은 보다 많은 교육기회를 요구하게 된다는 것임
(7) 학력은 높은 지위를 획득하는 수단이며, 지금까지 학력이 부족하여 낮은 계층에 남아 있었던 집단은 보다 높은 학력을 획득하며 높은 지위를 얻으려 함
(8) 그렇게 되면 높은 지위를 향유하던 집단은 위협을 느끼고 자신들의 학력을 높임
(9) 이는 학력상승과 교육팽창을 부채질함

4 지위문화

(1) 콜린스는 '지위문화' 개념을 고안해 냄
(2) 그에 의하면, 학교는 특정한 지위문화가 전달되는 곳임

(3) 예로 기업들이 대학졸업자를 선호하는 이유는 그들이 월등한 기술을 가지고 있다고 판단되어서가 아닌 대학교육이 기업주들이 갖고 있는 것과 흡사한 동기와 사회적 경험을 제공한다고 판단되기 때문임
(4) 이와 같이 학교가 가르치는 문화가 고용집단의 문화와 일치할 때 비로소 학교교육이 직업획득에 중요한 역할을 하게 된다고 볼 수 있음
(5) 학교는 지배문화를 전수하게 되었으며, 하류계층의 학생들도 지배문화를 갖기 위해 학교교육을 중시할 수밖에 없음. 그 결과 학교교육은 날로 팽창될 수밖에 없음

UNIT 5 국민통합론

1 개요

(1) 기능이론과 마르크스이론이 경제적 요인에 초점을 두어 교육 팽창을 설명하고, 지위경쟁이론이 사회적 요인에 초점을 두고 설명한 데 비해 교육팽창을 정치적 요인에 의해 설명하는 이론이 있음
(2) 국가의 형성과 이에 따른 국민 통합의 필요성 때문에 교육이 팽창되었다고 설명
(3) 이 이론에 따르면 교육은 국민으로서의 정체성을 형성시키는 기제
(4) 이러한 견해는 일찍이 팽창과 교육에 대한 정치적 통제는 근대 국가의 성장과 밀접하게 관련되어 있다고 하였음
(5) 교육은 다양하고 이질적인 문화적, 지역적 집단과 계급으로 구성된 국민들에게 일체성을 형성하는 제도
(6) 따라서 오늘날 교육은 모든 나라에서 점점 더 팽창할 뿐만 아니라 교육내용과 조직, 교사 영성 등 교육의 전 과정이 국가의 통제하에 놓이게 된 것

2 특징

(1) 1950~1970년대 세계적인 교육체제의 팽창을 설명하는 이론
(2) 국가의 형성과 이에 따른 국민통합의 필요성이 교육팽창을 가져왔다는 이론

3 교육적 의의

(1) 교육은 국민으로서의 정체감을 형성시키는 기제
(2) 교육은 다양하고 이질적인, 문화적, 지역적 집단과 계급으로 구성된 국민들에게 일체감을 형성하는 제도
(3) 따라서 교육은 모든 국가에서 점점 더 팽창할 뿐만 아니라 교육내용과 조직, 교사 양성 등 교육의 전 과정이 국가의 통제 하에 놓이게 됨

알아두기 ① 학력상승의 원인과 이론 주요사항 정리

강조점	이론	주장(학력상승의 원인)	대표자	비판
심리적 원인	학습욕구이론	• 성장욕구, 즉 자아실현의 욕구(지적 욕구)추구 • 인구의 증가와 경제발전으로 인한 경제적 여유의 증대	Maslow	학교가 학습욕구를 충족시키는 기관임을 입증하기 어려움
경제적 원인	기술기능이론	과학기술의 부단한 향상	Clark, Kerr	과잉학력현상을 설명 ×
	신마르크스이론 (상응이론)	자본주의 경제체제 유지(자본가의 요구에 맞는 기술인력 공급 & 자본주의적 사회규범 주입)	Bowles & Gintis	자본계급의 이익 이외의 다른 측면(학습자)에 대한 고려 ×
사회적 원인	지위경쟁이론 (권력경쟁이론)	학력은 사회적 지위획득의 수단 → '졸업장병', '신임장 효과', '과잉학력현상', '학력인플레이션현상', 상징적 학력주의 사회	Weber, Dore, Collins	학교교육의 내용적 측면, 경쟁의 긍정적 측면에는 무관심, 과잉학력 현상을 설명 ○
정치적 원인	국민통합론 (국민형성론)	국가의 형성과 이에 따른 국민 통합의 필요성 → 초등교육의 의무화 & 중등교육의 확대	Bendix, Ramirez	고등교육의 팽창과 과잉학력현상의 문제를 설명 ×

UNIT 6 교육경쟁

1 학교의 지배분배 기능 강화와 교육경쟁의 심화

(1) 학교의 지위분배 기능이 커지면서 지위분배에 있어 학력의 중요성은 더욱 커짐
(2) 학력의 중요성이 커지면서 학력주의 사회가 만연하고 교육경쟁도 심화됨
(3) 교육경쟁의 강도는 학교의 지위분배 기능이 커질수록 높아짐
(4) 콜린스에 의하면 학교제도가 신분제도의 대치물로써 지위경쟁의 수단으로 제도화 되어 끊임없이 학력경쟁이 지속되고 그에 따라 학교도 상급으로 계속 팽창함
(5) 이러한 학교의 지위 분배 기능 비대화는 교육
(6) 경쟁을 강화시키고 교육경쟁의 연쇄적 효과에 따라 고학력 현상을 발생시킬 수밖에 없음
(7) 민주사회의 이상 중 한 가지는 평등사회의 구현이며, 평등사회는 개방적·경쟁적·업적적 사회이동이 보장되는 사회임
(8) 이러한 사회이동에 학교교육이 중요한 기능을 하고 있는데, 바로 학교교육의 선발 및 지위분배 기능임
(9) 우리나라 학제는 단선형에 속하는데, 그 특징은 교육에의 접근 기회가 개방되어 있다는 것임
(10) 지금까지 연구결과들에 의하면 교육에의 접근기회에 가장 큰 영향을 주는 요인은 학업성취 수준과 가정의 사회·경제적 지위임
(11) 좋은 학교에 선발된 학생에게는 엘리트 의식과 긍정적 자아개념을 심어 주는 반면 좋지 않은 학교에 선발된 학생에게는 부정적인 자기기대를 갖게 하는 것으로 보고됨
(12) 교육경쟁은 학력에 대한 가치부여 방식과 학교의 지위분배 기능의 정도에 따라 달라짐
(13) 학력에 대한 가치부여 방식은 역사적으로 변화해 왔고 사회마다 차이가 있음
(14) 학교의 지위분배 기능 또한 그러함
(15) 학교의 지위분배 기능 비대화는 학교가 학력부여 권한을 독점하고 있다는 사실과 관련됨

2 교육경쟁

(1) 상위경쟁과 하위경쟁의 연쇄고리
(2) 교육경쟁의 본질은 교육의 결과를 분배받기 위한 경쟁임
(3) 교육경쟁은 사회경쟁에 대한 준비과정에 발생함
(4) 이와 같이 하나의 경쟁이 다른 경쟁의 과정적 수단 또는 준비로써 가능할 때 그것은 하위경쟁이며
(5) 상대적으로 목표의 위치에 있는 경쟁은 상위경쟁임. 즉, 사회경쟁은 교육경쟁의 상위경쟁임
(6) 교육경쟁 내에서도 상위경쟁과 하위경쟁이 있음
(7) 대학입시 경쟁은 상위경쟁이고 고교교육에서의 경쟁은 하위경쟁임
(8) 이와 같은 상·하위경쟁의 연쇄는 일부계층에서는 유치원 단계에까지 내려와 있음
(9) 우리나라의 교육경쟁의 종류를 학력경쟁, 학벌경쟁, 점수경쟁, 등수경쟁으로 나누어 볼 수 있음
(10) 상위경쟁과 하위경쟁이라는 개념으로 다음과 같은 일반적 가설을 설정할 수 있음
   ① 상위경쟁이 치열할수록 하위경쟁도 치열해짐
   ② 상위경쟁의 양식은 하위경쟁의 양식을 결정함
   ③ 상위경쟁이 치열할수록 하위경쟁의 연쇄는 길어짐

3 교육선발제도와 교육경쟁 구조

(1) 교육경쟁은 상위 교육단계와 일류학교에 선발되기 위한 경쟁임
(2) 따라서 교육경쟁 구조는 선발제도에 영향을 받음

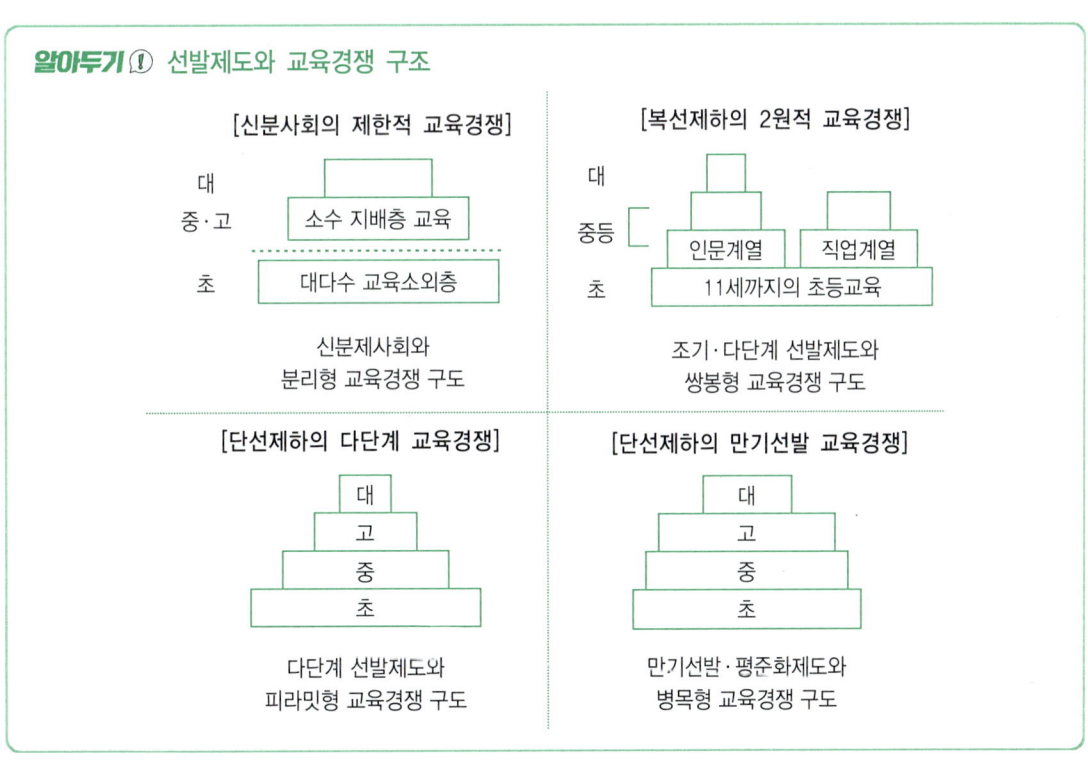

CHAPTER 04 교육평등과 사회평등

UNIT 1 교육기회의 허용적 평등 : 기회의 평등

1 개요

(1) 허용적 평등관은 모든 사람에게 동등한 기회가 주어져야 한다는 관점
(2) 주어진 기회를 누릴 수 있느냐 여부는 개인의 역량과 형편에 달린 것
(3) 법이나 제도상으로 특정 집단에게만 기회가 주어지고 다른 집단에게는 금지되는 일은 철폐되어야 한다는 것
(4) 교육받을 기회가 모든 사람에게 고르게 허용되어야 한다는 신념

2 의미

(1) 신분, 성, 종교, 인종 등을 이유로 교육기회의 차별을 받던 것을 철폐함으로써 모든 사람에게 교육받을 기회를 허용하고자 하는 것(기회 균등)
(2) 허용적 평등관은 모든 사람들에게 교육받을 동등한 기회가 주어져야 한다는 관점
(3) 헌법 제313조 제1항, 교육기본법 제4조
(4) 인재군제도, 재능예비군제도 : 중등교육 이상은 재능이 있는 사람들에게 허용되어야 함
(5) 모든 사람에게 동등한 기회가 주어져야 한다는 관점임
(6) 그렇다고 모든 사람이 같은 수준의 교육을 받아야 한다고 하지 않음
(7) 사람은 각기 다른 수준의 능력과 다른 종류의 재능을 타고난다고 믿었기 때문
(8) 따라서 이러한 허용적 평등관은 인간의 선천적 능력은 각기 달라 교육의 양은 능력에 비례해야 한다는 능력주의 사상에 기반
(9) 사회마다 얼마만큼의 유능한 인재가 존재함
(10) 이 인재들을 발굴하여 알맞은 교육을 시킨 뒤에 충분히 활용하자는 것

3 허용적 평등의 예 : 공교육과 의무교육의 실시 등

4 허용적 평등의 한계

제도적 차별없이 동등한 기회를 제공하는 것일 뿐 능력과 형편에 따른 교육기회의 차이는 존재. 즉, 개인의 능력에 따른 결과의 차별 인정(능력주의, 업적주의)

UNIT 2 교육기회의 보장적 평등 : 기회의 평등

1 개요

(1) 허용적 평등관은 제도적 차별을 철폐함으로써 모든 사람에게 교육받을 기회를 열어주는 데에 기여, 그러나 교육받을 기회를 허용하는 것만으로는 완전한 교육평등의 실현이 불가능하다는 사실이 곧 드러났음
(2) 학교에 다니도록 허용되었다 해도 경제적 능력이 없는 하류계층 자녀들은 교육을 포기할 수밖에 없었음. 즉, 깊은 산골이나 외딴 섬에 사는 어린이들은 그곳에 학교가 없기 때문에 다닐 수가 없었음
(3) 그러므로 교육평등을 실현하기 위하여는 취학을 가로막는 경제적, 지리적, 사회적 제반 장애를 제거해 주어야 가난한 집의 수재나 산골의 어린이들도 학교에 다닐 수 있음이 드러났음

2 의미

(1) 취학을 가로막는 경제적·지리적·사회적 제반 장애를 제거해 줌으로써 교육평등을 실현
(2) 교육받을 기회를 허용하는 것만으로는 완전한 교육평등의 실현이 불가능한 경제적 능력이 없는 하류계층 자녀나 벽지, 외딴섬에 사는 아이들의 불평등 문제를 해결하기 위해 취학을 보장해주는 대책이 필요하다는 점으로 인해 확산
(3) **Husen의 연구** : 교육기회 확대에는 성공했으나 계층 간의 분배구조 변화에는 실패
(4) 허용적 평등관은 일체의 제도적 차별을 철폐함으로써 모든 사람에게 능력에 따라 학교 교육을 받을 수 있는 길을 열어놓았으나
(5) 그것만으로는 완전한 교육평등 실현할 수 없었음
(6) 교육평등을 실현하기 위해선 취학을 막는 경제적, 지리적, 사회적 제반 장애 요소를 제거하자는 보장적 평등관이 등장함
(7) 중등교육을 보편화하는 한편 무상화하고 불우층의 자녀들에게는 의복, 점심, 학용품 등을 지급함
(8) 중등교육의 복선제가 지니고 있는 불평등 요소를 제거하여 단선제로 전환함

3 보장적 평등의 예

(1) 무상 의무교육제도의 확립, 단선형 학교 설치, 학교의 지역적 종별 균등배치(한국의 경우)
(2) 재능이 우수한 학생으로서 학자금 곤란자에게 장학금 지급, 학비보조, 직업을 가진 사람의 수학 기회를 위해 야간제, 계절제, 시간제 교육 실시 등 무상의무교육, 농어촌 지역의 취학률 높이기 위한 학교 설립

4 보장적 평등의 한계

(1) 이 평등관은 교육과정상의 불평등 문제가 야기
(2) 즉, 교사의 질, 학교시설 등 교육 여건상의 격차가 학업성취의 격차문제를 해결해 주지는 못한다는 것을 의미
(3) 계층 간의 사회경제적 분배구조를 변화시키지 못함

UNIT 3 교육조건의 평등(과정적 평등) : 내용의 평등

1 개요

(1) 교육조건의 평등에 관하여는 콜맨이 적절히 표현
(2) "교육기회의 평등은 단지 취학의 평등만이 아니라 평등하게 효과적인 학교에서 취학을 의미하는 것이다."
(3) 다같이 중학교에 다니게 된 것만으로는 평등이 아니라는 것
(4) 학교의 시설, 교사의 자질, 교육과정 등에 있어서 학교 간의 차이가 없어야 평등이라는 것
(5) 왜냐하면 학교 간의 차이는 그 자체도 문제이거니와 상급학교 진학에 큰 차이를 가져올 가능성이 있기 때문
(6) 그러므로 학교의 교육여건과 교육이 진행되는 모든 과정이 평등하게 되지 않으며, 교육평등은 아직 실현되지 않았다고 보는 것

2 의미

(1) **교육의 과정을 통한 기회균등** : 교육성취에 필요한 기회의 균등을 의미
(2) **내용의 균등화**
　① 교육체제 내에서 제공되는 교사, 교육목표, 교육과정, 교육자료
　② 교육방법, 교육시설 등에 대한 집단 간 균등화를 추구
(3) 콜맨은 교육기회의 평등은 단지 취학의 평등만이 아닌 평등하게 효과적인 학교에 취학을 의미한다고 말함
(4) 교육기회균등은 학교에 접근할 수 있는 기회를 동등하게 제공하는 것만으로는 불충분하고
(5) 교육시설이나 교사의 질, 교육과정과 같은 교육조건 등에 있어서 학교 간 차이가 없어야 평등이라는 것임
(6) 학교 간 차이는 그 자체만으로도 문제지만 상급학교 진학에 큰 차이를 가져오기 때문에 결국 상급학교 교육의 기회분배에 차이를 가져옴
(7) 그러므로 학교의 교육여건과 교육이 진행되는 모든 과정이 평등하게 되지 않으면
(8) 교육 평등은 아직 실현되지 않은 것
(9) 학부모들은 학교에 따라 교사의 질적 수준, 시설, 주변 환경이 다른 것을 문제삼기 시작했는데
(10) 이는 그러한 조건의 차이가 교육결과에 차이를 가져온다고 생각하였기 때문
(11) 학교 간의 격차를 줄이기 위한 노력들이 시도되었지만, 이러한 시도는 콜맨 보고서에서 부정됨

3 과정적 평등의 예

교육 평준화 정책 등 학군별 학교시설 차이를 줄이기 위한 재정지원, 교육내용의 지역 편중 해소

UNIT 4 보상적 평등(교육결과의 평등 혹은 질적 평등) : 내용의 평등

1 개요

(1) 학교의 교육조건이 평등화되어도 교육결과의 평등이 보장되지 않는 것으로 밝혀지자, 교육결과 즉, 학업성취의 평등을 위한 적극적 조치를 취해야 한다는 주장이 나타났음
(2) 교육을 받는 것은 단순히 학교에 다니는 데 목적이 있지 않고, 배워야 할 것을 배우는 데 목적이 있으므로 교육결과가 같지 않으면 결코 평등이 아니라는 생각이 형성된 것
(3) 교육평등의 문제가 여기에 이르면 한층 더 복잡해짐
(4) 각기 능력이 다른 사람을 같은 학습수준까지 끌어올리려면 똑같이 다루어서는 불가능하기 때문. 능력이 낮은 학생에게는 교사가 더 많은 시간과 노력을 기울여야 함
(5) 우수한 학생보다 열등한 학생에게 더 좋은 교육조건을 제공하지 않으면 안 됨
(6) 이것은 일종의 역차별이라 할 수 있음. 이제까지는 약자가 차별을 당했는데 이번에는 거꾸로 강자가 '차별당하게' 되었다고 반발하는 사람들이 나타남
(7) 그러므로 결과의 평등은 사회적으로 쉽게 수용되기가 어렵고 심각한 논란의 대상이 될 것임

2 의미

(1) 모든 사람들의 교육필요성을 충족할 수 있도록 평등하게 분배하는 것
(2) 타고난 능력에 관계없이 모든 사람에게 교육기회를 선택하도록 격려하는 것이 도덕적으로 정당하다는 입장
(3) 출발점의 불평등을 적극적으로 보상하여 결과적으로 학업성취나 사회적 지위획득을 균등하게 해야 한다는 입장
(4) 능력이 다른 학습자를 같은 학습 수준에 도달시키기 위해서는 저능력자의 학습결손을 보충해 주는 교육 프로그램 제공 등의 역차별 정책 도입이 필요
(5) 학생의 학습능력에 반비례하여 교육자원을 배정함으로써 학습 능력면에서 뒤떨어진 학생들을 능력이 앞서 있는 학생의 수준까지 끌어올림으로써 교육문을 나갈 때에는 능력의 격차를 감소시켜 누구나 최저 능력면에서 격차를 내지 않도록 하는 일종의 학력의 평준화 방식이라고 할 수 있음
(6) 학교의 교육조건이 평등화되어도 교육 결과의 평등이 보장되지 않는 것으로 밝혀지자 교육결과, 즉 학업성취의 평등을 위한 적극적 조치를 취해야 한다는 주장이 제기됨
(7) 교육을 받는 목적은 단순히 학교에 다니는 데 있지 않고 배워야 할 것을 배우는 데 있으므로 교육결과가 같지 않으면 결코 평등하지 않다는 의식이 형성된 것임
(8) 각기 능력이 다른 학생들의 학습수준을 동일한 지점까지 끌어 올리려면 똑같이 다루어서는 불가능함
(9) 능력이 낮은 학생 집단에게 교사가 더 많은 시간과 노력을 기울여야 함
(10) 또한 우수한 학생보다 열등한 학생 집단에게 더 좋은 교육조건을 제공하지 않으면 안됨
(11) 이러한 사상이 '보상적 평등주의' 그리고 그에 따른 정책적 조치를 차별해소를 위한 '적극적 우대조치'라고 부름

(12) **적극적 우대조치**
① 적극적 우대조치는 미국에서 오랜 세월에 걸쳐 차별받아 온 흑인을 비롯한 여러 소수인종집단과 여성의 사회적 지위 향상을 위해 연방정부 시책과 법원 명령에 따라 추진 중
② 구체적으로 관공서와 민간기업에 이들 여러 집단 출신을 일정비율로 고용한다든지 다른 대학 등 교육연구기관의 입학정원 일부를 할당하는 등의 방법이 채택됨
③ 이러한 조치는 역사적으로 누적되어 온 차별이 해소되는 데는 단순히 법의 이름으로 평등과 기회 균등을 부르짖는 것만으로 불충분하다는 인식이 전제됨

(13) **보상교육**
① 결과의 평등을 위한 교육으로는 저소득층 취학 전 어린이들을 위한 보상교육을 들을 수 있음
② 미국의 Project Head Start, Middle Start Project, 영국의 EPA 사업 등은 모두 불우층의 취학 전 어린이들에게 기초학습 능력을 길러 주어 이후 학교교육에서 뒤지지 않도록 예비적 조치임

3 보상적 평등의 예

(1) 특수교육, 농어촌 출신에 대한 정책적 배려, 보상교육, 영재교육
(2) 수준별 교육과정 운영, 기회균형선발제도, 교육복지우선지원제도 등

4 보상적 평등의 비판적 견해와 긍정적 견해

(1) **비판적 견해**
① 보상교육의 비판
② 그러나 이러한 조치가 잘못된 우대조치이며 역차별이라는 비판도 있음
③ 이제까지 약자집단이 차별 당했는데 거꾸로 강자집단이 차별을 당하게 된 것
④ 이 평등관은 능력주의로부터 비판을 받음. 즉, 사람은 타고난 능력에 따라 활용되고 그 업적에 상응하는 분배를 받는 것이 정당하다는 것. 이들은 능력이 낮은 사람들을 사회가 필요 이상으로 지원하는 교육정책은 낭비라고 주장

(2) **긍정적 견해**
콜맨 보고서 이후 등장한 결과적 평등을 주장하는 사람들은 보상적 평등관을 지지. 이들에 의하면 교육을 받는 것은 단순히 학교에 다니는 데에 목적이 있지 않고 배워야 할 것을 배우는데 목적이 있으므로 교육결과가 같지 않으며 결코 평등이 아니라고 봄. 결과적 평등을 위한 교육으로 저소득층의 취학 전 아동을 위한 보상교육이 있음. 미국에서 "Project Head Start", "Middle Start Project"를 비롯해서 영국의 "EPA(Educational Priority Area, 교육우선지구)" 등은 모두 불우층의 취학 전 아동들에게 기초학습능력을 길러주어 학교교육에서 뒤떨어지지 않도록 예비적 조치를 취하는 정책들임

UNIT 5 교육 불평등을 해소하기 위한 과제

1 의무교육 연한의 연장

2 교육의 균형적 투자

3 학교교육의 초점을 하위계층에까지 확대

4 교육혁신을 통한 학교교육의 개혁

5 평생교육차원에서 교육불평등 해소 조치 필요

UNIT 6 보장적 평등과 보상적 평등의 비교

1 보장적 평등과 보상적 평등의 비교

유형	실현 정책	비고
보장적 평등 (기회의 평등)	• 무상의무교육의 실시 • 학비보조 및 장학금 제도 운영	경제적 장애 극복
	• 학교를 지역적으로 유형별 균형 있게 설립 • 근로청소년을 위한 야간학급 및 방송고 설치	지리적, 사회적 장애 극복
보상적 평등 (결과의 평등)	• 능력이 낮은 학생에게 더 좋은 교육 여건 제공 • 학습부진아에 대한 방과 후 보충지도	학생 간 격차 해소
	• 저소득층 취학 전 아동을 위한 보상교육 • 교육(복지) 투자우선지역 사업	계층 간 격차 해소
	• 읍·면 지역의 중학교 의무교육 우선실시 • 농어촌지역 학생의 대학입시 특별전형제	지역 간 격차 해소

2 교육평등과 사회평등

(1) 교육평등에 대한 논의는 그 자체로서 뿐만 아니라 교육평등의 실현과 사회평등의 실현 간에 과연 어떤 관계가 있는가에 대한 논의로 중요한 담론임

(2) 글레너스터는 교육이 사회적 불평등에 대처하는 역할을 사람마다 다르게 보고 있음을 지적하고 이를 다섯 개의 관점으로 정리하였음

① 구시대의 관점으로 각 신분계층마다 다른 교육을 실시함으로써 계층질서를 유지함. 그러므로 교육은 불평등을 해소시키는 것이 아닌 존속시키는 역할을 수행하는 셈임

② 능력주의적 관점으로 학교는 사람들의 능력을 선별하여 각기 알맞은 수준의 교육을 시켜 유능한 자는 높은 사회적 지위에 배치하고, 능력이 뒤지는 자는 낮은 지위에 배치하는 역할을 담당한다는 관점임

③ 평등주의적 관점으로 모든 사람에게 교육기회를 평등하게 제공함으로써 사회의 기존 계층구조를 변화시킬 수 있다는 것, 다시 말해, 교육을 통하여 불우계층을 상승 이동시켜 모두가 평등한 사회가 되도록 만든다는 것

④ 마르크스주의적 관점으로 교육은 자본주의 사회의 지배집단에 봉사하므로 혁명에 의한 사회변혁이 이루어지지 않고는 사회의 평등화는 불가능 하다는 것, 자본주의 사회의 교육은 사회불평등을 재생산할 뿐이라는 주장임

⑤ 현실적 평등주의 관점으로 교육은 여러 사회제도 가운데 하나로서 고유한 가치를 지니고 있으므로 모든 사람에게 평등한 교육기회를 주어야 함, 하지만 평등교육이 반드시 평등사회를 가져오는 것은 아니라는 주장임

(3) 사람들 사이에 정당한 차이가 있다면 그들을 대할 때 그 정당한 가치를 고려해야 함
(4) 그러나 정당한 차이가 무엇인가는 평등원리 그 자체에 의해 결정되지 않음
(5) 인종의 차이, 능력의 차이, 동기의 차이 등에 있어 어느 것이 정당한 차이인지 판단
(6) 그러므로 평등의 원리를 교육의 정책, 프로그램, 제도 등에 적용하기 위해서는 사람들 간의 어떤 차이는 고려하고 어떤 차이는 고려하지 않을 것인가를 정해야 함
(7) 그런 차이를 가진 사람들을 어떻게 대하는 것이 공정하고 평등하게 교육하는 것인지를 결정해야 함
(8) 공평성과 효율성의 관계도 조정해야 함
(9) 공평성에 대한 요구에 효율성에 대한 요구는 다소간 서로 의존적임
(10) 따라서 공평성은 효율성을 희생하여 성취될 수 없음
(11) 교육자원은 공정하고 효율적으로 배분되어야 함

CHAPTER 05 평생교육

UNIT 1 정의

1 개요

(1) 평생교육이란 용어는 1965년 렝그랑(P. Lengrand, 1965)이 처음으로 사용
(2) 렝그랑은 평생교육(lifelong education)을 개인의 출생에서부터 죽을 때까지 전 생애에 걸친 교육의 통합으로 보았고, 인간의 삶의 질을 개선하기 위해 교육권을 실질적으로 보장해주기 위한 교육이념이라고 하였음
(3) 평생교육은 개인과 집단 모두의 삶의 질을 향상시키기 위해서 개인의 전생애를 통한 개인적, 사회적, 직업적 발전을 성취시키기 위한 교육
(4) 평생교육은 학교교육을 포함하여 평생을 두고 죽을 때까지 교육을 받아야 한다는 이념
(5) 이는 삶의 모든 단계와 영역에서 가능한 한 최대한의 발달을 이룩할 수 있도록 형식적, 비형식적 학습을 포함하는 종합적이고 통합적인 이념
(6) 유아교육·청소년교육·성인교육·노인교육 등 발달단계에 따른 교육활동의 수직적 통합과 가정교육·학교교육·사회교육 등으로 각기 다르게 전개되는 형식·비형식·무형식적인 교육활동의 수평적 통합을 통하여 '삶이 곧 교육'인 '학습사회'를 건설하고자 하는 모든 형태의 교육활동

2 법적인 의미

(1) 평생교육법 제2조에 의하면, '평생교육'이란 학교의 정규교육과정을 제외한 학력보완교육, 성인 기초·문해교육, 직업능력 향상교육, 인문교양교육, 문화예술교육, 시민참여교육 등을 포함하는 모든 형태의 조직적인 교육활동
(2) 「평생교육법」상의 평생교육은 협의의 개념으로 사용되고 있으며, 법 적용의 범위에서는 「교육기본법」 및 종전 「사회교육법」상의 '사회교육'과 동일한 의미. 우리나라의 「평생교육법」은 협의의 평생교육 개념을 채택한 것(교육부·국가평생교육진흥원, 2014).

3 학문적 의미

(1) 인간의 삶의 과정에서 이루어지는 교육 및 학습 현상의 총칭으로 태교에서부터 노인교육에 이르기까지를 수직적으로 통합한 교육과 가정교육, 사회교육 및 학교교육을 수평적으로 통합한 교육. 즉, 교육의 수직적/수평적 통합을 말함

(2) 평생교육은 학교교육과 학교 외 모든 교육을 포괄하는 개념이다. 즉, 유아교육, 아동교육, 청소년교육, 성인교육, 노인교육의 수직적으로 통합된 교육과 가정교육, 학교교육, 사회교육을 수평적으로 통합한 교육을 포괄
   ① **교육의 수직적 통합** : 유아, 초중등, 고등, 평생교육기관을 통합하는 것을 의미
   ② **교육의 수평적 통합** : 가정, 일터, 지역사회, 사이버교육을 의미
   ③ '요람에서 무덤까지'라는 평생교육의 광의적 해석

> **알아두기 ①** 학점은행제
> - 학점은행제는 원하는 학습을 언제 어디서나 할 수 있는 평생학습사회 구축을 위해 마련된 평생교육 형태의 고등교육제도로서 고등학교 졸업자나 동등 이상의 학력을 가진 사람들은 누구나 참여가능
> - 1995년 5·31 교육개혁안에서 제안되었으며 1997년 1월에 '학점인정 등에 관한 법률'을 제정 공포하여 한국교육개발원이 학점은행제를 주관하다가, 2008년부터는 국가평생교육진흥원이 관장하고 있음
> - 1998년 61개 평가인정기관이 274개 학습과목을 평가·인정하는 것을 시작으로 2000년 제1회 학위수여식을 통해 학사 111명, 전문학사 539명을 배출
> - 이후 이 제도를 이용하여 고등교육을 이수하는 학습자들이 계속 증가하여, 2012년 한해에도 학사 약 2만명, 전문학사 약 3만 8천명이 학위를 받았음

UNIT 2 기원

1 1965년 유네스코의 성인교육추진 국제위원회에서 처음 제시

> **알아두기 ①** 21세기 국제위원회 : 학습「감추어진 보물」보고서
> → 알기위한 학습, 행하기 위한 학습, 존재하기 위한 학습, 함께 살기 위한 학습

2 포오르 등 6인의 보고서와 랑그랑 등이 평생교육의 이념 주장

UNIT 3 평생교육의 등장배경

1 교육외적 요인

(1) 과학기술의 고도화와 지식 및 정보의 증대

(2) 산업변동과 전문화

(3) 생활수준의 향상과 여가시간의 증대

(4) 평생교육의 외적 필요성

① 지식과 정보의 폭발적인 증가로 인해 계속 교육이 요구되는 지식기반사회로의 전환과 더불어 기술의 혁신과 직업사회의 변화가 이루어지고 있음

② 가치관과 생활양식의 급격한 변화와 지식과 기술의 활용의 유효기간이 점점 짧아지고 있음

③ 다양한 직업이 등장하고, 평생직장 개념이 약화되고 있고, 개인의 삶의 질과 연관이 있는 여가시간이 증대되고 있는 추세

2 교육내적 요인(기존 학교체제의 한계와 역기능)

(1) 교육기회의 제한성과 불평등성

(2) 교육체제와 운영상의 경직성과 폐쇄성

(3) 교육내용과 운영방법상의 획일성과 경직성

(4) 평생교육의 내적 필요성

① 교육에 대한 기회균등이 요구

② 학교교육의 한계성과 역기능인 경직성과 폐쇄성을 보완하고 해소하기 위한 대안적 교육으로서 인간교육의 필요성이 요구

③ 평생 동안에 걸친 개인의 교육권을 보장하기 위해서 학교교육 이외의 교육을 받을 수 있는 기회가 실질적으로 점차 확대되고 있음

④ 다양한 형태의 교육을 받기 원하는 성인들의 수가 점차 증가하는 추세

3 평생발달심리학의 등장

(1) 전통적인 관점에서는 학교교육 기간 동안의 연령이 학습에 가장 적합한 연령이며

(2) 또한 일반적인 지적 기능을 위해서는 최적의 시기라는 생각이 널리 받아들여졌음

(3) 그러나 최근의 이론에 의하면 지적 기능의 하강 현상은 일반적인 현상이 아니고

(4) 특수한 지적 기능에 한정되어 있다는 사실이 밝혀지고 있음

UNIT 4 평생교육의 이념

1 통합성 : 평생교육은 모든 형태의 교육을 유기적이고 체계적으로 통합
2 전체성 : 평생교육은 학교교육과 학교 외 교육에 정통성을 부여
3 융통성 : 어떤 상황이나 조건 속에 있는 어느 누구라도 교육을 받도록 함
4 민주성 : 평생교육은 희망하는 모든 종류와 적정한 양의 교육을 받을 수 있게 함

UNIT 5 평생교육의 특징

1 개인 차원 및 사회 공동체 차원에서 삶의 질을 높이는 것이 목적

(1) 삶의 질이라는 개념은 자아 실현의 측면, 가족생활 및 사회생활에서의 측면, 가정 및 직업생활에서의 측면, 시민 및 국민의 측면에서 살펴볼 수 있음
(2) 인간의 삶의 질을 나선형으로 향상시키려는 것을 목적

2 태아에서부터 무덤에 이르기까지 한 개인의 생존기간 전체에 걸쳐서 이루어지는 교육을 수직적으로 통합

(1) 인간의 생존기간을 요람에서 무덤까지로 보고 평생교육을 출생 이후부터의 교육이라고 생각하는 경향이 있으나 교육학적인 사고에서 태교의 중요성을 인정한다면 평생교육 개념 속에 태교를 포함시켜야 할 중요성이 있음
(2) 유아교육과 노인교육을 예로 들어 '수직적 통합'의 개념을 설명하면, 유아교육과 노인교육의 교육상 공통점과 차이점을 인정하고, 공통점에 대한 체계를 분명히 세우는 동시에 차이점이자 특징을 충분히 나타내도록 함을 의미
(3) 수직적 통합에는 학습자들의 발달과업에 따른 탐구적 가치를 고려해야 함

3 모든 기관과 모든 장소에서 이루어지는 교육을 수평적으로 통합

(1) 수평적 통합에는 기능적 통합과 제도적 통합의 두 가지 개념이 내포되어 있음
(2) 기능적 통합은 교육의 각 기관에서 고유한 목적 달성을 위하여 교육이 이루어지되 상호 모순과 갈등(예 학교에서는 협동을 중시하는 데 비해 대중매체에서는 철저한 경쟁을 강조함)이 있어서는 안된다는 뜻
(3) 제도적 통합이란 평생교육의 각 기관들이 상호 밀접하게 연결되는 제도적 장치가 필요하다는 뜻. 이 연결은 형식적 및 비형식적 교육의 차원에서 공고히 이루어짐으로써 평생을 통하여 쉽게 교육받을 수 있는 기회가 마련되어야 함을 의미
(4) 수평적 통합에는 가정·학교·사회에 따른 기능적 통합과 교육기관 간의 제도적 통합성이 고려되어야 함

4 일반교육과 전문교육의 조화와 균형 유지

(1) 교육내용은 크게 일반교양교육과 전문교육으로 구분되며, 이 양자는 비록 서로 다른 내용을 전제로 하고 있으나 사실상 밀접히 관련되어 있다고 할 수 있음
(2) 인생의 발달단계에 따라 강조되는 시기의 차이가 있으나(예 청년기와 중년기는 직업교육, 직업사회 전이나 후는 자아실현, 국민적 자질 함양 등 일반교양교육 강조), 평생에 걸쳐서 서로 조화와 균형을 이루어야 함

5 계획적 학습과 우발적 학습을 모두 포함

(1) 의도적 교육과정과 잠재적 교육과정 중시
(2) 언어 학습의 경우처럼 인간의 지식, 기능, 태도의 대부분은 계획되고 의도된 상황에서보다는 계획되지 않고 의도되지 않은 상황에서 더 많이 학습
(3) 평생교육의 목적을 달성하기 위해서는 교육의 긍정적인 측면만을 추구하여 진행되는 계획적 학습(의도적 교육과정)은 물론 의도치 않게 부정적 측면이 표출될 수 있는 우발적 학습(잠재적 교육과정)도 감안해야 함. 이를 위해 개인을 둘러싸고 있는 환경의 교육화가 무엇보다 필요

6 발달과업에 따른 계속적 학습 중시

(1) 발달과업은 헤비거스트에 의해 발전된 개념으로, 인생의 각 발달단계에서 반드시 학습해야 할 과업으로서 이 학습에 성공하면 장래 생활의 행복 및 후기 발달과업의 성취를 기약하며, 이에 실패하면 개인의 불행, 사회적 부적응, 후기 발달과업 학습에 곤란을 가져옴
(2) 이와 같은 발달과업은 평생교육의 교육과정 구성에 있어서 중요한 내용이 될 수 있음

7 자기주도적 학습과 문제해결학습 강조

평생교육은 학습자의 자기주도적 학습과 문제해결학습을 강조

8 국민 전체의 평생에 걸친 교육기회의 균등화 및 확대에 노력

(1) 종래 교육의 기회균등이라 함은 학교교육의 기회균등만을 의미. 그러나 평생교육은 평생 동안에 걸친 교육의 기회균등을 문제 삼음
(2) 교육의 기회균등을 교육의 양적인 면에서 고찰한다면 각 개인들이 평생 동안에 받은 교육의 총시간수가 균등해야 함을 의미. 그러므로 상대적으로 학교교육을 덜 받은 사람에 대한 학교 밖 교육기회의 확대가 정책적인 차원에서 고려되어야 함

9 개인과 사회의 필요에 적극 대처하고 누구나 쉽게 접근 가능

(1) 방송통신학교의 출현
(2) 오늘날의 평생교육 체제에서 가장 문제되는 것이 학교교육과 학교교육 밖 교육 간에 그어진 뛰어넘을 수 없는 구획선. 이 구획선은 평생교육의 이념이 보급됨에 따라 점차로 퇴색되어 가는 경향이 있는데, 방송통신학교 등 각종 원격교육 기관이 그 한 예임

(3) 평생교육은 교육의 형태, 내용, 방법을 다양화하고 융통성을 부여함으로써 개인 및 사회의 필요에 대처하는 동시에 누구나 쉽게 접근할 수 있게 함

> **알아두기** ① 크로스(Cross)가 분류한 평생교육 참여의 장애요인
> 1. 기질적(dispositional) 요인 : 개인특성, 성향적
> 2. 상황적(situational) 요인 : 역할, 책임
> 3. 기관적(institutional) 요인 : 제도, 사회

10 학교교육을 평생교육의 관점에서 재해석

(1) 학교의 교육 독점 방식에서 탈피
(2) 지식 기술의 폭발적 증가와 사회의 급진적 변화는 시간 및 공간적 유한성을 지닌 학교가 교육을 전담하는 것을 어렵게 만들고 있음
(3) 학교는 어디까지나 평생교육의 일환으로 취급되어야 하고 해석되어야 함. 학교교육은 평생에 걸친 개인의 잠재능력의 신장과 사회적 발전에 참여할 수 있는 바탕을 얼마나 튼튼하게 조성해 주느냐에 따라 평가되어야 함

11 사회를 교육적 환경으로 만들기 위해 노력

(1) '학습사회화'
(2) 인간의 학습은 우발적인 학습에 의해서도 이루어지며, 우발적인 학습은 교육의 순기능으로도 작용하지만 역기능으로도 작용
(3) 대중매체에 의한 학습의 경우처럼 우발적 학습의 상당한 부분이 비교육적이며 현대사회가 지향하는 가치체계에 역행하는 경우가 있는 것. 그러기에 사회를 교육적 환경으로 만들기 위해 노력해야 함

구 분	평생교육	학교교육
교육목적	인간교육, 인격향상, 실제적	입신출세, 취직조건, 이상적
교육대상	다원적, 이질적, 보편적	획일적, 동질적, 특징적
교육내용	학습자의 흥미와 필요에 기초한 문화내용	사회에 의하여 공인된 특정 지식 중심의 교과내용
교육방법	상호교육, 학습자중심, 능동적	일방교육, 교사중심, 수동적
교육제도	• 비형식적, 다양성, 유연성 • 사회변화에 적응이 용이	• 형식적, 고정적, 획일적 • 사회변화에 적응하기 곤란
교육평가	학습자 스스로 자기 평가	경험 위주의 시험 평가
교육결과	지식의 현재 효용도 중시	지식의 미래 효용도 중시
교육시기	무한정(수시), 전 생애	재학기간 중
교육장소	학교 내외로 무한정	학교로 한정됨
학습동기	자율적	타율적
학습자	독립적 성향(자기주도적)	의존적 성향(교사주도적)
교사역할	안내자, 조력자	지식 전달
사전경험	경험 자체가 풍부한 학습자원	경험이 별로 중시되지 않음

UNIT 6 교육의 유형과 형식

1 형식교육

교육의 3요소(학생, 교사, 교육과정)의 상호작용을 통해 국가가 인정하는 자격체계 내에 있는 교육을 의미

2 비형식교육

교육의 3요소(학생, 교사, 교육과정)의 상호작용은 일어나지만 국가가 인정하는 자격체계 밖에 있는 교육을 의미 예 대학부설 평생교육원 교육과정

3 무형식학습

자연발생적·우발적으로 이루어지지만 그 과정에 성찰이 담겨있는 학습

UNIT 7 평생교육과 유사개념

1 계속교육

(1) 일정한 단계의 학교교육을 마친 사람이 다시 학교에 들어와 사회생활과 학업을 병행
(2) 종래에는 의무교육의 보완을 위한 보충교육의 뜻으로 사용되었으나 최근에는 이미 정규 교육을 경험한 사람들에게 계속해서 교육을 받을 수 있는 기회를 제공하는 인간자원관리능력 향상을 주 내용으로 함
(3) 미국의 경우 정규교육을 경험했던 졸업생에게 계속 교육을 받을 수 있는 기회를 제공한다는 점에서 대학에서 실시하는 사회교육의 형태를 의미
(4) 계속교육(continuing education)은 일생 동안 살아가면서 일정한 연령층에서만 가능했던 학교교육을 마치고 난 후, 성인이 되어서 역할수행에 있어 부족한 자신의 능력을 고양시키고, 자아성취의 만족을 위한 교육을 필요로 하는 성인들에게 계속해서 배움의 기회와 학습의 장을 마련해 주기 위한 교육적 대안으로서 그리고 평생교육의 실천의 일환으로 사용되는 용어
(5) 영국이나 호주 등과 같은 일부 국가에서는 계속교육을 성인교육과 동의어로 사용하고 있으며, 또한 성인을 대상으로 고등교육프로그램을 전개하거나 대학이 교육의 주체로서 운영하고 있는 대부분의 확장교육 또는 연장(extension)교육을 의미하기도 함(Hiemstra, 2002).
(6) 유럽의 계속교육 대학연합(European Universities Continuing Education Network, EUCEN)에 의하면 지속적으로 받아왔던 교육을 마치고 어느 정도 휴지기를 보낸 다음 직업(vocation)이나 일반교양(liberal art)의 차원에서 교육을 다시 시작하는 것으로 정의

2 성인교육

(1) 성인교육은 그 내용과 방법이 어떠한 것이건 간에 성인들이 참여하는 모든 교육의 과정
(2) 성인교육의 과정은 성인들이 그들의 소질과 능력을 키우고 지식을 넓히고, 기술이나 직업적 자질을 향상 발전시키는 데 도움을 주는 모든 교육활동
(3) 개인의 보다 충실한 계속 발달에 있어서 그리고 조화롭고 영속적인 모든 교육활동
(4) 성인교육(adult education)이란 성인이 지식, 태도, 가치, 기술의 변화를 가져오는 것을 목적으로 체계적이고 지속적인 학습활동에 참여하는 과정(Darkenwald & Merriam, 1982).
(5) 성인교육은 성인을 대상으로 하여 그들의 자질의 향상, 자기충족 및 건전한 사회적 관계증진 그리고 사회적 활동에의 적극적인 참여 등 성인학습자의 요구에 의하여 기초 및 보충교육, 직업·전문교육, 건강·복지교육, 가족생활교육, 시민생활교육, 자기실현교육 등의 영역에 해당하는 교육내용을 조직하고 체계적으로 수행하는 교육활동

3 항구교육

(1) 랭그랑의 개념으로 인간은 아동에서 노인에 이르기까지 교육을 받아야만 한다는 강제적이고 권위주의적인 의미가 느껴짐
(2) 영어의 lifelong education으로 번역

4 전환학습

(1) 전환학습은 학습에 관한 기존의 객관적이고 실증적인 접근에 반대하여 Mezirow가 제안
(2) 학습활동을 통해 이전과는 전혀 다른 새로운 인간을 만드는 학습을 말하는 것으로, 성인기의 전환학습은 자신의 왜곡된 관점을 수정하는 데 필요한 시기라는 전제하에 세 가지 핵심개념으로 경험(새로운 삶을 위한 경험), 비판적 성찰(자신의 경험에 대한 비판적 성찰), 개인적 발달(경험과 비판적 성찰을 통한 개인의 발달)을 제시
  ① **경험** : 전환학습의 주제는 학습자의 경험. 특정 경험이 학습과 연관되는지는 개인에 따라 다르며, 학습이 경험을 토대로 하지만 어떤 정답을 가정한 경험은 바람직한 경험이 아님
  ② **비판적 성찰** : 경험에 대해 비판적 성찰이 이루어질 때 전환학습이 시작
  ③ **개인적 발달** : 경험을 통해 개개인이 차별화되고 비판적인 성찰이라는 전환학습을 통해 개인의 발달을 이룰 수 있음. 따라서 교육의 진정한 목표는 학생들이 자신의 세계에 대한 개념을 끊임없이 검증하여 더 발전된 관점을 가지도록 해야 함

(3) **전환학습의 3대 영역**

도구적 학습	• 어떤 것을 어떻게 학습해야 하는가? 또는 정해진 과업을 어떻게 수행해야 하는가?를 중심으로 학습하는 것 • 학습내용이나 과정에 대해 사용된 방법, 전략, 기법 등이 효과적이었는가를 판단하는 데 중점
실제적 학습	• 다른 사람들과 관계를 맺고 전통을 계승하고 전통을 재형성하는 데 중점을 두는 것으로, 타인이나 대상에 대한 효과적인 통제보다는 이해를 얻고 동의를 구하는 데 관심을 기울임 • 이러한 학습에 대한 반성은 어떤 특정 해석을 받아들이게 한 규범, 관행 등에 대한 반성이 주를 이룸

해방적 학습	• 개인이 삶과 관계, 역할, 가능성에 대해 제대로 인식하는 것을 가로 막고 있는 여러 요소들을 비판적으로 인식하여 편견적인 관점으로부터 해방된 관점으로 전환하는 학습을 말함 • 이러한 학습에서 반성은 기존의 인식에 대한 근거 및 당위성에 대한 반성, 즉 기존에 당연하게 받아들였던 것을 비판적으로 인식하는 과정이 포함

5 순환교육

(1) 순환교육(recurrent education)이란 제도적 교육기관의 학교와 생활현장인 사회와의 사이를 왕래하면서 이론과 실천을 추구하고, 자신의 관점에 따라 자아를 형성하는 동시에 사회의 요구에 부응할 수 있는 인간을 길러낼 수 있다는 의미의 교육활동

(2) 즉, 인생의 주기는 다시 순환·반복·회귀될 수 없는 일회적인 것이지만 교육의 주기는 본인의 의지에 의해서 얼마든지 반복·환류(feedback)될 수 있다는 것

(3) 순환교육은 산업사회에서는 생산성 향상을 위한 반복적인 교육을 하는 것으로 학교교육을 마치고 직업생활에 종사하는 성인들에게 수시로 적절한 시기를 선택하여 계속적인 재교육을 실시하거나 교사들의 교육연수 등이 이에 속함

(4) OECD가 1973년에 제안, 핵심개념은 교육기회가 일생 전체에 걸쳐 있어야 함을 강조

6 생애교육

(1) 생애교육(career education)은 사람들이 생활수단으로 일을 배우고 직업에 종사하기 위하여 준비하는 모든 경험

(2) 생애교육이란 개인이 자기의 적성, 흥미, 능력에 알맞은 일은 자각·선택·준비·유지 개선할 수 있도록 취학 전 교육부터 시작하여, 평생 동안 학교와 지역사회의 공동적인 노력에 의하여 학습하는 경험의 총체

(3) 생애교육이 지향하는 교육목적은
① 모든 청소년들이 직업을 선택할 수 있도록 기초를 개선하고,
② 직업상 기능획득을 촉진시키며,
③ 교육상의 성취를 증대시켜줌과 동시에 미래에 대한 희망을 안겨주고,
④ 훈련기회를 확대한다는 것이다.

(4) 생애교육이라는 말이 평생교육으로 오해되기 쉽지만 생애교육은 평생을 두고 주로 진로와 직업의 준비 및 일에 관하여서 관심을 가지고 있으며, 학교교육과 평생교육에서 이루어지고 있는 진로교육을 의미. 따라서 평생교육과는 다소 차이가 있다고 하겠음

7 지역사회교육

(1) 지역사회교육(community education)은 지역에 위치하고 있는 학교와 긴밀한 관계를 유지하면서 지역사회와 학교의 발전을 도모하고자 실시하는 교육활동

(2) 지역사회교육은 지역사회 전체가 지역사회구성원들로부터 교육적 요구를 받아들여 봉사한다는 개념을 지닌 용어로써 지역사회 문제를 해결하여 지역사회를 발전시키고, 궁극적으로 지역사회 주민의 자아실현을 돕고자 하는 사회교육활동체제를 말함

(3) 처음에 저개발 국가들의 지역사회개발을 위하여 수립된 계획에서 사회교육의 중요성을 인식하면서 공식적으로 사용되었으며, 과거 우리나라 1970년대 새마을운동이 대표적인 지역사회교육의 형태라고 볼 수 있음
(4) 지역사회교육도 성인교육과 매우 유사하지만, 그 대상이 특정 지역에 한정되며 지역의 공통된 이슈를 해결하기 위한 교육이라는 점에서 일반 성인교육과 다름(NCEA, 2004).

8 사회교육

(1) 사회교육(social education)은 학교교육 이외의 일체의 조직적인 교육활동
(2) 이상주(1980)는 "사회교육이란 형식적 학교교육을 이수한 사람들로 하여금 계속적인 적응과 성장을 할 수 있도록 도와주기 위한 계속교육, 추가교육, 영구교육 또는 재교육의 성격을 띠는 것"이라고 정의
(3) 김종서(1983)는 "사회교육이란 학교의 정규과정 이외의 모든 조직적인 교육활동을 말하며, 그 대상은 취학 전 아동, 학교의 청소년 및 성인을 포함한다"고 하였음
(4) 평생교육법으로 개정되기 이전의 우리나라 사회교육법 제2조제1항에는 사회교육을 "다른 법률에 의한 학교교육을 제외한 국민의 평생교육을 위한 모든 형태의 조직적인 교육활동을 의미한다"라고 규정. 사회교육은 우리나라를 비롯하여 동남아시아 국가들, 즉 일본, 태국, 필리핀 등에서 일반적으로 사용하고 있는 용어이다.

> **알아두기 ① 안드라고지(Andragogy)**
> - 페다고지(pedagogy)가 희랍어의 '아동'을 뜻하는 'paid'와 '지도하다'를 뜻하는 'agogos'에서 유래되어 아동을 가르치는 기술과 과학을 의미
> - 안드라고지는 희랍어의 'andros(man)'에서 유래되어 성인을 가르치는 기술과 과학을 의미
> - 학습보다 교육에 중심적 가치를 두었던 전통적인 교육학에서 학습이 교육을 넘어서는 보다 넓은 의미로 인식되는 새로운 교육학, 즉 평생교육으로의 흐름을 볼 때, 페다고지와 안드라고지의 구분은 학습자의 연령에 따른 차이에 주목한 것
> - 학습자의 자기주도적 행위로서 학습을 재규정하는 데 결정적인 역할을 하게 되는 것
> - 안드라고지는 기존의 전통적 교육학, 즉 페다고지로서의 교육학이 아동과 청소년을 대상으로 주로 학과목 중심, 학교중심, 교수의존중심, 전일제 중심 학습의 특징을 가진다고 규정하고 그것에 대응하여 성인학습자의 자율성, 자기주도성, 경험중심성, 현장중심성을 강조하며 등장
> - 페다고지와 안드라고지는 교육방법에 있어서도 차이점을 가지는데, 페다고지로서의 교육방법은 권위적·형식적·경쟁적인 수업 분위기를 내포할 가능성이 있는 반면,
> - 안드라고지로서의 교육방법은 상호존중을 바탕으로 하며 비형식적·협동적 학습 분위기를 조성. 또한 교육계획·욕구진단·교육목표의 설정 및 평가가 교사의 주도하에 이루어지는 페다고지와 달리 안드라고지는 교육자와 학습자의 상호작용과 협의를 통해 이루어지며, 페다고지는 교과목 내용의 논리에 따라 수업이 진행되는 반면, 안드라고지는 학습자의 상황과 학습준비도에 따라 문제중심으로 학습과정의 계획을 설정
> - 그룹토의·역할극·현장연구·실험·세미나·사례연구 등의 교육기법을 통해 교육자는 지식전달자라기보다는 학습촉진자로서의 역할을 가지게 됨
> - 페다고지와 안드라고지 사이의 대한 논쟁은 안드라고지의 성격으로부터 시작되어 그 방향은 그 둘이 대상에 따라 완전히 구분된다는 이분법론과 학습자 개인의 특성에 따라 하나의 스펙트럼 상에서 다양하게 나타난다는 연속체론 그리고 한 개인은 각각의 경계를 이루는 2차원적 공간에 위치한다는 직교론 등 세 가지로 요약

UNIT 8 대안교육론

1 랭그랑(Lengrand)

(1) 인간의 종합적 성장 특히 인성발달의 전인성과 계속성을 강조
(2) 교육 전 과정의 생활화, 개인의 전 생애를 통한 계속적인 교육, 모든 교육 형태의 통합적인 연계조직화, 생의 전 기간을 통한 수직적 통합과 개인 및 사회생활의 모든 부분을 포함하는 수평적 통합을 강조
(3) 렝그랑(Lengrand, 1970)은 "평생교육은 모든 국민들에게 평생을 통해서 각자 자신이 가진 다양한 소질을 계속적으로 발전시키고 사회의 발전에 충분히 참여할 수 있게 하는 교육을 말한다"고 정의
(4) **'평생 교육에 대한 입문'** : 평생교육의 대두 배경을 제시한 입문서

2 겔피(Gelpi)

(1) 교육은 모든 사람들의 인격 발달과 사회생활에의 적극적인 참여를 촉진시킴과 동시에, 이를 통하여 인간 억압의 현실을 극복해 나갈 수 있는 방향으로 변혁되어야 한다고 주장
(2) 평생교육은 학교 교육과 학교졸업 후 교육훈련을 통합하고 형식 교육과 비형식 교육의 관계를 발전시켜 개인과 지역사회가 최대한 문화적, 교육적 발달을 실현할 수 있도록 교육정책의 중심적인 요소를 구성하는 것

3 데이브(Dave)

(1) 개인적 및 사회적 삶의 질을 계속적으로 향상시키기 위해 평생 동안에 걸쳐 연장 실시되는 모든 형태의 형식적, 비형식적, 무형식적 학습활동
(2) 랭그랑과 데이브 모두 인간존재를 위한 교육으로서 인간 개개인이 자기의 삶을 주도할 수 있도록 각자의 인성을 중시하는 교육이어야 한다는 것이 평생 교육의 기본철학으로 제시
(3) Dave(1976)는 "평생교육은 개인과 집단 모두의 생활의 질을 향상시키기 위하여 개인의 전 생애를 통한 개인적, 사회적, 직업적인 생활을 성취시키는 과정"이라고 정의. 따라서 평생교육은 출생에서부터 죽을 때까지 받는 모든 교육으로 가정교육, 학교교육, 사회교육 등이 포함되며, 누구나 교육을 받을 수 있고 어느 장소에서든 이루어지는 통합적인 교육
(4) **Dave & Skager 교육가능성** : 최대의 학습효과를 올리기 위하여 자기주도학습을 도모하되, 이를 위하여 학습방법, 체험의 기회, 평가방법 등의 개선에 주목

4 프레이리(Freire)

(1) 교육사회학과 평생교육의 접점을 이루는 교육이론. 특히 제3세계적 관점의 성인교육을 대변
(2) 교육의 순기능에 대한 강조를 비판하고 동시에 혁명적 개혁, 불합리한 사회 구조적 모순을 제거하기 위한 노력을 보이지 않으며 기존 교육제도의 보완 내지는 보충에만 초점을 맞추고 있다고 비판. 즉, 기존 사회질서의 모순과 그로 인한 왜곡된 교육제도, 비인간화 현상을 구체적으로 지적하고 있음

(3) 평생교육이 학습자가 학교교육으로 극복할 수 없었던 사회구조적 모순으로부터 벗어날 수 있도록 비판적 문해교육을 통해 의식화시켜야 한다고 주장
(4) 평생교육을 자유, 속박으로부터의 해방 및 소외의 극복을 위한 수단으로 보는 급진론적 입장을 취하고 있음
(5) 성인교육에 관한 관심은 비판적 문해교육과 관련. 비판적 문해교육을 위한 문제제기식 방법은 성인교육을 실천하는 데 가장 적합한 방법
(6) **문제제기식 방법**: 일방적으로 한쪽은 가르치고 한쪽은 배우는 것이 아니라, 가르치는 사람과 배우는 사람들을 평등한 관계에 놓고 서로 배워 가는 학습과정을 강조
(7) 일리치와 라이머와 함께 비판적 교육을 통한 대안교육으로서 탈학교교육인 평생교육론을 주장

구분	비판적 문해교육	기능적 문해교육
강조점	• 읽고, 쓰고, 셈하기 • 사회구조적 모순을 간파해내는 비판적 의식	읽고, 쓰고, 셈하기
교육대상	• 소외받고 억압받고 있는 자의 지식이나 경험에 새로운 의미 부여 • 교육의 주체로서 성인	• 소외받고 억압받고 있는 자는 단지 교육의 대상에 불과함 • 교육의 객체로서 성인
평생교육의 방법	• 대화 및 문제제기식 교육 • problem-posing edu.	• 은행지급식 교육 • banking edu.
이론과 실천의 관계	이론과 실천의 균형	이론과 실천의 분리
지향점	• 변화지향적 • 진보개혁적 교육	• 현실적응적 • 순응적 교육

5 노울즈(Knowles)

(1) 성인의 자율적인 학습 행위에 중점을 두고 해석. 즉, 자기주도학습을 강조
(2) 개개인이 타자의 힘을 빌리지 않고 자신의 학습요구를 진단하고 학습의 목표를 설정하며 또한 인적·물적인 자료를 발견하여 학습성과에 대한 평가를 스스로 행하게 하는 과정
(3) 안드라고지라는 개념으로 '교육에서 학습으로의 변화' 즉, 교육의 패러다임의 전환을 설명. 반대 개념으로 페다고지는 전형적인 학교교육의 개념으로 주로 아동 및 청소년 교육의 패러다임으로 교수자가 주도하는 훈육에 초점을 두고 성인이나 고령자들은 교육의 대상으로 삼지 않음
(4) **안드라고지**: 학교교육을 포함한 학교 외에서 이루어지는 모든 교육으로 학습자가 중심이 되어 자신의 경험과 목적성에 의하여 학습을 구성해 간다는 개념으로 평생교육의 개념을 잘 드러내줌
(5) 안드라고지의 관점에서, 평생교육은 학교교육만으로 끝나는 것이 아니라 일생 동안 지속되는 교육의 과정으로 유아교육, 초등교육에서 성인교육과 사회교육을 포함하는 모든 수준의 교육을 포괄하는 교육

6 일리치(Illich)

(1) 기존의 학교교육제도를 비판하면서 탈학교론을 주장
(2) 탈학교론은 현대사회에서 학교가 교육제도를 독점함으로써 나타나는 반 교육적 현상을 비판하고, 교육 본연의 모습과 기능을 되찾기 위해서는 현재와 같은 학교제도를 철폐해야 한다는 것을 주장

(3) 학습이 학교를 통해서만 이루어지는 것도 아니고, 학교가 반드시 학습의 증진을 가져다주는 것도 아님
(4) 기존의 학교제도를 대치할 수 있는 새로운 교육제도로 '학습을 위한 망'을 제안하고 있음. 이 망을 통해 모든 사람이 학습에 필요한 자원을 쉽게 이용할 수 있고, 이 망을 통해 학습하거나 가르치는 기회를 평등하게 향유할 수 있음
    ① **학습을 위한 망** : 사회 공동체 속에 있는 거대한 하나의 네트워크로, 학습자의 선호나 흥미에 따라 배우고자 하는 내용물, 동료, 교육자를 연결시켜주는 역할을 함
    ② **학습을 위한 망(학습망) 네 가지 자원** : 학습정보 및 자료제공망, 기술교환 망, 동료짝짓기 망, 교육자에 대한 정보체계망

7 허친스(Hutchins)

(1) '학습사회'에서 '학습사회 건설'을 주장
(2) **학습사회** : 모든 사람들이 언제, 어느 때라도 교육을 받을 수 있는 사회로 교육의 목표를 인간 가치의 실현에 두고, 모든 제도가 인간 가치 실현을 지향하는 방향으로 가치 전환에 성공한 사회
(3) 그가 강조하는 학습사회의 핵심은 자유교양교육. 즉, 모든 사람이 자유교양교육을 받을 수 있고, 모든 교육제도가 자유교양교육의 기회를 제공해야 한다는 것
(4) 유네스코 보고서 '학습 : 내재된 보물'에서 제시된 평생교육의 네 가지 기둥

알기 위한 학습	폭넓은 일반교육을 제공하는 데 역점
존재하기 위한 학습	개인의 내재된 가능성을 실현하는 데 역점
행동하기 위한 학습	환경에 창조적으로 대응하기 위한 학습으로, 예측불가능한 다양한 상황에 대응하고 협동적으로 과제를 수행하는 능력을 기르는 데 역점
함께 살기 위한 학습	다른 사람들의 역사·전통·정신적 가치에 대한 이해를 증진시켜, 함께 살아갈 수 있는 방법을 가르치는 데 역점

8 신자유주의(neo-liberalism)

(1) **개념**
    ① 신자유주의 교육관은 선택과 자유, 그리고 책무성이라는 세 가지 이념의 축을 중심으로 전개되는 교육관
    ② 교육시장에서 인간은 자유로운 선택경쟁을 통해 교육을 받을 수 있다는 학생과 학부모를 가리키는 수요자(소비자)주권. 즉, 수요자 중심의 교육을 강조
    ③ 교육의 자유화. 즉, 교육을 시장 경쟁의 원리 안에 맡겨 교육상품의 질을 제고하려는 일체의 이념적 기반을 가리킴

(2) **신자유주의적 교육정책의 특징**
    ① 교육의 시장논리적 접근
    ② 단위학교의 학부모 참여와 책무성의 강조
    ③ 학교운영의 효율성 제고
    ④ 교육의 수월성 추구

(3) 신자유주의 정책에 의한 학교선택권에 관한 제도

① **바우처 제도** : 학교 간 경쟁을 유발하고 개인의 학교 선택권을 보장하기 위한 제도
② **마그넷 스쿨** : 일반학교에서 운영하기 어려운 특성화된 프로그램을 제공하여 교육의 질 개선을 도모
③ **차터스쿨** : 사교육시장과 공교육시장 모두에서 배제당하는 미국의 저소득층 학생을 대상으로 하고 있으며, 교육의 양적·질적 향상을 도모

(4) 비판점 및 한계

① 계층 간 교육불평등을 심화시킬 수 있음
② 교원이 교육개혁의 대상이 됨
③ 공교육비에 대한 투자 감소로 소외계층의 교육수혜가 빈약해질 수 있음

UNIT 9 평생교육의 영역

1 놀스(M. S. Knowles, 1960)

성인을 위한 고등교육, 노인교육, 지역사회 개발교육, 창조적 예술교육, 경제교육, 성인을 위한 기초교육과 문자교육, 공중건강교육, 가정 및 가족생활교육, 인간관계 및 지도자 양성교육, 성인 교양교육, 공공문제 교육, 레크리에이션 교육, 과학교육, 직업교육의 14가지 영역을 제시

2 림영철과 림광영(2001)

기초교육과 보충교육, 교양교육, 건강교육, 경제생활 교육, 직업교육과 기술교육, 가정생활교육, 인간관계교육, 시민교육과 민족정신교육, 국가안보교육, 여가선용 교육의 10가지 영역을 제시

3 권건일과 김인아(1996)

성인을 중심으로 한 평생교육의 내용을 문해 및 기초교육, 국민의식계발교육, 직업기술교육, 준학교 형태의 교육, 교양증진 및 여가선용 교육의 다섯 개 영역으로 구분

(1) 문해교육 및 기초교육은 일상생활에 필요한 국어를 정확하게 사용할 수 있도록 하고, 국민생활에 필요한 의식주, 직업 등에 기초적인 이해와 능력을 배양하기 위한 초등교육 수준의 교육을 실시하는 가장 기본적인 사회교육 영역. 문해교육 및 초등교육은 보다 질적으로 향상된 사회교육을 실시하기 위해 기초적인 선수학습으로 실시되어야 하는 사회교육의 영역으로써 그 의의
(2) 국민의식계발교육은 국가사회의 발전을 위하여 전체 구성원들로 하여금 그에 필요한 자질과 태도를 고양시키고, 자발적·적극적인 참여를 유도하며, 구성원의 인식변화 및 정신계도를 목적으로 하는 사회운동적 성격을 띤 사회교육 영역
(3) 직업기술교육은 실생활에 도움을 줄 수 있는 다양한 직업기술을 제공함으로써 개인의 사회적응능력을 함양시켜 개인적 측면과 경제성장, 사회발전을 위해 양질의 인력을 확보해야 한다는 사회적 측면을 반영하는 사회교육 영역

(4) 준학교교육은 개인적 사정 그리고 기존 교육체제의 모순에서 발생하는 진학하지 못한 학습자와 직업에 종사하는 사람들을 대상으로 필요에 따라 학교과정에 준하는 교육과정을 자율적으로 선택하여, 학교시설이나 그에 준하는 교육시설에서 단계별 교육과정을 제공하는 교육. 따라서 준학교교육은 학교교육에 비해 교육의 구조, 대상, 내용, 방법 등 다양한 측면에서 학습자의 자율성이 확대되고 학습자의 필요와 요구에 부응하는 교육을 실시할 수 있는 가능성이 보다 큰 평생교육 영역

(5) 교양증진 및 여가선용 교육은 사회교육시설과 사회교육활동을 통해서 건전한 여가생활과 국민들의 기초적 교양증진에 목적이 있는 평생교육 영역. 우리나라의 경우 교양증진 및 여가선용 교육은 주로 도서관, 마을문고, 청소년단체, 대학의 사회교육원 및 평생교육원 등을 중심으로 실시되고 있으나 교양증진과 여가선용의 개념이 불명확하게 자의적으로 사용되고 있다. 그러나 교양증진하는 것이나 여가선용을 한다는 것 둘 다 양질의 삶을 추구하기 때문에 하나의 영역으로 분류하는 것

알아두기 ① 평생교육법

제2조(정의) 이 법에서 사용하는 용어의 정의는 다음과 같다.
1. "평생교육"이란 학교의 정규교육과정을 제외한 학력보완교육, 성인문해교육, 직업능력 향상교육, 성인 진로개발역량 향상교육, 인문교양교육, 문화예술교육, 시민참여교육 등을 포함하는 모든 형태의 조직적인 교육활동을 말한다.
2. "평생교육기관"이란 다음 각 목의 어느 하나에 해당하는 시설·법인 또는 단체를 말한다.
    가. 이 법에 따라 인가·등록·신고된 시설·법인 또는 단체
    나. 「학원의 설립·운영 및 과외교습에 관한 법률」에 따른 학원 중 학교교과교습학원을 제외한 평생직업교육을 실시하는 학원
    다. 그 밖에 다른 법령에 따라 평생교육을 주된 목적으로 하는 시설·법인 또는 단체
3. "문해교육"이란 일상생활을 영위하는데 필요한 문자해득(文字解得)능력을 포함한 사회적·문화적으로 요청되는 기초생활능력 등을 갖출 수 있도록 하는 조직화된 교육프로그램을 말한다.
4. "평생교육사업"이란 국가 및 지방자치단체가 국민과 주민의 평생교육을 위하여 예산 또는 기금으로 조직적인 교육활동을 직·간접적으로 지원하는 사업을 말한다.
5. "평생교육이용권"이란 평생교육프로그램을 이용할 수 있도록 금액이 기재(전자적 또는 자기적 방법에 따른 기록을 포함한다)된 증표를 말한다.
6. "성인 진로개발역량 향상교육"(이하 "성인 진로교육"이라 한다)이란 성인이 자신에게 적합한 직업을 찾고 진로를 인식·탐색·준비·결정 및 관리할 수 있도록 진로수업·진로심리검사·진로상담·진로정보·진로체험 및 취업지원 등을 제공하는 활동을 말한다.

제4조(평생교육의 이념) ① 모든 국민은 평생교육의 기회를 균등하게 보장받는다.
② 평생교육은 학습자의 자유로운 참여와 자발적인 학습을 기초로 이루어져야 한다.
③ 평생교육은 정치적·개인적 편견의 선전을 위한 방편으로 이용되어서는 아니 된다.
④ 일정한 평생교육과정을 이수한 자에게는 그에 상응하는 자격 및 학력인정 등 사회적 대우를 부여하여야 한다.

제15조(평생학습도시) ① 국가는 지역사회의 평생교육 활성화를 위하여 특별자치시, 시(「제주특별자치도 설치 및 국제자유도시 조성을 위한 특별법」 제10조제2항에 따른 행정시를 포함한다. 이하 이 조 및 제15조의2에서 같다)·군 및 자치구를 대상으로 평생학습도시를 지정 및 지원할 수 있다. 이 경우 이미 지정된 평생학습도시에 대하여 평가를 거쳐 재지정 여부를 결정할 수 있다.
② 제1항에 따른 평생학습도시 간의 연계·협력 및 정보교류의 증진을 위하여 전국평생학습도시협의회를 둘 수 있다.
③ 제2항에 따른 전국평생학습도시협의회의 구성·운영에 필요한 사항은 대통령령으로 정한다.
④ 제1항에 따른 평생학습도시의 지정, 지원 및 평가 등에 필요한 사항은 교육부장관이 정한다. [시행일 : 2021. 12. 9.]

제23조(학습계좌) ① 교육부장관은 국민의 평생교육을 촉진하고 인적자원의 개발·관리를 위하여 학습계좌(국민의 개인적 학습경험을 종합적으로 집중 관리하는 제도를 말한다)를 도입·운영할 수 있도록 노력하여야 한다.

교육과학기술부(2009). 초·중등학교 교육과정 총론.
교육과학기술부(2010). 초·중등학교 교육과정 개정 고시.
교육과학기술부(2011). 초·중등학교 교육과정 총론.
교육과학기술부(2012). 초·중등학교 교육과정 총론.
교육부(2015a). 초·중등학교 교육과정 총론.
교육부(2022a). 초·중등학교 교육과정 총론.
교육평가연구회(1995). 교육측정·평가·연구·통계 용어사전. 중앙교육진흥연구소.
곽수란(2012). 학업성취, 교사기대 그리고 학업적응과의 관계분석. 교육사회학연구, 22(1), 1-24
곽수란(2005). 인문계 학생의 학업성취 요인. 교육사회학연구, 16(2), 1-29
교육개혁위원회(1997). 신교육체제수립을 위한 교육개혁방안.
교육과학기술부(2010). 교육통계. 자율고와 함께 하는 즐거운 상상(안내책자)
김경근(2000). 가족 내 사회적 자본과 아동의 학업성취. 교육사회학연구, 10(1), 21-40.
김경근(2004). 한국의 사회변동과 교육. 서울 : 문음사
김경동(1978). 사회학. 서울 : 경문사.
김경동(1979). 발전의 사회학. 서울 : 문학과지성사.
김경식(2006). 교사기대 형성과 변화가 학생의 학업성취에 미치는 영향. 중등교육연구, 54(2), 95-121.
김달효(2006). 교사와 학생의 지각에 따른 초등교사의 훈육유형의 실증적 분류. 한국교육, 33(1), 3-26.
김대현(2021). 교육과정의 이해. 서울 : 학지사.
김병성 역(1991). 사회문화와 교육. 서울 : 문음사. Brookover, W. B.(1973). Society, schools and learning. East Lansing, MI : Michigan State University Press.
김미환 외(2018). 교육학개론. 서울 : 동문사.
김병성(1988). 교육사회학-학교사회의 탐구. 경기 : 양서원.
김병성(1994). 교육과 사회 : 거시·미시 교육사회학적 관점, 서울 : 학지사.
김병욱(2007). 교육사회학. 서울 : 학지사
김승태(2009). 대학 입학사정관제 운영성과 평가 : 시범실시 대학을 중심으로. 국가정책연구, 23(4), 169-196.
김신일(1986). 교육사회학. 서울 : 교육과학사.
김신일(1993). 교육사회학(개정증보판). 서울 : 교육과학사.
김신일(1995). 교육사회학(개정증보판). 서울 : 교육과학사.
김신일(2019). 교육사회학. 경기 : 교육과학사.
김영돈(1971). 학교 경영의 이론과 실제. 서울 : 익문사.
김영화(2010). 교육사회학. 서울 : 익문사.
김재복(2000). 통합교육과정. 서울 : 교육과학사.
김재춘 외(2002). 교육과정과 교육평가. 서울 : 교육과학사.
김진균 외 역(1985). 사회학이론 구조. 서울 : 한길사. Turner, J. H.(1978). The structure of sociological theory. Homewood, IL : The Dorsey Press.
강현석·유제순(2010). Backward Design을 통한 교육과정 설계 : 교과의 진정한 이해를 위한 구상. 교육철학, 제40집, 1~37.
강현석(1994). 서양철학사 100장면. 서울 : 가람기획.
김성훈(2014). 교육과정 연구. 서울 : 양서원.
김수천(1999). 교육과정과 교과. 서울 : 교육과학사.
김재춘·부재율·소경희·양길석(2010). 예비·현직 교사를 위한 교육과정과 교육평가. 서울 : 교육과학사.
김재춘 외(2002). 교육과정과 교육평가. 서울 : 교육과학사.
김정호 외(1999). 제7차 교육과정에 따른 성취기준과 평가기준 개발연구. 연구보고 RRC 99.
노혜란 외(2017). 교육방법 및 교육공학. 서울 : 교육과학사.

박도순, 홍후조(1998). 교육과정과 교육평가. 서울 : 문음사.
밥 베이츠, 권민지 외 번역(2018). 교육학 콘서트. 서울 : 사람과 교육.
백순근 외(1998). 국가 교육과정에 근거한 평가기준 및 도구 개발연구. 한국교육과정평가원.
백순근 편(1999). 수행평가 정착을 위한 교육평가 실천 방안. 수행평가 현장 정착을 위한 세미나 자료집. 초·중등학교 교과별 수행평가의 실제
백순근(2002). 수행평가이론적 측면. 서울 : 교육과학사.
성태제(1991, 역). 문항반응이론 입문. 서울 : 양서원.
성태제(1995). 타당도와 신뢰도. 서울 : 양서원.
성태제(2019). 교육평가의 기초. 서울 : 학지사.
소경희(2017). 교육과정의 이해. 서울 : 교육과학사
소경희(2012). 역량중심 교육을 위한 교육과정 설계 방안으로서 '과정-탐구' 모형 활용의 가능성과 의미 탐색. 교육과정연구, 30(1), 59-79.
소경희(2009). 학문과 학교교과의 차이 : 교육과정개발에의 함의. 교육과정연구, 28(3), 107- 125.
소경희(2006). 학교지식의 변화요구에 따른 대안적 교육과정 설계방향 탐색. 교육과정연구, 24(3), 39-59.
소경희(2009). 역량중심 교육을 위한 교육과정 설계 방안으로서의 '과정-탐구'모형 활용의 가능성과 의미 탐색. 교육과정연구, 30(1), 59-79.
손승남 외(2019). 교육철학 및 교육사. 서울 : 학지사
신득렬 외(2014). 쉽게 풀어쓴 교육철학 및 교육사. 파주 : 양서원.
안병환 외(2018). 교육학개론. 서울 : 동문사.
유봉호(1992). 한국교육과정사연구. 서울 : 교학연구사.
윤길근 외(2018). 교육철학 및 교육사. 경기 : 양서원.
윤옥환(2018). 교육학개론. 경기 : 양서원.
윤정일 외(2018). 교육행정학원론. 서울 : 학지사.
이병승 외(2019). 쉽게 풀어 쓴 교육학. 서울 : 학지사.
이종각(1983). 문화와 교육. 서울 : 배영사
이종각(1988). 학교수업 방법의 사회 문화적 맥락. 학교학습탐구. 서울 : 교육과학사.
이종각(1989). 한국교육학의 논리와 운동. 서울 : 문음사.
이종각(2002). 교육열의 운동법칙과 결합법칙. 교육사회학연구, 12(1), 173-192.
이종각(2003). 교육열 올바로 보기. 서울 : 원미사.
이종각(2011). 교육열을 알아야 한국교육이 보인다. 서울 : 이담북스.
이종각·황성희·김현정(2012). 교육사회학. 서울 : 태영출판사
이홍우(1979). 지식의 구조와 교과. 서울 : 교육과학사.
이홍우(1996). 증보 교육과정 탐구. 서울 : 박영사.
장미혜(2002). 사회계급의 문화적 재생산 : 대학간 위계서열에 따른 부모의 문화자본의 차이. 한국사회학, 36(4), 223-251.
장재천(2009). 교육사회학의 이론과 실천. 서울 : 교육과학사.
정범모(1978). 교육과학신서. 서울 : 교육출판사.
정석환(2014). 교육철학 및 교육사. 서울 : 동문사.
정원식(1984). 교육열. 사회과학과 정책연구, 6(3). 81-91.
정원식·이상노·이상진(1986). 현대교육심리학. 서울 : 교육출판사.
주철안 외(2021). 교육행정 및 교육경영. 서울 : 학지사.
차갑부(1998). 페다고지와 안드라고지의 세 가지 관계. 사회교육연구. 4(2). 273-256.
채선희(1997). 교육평가의 내재적 가치와 그 실현방안. 교육학연구. 제15권 4호.
채선희(1998). 교육평가학의 새로운 학문적 정립을 위한 제안. 한국교육평가학회 창립 15주년 기념 학술세미나 발표논문집. 51-81.

하동석, 유종해(2010). 이해하기 쉽게 쓴 행정학용어사전. 2010. 3. 25..
한국교육심리학회 편(2000). 교육심리학 용어사전. 학지사.
한동일 외(2001). 교육의 역사·철학 이해. 서울 : 성균관대학교출판부.
한명희(2002). 지식기반사회에서의 학교역할에 관한 철학적 반성. 교육철학, 27, 151-172.
홍은숙(1999). 지식과 교육. 서울 : 교육과학사.
홍후조(2011). 알기 쉬운 교육과정. 서울 : 학지사
허경철 외(1997). 국가 공통 절대평가 기준 교과별 모형 개발 연구. 한국교육개발원 CR97-18.
황경식 역(1997). 사회정의론(J. Rawls). 서광사.
황정규(1994). 학교학습과 교육평가. 교육과학사.
황규회 외(2021). 교육쟁점으로 풀어쓴 교육학개론. 서울 : 이대출판원.
[네이버 지식백과] (교육학용어사전 서울대학교 교육연구소, 두산백과, 시사상식사전 등)
Arends, R. I.(1994). Learning to Teach. McGraw-Hill, Inc.
Bloom, B. S.(1956). Taxonomy of Educational Objectives. New York : David Mckay.
Cronback, L. J.(1963). Course improvement through evaluation. Teachers College Record, 64
Eisner, E. W.(1985). The Art of Educational Evaluation. Pjiladelphia : The Falmer Press.
Eisner, E.(1979). The educational imagination : On the design and education of school programs. New York : Macmillan.
Elisabeth Clement et al(1994). 철학사전. 이정우 옮김(1996). 서울 : 동녘.
Gall, M. D., Borg, W. R., & Gall, J. P.(1996). Educational Research : An Introduction (6th edition). White Plains, N.Y. : Longman Publishers.
Guba, E. G. and Lincoln, Y. S. (1989). Fourtb Generation Evaluation. Beverly Hills, CA : Sage.
Jackson, P.(1968). Life in classrooms. New York : Holt, Rinehart & Winston
Tyler, R.(1949). Basic principles of curriculum and instruction. Chicago : The University of Chicago Press.
Kliebard, H. M.(2004). The struggle for the American curriculum 1893-1958 (3rded.). New York : Routledge Falmer.
Bruner, J. S.(1960). The process of education. New York : Vintage.
Bruner, J. S.(1971). The process of education revisited. Phi Delta Kappan, 52(1). 18-21
Hirst, P. H.(1974). Knowledge and the curriculum. London : Routledge & Kegan Paul.
Dewey, J.(1916). Democracy and education. New York : Macmillan.
Kelly, A.(2011). The curriculum : Theory and practice(6th ed.) Lodon : SAGE.
Rosenthal, R., & Jacobson, L.(1968). Pygmalion in the classroom. New York : Holt, Rinehart & Winston.
Sternberg, R. J.(1988). The nature of creativity : Contemporary psychological perspectives. New York : Cambridge University Press.
Sternberg, R. J., & Wagner, R. K.(1993). The geocentric view of intelligence and job performance is wrong. Current Directions in Psychological Science, 2, 1-5.
Scriven, M.(1967). The methodology of curriculum evaluation. In R, Tyler et al. Perspectives on Curriculum Evaluation.
Smith, N. L.(1994). Educational model. In The International Encyclopedia of Education. 2101-9.
Stake, R. E.(1967). The countenance of educational evalution. Teachers College Record, 68.
Stufflebeam, D.L. & Webster, W. J.(1980). An analysis of alternative approaches to evaluation. Educational Evaluation and Policy Analysis, 2. 5-20.
Tyler, R. W.(1950). Basic Priniciples of Curriculum and Instruction. Chicago : University of Chicago Press.
Walker, D.(1971). A naturalistic model for curriculum development. School Review. 80(1). 51-65.
Wiggins, G., & McTighe, J.(1998). Understanding by design. Alexandria, VA : ASCD.

Weiss, C.(1983). The stakeholder apptoach to evalution : origins and promises. In Bryk, A. New Directions for Program Evalution. Vol. 17, 3-14.

Wolf. R. L.(1979). The use of judicial evaluation methods in the formation of educational policy Educational Evaluation and Policy Analysis. 1(3). 19-28.

Worthen, B. R. & Van Dusen, L. M.(1994). Nature of evaluation. In T. Husen & T. N. Postlethwaite(eds.). The International Encyclopedia of Education. 2109-2119.

"꿈은
날짜와 함께 적으면 목표가 되고,
목표를 잘게 나누면 계획이 되며,
계획을 실행에 옮기면 꿈은 실현된다."

당신의 합격메이커 에듀피디